亞洲人物史

〔神話－6世紀〕

1

GREAT FIGURES *in the* HISTORY *of* ASIA

神話世界與古代帝國

神話世界と古代帝国

編者的話

姜尚中

人之所以對歷史產生興趣，其根本乃是對人的關心。就像《史記》是以〈列傳〉為支柱一般，史家在史書中貫注全心全力的，也是評傳。於是，我們著眼於不論是誰都會自然抱持的好奇心，構想出這套由著名、無名人們的評傳積累而成、進行描述的《亞洲人物史》。作為討論對象的地域，包括了東亞、東南亞、南亞、中亞、西亞，也就是足以用「亞洲」一詞指涉的整體領域。我們集結了在現代亞洲史研究中具代表性的編輯委員，經過數年反覆協議，發掘出各領域的主人翁、副主人翁，以及圍繞在他們身邊人們的關聯性，從而形成充滿魅力的小宇宙。

當我們在選定人物之際，重視的關鍵要素是「交流」。所謂交流，不限於交易、宗教、思想、藝術傳播等和平友好的事物，也包括掠奪、侵略、戰爭等激烈衝突。我們在每一卷中，針對整個地域的人物群進行鉅細靡遺的配置，並以跨越各個小宇宙的方式，將之聯繫起來；從第一卷到最終卷，大致是按照時代順序安排。透過這樣的構成，我們讓一種堪稱與縱觀式地域史迥然相異的「亞洲通史」形象，自然而然地浮現出來。透過這項由承繼東洋史研究深厚基礎的人們合力進行的嘗試，我們期望相異文化圈、言語圈的讀者，都能有共享的一日到來。

序言

古井龍介

《亞洲人物史》第一卷、也就是本卷要處理的部分，是從歷史開端到古代帝國的成立、發展這個時代。簡單說，這是一個城市、王權、國家在亞洲各地形成，從中出現整合廣大領域的帝國，且與之相伴地，樹立了為各地域之後歷史展開賦予方向之古典文化的時代；我們要討論的，就是這樣一個時代誕生的各個人物，及其相關的事物。因為各地區經歷的歷史多樣性與時間差，所以作為對象的時代，從漢摩拉比王在美索不達米亞稱霸的西元前十八世紀上半葉，到匈奴系遊牧民阿爾孔人（Alchon）之王頭羅曼與摩醯邏矩羅陸續侵略南亞，遭到擊退的六世紀上半葉，跨越大概兩千三百年。

本卷在人物史之前，首先提示了各地域的神話。這些神話從可以回溯到西元前二十四世紀的美索不達米亞神話，到十八世紀開始編纂的《柬埔寨王家編年史》中所記載的柬埔寨建國神話，屬於歷經漫長的時間、在亞洲各地生活人們所創造出的各種神話之一角。

雖然有某種程度空間範圍的限定，卻拒絕時間軸上的固定，作為無限過去的神話，是在與歷史迥異的形式下，和過去展開對峙，或者也可說是過去的記憶。可是，神話不只是某個地域、某個時代生活人們的想像／創造產物，也反映了他（她）們的價值觀、面臨的現實，並背負了他們（她們）的願望，且必然會和歷史產生連結。這樣在歷史中誕生的神話，也會在接下去的時代、相異的脈絡下，被賦予嶄新的意義與形式，一再被喚起，並作為規範與前例，在後世的人們與歷史中，直到現在持續發揮各式各樣的影響力。

南亞史詩《羅摩衍那》的主角羅摩，在作為理想的國王模範，不斷被後代史料提及的同時，也被當成毗濕奴神的化身之一，成為印度教的神祇，受到熱烈的信仰。一九九二年十二月六日，印度阿約提亞的巴布里清真寺，遭到主張「這是將羅摩誕生地建造的寺院加以破壞後，建築起來的寺院」的印度教民族主義者群體破壞，結果在各地引起了宗派間的暴力，造成眾多死傷的悲劇。這種與歷史之間的糾結，正是《亞洲人物史》之所以要提出神話的緣由。

本卷登場人物生活並成為其中一部分的時代與歷史變化洪流，是透過帝國，將一定地理範圍整合成一個地域，並為後續時代發展的文化，建構起基礎的過程。他（她）們在多樣的時間軸中，於各自所處的位置，或順流前行，或逆流而上，也有可能身陷其中。

透過發明出來的文字展開的紀錄，雖然可以將這些人的人生傳達給後世，但因為對文字與紀錄媒體，乃至於言語的態度差異，所以在各個地域中，紀錄留存的型態也有很大的差異。相對於將司馬遷的《史記》視為集大成與起點、擁有史書編纂傳統的中國各王朝，以及與希臘世界相鄰、獲得希羅多德紀錄的阿契美尼德波斯帝國，美索不達米亞各王朝的史料，是以國王留下的碑文與同時代各文件為主，古代南亞則有所不同，只剩下刻在石頭與金屬等高耐久性物質上的內容。故此，對同時代各人物的評傳，也與作為集合、相關的人物史，其密度自然會產生出濃淡差異。另一方面，各人物間關係形成的網絡，也主要是停留在帝國整合下的特定地域內，從而無法跟超越這種局限、後來形成近代「亞洲」的空間認識與再定義這一形象相互連結。不過，以冒頓單于和迦膩色迦一世為代表的內亞遊牧集團的活動，已經開始將各地域連結起來，這點是必須留意的。

然而我們必須認知到各人物的相關還有另一個層面，那就是超越時代、類似於上述神話與歷史間糾葛的關係。他（她）的生活與共時性的連鎖，是深深鑲嵌在某個地域與時代中，且必須背負的事物。但是，作為歷史被紀錄下來的這些人的人生，經過不斷被賦予、附加意義與解釋，從而生成嶄新的人物形象，流傳到後世、產生影響力，並與喚起這種形象的後代人物間，形成嶄新的關係與連結。本卷登場人物中的周公旦即為這種人物形象，他被孔子形塑成理想的政治家後，又被王莽重新解釋其行為，當成王莽直到篡奪帝位、正當化獲得一連串實權的前例。

這種超越時代的人物關聯也超越了空間，從而讓與之相伴的人物形象，也變得多元且複雜。其中的典型，就是和孔子並列、思想對亞洲各地產生廣泛影響的佛陀。透過弟子們的紀錄、被認為是佛陀所講述的言論，不只是被賦予意義、附加解釋，還經過內容的擴張與創作，傳播到各地；與之相伴地，佛陀的人物形象，也在各個傳播所到之處被賦予新的姿態、性格，變得多元化，從而變成遠遠超越「某個時代誕生的人物」的事物。

超越時代的各人物相關，是會反覆產生的事物。這點從近代、甚至是現代，魯迅和毛澤東在曹操身上看到帶來新時代的合理性與革新性，尼赫魯在阿育王身上看到獨立國家印度的理想等本卷中舉出的幾個事例，可以清楚呈現出來。在這層意義上，包含本卷在內的《亞洲人物史》，或許也可以說是生活在現今時代的我輩執筆者，透過執筆評傳，各自和所處理的過去人物間產生連結關係的嘗試與運作吧！

我輩執筆者和對象之間產生了怎樣的關係與連結，又透過這種連結，描繪出怎樣的人物形象？若是能夠透過本卷讓讀者有所感受，且和過去的人物之間產生嶄新的關係連結，則為幸甚。

亞洲人物史1
神話世界與古代帝國

目次

編者的話　姜尚中　003
序言　古井龍介　005
凡例　021

亞洲各地的神話

西亞神話
古代美索不達米亞的豐穰神話世界　月本昭男　024

印度神話
史詩與神話中的伴侶　橫地優子　049

中國神話 牧角悅子 066
中國古代史的重構
朝鮮神話 野崎充彥 090
檀　君——朝鮮史誕生出的民族神
日本神話 坂本　勝 110
從記紀神話到無文字時代古老層次的發掘——以大國主神話為中心
中亞神話 坂井弘紀 128
從突厥的口傳文藝談起
東南亞神話 北川香子 146
柬埔寨的建國神話

第一章　巴比倫王漢摩拉比的野心　柴田大輔

前　言 169
漢摩拉比（前一七九二—前一七五〇年在位） 173
薩姆希・阿多大王（約前一八三三—前一七七五年在位） 188
茲姆里・利姆（前一七七五—前一七六二年在位） 191

塔拉姆・庫比（前十九世紀） 193
其他人物 195
埃什南納的首長與國王／伊什麥・達干王／利姆・辛王／阿塔爾魯姆
第二章　完成阿契美尼德波斯帝國的國王 阿部拓兒
前　言 201
大流士一世（約前五五〇—前四八六年） 204
居魯士二世（前五五〇年代初期？—前五三〇年在位） 229
岡比西斯二世（前五三〇—前五二二年在位） 231
阿托撒（前五五〇—約前四七五年） 232
薛西斯（前四八六—前四六五年在位） 234
希羅多德（約前四八四—前四二〇年代？） 236
克特西亞斯（約前四四〇年—？） 238
其他人物 239
瑣羅亞斯德／阿斯提阿格斯／克羅索斯／那波尼德／阿瑪西斯／岡比西斯二世的弟弟X／偽王Y／六名波斯貴族／西拉克斯／

培列提美／阿塔佛涅斯／阿里斯塔格拉斯／馬多尼奧斯／大提士／
大流士二世／帕瑞薩娣絲／阿爾塔薛西斯二世／大流士三世／
亞歷山大三世（大帝）／阿爾沙克一世／米特拉達梯二世／
阿爾達希爾一世／沙普爾一世／芝諾比婭／羅林森兄弟／
穆罕默德・禮薩・巴勒維

第三章　拿撒勒的耶穌與信仰的耶穌基督　月本昭男

前　言　257

耶　穌（約前五—約二八年）　258

第四章　佛　陀

——出現在「所有」與「再生產」社會中的覺者　馬場紀壽

前　言　267

佛　陀（約前四四八—約前三六八年／約前五六六—約前四八六年）　269

第五章　阿育王——一位帝王的生與死後生　古井龍介
前　言　283
阿育王（約前二六八—約前二三二年在位）　286
三慕達羅笈多（約三五〇—約三七五年在位）　306
詹姆斯·普林塞普（一七九九—一八四〇年）　307
其他人物　309
頻毗娑羅／阿闍世／摩訶帕德摩難陀／亞歷山大三世（大帝）／旃陀羅笈多／塞琉古一世（勝利者）／麥加斯梯尼／賓頭娑羅／安條克二世「神」／托勒密二世「愛手足者」／安提柯二世「戈努斯人」／馬加斯／亞歷山大二世（伊庇魯斯王）／盧陀羅達摩一世／法顯／玄奘／菲魯茲沙阿·圖格里克／梁武帝／隋文帝／武則天／錢弘俶／尼赫魯／甘地
第六章　超越悠久時空的古代中國思想　湯淺邦弘
前　言　323
孔　子（前五五一—前四七九年）　326

老　子（生卒年不詳） 356
孟　子（約前三七〇年—？） 358
荀　子（前四世紀末—前三世紀後半） 360
墨　子（約前四八〇—約前三九〇年） 363
屈　原（約前三四三—約前二七七年） 365
其他人物 368
顏回／宰我／子夏／子貢／子思／子張／子游／子路／冉求／冉耕／冉雍／曾子／閔子騫／堯／舜／禹／周公旦／子產／莊子／商鞅／韓非子／公孫龍／孫子／吳起／鬼谷子／蘇秦／張儀／鄒衍／齊桓公／晉文公／楚莊王

第七章　中國第一位皇帝的人性化肖像

鶴間和幸
前　言 388
秦始皇（前二五九—前二一〇年） 393
呂不韋（？—前二三五年） 424
李　斯（？—前二〇七年） 426

趙　高（？—前二〇七年） 428
項　羽（前二三二—前二〇二年） 430
劉　邦（前二五六—前一九五年） 432
其他人物 435
秦昭王（昭襄王）／秦孝文王／秦莊襄王／成蟜／夏姬／帝太后／扶蘇／胡亥／子嬰／蔡澤／甘羅／昌平君／昌文君／嫪毐／韓非／鄭國／李信／王齮／麃公／楊端和／桓齮／羌瘣／騰（南陽假守騰／內史騰／南郡守騰）／李牧／龐煖／王翦／王賁／王離／蒙驁／蒙武／蒙恬／蒙毅／項燕／隗狀／王綰／馮劫／馮去疾／馮毋擇／徐市／盧生／章邯

第八章　遊牧國家的君主就是得這樣才行
——既冷酷又寬大，還有敏銳的洞察力　林　俊雄

前　言 459
冒頓單于（？—前一七四年） 472
劉　邦（前二五六—前一九五年） 495
呂　后（前二四一？—前一八〇年） 498

韓王信（？—前一九六年） 502
中行說（生卒年不詳） 505
趙　信（生卒年不詳） 508
其他人物 511
張騫／范夫人／王昭君／盧綰／蘇武／衛律／李陵／李廣利

第九章　《史記》的通史與世界史的創造　藤田勝久

前　言 519
司馬遷（前一四五／前一三五—約前八七年） 523
漢武帝（劉徹，前一五六—前八七年） 556
司馬談（？—前一一〇年） 558
班　固（三二—九二年） 560
其他人物 562
希羅多德／漢文帝（劉恒）／賈誼／董仲舒／公孫弘／司馬相如／壺遂／李廣／衛青／霍去病／陸賈／路博德／楊僕／荀彘／李陵／任安／李廣利

第十章　儒教王權的誕生　渡邊義浩
前　言　577
王　莽（前四五—二三年）　583
董仲舒（約前一七六—約前一〇四年）　611
劉　向（前七九—前八年）　614
劉　歆（約前三二—二三年）　616
漢光武帝（前六—五七年）　619
漢章帝（五八—八八年）　621
鄭　玄（一二七—二〇〇年）　623
其他人物　624
漢元帝／王政君／漢明帝／班超／甘英／班固／許慎／馬融／張角／張陵

第十一章　從傳統到革新——東漢末的混亂與「亂世奸雄」的登場　牧角悦子
前　言　631
曹　操（一五五—二二〇年）　633

曹　丕（一八七—二二六年）683
曹　植（一九二—二三二年）685
其他人物 686
諸葛亮／孫權／劉備／關羽／曹騰／曹嵩／橋玄／孔融／禰衡／陳琳／王粲／司馬懿

第十二章　前伊斯蘭時代中亞勢力對南亞的入侵

宮本亮一
前　言 697
迦膩色伽一世（二世紀）700
頭羅曼（生卒年不詳）**、摩醯邏矩羅**（生卒年不詳）711
印度—斯基泰（約前一世紀—約一世紀中）721
印度—帕提亞（一世紀前半—約二世紀初期）723
丘就卻、Vima Takto、Vima Kadphises 724
百乘王朝（約前一世紀—三世紀）726
寄多羅（四世紀末／五世紀初期—五世紀後半）727
嚈　噠（五世紀中葉—六世紀中葉）729

其他人物　732
馬鳴／韋蘇提婆／烏孫／狄奧多特／西薩特拉普／胡毗色伽／米南德一世／阿富汗／喀瓦德一世／匈尼特人／瞿折羅／沙普爾二世／柔然／塞建陀笈多／鮮卑／宋雲／旃陀羅笈多二世（超日王）／吐谷渾／納塞赫／捺塞／巴赫拉姆五世／哈拉吉／普拉卡夏達曼／雅修達曼／卑路斯一世／伊嗣俟二世

第十三章　東南亞的初期國家與印度化　青山亨

前　言　753
趙　佗（?—前一三七年）　757
徵氏姊妹：徵側（?—四三年）、徵貳（?—四三年）　759
范師蔓、范旃、范尋、竺旃檀　761
憍陳如（生卒年不詳）　763
穆拉跋摩（約四〇〇年在位）　765
婆羅納跋摩（五世紀初期在位）　767

其他人物 770
驃族／孟族／漢武帝（劉徹）／士燮／奧理略／雍由調／康泰／
朱應／占族／拔陀羅跋摩
作者簡介 777
圖片出處 781

凡例

＊本書的結構是，首先敘述各章的中心人物，接著針對該人物周遭的重要人物，再來是其他相關人物，分別立項進行敘述。不過，也有不採這種形式構成的例外章節。

＊日本、中國的人名、地名，以漢字為準，除此之外的人名及地名，則以當地音之中譯表示。

＊關於外語文獻的翻譯，沒有特別要求的部分，皆依執筆者為準。又，關於日本的古代典籍等，也會依執筆者進行適宜易讀的整理。

＊引文中的執筆者補注，原則上使用括號。

＊年代原則上是用西曆（陽曆）標記。關於月日，在採用西曆之前的東亞地域，也有按照陰曆標示的章節，但除此之外的地域，沒有特別要求的部分，都是以西曆標記。

＊伊斯蘭圈的伊斯蘭曆等，換算成西曆時會橫跨兩年的情況，原則上是在底下用「／」號來連結標記（如「一四〇〇／一年」等）。

＊人物的實歲與虛歲，尊重執筆者的標記。

＊本書包含有以現代來說會被視為歧視的用語和表現手法，不過這都是基於史料等的記述；因為是理解人物與時代重要的線索，所以原則上不會任意加以更替。關於這點，還請務必深切理解。

亞洲各地的神話

西亞神話

古代美索不達米亞的豐穰神話世界

月本昭男

前言

古代西亞高度文字文化發達的地域，除了美索不達米亞外，還有埃及、西臺、敘利亞／巴勒斯坦等地。《死者之書》固不用提，留下眾多教誨文學與故事的埃及，出乎意料地幾乎沒有留下什麼記載神話的文獻。從巴比倫接收楔形文字的西臺留下了以隱居幕後之神為主題的神話群；敘利亞／巴勒斯坦，則在烏加利特文件中，留下了圍繞天候之神巴力的神話群。古代以色列的人民，也透過希伯來語《聖經》（《舊約聖經》），傳下了自天地創造開始、神話色彩濃烈的故事。可是，美索不達米亞的神話與類似的文件群，不管是質或是量，都遠遠淩駕於其他地域。保存用的燒製黏土書板，和莎草紙或羊皮紙相異，即使埋在地底下，也會持續保存。本章以下就特別以美索不達米亞的神話為主，來介紹西亞的神話。

西元前三二〇〇年左右，美索不達米亞的蘇美人將人類最初的圖形文字，刻在黏土板上。不久之

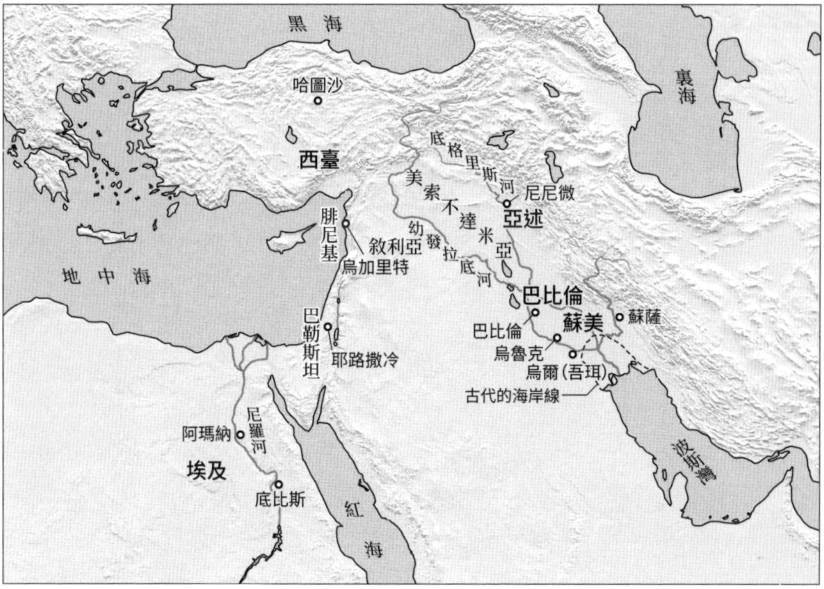

古代的東方世界

後，這種圖形文字演變成呈細長楔型，由縱、橫、斜線組合而成的楔形文字。最早期的黏土書板大部分都是收支紀錄，但到前二五〇〇年左右，開始有各式各樣的文件登場。以前二〇〇〇年左右為分野，文明的旗手由蘇美人轉移到閃系民族，阿卡德語變成主流，但蘇美語仍然以書面語的形式被繼承下來。

故此，在美索不達米亞有蘇美語和阿卡德語兩種神話留存下來。阿卡德語神話中，受蘇美語神話影響的作品頗多，也有對應蘇美語、以阿卡德語寫成，廣為人知的雙語作品。

以下基於方便，將這些神話分成創造神話、冥界神話與英雄神話來介紹，並試著探尋從中反映出的古代美索不達米亞世界觀、人類觀與社會觀。

一、創造神話

談論「起源」這件事，就意味著對本質進行思考。自古以來，人們總會透過談論自身周遭各種事象的起源，來設法掌握各事象的本質；創造神話就是其中的典型。楔形文字書板中，留有大大小小二十多則的創造神話。以下將之分為世界的起源、人類的起源與文化的起源，各自指出其特色。

談論世界起源的創造神話，又可以分成天地交合、天地分離、天地創造三個類型：

天地交合型

蘇美語最古老的神話片斷（約前二三五〇年）記載，在混沌之初，安（安努，天）與基（地）「互相召喚」。又，在蘇美語的對論文學《樹木與蘆葦》的引言部分，也有這樣一段話，講到天與地生出樹木與蘆葦的模樣：

> 高聳在天上的安與廣闊的大地交合，
> 將英雄般的樹木與蘆葦種子注入她的胎中。
> 宛若健壯母牛般的美麗大地，接下了安的優良種子。

在這裡，作者用代表天的男神與代表地的女神交合這樣的生殖行為，來描述從天而降的雨潤澤大地、讓植物繁茂的自然現象。根據蘇美、阿卡德雙語的神話《尼努爾塔（Ninurta）的事跡》，眾神也是天與地交合生出來的。這樣的神話觀念，以烏拉努斯（天）與蓋亞（地）進行男女交合的希臘神話為首，在東南亞與南太平洋地域的神話中也都可見。

天地分離型

所謂天地分離型，是指原本一體的天地分離、形成世界的神話。這些流傳神話的其中之一，是蘇美語的《鶴嘴（鋤）讚歌》。這篇故事說，原本一體的天地被大神恩利爾分開，從連結兩者裂縫的多爾・安・基（天地的結合點）中，誕生了鶴嘴鋤，人類也從這當中誕生出來。多爾・安・基也是城市尼普爾中恩利爾神殿的名稱，鶴嘴鋤代表著建立神殿的工具。後述的蘇美語神話《吉爾伽美什與冥界》的引言部分，也有天地分開、世界誕生的記述。

這類型的神話，大概是把彷彿天地渾然一體的漆黑深夜中，驟然透進拂曉的晨光，讓天與地漸漸變得清晰可辨的自然現象，和形成世界秩序的原初姿態彼此重合了。天地分離型的神話類型，在紐西蘭的毛利族等當中也有流傳。在美索不達米亞，這種神話則只有蘇美語版本，阿卡德語並沒有類似傳承。

天地創造型

以開頭兩句為名的巴比倫神話《埃努瑪・埃利什》（天之高兮），是天地創造型的代表性作品。

這篇故事是以眾神譜系風的記述開場，由象徵淡水（一作甜水）的男神阿普蘇與象徵海的女神提亞瑪特這對原初的男女配偶神，生出了眾神的世界。但是，阿普蘇對持續增加的子神感到困擾，企圖抹殺他們；得知這件事後，第五世代的埃亞（又稱Nudimmud）起而反抗，殺害了阿普蘇，並在殺害他的場所建立了聖殿，也稱之為阿普蘇。埃亞在那裡生下的子神，就是巴比倫的主神馬爾杜克。

被賦予特殊能力的馬爾杜克掀起沙塵、風暴與大浪，挑釁丈夫被殺害的女神提亞瑪特。憤怒的提亞瑪特以後來成為馬爾杜克隨從的怒蛇為首，創造出十一隻怪物，並從子神中選出金固為司令官，準備戰鬥。聽聞這件事，第三世代的男神安沙爾命令曾孫馬爾杜克擊破提亞瑪特。馬爾杜克於是拿起弓箭，同樣帶著十一道風，和提亞瑪特展開戰鬥。

巴比倫的主神馬爾杜克與其隨從怒蛇

勝利的馬爾杜克將遭殺害的提亞瑪特肢體一分為二，創造出天與地，定下天體的運行與時節，並用其肢體的各部分建造起地上世界。接著他更進一步，用和提亞瑪特一起戰敗的司令官金固的血造出人類，讓他們為眾神服勞役。眾神為馬爾杜克建造起巴比倫城與神殿埃薩吉爾，讚美馬爾杜克為「眾神之王」、「黑頭（人類）的牧者」，贈與他五十個尊稱。

根據希臘化時期的阿卡德語文件《巴比倫新年祭》所述，在新年祭的第四天要朗誦《埃努瑪．埃利什》，並向馬爾杜克獻祭。新年祭是依據這個神話，確認馬爾杜克在天上的王權，同時也向內外展示馬爾杜克賦予巴比倫王的地上王權之宗教儀式。話說回來，地上的王權來自神的起源，這是美索不達米亞傳統的王權觀，古代的《蘇美王表》（前兩千紀上半葉）開頭，就寫著「從天降下王權」。不過，刻有《埃努瑪．埃利什》的最古老書板是在前一〇〇〇年前後，而《埃努瑪．埃利什》神話，一般被認為成立於前兩千紀末葉的巴比倫，因此在新年祭朗誦天地創造神話的習俗，並不能回溯到蘇美時代。

此外還有其他知名的天地創造神話。用蘇美語、阿卡德語雙語記載的《埃里都創造譚》，就是從盧加爾．多庫卡（「聖丘之王」，指馬爾杜克）建造埃里都城與神殿開始。緊接著，他建造了巴比倫與其神殿，以及扶養眾神的人類，接著更進一步創造了野生諸物、底格里斯河與幼發拉底河、森林、綠地、蘆葦原、家畜等，美索不達米亞的各城也隨之建造起來。這個神話本身作為新巴比倫時代的淨化儀式一部分被流傳下來，在去除神像汙穢、使之潔淨的宗教儀式中會被詠唱。

阿卡德語的《埃亞創造譚》，則是在神殿修補的儀式上，由稱為「卡爾」的歌唱祭司在磚頭前詠唱的神話。當天空之神安努創造天的時候，智慧之神埃亞建造了神殿阿普蘇，並創造了修復神殿用的磚頭、蘆葦與森林，定下負責建築、鑄造、石工等各機能的神明，然後創造出作為神殿保護者的王，與為神服勞役的人類。

如果天地交合型與天地分離型是基於自然現象談論世界生成的神話，那天地創造型神話，就是以城市和神殿的建造為模範。值得一提的是，天地創造神話中使用的動詞「創造」，在很多時候都是使用

「建造」神殿或房舍的阿卡德語「巴努」來表述。

馬爾杜克擊破提亞瑪特、確立世界秩序的《埃努瑪・埃利什》主調，和前十四世紀左右烏加利特神話中，巴力對闍（Yamm，海）的勝利是相通的，在希伯來語《聖經》中，也留有同樣神話的痕跡（〈詩篇〉八九篇一〇—一三節等）。被擊破的怪物在希伯來語中稱為利維坦、拉哈伯、單寧（龍）等。這種神話雖為閃系民族所共享，但在蘇美語中則不曾流傳。

人類的起源

和創造神話結合在一起的人類起源，可以辨識為兩種類型：人類從大地自然誕生出來的自生型，以及由眾神創造出來的創造型。《埃里都讚歌》的引言部分就記載，「人類是……宛如植物般，從大地破土而出」。前面介紹的《鶴嘴讚歌》也說，人是從「天地的結合點」中誕生出來的。這種自生型神話，只流傳在蘇美語中。

相對於此，創造型則是在蘇美語與阿卡德語兩種神話中都有流傳。雖然故事本身各有差異，但從中仍可看出共通的基本特色。

人類的創造，通常是與神明埃亞（蘇美語稱為恩基）密切相關。蘇美語神話《恩基與寧瑪哈》中是恩基與女神寧瑪哈、阿卡德語神話《阿特拉哈西斯》中是埃亞與女神寧圖（貝萊特・伊莉、瑪米），《人類與王的創造》則是獲得埃亞同意的貝萊特・伊莉，分別創造了人類。《埃努瑪・埃利什》中，是承仰馬爾杜克意向的埃亞創造了人類。司掌大地與真水的埃亞（恩基），雖與掌管天空的安努（安）、中空的恩利爾一起，占據了萬神殿中的最高位，但在神話中，則常常是站在人類這一邊，告知人類疫病、饑饉、大洪水等災厄到來的「智慧之神」。

創造人類的素材是黏土，再加上被殺害神明的血。《阿特拉哈西斯》中，被殺害的是具有「理解力」的神明阿維．伊拉。雖然有見解認為，這種「理解力」是與人類的知性能力、精神活動相結合的，但因為理解力（蒂姆，Temu）與靈魂（艾丁姆，Etemmu）在發音上相呼應，所以反過來說，或許是暗示著死亡的不可避免。然而，因為遭殺害的神隨神話而有所不同，所以必須謹慎小心，不要輕率地將解釋普遍化。

創造人類的目的，在蘇美語和阿卡德語各神話中，都有同樣的描述：簡單說，就是眾神為了負擔糧食供給、運河管理、神殿建立等勞役，所以造出了人類。在這裡，我們可以看到「侍奉神明、代替神明服勞役」這種美索不達米亞特有的人類觀。以灌溉農耕為生產基礎，同時對眾神進行豐盛祭祀的美索不達米亞城市社會，是這種觀念的背景所在。

另一方面，希伯來語《聖經》流傳的伊甸園故事則是說，人類（亞當）是為了「耕地」（原意是「在大地上服侍」），所以用「地上的塵土」（黏土，「大地」的發音是阿達瑪）塑形，再由上帝吹入「生命的氣息」，從而產生出來之物。古代以色列的人民基於他們的一神教信仰，將美索不達米亞的造人神話，以自己獨特的方式重新詮釋。

又，根據阿卡德語神話《人類與王的創造》，因為最初造出的人類並不完美，所以埃亞與貝萊特．伊莉又造出了「能做出卓越決策的人類」，並由眾神給予他們身為王的戰鬥能力與各種權威。換言之，王是必然從神獲賜遠遠凌駕平民之上力量權能的存在。

文化的起源

古代西亞的基本生產型態，是農耕與畜牧。在美索不達米亞，自前四千紀中葉以降，隨大規模灌溉而來的定居農耕開始發達，以高生產性穀物（大麥、小麥）栽培為經濟基礎的城市社會開始出現；至於在它的邊陲，則是有隨著季節和羊群一起遷徙的移牧經營。農耕民與牧羊民之間以穀物與羊毛的交換為首，形成一種相互的依存關係，但另一方面，因為定居與非定居的生活樣式差異，兩者之間也存在著緊張。

這種事態，在以論爭形式描述牧羊神與農耕神圍繞著女神伊南娜（天后），展開競爭的蘇美語神話《杜木茲與恩金度》中，直接反映出來。在另一則蘇美語神話《馬爾杜的結婚》中，當牧羊民之神馬爾杜對伊納伯城市神的女兒阿多加爾．基多克求婚時，基多克的女伴們給了這樣的忠告：「他（馬爾杜）住在帳篷裡，……不祈禱，生活在山中，無視眾神的聖所，……不知道屈膝行禮，吃生肉，死後也沒有埋葬的儀式」。從這裡可以清楚看出，城市居住者蔑視牧羊生活、將它視為非文化的偏見。不過，故事最後是以下定決心和馬爾杜結婚的基多克之語作為總結。

以農耕為基礎的城市居民與牧羊民之間，雖然像這樣蘊含著對立、對抗關係，但農耕與牧羊是美索不達米亞兩種基本生產模式這一點，則是不曾改變。蘇美語神話《拉哈爾與阿修南》，就把拉哈爾（母羊，^{d}Lahar）與阿修南（麥，^{d}Ašnan）給神格化（d是表示神格的標記法，指的是蘇美語中的「神」〔dingir〕

之意），描述兩者從原初「神聖之丘」降臨世間的故事。根據前面也介紹過的鶴嘴神話，最初的城市與神殿是由眾神所建造，而建築不可或缺的鶴嘴鋤則是從「天地結合之處」誕生。火也被視為是起源自神，「火」這個詞屢屢被賦予神格的決定詞（^{d}Gibil$_{6}$, ^{d}Gíra）。從這些地方可以看出，美索不達米亞的神話觀念認為，農耕、牧羊、城市與神殿的建造、火的使用等維持擴充生存的人類文化運作，其實都是對眾神行為的「模仿」。

二、冥界神話

在美索不達米亞，死者前往的冥界被稱為「不歸之國」，被認為是存在於地下的領域。雖然在創造神話中並沒有描述冥界起源的部分，但關於冥界本身的神話，則有相當的數量。這類神話，也可以大致分為三個類型：

冥界神話的三個類型

第一類是英雄死後，下到冥界的故事。蘇美語《烏爾那木之死》，是描述建立烏爾第三王朝的烏爾那木意外死亡後，接受送葬儀式、下到冥界的故事。來到冥界的烏爾那木在向冥界眾神獻上犧牲與供品後，雖然哀嘆自己在地上留下的事業與妻子，但還是被冥界的女王埃列什基伽勒任命為冥府的法官，「與他所喜愛的吉爾伽美什一起，在冥界告知判決，做出各種決定」。

同類型的蘇美語神話《吉爾伽美什之死》，則流傳有兩種版本（A版與B版）。烏魯克之王吉爾伽美什（蘇美語稱為比爾伽美什）雖然擁有無可比擬的權力，卻沒被賦予永遠的生命，因此只能躺臥在「命運之床」上（A版）。接下去的部分缺少了原文，不過B版則描述了下到冥界的吉爾伽美什，向冥界眾神獻上供品的場面。

第二類是在夢中見到冥界樣貌的故事。這包括蘇美語的《杜木茲之夢》、《吉爾伽美什與死》、阿卡德語版《吉爾伽美什史詩》中的〈恩奇杜之夢〉等。

在《杜木茲之夢》中，夢見自己死去的年輕男神杜木茲，在他的姊妹蓋什提南娜與太陽神烏圖協助下，從冥界惡鬼的追捕中隱藏起來，但最後仍被逮捕，拖進了冥界。前述的《吉爾伽美什之死》的另一版本《吉爾伽美什與死》，則是躺臥在「死之床」的吉爾伽美什，做了一個夢。眾神雖然做出決定要他死亡，卻給予他在冥界擔任亡靈之主、相當於冥界總督的地位，並約定好他一定能和家人以及自己喜歡的恩奇杜重逢。於是吉爾伽美什在幼發拉底河的河床上建造墳墓，帶著送給冥界眾神的禮物，和家人們一起躺臥在那裡；當幼發拉底河的水流回到原位時，這座墳墓便消失在眾人的視線之中了。至於〈恩奇杜之夢〉，則是被天上偉大眾神定下死亡的恩奇杜，對自己所見冥界之夢的報告。據恩奇杜說，冥界是「黑暗之家」，塵土是他們的糧食、黏土是日常的食物；他們穿著像鳥一樣有翅膀的衣服，看不到光線，生活在漆黑之中。做完這個夢之後的恩奇杜，不久便停止了呼吸。

第三類是特定的神明在自己意志下，下到冥界的神話，代表性的作品是蘇美語版的《伊南娜下冥界》。

意圖支配冥界的女神伊南娜，對侍臣寧舒布爾留下「當我無法從冥界回來時，就向偉大的眾神求援」這句話後，便隻身下到冥界。結果，當伊南娜通過冥界的七重大門時，她的飾品和衣服都被剝走，最後在冥界女王埃列什基伽勒的「死之目光」注視下，伊南娜在冥界化成了「褪色的肉塊」。寧舒布爾為了回不來的伊南娜向眾神尋求援助，智慧之神恩基用指甲中的汙垢創造出兩個生物，命令他們悄悄靠近伊南娜的屍體，給予「生命之草」和「生命之水」，讓她復活。

伊南娜就這樣重新復生，並且開出願意提供替身的條件；獲准從冥界還陽的她，提供了牧神杜木茲作為自己的替身。杜木茲逃出冥界鬼神的追捕，躲到姊妹蓋什提南娜的地方，卻還是被鬼神給抓走，送進了冥界。在這之後，杜木茲與蓋什提南娜，每年都必須留在冥界半年。這個神話後來簡略成阿卡德語版的《伊斯塔下冥界》，至於聚焦在最後部分的蘇美語神話，則有前述的《杜木茲之夢》、《杜木茲與蓋什提南娜》等。

阿卡德語神話《尼爾加爾與埃列什基伽勒》，是描述尼爾加爾成為冥界之王的來龍去脈。通過十四道冥界之門下到冥界的尼爾加爾，抓住了冥界女王埃列什基伽勒，意圖割斷她的喉嚨，但埃列什基伽勒卻提出請求，問他是否願意成為自己的丈夫、一起統治冥界？尼爾加爾答應了這個請求，和埃列什基伽勒交合，成為冥界之王。在其他版本中，一度逃出冥界的尼爾加爾，因為再次進入冥界、和冥界女王交合，所以被天之至高神安努裁定，成為不得回到天界的冥界之神。

蘇美語神話《吉爾伽美什與冥界》的後半，也是一種下冥界神話。恩奇杜為了把吉爾伽美什掉進冥界的普克與梅克（木製的球與球棒）取回而下到冥界，卻因為不遵守冥界的規則，而被囚禁在冥界。聽到吉爾伽美什的請求後，智慧之神恩基命令太陽神烏圖打開一個通往冥界的洞穴，讓恩奇杜回到地上。與恩奇杜重逢的吉爾伽美什問起死者的命運時，恩奇杜對此做了回答。這段持續不斷的問答，簡單歸納起來就是「如果沒有隆重的送葬儀式與之後對死者的供養，死者在冥界就無法得到平靜」。這部分被譯成阿卡德語，出現在標準版《吉爾伽美什史詩》的第十二塊書板。

美索不達米亞民眾的冥界信仰

在這些神話中，清楚呈現了美索不達米亞人們的冥界觀。就實際上來說，他們也基於這樣的冥界觀，在處理死者的儀式。送葬儀式一般來說會持續七天；這是否和冥界的七重大門有所關聯，至今仍未有定論，但送葬之際會用裝飾品覆蓋死者並附加貴金屬的陪葬品，這樣的行為則確實是出於要贈予冥界守門人、乃至於冥界眾神禮物的念頭。在《伊南娜下冥界》與〈恩奇杜之夢〉中登場的冥界書記，會負責記錄死者攜帶的贈品。

即使是埋葬後，人們也會在月底呼喚祖先的名字，並在墓前供奉食物與飲料。他們相信，接受豐厚供養的的死者靈魂，不只會在冥界過得比較舒適，也會壓制冥界的惡鬼，從災厄中守護子孫；反之，如果怠於供奉，則死靈會徘徊在陽世、禍及子孫。這種冥界信仰，其實是用以強化家族共同體，並在家族成員與非成員之間劃出界線。

也有人指出，冥界神話和美索不達米亞為了治癒疾病而舉行的咒術儀式之間，是有密切關聯的。《伊南娜下冥界》中的伊南娜，因為恩基帶給她的「生命之草」與「生命之水」而得以復活；而根據記載一定治癒儀式的文件，咒術祭司會將自己和恩基（埃亞）交付「生命之草」與「生命之水」的兒子阿沙魯爾同化，降臨在治癒儀式當中。伊南娜也為了從冥界還陽，被冥界女王埃列什基伽勒下令要提供「替身」。在其他治癒儀式中，人稱「被埃列什基伽勒選中」、性命垂危的病人，必須殺掉山羊或者豬等動物，好作為自己的「替身」送到冥界。

於是，與圍繞冥界的美索不達米亞神話有著密切關聯的，一方面是送葬儀式與死者供養，另一方面則是治癒。

三、英雄神話

雖然概略稱為「英雄神話」，但怎樣的人會被視為英雄，卻沒有一定的標準。若說武勇是英雄的指標，那麼其實也有文化英雄的概念。在古代，對於以人類為主人翁的史詩，也會稱為「英雄神話風格」。

蘇美語中，「英雄」這個詞稱為烏爾・薩格（ur-sag），對應的阿卡德語則是卡拉多／克拉多（qarrādu/qurrādu，女性形為qaritu/qarrattu）。包含伊南娜／伊斯塔這樣的女神在內，被這樣稱呼的神有五十尊。這種稱呼也被應用在神話化的人物上，國王們也喜歡在碑文上使用「英雄」或是「英雄般」（qardu）這樣的詞彙來自稱。

以下就不分神人，介紹一下主人翁被稱為「英雄」的美索不達米亞神話與文學作品。整體來說，若英雄是神，則大部分都是擊破敵人的故事；如果是人，則是像《吉爾伽美什史詩》這樣，描述克服各式各樣試煉成長的人物。另一方面，也有挫折的英雄故事流傳。

蘇美語神話中的英雄

恩美爾卡

根據《蘇美王表》，恩美爾卡是統治城邦（城市國家）烏魯克四百二十年的第二代國王，以蘇美語作品《恩美爾卡與阿拉塔之王》、《恩美爾卡與安蘇普基爾安納》而著稱。他是不是實際存在的國王，至今仍不清楚。不管是哪個故事，恩美爾卡都是受到女神伊南娜牽連，和伊朗的城邦阿拉塔（位置不明）交涉，最後讓阿拉塔王成功臣服。這是以神話的風格，來描繪蘇美時代最早期，美索不達米亞最有力的城邦烏魯克與伊朗各城邦之間抗爭的故事。在《恩美爾卡與阿拉塔之王》中，恩美爾卡被認為是首位在黏土書板刻上文字的文化英雄。

盧伽爾班達

在《蘇美王表》中，盧伽爾班達是恩美爾卡的後繼者，後來的傳承也說他是吉爾伽美什的父親，不過，他是不是實在的人物，也同樣無從確認。關於他的故事，也是以蘇美語流傳。

在《盧伽爾班達與山之洞窟》中，參與阿拉塔遠征的盧伽爾班達在山中病倒，被棄置在洞窟中，但因為女神伊南娜、月神、太陽神的眷顧而得以痊癒，並獲得了「生命之草」與「生命之水」的加強。他用打火石點火燒製麵包，又捕捉野牛與野山羊，為神明獻上犧牲與供品，從而被賦予了身為戰士的守護靈與各式各樣能力。非常遺憾的是因為文件有缺損，所以後來的故事發展並不清楚。

在《盧伽爾班達與安祖》中，盧伽爾班達雖然同樣是被棄置在山中，但被怪鳥安祖當成幼鳥撫養並賦予特殊能力後，和攻擊阿拉塔的烏魯克軍會合。當戰鬥陷入膠著狀態時，他一天走過七座山抵達烏魯克，從伊南娜那裡獲賜了攻破阿拉塔的策略。

吉爾伽美什

關於烏魯克王吉爾伽美什的蘇美語傳承，主要以以下六點為人所知。

比起神話，《吉爾伽美什與阿伽》更有歷史故事的風味。吉爾伽美什雖然擊敗了攻擊烏魯克的基什王阿伽及其軍隊，卻想起過去阿伽對自己的厚待，於是允許阿伽回到基什。又，阿伽是實際存在的國王。

《吉爾伽美什與胡瓦瓦》，講述的是吉爾伽美什與恩奇杜，消滅棲息在杉樹森林中怪物胡瓦瓦的故事。《吉爾伽美什與天牛》，講的是意圖與吉爾伽美什結婚、卻被拒絕的女神伊南娜，為了懲罰他，派遣獰猛的「天牛」來到地上，結果被吉爾伽美什與恩奇杜捕獲。這兩個傳承，後來都被收錄到阿卡德語版《吉爾伽美什史詩》當中。至於《吉爾伽美什與冥界》、《吉爾伽美什之死》、《吉爾伽美什與死》等傳承，在前面的「冥界神話」都已提及。

雖然我們至今尚未發現吉爾伽美什是實際存在國王的直接證據，但前述的《吉爾伽美什與阿伽》，暗示了這樣的可能性。不管怎麼說，他在很早的時期就已經被神格化，並且留名在法拉文書（約前二五〇〇年）的眾神一覽表中。在這之後，他也被當成冥界之神來崇敬，後面會提到的阿卡德語版《吉爾伽美什史詩》也廣為流傳，描繪吉爾伽美什的大小雕刻作品，也有許多留存至今。

伊南娜

美索不達米亞有名的神都有各自的配偶神，但被視為和金星等同、以獅子為侍獸的「愛與戰爭之女神」伊南娜，並沒有特定的配偶神。許多描述伊南娜與年輕的杜木茲相愛交合的蘇美詩歌，據說都是以烏爾第三王朝時期到古巴比倫時期（約前二一〇〇—約前一八〇〇年），地上之王與伊南娜的「聖婚」儀式為背景。像這樣把女神當成英雄描述的，有蘇美語神話《伊南娜與艾比夫》。

在這則神話中，伊南娜對不敬重她的艾比夫[1]，用包含風暴與洪水在內的「武器」發動攻擊，擊碎岩石、吹倒樹木，從而征服了它。最後，女神被盛讚成「宛若獅子般在天地咆哮，為人們帶來破壞，對展現敵意的國度，有如巨大的野牛般將之征服」。艾比夫是位在美索不達米亞北部的一座山峰之名。這個神話，相傳是樹立古阿卡德王朝的薩爾貢（約前二三四〇—約前二二八〇年在位）之女安海度亞娜所著。它大概反映了古阿卡德時代，制壓居住在艾比夫地方山岳民族的歷史。

尼努爾塔

有關戰鬥之神尼努爾塔的蘇美語神話，最著名的是《尼努爾塔的事跡》與《尼努爾塔回到尼普爾》。描述英雄尼努爾塔的是前者，原文是以行間附有阿卡德語的雙語方式流傳。

在採用開頭句、也被稱為《盧加爾．埃》（Lugal-e，「王啊」之意）的《尼努爾塔的事跡》中，尼努爾塔擊破了「撕裂大地的皮肉，讓痛楚的傷覆蓋大地」的山之怪物雅薩庫，將它變成一塊「石頭」。在後半中，因為這場戰役，大地變得無水滋潤，眾神也變得益發勞苦。為此，尼努爾塔建起防壁，將水集中到底格里斯河，讓田地與果樹園結實累累，眾神為此大感歡喜。特別是被稱為「山之女帝」的創造女神寧馬赫，尼努爾塔為了她，讓果樹、家畜和金屬都有豐富的產出。

阿卡德語的神話英雄

尼努爾塔

在蘇美語、阿卡德語神話中都有登場的尼努爾塔，其英雄形象被阿卡德語神話《安祖神話》所繼承。位居眾神頂點的恩利爾，命令棲息在山上的怪鳥安祖，擔任自己住所的看守；但當恩利爾清潔身體的時候，安祖卻把規定世界秩序的「天命書板」偷走，導致世界混亂。就在戰神們紛紛畏縮不前的情勢中，尼努爾塔被賦予了奪回書板的重任。尼努爾塔接受埃亞的建言，狙擊安祖的翅膀，取回了書板。他將書板送回恩利爾處，恢復了世界的秩序。

遭到安祖攻擊的尼努爾塔神（新亞述時代）

在這個神話中扮演重要角色的「天命書板」，根據前述的《巴比倫新年祭》所言，在新年祭的第八天，眾神會在「神聖之丘」上制定這年的「天命」，將之記錄下來，放在主神馬爾杜克的跟前。

吉爾伽美什

前兩千紀初，根據前述蘇美語的吉爾伽美什傳承編纂而成的阿卡德語版《吉爾伽美什史詩》（以下稱為《史詩》），在前兩千紀末經過改訂，成為直到希臘化時期，一直被傳誦的美索不達米亞最大神話風文學作品。在新亞述時代，它被彙整成十二塊書板，達到三千五百行之多；這部《史詩》雖然也有缺損的部分，但從數處遺跡發現了為數眾多的黏土書板，所以整體故事基本上算是清楚的。

烏魯克市民對於國王吉爾伽美什的暴君行為深感困擾，大神安努聽了市民的訴苦，於是命令母神雅魯魯，創造出對抗吉爾伽美什的野人恩奇杜。受到「神妓」引誘，來到烏魯克的恩奇杜，和吉爾伽美什展開了一場格鬥，兩人最後不分勝負，卻萌生了友情。結下友誼的兩人一起遠征黎巴嫩的山林，將黎巴嫩杉樹森林的怪物洪巴巴（古巴比倫版是胡瓦瓦）消滅，凱旋回到烏魯克。

對於向自己求愛的女神伊斯塔，凱旋的吉爾伽美什當著她的面把她大罵了一頓。為此感到憤慨的伊斯塔向安努申訴，請他把巨大的「天牛」派到地上，卻被吉爾伽美什與恩奇杜成功捕獲。害怕兩人行動的眾神在天上召開會議，對恩奇杜下達死亡的判決。注視著做了冥界的夢、躺在死之床上的朋友恩奇杜，吉爾伽美什被死亡的恐怖深深擄獲，再加上對恩奇杜的深深懷念，他決定踏上尋求永生的旅程。

將獅子皮穿在身上、踏上旅程的吉爾伽美什，不顧女神西杜麗的制止，橫渡「死之海」，抵達了烏特納匹什提姆（阿特拉哈西斯）處。烏特納匹什提姆告訴他，自己是從大洪水一直活到現在，又告訴他在「死之海」的底部，有著名為「返老還童」的草。將這種草弄到手的吉爾伽美什，歡歡喜喜地踏上歸途，但在路上一個綠洲洗澡的時候，放在岸邊的草被蛇給叼走了。

這部作品裡充滿著擊退怪物、天牛、大洪水等好幾個神話調性，也嵌入了「友情」與「死亡」等主題。第十二書板中採用了蘇美語神話《吉爾伽美什與冥界》的內容，附加上關於冥界模樣的問答，這在前面已經提過了。

阿特拉哈西斯

在前面「創造神話」講述「人類的起源」時，曾經提及的《阿特拉哈西斯》，事實上是講述人類在好幾個滅亡危機中被拯救的阿卡德語神話；從前兩千紀上半葉到前一千紀中葉，它留下了許多的抄本。眾神創造了替他們服勞役的人類，但一千兩百年後，因為人類過度增生、地上充滿喧囂，讓眾神無法安眠，於是至高神恩利爾將疫病送往地上，企圖滅亡人類。可是察覺到這點的阿特拉哈西斯（「最高的賢者」之意，也寫作阿特拉姆哈西斯），受到智慧之神埃亞的指示，命令長老奉上供品安撫疫病之神納姆達爾，從陷入疫病的全滅危機中拯救了人類。又一千兩百年後，再次為人類喧囂所苦的恩利爾，為了消滅人類，降下旱災與饑饉；但這次阿特拉哈西斯又跟以前一樣，在埃亞的支援下，安撫降雨之神阿達特，讓人類免於因乾旱與饑饉而滅亡。接著又過了一千兩百年，恩利爾對地上降下大洪水；阿特拉哈西斯透過埃亞事先得知了此事，和妻子造了方舟，逃過大洪水。

在這篇史詩中，古代美索不達米亞的人們將自身體驗過的疫病蔓延、旱災與饑饉、洪水襲來等人類存亡的危機，當成太古發生的事加以神話化，並把克服這些災難的人類「智慧」，具現成阿特拉哈西斯這位賢者的形象。最後的洪水故事被阿卡德語版《吉爾伽美什史詩》所採納，這自然也是希伯來語《聖經》中的「洪水故事」以及希臘「杜卡利翁洪水傳說」的模板。

挫折的英雄

阿達帕

《阿達帕史詩》描述城市埃里都傳說中的支配者阿達帕，錯失永生機會的故事。阿達帕因為乘船翻覆，所以詛咒「南風」，折斷了她的「翅膀」，於是被召喚到天之至高神安努的身邊。在那裡，他被賜予生命的麵包和水，卻沒有吃進肚子，反而是把油塗在身上，又穿上衣服。故此，他無法得到永生，只能回到地上。

埃塔納

《埃塔納史詩》是講述城市基什傳說中的支配者埃塔納的故事。在一棵樹的樹梢上有著老鷹，樹根則棲息著蛇；因為老鷹打破跟蛇的約定，吃掉了蛇的孩子，所以被太陽神懲罰，將老鷹關在洞穴之中。埃塔納幫助老鷹脫離洞穴，於是老鷹將他載在背上，為了追求「生養之草」而在天上飛翔；但是，在天空中的埃塔納感到恐懼，所以和老鷹一起墜落到地面。故事的最後因為文件破損，並不清楚。

被視為英雄的王

薩爾貢

薩爾貢樹立的阿卡德王朝，是古代美索不達米亞最初的閃系王朝。薩爾貢被傳說化，並被描述成「虛偽之主」，留下了好幾部傳承作品；這裡僅介紹薩爾貢自己用第一人稱「我」講述、自傳形式的《薩爾貢誕生故事》。原文是約一千五百年後，新亞述時代的阿卡德語文件。

身為祭司的母親悄悄生下了「我」，並將我放進鋪了柏油、防水的蘆葦籠子裡順河漂流。在那裡，我被「正在取水」的亞基撿起、養育長大，成為果樹園的看守。不久後，被女神伊斯塔所愛的「我」成為了王，開始支配人們。我在群山之中開闢道路、度過山麓、三度征服海洋的國度。最後，他提到

「我」之後到來的王，都會仿效「我」的言行舉止，還提到了種種動物，但這部分因為原文破損，所以細節不明。

偉大的領袖在幼年時被順水放流的故事，當然是和希伯來語《聖經》的摩西、《列王紀》的達拉布王傳說以及羅馬建國神話的羅慕路斯與雷摩斯相通，屬於「棄子傳說」的一種型態。

納拉姆辛

薩爾貢的孫子納拉姆辛（前二二五四—約前二二一八年在位）不只積極從事軍事遠征，也把自己神格化。他的英雄事跡，透過擊破反抗城市基什與烏魯克的《納拉姆辛與大叛亂》、壓制城市阿皮夏爾的《納拉姆辛與阿皮夏爾之王》等作品流傳下來。但另一方面，在他死後，阿卡德王朝便步上衰微之道，因此也有把原因歸咎在他的不虔誠行為的詩歌《阿迦德的詛咒》，以及納拉姆辛無視於眾神意旨、慘遭敗北的《納拉姆辛的庫塔傳說》等流傳下來。

漢摩拉比

統一美索不達米亞的漢摩拉比（前一七九二—前一七五〇年在位）在他發布的《漢摩拉比法典》碑的「前言」與「後記」中，自稱為「英雄」，列舉了自己受到眾神委託所留下的業績，並謳歌自己是遵循太陽神沙瑪什（烏圖）的「正義之王」。

圖庫爾蒂・尼努爾塔一世

中期亞述王圖庫爾蒂・尼努爾塔（前一二四四—前一二〇八年在位），獲得以亞述主神阿舒爾為首的眾神助力，擊破背誓「掠奪無防備居民」的巴比倫王，將大量的寶物帶回亞述。歌頌這起事跡的英雄史詩，稱為《圖庫爾蒂・尼努爾塔史詩》。

尼布甲尼撒一世

伊辛第二王朝第四任國王尼布甲尼撒（前一一二五—前一一〇四年在位），對將巴比倫置於支配下的埃蘭發動侵略並將之擊破，成功奪回被奪走的巴比倫主神馬爾杜克神像。《尼布甲尼撒史詩》是讚美這起事蹟的英雄史詩。

除此之外，美索不達米亞的國王，特別是前兩千紀末葉以降的亞述國王們，留下了數量龐大、誇耀自己軍事成果的國王碑文，也在碑文中將自己描繪成「英雄」。

以上介紹了美索不達米亞的神話與相關類似的文件。將楔形文字刻在黏土書板上流傳下來的美索不達米亞，事實上堪稱是神話、傳承最古老的寶庫。在這些作品中，不只反映出古代美索不達米亞的社會，以及生活在其中人們的世界觀與人類觀，其中眾多的神話要素與故事主題，也直接與間接地被之後的時代所繼承，從而形成了人類的文學史。

注釋

1. 譯注：一座被神格化的山峰。

參考文獻

岡田明子、小林登志子著，三笠宮崇仁監修，《古代メソポタミアの神々（古代美索不達米亞的眾神）》，集英社，二〇〇〇年
岡田明子、小林登志子，《シュメル神話の世界（蘇美神話的世界）》，中公新書，二〇〇八年
小林登志子，《シュメル——人類最古の文明（蘇美——人類最古的文明）》，中公新書，二〇〇五年
杉勇等譯，《筑摩世界文学大系1　古代オリエント集（筑摩世界文學大系1　古代東方集）》，筑摩書房，一九七八年
杉勇、尾崎亨譯，《シュメール神話集成（蘇美神話集成）》，筑摩學藝文庫，二〇一五年
月本昭男譯，《ギルガメシュ叙事詩（吉爾伽美什史詩）》，岩波書店，一九九六年
月本昭男，《古代メソポタミアの神話と儀礼（古代美索不達米亞的神話與儀式）》，岩波書店，二〇一〇年
月本昭男監修、平山郁夫絲路美術館、古代東方博物館編，《メソポタミア文明の光芒（美索不達米亞文明的光芒）》，山川出版社，二〇一一年
中田一郎，《メソポタミア文明入門（美索不達米亞文明入門）》，岩波junior新書，二〇〇七年
前川和也編著，《図説メソポタミア文明（圖說美索不達米亞文明）》，河出書房新社，二〇一一年
前田徹，《メソポタミアの王・神・世界観（美索不達米亞的王、神、世界觀）》，山川出版社，二〇〇三年

印度神話

史詩與神話中的伴侶

横地優子

前言

印度是神話的寶庫，即使現在到南亞各地旅行，還是可以和各式各樣的神明彼此相遇。在這當中，既有透過印度—亞利安語族傳抵南亞，和希臘神話、北歐神話等其他印歐語族神話擁有共通祖先的神格，也有在南亞獨自產生的神格。有廣為印度全體文化圈所知的泛印度神格，也有只被特定地域信仰的神格。即使是泛印度的神格，也會隨地域而產生相異的性格、形象與神話。更進一步說，談到印度神話中最廣為人知的神明時，往往離不開以梵語寫作的兩大史詩中登場的人物。他們是特定神明的孩子，或者被視為神在人間生活的姿態，因此眾神的世界與傳說英雄的世界，是無法分割的。正因如此，我在這裡想列舉兩大史詩的英雄與泛印度的神格中，特別有名的伴侶，並加以介紹。

羅摩與悉多

英雄羅摩與他的妻子悉多，堪稱是印度最有名也最有人氣的夫婦。講述他們故事的最古老文獻，是兩大史詩之一、被認定為蟻垤所著的《羅摩衍那》；這部史詩被認為是在西元前後數世紀編纂而成。這個故事廣受歡迎，除了有許多以它為主題、用梵語寫成的美麗文體長詩篇與戲曲之外，佛教的本生經（Jākata）與耆那教的史詩 *Vardhamancharitra*，也都有提到這段故事。另一方面，在十二世紀以降，開始以現代印度諸語創作文學作品後，羅摩的故事也被改寫成各種現代印度語言的版本；當中特別是由杜勒悉達斯所創作的《羅摩功行錄》，大概是現代印度、至少是在印度語圈中，最膾炙人口的羅摩故事了。不只如此，羅摩故事也很早就傳播到東南亞，被轉譯成爪哇語等語言，對東南亞各地的皮影戲與舞蹈等表演藝術，產生很大的影響。現在的泰國國王稱號「拉瑪」，也是來自羅摩。在演藝方面，我們也不能忘記直到現在仍在印度各地、主要是秋季上演的野臺戲「羅摩力拉」（Ramlila，意為「羅摩之劇」）。在北印度恆河中游的城市瓦拉那西與對岸的拉姆那加爾舉辦的羅摩力拉，因為有當地（恆河地區）的王公做後援，所以規模之大相當著名。在配合音樂頌唱的《羅摩功行錄》中，當地的孩子們會扮演登場人物，在一個月中每天從傍晚到早上，一點一點地演繹故事。有趣的是，整個城鎮都是舞臺，隨著場景轉變，觀眾也會移動到下一個場景演出的場所。從近鄰到帶著家人的觀眾雲集，也會擺起攤位，大家都沉浸在祭典的氛圍當中。

關於羅摩故事的主結構，簡單來說就是拘薩羅國（恆河中游北岸的國家）的皇太子羅摩被國家放逐，當他在流浪的過程中，妻子悉多被楞伽島的國王、羅剎（類似於鬼，有變身能力）羅波那誘拐；後來在猴王及其軍隊的支援下，他查明了妻子的所在地，最後攻進楞伽島，打倒了羅波那，奪回悉多，回到阿約提亞（拘薩羅國的首都），即位為王。關於這個主結構如何闡述，會因各種語言和演繹而有形式上的差異，也會隨著作品的宗教、思想與文化背景而變得五光十色；反過來說，從這種闡述差異中窺見的背景差異，也正是羅摩故事研究中，最讓人深感興趣的點。不過，這裡為了要敘述羅摩與悉多的性格，所以有必要對《羅摩衍那》的情節，做稍微詳細一點的說明。

拘薩羅王十車王有四個孩子；另一方面，東邊彌梯羅國的國王遮那加，則是祈願要有一個孩子，結果在田埂邊得到了一個女兒，因此取名叫悉多（「田埂」的意思）。四名王子中的長男羅摩，參加了悉多的招親儀式；這個儀式規定，如果能拉開強弓，就能成為悉多的夫婿。羅摩在儀式中獲勝，成功取了悉多為妻。在這之後，十車王的一位王妃，為了讓自己的兒子（次子婆羅多）成為皇太子而出謀劃策；她以國王過去曾經約定好讓她實現願望為由，逼迫著要將羅摩從首都放逐十四年。羅摩為了讓國王安心履行約定，於是坦然接受自己的放逐，帶著悉多與弟弟羅什曼那踏上旅程。當哀傷的十車王過世後，婆羅多懇求羅摩歸回，但羅摩卻不答應，於是婆羅多把羅摩的鞋子放在王座上，自己以羅摩歸回前的國王代理身分，來治理國家。

當羅摩與妻子、弟弟在丹塔卡森林中流浪的時候，一位居住在森林中的仙人前來造訪；他們聽了仙人的陳訴後，決定擊退妨礙祭祀的羅剎。魔王羅波那的妹妹首哩薄那迦希望羅摩成為自己的丈夫，被拒絕之後便轉而逼迫單身的羅什曼那，卻被羅什曼那削掉了耳朵和鼻子。羅波那為了替妹妹與臣下羅剎復仇，也因為對悉多的美貌傾心，於是用麾下羅剎變成的金鹿將羅摩與弟弟誘出，然後趁隙把悉多誘拐到楞伽島。

搜尋悉多行蹤的羅摩與弟弟，在路上遇到了被哥哥奪走王位與妻子的猿猴須羯哩婆，協助對方奪回了王位。須羯哩婆出於感謝之意，派遣包含白猿哈奴曼等手下猿猴，一起搜尋悉多的蹤影。哈奴曼隻身渡海來到楞伽島，見到悉多後出示有羅摩徽記的戒指，悉多則把自己的髮飾託付給哈奴曼，請他轉交給羅摩。哈奴曼大鬧島上後，回到羅摩的身邊。之後，羅摩率領猿猴大軍渡海抵達楞伽島，經過一場激戰之後擊敗了羅波那與羅剎軍，將站在羅摩一方的羅波那之弟扶上了王位。接著，羅摩因為妻子悉多一直待在羅波那身邊，懷疑悉多的貞操，因此拒絕重新接納悉多為妻子，但悉多投身入烈火之中，證明自身的貞潔。羅摩大喜，和悉多一起乘著飛翔的車子回到阿約提亞，即位為王。

以上大概就是來自更古老階段、描述英雄羅摩活躍的羅摩故事，但在《羅摩衍那》中，附加了一章堪稱為悉多故事的後篇。在羅摩的統治下，臣民之間仍有懷疑悉多貞節的聲音。羅摩苦思之後，決定放逐悉多。懷有身孕的悉多從首都被放逐，抵達蟻垤仙人所居的草庵，在那裡生下了兩個孩子：羅婆與俱舍。兩人在草庵中成長後，蟻垤將自己創作的《羅摩衍那》傳授給他們。羅摩在祀馬祭舉辦的時候，聽到兩人朗誦《羅摩衍那》，察覺到他們是自己的兒子。後悔放逐妻子的羅摩，拜託悉多和兩個孩子一起回到首都，但悉多卻把孩子託付給羅摩，自己被大地吞沒，回到母親大地女神的身邊。因此，和本篇的熱鬧喧囂相比，後篇是個充滿苦惱與悲哀的故事。

話說回來，現代印度仍然認為羅摩是理想之王、理想的英雄。確實，羅摩是文武雙全又深愛妻子的理想男性形象，但他被認為是理想之王的理由，則是為了遵守和父王的約定，自願放逐到國外，以及就算在國內出現正反兩極爭論，明知悉多的貞節，卻還是為了維持臣民信賴與倫理而將妻子放逐，這樣「苦惱」的姿態打動了人心之故。另一方面，悉多雖然被認為是理想的貞女，但在羅摩被放逐時，面對勸自己留在首都的丈夫，堅持一定要相伴而去的態度，之後被羅波那威脅時的頑強抵抗，還有大喊「若我的貞節是真實，火神便無法燃燒我」，投入熊熊火焰的場面，以及最後拒絕回到羅摩身邊，被大地吞沒的情節等，都不單單只是對丈夫忠誠，而是一位貫徹自身意志的堅強女性。只是，貞節這件事即使在印度也是個傳統問題，因此也有一種說法產生，那就是「被羅波那抓走的只是假悉多，真正的悉多在這段期間中被眾神保護著，直到羅摩擊敗羅波那，神才把真正的悉多還給羅摩」。若是如此，則後編的悲劇就不會產生；或者該說，是羅摩與悉多為了扮演完美的理想夫妻，而演出的一場苦肉計吧！

又，羅摩在《羅摩衍那》的最新一層中，被視為是後述的毗濕奴神在世間以人類之姿呈現的化身，而自十四世紀左右起，羅摩信仰變得相當興盛。悉多也被認為是毗濕奴的妻子，掌管美麗、富貴、吉祥的女神吉祥天女的化身，也被看成是包含一切女神的大女神化身。另一位後來成為信仰對象的登場人物，則是被視為風神之子的猿猴哈奴曼。他以怪力和對羅摩的忠誠而著稱，哈奴曼大鬧楞伽島的場面，不管在哪種羅摩故事的說書與演出中，都是最讓人暢快愉悅的橋段。即使在現代，哈奴曼依然相當受歡迎，特別是受到摔角手與長途卡車司機等很需要體力的人所信仰。

般度五子與黑公主

接下來是另一部梵文史詩《摩訶婆羅多》。《摩訶婆羅多》或許是世界上最長的史詩，它的主題雖然是婆羅多族堂兄弟間的王位爭奪戰，但在主線中插入了形形色色的神話與傳說，還有思想、倫理、宗教的教誨；因為它是一部歷經長時間、經過數度編纂彙整的作品，所以要掌握其整體形象，並沒有那麼簡單。同時，就算只局限於主線，登場人物還是非常之多，且各自性格都相當鮮明，因此不管從哪方面來看，都是極度有趣的作品。主人翁是堂兄弟中的一方，也就是般度五子（般度的五個兒子），他們有著各自相異的神格作為實際父親，而作為他們參謀的黑天（奎師那），則是最高神作為人類在人間呈現的姿態。在這部史詩中，有比《羅摩衍那》更多的眾神登場，且與人類距離十分貼近，神人之間有著難分難離的聯繫。

那麼，首先就讓我盡可能簡單地彙整一下故事主線。在婆羅多族國王的譜系中，誕生了兩個兄弟：持國與般度。長子持國因為眼盲，所以一開始就將王位讓給了弟弟般度。般度娶了貢蒂和瑪德麗兩名妻子，但因為一起狩獵事故被某位修行者詛咒，和妻子交合就會死亡。貢蒂從某位仙人那裡獲得了召喚神明、讓自己懷孕的力量，所以向丈夫提議使用這種力量，和閻摩神生下堅戰，和風神生下怖軍，和因陀羅生下阿周那。瑪德麗也使用這種力量，和雙馬童神生下了雙胞胎無種和偕天。以上五個孩子，就是作為主人翁的般度五子。但事實上貢蒂在結婚之前，因為好奇心曾一度使用這種力量，所以從太陽神那裡獲得了一個孩子，但因為未婚懷孕感到困擾，所以就把生下來的孩子順水放流；這個孩子被車伕夫妻撿到，成為之後的悲劇英雄迦爾納。

般度過世後，眼盲的長兄持國繼任王位；持國有一百個兒子，難敵為其長子。持國百子和堂兄弟般度五子一起成長，但難敵相當嫉妒堂兄弟的優秀，所以敵視他們。當他們長大的時候，旁遮國的公主黑公主為了選拔夫婿，舉辦了射箭競技會，結果阿周那獲得優勝，娶回了黑公主。當他向母親報告時，貢蒂沒想到獎品會是妻子，於是便說「獲勝獎品應該要兄弟五人平分」，結果黑公主因此成為般度五子的共同妻子。另一方面，長大的迦爾納也參加這場競技會並持續獲勝，但因為身為車伕之子的低微身分，被質疑參加資格，且遭到阿周那的嘲諷。難敵則是深深為迦爾納的武勇所傾倒，給予他武士的身分與領地。

之後，般度五子獲得了俱盧國的一半作為自身領地，但難敵為了陷害他們，誘惑堅戰參加賭局。在這場賭局中，堅戰不只失去了所有領地，妻子還遭到侮辱。敗北的堅戰兄弟做出約定，全體在十二年間野居於森林，第十三年要在不被任何人認出來的情況下度過；之後他們設法達成了這個約定，回到俱盧國，要求歸還自身的領地，但是難敵等人拒絕歸還領地，調停也失敗，兩方於是召集各地的國王與領主，準備開始作戰。婆羅多族的長老毗濕摩（天誓）與兩方的武術老師德羅納，在情感上雖然傾向般度五子，但因為對國王持國的忠誠，所以不得不加入持國百子一方。另一方面，雅度族（沙特婆多族）的族長黑天，則離開部族成為般度五子的參謀，不以戰士身分、而是以阿周那的車伕身分參戰。

兩方在俱盧之地展開持續十八天的大戰爭，毗濕摩、德羅納、迦爾納等難敵軍的將領陸續被打倒；最後難敵戰死，般度軍確定獲勝，但在這之後，活下來的難敵軍戰士對般度軍軍營發動夜襲，除了遠離軍營的般度五子以外，般度軍的戰士也幾乎全滅。在女人哀嘆丈夫與孩子的死亡當中，堅戰因為從母親那裡得知敵將迦爾納其實是自己的哥哥、被母親責備，所以一開始拒絕即位，但在家人與黑天、仙人等的說服下，終於答應即位。即位後，堅戰舉行了祀馬祭，確立在印度全境的霸權。之後，故事繼續講到先王持國隱遁到森林、在某位仙人詛咒下，黑天一族全滅，黑天自己也死亡，最後以般度五子和黑公主升天作結。

作為主角的五兄弟，各自有著鮮明的性格描繪。次子怖軍身強體壯、擅長棍棒戰，豪放磊落、情感真摯。他因為對羅剎女希丁芭一見鍾情，所以和她生下了孩子。三子阿周那大概是最受歡迎的登場人物；堅戰退位後，繼承婆羅多族王位的就是阿周那的孫子。堪稱幕後主角的黑天也是他的親友，因此阿周那或許可以稱為《摩訶婆羅多》的實質主角。阿周那不只善於射箭、武勇優異，同時也擅長各種技藝；當他隱姓埋名、度過放逐的第十三年時，曾在摩差國國王毗羅吒的王宮中擔任舞蹈老師，是位聰明的勇者。另一方面，長子堅戰雖然被描繪成誠實且賢明之人，但與其說他是武士，他更像學者，為了一族彼此交戰之事感到苦惱，屢屢無法下定決心展開戰鬥。即使在大戰後即位之際，一開始也因為覺得殺害親族獲得王位不應該而拒絕，但在周圍人們的說服下，終於就任為王。雖然堅戰可以說是優柔寡斷，但在某種意義上，他的優柔寡斷也讓《摩訶婆羅多》成為一部充滿現實與人味的故事。這三兄弟的個性，反映了各自父親的眾神屬性。至於無種和偕天，也反映了父親雙馬童的屬性，雖然公認俊美，但和三兄弟相比，在劇情表現上相對薄弱。

般度五子共同的妻子黑公主是旁遮國的公主，以這場婚姻為契機，旁遮王族成為五兄弟最強力的同盟成員。黑公主本人也是自尊甚高、個性強悍的人物，她會責罵苦惱而下不了決定的堅戰，並為了報復自己在賭局受到的侮辱，強烈主張戰爭。可是，在勝利確定後的夜襲中，黑公主自己的孩子全都遭到殺害，所以繼承堅戰王位的不是她的孩子，而是阿周那與他另一名妻子妙賢（黑天之妹）的孫子（其父為激昂，這位年輕的戰士已在戰爭中死去）。黑公主與般度五子的一妻多夫關係，在印度其他神話與傳說中從未看見，只有在《摩訶婆羅多》、甚至是《摩訶婆羅多》的主人翁中得以呈現，堪稱非常特殊的狀況，也和傳統印度社會的倫理觀不相容。關於作為印度文化核心的《摩訶婆羅多》主人翁為何會一妻多夫，雖然有各式各樣的議論，但到現在仍沒有一個令人信服的答案。

黑天與拉達

《摩訶婆羅多》的另一位主角是黑天。如果沒有擔任參謀的黑天不管使用什麼卑鄙手段都要取得勝利的堅定方針，般度五子是不可能獲勝的。這場婆羅多戰爭，是古代的武士倫理與道義已經不通用、以爭霸為目標的王之時代，也為印度傳統時間觀中，相當於末世的「爭鬥時代」揭開了序幕。在這個時代轉換期中，皈依絕對神這種新的思考方式出現，是相當值得注目的事。黑天，就是般度五子信仰的最高神薄伽梵。當這場戰爭開始之際，阿周那看到敵方都是自己尊敬的親族，因此喪失戰意；這時為他擔任戰車車伕的黑天顯現自身的神性，鼓舞他起身奮戰，這就是有名的《薄伽梵歌》。無數的臉和手足充滿天空、口中吞食戰死的戰士、用牙齒咬碎他們，黑天突如其來顯示這種姿態的場面，非常驚悚。他絕非給予人們拯救世界恩惠的神，而是超越人類理解、令人畏懼至極的神，黑天身為參謀的狡猾，也與這點彼此相通。呈現出這種姿態的黑天教導阿周那，把一切都委託給神，不要為結果感到煩惱，只要盡自己身為武士的職責即可。

作為《摩訶婆羅多》的補遺，在後面附加了描述黑天生涯的《訶利世系》。在這篇文章中，講述了於《摩訶婆羅多》中無法得知的於牧民村落中度過幼年與青年期的黑天故事，在之後的薄伽梵信仰中扮演了很重要的角色。到了十世紀左右編纂的《薄伽梵往世書》中，黑天對村中牧牛女的戀慕之心以及黑天與她們的戀愛情景成為焦點；黑天愛慕的牧牛女，後來漸漸結晶成「拉達」這個女孩子。黑天與拉達這對伴侶和我們一路敘述下來的伴侶不同，不是「夫妻」，而是徹頭徹尾的「戀人」。對於他們的關係是不是為倫理所認可，雖然也有議論，但不管怎麼說，他們超越社會倫理、一心一意地戀愛，是值得重視的。另一個重要的點是，他們的關係是以別離為前提。黑天是為了逃避企圖殺害他的伯父追查，所以在牧民的村中長大，一旦成年就必須回到首都，打倒伯父。不只如此，如果回到首都，他就必須以王族的身分，娶一名門當戶對的妻子。拉達與其他牧牛女一心一意地戀慕，深深蘊含著一種終將別離的預感。特別是十六世紀標榜黑天信仰的柴塔尼亞以降，拉達的愛變成一種明知神與人之間的距離絕對無法超越，卻依然一心一意獻身於對黑天的愛，因此被視為信仰的模範。於是，黑天從令人畏懼的神明，變成了一心一意的戀慕之神。

毗濕奴與吉祥天女

毗濕奴雖然被認為原本是將太陽照亮天空的機能加以神格化的神明，但在印度教中，他是和下一節的濕婆神並列、最被眾人信仰的最高神。其理由之一是，前述的黑天，也就是般度五子信仰的最高神薄伽梵，被視為毗濕奴在世間生活的姿態。每當人間發生什麼問題時，這位神就會在人間以特別的姿態（魚、豬、侏儒的婆羅門、人面獅子等）一時顯現，有時候也會在人間轉世為人，將人們與這個世界從災厄和魔神手中拯救出來。故此，毗濕奴雖然是神，但也給人他是守護世界之王的印象。這種一時顯現與轉生為人，被彙整成毗濕奴的化身，並一一列舉出來。其中以「十化身」這個數字最為人所知，但其內容相當零亂。不管在哪份清單中，黑天與《羅摩衍那》的英雄羅摩都是化身之一，黑天的異母兄大力羅摩也被認為是化身之一，而佛陀也被認為是其中之一。

被視為毗濕奴妻子的是前面提到過的，象徵美麗、富貴與吉祥，授予王權的女神吉祥天女（也被稱為「室利」）。在佛教中，她被稱為吉祥天，納入天部的一員當中。因為她的手上持有蓮花，所以也被稱為「蓮花女神」。這位女神本來是被當成單獨的女神來崇拜，許多寺院門上都掛著她的像，作為吉祥的標誌。另一方面，過去有一個關於神之不死性起源的故事：為了獲得不死藥，神與魔神（阿修羅）合力攪拌乳海，這個令人聯想起攪拌牛奶獲得奶油與起司般的過程，稱為「乳海攪拌」神話。在攪拌之際，誕生出許許多多的寶物與副產品，其中之一就是這位女神，而毗濕奴則獲得她作為妻子。最後誕生出的不死靈藥仙露，一開始是被阿修羅得到手，但毗濕奴變成一名美女誘惑他們、奪走了仙露，結果只有眾神得以不死。

關於這個神話，後面我會再附加解釋。毗濕奴與女神成為夫婦的理由或許是，毗濕奴是王的象徵，而吉祥天女是授予王權的女神。吉祥天女被認為是現實中國王的妃子，國王的榮枯興衰，則被說成是吉祥天女的見異思遷。就像這樣，毗濕奴與吉祥天女夫婦，也是世間國王與王權女神的搭配。天界的吉祥天女對丈夫毗濕奴始終守貞，但世間的吉祥天女則常常追尋更優秀的男人，因此財富與權力並不會一直停留在同樣的地方。

在這裡，我想附帶提一下印度神話中，神（天人／提婆）與魔神（阿修羅）的關係。這兩者雖然屢屢對立、相互交戰，但絕非善與惡的戰爭。天人住在天界，阿修羅住在地下界，兩者被設定成與善惡無關的對立集團。天人會從人們的祭祀與供品中獲得力量，阿修羅則想要搶奪之；簡單說，兩者是圍繞著透過人們祭祀賜予的力量在展開爭鬥。另一方面，被視為最高神的毗濕奴與濕婆，則是超越天人與阿修羅對立的存在，阿修羅中也有毗濕奴信徒（如著名的缽羅訶羅陀）與濕婆信徒。即使如此，毗濕奴還是有強烈的傾向，會站在眾神一方，為他們打倒阿修羅，而濕婆則屢屢和眾神對立。羅摩的敵人羅波那，以及和黑天敵對的阿修羅缽那，都是虔誠的濕婆信徒。阿修羅安陀加則是一開始與濕婆敵對，敗北後成為一名濕婆眷屬。

濕婆與帕爾瓦蒂

作為印度教兩大神中另一方的濕婆神，與毗濕奴在性格上明顯相異。濕婆是從司掌暴風雨之神樓陀羅發展而來，樓陀羅則有為了祭祀而和天界其他神明對立的神話。濕婆因此具備有位於界線上、徘徊於秩序與無秩序間的顯著性格。另一方面，和毗濕奴打倒惡魔、守護世界秩序之王的印象相比，濕婆則屢屢被描述成苦行者，而且是赤裸身體、陰莖高聳，綁著一頭毛茸茸亂髮的苦行者。濕婆信仰和從西元前數世紀左右開始的生殖器信仰合流，濕婆往往以稱為「林伽」的男性性器形式獲得禮拜，因此高聳的陰莖也成為濕婆的象徵。在某個神話中，濕婆打扮成苦行者的姿態，用他所砍下、梵天神的一個頭（第五個頭，梵天通常被認為有四個頭）的頭蓋骨做成缽盂，在世界各地一邊跳舞一邊行乞。在路上，他闖進了某對仙人夫妻隱居的松林，妻子被濕婆的姿態所擄獲，結果身為丈夫的仙人大怒，砍斷了濕婆的陰莖。按照社會常識以及秩序與世界的立場來看，這種憤怒自是理所當然，可是濕婆的世界並非如此。當他的陰莖被砍落後，世界便被籠罩在黑暗之中，畢竟他的陰莖是這個世界的能量來源。仙人查覺到他的神性，請求他原諒，並把他被斬落的陰莖當成林伽崇拜，於是世界再度恢復了光明。

濕婆也是舞蹈之神。黑天與牧牛女的舞蹈也相當出名，但他們的舞蹈是一種稱為「拉斯」（ras）的圓弧狀平穩舞蹈；相對於此，濕婆的舞蹈則被稱為「坦達瓦」（tanvada），是一種高抬腿、揮舞眾多手臂的非常激烈舞蹈，其中的兩隻手臂，還把滴著鮮血的象皮高掛在背上，連妻子帕爾瓦蒂都害怕這種舞蹈，忍不住背過臉去。因此濕婆的坦達瓦，也被稱為是滅世之舞。

另一項濕婆最有名的特徵，是在額頭上垂直打開的第三隻眼。不只是濕婆，濕婆的眷屬們也都具有第三隻眼，因此和前述的陰莖一樣，是濕婆的象徵。帕爾瓦蒂有一次興起玩心，用兩手從後面遮住濕婆的眼睛，問他「我是誰？」，結果世界瞬間被黑暗所籠罩，濕婆額頭上的第三隻眼睛打開，為世界帶來光明，但同時這隻眼睛也噴出火焰，將喜馬拉雅山等山脈燃燒殆盡。驚嚇的帕爾瓦蒂連忙把手放開，於是世界又恢復正常的光明，之後在她的懇求下，濕婆將燒盡的山野又恢復成原狀。在一則著名的神話中，正在冥想修行的濕婆，將打亂他心境的愛神迦摩加以焚燒，這時候使用的也是第三隻眼發出的火焰；結果據說從此以後，「愛」就成了不具備形體的事物。

帕爾瓦蒂（也稱為烏摩）是喜馬拉雅山的女兒，帕爾瓦蒂這個名字，就是「山的女兒」之意。濕婆在一開始，原本是娶仙人兼創造主之一的達剎之女娑提為妻。有一次，達剎邀請眾神舉行盛大祭祀，卻因為蔑視濕婆，沒有邀請他參加，結果娑提因為丈夫受到侮辱，投身火中自焚。濕婆對此大感激憤，於是破壞了達剎的祭祀，將變身成鹿逃跑的祭司頭顱切下。就像前述，這是從圍繞祭祀、與眾神對立的樓陀羅神話發展而來。娑提轉生成喜馬拉雅山的女兒，渴望和濕婆成為夫妻；她所做的艱苦修行最後打動了濕婆，兩人終於結為連理。這對夫妻雖然都愛好苦行，卻也同時被描繪成一對熱情的夫妻。熱情夫妻的典型表現在神話中，帕爾瓦蒂因為片刻都不想離開濕婆，所以占據了濕婆身體的左半邊。苦行的炙熱與熱情的炙熱相同，他們是跨越破壞與生產兩邊、不管哪邊都充滿能量的夫妻。

帕爾瓦蒂期盼生下濕婆的子嗣，兩人也為了這件事不斷努力。可是，眾神害怕兩人的孩子太過強力，搞不好會毀滅世界，因此拜託濕婆，不要將他累積的精液注入妻子身上，而是注入火神當中。火神將精液吐向恆河女神，而恆河女神又將之運到蘆葦叢中，從這裡誕生出永遠的少年神室建陀。室建陀常被描述成一名粗暴的少年，其出處之一是附身在孕婦或幼兒身上，帶來生病與死亡的「鬼物」。另一方面，大概是受到西亞的影響，室建陀也擁有戰神的性質，被眾神委任為將軍，對阿修羅進行征討。或許是因為「鬼物」原本是複數的存在，因此室建陀也有多個分身；因為他由六顆星構成的昴宿星團（六名乳母）養育長大，所以他有六個頭。而室建陀騎著孔雀的形象，也讓人想起佛教的孔雀明王。不只如此，他還號稱速度飛快，佛教的韋馱天也是來自於此。故此，他也被認為是盜賊的守護神。

另一名被認為是濕婆與帕爾瓦蒂之子的，是擁有象頭的無上。無上以「迦尼薩」這個名字廣為人知，即使在現今的印度，仍然廣受崇拜。在佛教的密教中，他也以歡喜天、聖天這個名號，以及兩者合抱的特別姿態進入天部。這尊神原本是獨立被當成去除各種障礙的神來信仰，但到六世紀左右被納入濕婆神話，成為濕婆的兒子，但更正確來說，他是帕爾瓦蒂的兒子。一個相當有名的傳說是，帕爾瓦蒂在擦拭身體後，凝結所產生的汙垢，做出了他；濕婆看見一個陌生男子在帕爾瓦蒂的浴室裡，一怒之下將他的頭砍了下來，但後來聽說他是自己的兒子，於是便把象的頭接上去，讓他復生。無上的起源，應該也是來自於造成障礙、災禍的「鬼物」。從透過祀奉「鬼物」來設法去除災禍，反過來被當成除禍之神來崇拜，這大概就是其演變過程。

濕婆還有許多被稱為「群」（gana）的眷屬。群有很多奇特且幽默的姿態，包括頭是動物、身材矮小，乃至於臉長在肚子上等；他們跳舞的姿態，在濕婆寺廟的各處都可以見到。群裡面有幾位有名的將領，也就是所謂的「群主」（迦尼薩）。上述的室建陀與無上，都屬於群主。除了這兩個兒子以外，最有名的將領就是濕婆心腹中的心腹南迪。之後南迪被認為是濕婆乘坐公牛的名字，但原本公牛與群主南迪是不同的事物。

最後要提及的是戰爭女神難近母（杜爾迦）。這個女神曾是單獨信仰的對象，有時也與毗濕奴結合在一起，但在很多時候被當成帕爾瓦蒂好戰一面的顯現，與濕婆彼此相關聯。她殺死化身成水牛的阿修羅的神話相當有名，直到今日，印度各地在春天與秋天，仍會舉行對這位女神獻祭的儀式。

俱毗羅

最後要簡單介紹一位雖然不是伴侶，卻是在現代印度廣受崇拜的神明：俱毗羅。在佛教中，從他的別名「多聞天」而來的毘沙門天，是四天王之一。俱毗羅和毘沙門天一樣是北方的守護神，但也以財寶神的身分廣為人知。他也是夜叉（土地神）的王，有時又被稱為羅剎之王，大概是來自南亞基層文化的神格。在《羅摩衍那》中，關於羅波那的出身有著補充說明，其中把俱毗羅認為是羅摩之敵羅波那的異母兄長，原本是楞伽島的支配者，但被弟弟羅波那奪走了島和飛車，於是移居到喜馬拉雅山中的岡仁波齊峰。岡仁波齊峰以濕婆的住居而聞名，因此濕婆與俱毗羅是住在同一座山上的鄰居。或許因為他是財富之神，所以以短腿、腹部凸出的幽默形象廣為人知；有一說是他有一隻眼睛是黃色混濁的，也有一說是他有三條腿。

參考文獻

沖田瑞穗，《マハーバーラタ入門——インド神話の世界（摩訶婆羅多入門——印度神話的世界）》，勉誠出版，二〇一九年

金子量重等編，《ラーマーヤナの宇宙——伝承と民族造形（羅摩衍那的宇宙——傳承與民族造型）》，春秋社，一九九八年

上村勝彥、宮元啓一編，《インドの夢・インドの愛——サンスクリット・アンソロジー（印度的夢、印度的愛——梵文精選集）》，春秋社，一九九四年

上村勝彥，《インド神話——マハーバーラタの神々（印度神話——摩訶婆羅多的眾神）》，筑摩學藝文庫，二〇〇三年

菅沼晃編，《インド神話伝説辞典（印度神話傳說辭典）》，東京堂出版，一九八五年

O'Flaherty, Wendy Doniger, *Hindu Myths*, Penguin Classics, 1975

中國神話

中國古代史的重構

牧角悅子

前言

被稱為中國近代文學之父的魯迅[1]曾說：「在中國，神話只剩下斷簡殘編」。魯迅更進一步說，之所以如此，是因為黃河流域嚴酷的生活環境，讓人們比起幻想，更重現實，再加上孔子主張的思想「不言鬼神」，所以儒者將神話視為荒唐無稽之事，並加以排斥[2]。

魯迅指出了一個重點，那就是在近代前支配中國的儒教，是種極為重視現實的思想；在近代之前，也就是儒教價值席捲思想的時代，要在檯面上提及神話世界，其實相當困難。可是反過來說，這也意味著在邁入近代後，便產生了對神話世界的視角，並重新建構起古代世界。對古代這個時代的再認識，以及對神話世界的視角，其實都是近代的產物。

一、神話與神話學

近代對古代的發現與神話學

古代這個時代是特別的時代，它是人們與眾神相繫的時代。山有山神，海有海神，都是身影與實際狀態相伴的存在。人們有時畏懼它，有時又利用它，過著與神共存的生活。提供人與神聯繫場域的，是祭祀。人會定期祭祀祖先神靈，並按季節祭祀自然眾神。從祭祀場域誕生的歌謠與戲劇，後來成為《詩經》、《楚辭》等詩歌集，豐富了中國的文藝。

古代與現代雖然異質，卻具有同等的價值；產生出這種認知的是近代。在歐洲對基督教、中國對儒教等前近代價值否定或相對化的潮流中，對這種絕對價值確立以前的時代（也就是古代）的視角應運而生，並對它重新加以審視與評價。故此，對古代的發現實乃近代之事。

在近代以前的中國，古代被視為是神聖的「神代」，這是儒教的古代觀。儒教把周朝（前一〇四六－前二五六年）視為神聖；他們認為周代是古老的美好時代，是聖王實施正確政治的時代。簡單說，「古」就是美善的，「古典」就是應當遵守的規範。

這種前近代的古代觀，到了近代被大大地打破。在新的學術思想從西洋流入、儒教的價值受到嚴重否定中，形成了與至此為止迥然相異的古代觀，那就是隨著文化人類學、宗教學、民族學等新學術引進，產生的嶄新古代觀。伴隨著對古代的重新發現，也帶來了「神話」這個新的概念。魯迅把小說史的原點放在神話，顧頡剛[3]從五經經典建構古代史。郭沫若[4]分析古代的社會構造，玄珠（茅盾）則以學術態度，提倡神話學的方法論。

從嶄新古代觀引導出來的這些視角，既是對儒教否定、相對化下的產物，也呈現了近代這個時代所追求的新學術方向。只是，從中產生的新視角，不管是文學也好、歷史也好，還是思想也好，都是近代概念的應用；在古代或者古典之中，文學、歷史與思想，並不直接存在這樣的形式。從這方面來說，神話也是一樣的。在古代這個時代，並不存在神話這種東西。民族的傳承與故事，在某個時點具備了輪廓，當從神話學視角觀之時，就會賦予它「神話」的稱呼，這樣的說法方為正確。

這和歷史上人物的實像與虛像關係，也是相同的。隨著殘存資料的性質與時代背景，英雄會成為奸佞，凡人會成為英主。神話也是一樣，會隨著傳述者的背景，而產生大幅度的變貌。神話是歷史、故事與文學交會下的產物，說到底是不確定且流動的事物。

然而正因如此，神話會吸收人們的幻想而成長，產生出新的故事並有所變化。因為它包含了想像空間中產生出的創造性，因此神話自有和學術層次相異的魅力。中國近代詩人兼古典學者聞一多（一八九九—一九四六年），在發展硬派古典學的同時，也基於詩人的感性，以《詩經》、《楚辭》乃至古代神話為對象，留下了優秀的學術成果。神話既是古代的事物，同時也是近代的產物，更是與詩人的感性相繫，主觀、直覺、想像的故事。

接下來的兩個故事，可以表現神話具備的各種面貌。在底下的例子中，神話將「把渾沌稱為渾沌的行為」，粉飾為歷史事實。

從渾沌到秩序

讓我們引用《莊子》中看到的渾沌故事：

南海之帝為儵，北海之帝為忽，中央之帝為渾沌。儵與忽時相與遇於渾沌之地，渾沌待之甚善。儵與忽謀報渾沌之德，曰：「人皆有七竅，以視聽食息，此獨無有，嘗試鑿之。」日鑿一竅，七日而渾沌死。

《莊子》是春秋戰國時代道家的書籍，被認為是莊周（莊子）思想的彙總。當然，這並不是個人的思想書，說到底是思想這個概念存在以前的作品。只是，在這當中有著讓人難以想像是兩千年前書籍的精緻思考，以及想像力豐富的故事發展，可以說是從人與國如何存活下來的切實時代背景中，產生出來的創造性智慧結晶。在許多軼聞中特別具有暗示性的，就是這則渾沌的故事。

儵與忽是南北海的皇帝，也就是住在與現實相異次元世界的神。「ㄕㄨˊ」和「ㄏㄨ」這兩個短促的音，暗示著他們是沒有存在姿態的事物。渾沌更是完全未分化的事物，是名符其實的「chaos」。在故事中，當渾沌被鑿出七竅的時候，他就死了。這裡的「渾沌」是無秩序，「七竅」則意味著秩序。人對知性與言語無法掌握的「chaos」充滿著畏懼感。將渾沌稱為渾沌的行為，是把概念以前的事物賦予概念。但在此同時，因為渾沌是秩序以前的事物，所以被賦予秩序後，渾沌就死了。換言之，當將古代世界重組成神話時，古代的渾沌就是異次元的事物，這就是這則神話所要講述的內容。

我在這裡要引用另一個故事，即《淮南子》的十日神話：

至堯之時，十日並出，焦禾稼，殺草木，而民無所食。猰貐、鑿齒、九嬰、大風、封豨、修蛇皆為民害。堯乃使羿誅鑿齒于疇華之野，殺九嬰于凶水之上，繳大風於青丘之澤，上射十日而下殺猰貐，斷修蛇於洞庭，禽封豨于桑林，萬民皆喜，置堯以為天子。於是天下廣狹、險易、遠近，始有道里。

這個故事說，在「猰貐、鑿齒、九嬰、大風、封豨、修蛇」以及「十日」構成的古代混沌世界中，堯與羿等新的英雄帶來「廣狹、險易、遠近」的規範，賦予天下秩序。《淮南子》是西漢武帝時期，淮南王劉安編輯的雜家書籍。作為在儒家規範尚未確立之前，於淮南這個特殊地域編成，並未刻意指出特定思想方向的雜家書籍，它保留了相當強烈的古代色彩。

在這裡登場的猰貐、鑿齒、九嬰、大風、封豨、修蛇，按照字面想像，猰貐是巨獸，鑿齒是有著錐狀利齒的動物，九嬰按照注解是水火之怪，大風是狂風，封豨是巨大的豬，修蛇則應該是大蛇；這些都是將自然威脅形象化的古代妖怪。襲擊村莊造成收穫損失的自然界動物、水邊澤邊與天空的變異，這些都被賦予名字並加以形象化，然後一一加以誅滅。這種從古代威脅中脫離、自然與英雄的戰鬥、秩序與平安到來的故事，正是最適合稱為神話的類型。

另一方面，這個神話也把擊退妖怪，與射落十個太陽中的九個這項「十日神話」結合在一起。這個十日神話，其實有其歷史背景在，那就是與殷的王位繼承變化有關。根據歷史學者松丸道雄（一九三四年—）所述，殷王朝初期是由產生王的四個部族與產生王妃的六個部族組成的氏族共同體，也就是十個部族來進行王位繼承。之後自某個時期起，其中一個部族擁有強大力量，淘汰了其他九個部族，獨占王位繼承權。松丸認為十個太陽被擊落九個、剩下一個的神話，正是在這種殷王朝王位繼承的背景下誕生出來的產物。神話就像這樣，具有某個時代歷史事實的背景。

關於英雄，從征服者與被征服者的角度來看，也是截然不同。射落太陽、為地上帶來秩序的羿，在別的神話中是被弟子背叛、不死藥被妻子偷走的無用男。神話作為故事的流動性，由此也可見一斑。

《淮南子》又記載，蒼頡（倉頡）創造文字時，鬼在夜裡號哭。（「昔者蒼頡作書，而天雨粟，鬼夜哭。」）蒼頡被認為是黃帝時代最初創造文字的人物。透過文字的書寫彙整，文字以前的世界以變質的方式被流傳下來；居住在文字與邏輯討論之前世界中的「鬼」，只能在夜裡哭泣。古代如果是與文字、解釋、秩序等事物相異的世界，那用文字來闡述神話時，古代就不再是古代了。魯迅用「詩人是神話之敵」這種方式來表現，但在此同時，從與古代渾沌共鳴的詩人立場來說，神話或許也是詩人之敵。

故此，對於「神話究竟是什麼」這個問題，往往得大費一番唇舌。之所以如此，是因為在古典學的世界中，有著不讓神話研究插手的戒心在。想像與直覺雖是研究所必要，但沒有客觀分析與邏輯思考，研究就無法成立。對古典學研究者而言，如果要盡可能誠實地閱讀古典文獻，那討論構成神話的事物，就不免讓人猶豫。然而在這裡突破先賢的禁忌，大膽討論古代的想像空間，我認為自己這樣的行為，應該是可以接受的。

二、王朝始祖的神話

接下來，我想對中國古代神話分門別類進行介紹。關於基礎文獻與異說處理的詳細部分，在此就省略不提，目標是將中國古代的世界觀，透過神話進行宏觀的重構。

首先是開國始祖的神話。對於夏、殷、周這所謂的「三代」王朝，其開國始祖出生的非比尋常，以及圍繞人稱古代聖王的堯、舜、禹三帝的治水偉業與王位繼承，我會一一進行介紹。

夏、殷、周三代王朝始祖的出生故事

在中國，存在著所謂「王朝始祖神話」；這種神話主張，王朝的始祖不是普通人，而是在與超越之力感應下誕生的特別存在。漢高祖劉邦，據說就是母親和紅龍在夢中交媾而懷孕的。這裡就以周朝始祖棄的出生故事為典範，根據《史記》與《詩經》，棄的出生故事是這樣的：

周的后稷名叫棄，母親的名字叫做姜嫄。某天姜嫄走在原野上時，發現了巨人的足跡；她不知為何興起，於是一腳踩上去，結果就懷了孕，滿月後生下了一個孩子。姜嫄覺得這是不吉利的事，於是把生下來的孩子拋棄好幾次。但是，當孩子被丟到路旁時，牛馬都會自動避開他；丟在叢林裡，路過的人都會把他撿起來；丟在冰上，鳥會飛下來用翅膀保護他。姜嫄覺得很不可思議，最後把他帶回來養育長大。因為這孩子曾經好幾次被拋棄，所以就被取名為「棄」。棄從小

就有不可思議的力量，長大成為農業之師，指揮全國的農耕事業。

感應天帝的意圖、從而生下帝王的「感生帝」說，是要為身為地上君主的皇帝，保證天所賦予的權威與正統性，這是漢代產生的思想。《史記》為了解釋周朝的正統性，在〈周本紀〉的開頭安置了這段感生故事。

只是這段故事中，其實保留了異常懷孕與捨棄嬰兒的古代習俗。踩踏巨人足跡懷孕的《史記》說法，是《詩經》中「履帝武敏歆」五字的漢代解釋。近代的聞一多在〈姜嫄履大人跡考〉（一九四〇年）中，從古早在高媒神及其祭祀的場合和神官交合的古代習俗關係，來解讀這五個字。他說，這裡面表現了祭祀中的聖俗混交，以及懷孕求子的古代欲求。至於將嬰兒故意拋棄、順水漂流的習俗，也是不分東西方都可見到的古代習俗。這可以說是蘊含著死與再生或是獲得聖性的意味。

更進一步說，具有特殊能力的棄成為農業官后稷這件事，也就意味著周朝的始祖棄，其實具有植物神的性格。因此，雖然棄是名字，后稷是掌管農事的官名，但在漢代談到后稷，指的就是棄。棄和后稷是依具備的古代神格之各自特性，而被賦予的名號。就像這樣，雖然有人為創造的部分，但其中仍然留有古代習俗的鱗爪，這就是神話。

作為開國始祖神話，殷朝（商朝）也留有類似的故事：

殷朝的始祖是契，母親叫做簡狄，是帝嚳的次妃。某一天，當簡狄在河中洗澡的時候，有一隻燕子落下了蛋；簡狄將它拿起來吞下肚後，就懷孕生下了契。契長大後因為有協助禹治水的功績，所以被舜帝封在商。

這個故事是基於《詩經．商頌》的〈玄鳥〉篇。〈玄鳥〉篇中歌頌：「天命玄鳥，降而生商，宅殷土芒芒。」殷的子孫在宗廟中祭祀祖靈的時候，都會把自己視為玄鳥（燕）的子孫。

作為天之使者被歌頌的玄鳥，在古代是高媒神，也就是賜予孩子的神明。賜予孩子、讓子孫繁榮這件事，對古代的人們而言是最切實的欲求，同時對王朝發展也相當重要。鳥與女性懷孕直接連結，更與王朝始祖的神性彼此結合；對於契與簡狄的故事，我們可以做這樣的理解。

相對於殷與周的王朝始祖神話，開創夏的禹則沒有類似故事。之所以如此，是因為比起身為夏朝始祖這一面，禹更被強調的是承繼堯舜的聖王譜系，或是建立中國國土的治水功績。接下來就讓我們回顧一下從傳說一直延續到歷史時代，關於堯、舜、禹三聖人的故事。

堯的故事

對於被當成古代聖人崇敬且被儒教視為進行理想統治的堯、舜、禹三者，以下主要基於《史記》來進行介紹。

「三皇五帝」是傳說中的古代帝王。其中三皇的記述，是後來唐代在《史記》之上更進一步附加的。人首蛇身的伏羲與女媧，以及首次教人農耕的炎帝神農氏，任誰看起來都是神明。相對於此，五帝則更近於人類，也被當成聖王來描述，特別是在後世的記載中。

首先是堯，《史記》中記載他是黃帝軒轅氏的後裔，繼顓頊高陽氏與帝嚳高辛氏之後，以黃帝直系血親身分承接帝位。他讓羲和掌握天文（日月星辰的法則），命鯀治水，還從民間拔擢以孝親著稱的舜。他透過天體觀察，訂一年為三六六日加上閏月，規定季節，這些都是《史記》記載的故事。

把握天時、搭著白馬牽引的紅車，掌握太陽與群星運行的姿態，被認為是太陽神的形象。前述的《淮南子》中，命令羿射下十個太陽的也是堯。也有民俗學者認為，堯這個字就是太陽日冕的形狀。

或許正因如此，他的治水並不成功。在洪水蔓延大地、直抵天空的災害中，他雖然任用鯀，但鯀治水失敗了。堯不原諒鯀的失敗，在羽山將他磔殺。之後的治水事業，則是靠鯀的兒子禹來達成。

另一方面，堯並沒有把帝位傳給親生兒子，而是禪讓給孝順的舜。這件事為以後兩千年間，在帝位繼承時不傳給直系子孫、而是讓給有德臣下的狀況提供了劇本。

舜的故事

比起堯，舜在儒教經典中更被視為理想的帝王；之所以如此，和他被描繪成宛若孝親行為具象化的人物有關。堯在晚年不分貴賤，找尋隱世人才作為後繼者，於是從民間拔擢了舜。舜是位以孝親名聞遐邇的人物，在《史記》中，記載了這樣一段軼聞：

有虞氏的舜，名為重華。他的父親叫做瞽叟。瞽叟雖是顓頊的後裔，但這時已經淪為庶人；他的眼睛看不見，心地也不好。在舜的母親死後，瞽叟又娶了後妻，後妻的兒子象非常傲慢，常常想殺害舜；可是對這樣的父母和弟弟，舜還是篤盡孝養的職責。有一次，堯賜給舜禮物，以及養牛羊的穀物倉庫。瞽叟打算殺掉舜，將這些禮物奪走，於是讓舜登上倉庫，在底下放火，可是舜用兩片斗笠當作翅膀，輕飄飄地降到了地上。又一次，瞽叟讓舜去挖井，打算把他直接活埋，但舜從一條小路中成功逃脫。堯將兩名女兒嫁給舜，兩人時時跟在舜的背後，保護他的性命。[5]

堯嫁給舜的兩名女兒，叫做娥皇和女英。她們不只被舜所感化、充滿善良的性格，還保護舜的性命，最後為了找尋死在南巡地點的舜，遠赴九嶷之地弔祭舜。那時她們流下的淚中生出的竹子，在葉子上有著斑點，因此被稱為斑竹。現在長沙郊外洞庭湖中，有座稱為君山的沙洲，據說舜帝的墓就在那裡。墓旁叢生著斑竹，它的葉子直到現在，仍然會浮現眼淚的模樣。

孝順的舜從堯那裡接受帝位，實施優良的政治；記載其詳細內容的書籍，是《尚書》的〈舜典〉。

禹的故事

就像堯把帝位讓給優秀的臣下舜一樣，舜也從有才能的臣子中選出了禹，將帝位讓給他。禹的功績是治水；從堯時代以來的洪災中將國土救出的英雄，就是禹。

禹是鯀的兒子。鯀花了九年時間治水，最後卻告失敗，失敗的原因是因為他企圖將溢出的洪水堵塞起來。禹則反向而行，不用堤防遏制洪水，而是加以疏導，最後終於治水成功。對於與水搏鬥深感恐懼的古代人們來說，這是極為重大的事情；可以說征服了水，就等於征服天下，因此治水與統治的意義是直接相連的。也正因此，所謂鯀和禹都是治水方法的具象化，同時也被解釋成龜和蛇。不築土堤堵塞洪水，而是採取疏導方式的禹，其實是將水流本身的形象、也就是河川神格化後的龍或蛇等加以象徵化的事物，這是近代的解釋。

《史記》則將禹徹底人格化。禹擁有敏捷的行動力與誠實的人格，自在地驅使臣下，整飭高山與大河。禹也被當成勤勞的代名詞；有懲於父親鯀的失敗遭誅殺，他竭盡心力工作；治水的十三年間，他即使經過家門前也不入內休息，穿著簡樸的服裝、吃粗食、堅持謙虛的習慣。不管走在陸地上、渡過水流還是在泥濘中開路，他始終帶著繩子與規矩（測量工具），在全國奔走。結果，他開闢了九州、打通了九道、整飭了九澤九山，在大地上培育了穀物。

就像這樣，《史記》所描述的人格化禹之姿，是個勤勉質樸的勞動者，也是鎮壓洪水、為大地帶來收穫的英雄。另一方面，關於被工作奪走丈夫的妻子以及在父親離家狀態下長大的孩子，則有另外的故事。《史記》與《淮南子》是這樣介紹的：

> 禹娶了塗山氏的女孩，婚後四天就為了治水離開家。因此生下來的孩子啟，並沒有被禹當成兒子養育，而妻子對這樣的丈夫，也不見得百依百順。有一次，禹對妻子說：「中飯的時候我會敲響大鼓，聽到鼓聲就把飯送過來吧！」結果禹不小心踏到一塊石頭，石頭敲到大鼓，發出響聲。妻子前來一看，禹竟然變成了一頭熊；這是因為治水事業需要強大的力量之故。可是妻子看到這

副景象，卻忍不住嚇得奔逃，逃到崇高山的山麓上，變成了一塊石頭。這時候，他的妻子已經懷有身孕。禹對變成石頭的妻子逼迫說：「把我的孩子還回來！」於是石頭破裂，從中生出了啟。啟就是開，也就是「打開」的意思。

禹到底是工作優先的任性丈夫，還是不顧家庭、為世人辛勤勞動的偉大勞動者，全憑聽眾自行領會，畢竟故事是後來才添加上去的。在這個故事中神話的要素是，變身成熊的禹，與變成石頭的塗山氏之女。

禹的父親鯀，在《左傳》與《國語》等其他文獻中，會變身成「黃熊」，也就是黃金色的熊。據說當他治水失敗、在羽山接受磔刑後，便逃入羽淵之中，變成黃金色的熊。禹的兒子啟也有變身成熊的故事。如此說來，鯀─禹─啟這血脈相連的一族，或許都是以熊系統圖騰為標誌的部族子孫。又，關於鯀，在《楚辭．天問》篇中，則有與上述相異的描述方式。這個提問是：堯知道會失敗，為什麼還讓鯀治水？明明對他施以磔刑，為什麼他三年還不死？〈天問〉篇的「問」，其答案是假設性的，堯命令鯀治水，是因為無法反對推薦鯀的臣下意見，至於遭到磔刑的鯀之所以不死，則是鳥和魚為他運來食物之故。關於鯀的神話也和羿一樣，隨著談論立場不同，而有英雄與惡棍兩種不同的版本。又，關於變成石頭的女人，在中國神話中的類型雖然不少，但將石頭與女人、石頭產子的故事與禹的勤勉結合時，就產生出新的故事；不過，在這裡就不再多加介紹了。

三、天地開闢神話

接下來的部分雖然和上述項目有點重疊，不過我想介紹一下有關天地開闢的神話。其中一個是與三皇五帝相連的伏羲、女媧神話，另一個則是背景迥然相異的盤古神話。

伏羲（右）與女媧（左）

伏羲與女媧

在《史記・三皇本紀》中講到的伏羲與女媧，是人面蛇身的樣貌，也就是上半身是人、下半身是蛇。這兩位神明雖然應該分別有自己的起源，但在某個時期合為一組，且進一步產生成作為夫婦或兄妹，或者既是兄妹也是夫婦的附加神話。

關於女媧，除了《楚辭・天問》篇與《淮南子》以外，包括《莊子》、《易經》與《山海經》中，都曾以相異且片斷的表述方式登場。另一方面，關於伏羲，聞一多寫有〈伏羲考〉這篇優秀的論考；他運用文獻學、人類學乃至語言學，對伏羲、女媧神話的形成過程做出分析。簡單介紹其內容的話，就是伏羲氏在與中原相異的文化背景下，於洪水神話與龍圖騰起源的故事中登場，且與夏朝和其始祖禹的傳承彼此相連。現今留有這樣的圖像：在兩龍交合的主題中，伏羲與女媧配對，兩者的下半身變成蛇彼此交纏，上半身則以人（神）的姿態，手持規矩。

大致來說，伏羲神話是洪水與一組避難男女生下人類、屬於中華邊陲的傳說系統。女媧傳說在初期，則是創造人類的神，並補強了崩落的天。因此我們可以想成，這兩位神明是基於創造人類的要素，在天地開闢神話中被結合為一組。

女媧創造人類的故事，根據《楚辭》與《淮南子》綜合起來，大致是這樣的：

天地之間茫茫渺渺，充滿著無邊無際的寂寞。當女媧首次創造人類的時候，最初是用捏泥土的方式一個一個創造，但後來因為太辛苦了，所以便從泥土中拉起一條繩子，落下的泥水便成了人；人的程度之所有會有差異，就是因為這個緣故。又，在黃帝的時代，共工氏因為和顓項爭奪帝位，將支撐天的柱子斬斷，導致天空傾斜。女媧於是煉冶五色石頭修補天空，又切下一隻大龜的腳，重建四根柱子。

女媧因為名字有「女」，所以具備母性的性格，包括創造人類、修補天地，乃至於萬物之母的意象，其神話日益壯大。後來到唐代時，武則天與高宗被比擬為女媧、伏羲，在太廟做了祭祀的樂章。女媧和以女性即帝位的武則天對儒教的挑戰，也有密切關聯。

盤古神話的雛形

盤古神話是後來才出現的。近代歷史學主張，這是談論古老時代的較新資料，也就是所謂的「加上說」。討論盤古的資料，比伏羲和女媧晚了許多，也就是說，盤古神話是新出現的事物。吳國徐整的《三五歷記》中，這樣描述天地開闢的神話：

天地混沌如雞子，盤古生其中。萬八千歲，天地開闢，清陽為天，濁陰為地。盤古在其中，一日九變，神於天，聖於地。天日高一丈，地日厚一丈，盤古日長一丈。如此萬八千歲，天數極高，地數極厚，盤古氏極長。故天去地九萬里，後乃有三皇。天氣蒙鴻，萌芽茲始，遂分天地，肇立乾坤，啟陰感陽，分布元氣，乃孕中和，是為人也。首生盤古。垂死化身，氣成風雲，聲為雷霆，左眼為日，右眼為月，四肢五體為四極五嶽，血液為江河，筋脈為地裏，肌肉為田土，髮為星辰，皮膚為草木，齒骨為金石，精髓為珠玉，汗流為雨澤，身之諸蟲，因風所感，化為黎甿。

在東漢到六朝時期，也就是所謂的中古，古代神話世界獲得了重編。在支撐漢代的儒教中被等閒視之、乃至被歪曲傳述的古代故事，在這裡被進行歷史性的重構。和伏羲、女媧神話隨片斷資料而內容迥異不同，這篇《三五歷紀》的盤古神話，脈絡一貫且有體系。誰也不相信盤古的存在，可是作為談論天地開闢的故事，盤古神話則是相當有頭有尾。

四、自然眾神

接下來，我主要依據《楚辭》的〈九歌〉，來介紹自然界的眾神。即使在《楚辭》中，〈九歌〉也是所收錄的最古老歌謠。天界的最高神「太一」神降臨世間，人們對降臨的神明不只獻上各式各樣的供品，也奉上華麗的歌舞劇；在這種場合歌頌的〈九歌〉中，有太陽、風、河水等自然神作為配角登場；其中有身為上位神明，呼雲降雨帶來恩惠的「雲中君」，以及將湘水神格化的「湘君」、「湘夫人」。以下介紹比較短篇的「東君」與「河伯」。

太陽神「東君」

東君是從東方升起的太陽神格。這首歌歌頌從夜晚到清晨的變化，以及太陽神登場、壓制群星的故事：

暾將出兮東方，照吾檻兮扶桑。
撫余馬兮安驅，夜晈晈兮既明。
駕龍輈兮乘雷，載雲旗兮委蛇。

長太息兮將上，心低佪兮顧懷。
羌聲色兮娛人，觀者憺兮忘歸。
緪瑟兮交鼓，簫鍾兮瑤簴，
鳴篪兮吹竽，思靈保兮賢姱。
翾飛兮翠曾，展詩兮會舞。
應律兮合節，靈之來兮蔽日。
青雲衣兮白霓裳，舉長矢兮射天狼。
操余弧兮反淪降，援北斗兮酌桂漿。
撰余轡兮高駝翔，杳冥冥兮以東行。

太陽首先在湯谷中沐浴，然後撥開扶桑樹升空。在別的神話中作為太陽御者的羲和，輪番載運著十個太陽。扶桑樹是太陽由此升空的巨樹，因為位在遙遠東方，所以也成為日本的別名。又，和前文介紹的十日神話一起，纏繞在扶桑樹上的九個太陽與升天的一個太陽，在祭器與祭祀用的絲絹上，都留有相關的圖像。

河神「河伯」

黃河之神是河伯；在〈九歌〉中，河伯是男性神，受巫女們迎接：

與女遊兮九河，衝風起兮橫波。
乘水車兮荷蓋，駕兩龍兮驂螭。
登崑崙兮四望，心飛揚兮浩蕩。
日將暮兮悵忘歸，惟極浦兮寤懷。
魚鱗屋兮龍堂，紫貝闕兮朱宮。
靈何為兮水中，乘白黿兮逐文魚。
與女遊兮河之渚，流澌紛兮將來下。
子交手兮東行，送美人兮南浦。
波滔滔兮來迎，魚鱗鱗兮媵予。

〈九歌〉是南方系的歌群，據推測是在祭祀場合，為了招待降臨的太一神而演出的大規模歌舞劇。以扮演太陽神「東君」、黃河之神「河伯」等登場人物為中心，不只有扮演巫女、御者等演員，還有舞臺裝置、和聲乃至大型交響樂隊在背後支撐，可以想像在饗宴中，會帶來多大的歡喜與感嘆。《楚辭》中的這種神話要素，和古希臘的神話也有頗多共通之處。

五、崑崙山與死者儀式

最後，讓我們試著從《楚辭》的世界觀，來看看崑崙信仰與死者儀式。

《楚辭》是以楚這個特殊地域的古代文化為背景，誕生出的宗教歌舞劇。楚地的人深信靈魂不滅，特別重視神靈祭祀。另一方面，作為死者儀式習俗、由薩滿執行儀式的傳統，在《楚辭》中也有濃烈的色彩。堪稱《楚辭》代名詞的〈離騷〉，講的就是從殘酷現實中逃離的高貴靈魂，馳騁到天上世界，期盼與神話眾神相交卻未能如願，只能徘徊在塵世與天界之間的故事。以下就引用劇情後半高潮中，主人翁沿著崑崙山，往天界上升的場面：

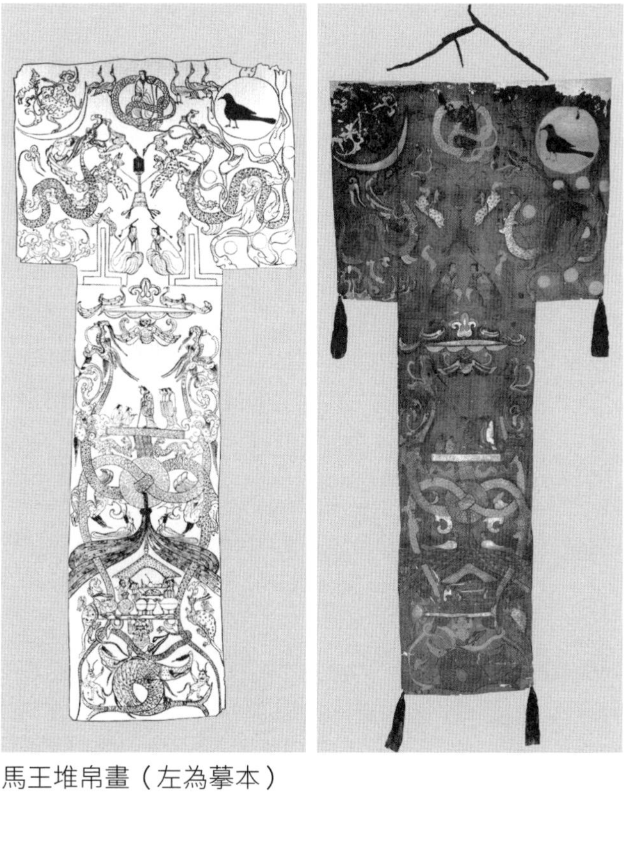

馬王堆帛畫（左為摹本）

跪敷衽以陳辭兮，耿吾既得此中正；
駟玉虬以乘鷖兮，溘埃風余上征。
朝發軔於蒼梧兮，夕余至乎縣圃；
欲少留此靈瑣兮，日忽忽其將暮。
吾令羲和弭節兮，望崦嵫而勿迫。
路曼曼其脩遠兮，吾將上下而求索。
飲余馬於咸池兮，總余轡乎扶桑。
折若木以拂日兮，聊逍遙以相羊。
前望舒使先驅兮，後飛廉使奔屬。
鸞皇為余先戒兮，雷師告余以未具。
吾令鳳鳥飛騰兮，繼之以日夜。
飄風屯其相離兮，帥雲霓而來御。
紛總總其離合兮，斑陸離其上下。
吾令帝閽開關兮，倚閶闔而望予。
時曖曖其將罷兮，結幽蘭而延佇。
世溷濁而不分兮，好蔽美而嫉妒。

這是從現實世界踏上旅程的歌曲。在這段歌詞中，主人翁搭上由四匹蛟龍所牽引的鷖車，等待上升氣流到來，便向高聳的天空展開旅程。他的目標是崑崙山，那裡被認為是死者靈魂要上升到天界必經的天階，也是靈域。早上從蒼梧之野出發的主人翁，到了傍晚抵達崑崙山的山腰，也就是縣圃。由於已近黃昏，夕陽停下了主人翁的腳步，於是他便在靈域之中，持續追尋著某種事物。在崑崙山腰過了一段逍遙時刻的主人翁，再次以天界的高處為目標驅車而上。他讓月亮的御者為嚮導，讓風神隨侍其後，然後帶著鸞鳥、鳳凰與雷神，展開壯麗的遊行。

楚人相信死者的靈魂會通過崑崙山，升往天上世界。在崑崙山周圍有稱作「溺水」的河流圍繞，即使是羽毛放上去也會立刻沉沒；要在這裡不陷溺、順利渡過，就只能搭乘龍。搭著龍船渡過溺水，正是從現實世界渡河前往彼岸的形象。而在渡河的同時，登上前方的崑崙山往天上邁進的主調，則是向靈魂天界升仙的形象。將死後靈魂行經的旅程與死者的世界、天上世界和引導人們朝那裡前去的神靈，在壯闊故事中以美麗的形式描述並歌詠出來，就是《楚辭》的各篇。

現實與幻想

從魯迅開始的本篇，就以魯迅來作結。一開始引用的魯迅話語，是出現在《中國小說史略》的〈神話與傳說〉中。魯迅將神話設定為小說的原點：「昔者初民，見天地萬物，變異不常，其諸現象，又出於人力所能以上，則自造眾說以解釋之：凡所解釋，今謂之神話。」他又說：「神話不特為宗教之萌芽，美術所由起，且實為文章之淵源。」

在儒教這種極現實思想席捲各種文化領域的背後，人們卻仍往往難以捨棄對異次元空間的憧憬。和文明以前的原初、超越人為之力的共鳴，以及在想像空間中靈魂的解放，化為神話這樣的幻想，治癒人們精神的枯渴，這是千真萬確的事。魯迅從小說視角、聞一多從詩人感性建構起的神話世界，或許正是深處我們心中的某個混沌空間也說不定。

注釋

1. 魯迅請參照第十卷第四章。
2. 譯注：魯迅原文如下：「中國神話之所以僅存零星者，說者謂有二故：一者華土之民，先居黃河流域，頗乏天惠，其生也勤，故重實際而黜玄想，不更能集古傳以成大文。二者孔子出，以修身齊家治國平天下等實用為教，不欲言鬼神，太古荒唐之說，俱為儒者所不道，故其後不特無所光大，而又有散亡。」
3. 顧頡剛請參照第十一卷第六章。
4. 郭沫若請參照第十一卷第七章。
5. 譯注：作者此處改寫原文，故以白話翻譯。

參考文獻

出石誠彥，《支那神話伝説の研究（支那神話傳說之研究）》，中央公論社，一九四三年
袁珂著，鈴木博譯，《中国の神話伝説（中國的神話傳說）》上下，青土社，一九九三年

西鄉信綱，《詩の発生（詩的發生）》增補、新裝版，未來社，一九九四年
白川靜，《中国の神話（中國的神話）》改版，中公文庫，二〇〇三年
聞一多著，中島綠譯注，《中国神話（中國神話）》，東洋文庫，一九八九年
牧角悅子，《中国古代の祭祀と文学（中國古代的祭祀與文學）》，創文社，二〇〇六年
牧角悅子，《詩経・楚辞（詩經、楚辭）》，角川 sophia 文庫，二〇一二年
渡邊義浩，《図解雑学 宗教から見る中国古代史（圖解雜學　從宗教所見的中國古代史）》，Natsume 社，二〇〇七年

朝鮮神話

檀　君——朝鮮史誕生出的民族神

野崎充彥

一、被當成科舉題目的檀君神話

正祖十三年（一七八九年）實施的文臣課試（由國王直接舉行的考試）中，作為箋（獻給國王文章）的題目是：「檀君與群臣賀，遣扶婁赴塗山，始通中國之會，試擬之」（檀君與群臣派遣檀君之子扶婁擔任祝賀使前往中國，參加帝王禹在塗山舉辦的大會，兩國於是首次有了往來，試擬之〔撰寫詩賦〕）[1]。然而，檀君在科舉中登場並非從這時才開始，正祖元年（一七七七年）舉行的小科進士科初試，也有關於檀君的出題[2]。現存慶尚道幼學（準備科舉中的儒生）金顯運撰寫的試卷（科舉答案）中，有一篇〈送子朝塗山賦〉；這篇用二十九連、五十八句構成的古賦形式（不押韻），是對古代中國傳說中帝王禹在塗山召集萬國諸侯時，朝鮮始祖神檀君派兒子扶婁一事進行禮讚[3]。

禹在塗山召集諸侯，出處是《左傳》哀公七年夏，「禹合諸侯於塗山，執玉帛（玉與絲綢，指的是贈答品）者萬國」，但這裡值得注目的是「檀君派遣兒子扶婁前往塗山」這個傳承故事。不用說，《三國遺事》（以下簡稱《遺事》）開頭記載的檀君神話，完全沒有這樣的記載；既然如此，那這樣的傳承又是以怎樣的方式產生出來的？雖然今天已經徹底遭到遺忘，不過其實檀君神話有很多版本，而這些版本都與各自的時代背景有著密切關聯。本章就透過民族始祖神與時代的交互作用，來概觀朝鮮史中檀君神話的意義。

二、檀君神話與蒙古侵略

在遙遠古代，自願離開天界、治理人間界的桓雄，從父親桓因那裡獲授三個天符印後，便率領三千名部下，從太伯山（妙香山）的神壇樹上降下人間。他將這裡命名為神市，開始進行穀、命、病、善惡諸事的掌管與教化。棲息在洞窟裡的虎與熊希望變成人，於是桓雄給予牠們神妙的艾草與蒜，告訴牠們說，只要將它們銜在口中，在黑暗裡度過一百天，願望就能實現。結果老虎失敗了，熊則成功忍過考驗，變成一名人類女性；但她哀嘆自己沒有配偶，於是變成人的桓雄便娶了熊女，生下的孩子就是檀君王儉[4]。

唐高（堯）即位五十年的庚寅年時，檀君將都城遷往平壤，定國號為朝鮮，接著又把都城移往白岳山的阿斯達，治理國家達一千五百年。之後因為箕子被封到朝鮮，檀君一度轉移到藏唐京，之後又回到阿斯達，隱居在山中成為神，其壽命高達一九〇八歲。

今日最為人所知的《遺事》卷一〈紀異第一．古朝鮮〉中記載的檀君神話，作者是高麗的名僧一然（一二〇六－一二八九年）；雖然多少有弟子和後人的注解混雜其間，但咸認大半都是出於一然之手。一然生存的十三世紀朝鮮遭到蒙古侵略，不只被迫遷都到江華島（一二三二年）並投降（一二五九年），這之後更在國土嚴重荒廢的情況下，被元寇所驅使（文永之役、弘安之役，一二七四、一二八一年），這是誰都知道的史實。「是歲，蒙兵所虜男女，無慮二十萬六千八百餘人，殺戮者不可勝計；所經州郡皆為煨燼……。」這是《高麗史》卷二四高宗王四一年（一二五四年）十二月的紀事，要說是傳達了極為悽慘狀況的一斑，毫不為過。

就在這種時代狀況下，朝鮮民族的始祖神被決定為檀君。說到底，《三國史記》（一一四五年成書；在該書中不見檀君之名）與《遺事》誠如其名，是以新羅統一前的高句麗、百濟、新羅三國為中心，古代諸國歷史與神話的紀錄，在這當中，「朝鮮民族」等涵蓋性的概念尚未明確。因此我們可以認定，是一然眼見蒙古侵略、民族面臨存亡危機，才把檀君定位為民族的始祖神（不禁讓人聯想起記紀神話的成立，是中央集權國家成立後之事）。

一般神話的成立本身是一回事，作為紀錄固定下來，則會受到當時的政治社會狀況、亦即編纂意圖的影響，而產生各式各樣的變貌；這是古今東西的通例，但檀君神話在這方面的傾向特別顯著，故此我們可以說，在這當中蘊含著解讀此神話的關鍵。

三、檀君形象的變貌

扶婁的去向

接下來，我們將話題回到先前科舉出題的對象——檀君的兒子扶婁身上。《遺事》開頭的檀君神話中並沒有扶婁登場，只有檀君為了避開箕子，成為山神而已（換言之，這意味著檀君並沒有子孫）。可是，事實上同樣在《遺事》卷一的高句麗部分，插入注解中引用了一本叫做《檀君記》的書，裡面寫到檀君娶了西河河伯之女，生有一子扶婁，至於其他前後脈絡，則全然付之闕如。另一方面，《遺事》卷一北扶餘的部分則引《古記》說，天帝解慕漱降臨，創建了北扶餘國，並生下了扶婁這個孩子。不久後成為王的扶婁按照天帝意旨，將都城移往東扶餘，之後東明帝（朱蒙）繼承北扶餘，成為高句麗的始祖。關於朱蒙，有以下這樣一段著名的出生神話：

河伯的女兒柳花和天帝之子解慕漱在鴨綠江畔私通，引起父親大怒，將她拋進太伯山（指白頭山）以南的優渤水任其漂流，結果被東扶餘王金蛙（扶婁後代）撿到。被幽禁在房間中的柳花受到不可思議的日光照射，懷了身孕，不久後就生下一個巨蛋。國王對此感到不祥，將蛋丟到路上，但牛馬都會自動避開；將它丟到荒野裡，鳥獸都會守護它，所以最後還是把它帶回母親身邊。從這個蛋中生出來的就是朱蒙。

朱蒙七歲就有成人的體格，射箭百發百中，因為他不管在哪一方面的技能都相當優越，所以遭到眾王子排擠，察覺到危險的柳花於是要朱蒙逃走。逃出扶餘的朱蒙在路上獲得了三位朋友，但在追兵窮追不捨的途中，被一條大河擋住了去路，於是朱蒙向大河訴說「我是天帝之子、河伯之孫」，結果驟然有魚鼈群集，搭起了一座橋；就這樣，朱蒙一行人好不容易得脫險境，抵達卒本這個地方，建立了高句麗國……。

這是《遺事》卷一中高句麗的紀事（《三國史記》卷一三〈高句麗本紀〉中，也有同樣的記載），但在北扶餘接下來的「東扶餘」條目中（高句麗在其後），天帝出現在扶婁王的大臣夢中，告知「我的子孫（指朱蒙）要在此地建國，你們還是離開比較好」，得知這點的扶婁於是將都城移往東扶餘。扶婁沒有孩子，但透過一次不可思議的相遇，獲得了金蛙當作後嗣，金蛙之後是太子帶素繼位，但在地皇三年（二二年）遭高句麗的無恤（大武神王）奪走國家而滅亡。

雖然解慕漱、亦即天帝究竟出現多少次，可說是眾說紛紜，但總而言之，扶餘王扶婁與高句麗的始祖朱蒙，都是天帝解慕漱之子。正因如此，先前提到的《遺事》卷一高句麗在引用《檀君記》，寫下「檀君娶西河河伯之女生下扶婁」的紀事後面，又接著這樣寫道：

按照這篇記，解慕漱和河伯之女私通生下了朱蒙；而《檀君記》又說，生下的孩子是扶婁，所以扶婁和朱蒙是異母兄弟。

如果把這看成理所當然，則檀君應該就等於解慕漱；事實上在《遺事．王曆第一．高句麗》中，又有「第一東明王，於甲申年即位，治國十八年。姓高，名朱蒙，或作鄒蒙，檀君之子」這樣的紀錄。

確實，如果依循這些資料，則不能不認為檀君就等於解慕漱。但即便如此，仍有讓人難以釋懷之處。畢竟在檀君神話中，檀君的活動地域明顯是以平壤為中心（《遺事》本文的注解中寫道「太伯山是今日的妙香山」，妙香山與平壤同位於平安道），但兒子扶婁治理的扶餘國，應該是位於遙遠北方的今日中國吉林省，至於朱蒙建立的初期高句麗，一般都認為位在其南方。

為了釐清這個疑問，我們必須再回溯扶餘的始祖神話：

> 北夷的橐離國王有個婢女無緣無故懷孕，國王打算殺掉她，但婢女說她是因為感應到某種像是鳥蛋的氣息從天而降，所以才懷孕的。不久後婢女生了一個孩子，國王想將他丟在豬圈與馬廄中自生自滅，但動物卻反過來守護他。國王於是覺得他是「天之子」，將他帶回母親身邊。
>
> 成長的孩子被取名為東明，不只善於養育牛馬，弓箭技術也相當優秀；害怕國家被奪走的國王，於是再度打算殺掉他。往南逃亡的東明在去路上遇到一條大河阻攔，於是用弓箭敲打水面，創造出一條魚鼈搭乘的橋。東明渡河之後魚鼈散去，追兵只好無功而返，東明便在此地建立扶餘國，成為國王。

這是東漢王充（二七—九七年）的《論衡．吉驗篇》與東晉干寶（？—三三六年）的《搜神記》中所記載，關於扶餘國始祖東明的建國神話，一讀便知這與朱蒙神話極為酷似。依據這點，過去有人主張扶餘和高句麗不只神話、在民族上也有同一性，但現在認為相較於東明神話屬於北方的感精型，朱蒙神話則具有南方的卵生型性格；另一方面從歷史來看，扶餘和高句麗之間的激烈對立持續不斷，再加上墓制也不同，因此兩者實在很難看成是同一民族。如果這種說法是正確的，那麼東明和朱蒙是不同的存在；從朱蒙神話可見於高句麗好太王碑（四一四年）這點來判斷，它最晚大概是在五世紀左右成立的。

簡言之，在《遺事》卷一高句麗的注中，依據《檀君記》追加「檀君娶西河河伯之女生下扶婁」的傳承之前，扶餘的始祖東明與高句麗的始祖朱蒙就已經同一化，變成「始祖為東明聖王，姓高氏，名朱蒙」（《三國史記》卷一三〈高句麗本紀第一〉），而扶餘和高句麗也被視為「異母兄弟國」，並在上面再加上一層檀君神化的包裝。在這當中發生的是東明／朱蒙轉移到平壤這個「東遷現象」，而關於這一點，則有必要關注高句麗的國土變遷過程。

高句麗的遷都

高句麗一開始是以渾江流域的卒本（中國遼寧桓仁）延伸到鴨綠江流域的丸都（中國吉林集安）一帶的地域為中心，之後勢力逐漸擴大，在西元前後成為一股能跟中國抗衡的力量。另一方面，取代東漢的魏併吞了樂浪郡與帶方郡，和高句麗對立；自二四四年起，魏國派遣將軍毋丘儉，對高句麗展開攻擊。高句麗與從玄菟攻入的魏國大軍交戰，雖然奪回了一度失去的丸都城（位於鴨綠江以北），但最後還是捨棄了荒廢的城、遷都到平壤。

二十一年（二四七年）春二月，王以丸都城經亂，不可復都，築平壤城，移民及廟社。平壤者本仙人王儉之宅也。或云王之都王儉。（《三國史記》卷十七〈高句麗本紀．東川王〉）

此處雖有這樣的記載，但就歷史來說，高句麗遷都平壤是在四二七年，而且這篇記載中所述，當時「平壤」所在的樂浪郡，處在魏的支配之下，所以有人認為，這裡的平壤是丸都城的別名，又或者是集安地區的城名，又或許是遷都到今天平壤的傳承故事，種種說法不一而足。[5]不論遷都地點是不是現在的平壤，但毫無疑問，「平壤本是仙人王儉的居所」，這句話裡的平壤就是現在的平壤。畢竟，就像《遺事》卷一魏（衛）滿朝鮮中所言，燕人魏（衛）滿定都的王儉若指地名，只可能是浿水（清川江以南、大同江以北）東方的平壤而已。因此，《三國史記》末尾的「或云王之都王儉」（有人說因為是國王的都城，所以叫做王儉），很有可能是誤讀、誤用了《史記》卷一一五〈朝鮮列傳〉中衛滿稱王、「王之都王儉」（稱王之後，定都王儉）的記載，[6]但不管怎麼說，王儉都是平壤的古地名，這是不會改變的。

朱蒙神話成立於五世紀，但若說四二七年高句麗遷都平壤，因此檀君與東明王朱蒙的結合也是在這時候，那倒也未必。這種結合是在稍後的時代中，以東明王的平壤在地化為先驅展開的；在討論這點之前，我想先介紹一下朱蒙神話在日本的流傳。

古代日本的朱蒙傳承

《日本書紀》卷二七天智天皇七年冬十月裡寫道：「高麗（高句麗）仲牟王（鄒蒙／朱蒙）初建國

時，欲治千歲也……。」這是在論及這年（六六八年）高句麗被唐與新羅聯軍滅亡時的相關敘述。

又，在《續日本紀》卷四十桓武天皇延曆九年（七九〇年）七月，可以看到百濟系渡來人的後裔百濟王仁貞在日本朝廷中這樣敘述：「夫百濟太祖都慕（朱蒙）大王者，日神降靈，奄扶餘而開國，天帝授籙，惣諸韓而稱王。」百濟後裔也談及朱蒙神話，是因為高句麗和百濟在神話上是兄弟之國（百濟是朱蒙建國後生下的孩子所創）；這個傳承即使在異國之地也依然如故，可謂興味深長。順道一提，桓武天皇與早良親王的生母高野新笠，是出身自號稱百濟武寧王後裔的渡來人家系，這點也是廣為人知之事。同樣在《續日本紀》延曆九年條目末尾，有關高野新笠的葬儀記載中，也如此提及：「百濟遠祖都慕王者，河伯之女感日精而所生，皇太后即其後也。」

東明王朱蒙的平壤在地化

接著，讓我們把話題轉回來。九九三年契丹第一次入侵的時候，交涉使徐熙曾主張：「我國即高句麗之舊也，故號高麗。」（《高麗史節要》成宗癸巳十二年）如其所述，打倒統一新羅的高麗自認為古代強國高句麗的繼承者，因此東明移轉到平壤或許在意義上也是理所當然，只是這仍然需要一點時間。

高麗的代表性文人李奎報（一一六八－一二四一年）在二十六歲的時候，將朱蒙神話寫成二八二句的五言古律壯闊史詩〈東明王篇〉，大加讚頌（《東國李相國集》卷三）。在這當中，解慕漱和河伯用變身術較勁（河伯化成鯉魚和雉雞，解慕漱則變身成水獺與老鷹追逐他），之後河伯將解慕漱和柳花一起關進皮革製成的轎子中，結果解慕漱從用髮簪打開的小洞中脫身，回到天上。解慕漱的孩子朱蒙具有能把空中飛的蒼蠅射落的優秀箭術自不用說，還曾經將金蛙養的駿馬舌頭用針刺穿，讓牠變得瘦弱，然後在掩人耳目的情況下，將牠據為己有，此外也屢屢在緊急時發揮真正的力量。這篇史詩就是包含了這類《遺事》中看不到的題材，洋溢著對細節的精彩描寫。據說李奎報是依據一本稱為《舊三國史》的異傳（此書現已不存），完成這部〈東明王篇〉。

解慕漱在誘惑柳花的時候，講的是道學家風味的臺詞，「茲非悅紛華，誠急生繼嗣」（我不是愛好妳的美色，而是為了獲得子孫）；這是浸染儒學高麗文士的流弊，但誠如此篇開頭所記，「世多說東明王神異之事，雖愚夫騃婦，亦頗能說其事」，當時的高麗對高句麗的始祖神朱蒙抱持相當強烈的關心，即使是民眾層級，也可以看到東明王朱蒙神話深深滲透的痕跡。這時候始祖神話的舞臺還不是平壤，但其基礎已經打得相當扎實。

較李奎報時代稍後的著名文人崔滋（一一八八—一二六〇年）於遷都江華島時期，寫了一篇〈三都賦〉（《東文選》卷二）。這裡的三都指的是平壤、開城、江華），其中歌詠道：「西都之創先也，帝號東明，降自九玄……。」指稱平壤是東明，也就是朱蒙所開創的。至此，東明王朱蒙的平壤在地化，已成決定性的事實。之所以如此，只能說是在面對蒙古侵略這前所未見的國難、被迫遷都江華島的情況下，對故都平壤充滿懷舊之情，將之神聖化的渴望高漲之故吧！朝鮮王朝前期編纂的《東國輿地勝覽》卷五一〈平安道平壤府．古蹟〉中，有相傳是東明宮殿的九梯宮、東明飼養麒麟馬的麒麟窟、乘麒麟直奔天際的朝天石等相關記載，但不論何者，都可說是平壤神聖化的餘波。

檀君朝鮮的領土擴大

在崔滋之後，李承休（一二二四—一三〇〇年）撰寫了上下兩卷的《帝王韻記》（一二八七年）；上卷是將中國古代三皇五帝歷經秦漢到元朝興起的中國史概略寫成七言古詩，共二六四句，下卷則是從東國君主開國年代的檀君歷經三國時代、到高麗統一國土的七言古詩二六四句，接著是用一五二句五言，來歌詠本朝（高麗）從太祖王建到忠烈王的君王世系故事，簡單說就是當代中國及朝鮮史的總整理。雖然它本身就很有意思，不過若是放眼我們關心的部分，則可以發現它關於朱蒙神話的內容大多是引用自李奎報的〈東明王篇〉，所以並沒有值得大書特書的部分，但關於檀君，則有相當值得注意的內容。這篇史詩中說[7]，當桓雄從天界率領三千名部下從太白山頂的神檀樹上下來時，「令孫女飲藥，成人身，與檀樹神婚而生男，名檀君」。桓雄的孫女在沒有任何說明的情況下突然登場，相當不自然，所以也有人說這裡的「孫女」，其實是「熊女」的誤記；但這樣一來，天帝與檀君的「血緣」就中斷了，且這個「改變」的重點，應該也有把原本檀君神話中天帝之子與熊女神獸交婚的故事抹消的用意在，所以果然還是應該遵循原文妥當。

正如前述，《帝王韻記》是將中國史與朝鮮史並列、歌詠其同質性，並強調高麗縱使在元朝支配下仍保有矜持，不願在文化上屈服的作品。換言之，它把不符合中華價值觀的部分全都刪除了，所以《遺事》檀君神話的神獸交婚故事也被改頭換面；這樣的傾向到了朝鮮王朝，仍然不斷上演。

關於這點後面會再詳述，不過這裡還有更值得注目的地方。《帝王韻記》說，桓雄的孫女與檀樹神間生下的檀君「據朝鮮之域，為王。故尸羅，高禮，南北沃沮，東北扶餘，濊貊，皆檀君之壽也。理一千三十八年，入阿斯達山，為神，不死故也。」東北扶餘的部分可以清楚理解，但檀君不只是扶婁和朱蒙統治的地域，還統治著包含沃沮、濊貊等地的廣大領土。其中也列名的尸羅（新羅），有以下這樣的始祖神話：

過去在辰韓之地有六個村子，其祖先皆是從天而降之人，他們就是李、鄭、孫、崔、裴、薛六氏的祖先。某天六村的居民集合起來，祈求能獲得有德之君，振興國家。這時，山麓忽然射出不可思議的光，出現了一匹白馬，對一個紫色的蛋頂禮跪拜。白馬飛上天空後，蛋破了，生出一個光輝燦爛的男孩，於是眾人便立這個孩子為王，這就是新羅的始祖赫居世（光輝燦爛之意）。因為那個紫色的蛋形如葫蘆，所以男孩子便以「朴」（新羅語稱葫蘆為朴）為姓。他娶了雞龍生的女孩為妃，赫居世治國六十餘年後升天，但七天後遺體從天而降，散亂一地。（《三國遺事》卷一〈紀異第一新羅〉）[8]

另外也有說法指出，從東海中的多婆那國漂流過來抵達新羅、成為第四代國王的脫解王也是卵生。另外還有這樣一個神話：在脫解王的時候，臣子瓠公（來自倭國的渡來人）發現林子中有紫雲垂地，在樹枝上發現了一個黃金櫃子，將它運到國王那邊打開後，發現裡面有個男孩，於是將之立為太子。因為男孩是出自金櫃，所以姓金，又因為出生方式很接近赫居世，所以稱為閼智（新羅語「孩童」的意思；

因此，金是韓國最普遍的姓）。不管怎麼看，這和檀君都全無關係。儘管如此，《帝王韻記》卻完全無視於這樣的來歷，硬是把新羅置於檀君統治之下[9]。

將以上的長篇論述加以彙整的話，就是原本屬於不同存在的扶餘始祖東明與高句麗始祖朱蒙被視為同一人，且隨著高句麗遷都平壤，也出現了東明王朱蒙的東遷現象。同時，檀君也和解慕漱被同一化；接著更進一步，不只解慕漱之子扶婁、朱蒙統治的各地區，連原本和檀君毫無關係的新羅等，也被看成是檀君的領土。特別是檀君和解慕漱的同一化，讓檀君朝鮮的領域和高句麗重合、一路擴大到中國內陸，也就是所謂的「大朝鮮主義」；這在直到近現代一直持續的朝鮮民族主義基礎形成上，擁有極其重大的意義。

四、朝鮮王朝時期檀君的各種面貌

檀君神話的合理化

《高麗史》卷五六〈地理志一．江華縣〉（一四五一年）中記載，江華島的摩利山頂上，相傳有檀君舉行祭天儀式的塹星壇，傳燈山則有檀君三個孩子建造的三郎城。在《東國輿地勝覽》卷五五〈平安道．江東縣古蹟〉（一四八一年）中，也可以看到相傳是檀君之墓的大墓；但這些都是比較新的東西，所以並不那麼重要。值得注目的是以下這種新的檀君形象：

始古開闢東夷主
昔神人降檀木下。國人立以為主。因號檀君。時唐堯元年戊辰也。
聞說鴻荒日，檀君降樹邊；位臨東國土，時在帝堯天。
傳世不知幾。歷年曾過千；後來箕子代。同是號朝鮮。

這是權近（一三五二—一四〇九年）〈應制詩〉（《陽村集》卷一）的一節。權近十八歲時文科及第，和鄭夢周、鄭道傳一起在高麗末年出仕官界，到了朝鮮王朝，他又歷仕太祖、太宗，在外交內政上有功，被封為吉昌君。著作有《四書五經口訣》、《五經淺見錄》、《入學圖說》等，另外還有〈天文圖詩〉、〈歷代帝王混一疆理圖誌〉等作品，是位不只在性理學、也在天文與地理等方面有深厚造詣的名臣。

太祖五年（一三九六年）時，權近作為賀正使赴明朝，卻因為表箋文（國書）的措辭不妥，引發了洪武皇帝的憤怒。這時候權近為了向明朝辯白，在洪武皇帝的命令下，寫下二十四篇稱為〈應制詩〉的漢詩，其中一篇就是這篇〈始古開闢東夷主〉。題目後面的「昔神人降檀木下」等自注，簡單說就是檀君直接從天而降，統治朝鮮，《遺事》中神獸交婚故事的痕跡，已經完全看不見蹤影。雖然有可能是因為在中華文明化身的皇帝跟前，不好拿出極度夷狄的神獸交婚故事，但也可說是和先前的《帝王韻記》同一軌跡的現象。

順道一提，在〈始古開闢東夷王〉的下一篇〈相望日本〉中，權近這樣歌詠：「東望洪濤外，倭奴秉性頑。未嘗沾聖化，常自肆兇奸……。」這個先擱著不提，但這首〈應制詩〉中的新檀君形象，被以

《東國通鑑》（一四八五年）為首的官撰史書所繼承，以後也常保影響力，但令人大為驚訝的是，在開化時期的四十七種學校教科書中，全都繼承了這種新檀君形象，連一本也沒有擷取《遺事》型的神獸交婚故事[10]，堪稱是「合理化」到極點了吧！

私撰史書與檀君神話

相對於這種官撰史書，由個人寫成的私撰史書則充滿個性、反映了作者的思想與志向，此處就扼要介紹幾則和檀君神話有關的內容。

首先是許穆（一五九五—一六八二年）所寫的紀傳體史書《東事》（一六六七年）。卷一〈檀君世家〉的系譜是這樣的：桓因氏—神市（亦即桓雄）—檀君—夫婁（扶婁）—金蛙—朱蒙，強調「大家都是起源於檀君氏」，也就是檀君的後代。又，他雖然也提到檀君曾派遣妃子與兒子夫婁前往中國（這點後面會再述）等主題，但他的敘述基本上是根基於自己的「古學」，把禮樂的起源上溯到比堯舜更古老的太古，並藉此將中國與朝鮮相對化。

接下去是洪萬宗（一六四三—一七二五年）的《東國歷代總目》（一七〇五年）。這本書仿效朱子綱目體編纂，內容從檀君到朝鮮王朝第十八任國王顯宗；雖然是以將檀君神話合理化的形式為主，但也附記了神獸交婚故事。更值得注目的是，檀君也有「教民編髮蓋首」與「君臣男女飲食居處之制」，也就是說在箕子以前，檀君就已經推廣了禮樂的基礎。除此之外，它的特徵還有提到臣子彭吳等新的傳承故事（在這方面，安鼎福與李德懋則反駁說，彭吳是在《漢書．食貨志》中登場的武帝臣子）。洪萬宗還對道教有強烈喜好，在講述朝鮮獨有的海東仙派譜系的《海東異蹟》開頭中，把檀君放在朝鮮道教的始祖地位[11]。在《旬五志》（一六七八年）中，他採擷了各式各樣的傳承，而檀君的新主題，大概就是從這當中衍生出來的。

《世宗實錄．地理志》的新檀君形象

接下來談談和這些官撰、私撰史書風格頗為不同的檀君神話變體，那就是《世宗實錄．地理志》（一四五四年）的記載。以《新撰八道地理志》（一四三二年）為基礎，承繼《東國輿地勝覽》的該書，雖是作為實錄相當例外的地理志，但也反映了世宗大王力圖確立中央集權體制的施政。在「平安道平壤府」的條目中，可以看到這樣的檀君形象：首先是「唐堯戊辰歲，神人降於檀木之下，國人立為君，都平壤，號檀君」，不過這是依循前面所見權近的〈應制詩〉，屬於官撰史書的常套。

接下來是一長段從古代箕子開始的敘述，在提到進入朝鮮王朝，於箕子祠堂南邊設有合祀東明與檀君的祠堂後（也有提及東明的墓在巽方三十里處），作者引用〈檀君古記〉，講述桓因之子桓雄降到太白山的神檀樹下，讓孫女飲藥化為人身，和樹神結婚生下檀君，建立朝鮮國統治尸羅、高禮、南北沃沮、東北扶餘、濊貊。到這裡仍然不脫李承休《帝王韻記》的檀君形象，但問題是再接下來的部分。檀君娶了非西岬河伯（西河河伯）的女兒，生下夫婁，夫婁又成為東扶餘的國王。檀君與唐堯同日即位（比《遺事》早五十年），當禹大會諸侯於塗山時，也派夫婁前去與會。

本章開頭介紹、正祖時代科舉出題中所述「檀君派遣兒子扶婁前往塗山」的傳承，其實是在這篇

《世宗實錄．地理志》中首先出現，但為什麼在這時候會出現這樣的新主題？畢竟《帝王韻記》上卷也有「蹄航萬國竟來臣，禹貢山川皆執贄」這種讓人想起召集諸侯的文句，因此朝鮮對此確實也知之甚詳。

提起舜，就會讓人想到「舜，東夷之人也」（《孟子．離婁下》）這句話。身為聖人的舜，原本也是出身於未開化之地，因此聖人與否並非決定於出身，而是依其行為；但比舜更加東夷的朝鮮，應該也要有值得仰望學習的指標才對。不只如此，世宗自一四三六年以降頗苦於病痛，因此要求世子（後來的文宗）攝政；他壓下了臣子的反對，於一四四二年開始實質的攝政體制。對檀君之子扶婁的注目，或許也有這種局勢的作用在其中。

派遣扶婁到塗山的主題，也被權擥（一四一六—一四六五年）的〈應制詩注〉（一四六二年）繼承下來。權擥對祖父權近的〈應制詩〉進行詳細注解，網羅作為背景的歷史事項，成為一本相當優秀的著作[12]，但其中內容也反映了他作為世祖寵臣，權勢薰天，意圖伸張國權的志向。

歷經以上的過程後，遂有正祖時代科舉以檀君神話出題的事情發生，不過金文京認為這一七八九年的出題，和第二年乾隆皇帝萬壽節（八十歲祝賀）的進賀兼謝恩使派遣有關，這是十分妥當的見解。不過，正祖前任的英祖也曾經向知名的博學之士徐命膺詢問檀君神話的事情，而在徐命膺的說明中也提及了派遣扶婁到塗山[13]，因此兩者之間或許也有某種關聯，這是必須附帶一提的。

五、近現代的檀君

抵抗日本對朝鮮的殖民地化、親近頭山滿等人，並屢屢試圖暗殺要人未果的羅喆（一八六三—一九一六年），在一九〇九年創立了別名檀君教的大宗教。這是將朝鮮民族的原始信仰體系化並以民族自立為志向的新興宗教，但在極度嚴酷的鎮壓下，羅喆選擇了自盡。第二任教祖金教獻將據點轉移到滿洲繼續活動，解放後教團回到韓國，直到今日（號稱國內外信徒四十七萬人）。

大宗教教義的特異處之一，在於其民族觀。不只是朝鮮族，包括靺鞨、鮮卑、女真等，全都被視為「倍達族」的一員（倍達被認為是朝鮮的古稱，但依據相當曖昧。順道一提，極真空手道的大山倍達，名字也是源自於此）。換言之，在遙遠的古代，朝鮮民族原本是巨大的單一民族，後來分化才形成東亞各族。雖然這不脫誇大妄想或者古代妄想，但為了和處心積慮涉足大陸的大日本帝國對抗，有必要將自己也巨大化。檀君建國的開天節（十月三日）雖是韓國的國慶日，但這也是依據大宗教的儀式而來。又，檀紀（西元再加二三三三年）是依據《遺事》等的檀君即位年而制定[14]，從解放後的一九四八年到一九六一年，一直被官方所使用。另一方面，以李承晚政權的副總統李始榮為首，有八名閣員都是大宗教信徒，由此可見其影響力之龐大。

另一方面，朝鮮民主主義人民共和國（北韓）在一九九三年發掘檀君的「遺骨」，蔚為話題。根據計測，所謂遺骨大約是五千年前的事物，由此可以斷定檀君是確實存在的，而檀君紀元還可以更往前回溯，但這當然是真偽難定。

以上這種檀君形象的變遷，雖是起因於神話與歷史難以明確區分的緣故，但同樣把神話當成建國紀念日的日本人，實在不能恥笑人家「迷妄」。不論如何，「了解檀君就能了解朝鮮」這句話，就目前來說仍然是有效的。

注釋

1. 《日省錄》正祖十三年（一七八九年）十一月十六日戊戌。關於《日省錄》，請參照以下連結：http://kyudb.snu.ac.kr/series/main.do?item_cd=ILS。
2. 金文京，〈朝鮮王朝時代的科舉答案——以正祖元年（一七七七）金顯運〈送子朝塗山賦〉試卷為例〉，《慶應義塾大學言語文化研究所紀要》第五二號，二〇二一年。
3. 前述的金文京論文，對這篇古賦有詳細的譯注。
4. 「檀君」的寫法，依文本不同而有「檀」和「壇」兩種不同寫法；關於其間的差異，一直以來都有熱烈的議論，但因為和本文的主旨無關，所以在這裡統一使用「檀君」。又，關於這問題可以參照張哲俊，〈韓國的壇君神話與檀君神話〉（收錄於小峰和明，《東亞文化講座　第三卷　東亞共享的文學世界》，文學通信，二〇二一年）。
5. 井上秀雄譯注，《三國史記》二（東洋文庫，一九八三年）。不過，四二七年遷都的平壤，位於比現在更偏東北好幾公里的地方；建都於現在的平壤，是五二五年之事。
6. 今西龍，〈檀君考〉（收錄於《朝鮮古史的研究》，國書刊行會，一九七〇年）。
7. 譯注：不是本文，而是在本文後面的補注，見：https://db.history.go.kr/KOREA/item/level.do?levelId=mujw_002_0030。

8. 譯注：作者此處改寫原文，故以白話翻譯。

9. 除此之外，在濟州島也有南方系的神話說，從地中湧出三位神人，成為高、良、夫的始祖，娶了從日本前來的女子為妻（《高麗史》志卷第一一地理志二）。

10. 《韓國開化期教科書叢書》全二十卷，亞細亞文化社，一九七七年。

11. 野崎充彥，〈《海東異蹟》考〉，《大谷森繁博士還曆紀念朝鮮文學論叢》，杉山書店，一九九二年。

12. 〈應制詩注〉是由《韓國文化》三（首爾大學奎章閣韓國文化研究院，一九八二年）全文影印刊載。

13. 《承政院日記》英祖四一年（一七六五年）十二月八日。

14. 關於檀君即位的年分，在今西的前引文中有詳盡考察。

參考文獻

大林太良，《東アジアの王権神話（東亞的王權神話）》，弘文堂，一九八四年

佐佐充昭，《朝鮮近代における大倧教の創設——檀君教の再興と羅喆の生涯（朝鮮近代中大倧教的創設——檀君教的再興與羅喆的生涯）》，明石書店，二〇二一年

野崎充彥，《朝鮮の物語（朝鮮的故事）》，大修館書店，一九九八年

矢木毅，〈近世朝鮮時代の古朝鮮認識（近世朝鮮時代的古朝鮮認識）〉，《東洋史研究》六七—三，二〇〇八年

金成煥，《高麗時代의 檀君伝承과 認識（高麗時代的檀君傳承之認識）》，景仁文化社，二〇〇二年

金成煥，《朝鮮時代 檀君墓 認識（朝鮮時代檀君墓之認識）》，景仁文化社，二〇〇九年

尹以欽，《檀君——理解與資料》增補版，首爾大學出版社，二〇〇一年

日本神話
從記紀神話到無文字時代古老層次的發掘——以大國主神話為中心

坂本 勝

前　言

寫下日本古代神話傳承的文字文本，包括了《古事記》和《日本書紀》等，但其最終完成的時期，是八世紀初的奈良時代。故此，在這些書中記載的事項，有必要把它們當成各文本編者在其思想與世界觀下賦予意義的產物來觀之。特別是近年的研究動向，有注重七一二年成書的《古事記》與七二〇年成書的《日本書紀》間迥異的內容，從而對將其統稱為「記紀神話」的概念提出批判的意見在。筆者也是反覆思考兩者作為文本差異的人之一，但這並不意味著兩者就是完全分別的創作物；相反地，為了明白各文本固有的意義，弄清楚其間共通的傳承基礎內容就十分重要。本章的目的就是在抱持著這種問題意識的同時，設法釐清流入所謂記紀神話中的傳承世界之意義及其歷史背景。雖然從問題性質來看，涉及推論的層面也很多，但具體來說，是從一般冠以「大國主」之名為人所知的神話群為對象進行檢討。

一、大國主神話的多層性

在記紀神話故事中，大國主神話是天孫從高天原降臨以前，在地上世界建立國家的神明故事，一般稱為出雲神話。這個建國故事最後以將國家讓給天孫瓊瓊杵尊作結，其神話在《古事記》中有相當豐富的記載。本章會一邊瀏覽《古事記》中大國主神話的概略，一邊就此神話所擁有的歷史、文化背景，以及包含這些背景的神話創造時代中人們生活經驗的古老層次，進行試掘性的探究。

大國主這位神明在《古事記》中最初登場，是從高天原被放逐的須佐之男下到出雲、消滅八岐大蛇之後，須佐之男與奇稻田姬後裔譜系的最末。在這裡，以大國主這個名字為首，他還有以下這些別名：

此神（天之冬衣神）娶刺國大神之女，名刺國若比賣，生子大國主神，亦名謂大穴牟遲神，亦名謂葦原色許男神，亦名謂八千矛神，亦名謂宇都志國玉神，并有五名。

文章中最初記下的是大國主，其他則被認為是他的別名。不過，大國主這個名字，雖然是在《古事記》故事中扮演顯著角色的神名，但在《風土記》、《萬葉集》、《日本書紀》正傳（書紀編輯者認定為正式日本神話的傳承）中，並不見此神之名，只有在〈神代紀〉的「一書」（相對於正傳的別傳）中，勉勉強強留下他的名字。故此，大國主這個名字被推斷為是欠缺上古神話傳承，而是與集結《古事記》這本作品的倭王權神話創作密切關聯下誕生的產物，這點筆者基本也認同。相對於此，大穴牟遲這個名字則具有廣大的傳承背景。《日本書紀》正傳中記載為「大己貴」，讀音注記為「オホアナムチ」。即使在《古事記》中，從故事展開來看，也是在開頭「大國主神有許多兄弟（八十神），可是後來都退讓，將國家讓給大國主神」的結論後，以大穴牟遲之名繼續描述對這位神明進行試煉的故事。

最初的試煉是所謂因幡白兔的故事。當大穴牟遲的兄弟們踏上旅程，想要娶因幡的八上比賣（八上姬）之際，他以隨從的身分隨行；當他們走到氣多岬（鳥取縣鳥取市）的時候，看到一隻赤裸的兔子倒在那裡。兄弟們對兔子說：「你去泡個海水，到吹風的山上躺著。」兔子照做，結果身體的皮膚被風一吹就龜裂。面對為此痛苦哭泣的兔子，最後到來的大穴牟遲對牠說：「你去河口用淡水洗身體，再用蒲花敷體、在上面打滾，身體一定可以恢復原樣。」兔子照他說的話去做，果然恢復了健康。兔子於是對大穴牟遲說：「你現在雖然是背負袋子的卑微之身，但最後娶到八上比賣的一定是你。」

另一方面，八上比賣拒絕了兄弟們的求婚，告訴他們「我要和大穴牟遲結婚」。憤怒的兄弟們於是打算殺害大穴牟遲，當他們來到伯耆國的手間山（鳥取縣西伯郡）山麓時，對大穴牟遲說：「有一頭紅色的豬在山上，我們會把豬趕下來，你要好好抓住牠，如果抓不住，就殺掉你。」但他們卻把一塊像是豬的石頭點火推下去，大穴牟遲擋住石頭，結果便被燒紅的石頭燒死了。悲泣的母神向天神哭訴，於是天神派遣赤貝女神與蛤女神，讓死去的大穴牟遲復活。看到這件事的兄弟們又把大穴牟遲騙到山裡，砍倒大樹、在其中打上楔子，然後等大穴牟遲進到縫隙的時候，就把楔子打掉殺死他。母神發現被殺的愛

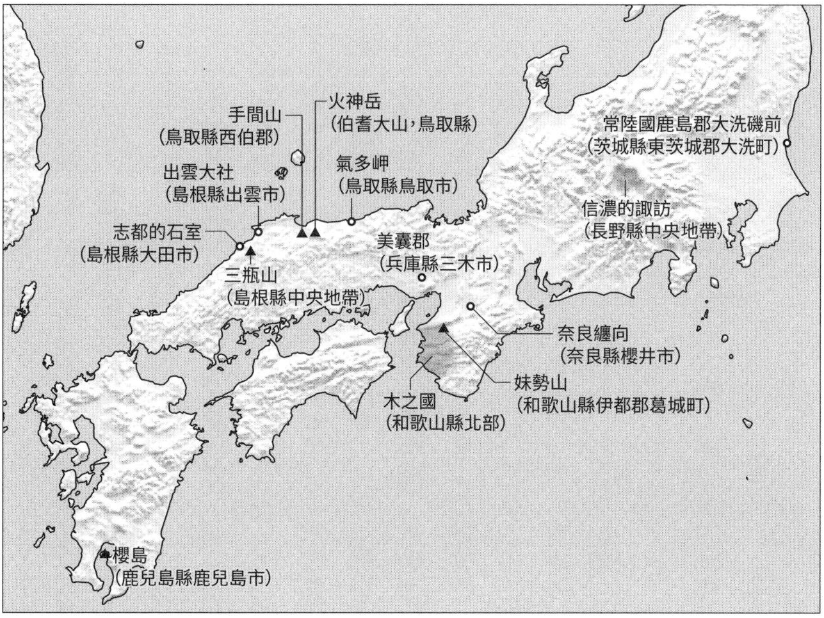

大國主神話相關地圖

子，設法讓他甦醒，然後將他送往木之國（和歌山縣北部）的大屋毘古處。但八十神又緊追著大穴牟遲而來，大屋毘古於是安排他從木俣川逃亡，告訴他：「你去須佐之男命所在的根堅州國吧！」

在根堅州國也有試煉等著他。在前往根堅州國的大穴牟遲之前，須佐之男的女兒須勢理毘賣出現了，兩人立刻結為連理。須勢理告訴須佐之男說，「有位相貌堂堂的神明前來」；須佐之男看了之後說，「這人就是所謂的葦原色許男」，於是將他叫進來，要他睡到有蛇的房間裡。這時須勢理給了他一條驅蛇的領巾（細長的薄布），告訴他說：「如果蛇要吃你，就揮這條領巾把牠打退。」大穴牟遲照做，於是蛇自然安靜下來，而他也得以安眠。第二天晚上，須佐之男又把他帶進有蜈蚣與蜜蜂的房間，須勢理又給他驅蜈蚣和蜜蜂的領巾，告訴他同樣的方法，結果他又得以安然脫困。接下來須佐之男又把響箭射到原野中，命大穴牟遲取回。當大穴牟遲進入原野之後，須佐之男便在原野上放火，結果在失去逃生通路的大穴牟遲面前出現了一隻老鼠，告訴他「內者富良富良、外者須夫須夫」（裡面像洞穴一樣寬廣，入口相當狹小），於是他踏入洞穴中躲藏，火只有從他頭上燒過去而已。

須勢理拿著喪葬器具來到父親面前，這次須佐之男想說女婿終於死了，結果女婿又拿著響箭出現。這次他把生還的女婿叫進大房間，要他從自己頭上取走虱子。大穴牟遲一看，須佐之男的頭上都是蜈蚣；須勢理給了他椋木的果實與紅土，大穴牟遲將之含在口中再吐出，須佐之男以為他嚼碎了蜈蚣再吐出來，大為滿意地睡去。趁這機會，大穴牟遲把須佐之男的頭髮綁在房間的椽（橫梁）上，再用大石頭堵住房間的門口，然後揹著妻子須勢理，拿著須佐之男的生太刀、生弓矢以及用玉石裝飾的琴逃走。就在這時，那把琴碰到木頭，發出震撼大地的響聲；睡著的須佐之男聽到大驚，將房間整個推垮，但在他忙著解開頭髮的時候，兩人已經逃得遠遠的了。須佐之男追到黃泉比良坂後，對大穴牟遲說：「你就拿著我的生太刀與生弓矢，把兄弟們趕到山間河畔，成為大國主神，或者宇都志國玉神吧！娶我的女兒為正妻，建立氣派的宮殿定居吧！」大穴牟遲照他的話做，把兄弟們或是逼降、或是趕走，首次建立了國家。

以上就是《古事記》中大穴牟遲故事的概要。在根堅州國試煉的故事，其中心主題是少年大穴牟遲如何成長為堂堂正正的大國主，就這層意義上，也可以說是大國主誕生的故事。另一方面，它也顯示出譜系中所述的多名神明，如何被整合成「大國主」這樣單一神明的來龍去脈。這當中流傳的各式各樣故事要素，雖然可以讓我們想像這些故事具有怎樣的歷史性背景，但在個別討論之前，我想先就故事最核心的部分、也就是「大穴牟遲」這個神名的意思進行討論。

二、繩文：原始的大穴牟遲

《古事記》中這位寫成大穴牟遲的神明究竟該怎樣正確發音，即使到現代仍未有一致的見解。《古事記》的編者在附注裡說，「牟遲」兩字是音讀，所以應該要讀成「ムヂ」。本居宣長在《古事記傳》中說，「穴」要讀成「ナ」。《萬葉集》中，有將之用假名書寫成「於保奈牟知」的例子，也有寫成「大汝」（《播磨國風土記》也有同樣例子）的表意標記例子。其他還有「大名持」（《延喜式》）等，念作「オホナ」的眾多案例。

相對於此，對「穴」字特地加以標記的案例除了《古事記》外，在《萬葉集》（「大穴牟遲神 少彥名神相與共 攜手所造之 妹背之山誠秀麗 見之心曠復神怡」卷七．一二四七）與《出雲國風土記》（「創造天下的大神大穴持命」）等上古文獻中也多可見到，最近《古事記》的注釋書中，也大多按照字面，將之念成「オホアナムヂ」。考量到奈良時代以前的上古語有明顯避開母音連續的傾向，所以原本應該是「オホ・アナ・ムヂ」這樣的組合，但實際的發音應該會去掉「ア」字，念成「オホナムヂ」才合理。只是，他的名字本來就念成「オホナムヂ」，「ア」則是中間插入，這樣的可能性也不是沒有，所以直到今天，大家還是從大國主的本名是「オホアナムヂ」或「オホナムヂ」的各自立場出發，提出形形色色的神名解釋。

認為「オホナムヂ」是原本形式的說法，大多主張「ナ」指的是大地。其根據是在《日本書紀》中，「地震」的古音是讀做「ナヰフル」。「フル」是「震」的日語發音，因此「地」就讀成「ナヰ」。「ヰ」和「雲居」的「ヰ」一樣，是「保持在不動狀態」意思的動詞「居る」的語幹；換句話說，「ナヰ」就是指「不動的大地」意思的上古語。又，指出生地的「ウブスナ」（產土）中的「ナ」，也被認為是同樣意思。現代語一般把「ナダレ」寫成「雪崩」，在用例方面也是使用近世的例子，但它原本的意思是用在河川堤防或是傾斜地上，所以將它的文字構成寫成「地垂れ」，或許會比較妥當。就像這樣，意指大地、地表的日文「ナ」，在隱隱之間仍保留了其命脈。

另一方面，主張「オホアナムヂ」是原義的說法，則有就「這個『穴』是怎樣的洞穴，是洞窟、礦坑、儲物洞，還是火山噴火口？」而對其意義作個別、限定解釋的強烈傾向。洞窟說從《萬葉集》中的「大汝大國主 少彥名命日子根 開拓雙神之 所座志都岩屋者 既經幾代過幾世」（卷三．三五五）來看，具有一定資料的依據；至於礦坑說、儲物洞說在現今時點，則欠缺文獻上的明證。相較於此，火山噴火口說隨時代邁入平安時期，而可以在文獻紀錄上確認大國主與火山、地震活動有密切關聯。有很多古代學說史都認為大國主是火山、地震神[1]，其中最激進的論者是益田勝實[2]。根據紀錄，七六四年（天平寶字八年）十二月，薩摩、大隅國境有雷鳴般的轟然作響，濃煙直噴天際，強光撕裂天空。七日後天空放晴，在鹿兒島水面上出現了一座島。兩年後這座島的神明再次暴走，導致民眾紛紛逃亡。又十二年後，朝廷查明這位神的真實身分，以「大穴持之神」名諱，將祂奉祀到官方神社中（《續日本紀》）。鹿兒島櫻島的火山爆發和隨之而來的造山活動，被認為是這尊神出現的原因。

雖然無法斷定和火山活動有直接關聯，但大國主和大地、國土創造有關的傳承，除了先前的《萬葉集》以外，還有《文德實錄》八五六年（齊衡三年）常陸國的上奏。這份報告說，某天晚上在鹿島郡大洗磯前（茨城縣東茨城郡大洗町）的海上，看見發光的事物，第二天在海邊出現兩塊石頭，周圍有眾多石塊圍繞。這時候神明出現，告諭眾人說，「我乃大奈母知、少比古奈命。過去我創造了這個國家，大功告成之後便前往東海，這次為了拯救眾人，再次回到此地」（我是大奈母知、少比古奈命也。昔造此國訖，去往東海。今為濟民，更亦來歸）。在這份紀錄的背後，蘊含了火山活動反覆不斷出現在列島的長期傳承，這樣的推斷並不困難。既然如此，則在《出雲國風土記》中，「穴」的記述貫徹全書，就具有很大的意義。

對於這種記述的背景，我們當然可以推測是和出雲的活火山三瓶山（島根縣中央地帶）爆發的歷史有關。三瓶山爆發的歷史可以追溯到十萬年前，不過現在地質調查所確認的四層火山灰層，分別是約一萬六千年前、一萬年前、四千七百年前、三千六百年前，在各層上方堆積的黑土層中，又發現了繩文時代的遺跡遺物。在最古老的第四層黑土層（碳十四測定為西元前約一萬年）中，檢驗出稻、黍、粟、稗等栽培植物的植矽體，顯示繩文農耕的起源有可能回溯到這個草創期。在第一（繩文後期中葉到現代）、第二（中期初始到後期前段）、第三（草創期到前期末）的黑土層中，也檢驗出栽培植物的植矽體。有人指出，繩文農耕很可能是在遠離住居的場所進行稻粟的燒耕栽培，而在住居周遭的田圃，則進行黍的栽培[3]。在這種黑土（通稱黑色火山土）層中，屢屢發現繩文土器；山野井徹就主張，這是繩文

人持續進行燒荒、燒山，培育作為糧食之多種植物的痕跡[4]。繩文人雖是以狩獵採集生活為基本，但也有人引進了這種初期農耕。一直以來也有人指出，和大穴牟遲幾乎同時出現的少彥名（スクナヒコナ），和粟的燒耕文化有所關聯。比方說，大林太良就從「オホナムヂ」、「スクナヒコナ」的「ナ」是土地這層意義出發，指出它和印尼、非洲的「土地之主」神話、制度類似之處，並主張「土地之主」所屬的原住民文化，是一種包含狩獵民又兼營燒耕栽培的文化[5]。

這種繩文人的生活，並非是日復一日的消費生活，而是以全年為期，思考糧食保存、儲藏的定居生活。為了儲藏而挖掘的洞穴，其規模大到可以容納好幾名大人；我們也發現了入口窄、內部寬的燒瓶型儲藏洞（參照《新潟縣立博物館　常設展示圖錄》），其形狀就跟老鼠在根堅州國教導大穴牟遲隱身的洞穴（內者富良富良、外者須夫須夫）頗為相似。這些繩文時代人們定居的住居，也是幾乎沒有窗戶的豎穴。這種豎穴應該是和岩窟等一樣，稱為「室」的住居，而在以狩獵野豬為開端的根堅州國，「室」也頻繁出現；故此，這個故事的背景，果然應該以繩文時代狩獵與定居的生活來考量才對。

相對於大穴牟遲是火山神的說法，對於可回溯到繩文時代的三瓶山爆發經驗，是否會在《出雲國風土記》等八世紀文獻中留下身影，或許不免有人抱持疑問。不過，該風土記記錄的一則「國引神話」，內容是這樣的：神明對大海彼端的陸地撒網，一邊說著「國來、國來」，一邊將陸地拉過來縫合。合起來的這塊陸地就是出雲國，而神明在國引最後、拿來當作結繩樁子的，則是「伯耆國的火神岳」，也就是伯耆大山。伯耆大山最近的爆發時間，咸認是在三千兩百年前左右[6]。將風土記時代已經不再爆發的大山稱為「火神岳」，可看出不曾埋沒、流傳下來的傳承之力實在不可小覷。在這則國引神話中，最初將新羅的海岬拉過來時，綁住繩子的樁子是「石見國與出雲國邊界的佐比賣山」（三瓶山）。從這點來看，出雲的神話傳承者，應該是將噴火的火山掌握成女神的印象了。

這樣看來，「穴」是火山噴火口的可能性極其之高。不過，要說大穴牟遲就只是火山這個自然要素之一的神格化產物，卻也未必盡然；畢竟，自然創造出的「穴」並不只有噴火口，洞窟也是巨大的「穴」。它在過去不只是居住的所在，不時也是神與人的世界之間，媒介的神祕空間。不限於自然的「穴」，豎穴住居與儲藏洞也是文化、文明銘刻在大地上的重要之「穴」。礦坑作為製造石器不可或缺的黑曜石採掘坑，同樣是繩文人刻在大地上的重要之「穴」[7]。另一方面，意指土地的上古語「ナ」，也是確實存在的。迄今為止的研究，都是循著究竟「ナ」和「アナ」哪一個才是本義、二者擇一的議論進行。但是，作為神話世界思考分析的方法，將世界分析細分化、然後闡明最小要素的方法當成是「極其充分的作法」，其實並不適切。當然，生活在神話世界中的人們，也和現代的我們一樣，具有將事物個別分析細分化、從而理解其意義的認知方法。比方說，在大地生產的樹木之中，杉樹與樟樹可以當成船材，檜木可以當成建材，松樹則可以當成棺材……，樹木各自有其適切的用途，而這些樹木又全都是須佐之男身體的毛髮，這就是神話的思考（《日本書紀．神代》）。在這當中，部分既是作為部分的存在，同時也作為全體世界的一部分而顯現；大地的「ナ」與銘刻其上的自然、人工「アナ」，也是同樣的關係。就像我們不可能在吃甜甜圈的時候，還保留住甜甜圈中間的洞一樣，沒有「ナ」的存在，「アナ」也無法獨存，兩者是不可分的。既然如此，其共通部分的「ナ」本來是同一個語源的可能性就很高。在這種情況下，要怎樣考量「ア」的語性雖然不確定，但我在想，搞不好這個「ア」，意思其實是代表驚訝、

感動的感動詞「啊」。正確與否姑且不論，但在上古擁有「オホアナムヂ」和「オホナムヂ」這兩種語型的神明，其名字一方面在「オホアナ」、「オホナ」部分中，保留了原本的大地性，另一方面也在漫長的傳承過程中，歷經各式各樣的解釋，從而相應地產生出許多的漢字寫法，這樣的想法或許是最合理的。

另一方面，關於「ムヂ」（ムチ的濁音化），一般的解釋都認為和「大日靈貴」、「道主貴」（《日本書紀・神代》）等一樣，是意指高貴存在的接尾語，但也有說是指「身靈」的意思（《新編日本古典文學全集2　日本書紀1》，小學館，一九九四年）。「チ」是具有靈力意味的發音，從記紀神話中有許多語尾是「チ」的神明這點，可以推定有其關係。分析記紀神話神明類型的溝口睦子，將「ククノチ」（木靈）、「ノツチ」（野槌，荒野之靈）、「カグツチ」（閃耀的火之靈）、「シホツチ」（潮靈）、「イカツチ」（嚴靈）等「チ」的類型抽出，認為「チ」是表現繩文時代生命力觀的發音，也是將一切自然內化、在這種自然中賦予生命的生命力觀念[8]。不只如此，「チ」用在單獨的普通名詞上，也和「血」與「乳」擁有同樣的語源。只是溝口認為，「オホナムチ」或「オホヒルメムチ」（大日靈貴／天照大神）等的「ムチ」，和「チ」是不同的發音。然而，從音韻構成與意義的類似性來看，我們並沒有什麼特殊依據，可以認為兩者是不同事物。又，土橋寬也指出，除了「血」、「乳」以外，意味著「茅」、「鉤」、「親」的「チ」，也是出自同源[9]。換言之，「オホアナムチ」或「オホナムチ」，很有可能就是在身體中寄宿著大地的生命力、自繩文時代以來列島固有的神明。

三、彌生：在地化的葦原色許男

如前所述，葦原色許男這個名字在《古事記》故事部分最初出現，是在聽了墜入情網女兒的話後，父親須佐之男說：「這人就是所謂的葦原色許男。」葦原色許男在這裡登場的理由，是要把少年大穴牟遲經歷試煉、成長為大國主，在「葦原」建立國家這件事，納入故事的範圍之中。這個「葦原」在《古事記》中，是極為重要的世界：

豐葦原之千秋長五百秋之水穗國者，我御子正勝吾勝勝速日天忍穗耳命之所知國。

這句話是天照大神預祝天孫降臨後，地上世界豐饒的話語；具體來說，是想像蘆葦茂盛的濕地，搖身一變成充滿豐饒稻穗的水田之光景。相對於此，天孫降臨以前、保留眾多未開化自然的地上世界，則被冠以「葦原中國」之名。這個世界被「伊多佐久夜藝弖有祈理」這種令人毛骨悚然的自然聲響包圍，且有「道速振荒振國神」橫行，所以要透過王權的文明賦予其意義。

和這個葦原世界有深切關聯的色許男這個名字，在從根之國歸還的大穴牟遲於地上建國時再次出現。為了協助大穴牟遲建國，從海洋彼端出現的少彥名告訴大穴牟遲，母神對他說，「你要和葦原色許男結為兄弟，共同創造、穩固這個國家」（與汝葦原色許男命，為兄弟而，作堅其國）；此後，大穴牟遲和少彥名兩位神，就一起創造、穩固了這個國家。葦原色許男之名在這裡再次出現，是因為「作堅其國」的對象是葦原中國。所謂「創造」（作）國家，從創造山和大地，到確立人們生活的國土及其經營體系，可以使用在相當廣義的範圍上。相對於此，「穩固」（堅）的意義就比較狹隘。這個詞和伊邪那岐、伊邪那美兩神，將「國家如油脂般漂浮，如水母般游移不定」（國稚如浮脂而，久羅下那州多陀用幣琉之時）的原始狀態固定下來成為確定的事物，也就是將液狀、泥狀的東西確切固定下來，在意義上頗為吻合。只是在大穴牟遲建國的場面中，地上已經不是「如水母般游移不定」的狀態了。因此，這個「堅」，具體來說應該就是將蘆葦叢生的濕地，確實改變成水田與生活世界並穩定下來的意思。在《播磨國風土記》中，也有「大物主葦原之志許，令國為之堅後」（美囊郡，今兵庫縣三木市）這種「國堅」的傳承。在該風土記中有這位神明「占國」的三例傳承，這裡的意思是指占有開發的國土，也就是要表現「穩固國家並占有之」的意思。

這種神話的世界觀，和現實彌生時代的水田開發歷史大致是吻合的。彌生時代的水田開發，是在山間的濕地以及山間河川流入平原反覆氾濫堆積形成，充滿蘆葦與芒草的沖積平原間展開，故此透過排水灌溉管理河川並維持耕作土壤，就成了重要的課題[10]。人們為了引水堆起石頭，打進木樁和板樁，過著渾身是泥水、和自然格鬥的每一天[11]。和水格鬥的葦原開發，並不只有創造水田而已。木村紀子就引用《宇治拾遺物語》（一六一）中，將「人無法居住、滿是水分」的溼地，用大量割下的難波蘆葦鋪在上面、再覆上泥土，做成田地與宅地的故事，來解釋即使到了平安初期，賀茂川周邊都還是這樣的濕地[12]。這個故事會讓人想起眾多色許男（シコヲ）的身影，因此可以從中窺見人們將國家「穩固」、具體經營的一斑。

葦原色許男的「色許」（シコ）在《古事記》中是用發音直接轉寫，所以意思不是很清楚，但在《日本書紀》中，就直接用表意方式寫成「醜男」。標榜文明國家律令官人的書紀編者，賦予了「シコヲ」（醜惡之男）的意義；可是，「シコ」原本是「粗魯不柔和」的意思（《岩波古語辭典》，一九七四年），因此這個名詞指的，應當是成天和石（シ）與木（コ）為伍，身強力壯、勤於工作的男人，以及以此為背景，成長為神話中人物的神格。這種男人擁有強健的肉體和精神，和自然不斷格鬥，因此身材魁梧，且體現出美麗的身心。這種「色許男」和大穴牟遲的一體化，是由兩者和大地、自然的親和性為基礎所構成。

四、古墳：古代的大國主

以大穴牟遲和葦原色許男等名號持續進行的建國運動，最後是以將國家讓給天孫大功告成；這是記紀王權神話的骨幹，而在這時候，《古事記》中定位為讓國交涉對手的，就是大國主。從高天原派遣下來的建御雷逼迫大國主說：「汝之宇志波祁流葦原中國者，我御子之所知國；言依賜，故汝心奈何？」聽到這話的大國主回答說：「僕者不得白，我子八重言代主神，是可白。」當言代主宣誓讓國之後，大國主又說，接下去要問我的另一個兒子建御名方。強悍的建御名方出來和建御雷比力氣，但在建御雷的力量之前大感恐懼，於是逃亡到信濃的諏訪（長野縣中央地帶），請求建御雷饒他一命。眼見兩個兒子都臣服，大國主自己也以創立出雲大社（島根縣出雲市）為代價，宣誓讓國，這就是讓國故事的大致內

容。就像這樣，「大國主」這個名字，是為了將國家讓給大和王權而存在的名字。主（ぬし）這個詞，可以認定為是「某某之主（のうし）」的縮寫。這個「うし」，指的是原本土地領有支配者的意思。前面引文中的「宇志波祁流」（うしはける），也就是身為「うし」，讓這塊土地依附（はく）於自己的身體、對其領有支配的意思。這和天孫對地上支配的「知」這種抽象、被視為神聖的行徑，呈現明顯對比。

這樣的讓國，在歷史上是屬於哪個階段？一般都認為是倭王權統一古代國家的時點，但這個過程應該也可以回溯到漫長的歷史脈絡上。在今日的學說中，三世紀奈良纏向（奈良縣櫻井市）前方後圓墳的誕生，被視為倭王權誕生的重要分水嶺；這是一般的通說，但從這裡更進一步邁向以「天皇」為頂點的國家體制成立，箇中仍有許多充滿謎團的迂迴曲折之處。這個時代的「國王」著手編組天皇君臨的律令國家，但歷經古墳時代、到七世紀所謂大化革新，再到記紀編纂的八世紀，是一段漫長的道路，而在記紀編纂的時候，是否已能算是一個統一國家？這個問題相當複雜。不過，這個歷史過程的中心，毫無疑問籠罩了纏向以降的整個古墳時代。在讓國之際大國主兩個兒子的登場中，言代主在故事上的意義，是司掌「言語」之神發誓讓出國家，但言代主原本是高市縣主[13]所敬奉、大和國在地的神明，這點也很重要。至於建御名方，當然也是信濃國的在地神明。換言之，大國主與兩名兒子的讓國，其實就是以出雲為頂點、畿內與東國等地的在地勢力，被納入倭王權「天下」的過程故事。在這種創造王權與古代國家神話權威的主題下，大國主讓國的神話，雖殘留咒術宗教的地方性質，但同時也誕生出嶄新的事物。

日本列島開始有人居住，是距今約四萬年前的事。從這以後，日本列島人是怎樣形成的？關於這個過程，現在有力的說法是所謂「雙重構造說」，其概略由齋藤成也彙總，內容如下[14]：舊石器時代渡海來到這片列島的人們，是原居東南亞古老人民的子孫，他們形成了繩文人。在這之後，西元前三千年左右，居住在東北亞的一派人們也渡海前來，傳來了以水田稻作技術為中心的彌生文化。這些人一方面移居到北九州、本州的日本海岸、近畿地方，同時也和原住民繩文人的子孫不斷混血。但北海道繩文人的子孫幾乎沒有和這群渡海之人（渡來人）混血，所以後來就形成了愛奴集團。以沖繩為中心的西南群島集團，雖然沒有像北海道這麼明確，不過和日本列島中央地帶相比，殘留的原住民要素也比較強烈。

和繩文人反覆混血的彌生人子孫形成古墳時代，之後更創造出倭王權。在這樣的歷史之中，渡海者與當地人民交融，形成了日語，而這種在地語言後來慢慢透過漢字，開發出文字化的技術。這種文字文化一般認為是始自四到五世紀的古墳時代，並在七世紀的飛鳥時代成為定局。不過，根據最近的考古學研究，西元前後彌生時代的硯，在北九州與島根、近畿地方都有發現，而在松江市田和山遺跡發現的硯是國產物品，所以很有可能已經出現了沾墨書寫的文字。只是迄今為止發現、寫有墨字的土器等，上面寫的頂多就是一兩個字，至於記載歷史傳承與世界觀的文章，則全無發現。本章也以此為前提，將古墳時代以前視為無文字時代來展開推論。這段歷史從繩文、彌生、古墳，乃至律令國家，雖然歷經重大變遷，但事實上繩文的古老層次和彌生相互重疊，而古墳、倭王權也是層層疊疊不斷前進的。繩文的大穴牟遲和彌生的葦原色許男重疊，最後和古墳古代的大國主整合，這個過程也與歷史進程有著相似的關係。古老層次的頑強殘餘與新層次融合形成的同時，也誕生出稱為記紀神話的傳承世界。而神話整合這種歷史的運作，也不單只是透過國家作為，便能形成的事物。

注釋

1. 保立道久，〈讀石母田正的英雄時代論與神話論——從學史的原點來探尋地震與火山神話〉，中部大學國際人類學研究所編 *Arena* 一八，二〇一五年。
2. 益田勝實，《火山列島的思想》，筑摩書房，一九六八年。
3. 島根縣教育廳埋藏文化財調查中心編，《志津見水壩建設預定地內埋藏文化財調查報告書20 板屋III遺跡(2)——繩文時代—近世複合遺跡的調查》，國土交通省中國地方整備局等，二〇〇三年。
4. 山野井徹，《日本之土》，築地書館，二〇一五年。
5. 大林太良，〈出雲神話中的「土地之主」——大穴牟遲與少彥名〉，《文學》六號，一九六五年。
6. 奧野充、井上剛，《大山火山的全新世爆發》，日本地球行星科學聯合二〇一二年大會資料。
7. 山田康弘，《繩文時代的歷史》，講談社現代新書，二〇一九年。
8. 溝口睦子，〈從記紀神話來探索繩文與彌生時代〉，《文學》二〇一二年一、二月號。
9. 土橋寬，《在日語中探尋古代信仰》，中公新書，一九九〇年。
10. 永原慶二等編，《講座·日本技術的社會史　第一卷　農業、農產加工》，日本評論社，一九八三年。
11. 古島敏雄，《日本農業技術史》，時潮社，一九五四年。
12. 木村紀子，《古層日語的融合構造》，平凡社，二〇〇三年。
13. 譯注：縣主即地方酋長之意。
14. 齋藤成也，《日本列島人的歷史》，岩波junior新書，二〇一五年。

參考文獻

石川淳，《新釈古事記（新釋古事記）》，筑摩文庫，一九九一年
木村紀子，《古事記 声語りの記（古事記　表達聲音的記）》，平凡社，二〇一三年
西鄉信綱，《古事記の世界（古事記的世界）》，岩波新書，一九六七年
西條勉，《「古事記」神話の謎を解く（解開「古事記」的神話之謎）》，中公新書，二〇一一年
阪下圭八，《日本神話入門——「古事記」をよむ（日本神話入門——讀「古事記」）》，岩波junior新書，二〇〇三年
北條芳隆編，《考古学講義（考古學講義）》，筑摩新書，二〇一九年
益田勝實，《古典を読む　古事記（閱讀古典　古事記）》，岩波書店，一九九六年
松本直樹，《神話で読みとく古代日本（用神話解讀古代日本）》，筑摩新書，二〇一六年
三浦佑之，《古事記を読みなおす（重讀古事記）》，筑摩書房，二〇一〇年
安田喜憲，《環境考古学事始（環境考古學事始）》，NHK books，一九八〇年

中亞神話

從突厥的口傳文藝談起

坂井弘紀

前言

我們從何而來，這個世界又是如何誕生，直到今日？人們會以各式各樣的形式，流傳下關於過去的眾多情報。知道過去雖是連結現在與未來樣貌的關鍵，但談不上史實、荒唐無稽的神話與傳承，對我們活在「現今」而言，也是重要的知識。中亞的人們花費漫長的時間，將這些事物用口傳方式代代流傳下來，作為生存必需的教訓與訓誡。從人類出現以前到二十世紀為止的歷史大小事，都是用口傳方式進行傳播。

在這章中，我們就要以中亞、乃至於更廣的中央歐亞突厥（廣義的土耳其）神話、傳承為基礎，來探討這個地區的人們對世界如何成立，又是以怎樣姿態呈現，以及他們信仰什麼，又對此抱持著怎樣的印象進行探討。同時，我也會以民間傳承描繪出的三位女主角為例，來確認神話與歷史間的種種事項，

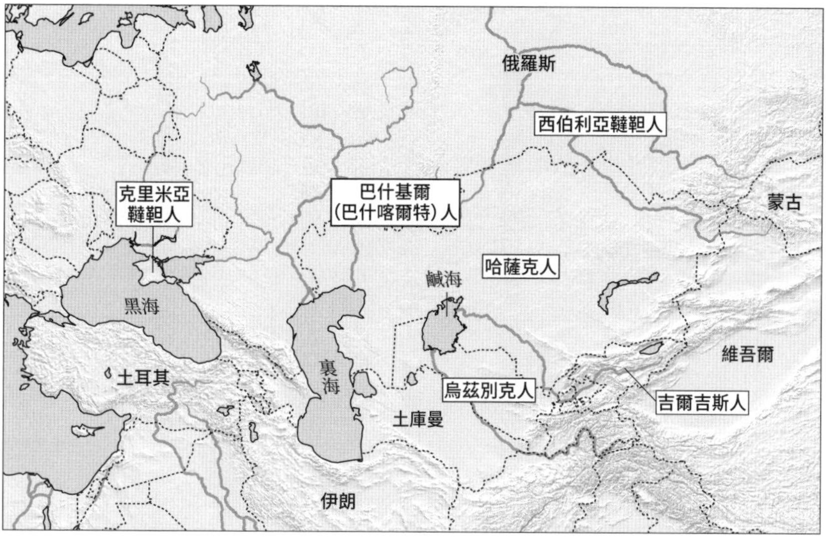

突厥各民族分布圖

乃至於以「生死觀」為主題的傳承。又，中亞、中央歐亞，過去曾是使用吐火羅語、伊朗語等印歐語系人們活躍的地方，再往前回溯的話，則更是被視為印歐語系人們「原鄉」的地域，然而在突厥人踏足之後就日益「突厥化」，現在則是被稱為「突厥斯坦」（突厥之地）的場域。故此，本章會以中亞突厥的神話、傳承為中心來進行討論。

一、世界的成立與天空神

中亞的人們對世界之初是這樣想的：「太初，大地和天空是空無一物的。最初的世界是一片漆黑，看起來像是沒有盡頭的濁泥之海。這片無邊無際的海，是由火、水、土、風所形成，不斷攪拌沸騰。」最初的世界是什麼都沒有的混沌，這樣的印象從中亞到東亞、東南亞，一直延伸到太平洋地域；日本神話中的原始混沌，也可以說是這個潮流的一部分。

既然如此，那大地是怎麼誕生的？住在俄羅斯烏拉爾地區的突厥系民族巴什基爾人，留有這樣的傳承：

「很久很久以前，大地全都被水覆蓋。在這沒有盡頭、空無一物的水上，偶然飛來了兩隻雁鴨。雁鴨找尋著產卵的場所，但遍尋不著，所以便潛入水底。牠們從水底用喙銜出泥土，其中一隻雁鴨用翅膀將銜出的泥巴固定，另一隻則往返水底，不斷添補泥巴。就這樣，泥巴變成了堅硬的物體。雁鴨拔下羽毛，鋪在上面，建起自己的巢，為了產卵、繁衍而定居下來。在水上用泥造成的巢裡，生出了雛鳥。雁鴨一方面養育雛鳥，一方面又繼續用泥巴築巢，不斷將雛鳥養育長大。這些凝固的泥巴集結起來，就形成了像是島般的物體。隨著雁鴨不停運來泥巴，島變得愈來愈大，泥層也愈來愈厚，最後和水中的土地連結起來。就這樣，水上的島變得堅固無比。大地就像這樣，是雁鴨用喙從水底銜出的泥巴誕生出來的。」

除了兩隻雁鴨以外，也有化成白天鵝和黑天鵝之姿的「人」等「原初之鳥」銜來泥土，創造大地的故事；這類故事不只在突厥族群，在以芬蘭—烏戈爾系和斯拉夫系為中心的東歐到中央歐亞、甚至北美原住民中，也都廣為流傳。在阿爾泰地區留下的故事則不是「原初之鳥」，而是「原初的人」，在奉「神」之命去水底取泥的時候，在口中祕密偷藏了一些泥巴，用來塑造自己的大地，結果被「神」懲罰，變成了「惡魔」。

在中央歐亞，大地是由魚和牛支撐的世界觀也很常見。以克里米亞地區的突厥系民族克里米亞韃靼人的傳承為例：「風支撐水，水支撐魚，魚支撐牛，牛的角支撐大地。大地由水牛支撐，水牛由魚支撐，魚由水支撐，水由風支撐，風則是在黑暗之中。當疲累的牛將角上的大地換到另一隻角時，就會引發地震，而當牛呼吸到一定數量時，這個世界就會終結。」牛、魚、蛇等動物的行為導致地震，這樣的傳承在世界各地都有流傳，而大地由牛角支撐的印象，也在非洲到印尼的伊斯蘭世界中廣泛可見。土庫曼的首都阿什哈巴德，在獻給一九四八年大地震犧牲者的紀念碑設計上，就是一隻牛用角支撐地球的形象；支撐大地的牛，被設定為這座紀念碑的主題。支撐大地的牛，其形象大概可以回溯到伊朗的「原牛」。在克里米亞韃靼人的傳承中，支撐牛的是魚，而支撐大地的魚之形象，在包含日本的東亞到東南亞也廣傳。克里米亞韃靼人的例子，是將兩種印象重合、變成複合的形式，讓人尤感興趣。

另一方面，在以「泰姆格里考古景觀岩刻」之名，被聯合國登錄為世界遺產的「坦巴爾岩繪」（哈薩克南部）中，可以看見青銅器時代，刻在岩石上的「太陽頭」，一般咸認是描繪「太陽神」的圖像。自古以來，天就被當成神來崇敬。天空神被稱為騰格里或騰格爾，是長期受到信仰的對象。我們所居住的世界，都是騰格里所創造的事物，且留有種種神話。比方說在阿爾泰地區，就有關於騰格里最高神烏爾根的傳承；祂是創造太陽、月亮以及其他一切天空的造物主，也是「人類、家畜、牧草地、農地、居住地的創造者」。

在中央歐亞，世界是由好幾個層次構成，比方說天上界、地上界、地下界這樣垂直多層的世界觀。在阿爾泰地區，有最高神烏爾根，及與之對抗的惡神艾爾利克，烏爾根住在天上界的最上層，艾爾利克則住在地下世界。對人類而言，烏爾根是充滿善良慈愛、對弱者溫柔體貼的存在，艾爾利克則是不做壞事就不爽的邪惡性格，屢屢企圖透過這種敵意來危害人類。在先前提到的傳承中，意圖創造自己的大地，結果被「神」懲罰變成「惡魔」的，就是艾爾利克。烏爾根和艾爾利克的對立關係，是基於印歐語系人們自古以來抱持的二元論思考；同樣的世界觀，也出現在烏拉爾地區巴什基爾人流傳的英雄史詩《烏拉爾．巴托爾》中。主人翁弟弟烏拉爾與哥哥于爾根的關係，分別為善與惡的象徵，兩人的戰鬥也是「善對惡」的架構。于爾根和為生物帶來死亡的惡鬼戴布日益親近，最後成為戴布的首領，為人類降下災厄。烏拉爾為了阻止于爾根而不斷奮鬥，最後卻敗給戴布、喪失了性命。

這部史詩的關鍵字之一是「水」。烏拉爾為了找尋「生命之泉」湧出的永生之水而踏上旅程；當他獲得永生之水後，將它撒向戴布遺骸堆成的山，瞬間誕生出翠綠豐饒的烏拉山。另一方面，于爾根則用魔杖招來大洪水，要將所有生物溺死，並生出戴布棲息的湖泊。烏拉爾的死因就是喝了這個湖的水，結果在體內遭到戴布攻擊所致。這個故事的象徵意義，就是水雖然有利於生命，卻也會招致死亡，也就是對水的雙重意義與兩面性做出說明。在明確二元論的同時，也陳述事物的雙重意義，是這部史詩的特徵。

二、世界樹、鳥與龍

「天上與地下」、「善與惡」、「生與死」這種二元對立的世界觀，是中央歐亞英雄史詩的基礎。比方說，吉爾吉斯的英雄史詩《艾爾．特休圖克》中，身為主角的勇士下到地下世界，在那裡不斷展開各式各樣的冒險之旅。作為世界軸心的世界樹上有個聖鳥的巢，有一頭恐怖的龍意圖奪取巢中的雛鳥；主角斬殺了這頭龍，作為回報，聖鳥便將他帶回地上世界。在這裡，鳥和龍分別被當成「天上和地下」、「善與惡」的象徵來加以描述，而主角和主角乘坐的鳥之動向，又和中央歐亞巫術儀式中以聖樹為軸、在概念上能上天下地的薩滿之姿彼此重合。這顯示了在這個地域中，和騰格里信仰有深厚連結的薩滿教所具備的強大力量。

史詩《艾爾・特休圖克》不只流傳在吉爾吉斯，也流傳在哈薩克與西伯利亞韃靼人之間，是篇泛突厥的故事。和它幾乎相同的英雄故事，在突厥各民族之間都有廣泛傳播，比方說維吾爾（回鶻）的《圖呼魯克・巴圖爾》、烏茲別克的《勇者坎加》、西伯利亞丘雷姆的《三兄弟》、高加索諾蓋的《卡穆爾・巴圖爾》、土耳其的《翡翠色的安卡鳥》等，不勝枚舉。不只如此，就像高加索阿迪格流傳的《熊的兒子巴圖爾》這樣，它也是突厥系以外各民族知之甚詳的故事。一連串的類似故事，在歐洲除廣為人知的《熊的約翰》、《被擄走的三位公主》外，以匈牙利的《白馬之子》為首，有許多內容被收錄下來。又，包括日本的「甲賀三郎」傳承、朝鮮半島的「消滅地下國大賊故事」、中國大陸蒙古系達斡爾族的「熊之子」等，類似故事在東亞也廣泛流傳。因此我們可以說，先前列舉的突厥系各民族之一連串類似故事，正是在歐洲和東亞間傳述的產物。

我們可以認定，像《艾爾・特休圖克》之類，描述以世界樹為軸的上下構造、聖鳥和惡龍的對立關係，以及身為主人翁的幼弟與龍戰鬥的故事，原本是透過在這塊土地上馳騁、騎著馬匹的印歐民族口語傳播，後來則是被在歐亞大陸中央地帶開枝散葉的突厥系人們繼承並加以傳承下去。從歐洲、北非、西亞到印度、中亞、西伯利亞、中國大陸，留存在廣泛地域中的神話與傳承，其特徵都是立基於天空神創世的世界形象，並具備擊退惡龍與環繞王權之戰等相當高的故事性，因此也有假說認為它們的源流其實是同一個。日本神話也被認為是從這種潮流中汲取了思想，因此也有人針對重視「三機能」（王權、祭祀、生產）的印歐語系神話，與日本神話（「三神器」對應「三機能」）進行了比較研究。一直以來的假說都認為，是斯基泰系文化的東進，在日本的古墳到飛鳥時代間，把印歐語系神話傳播至東亞，但很有可能在更古老的時代，也就是在斯基泰這種強力騎馬遊牧勢力出現以前，這類故事就已經傳入東亞了。說得更精確一點，在青銅器時代到初期鐵器時代，使用印歐語系語言、騎著馬匹的人們在歐亞大陸各地展開的時候，就已經開始琢磨「故事」的原石了；也就是說，它是透過比「絲路」更古老的「馬之路」推廣出去的。

如同上述的英雄故事般，反映垂直多層世界觀，描述主人翁遠赴異國或異世界，深陷其中，之後一邊遍遊各地，一邊和敵人作戰，最後成長為英雄返鄉的故事，是中亞英雄傳承的典型，代表的例子是英雄史詩《阿帕姆斯．巴圖爾》。在哈薩克與烏茲別克流傳、記錄下來的這篇文本，雖是以主人翁和「卡爾梅克人」（十五至十八世紀，蒙古系的遊牧集團瓦剌／衛拉特）的戰鬥為主軸展開，但其大略架構本身則是相當古老，因此可以認為在十一世紀以前，它的原型就已經存在了。安納托利亞地區突厥系人們口傳、在十六世紀被記錄下來的《科爾庫特之書》中，有一篇〈巴姆西．貝雷克的故事〉，也是同類的故事。這種故事不只是在突厥系民族，包括希臘的《奧德賽》、俄羅斯的《多布雷尼亞．尼基季奇與娜絲塔西亞》、中國的「善事太子」故事、日本的《百合若大臣》等，在世界各地都可以看到許多十分相似的故事。這些故事的原型大概都是在歐亞大陸的中央地帶誕生，然後傳播到各地，並隨各個時代與地域的不同，發展成反映其特性的內容。

令人很感興趣的是，在這一連串類似故事中，都有兄弟、血親、家臣等主角身邊的人物背叛他，將妻子與權力等據為己有的內容。這樣的內容一方面是告誡說，敵人很可能就在自己身邊，另一方面也是主角成長、獲得權力與財產的步驟中不可或缺的要素。「遊歷異鄉」也有很大的意義；高貴者歷經流浪和試煉，再度回歸高貴身分，這種「貴種流離譚」是相當值得注目的。

另一方面也有人指出，身為主角的勇者遠離故鄉，在地下世界之類的異世界或強敵環繞的異國克服試煉復歸的流程，跟薩滿前往異界又返回的架構以及薩滿的降靈儀式（initiation）頗有相通之處。不只如此，也有人認為從異鄉歸還，和「死與再生」以及以春天為起點的季節變遷有所關聯，是太古儀式的象徵化，因此從這些類型故事中，都可以看出神話的面向。

三、三位名為艾瑟魯的女性

接下來，我想用三位同樣叫「艾瑟魯」（Aisuluu）女性的登場，來介紹中央歐亞神話、傳承的具體例子。艾瑟魯是「月之麗人」之意，即使在現今的中央歐亞，也是相當普遍的女性名。中亞英雄史詩的主角一般都是男性，但這三位都是女性。

第一位艾瑟魯，是烏拉爾地區巴什基爾英雄史詩《烏拉爾．巴圖爾》的登場人物。彷彿集合了「全世界鳥類的顏色」般光彩奪目、美麗的艾瑟魯（巴什基爾語中是艾芙魯），是天空的鳥之世界的王和月亮所生，超自然的存在。她是主角烏拉爾之妻、化為天鵝身影的天女呼邁的妹妹，也是烏拉爾哥哥于爾根的妻子。由於惡鬼戴布的陰謀，她在身不由己的情況下，嫁給了于爾根。她回顧過去，這樣說道：「我曾經是個少女，在任性撒嬌的環境中長大。結果，這樣的我被戴布給抓走了，並在威脅下被迫結婚。我的丈夫雖是勇士，但常常不在我身邊。當我丈夫消失的時候，我心中總是充滿悲傷。所以，我從戴布的地方逃出來了。」[1]艾瑟魯是趁和惡鬼戴布同夥、為非作歹的丈夫于爾根不在的時候設法逃出來的。因為害怕戴布的報復，所以她逃到母親月神的居所，躲藏起來。在天空的鳥之世界與艾瑟魯重逢的于爾根騙她說：「我也被戴布關起來了，現在是逃出來的。」但于爾根馬上就背叛她，用「魔法之杖」引發大洪水，意圖和戴布一起將世界導向毀滅之路。

在戴布與勇士們進行最大決戰之際，艾瑟魯的兒子哈克馬爾．巴圖爾也奔赴勇者烏拉爾的麾下。雖是具有敵人于爾根血統的勇士，但哈克馬爾憎恨邪惡的心情與其他勇士並無差異，是位象徵正義的戰士。艾瑟魯送給孩子一匹駿馬，命令他和父親于爾根與惡鬼戴布戰鬥：「孩子啊，衝進敵陣吧！找尋你父親，設法發現他吧！不要膽怯，勇敢前進吧！」令人深感玩味的是艾瑟魯接下去的話：「我是照亮黑夜的月亮生下的孩子，是深受母親喜愛的月之子。因為戴布將我交給了于爾根，所以母親掩起了半邊臉；因為父親把我給了于爾根，所以母親掩起了半邊臉。母親的臉上滿是悲傷，整張臉長滿了黑斑，日復一日都在改變顏色。」這是月亮為什麼每天都會形狀不同、月亮盈虧的由來故事。艾瑟魯從天空的鳥之世界之王與月亮間生下的「月之麗人」身影，到被命運玩弄、坎坷寂寞的遭遇，現在變成為了和背叛自己、身為惡鬼首領的丈夫作戰而鼓舞孩子，給人強力之感的女性。艾瑟魯原本是有著美麗羽毛的鳥之姿，但能變身成眉毛如弓、有著栗色長髮、臉頰帶著酒渦、臉上帶點黑斑、長睫毛、黑眼睛、笑容惹人愛憐的美女，這個特徵和中亞、西亞自古以來各種傳承中出現的「佩里」彼此重合。佩里是被解釋成天人、精靈、妖精的超自然存在，在波斯神話世界中也被稱為「帕里」。她和天空的關聯很深，常以天鵝、鴿子和老鷹等鳥類登場，並以美麗的容貌對人類展開性誘惑。《烏拉爾．巴圖爾》中登場的天人，也是因襲了佩里的印象。

又，艾瑟魯的姊姊呼邁，其名字則是來自於中央歐亞流傳的聖鳥呼邁。呼邁指的是「棲息於世界樹的鳥」，在波斯語中是稱為「呼邁伊」的聖鳥。相傳呼邁會給予走進翅膀影子中的人王權，或是讓他變得幸福。《烏拉爾．巴圖爾》中的呼邁，具有慈愛滿滿、在災厄中守護人們的性格。現在烏茲別克的國徽中央，就有展翅飛翔的呼邁（烏茲別克語稱為呼瑪）設計。呼邁一般都被拿來和東亞的鳳凰以及歐洲的「phoenix」相比。

第二位艾瑟魯，是流傳在哈薩克、具有神話特徵的民間故事主角：

在很久很久以前，曾經有一場前所未見的大雪覆蓋大地，到處都人跡斷絕。艾瑟魯也不幸被大雪掩埋，這時，一匹巨大的蒼狼從雪中將她救了出來；蒼狼救了她之後就化為幻影，飛上天空消失了。一位逃過災難、身上穿著熊皮的獵人阿悠．巴圖魯發現了她，將她帶回石窟中，照料著她，可是她卻一直長眠，不曾醒來。阿悠．巴圖魯仰天長嘆，結果從天上飛下了呼邁伊與烏邁伊兩隻鳥，拋下了兩顆紅色和白色的石頭，它們是打火石。當阿悠用石頭點起火後，烏邁伊進入洞窟中，變身成「白髮母親」的樣子；在烏邁伊的力量下，艾瑟魯終於醒過來。烏邁伊祝福兩人說：「創造一個壁爐裡煙火不絕、多子多孫的家庭吧！讓火永不熄滅吧！」然後便離開了。不久後，艾瑟魯為陣痛所苦時，烏邁伊再次出現，緩和她的疼痛。以後，兩人不只長壽，而且生下了很多孩子，變成一個大部族。

在這個傳承中，除了部族的「原初之母」、主角艾瑟魯以外，烏邁伊（Umai/Umay）這位母神的存在也很值得注目。母神烏邁伊在歐亞大陸廣受崇信；烏邁伊和在這個系統中具有類似名稱的神，在中亞、蒙古、西伯利亞的薩哈（雅庫特）、中國東北、黑龍江流域等地，可以廣泛見到其存在。她也被認為是天空神騰格里的妻子。作為孩子的守護神與女性的母親，她被當成豐饒之神受到崇拜，但在上述的傳承中，烏邁伊是給予人類火的「文化英雄」，而從「讓火永不熄滅吧」這句話可以清楚得知，她也是「火之神」。西伯利亞各民族，一般都稱呼守護孩子的女神為「火之神」，這個傳承也清楚展現了這點。順道一提，在從天上帶來火這方面，有人指出比較烏邁伊與日本天照大神的重要性，而這點在有關歐亞大陸女神的思考上，其實頗有啟發性。

艾瑟魯被兩位神拯救性命，一位是母神烏邁伊，另一位則是蒼狼。「蒼狼」是在狼祖神話中也有登場、突厥各民族象徵性的存在。六世紀興起的突厥帝國，其支配氏族阿史那氏，就有繼承雌狼血統的傳承；四世紀左右的騎馬遊牧民高車人，相傳也是雄狼與美麗女性的子孫。根據《蒙古祕史》，蒙古的祖先是「蒼狼與白鹿」。在巴什基爾，有他們在狼的引導下，移居到現在居住地的傳承；故此，狼對中亞的眾人而言，是以特別聖獸的面貌被流傳下來。

母神烏邁伊出現在艾瑟魯與阿悠．巴圖魯棲身的洞窟之中。烏邁伊這個詞，和古代突厥語的「胎盤」或「母親的肚子」有所關聯；除此之外，它和鄂溫克語、蒙古語的「奧梅」（子宮）也彼此相通。故此，蒙古對「艾辛．歐邁伊」（母親子宮）洞窟的信仰，會讓人不禁和艾瑟魯避冬的洞窟聯想在一起。第二位艾瑟魯傳下的，是狩獵文化中發達的洞窟信仰殘跡，至於和烏邁伊一起從天而降的呼邁伊，前面已經提過了。艾瑟魯是一位經由神及其使者獲賜性命的特殊存在。

第三位艾瑟魯是烏茲別克流傳的英雄史詩《艾瑟魯》的主角，是位女戰士。艾瑟魯是圖蘭的女王，和南方的伊朗對立。圖蘭被認為是現在中亞、鹹海東部的平原地域。這個故事的背景，是南方伊朗與北方遊牧民圖蘭間的長年敵對關係，這也是伊朗英雄史詩《列王紀》的背景。從祆教的二元論來解釋，善神（伊朗）和惡神（圖蘭）鬥爭的結果，是伊朗擊敗了圖蘭，但《艾瑟魯》則從反方的視角，描寫圖蘭和伊朗戰鬥並擊敗之的故事。

伊朗王達拉襲擊圖蘭國，將許多人擄掠到伊朗，當成奴隸賣掉。達拉聽到女王艾瑟魯的獨生子、圖蘭的總帥勇士坤巴迪爾（「太陽的勇士」之意）的傳聞，於是命令戰士帕夫拉凡．凱薩爾入侵圖蘭。在魔女柯薩所設的奸計下，他們用天女佩里和美酒讓坤巴迪爾睡著，將他囚禁在阿斯卡爾山的洞窟中。之後，坤巴迪爾被送到達拉王面前，遭到下獄的命運。凱薩爾又從圖蘭人那裡聽說了艾瑟魯的事，不由得為之心動；他的目標現在變成要征服圖蘭，將艾瑟魯據為己有。凱薩爾送去信件，告訴艾瑟魯她的獨生子被俘虜，要求她投降。艾瑟魯看了信件，勃然大怒，對使者說：「我要不就是殺了達拉與凱薩爾，為坤巴迪爾報仇，要不就是戰死沙場。我和圖蘭國同生死，不會把民眾交給你們，也不會臣服你們！把這些話告訴你們的國王，別癡心妄想了！」於是艾瑟魯集結了士兵和武器，準備和伊朗決一死戰。

當坤巴迪爾在獄中時，凱薩爾的女兒阿夫達巴聽聞他的俊美，悄悄和他墜入情網。當凱薩爾率領大軍出征圖蘭後，阿夫達巴就將坤巴迪爾救出，並幫他取回了自己的駿馬、馬具和武器。從阿夫達巴那裡聽聞凱薩爾的行軍並接受建言後，坤巴迪爾便趕赴決戰場所阿斯卡爾山。

伊朗和圖蘭兩軍在阿斯卡爾山對峙，凱薩爾身邊還有四千隻惡鬼戴布隨從。面對害怕戴布的士兵，艾瑟魯說：「誰說人一定會害怕戴布？讓我來會會他們吧！」說完便衝向大群戴布。打倒戴布後，艾瑟魯直接和凱薩爾展開了戰鬥；兩人刀劍相交，艾瑟魯抓住空檔，猛烈一斬，只見凱薩爾的頭飛了出去，無頭的身體滾落馬下。看見這副景象，凱薩爾軍全都停止戰鬥，四散奔逃。這時有位穿著伊朗王衣裳的年輕人靠近艾瑟魯，艾瑟魯發現是自己的孩子，不禁緊緊將他抱在懷裡。

艾瑟魯和坤巴迪爾率領軍團進入伊朗；達拉聽到了風聲，連忙從宮殿逃往祕密避難所。坤巴迪爾得到母親的許可，對達拉窮追不捨，最後在出城之前追到達拉，用鋼劍砍下了他的首級獻給母親。伊朗的民眾向艾瑟魯乞和，希望她還給國家和平與安寧，阿夫達巴也率領四十名侍女，前來謁見艾瑟魯。之後，阿夫達巴和坤巴迪爾舉行了盛大的婚禮。

作為英雄史詩主角的戰士一般都是男性，但《艾瑟魯》則是描寫率領民眾與軍隊的女英雄。就像上述故事中所展現的，艾瑟魯是位勇敢堅韌的勇士。女王艾瑟魯既是位為了人民勇敢與敵人奮戰、獲得勝利的理想君主，也是位愛著獨子、希望他幸福的母親。這位女戰士艾瑟魯，和希羅多德記載中，騎馬遊牧民瑪撒該塔伊的女王托米麗司（約前六世紀？）頗有相近之處。據希羅多德所述，托米麗司在丈夫去世後治理瑪撒該塔伊，阿契美尼德波斯的居魯士二世（？—前五三〇年）聽聞此事，便遣使要求娶托米麗司為妻。托米麗司看穿居魯士的用意是要征服瑪撒該塔伊，於是拒絕了求親；居魯士打算率軍攻打該國，但呂底亞王克洛伊索斯建議說：「準備酒肉，設下陷阱，把敵人引過來吧！」居魯士接受了他的建言；這個策略成功了，托米麗司女王的兒子斯帕爾伽披賽斯吃了肉、喝了酒之後便呼呼大睡，結果遭到了俘虜。不久後兩軍對決，居魯士戰死，瑪撒該塔伊大破波斯軍。若從克洛伊索斯的角色和史詩中的魔女柯薩相當來看，則先行研究中認為《艾瑟魯》就是在傳述這起故事，應該雖不中亦不遠矣。然而，希羅多德記載女王的兒子斯帕爾伽披賽斯在大醉醒來後便自盡，和史詩的結果大不相同。順道一提，也有人認為達拉王其實是以大流士（三世）為範本。

除了《艾瑟魯》外，在中亞還有其他以女戰士為主角的傳承。比方說，主要居住在烏茲別克的卡拉卡爾帕克人流傳的英雄史詩《庫爾庫．庫茲（四十名少女）》中，突厥斯坦的女戰士古拉姆就作為主角而活躍著。古拉姆在島上的要塞中，和四十名少女住在一起，每天和她們磨練戰鬥技巧。她和夥伴們一起，解放了受到納迪爾沙（應該是以阿夫沙爾王朝創始者納迪爾沙〔一六八八—一七四七年〕為原型）征服的花剌子模。《庫爾庫．庫茲》中突厥斯坦和伊朗的戰鬥架構，彷彿是史詩《艾瑟魯》中圖蘭和伊朗戰爭的重現。雖然從六世紀左右開始，中亞說突厥語的人們就與日俱增、呈現「突厥化」的現象，但直到現在，使用伊朗系塔吉克語的人仍不在少數。這塊土地是突厥系與伊朗系人們交織的歷史舞臺。

以上列舉的三位艾瑟魯，是「生在相異場所、相異時代」的完全不同人，在現今的中亞，也算不上是什麼家喻戶曉的偉人。不過，被比擬為突厥世界中象徵著美麗月亮的她們，將遠古的記憶與歷史的大小事等中亞人們遙遠的過去，透過充滿魅力的姿態，一直流傳到現在。

四、關於死亡的傳承

在突厥的傳承中，「與死亡戰鬥」是重要的主題之一。如上所述，烏拉爾・巴圖爾一邊在找尋「死亡是什麼、能否戰勝死亡、能否得到永生」的答案，一邊和惡鬼戴布戰鬥，並踏上找尋永生的「生命之泉」之旅。最後他終於到達「生命之泉」，將泉水成功弄到手，但他領悟到死亡就在人們身邊，就算得到永生，肉體衰老也只是徒增痛苦，於是將帶來永生的水灑在被擊倒的戴布遺骸山上，創造出翠綠豐饒的烏拉山。史詩中是這樣寫的：「這個世界就是庭園；就算某個世代將之弄髒，別的世代也會將之清理乾淨。我們不該渴望永生不死」[2]。個體的永續性並不重要，而是應該將環境整飭美麗，在有限的生涯中好好活著；作為理想的生死觀，這個訊息長期被流傳下來。就像它所陳述的一樣，烏拉爾・巴圖爾子孫的活躍，也經由口傳而廣為人知；包括描述烏拉爾孩子的《伊賽爾與亞尤克》，以及以烏拉爾曾孫哈烏邦為主角的《亞克布沙德》，都是流傳到現在的史詩。在這些故事中，以主角持續乘坐烏拉爾的愛馬亞克布沙德為象徵，呈現了烏拉爾的血脈被後人不斷承繼的事態。

在記錄安納托利亞地區傳說故事的《科爾庫特之書》中登場的賢者科爾庫特，也經常在思考為什麼人們難逃一死，而不死的事物又是否存在？某一天，科爾庫特在夢中遇到了一群掘墓人，他問：「這是誰的墓？」對方回答：「是聖者科爾庫特。」科爾庫特大感恐慌，於是四處逃竄，但不管逃到哪裡，都會浮現自己的墳墓。科爾庫特領悟到人終究難逃一死，於是回到故鄉，在錫爾河面放上一條毛毯，然後坐到上面，演奏自己創造的弦樂器庫布孜。人們和鳥獸，都被庫布孜的琴聲深深打動心靈；庫布孜的甜美音律，讓「死亡」不得近身。但是，就在科爾庫特微微酣眠的時候，「死亡」便化身成毒蛇，咬了他一口。科爾庫特死了，但是他告訴大家，人間仍有絕對不會死去的東西；庫布孜和音樂的旋律，會永遠流傳下去。人類個人的性命絕非永遠，總有一天必定會面臨死亡造訪，但就像科爾庫特創造的樂器和曲子一樣，留存在人們心中的東西會傳到後世、不會消滅、在這之後也會一直活著，這就是這個傳承要告訴大家的事。就像不為自己喝下可能獲得永生的水、而是以之創造出翠綠山巒的烏拉爾．巴圖爾一樣，對於生與死，科爾庫特也得出了同樣的解答。在這些傳承中，對於「死」與「生」是什麼的問題，人們無疑獲得了重要啟示。

中亞的神話、傳承，一方面具有以突厥為中心的民族文化的獨有特徵，另一方面也顯示出與周邊地域的傳承共同且類似的眾多特點。關於這點，與其說是單純的偶然或是在多處同時發生，不如說是人與資訊廣泛流動的結果，也可以說是駕著馬匹的人們，在歐亞的「草原之路」上彼此交流的結果。當然，在這之後人與人之間的反覆深入交流，讓這些神話、傳承得以成形，或是讓它們綻放出各式各樣的異彩，最後形成了讓人們得知過去、託付未來的文化遺產。

注釋

1. 坂井弘紀譯，《烏拉爾．巴圖爾》，東洋文庫，二〇一一年。引用時做了部分改寫。
2. 坂井，同前書，引用時做了部分改寫。

參考文獻

荻原真子，《いのちの原点「ウマイ」（生命的原點「烏邁伊」）》，藤原書店，二〇二一年
小松久男編著，《テュルクを知るための61章（理解突厥的六十一章）》，明石書店，二〇一六年
坂井弘紀譯，《ウラル・バトゥル（烏拉爾．巴圖爾）》，東洋文庫，二〇一一年
坂井弘紀譯，《アルパムス・バトゥル（阿帕姆斯．巴圖爾）》，東洋文庫，二〇一五年
坂井弘紀，〈英雄叙事詩とシャマニズム——中央ユーラシア・テュルクの伝承から（英雄史詩與薩滿教——從中央歐亞與突厥的傳承談起）〉，《和光大學表現學部紀要》一五號，二〇一五年
坂井弘紀，〈中央ユーラシアと日本の民話・伝承の比較研究のために（中央歐亞與日本民間故事、傳承之比較研究）〉，《和光大學表現學部紀要》一六號，二〇一六年
坂井弘紀，〈中央ユーラシアのテュルク叙事詩の英雄像（中央歐亞突厥史詩的英雄形象）〉，《口傳文藝研究》四十號，二〇一七年
坂井弘紀，〈テュルクの英雄叙事詩——中央アジアの語り手を中心に（突厥的英雄史詩——以中央歐亞的傳述者為中

心〉〉，《故事與傳承學》二五號，二〇一七年
坂井弘紀，〈テュルクの英雄伝承（突厥的英雄傳承）〉，荻原真子、福田晃編，《英雄史詩》，三彌井書店，二〇一八年
坂井弘紀，〈ユーラシアの『甲賀三郎』——テュルクの英雄譚とシャマニズム（歐亞的《甲賀三郎》——突厥的英雄故事與薩滿教）〉，山本廣子編，《諏訪學》，國書刊行會，二〇一八年
坂井弘紀，〈英雄叙事詩とシャマニズム2——中央ユーラシアの叙事詩語りとシャマン（英雄史詩與薩滿教2——中央歐亞的史詩傳述與薩滿）〉，《和光大學表現學部紀要》一九號，二〇一九年
坂井弘紀，〈弓の力——弦楽器コブズとシャマン（弓之力——弦樂器庫布孜與薩滿）〉，《故事與傳承學》二八號，二〇二〇年
松村一男等編，《神の文化史事典（神的文化史事典）》，白水社，二〇一三年
吉田敦彥編著，《世界の神話　英雄事典（世界的神話　英雄事典）》，河出書房新社，二〇一九年

東南亞神話

東埔寨的建國神話

北川香子

前言

要明確定義「神話」，其實是件相當困難的事；要將「東南亞神話」彙整為一進行討論，更是難上加難。東南亞從文字書寫紀錄出現之前起，就位在結合東西文明圈的國際交易路徑上，並透過香料等特產品參與了這種交易。當地初期國家的誕生，也可以解釋成和西元前後國際貿易的興盛相關。這些初期國家誕生後，在成長過程中汲取以梵語和印度教、文學、文字為代表的印度文明；就像在柬埔寨與爪哇的古代遺跡中可以見到那般，在其中留下了「印度化」的痕跡。之後，東南亞大陸地帶廣傳上座部佛教、島嶼地帶傳播伊斯蘭教、菲律賓等地則有天主教持續進行傳教。

在曾經「印度化」的眾多地域裡，濕婆、毗濕奴、因陀羅、迦尼薩等印度神明，與《摩訶婆羅多》、《羅摩衍那》兩大印度史詩的人物和故事主題等，融入了基層文化當中，即使到現在，仍在各式各樣的場面中呈現其姿態。亞當、夏娃等《聖經》與《古蘭經》的故事，也隨著宗教被帶進東南亞。伊斯坎達爾的英雄故事，亦即所謂亞歷山大大帝傳奇，也隨著伊斯蘭教傳到東南亞，成為馬六甲王國等建國神話的重要發軔。本生經等佛教故事，也一樣被廣泛共享，如同日本。

在這些國際性宗教傳播的同時，在東南亞各地，包括緬甸的納、泰國的「pi」、柬埔寨的涅達（Neak Ta）等，在各自的土地、山河、樹木、石頭與動物中，都有寄宿的靈存在。十三世紀末在北蘇門答臘誕生的八昔（蘇木都剌）國，其建國神話就是從竹子中誕生的「竹姬」，與在森林中被象養大的男性生下了首任國王，後來在夢中接受神諭，皈依了伊斯蘭教。關於這個故事，可以解釋成港市國家八昔的王權，一方面由蘇門答臘森林世界的動植物賦予力量並獲得內陸地帶人們的支持；另一方面又皈依伊斯蘭教，主張自己與麥加和南印度的關係。

在從沒有在唯一權力下進行過政治統合的東南亞，各式各樣大小的集團，有著各種用來解釋世界、動植物、人類創始、國土與王權誕生的故事。而在這些故事中，和包含日本的亞洲、太平洋、印度洋地域共通的要素也很多。因此要把「東南亞神話」彙整為一來進行討論，其實是不可能的事。

正因如此，我在這裡以柬埔寨國家興起與土地成立的故事來進行介紹。現在的東南亞有十一個國家，但作為一個國家，柬埔寨是其中歷史最悠久的；它的歷史咸認可以回溯到西元三世紀以前。

一、扶南的建國故事

柳葉與混填

在柬埔寨的通史中，通常把在《晉書》、《南齊書》、《梁書》以及《太平御覽》中引用的《吳時外國傳》等漢文史料中出現的「扶南」，敘述成最初的王國。在二十世紀中葉柬埔寨從法國殖民地獨立後出版的高棉語史書中，十九世紀編纂的柬埔寨《王家編年史》「傳說部分」（參照次節）裡出現的「kouk thlok」（意為「樹之地」）這個國家，被等同為扶南;至於從音的類似來看，有人說扶南的語源是古高棉語中意味著「山」的「venum」，或是現在高棉語的「Phnom」，從而表現成「Nokor Phnom」（山之王國），也有人認為是在高棉語敘述的歷史文脈中，結合了來自漢文的「扶南」兩字。

漢文史料記載的扶南建國故事，被當成「東南亞初期國家隨印度文明到來而成立」這種說法的主要根據之一，反覆被人提起且廣為人知。法國東方學者賽代斯記下的梗概，大致如下：

有一個叫做混填的人，拿著在夢中獲守護靈賜予的神弓，搭著一艘大商船，從印度、馬來半島或南方島嶼前來。扶南的女王柳葉想要掠奪這艘船，但混填用神弓射出箭矢，貫穿了柳葉的船隻。柳葉大驚，於是叩首降伏，混填也娶了柳葉為妻。因為這時候柳葉是裸體的，所以混填為她套上了一件衣裳。之後混填治理這個國家，子子孫孫繼承這個權力。

在「印度化」的說法中，混填被解釋成印度出身的婆羅門，「混填」兩字則是梵語「Kaundinya」的音譯。相對於此，近年研究則透過漢文史料的記述精密檢討，認為並沒有決定性的依據可以判定混填的出身地為印度；若是依據史料的記述，他反而是出身於「扶南之南」，也就是馬來半島等地，因此提出反駁，認為扶南的興盛史，應該從東南亞的域內關係來探求。

扶南王都吳哥波雷的興盛故事

在獨立後出版的柬埔寨《民間故事集》中，收錄了吳哥波雷（今柬埔寨南部）這塊存有被認為是扶南王都遺跡土地的興盛故事，其梗概如下：

占巴塞（現在寮國南部）國王的女兒因為和平民男性墜入情網，惹得國王大怒，將兩人丟上小船放流。這艘小船上堆了米、胡麻、玉米[1]、豆、鹽、魚醬（prahok，一種用魚發酵製成的調味料）等糧食，以及各式各樣的工具。小船漂流了好幾天後，碰到一座山停下來。這個地方還沒有人居住，於是兩人便搭起小屋開始生活。公主每晚燃起蠟燭和線香，祈願從森林、山野、湖沼與丘陵的精靈那裡獲得豐富的糧食，好讓生活不用發愁；這時在夢中出現了一位隱士，告訴她將會過著幸福的日子。

某一天進入森林的丈夫發現了沉香，不知那是什麼，於是把它當成柴薪帶回家。但公主看出那是高價的沉香，於是微笑著拜託丈夫說：「再多找一點這樣的木頭回來吧！」丈夫照著她的話去做，運來了大量的沉香。又在某一天，丈夫在森林裡見到了金塊，把它當成灶的材料，帶了三塊回來。看出這是金子的公主，又拜託丈夫說：「如果發現這樣的石頭，就全部運回來吧！」

蒐集了大量金塊與沉香後，公主打算召來外國的商船，於是豎起高高的旗桿，掛上標誌；這時有斯

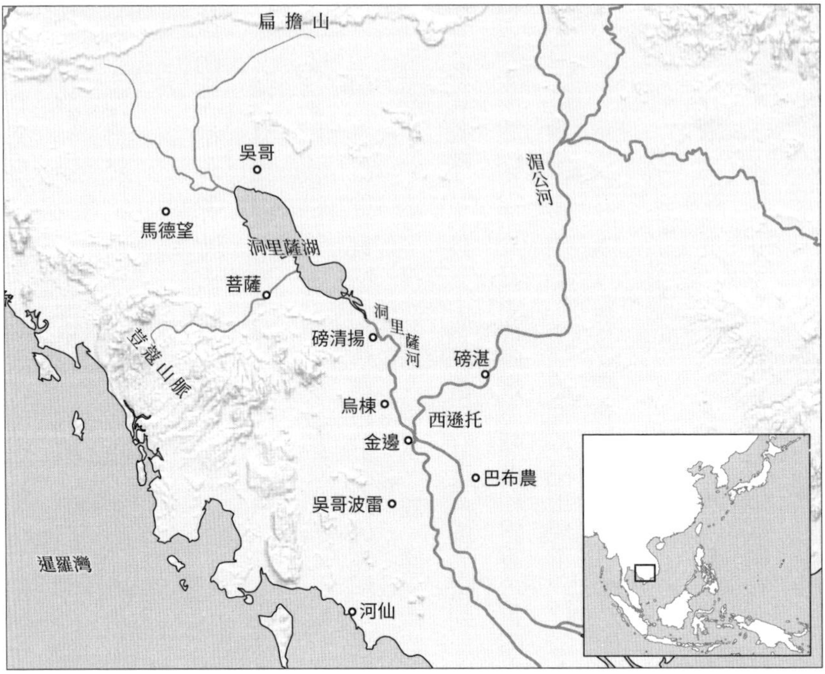

柬埔寨神話的主要舞臺

里蘭卡國的商人帶著七艘船，運了布匹等貨物經過這裡。這七位船長看到旗子便登上陸地，要用布匹交換黃金，但公主拒絕，要他們帶來男性一百人、女性一百人的黃金工匠。船長們答應這個要求，於是帶了男女各一百人前來。公主將斯里蘭卡來的人聚集在一個住所，將挖掘出的金塊融解，再打造成戒指和手環。

外國商人為了購買這些商品積極來航，僅僅五六年間，就有許多外國人定居在這裡；原本定居在這裡的人們也生下許多孩子，人口日增。聚落變得龐大且繁榮，對這個地方的主人，也就是在這裡經營手工業與商業的公主和她的丈夫，人們莫不崇拜有加。之後，公主擁戴丈夫成為這塊土地（吳哥波雷）的國王，自己則擔任王妃。國王任命了各式各樣的大臣，建起堡壘，將都城周圍納入城牆之中。之後，國王和王妃又為了紀念守護自己的隱士，在都城附近的達山（Phnom Da）上，蓋起了一座小而美麗的石造神殿（prasat）。

這個故事中出現的吳哥波雷創始者，是透過湄公河和內陸世界保持聯繫的港市支配者，也是受寄寓土地的精靈守護、主宰土地豐饒與繁榮的人。不只如此，這個故事的主角雖然和漢文史料的柳葉一樣是女性，卻是位更為積極、作為主體存在被傳誦的人物，這點也很值得注目。

二、《王家編年史》傳說部分

開頭曾經提到，在東南亞十一個國家中，柬埔寨是擁有最古老歷史、可以回溯到三世紀以前的國度。不過有一點必須注意的是，在公認柬埔寨最盛期的吳哥時代（一般認為是九到十五世紀）和之後的後吳哥時代間，也就是從十四世紀中葉到十六世紀中葉這兩世紀間，是史料的空白期，而在這段時間前後，柬埔寨的樣貌出現了很大的變化。

在從扶南開始的前吳哥時代與吳哥時代中，國王信仰印度教與大乘佛教，建立磚造和石造的神殿，留下眾神的雕像以及用梵語和古高棉語寫成的碑文。在之後的後吳哥時代中，高棉人則和現在一樣信仰上座部佛教，王都也由洞里薩湖北岸的吳哥地域，轉移到洞里薩河與湄公河匯流處的金邊附近。現在廣為人知的吳哥時代歷史，是在殖民地時期，由以法國人為主的東方學者解讀碑文而建構起來的；另一方面，後吳哥時代的歷史，則是基於和現代相同的高棉語寫成的《王家編年史》而建構起來。

柬埔寨的《王家編年史》，有好幾個版本存在；最古老的版本是一七九六年由安英王獻給暹羅王，現在只剩下泰語版本。第二古老的是一八〇八年獻給暹羅的版本，這個版本現在也只剩泰語版。留存下來最古老的高棉語抄本，是一八一八年安贊王命令官員儂編纂的版本（儂本），這個儂本是後來各版本的基礎。柬埔寨成為法國的保護國後，在諾羅敦王統治的一八七八年，努帕拉特（Nabbaratn）王子編纂了新的版本（努帕拉特本）。之後在一九〇三年，諾羅敦王又設置了以財務大臣（Okhna Veang）喬翁（Thiounn）為首的委員會，開始編纂新的編年史。這部編年史在莫尼旺統治的一九三四年編纂完成，也成為現在一般流傳、後吳哥時代史敘述的依據（VJ本）。

在這些版本的編年史中，儂本是從一三四六／一三四七年的事情開始記述；研究者稱這部分的文本是「歷史部分」，而自努帕拉特本以降的版本，在「歷史部分」之前，都有設置研究者稱為「傳說部分」的文本。最終版的VJ本，也是具備了「傳說」和「歷史」兩個部分。

《王家編年史》傳說部分成立之後不久的一八八〇年代初期，兩位法國殖民地學者，刊行了與此文本相當的法語譯本。對於法語版原本的來源，他們解釋說，這是說服諾羅敦王與交趾支那總督，讓他們提供保管在王宮書庫等地、記載了一三四〇年代以前「古老歷史」的文件，並加以公開後的產物。在《王家編年史》的文本中，作為「傳說部分」的依據，編纂者參照了包含寮國與上暹羅著作在內，各式各樣的故事抄本、對古代事物具有豐富記憶的人之知識，以及「法國人翻譯成法語出版、中國國王使節的見聞錄」，也就是十三世紀末造訪吳哥的周達觀寫下的《真臘風土記》法語譯本。由以上內容構成的「傳說部分」，很有可能是十九世紀的殖民地學者為了建構柬埔寨古代史，在蒐集解讀碑文並進行漢文史料資訊的擷取作業時，柬埔寨王權應他們要求而整理出來的產物。

「傳說部分」由以下故事群構成：（一）佛陀的預言、（二）占婆人國王、（三）柏通（Preah Thong）[2]、（四）凱特．米耶利耶（吳哥建立故事）、（五）涅龍（Neay Rong）、（六）翡翠佛、（七）斯達吉．柯姆隆（即俗稱的「癩王」[3]／痲瘋王）、（八）德望寬宏、（九）普龍．克爾、（十）巴庫色．查姆．庫隆、（十一）大洪水、（十二）塔．特拉薩克．帕耶姆。雖然《王家編年史》的各版本在王名和細節上有所差異，但各故事的梗概與配置順序，大致是共通的。

建國故事：（一）佛陀的預言、（二）占婆人國王、（三）柏通

（一）佛陀的預言大致如下：佛陀在弟子阿難陀陪同下，沿著大海海岸在瞻部洲旅行，途中經過一座長滿「thlok」（樹）的島嶼。這座島是那伽（大蛇或龍）的國王會帶臣子前來嬉戲的場所，在樹洞裡則有蜥蜴棲息。到了半夜，那伽王和臣子來到島上，請求佛陀說法；接著以因陀羅神為首的眾神也從天界降臨，同樣請求佛陀賜教。第二天早上佛陀預言說，這座「kouk thlok」（樹之地）島，將會變成一片廣大的陸地，誕生出王國，棲息在樹上的蜥蜴聽了佛陀的說法後，也會累積德行、轉世為這個王國的王。

接下去的（二）占婆人國王的故事，隨版本不同，在王名與事件內容上也有不小的差異。這些占婆王後來被下述的柏通，從樹之地趕了出去。

各版本都一致表示，（三）柏通這號人物是位在「北方」艾因塔巴德的王子。他因企圖叛亂被父王

放逐，來到位在「扁擔山」（現在泰柬國境處）的樹之地島，將支配這個地方的占婆人國王趕到占巴塞。當柏通在樹之地度過一晚時，和來此遊玩的那伽王女兒墜入情網。那伽王認可兩人結婚，將海水喝乾、創造出廣大堅固的大地，做出了一個為女兒和柏通而設的王國。婚禮過後，柏通戴上新娘的披肩，造訪海底的那伽世界，這個景象在現今柬埔寨的婚禮中，仍被當成儀式之一不斷被重現。

（二）、（三）的故事被殖民地學者評為「忠實反映了史實」，並被利用在吳哥時代史的建構上。早先統治樹之地的是占婆人國王，後來被柏通趕走，在當地建國；這個故事被當作占巴塞的古代城市伊奢那城（Shrestapura，也譯為濕梨多補羅），乃是高棉人征服原住民占族後建立之城市的依據之一。在前吳哥時代史的通說中，前述的扶南遭到屬國真臘攻擊，並遭到合併，而伊奢那城就是真臘原本的所在地。又，柏通的故鄉艾因塔巴德被解釋成北印度的王國，和先前提到的扶南建國故事重合後，被視為「來自印度的婆羅門與當地國王的女兒結婚，成為王國始祖」的故事，也就是隨「印度化」而建設初期國家的根據之一。

吳哥建立故事：（四）凱特・米耶利耶

（四）凱特・米耶利耶王，其母親在懷孕的時候，從因陀羅神那裡接受了閃耀著七彩光輝的寶玉，寄宿在胎內；之後他被因陀羅神召喚到天界，回來之後模仿在天界見到的神之宮殿，在地上建立了王宮。ＶＪ本說，這時所建造的建築物，包括巴戎寺、空中宮殿、吳哥窟等吳哥遺跡群；換言之，在《王家編年史》中，並沒有出現這些遺跡的實際建築者，如蘇利耶跋摩二世或闍耶跋摩七世等國王名稱。

凱特·米耶利耶逝世後，又歷經了三代國王的統治，這些國王的名字隨版本而有不同。

對周遭各國優勢的喪失：

（五）涅龍、（六）翡翠佛、（七）斯達吉·柯姆隆

這三篇是柬埔寨國王失去那伽的護持，從對泰族（暹人）、寮人（老撾人）等的優勢地位墜落而受到詛咒的故事。

（五）涅龍是從那伽王妃生下的蛋中誕生的男性。涅龍的父王在西遜托（湄公河東岸，磅湛地區）或巴里寶（洞里薩湖西南岸，磅清揚地區）的沙質河岸邊，遇到了那伽的女兒，於是便將她帶回王宮，娶為王妃。之後王妃生下了一個蛋，將它埋在巴里寶的沙山之中。當地負責進貢水和魚乾給國王的泰族之長知道這件事後，便將蛋中孵出來的男孩子取名為涅龍，養育他長大。

國王有另一個兒子帕吞·索利凡，在父王過世後繼任王位。帕吞·索利凡王擁有連那伽大臣們都恐懼的強大力量；涅龍也有不可思議的力量，在養父死後繼續擔任納貢之長。

帕吞·索利凡王擔心涅龍的力量，於是派遣臣子迪喬·達姆丁出馬。迪喬·達姆丁潛入地下，在斯洛克·魯沃的地上探出頭詢問人們，得知涅龍身在斯洛克·路（上之國）後，他又潛入地下，在斯洛克·索凡那加洛克的寺廟探出上半身，結果正好遇到涅龍本人在掃地。迪喬·達姆丁不知道那是涅龍，於是向他詢問涅龍的所在，結果涅龍只說了句「你就繼續找吧」，便消失了身影；迪喬·達姆丁就這樣在上下不得的情況下，變成了一塊石頭。

預言中說，當泰族之王死亡、涅龍繼任王位，迪喬．達姆丁的石像消失之際，柬埔寨就會戰敗。

（六）翡翠佛的故事，是有關帕吞．索利凡王及其後繼者統治時期的記述。

寮人國度的阿奴魯達王派了兩艘船，去蘭卡國搬運三藏經和翡翠佛，其中一艘船遇難漂流到皮耶姆．邦迪耶．米耶斯（現在的河仙）。阿奴魯達王在搭乘飛馬從蘭卡國返回本國途中得知船隻遇難，於是飛抵柬埔寨，用小便射穿寺廟的石頭，以示自身威力，要柬埔寨人歸還經典與佛像。柬埔寨王拒絕歸還，阿奴魯達王大為惱火，於是便揮舞著塗有石灰的劍在首都上空騎馬環繞，大喊說：「不還的話，我就把你們的腦袋全砍下來！」柬埔寨王看見人們的脖子邊都沾滿了石灰，大感恐慌，於是把三藏經還回去，但仍把翡翠佛留了下來。

（七）斯達吉．柯姆隆，是翡翠佛故事的國王之後，第三代桑查克王的故事。國王住的大宮殿，是座用金子和石頭建成的寧靜安詳王宮，在其中有那伽和人類大臣任職、演奏音樂、吹響法螺。那伽大臣因為擁有不可思議的力量，所以不只不怕人類，還常常表現出無禮的態度。有一天，國王因為那伽大臣傲慢的態度，憤怒地拔劍斬了對方，但那伽的血有毒，所以國王染上了稱為「柯姆隆」的病（「柯姆隆」在法語被翻譯成「lèpre」〔痲瘋〕，在日語也是如此，但它是否就是現在稱為「漢生病」的疾病，目前仍無法確定）。在這之後，那伽就再也不跟人類往來了。

一位隱士來到國王跟前，告訴他在大鍋倒入熱水煮沸、再把藥丟進去，就能治癒。國王命令隱士說：「你自己先試給我看看！」隱士對國王說，藥要分三次丟下去，然後便跳進沸水之中，但國王並沒有遵從指示，而是把藥整個倒下去，結果隱士就這樣再也沒有活過來。隱士的老師對於徒弟被殺感到相當憤怒，於是做出詛咒說：「這個國王會像過去的國王一樣，無法成為立於他國之上的主人。」

王國的領域、地名的起源故事：

（八）德望寬宏、（九）普龍・克爾、（十）巴庫色・查姆・庫隆

這是三個連續的故事。（八）德望寬宏（又稱黑棍神，「寬宏」是木棍之意）這個人，為了伐木而來到森林；在森林裡，他吃了黑色拉卡樹枝攪拌的米飯，結果獲得了不可思議的巨大力氣。之後他就拿著木棍為武器，吸引了許多追隨者。國王派遣軍隊討伐德望寬宏，卻被他擊退。之後國王因為憂心過度逝世，德望寬宏於是繼位為王。

（九）由於有個預言說，德望寬宏會在即位七年七月七日後被趕下王位，因此他打算把所有的王族全都殺死。當他要燒死一名公主的時候，從公主的腹內誕下一名嬰兒。這個孩子因為燒傷的關係，手腳萎縮，因此被命名為普龍・克爾（「克爾」是不良於行，只能用膝蓋和臀部匍匐前進的意思）。

有一次，群眾流傳新王會從東北方來到，於是人們紛紛雲集，普龍・克爾也擠在群眾當中要去觀看；就在路上的某個池畔，他遇到了因陀羅神化身的老人，從老人那裡獲得了一匹馬與頭陀袋。當馬高聲嘶鳴、拉起轠繩的時候，普龍・克爾原本因為燒傷萎縮的手腳就被拉直了。當他取出袋中的飯吃下時，就獲得了力量，用壺中的水或瓶中的香油塗抹身體時，就發出黃金的光輝。於是普龍・克爾知道自己就是新王，從袋中取出了國王的飾物，駕著馬朝都城前進。看到這副景象，德望寬宏將棍棒朝他丟去，但沒有丟中，而是飛到了遙遠的彼方。

（十）擊退德望寬宏就任王位的普龍．克爾，也聽聞到「先前王族的子孫將會奪取王位」的傳言，於是打算將他們全部殺死。在某個版本中說，當他要判處某位前公主剖腹之刑時，胎內的孩子爬到胸口部分逃過刀刃；接著，在他爬出來的地方有鳥覆蓋他，為他遮擋陽光。看到這副景象，牧牛人塔．克貝於是將他撿回去養育長大。另一個版本則說，前王的側室逃到塔．克貝處產下王子，之後當她和塔．克貝夫妻一起割稻的時候，有鳥從天而降，伸展翅膀、為睡在田埂上的王子遮擋陽光。故此，這位王子被命名為巴庫色．查姆．庫隆（被鳥羽覆蓋守護的意思）。

普龍．克爾知道要奪走自己王位的男孩子在掌心和腳底會有法輪的印記，於是命令全國的孩子集結起來，在笊籬（竹篩子）上灑粉，命令他們把掌心壓在上面。眼見巴庫色．查姆．庫隆的真實身分被發現，塔．克貝於是帶著王子東奔西逃；隨著他們的逃亡，出現了好幾個和地名起源及土地相關的故事。各版本共通的地名有以下五個：

一、巴特．達姆邦（丟掉棒子之意，現在柬埔寨西部的馬德望）：據傳塔．克貝在這裡弄丟了他的棒子。

二、邱恩．普雷（湄公河西岸的磅湛）：當他們在森林裡過夜的時候，受到大群蚊子襲擾，但在巴庫色．查姆．庫隆的威力下，蚊子被趕得無影無蹤。之後在邱恩．普雷地區就不再有蚊子出現。

三、羅卡．卡翁（彎曲的羅卡樹之意）與羅威．迪（傾倒的羅威樹之意）：當兩人到達湄公河岸的時候，因為沒有合適的渡船，所以巴庫色．查姆．庫隆就命令西岸的羅卡樹與東岸的羅威樹彎曲倒下，靠著這些巨樹一路渡到河對岸。

四、維西亞．斯歐（湄公河東岸，甘丹地區）：兩人在一座大湖畔豎立奇雷樹的樹枝，當作遮陽棚歇息。這些奇雷樹枝後來在那裡生根，一直留存下來。這時湖中的鳥群忽然陷入騷亂，塔．克貝認為是敵襲，於是趕快把巴庫色．查姆．庫隆叫醒。現在的維西亞．斯歐寺是個巨大的方形聖池，其中有應當是吳哥時代以前的雕刻砂岩石材以及半崩毀的古老磚造佛塔，因此很明顯是具有悠久歷史的聖地。在十九世紀下半葉開始的殖民地時期，也有王族會按例每年參詣的報告。

五、普農．巴賽特（金邊西北，甘丹地區）：巴庫色．查姆．庫隆即位後，在過去躲藏的山間洞窟中建立祠堂，設置佛像，刻上碑文。

其他的地名雖然隨版本而各不相同，但都分布在現今柬埔寨王國領域內、洞里薩湖兩岸與湄公河東岸；特別是湄公河東岸的斯雷桑托周邊，有很多地名的起源故事。

襲擊王都的那伽之怒：（十一）大洪水

巴庫色．查姆．庫隆之後又歷經幾名國王統治，隨版本不同，這些國王的人數與名字各有差異。（十一）大洪水時的國王名字也隨版本而有不同，但故事的梗概是共通的。國王的兒子養了蒼蠅，身邊的侍童養了蜘蛛；當某天兩人一起出遊時，蜘蛛吃掉了蒼蠅，於是國王就將飼養蜘蛛的孩子溺死在洞里薩湖裡，孩子的家人則被驅逐到寮人的國度。那伽王聽聞大怒，掀起大水將王都整個淹沒；許多人都被淹死，但國王帶著翡翠佛逃出王都，到了扁擔山。太陽王[4]得知此事，搶走了翡翠佛。關於太陽王，某版本說是上暹羅的王，另一個版本說是寮王，還有一個版本說是阿瑜陀耶的王。大洪水之後國王的統治，也隨版本而有名稱和出身的不同。

傳說部分的最後：（十二）塔．特拉薩克．帕耶姆

（十二）關於塔．特拉薩克．帕耶姆（甜胡瓜的老翁之意）是什麼人，雖然隨各版本而有不同，但故事梗概是一致的。國王很中意塔．特拉薩克．帕耶姆種的瓜，於是給了他一把長槍，允許他可以刺殺意圖偷瓜的人。某天晚上國王很想吃瓜，於是跑進塔．特拉薩克．帕耶姆的瓜田，結果被他當成小偷誤殺了。因為國家沒有國王了，所以大臣們便擁戴塔．特拉薩克．帕耶姆為王。

雖然隨版本而有來龍去脈的差異，但「傳說部分」最後的國王塔．特拉薩克．帕耶姆，被認為是「歷史部分」最初國王的祖先。殖民地學者認為這個故事反映了「十四世紀革命」，也就是吳哥時代的印度教王權轉移到後吳哥時代的上座部王權之史實，並用來建構柬埔寨的通史。

《王家編年史》傳說部分中出現的國王，繼承了那伽的血統，受到因陀羅神加持，擁有不可思議的力量。都城的前面是海或洞里薩湖，其底部則是那伽王統治的世界，海／洞里薩湖則是透過船隻與外界聯繫。都城的背後是扁擔山，周圍環繞有暹羅、寮、陽（越南）等王國，反映了後吳哥時代的對外關係。故事群整體的配置，則是對柬埔寨之地在受到那伽、因陀羅護佑的國王統治下興盛，又因那伽的憤怒而失去不可思議力量、喪失對周邊各國優勢地位的過程進行解釋。柬埔寨國王君臨周邊各國之上，支配印度支那半島大部分的輝煌的吳哥時代，其都城和神殿都成廢墟，埋沒在森林之中，其後構築起來的

是在「歷史部分」中被傳述，持續至今的後吳哥時代柬埔寨王國。

三、柬埔寨王國的再生，以及關於土地的故事

歷經二十世紀末的內戰終結與復興時代，邁入二十一世紀的柬埔寨，在首都金邊建起了眾多高樓大廈，地方城市的郊外也蓋起了旅館和公寓等建築群，市鎮區域不斷擴大；到處都在進行新道路的建設，這是自十九世紀下半葉保護國化以來，最大規模的景觀變化。與之連動的是各地紛紛建起新的紀念碑，但其主題並非吳哥時代的歷史，而是傾向擷取後吳哥時代的歷史，以及解釋這塊土地起源的民間故事。之所以如此，或許是因為作為現今政權實現的復興與發展之象徵，比起吳哥諸王的功績，針對以金邊為中心、現今國土成立進行解釋的庶民故事，更容易讓人親近吧！

與《王家編年史》登場人物相關的紀念碑

關於《王家編年史》傳說部分的事物，有作為馬德望市象徵、位在市中心圓環的巨大黑棍神（德望寬宏）像。在神像的腳邊會點燃線香與蠟燭，城鎮的人們會前去祈願，也會把它當成傍晚乘涼的場所。和巴庫色．查姆．庫隆有關的維西亞．斯歐寺，也靠著金邊有力人士的捐助，在寺內修築、新建了色彩鮮明的建物與尊像。

至於歷史部分的相關事物，和十六世紀洛韋王都的建設者安贊一世（又稱 Chan Reachea）相關主題

的紀念碑十分醒目。和近年政治動向相關而值得注目的是，作為安贊一世政敵、在《王家編年史》中出現的乃坎（Sdach Korm）這號人物，他的塑像被豎立在烏棟舊王宮遺址的韋安．查斯寺（Veang Chas）、湄公河東岸前吳哥時代的都城遺跡毗耶陀補羅（Banteay Prey Nokor）等地。但另一方面，被認為在和乃坎作戰中守護了安贊一世的涅達庫雷安．姆安（Khleang Muang），其位在菩薩市的祠堂在二十一世紀以來，也獲得許多有力人士的捐獻。庫雷安．姆安的祠堂和通常的涅達（祖靈）祠堂不同，是棟外觀類似佛教寺廟的大型建築物，裡面有庫雷安．姆安曾經親自獻祭過的正方形井，深處的祭壇祀奉著身著將軍服的庫雷安．姆安。內戰終結後，庫雷安．姆安像獲得更新，其後祠堂內外裝潢與井、祭壇等的裝飾都被修建得富麗堂皇，也整建了庭園。

隔洞里薩湖相望的暹粒與巴里寶，都有祀奉據說是用安贊一世皇家座船邱航．霍伊（熱氣騰騰的飯之意）材料做成佛像的寺廟。邱航．霍伊這個船名，象徵的是「煮好的飯都還沒冷掉，船隻就已經橫越湖泊」，也就是船速極快的意思。在祀奉據說用船尾做成涅槃像的暹粒市寺廟裡，境內的建物都被重建得富麗堂皇，庭園也整飭一新，還設置了一座載著熱氣騰騰的托缽用缽盂的邱航．霍伊紀念碑。

除此之外，在金邊的塔山寺（Wat Phnom）南側，也有一座紀念城市名稱起源者邊夫人的像。邊夫人撈起漂流到河岸的巨木做成佛像，將它們搬到小山上建起寺廟、祀奉這座佛像，這個故事被浮雕在覆蓋佛像的祠堂基座周圍。從金邊到馬德望的國道五號線、舊王都烏棟的入口處，有一座從十九世紀柬越戰爭廢墟中重建柬埔寨王國的安東王騎馬雕像。

關於地方故事的紀念碑

柬埔寨國土（高棉語稱為托庫．戴，「水與土」之意）的一大特徵，就是東南亞最大的洞里薩湖，以及貫穿印度支那南北的大河湄公河。被視為扶南首都的巴布農與吳哥波雷、真臘首都伊奢那城，以及吳哥和金邊，柬埔寨的歷代王都，全都位在洞里薩湖與湄公河周邊的廣闊平原當中。在平原外圍環繞的，是荳蔻山脈、扁擔山等山地。在日本的《古事記》與《日本書紀》中，有伊邪那岐與伊邪那美生出日本列島的故事，但在柬埔寨的《王家編年史》中，並沒有解釋國土誕生的故事。不過，這並不代表柬埔寨就不存在這樣的故事。在一八八〇年代法國探險家帕維（Auguste Pavie）的遊記中，就收錄了洞里薩湖、荳蔻山脈、扁擔山的起源傳說，從而成為十九世紀下半葉廣為人知的民間故事。

帕維的遊記中，收錄了從托庫．丘的長老那裡聽來，有關荳蔻山脈、扁擔山間廣大平原的起源傳說，還附有插畫。

很久很久以前，在荳蔻山脈與扁擔山間是一片廣闊大海。故事的主角之一列其柯爾，是住在荳蔻山脈多摩．安基恩的富裕商人之子，在一位有名隱士門下受教育。這位隱士從初綻放的蓮花上帶回一位美麗的少女，將她命名為羅姆薩．索克並養育長大。受完教育的列其柯爾娶了羅姆薩．索克為妻，回到雙親家中；這時隱士給了羅姆薩一個寶石髮飾。

不久後，列其柯爾駕著滿載商品的船隻，前往柯拉特海岸進行交易；在那裡他和柯拉特老王的么女米卡結婚，也生了孩子，過了三年幸福的日子。有一天列其柯爾說要往東海岸進行交易，用一艘大船載滿商品動身出發；當米卡在宮殿裡目送他遠去後，他轉變了航向，開始往羅姆薩所在的故鄉前進；知道自己遭背叛的米卡，下令鱷魚把列其柯爾吃掉。另一方面，羅姆薩一直站在沙灘眺望海面，結果看到列其柯爾的船隻出現在水平線上，後面還有一隻巨大的鱷魚緊追不捨；於是她把隱士送給她的寶石髮飾丟進海中，海水頓時被分割開來，地面開始浮上，在多摩．安基恩到扁擔山間，冒出了一片大地。列其柯爾的船隻跨上了一塊大岩石，變成了普農．薩姆普（船之山）；至於鱷魚則在附近的小山上斷了氣，變成了普農．庫拉普（鱷魚之山）。米卡集結軍隊，在柯拉特到荳蔻山脈之間、海中出現巨大平原中央的邦迪耶．尼恩這塊岩石上布陣，對羅姆薩宣戰。羅姆薩也聚集軍隊出戰，最後兩個人單挑，結果由擁有隱士加持的羅姆薩獲勝。邦迪耶．尼恩位在馬德望北邊；它是一座由兩個岩塊構成的小山，上面有吳哥時代的遺跡，可以看到十世紀的碑文。

帕維也收錄了另一則洞里薩湖起源的故事。這則故事以「妮恩．平頓多普」（十二少女之意）為名而廣為人知，在內戰之前也曾拍成電影。

很久以前有個樵夫家裡，有六對雙胞胎十二個女兒。因為他們太貧困，養不起這麼多女兒，所以樵夫和妻子把女兒丟在森林裡。雅克（鬼）的女王桑多米耶看見這些女孩，想把她們養大吃掉，於是就將她們帶回自己的王宮。當女孩們長大、面臨被吃掉危險之際，一隻白老鼠對她們提出警告，告訴她們安全逃走的道路。當逃出的女兒們坐在泉水上伸出的一根大樹枝上休息時，她們的容貌映在水面上，被前來汲水的國王僕人發現，將她們帶回王宮，從此成為國王的寵妃。桑多米耶知道這件事，於是自己也化身成美女前往同一個泉畔，進入王宮成為寵妃。接著她唆使國王挖掉十二姊妹的眼睛，將她們關在一個洞穴裡。這時候她們都已懷有身孕；因為沒有食物，這些姊妹紛紛將自己生下來的孩子當成食物吃掉，但只有么女的右眼沒被挖掉，所以瞞著姊姊們、偷偷把生下的孩子養育長大。

么女的孩子洛迪．賽恩長大後逃出洞窟，獲得一隻優秀的鬥雞，靠著鬥雞賺來的食物養活母親與阿姨們。桑多米耶又察覺到這件事，於是叫來洛迪．賽恩，命令他把信件送到某地。當洛迪．賽恩在旅程途中睡著時，一位隱士出現在他跟前；隱士把裝著信件的竹筒封印打開，裡面出現的指令是「殺掉這個年輕人」，於是隱士把信件改寫成「嫁給這個年輕人」，又將封印重新封好後，便離去了。

桑多米耶有一位名叫坎雷的女兒，桑多米耶不在時會負責看家。當拿著信件過來的洛迪．賽恩出現時，兩人一見鍾情。按照信件舉行婚禮後，坎雷帶洛迪．賽恩回到王宮內，這時他發現了十二姊妹的眼睛，以及將它們放回眼窩中的藥；於是他趁坎雷醉倒睡著時，將眼球和藥偷走，逃出桑多米耶的王宮，這時他又和隱士見面，得到了一根蘊含不可思議力量的小樹枝。醒來的坎雷追在洛迪．賽恩後面，當她快要追到時，洛迪．賽恩把隱士的小樹枝掉到了地上；瞬間，坎雷腳邊的大片地面凹陷下去，出現了一個湖。坎雷在湖畔一直呼喚丈夫，直到他的身影完全消失在地平線彼端之後，便在湖岸的一棵樹下倒地氣絕。她的遺體後來變成了一座叫做普農．尼恩．坎雷的山。

洛迪．賽恩回到父王的王宮中，揭發桑多米耶的真面目並殺了她，也將母親與阿姨們的眼睛物歸原主。普農．尼恩．坎雷這座山的形貌，在洞里薩湖入口處的磅清揚港對岸，可以清晰望見；因此在磅清揚鎮上的圓環，豎立著一座騎馬離去的洛迪．賽恩與橫躺著朝他伸出手的坎雷像。

同樣不包含在《王家編年史》傳說部分、但廣為人知的民間故事，還有磅湛鎮近郊普農．斯雷（女山）和普農．普羅斯（男山）的故事。很久很久以前，女性和男性分成兩隊，要在啟明星升空前，看哪邊能先築起一座高山。三到四小時後，女性們在山的東北角上，舉起了一座小而高的提燈；看到提燈的男性以為啟明星已經升空了，於是便放鬆作業睡覺去。接著女性直到真的啟明星升起前，都持續在積土成山。等到雞鳴、男性們醒來、發現啟明星正好升起，他們才領悟到自己已經輸了。現在象徵這個故事的紀念碑，豎立在從金邊到磅湛的國道六號線圓環上。

吳哥遺跡群和波布政權下遭屠殺人們的慰靈塔以及博物館等，作為國家記憶的歷史裝置，有讓內外知曉的教育機能。與之並行地，這裡列舉的紀念碑與電影、乃至於歌頌當地民間故事的歌謠與宣傳影片等，對柬埔寨的人們而言，除了可以提供旅行和卡拉OK等愉悅記憶外，也是能讓他們將往日故事的景象以及自己祖先故事的景象映像化，以共享歷史的媒體。

注釋

1. 譯注：胡麻、玉米當時應尚未傳入東南亞。
2. 譯注：有人將柏通和混填視為同一人。
3. 若是考慮到漢生病患者被社會排除、隔離的歷史脈絡，在使用「癩」這個字的時候就得特別謹慎；但「癩王」這個稱呼，透過吳哥遺跡中的「癩王臺」以及三島由紀夫的劇作《癩王臺》等已經廣為流傳並固定化，因此在這裡仍舊以此陳述。
4. 譯注：泰語。

參考文獻

青山亨，〈インド化再考——東南アジアとインド文明との対話（印度化再考——南亞與印度文明的對話）〉，渡邊雅司、藤井守男責編，《總合文化研究》十，二〇〇七年

北川香子，〈カンボジア年代記（柬埔寨編年史）〉，池端雪浦等編，《岩波講座東南アジア史　別巻　東南アジア史研究案内（岩波講座東南亞史　別巻　東南亞史研究導引）》，岩波書店，二〇〇三年

北川香子，《アンコール・ワットが眠る間に——カンボジア歴史の記憶を訪ねて（吳哥窟沉眠之間——走訪柬埔寨的歷史記憶）》，聯合出版，二〇〇九年

賽代斯著，辛島昇等譯，《インドシナ文明史（印度支那文明史）》新版，Misuzu 書房，一九八〇年

帕維著，北川香子譯，《カンボジアおよびシャム王国踏査行（柬埔寨與暹羅王國探查行）》，京都大學東南亞研究所，二〇〇八年

弘末雅士，《東南アジアの建国神話（東南亞建國神話）》，山川出版社，二〇〇三年

深見純生，〈混塡と蘇物——扶南国家形成の再検討（混塡與蘇物——扶南國家形成的再檢討）〉，肥塚隆編，《東南アジア彫刻史における〈インド化〉の再検討（東南亞雕刻史中「印度化」的再檢討）》，大阪大學總合學術博物館，二〇〇五年

第一章
巴比倫王漢摩拉比的野心

柴田大輔

前言

所謂美索不達米亞，指的是相當於今日伊拉克及其周邊的底格里斯河、幼發拉底河流域。這個地區又以現在伊拉克共和國首都巴格達北側一帶為界，分成北部的上美索不達米亞（又稱北美索不達米亞）與南部的下美索不達米亞（又稱南美索不達米亞）。在距今五千五百年前的西元前三五〇〇年左右，在下美索不達米亞，更正確地說是其南部的古代城市烏魯克，發生了人類史上的一大革命，那就是城市建設、國家誕生，還有文字——楔形文字原型——的發明。又，以前推斷烏魯克文明的年代為西元前三二〇〇年左右，但近年的主流學說則認為，還可以再往前回溯二至三百年[1]。

以烏魯克這座城市為首，「文明」向周邊擴散，到了前三十至前二十四世紀的初期王朝時代，在下美索不達米亞有許多城市國家（城邦）興盛一時。人們聚居在城牆環繞的城市之中，城市裡也築有統治全城的機構：王宮，以及祀奉城市眾神的神殿；在城市周遭則有生產城市居民生活必需糧食的耕地與牧草地，作為城市的腹地延伸開來。這些城市國家彼此爭奪霸權，偶爾會有數個城市國家基於利害暫時組成同盟，不斷合縱連橫。在這樣的過程中，出現了將數個城市置於支配下的領域國家，接著更有前二十三世紀的阿卡德王朝、前二十一世紀的烏爾第三王朝等擁有高度發展的官僚制度、支配廣大領域的大國此起彼落。到了前兩千紀，後述漢摩拉比的巴比倫王國、加喜特王朝巴比倫王國、米坦尼王國、亞述王國等國陸續興起；在前一千紀，遂出現了稱霸西亞全境的亞述帝國，以及其後的新巴比倫帝國。

在烏爾克被發明並被之後西亞世界廣泛使用的楔形文字，因為使用黏土板這種比較堅固的素材記載，所以作為古代世界紀錄的異例，發現了大量的各式文件。拜這些豐富的楔形文字文件史料所賜，我們得以察知生活在數千年前美索不達米亞世界人們的實際樣貌。依據楔形文字文件的資訊，本章將以一位人物為焦點，來介紹活躍於人類最古老文明世界人們的「活生生樣貌」。這個人就是從前十八世紀戰國時代群雄爭霸、使盡權謀術數脫穎而出，成功建立巨大王國的巴比倫王漢摩拉比（正確發音應該是漢姆拉皮）。

巴比倫王國的建設

前二十一世紀，就在通稱烏爾第三王朝的強大領域國家以下美索不達米亞為中心盛極一時之際，說亞蘭語這種閃系語言的遊牧各部族，開始慢慢席捲美索不達米亞世界。前二〇〇三年烏爾第三王朝滅亡，下美索不達米亞的統治被伊辛王朝繼承，但同時亞蘭系各部族也定居在美索不達米亞各地，建設自

漢摩拉比時代的美索不達米亞

己的王國。之後亞蘭系各王國爭相並起，以美索不達米亞全境為舞臺，揭開了戰國時代的大幕。在亞蘭系部族中，有一位叫做蘇姆．拉．埃爾（前一八八○—前一八四五年在位）的族長。前一八八○年，他以下美索不達米亞西北部的城市巴比倫為首都，建設新的王國，轉瞬間便征服了周圍的城市，將下美索不達米亞西北部結合為一的地方政權巴比倫王國於焉誕生。

在這裡要確認一下蘇姆．拉．埃爾選為首都的巴比倫這座城市的種種。「巴比倫」一詞是來自這座城市的希臘語形，原本的名字應該是巴別；在當時的語言阿卡德語中，也可以表達成意味「神之門」的巴布．伊利姆，不過我們還是使用膾炙人口的「巴比倫」這個稱呼。巴比倫雖是今日最著名的古代美索不達米亞城市，但和烏魯克、烏爾等其他重要城市相比，其歷史其實要晚上不少。在眾多城市國家爭奪霸權的前三千紀初期王朝時代，巴比倫尚未在史料中登場，直到阿卡德王朝時代後半，也就是前二二〇〇年左右，它才終於出現。在之後的烏爾第三王朝時代，巴比倫是由領主統治的地方城市。到蘇姆．拉．埃爾定都之際，它仍是一個歷史較淺的地方城市。

巴比倫王國雖是一個領域國家、以納入旗下的各城市為根基，但和其他亞蘭系王國一樣，王家所屬的部族也扮演著重要角色。使用亞蘭語的各部族雖然分成很多系統，但具親族關係的部族紐帶不只對遊牧生活者很重要，對定居生活者也一樣重要，不時還可以看見超越國家框架、相當堅固的聯繫。這些部族系統之一，是結合阿姆納姆（Amnanum）族、雅呼魯魯姆（Yahrurum）族等五個部族而成的雅憫系部族聯合，巴比倫王室也是歸屬於雅憫系的一個部族。比方說，當時的烏魯克王室也是雅憫系（阿姆納姆族），所以巴比倫王蘇姆．拉．埃爾就和同時代的烏魯克王辛．卡西德締結堅固的同盟，和外國展開戰爭。另一方面，就像接下來會看見的，當王族有危機之際，常常會逃亡到有親族關係的其他國家王族處。又，雅憫在亞蘭語中是「右」的意思，指的是在南方展開的部族。相對於此，也有意味著「左」的西馬爾系部族在北方繁盛，後面會提到的馬里王室，就是西馬爾系部族成員。

巴比倫王國及其國王的活動，透過各類楔形文字文件史料而得以闡明。這些史料大致可以分為三類：第一類是國王記下自己功績的各種紀錄（不只有碑文，也有為了紀年而在各年附上的年名），第二類是以抄本形式傳承給後代的歷史文件，第三類則是實務類的文件與書簡，特別是關於漢摩拉比時代，第三項史料相當關鍵。在這當中，特別是在幼發拉底河中游馬里市宮殿遺址大量發現的馬里文件，提供了我們詳盡的資訊。後面會提到的馬里王茲姆里．利姆（Zimri lim）向美索不達米亞內外各地派遣外交官和將軍，要求他們盡義務報告當地的情勢；我們發現了很多關於這方面報告的書簡。拜此之賜，三千八百年後的我們也能像即時報導一樣，得知瞬息萬變的各地情勢。以法國專家為中心，眾人試著依據各式各樣的史料，重建當時的歷史。本章就是依據這些前輩學者的研究，介紹漢摩拉比時代的一隅[2]。

漢摩拉比（前一七九二—前一七五〇年在位）

漢摩拉比的即位

漢摩拉比在西元前一七九二年繼承了父親辛．穆巴利特（第四任國王）的王位，成為第五任國王。我們並不清楚漢摩拉比的生年，但從其治國時間很長來看，可以推測他應該是在年輕時就即位了。

那麼，漢摩拉比即位時，巴比倫王國與周邊列強是處於怎樣的狀況？在這裡，我想請讀者參照一下前面的地圖。首先，當時的巴比倫王國除了首都巴比倫以外，還領有北至西帕爾、南至馬拉德、東至庫薩的下美索不達米亞西北部土地；只是，在當時群雄割據的西亞世界中，漢摩拉比的巴比倫王國不過是個地方政權罷了。在巴比倫王國的東南方，有已經持續一千年作為西亞文明中心、盛極一時的下美索不達米亞各城市。當時，這些城市全都處於利姆．辛（Rim Sin）國王的拉爾薩王國治下，拉爾薩王國也以南方霸主之姿，長期君臨該地。在東北方，是底格里斯河支流迪亞拉河的扇狀沖積地，也就是今日巴格達的東北一帶；這塊要衝之地，當時是由達杜沙（Dadusha）王領導的強大埃什南納王國統治。而更重要的是，由自號「大王」（沙魯姆．拉布姆）的薩姆希．阿多（Shamshi-Adad）統治，通稱「上美索不達米亞王國」的大國；這個國家陸續征服了上美索不達米亞的各國，搶先一步邁上統一美索不達米亞世界的道路。以哈布爾河上游的舒巴特．恩利爾（今雷蘭〔Tell Leilan〕遺址）為首都，大王命令兩個兒子伊什麥．達干與亞斯馬．阿達德，分別統治東南的底格里斯河中游與西南的幼發拉底河中游流域。這段期間中，定居在底格里斯河畔城市伊卡拉圖姆的長子伊什麥．達干，與漢摩拉比頗為親近。對漢摩拉比而言，幸運的是，薩姆希．阿多大王一族是出身自有親戚關係的部族，因此他在很多時候都會為漢摩拉比撐腰。

往美索不達米亞的外側看去，在西方有以哈拉普（今阿勒坡）為首都的雅姆哈德王國，它和接近今敘利亞中西部城市荷姆斯的蓋特納王國，不斷爭奪西方世界的霸權。另一方面在東方，領有現今伊朗西南部、實力強大的埃蘭王國，也毫不隱藏進軍美索不達米亞的野心，時時窺伺著擴張領土的機會。又，在這些美索不達米亞外側勢力中，雅姆哈德王國與蓋特納王國都和美索不達米亞各國一樣屬於亞蘭人系統，但埃蘭王國則是講著完全相異的埃蘭語，是另一個系統的國家。和這些美索不達米亞內外的大國相比，漢摩拉比自父親繼承的巴比倫王國，領土實在是相當之小。

漢摩拉比的前半生

關於漢摩拉比統治初期活動的史料並不多，所以我們也不知道詳細狀況；不過照理說，應該就是在薩姆希・阿多大王的「上美索不達米亞王國」與達杜沙王的埃什南納王國等強權麾下，進行一些地區性的小鬥爭。漢摩拉比特別關心的地域有兩處：一處是東邊的鄰國，亦即支配下美索不達米亞東北部的地方政權馬爾吉姆王國；另一處則是從他的領土沿幼發拉底河往西北去，位於肥沃中下游的蘇哈姆地區。只是這兩個地區並非靠一般手段就能到手，其他國家對它們也有領土野心，特別是埃什南納王國強烈主張對幼發拉底河中下游的蘇哈姆地區擁有支配權。

漢摩拉比　面向司掌秩序的太陽神沙馬什（右）的漢摩拉比王（左）。漢摩拉比法典碑上部的圖像

就在漢摩拉比統治十年的前一七八三年，這塊幼發拉底河中下游地區發生了騷動；這年，漢摩拉比率軍攻打該流域南端的城市拉皮昆，當時他和大王的長子伊什麥・達干並肩作戰。可是，埃什南納王國的達杜沙王也立刻率領一萬大軍侵略該地，結果不只是拉皮昆，還一路征服到了該地區北方的城市哈納特。對漢摩拉比而言，很幸運的是，這時候大王介入了；當時「上美索

不達米亞王國」正把這地區北方的據點城市馬里置於治下，因此不樂見強國埃什南納支配幼發拉底河中下游地區。於是兩大國締結協定，結果不只是南邊拉皮昆，甚至廣到北邊哈納特的蘇哈姆地區全境，都歸漢摩拉比所有。

之後，前一七七九年時達杜沙王去世，伊巴爾·皮·埃爾二世繼任埃什南納王，這位國王也持續和薩姆希·阿多大王同盟。於是，大王、伊巴爾·皮·埃爾二世與漢摩拉比組成三國同盟，展開對東方鄰國馬爾吉姆的征伐。在強大的同盟軍面前，馬爾吉姆王國走投無路，只好支付相當於現今重量四百五十公斤的大量白銀以換取寬恕，而漢摩拉比也從中賺到了一筆。就像這樣，漢摩拉比在統治初期，是在薩姆希·阿多大王庇護下，享受著相當程度的繁榮。

薩姆希·阿多大王的逝世與埃什南納軍的猛攻

薩姆希·阿多大王在前一七七五年夏末逝世。他的王位由定都底格里斯河中游伊卡拉圖姆的長子伊什麥·達干繼承，但長期苦於大王統治的上美索不達米亞領主沒有放過這個機會，特別是馬里王國舊王族的子孫茲姆里·利姆一馬當先，從流亡的雅姆哈德王國回到故地，逐走大王次子亞斯馬·阿達德的軍隊，成功奪回故國。除此之外，哈布爾河上游的城市阿修納庫姆、伊蘭·茲拉，乃至於辛賈爾山麓的城市庫德、安達里格、蓋塔拉等小國都陸續起兵反叛，過去的大國急遽陷於瓦解。在這波紛亂中，繼承人伊什麥·達干要求埃什南納王伊巴爾·皮·埃爾二世繼續同盟，但狡猾的伊巴爾·皮·埃爾二世看穿他沒有未來，於是不只拒絕了要求，還反過來入侵他的領地。就像下文會介紹的，在薩姆希·阿多大王崛起前，埃什南納王國原本是美索不達米亞最強的大國，如今恢復地位的時機終於到來。在埃什南納的侵略下陷入悲慘境地的伊什麥．達干王，只好逃到過去的小弟漢摩拉比旗下。

另一方面，失去強力庇護者的漢摩拉比，也面臨困難的外交決定；現在，他得和埃什南納王國的伊巴爾．皮．埃爾二世，以及新的鄰居馬里王國的茲姆里．利姆王，進行新的合縱連橫。對漢摩拉比而言，馬里王茲姆里．利姆是瓦解有大恩的薩姆希．阿多大王王國的「凶手」之一；不只如此，他還是西馬爾部族成員，與漢摩拉比一族相異。另一方面，巴比倫、埃什南納、馬里三國還有圍繞著前述幼發拉底河中下游蘇哈姆地區的領土問題。經過最初的動亂後，馬里王國暫時領有了蘇哈姆地區，但領土問題並未就此終結。當馬里王國不斷苦於境內跟王室不同系統的雅憫系各部族叛亂之際，埃什南納沒有放過機會，在前一七七二年展開了大規模的西方遠征。埃什南納軍兵分兩路，分別從南北展開進攻；北方軍沿底格里斯河北上，穿越辛賈爾山到達哈布爾河上游，最後占領了薩姆希．阿多的舊都舒巴特．恩利爾，南部軍則沿幼發拉底河進軍，從馬里手中奪取了蘇哈姆的眾多土地。

在這場戰爭中，漢摩拉比援助馬里王茲姆里．利姆。雖然就像上述，兩人處於一種複雜的糾結之中，但對巴比倫王國而言，埃什南納王國崛起，就等於前途一片黑暗。於是漢摩拉比派遣屬下穆特．哈多基姆等四名將領，率軍前去救援馬里。獲得援助的馬里王國向哈布爾河、辛賈爾山脈派出部隊，救援苦於埃什南納軍侵略的當地勢力。折衝雖仍持續進行，但埃什南納最終還是放棄西方領土，全軍撤退。

此後埃什南納和馬里的關係持續緊張，但終於在前一七七〇年締結和平條約。之後，從前一七六九年到前一七六六年，各國間保持權力平衡的穩定，和平短暫造訪了美索不達米亞，而漢摩拉比和馬里王茲姆里．利姆的關係也勉強維持。只是，兩人的利害關係在幼發拉底河中下游支配權等各方面，有很多地方並不一致，所以這種關係只是表面的。

埃蘭大帝的侵略

美索不達米亞這種短時間的平靜，在來自東方的威脅下宣告終結：東方大國埃蘭，終於展開了行動。埃蘭的大帝（Sukkalmah）茲瓦．帕拉爾．胡帕克（Siwe-Palar-Khuppak）宣布入侵埃什南納，並要求自己視為屬國的馬里、巴比倫等美索不達米亞各國從軍。前一七六五年春天，埃蘭軍包圍並攻陷了埃什南納市。連如此強悍的埃什南納王國，在強大的埃蘭軍面前都不是對手。埃蘭大帝將埃什南納軍納為己有，意圖更進一步增強軍備。順道一提，茲瓦．帕拉爾．胡帕克這個讀起來很繞口的名字是埃蘭語，而當時亞蘭系的人們覺得這個名字很難念，所以書記常將之寫成「謝普拉爾帕克」。

另一方面，在埃什南納王國下飽嘗辛酸的各國，趁此良機展開了活動。仍然流亡在巴比倫的伊什麥．達干回到了伊卡拉圖姆，漢摩拉比也占據了祖父時代曾一度擁有的底格里斯河沿岸城市曼基蘇姆和烏皮。然而，漢摩拉比的積極政策招致了反效果。埃蘭大帝對巴比倫王國的領土擴張大感惱怒，對漢摩拉比發出威嚇。在從各地送往馬里王茲姆里．利姆宮廷的一封密信中，引用了埃蘭大帝的這段恐嚇內容；讓我們看看大帝講了什麼：

你占領的這些埃什南納城鎮原本是我的東西，不是嗎？速速將這些地方獻上，然後束手來降；

若不從，我將對你的國家進行反覆掠奪。（我）軍會從曼基蘇姆出發，直抵（底格里斯）河對岸。我會親自站在全軍陣前渡河，一馬當先掠奪你的國家[3]。

這不只是單純的恐嚇而已。之後，茲瓦．帕拉爾．胡帕克大帝真的率領大軍，從漢摩拉比手中奪走了曼基蘇姆，又更進一步向烏皮進軍；這堪稱是漢摩拉比人生最大的危機。根據送到馬里王手上的一連串密信，漢摩拉比向南方強國利姆．辛王的拉爾薩王國求援。可是，面對漢摩拉比拚命的懇求，利姆．辛王只是閃爍其詞，直到最後都沒有派出援軍。之所以不派援軍的理由，在密信中並沒有明述，但原因很可能是拉爾薩王室和埃蘭大帝一族有婚姻關係。結果巴比倫軍的抵抗化為徒勞，烏皮遭攻陷，埃蘭軍準備往首都巴比倫進軍。

只是，受到埃蘭大帝威脅的，並不只有巴比倫王國而已。就像先前的埃什南納軍一樣，埃蘭軍也採兩面進軍策略；他們一面入侵巴比倫王國領地，另外又派了大軍沿底格里斯河、辛賈爾山、哈布爾河北進，最後占領了大王舊都舒巴特．恩利爾。同時，埃蘭軍又派一支分隊，由阿塔爾魯姆率領，成功征服了辛賈爾山麓的城市安達里格與辛賈爾山東北的城市拉薩馬；不久後，這個阿塔爾魯姆將成為一連串戰爭的關鍵人物。

這樣從南北兩面展開的埃蘭軍，很明顯地將會入侵馬里王國境內。包括派駐在漢摩拉比宮廷的外交官雅利姆．阿多等眾多人物在內，十萬火急的書簡陸續傳抵馬里王國宮廷。只是，茲姆里．利姆王這時人正在遙遠的西方；前一七六六年春天，茲姆里．利姆王為了支援岳父雅姆哈德王雅利姆．利姆而前往西方，因此當他收到這一連串書簡時，人是在地中海沿岸風光明媚的城市烏加利特。

收到急報後，茲姆里．利姆王立刻折返，首先從阿塔爾魯姆手中奪回了城市拉薩馬。面對馬里軍的反擊，大感狼狽的前線指揮官阿塔爾魯姆向埃蘭大帝請求援軍，並提議另派一軍入侵幼發拉底河中下游的蘇哈姆地區，好讓馬里軍的注意力轉移到南方。可是，由於時值埃蘭軍南方部隊向巴比倫王國進擊的高峰，因此阿塔爾魯姆並沒有如願獲得埃蘭大帝的支持，而這個判斷將讓大帝一失足成千古恨。

漢摩拉比與茲姆里．利姆雖然因領土問題而有芥蒂，但在共同的強敵前，也只能團結一致。前一七六五年秋天，漢摩拉比、茲姆里．利姆與西方的雅姆哈德王雅利姆．利姆，組成了跨部族系統的大同盟。前一七六四年，從雅姆哈德王國與拜利赫河的薩爾馬昆，有總計兩萬的援軍陸續抵達，情勢一下子驟變。首先，位在埃蘭軍最前線、掌握了辛賈爾山麓據點城市安達里格的阿塔爾魯姆，認為大帝在西方同盟軍面前前景黯淡，於是倒戈到西方陣營。南方情況也好不到哪去，勢力大張的巴比倫軍在底格里斯河與幼發拉底河間（可能是巴格達西邊）的西里托姆城展開激烈攻防，最後成功擊退埃蘭軍。埃蘭大帝仍然試著反擊，率領三萬大軍沿底格里斯河北進，但這裡已有茲姆里．利姆所組織的上美索不達米亞反埃蘭同盟軍嚴陣以待。面對埃蘭大帝原本瞧不起、視為小國的美索不達米亞亞蘭系諸國大團結，他不得不放棄西進的念頭；最後，他把埃什南納王國境內蹂躪一番後，就率軍撤回本國了。埃蘭大帝茲瓦．帕拉爾．胡帕克不久就身患重病，未能達成征服美索不達米亞的夢想便與世長辭。

至於埃蘭軍退去後的埃什南納王國，雖然各國對其都有盤算，但最後是由獲得人民支持的當地軍人索利．辛成為新王。

漢摩拉比的大征服

當漢摩拉比設法熬過王國存亡危機後，他個人與巴比倫王國也面臨了命運的巨大轉變。迄今為止一直竭力從大國野心中自保的漢摩拉比，開始轉守為攻。他的最初目標是南部強國拉爾薩王國。利姆・辛王的拉爾薩王國，是唯一未曾參與反埃蘭同盟的美索不達米亞大國。拉爾薩王國和巴比倫王國在埃蘭危機後，於國界上又發生了一連串小衝突，但漢摩拉比已不再畏怯。就在埃蘭戰爭第二年的前一七六三年，漢摩拉比半強迫地帶著同盟國馬里的援軍，入侵拉爾薩王國境內。巴比倫同盟軍首先攻擊拉爾薩王國北方的據點城市馬修坎・夏比爾，並成功攻陷之。在這場攻略戰中，漢摩拉比在一封信裡，嚴令要對敵人抱持憐憫慈悲之心；在之後編纂的《漢摩拉比法典》序言中，他也自豪地說，自己對馬修坎・夏比爾市及其神殿有多慈悲。總而言之，漢摩拉比對攻陷的馬修坎・夏比爾市居民是相當厚待的。或許是此舉奏效之故，拉爾薩王國支配下的其他各城市，陸續向巴比倫倒戈，尤其重要的是以下美索不達米亞南部為中心、勢力強大的遊牧部族雅姆特巴爾族與漢摩拉比的結盟。同盟軍持續向首都拉爾薩進軍。拉爾薩是前二十世紀下半葉，在昆古努姆王治下築起堅固城牆的要塞城市，因此同盟軍花了將近六個月在攻城戰上；最後，拉爾薩兵糧用盡，利姆・辛王向同盟軍開門請降。年邁的國王被饒過一命，但家族親信全都被擄往巴比倫。漢摩拉比攻破了讓人色變的拉爾薩城牆，但對拉爾薩市的居民寬大以對——從這裡可以察知，漢摩拉比並不只是想要單純的掠奪性征服，而是要確實地擴張領土。就這樣，巴比倫王國成功占領了下美索不達米亞南部全境。

隨著吞併拉爾薩王國，巴比倫王國如今已是脫穎而出的強國，而美索不達米亞的權力平衡也開始崩壞。埃蘭戰爭後仍繼續擔任安達里格王的阿塔爾魯姆在前一七六三年底過世後，漢摩拉比派出兩萬大軍前往辛賈斯山麓，介入這個地區的勢力紛爭。埃什南納的新王索利．辛雖然在攻取拉爾薩後締結條約，但不久又將之一筆勾銷，於是在前一七六二年，巴比倫和埃什南納的戰火重燃。這場戰爭也是以巴比倫獲勝作結，漢摩拉比成功攫取了先前作為埃蘭戰爭導火線的底格里斯河畔城市曼基蘇姆。關於埃什南納索利．辛政權的下場仍有很多不確定之處，但不管怎麼說，這場戰爭都讓該政權的命運早早畫下了句點。

茲姆里．利姆的馬里王國在這場巴比倫與埃什南納戰爭中，站在埃什南納一邊。儘管兩者在對抗埃蘭時並肩作戰，但部族系統相異，又有國境問題，所以兩國的關係並不穩定；不只如此，漢摩拉比在拉爾薩攻擊戰中的強勢態度，也讓茲姆里．利姆大感光火。可是，茲姆里．利姆王明顯誤判了時勢。就在第二年（前一七六一年），馬里王國也遭到巴比倫軍隊征服。因為作為關鍵資訊來源的馬里文件未詳述這場戰爭的經過，所以我們並不清楚其細節，但根據巴比倫方面的紀錄，這年除了馬里以外，上美索不達米亞各地都遭到巴比倫軍侵略，且在兩年後的前一七五九年，馬里城被巴比倫人徹底破壞。巴比倫王國東邊的鄰國、從漢摩拉比統治初期就不斷有小磨擦的馬爾吉姆王國，也同時遭到併吞。至此，漢摩拉比終於在長期爭奪權力的美索不達米亞群雄中稱霸。

漢摩拉比的晚年——透過《漢摩拉比法典》的人生總結

關於漢摩拉比統治晚期的巴比倫王國，我們所能得知的資訊甚少。根據僅有的紀錄，即使在漢摩拉比統治末期的前一七五七年和前一七五五年，他還在遠征美索不達米亞東北部，朝上美索不達米亞擴張領土。這個時期，在近鄰已經沒有能和漢摩拉比正面對抗的勢力，巴比倫王國的版圖也達到最大。

在他統治的末期，他發表了《漢摩拉比法典》（以下簡稱《法典》）。《法典》刻在一塊高兩公尺二十五公分的玄武岩石碑上，石碑上部描繪的圖像，是面向司掌正義的西帕爾市守護神沙瑪什神的漢摩拉比；現存的完整法典碑只有一塊，但因為也有發現其他的法典碑殘片，所以可以推定同樣的法典碑有很多塊。刻在其上的《法典》中心部分，是以「若怎樣，則應怎樣」文體記載的判例集。比方以「以眼還眼」著稱的條目：「若某市民刺瞎了其他市民的眼睛，則他的眼睛也該同樣被刺瞎。若他折斷了其他市民的骨頭，則他的骨頭也應同樣被折斷。」（第一九六—一九七條）[4]。《法典》中的這些判例，被稱為「漢摩拉比定下的正義判決」。這種判例集的編纂並非漢摩拉比的獨創，早在前二十一世紀初，烏爾第三王朝的始祖烏爾．納姆王（前二一一〇—前二〇九三年在位）也編纂了同樣的判例集，接下來伊辛第一王朝的里皮特．伊什塔王（前一九三六—前一九二六年在位），以及與漢摩拉比同時代的埃什南納達杜沙王統治期間，也都有編纂各自的判例集。雖然烏爾．納姆與里皮特．伊什塔的判例集是用蘇美語寫成，達杜沙與漢摩拉比的判例集是用阿卡德語寫成，但內容和書寫形式被認為有一定的共通性。換言之，在古代美索不達米亞世界，國王發布作為「正義判決」的判例集是傳統，《法典》也是屬於這個傳統的一例。

又，《法典》中「以眼還眼」這種制裁加害者施以和被害者同樣的刑罰，稱為「應報主義」（同害報復）。從現在我等的視角來看，或許會認為這是殘酷的刑罰，但其意圖是抑制無限制的報復，維持社會秩序，在這層意義上來說，它確實是會被視為「正義」的法。只是，《法典》的應報主義並不徹底，即使同樣的犯罪，刑罰還是會隨著被害者與加害者的社會地位而有所變化。

話又說回來，《法典》在判例集部分之前，記有一篇序文，而其內容和判例集截然不同，是漢摩拉比在成功征服的各城市中施行的「善行」一覽。在這當中，列舉了包含過去強敵的首都拉爾薩、埃什南納、馬里、馬爾吉姆在內的二十六個城市，從下美索不達米亞的南端，北到現在摩蘇爾近郊的尼尼微，西到幼發拉底河中上游的城市圖圖爾，展現了漢摩拉比治下的廣大領土。這是即位時不過是一名地方政權之王的漢摩拉比，在歷經艱苦的合縱連橫之後，成為美索不達米亞世界霸主獲得的王國。

以薩姆希·阿多大王為首，擊退埃什南納各王、埃蘭大帝，乃至於馬里王茲姆里·利姆等人，最終稱霸，從現代我等的視角來看，或許會用「運氣真好」來概括漢摩拉比吧！在眾多強敵之前，漢摩拉比的對應多少有點隨機應變，而非看起來深謀遠慮的策略。可是，漢摩拉比本人並不是這樣想的。《法典》的序文，是從這樣的句子開始的：

> 昔日阿努納庫眾神之王、尊貴的安努，同主宰國運的天地之主恩利爾，決定給予埃亞神的長子馬爾杜克神對全人民的「恩利爾權」。（馬爾杜克神）是伊極極眾神中最偉大者，以他的崇高之名稱呼巴比倫，使（巴比倫）在四方世界中成為最優越者，並為他確立了位在（巴比倫）中心、

宛若天地基礎般永遠屹立不搖的王權……。5

安努和恩利爾神在傳統美索不達米亞神學中是最高神，馬爾杜克神則是巴比倫的守護神。這篇序文雖然在文體上和前二十世紀伊辛第一王朝里皮特．伊什塔王發布的法典開頭有共通之處，但它是一種對歷史神學問題的回答，也就是對「為什麼原本不過是一個地方政權的巴比倫王漢摩拉比，能夠成為世界霸主」這個問題的回應。這單單只是幸運的結果嗎？不，這是因為眾神之王安努和恩利爾，將其權能託付給巴比倫的守護神馬爾杜克神，從而讓巴比倫變成世界最優越城市的緣故。

漢摩拉比在統治的第四十三年（前一七五〇年）逝世，結束了波瀾萬丈的一生。他的王位由兒子薩姆蘇．伊路那繼承，但在後者統治期間，巴比倫王國又面臨危機，最後領土縮小到下美索不達米亞北部及其周邊。只是，領土雖然縮小，但王國還是持續了超過一百年，直到前一五九五年，被北方突然入侵的西臺軍滅亡為止。不只如此，就算漢摩拉比直系王朝斷絕後，巴比倫城市的地位也沒有衰退，直到美索不達米亞文明滅絕為止，它一直是文明世界的中心。

漢摩拉比的領土統治

漢摩拉比的巴比倫王國，是怎樣統治以上述方式獲得的領土？在統治第三十年的前一七六三年，漢摩拉比消滅了南方的宿敵拉爾薩王國，在下美索不達米亞南部的舊拉爾薩領地獲得了廣大的新領土；關於這片新領土的統治，發現了許多的文件資料，就是派遣到新領土的夏瑪休．哈吉爾等高級官員和漢摩拉比之間往來溝通的書簡。根據這些書簡，過去拉爾薩王宮所擁有的土地，包括耕地、果園、宅地，都被巴比倫的王宮接收與經營。巴比倫王宮領有的這些土地，是透過兩種方式來接收與經營：一種是讓小佃戶耕作土地的直接經營，另一種是將土地租給特定的個人，再向當事人課以軍務或其他勞務。關於後者，在《法典》中也有許多條文羅列。

問題是，這種在舊拉爾薩領地施行的土地經營，究竟有多普遍？當時的巴比倫王宮在王國內確實擁有廣大的土地，但王宮土地占整體土地的比例有多少，則是論爭的主題。過去有所謂的「王宮經濟」說，認為漢摩拉比時代的巴比倫王國，全部的土地都是王宮所有；不只如此，所有經濟活動也都是王宮獨占，幾乎沒有私人經濟領域。不過，這種極端的學說，現在已經沒什麼人支持了。在漢摩拉比時代，私人經濟已經擴大，個人擁有的土地也不在少數。而在王宮經濟活動中所見到的事例，比方木材、金屬、寶石等的交易，應該也有一部分是外包給民間來運行。

後代之中的漢摩拉比與他的《法典》

一時將大半美索不達米亞置於支配下的漢摩拉比，即使在直系子孫繼承的王國滅亡後，仍然存在於人們的記憶中，後代的文章也以各式各樣的形式，歌頌漢摩拉比的偉業。不只如此，漢摩拉比留下的文件本身，也被後世繼承。

其中最具代表性的就是《法典》。正如前述，漢摩拉比發布的《法典》，是屬於古代美索不達米亞判例集的傳統。只是，和其他國王的判例集迥異，在漢摩拉比逝世超過一千年後，《法典》的內容依然被繼承下來。我們發現了很多由之後的學者和學生書寫的《法典》抄本。這位偉大國王的「正義判決」，被採納為後代美索不達米亞世界書記教育的教材之一。然而，它並不是被當成實際審判的參考，而是像收錄在現今日本國中、高中生國語教科書中的《枕草子》或《舞姬》之類的文藝作品那樣被閱讀和學習。

不過，玄武岩的法典碑，卻離開了過去的巴比倫王國。前一一五八年，當時的埃蘭王舒特魯克・納克杭特入侵下美索不達米亞，擊滅前兩千紀下半葉興盛的加喜特王朝巴比倫王國，並將漢摩拉比法典碑和其他阿卡德王朝的石碑等一起掠奪到埃蘭王國的首都蘇薩；被掠奪的部分石碑，加上了舒特魯克・納克杭特本身的碑文；根據碑文，這些物品被獻給了蘇薩的守護神因舒希納克。在這之後，法典碑沒有回到下美索不達米亞，而是在約三千年後的「西元」一九〇二年，經由發掘蘇薩遺跡的法國考古學家之手，被「掠奪」到巴黎。

但是，在法國考古學者更早之前，已經有在蘇薩發現法典碑的「外國」學者。在漢摩拉比也曾支配過、位於巴比倫以北的城市西帕爾遺跡的沙瑪什神神殿遺址中，發現了一間前六世紀的神殿圖書室，裡面收藏著一部《法典》的抄本。那是當時巴比倫享有盛名的祭司家族香谷・阿卡德家，一位叫做馬爾杜克・休姆・烏茲爾的學者書寫的抄本。《法典》抄本本身並不稀奇，可是這本抄本最後附記的文句，讓研究者大為驚訝：「（這份抄本的）原本，是巴比倫王漢摩拉比在蘇薩市建立的古老石碑。」[6]簡單說，當馬爾杜克・休姆・烏茲爾旅行到蘇薩之際，就已經發現了過去被奪走的漢摩拉比法典碑原本——不過，他誤以為這塊石碑的原本豎立地點就是蘇薩。因為《法典》是當時的教材之一，所以馬爾杜克・休姆・烏茲爾應該也知道這篇文件才對；當他看到原本時，想必是感動至極，立刻把石碑上的文句超寫下來吧！他的感性和進行田野調查的現代學者之間，並沒有什麼不同。他將這本基於原典的貴重抄本，贈給了在法典碑上半也有描繪的西帕爾沙瑪什神的神殿圖書室。

薩姆希・阿多大王（約前一八三三—前一七七五年在位）

在漢摩拉比前半生中君臨美索不達米亞世界的霸主，毫無疑問是薩姆希・阿多大王。大王雖是建設古代美索不達米亞史上屈指可數的大國「上美索不達米亞王國」的人物，但他的前半生仍有許多謎團。大王的父親名叫伊拉・卡布卡布，從他擁有迪亞拉河或底格里斯河流域領土這點來推測，應該是亞蘭系的地方領主。前一八三三年左右，十五歲的薩姆希・阿多繼承父親之位，但當時正值近鄰埃什南納王國納拉姆・辛王統治的極盛期，年輕的薩姆希・阿多在納拉姆・辛王的威脅下逃走，流亡到巴比羅尼亞（可能是巴比倫）。

薩姆希・阿多的王國建設，是從中年才開始的。在三十六歲的前一八一一年左右，他終於率領軍隊展開進擊。他首先征服了底格里斯河中游的據點城市伊卡拉圖姆，約三年後（前一八〇八年），又將商業城市阿舒爾納入手中。接下來，他的兵鋒更進一步從底格里斯河流域往西跨越辛賈斯山，直指哈布爾河流域。當他獲得哈布爾河上游這個大穀倉後，又接著南下向幼發拉底河中游進軍，在前一七九一年左右，他成功征服了這個區域的中心馬里。就像年輕的薩姆希・阿多一樣，馬里王室也被迫逃亡到有親戚關係的西方大國雅姆哈德王國。薩姆希・阿多於是又和雅姆哈德王國的蘇姆・埃普夫王交戰，將幼發拉底河的大彎曲部併入王國領地。同時將領土延伸到東方底格里斯河流域的薩姆希·阿多，在碑文上自豪地說自己「統治了底格里斯河和幼發拉底河之間的國度」。漢摩拉比即位為巴比倫王的前一七九二年，正是薩姆希·阿多處於空前絕後征服高峰的時期。

成功建設巨大王國的薩姆希·阿多大王，在哈布爾河上游的城市謝夫納建設新的王都，並將之命名為舒巴特·恩利爾（恩利爾神的住處）——如前所述，恩利爾神是美索不達米亞神學中的最高神。接著，他又將長子伊什麥·達干與次子亞斯馬·阿達德，分別安置到東方據點伊卡拉圖姆與西方據點馬里，分別統治底格里斯河與幼發拉底河流域。伊什麥·達干的妻子是近鄰阿舒爾的公主，亞斯馬·阿達德則是迎娶了遙遠西方大國蓋特納的伊修比·阿多王的女兒為妻。當時伊修比·阿多王正和雅姆哈德王蘇姆·埃普夫爭奪西方霸權，而蘇姆·埃普夫又是薩姆希·阿多不共戴天的強敵，所以利害一致的兩國便透過婚姻締結了軍事同盟。以這個同盟為軸心，薩姆希·阿多晚年一直持續對西方展開軍事活動。同時在東方，他也和迪亞拉河下游強國埃什南納的達杜沙王同盟，向底格里斯河的東方進軍，成功征服了阿拉普哈（今基爾庫克）與烏爾比爾（今艾比爾）以及尼尼微等城市。又，薩姆希·阿多與達杜沙的同盟締結，也是漢摩拉比能在統治前半期獲得幼發拉底河中下游蘇哈姆地區的要因。

不過，在薩姆希·阿多大王晚年，王國瓦解的前兆已經出現。前一七八〇年和前一七七九年，在王國的中心地帶哈布爾河上游，爆發了吐魯克人的叛亂；不只如此，在幼發拉底河沿岸地區，也爆發了嚴重的疫病。另一方面在王國外側，隨著雅姆哈德王蘇姆·埃普夫與埃什南納王達杜沙陸續過世，國際情勢也產生了重大轉換。這種因戰爭與疾病造成的人口減少，在當時實施的普查中清楚呈現。就在這種緊張的情勢中，薩姆希·阿多在前一七七五年的晚夏結束了充滿動盪的一生。

就如前述，當他過世後，王國便急遽瓦解。王國失去了首都舒巴特·恩利爾所在的哈布爾河上游的支配權；在次子亞斯馬·阿達德統治的馬里，流亡的前王族茲姆里·利姆捲土重來，奪回了幼發拉底河、哈布爾河下游的領域。只有長子伊什麥·達干治理的底格里斯河中游，勉勉強強度過了這場混亂。

薩姆希·阿多的偉業，一直留存在後代美索不達米亞人的記憶中，特別是後來的亞述王國、帝國，都把薩姆希·阿多當成偉大的祖王之一。確實，薩姆希·阿多把後來亞述的首都阿舒爾當成重要的祭祀中心，也有可能在文件中在自己的王室譜系中納入阿舒爾領主的譜系；但對阿舒爾而言，薩姆希·阿多不過是一名外來的暫時征服者，而城市國家阿舒爾與之後的亞述，也和他的「上美索不達米亞王國」沒有任何關係。比方當地方領主普蘇爾·辛等人從薩姆希·阿多的子孫阿西努手中奪回阿舒爾時，就痛罵薩姆希·阿多是「外來的災害」。不過，後來的阿舒爾領主與亞述王都很尊敬薩姆希·阿多，而且還出現了四位以薩姆希·阿多的阿卡德語讀音「沙姆希·阿達德」為名的國王。這是一種竄改歷史，將古代大王變成自己祖先的手法；從薩姆希·阿多的偉業來考量，其實也能充分理解亞述人的心情。又，過去的研究者都對這種歷史竄改照單全收，以往概說書所採用的「亞述王沙姆希·阿達德一世」這種稱呼，也是基於這種古老的誤解，這點請讀者務必留意。

茲姆里・利姆（前一七七五—前一七六二年在位）

位於現今敘利亞東部、幼發拉底河中游的城市馬里，自前三千紀起便是該地域的核心，以此城市為首都，有各式各樣的國家興起。在下美索不達米亞各城市國家競逐霸權的初期王朝時代後半，亦即前二十六至前二十四世紀，馬里介入遙遠南方各城市的戰爭與聯合，到了前二十四世紀，又和遙遠西北方的埃布拉王國（阿勒坡西南方約五十五公里），不斷進行爭奪上美索不達米亞霸權的戰爭。

前十九世紀中葉，馬里市被西馬爾系部族的雅奇德・利姆征服，到了他的兒子（第二任國王）雅夫頓・利姆統治時期，成為幼發拉底河中游的一大勢力。不過，馬里在前一七九一年左右被薩姆希・阿多大王征服，原本統治馬里的王族也不得不流亡到有親戚關係的西方大國雅姆哈德王國。成為亡國王族的他們即使身在異國，也沒有放棄捲土重來的夢想。當擁有強大權勢的薩姆希・阿多大王倒下，「上美索不達米亞王國」的支配開始鬆弛、有機可乘的時候，他們襲擊了馬里，從大王次子亞斯馬・阿達德手中漂亮地奪回了故地。這場奪還劇的主角是茲姆里・利姆；法國的馬里發掘調查隊發現茲姆里・利姆的宮殿，找到了包含國家間書簡在內的大量黏土板文件，通稱馬里文件。如前所述，馬里文件是有關漢摩拉比生存時代的重要資訊來源之一。

茲姆里・利姆和前任的雅夫頓・利姆一樣出身西馬爾部族，也是流亡的馬里舊王族成員；不過，關於他和雅夫頓・利姆的關係，並不是很清楚。雖然茲姆里・利姆在後半生自稱是雅夫頓・利姆的兒子，但在年輕時，他則自稱為「哈特尼・阿多的兒子」，至於其母則是名為阿多・多莉的女性，也是哈特尼·阿多之妻。故此，茲姆里·利姆雖是繼承雅夫頓·利姆遺志的人物，但並非真正的兒子，有可能是他的孫子。

薩姆希·阿多大王逝世後，從雅姆哈德王國進軍的茲姆里·利姆，指派了另一位西馬爾系部族的族長邦努姆負責攻取馬里，自己則停留在馬里西北方的特爾卡市。他在特爾卡加冕，等到征服馬里後幾個月，才終於進入馬里市。當茲姆里·利姆即位後，他立刻得做出各種外交決定。「上美索不達米亞王國」甫瓦解的當時，西亞分成東西兩大勢力，亦即埃什南納王國與雅姆哈德王國。雅姆哈德王雅里姆·利姆是長年庇護茲姆里·利姆的宗主，後者自然應該和他維持緊密的同盟關係，但埃什南納王伊巴爾·皮·埃爾二世也謀畫要用外交和戰爭手段來離間馬里王國。馬里文件中就有伊巴爾·皮·埃爾二世寄給茲姆里·利姆的書簡，在其中一封信裡，伊巴爾·皮·埃爾二世提及自己在收復馬里方面做出的貢獻，並要茲姆里·利姆知恩圖報。致力往幼發拉底河與哈布爾河流域擴張領土的茲姆里·利姆，和同樣對該地域抱持領土野心的伊巴爾·皮·埃爾二世，在前一七七二年至前一七七一年鏖戰不休，最後是馬里成功擊退了埃什南納軍。

在這樣的戰亂中，茲姆里·利姆將哈布爾河中下游與幼發拉底河中游納入旗下，也獲得哈布爾河上游各國承認其宗主權。在他支配下的領土，並不只有各城市而已；他也掌握了各遊牧部族，在城市與遊牧民兩邊站穩腳步，建設王國。

茲姆里·利姆統治的最後五年間，就像在漢摩拉比條目中介紹的，是個動盪的時代。埃蘭軍征服埃什南納後，各國的情勢出現眼花撩亂的變動；前一七六一年，馬里被巴比倫的漢摩拉比征服，並在前一七五九年遭到徹底的破壞。巴比倫軍攻陷馬里後，茲姆里．利姆的下場並不清楚。又，在最初占領之際，漢摩拉比軍也曾整理過宮殿中的文獻。這種整理文獻的狀態在約三千七百年後的一九三〇年代，隨法國考古隊的發掘調查而被發現。

塔拉姆．庫比（前十九世紀）

薩姆希．阿多大王征服了上美索不達米亞的所有主要城市，其中包括後來成為亞述王國首都、位在底格里斯河中游的城市阿舒爾。在前兩千紀前半，阿舒爾還是一個小小的地方城市，對大王而言，也只是被征服的城市之一而已。然而，大王把阿舒爾視為和伊卡拉圖姆與馬里同樣重要的城市，這也是事實。這點從後述阿舒爾獨特的紀年方式被使用在「上美索不達米亞王國」的行政紀錄上，就可清楚得知。

當時的阿舒爾市在政治勢力上明顯弱小，在大王征服以前，也稱不上列強之一。那麼，它是個怎樣的城市？首先，當時的阿舒爾是這個地區的地方祭祀中心，而追本溯源，應該是這座城市建造的位置（哈努卡山系北端的小山丘）神格化後的結果。在這裡供奉著跟城市同名的守護神阿舒爾神。不只如此，當時的阿舒爾也是交易的一大中心。在東到伊朗、南到下美索不達米亞、北到安納托利亞（今土耳其亞洲領土）的領域間，形成了一個大交易網絡，而阿舒爾市就位在其要地上。負責交易的，是阿舒爾市有力家族建立的幾個商會。阿舒爾市居民的語言雖是閃系，但並非亞蘭語，而是一種阿卡德語方言。

當時的阿舒爾市雖然也有地方出身的領主，但其權力相當有限，城市國家的決議機構，是由城市有力人士組成的市議會；議會的成員會輪流擔任議長，為期一年。當時的語言稱議長為利姆姆（limum），並以其名字來紀年——故此，利姆姆或許可以譯為「紀年官」之類。在市議會中，有力商人也扮演了重要角色。又，根據現在專家的共識，這時期阿舒爾市的國家應該稱為「城市國家阿舒爾」，而避免使用「亞述」這個會招致誤解的名稱。所謂亞述，是前十四世紀左右城市國家阿舒爾征服周邊地域後形成的國家——馬特．阿舒爾（意為「阿舒爾之地／國」）——的希臘語化稱呼，指的是這個領域國家及其領土。對此，大家可以用城市國家羅馬與羅馬帝國的差異來設想。

來自當時阿舒爾市本身的文件非常之少，但從安納托利亞展開交易網絡的據點卡內甚市（今日的庫特爾佩遺跡）商人居住區中，發現了阿舒爾商人在前十九世紀留下的大量黏土板文件，闡明了錫、紡織品等和金銀交換的交易，以及阿舒爾商人在社會與生活上的細節。

在前十九世紀阿舒爾市的商家中，有一位叫做塔拉姆．庫比的女性。她和有力商人尹那雅結婚，至少生下了五個孩子。妻子塔拉姆．庫比留在阿舒爾市的家裡，丈夫尹那雅則前往卡內甚市的分公司「單身赴任」，偶爾才回到阿舒爾市，兩人就這樣度過超過二十年的生活，並一起經營商會。當孩子們長大後，便一個接著一個為了幫忙家裡的生意而踏上旅程，或是在阿舒爾市與卡內甚市間率領商隊，或是以卡內甚市為據點奔赴安納托利亞各城市，代替父親販賣商品。塔拉姆．庫比自己在阿舒爾市家中管理家計外，也作為丈夫的代理人，和阿舒爾市的同業、投資家，乃至於市議會進行交涉；她也不時要就金錢支付與交易品等各方面，進行反覆且不屈不撓的斡旋。不只如此，她還一手掌管重要商品紡織品的生產；不只是阿舒爾市，在古代美索不達米亞各城市，紡織業都是女性的工作。這樣和丈夫同心協力支撐商會的塔拉姆·庫比，到了晚年還是會隨著孩子離巢獨立而感到寂寥不已。我們就發現了好幾封她催促人在外地的丈夫早點返鄉的信件。

其他人物

埃什南納的首長與國王

底格里斯河的支流迪亞拉河，是從現在伊拉克共和國庫德自治區的蘇萊曼尼亞省流出，在巴格達近郊與底格里斯河匯流。迪亞拉河的下游是西亞全境中人口最密集的地域之一，從前三千紀的前半葉起，就已經有很多城市興起，其中之一就是埃什南納市。在烏爾第三王朝滅亡、伊辛第一王朝興起的前二十一世紀末，亞蘭系的努爾·阿夫姆被任命為埃什南納市首長，此後他的王朝就統治著這個城市。努爾·阿夫姆的子孫繼承了首長一職，至於「國王」的地位，則留給了埃什南納的守護神蒂什帕克神。之後，埃什南納王國只統治著周邊些許的領土。

可是在前十九世紀中葉，統治該王國的伊匹克·阿塔德二世，開始使用「國王」頭銜，且這不光是稱號而已。伊匹克·阿塔德二世不只將迪亞拉河流域各勢力整合到旗下，更成功征服了北邊的阿拉普哈王國以及幼發拉底河中下游的拉皮昆——這成了漢摩拉比時代，埃什南納王主張領有幼發拉底河中下游的要因。接著在前十九世紀末左右，他的兒子納拉姆·辛在即位後不斷展開遠征，成功征服了哈布爾河上游與幼發拉底河中下游全境，搶先一步稱霸美索不達米亞世界。順道一提，他取這個王名，是仿效前二十三世紀時，君臨該地的阿卡德王朝納拉姆．辛大王。可是在納拉姆．辛去世後，埃什南納王國的勢力就開始衰退，取而代之的是薩姆希．阿多崛起。至於之後的埃什南納王達杜沙與伊巴爾．皮．埃爾二世，其治下王國的情勢已經在前文介紹過了。

伊什麥．達干王

前十八世紀中葉在位。伊什麥．達干為薩姆希．阿多大王的長子兼繼承人，以底格里斯河中游的城市伊卡拉圖姆為居城。他是將大王期待背負於一身的優秀兒子，在父親仍在世時就已經作為代理人，負責和埃什南納王國與巴比倫王國的外交事務。不過，前一七七五年父親過世後，王國急遽瓦解，他的命運也隨之翻弄，在反覆的流亡與歸還中度過。一開始，他為了逃離掀起叛旗、侵略伊卡拉圖姆的埃什南納軍，被迫流亡到巴比倫王國。前一七六五年，當埃蘭軍征服埃什南納王國後，他回到伊卡拉圖姆，但接著伊卡拉圖姆又被埃蘭軍侵略；伊什麥．達干因為和漢摩拉比親近，所以遭到當地有力人士抨擊，並被引渡到埃蘭大帝陣營。他在那裡遭到嚴酷的拷問，最後付出大量贖金才獲得釋放，並再次流亡到巴比倫。之後隨著埃蘭軍撤退，他又一次回到伊卡拉圖姆。在漢摩拉比積極從事拉爾薩攻擊戰的前一七六三年，他出兵干涉辛賈斯山麓的各城市，但這場將巴比倫、埃什南納兩國捲入的作戰並不順利，所以他在前一七六二年又一次逃亡，藏身在巴比倫王國領土內的城市西帕爾。之後在前一七六一年，當漢摩拉比滅亡馬里王國之際，他也奪回了伊卡拉圖姆，這次藉著漢摩拉比之助，他終於重拾伊卡拉圖姆的王座。

就這樣，雖然歷經了反覆流亡、充滿苦難的後半生，但伊什麥．達干王在這亂世中得全天壽，根據之後的紀錄，他的統治達四十年之久。

利姆．辛王

前一八二二—前一七六三年在位，拉爾薩王國最後的國王。拉爾薩王國是在前二十世紀中葉建國的亞蘭系王國。當利姆．辛從兄長瓦拉德．辛繼承王位時，拉爾薩王國已經領有從波斯灣到下美索不達米亞中部的馬修坎．夏比爾市與尼普爾市等眾多城市。可是，西南方的強敵烏魯克王國，以及自認為烏爾第三王朝繼承者、前二十世紀的霸主伊辛第一王朝依然健在。在統治的前半段時期，利姆．辛與這些鄰國持續交戰，首先在前一八〇三年消滅了烏魯克王國，接著又在前一七九四年消滅了伊辛第一王朝，成功統一了下美索不達米亞南部。之後約三十年間，拉爾薩王國成為西亞屈指可數的列強，邁入全盛期，但在前一七六三年被巴比倫軍所滅。

阿塔爾魯姆

？—前一七六三年。前一七六五—前一七六四年，埃蘭大帝入侵美索不達米亞失敗的致命要因之一，就是率領埃蘭軍的阿塔爾魯姆反叛。阿塔爾魯姆原本出身辛賈斯山的城市阿拉哈特，但離開故鄉流亡到埃什南納；之後因為埃蘭軍的侵略，又轉而侍奉埃蘭大帝。從這些經歷來看，或許他的本性就是一個會因為利害關係而背叛主子的人。不管怎麼說，也許就是看中他出身辛賈斯山、熟知西北部地理這點，埃蘭大帝把北方的一支軍隊交給他，命令他擔任前線指揮。前一七六五年初，率領埃蘭大軍的阿塔爾魯姆成功征服了離故鄉頗近的辛賈斯山麓城市安達里格，殺害了當地的國王卡爾尼·利姆，奪走王位，之後的發展前文已經介紹過了。埃蘭軍退卻後，阿塔爾魯姆繼續留在安達里格的王座上，但因伊卡拉圖姆的伊什麥·達干王對辛賈斯山抱持野心，在雙方的戰爭中，其於前一七六三年底突然過世。

注釋

1. 關於古代美索不達米亞史的絕對年代，到現在仍有各種不同說法。本章基於原則，在前四千紀到前三千紀，採用Walther Sallaberger and Ingo Schrakamp (eds.), *History & Philology*, ARCANE 3, Turnhout: Brepols, 2015；前兩千紀前半，採用Dominique Charpin, “Histoire politique du Proche-Orient amorrite(2002-1595）”, in D. Charpin et al., *Mesopotamien, Annäherungen 4: Die altbabylonische Zeit*, Fribourg: Academic Press and Göttingen: Vandenhoeck & Ruprecht, 2004; Dominique Charpin and Nele Ziegler, *Mari et le Proche-Orient à l'époque amorrite: essai d'histoire politique*, Paris: SEOPA, 2003。只是，近年關於前二十世紀到前十八世紀阿舒爾市紀年官的研究(Gojko Barjamovic et al., *Ups and Downs at Kanesh: Chronology, History and Society in the Old Assyrian Period*,Leidon: Nederlands Instituut voor het Nabije Oosten, 2012)，與夏潘和齊格勒對此的反駁(D. Charpin and N. Ziegler, “En marge d'ARCHIBAB, 14: la séquence des éponymes”, *NABU* 2014, 21-22, no. 12)，在年代上有部分出入。本章雖然按方便記載了絕對年代，但因為專家間仍有意見分歧，所以很有可能會隨將來的研究，而讓學說產生修正，希望大家留意這點。
2. 特別是在末尾的參考文獻中，依據了夏潘與齊格勒的研究成果。

3. D. Charpin, "Hammu-rabi de Babylone et Mari: nouvelles sources, nouvelles perspectives", J. Renger(ed.), *Babylon: Focus mesopotamischer Geschichte, Wiege früher Gelehrsamkeit, Mythos in der Moderne,* Saarbrücken: Saarbrücher Drucherei und Verlag, 1999.

4. Martha T. Roth, *Law Collections from Mesopotamia and Asia Minor,* Second Edition, Atlanta: Scholars Press, 1997.

5. Martha T. Roth,　同前書。

6. A. Fadhil, "Der Prolog des Codes Hammurapi in einer Abschrift aus Sippar", in *XXXIV^{éme} Rencontre Assyriologique Internationale:* 6-10. VII. 1987. İstanbul, Ankara: Türk Tarih Kurumu Basımevi, 1998.

參考文獻

中田一郎譯，《古代オリエント資料集成1　ハンムラビ「法典」（古代東方資料集成I　漢摩拉比〈法典〉）》，立頓，一九九九年

中田一郎，《ハンムラビ王——法典の制定者（漢摩拉比王——法典的制定者）》，山川出版社，二〇一九年

C.密歇爾著，唐橋文譯，〈カニシュ（アナトリア）における古アッシリア時代の商人と文書（卡內甚（安納托利亞）古亞述時代的商人與文件）〉，《紀要　史學》六〇，中央大學文學部，二〇一五年

Barjamovic, Gojko, et al., *Ups and Downs at Kanesh: Chronology, History and Society in the Old Assyrian Period,* Leidon: Nederlands Instituut voor het Nabije Oosten, 2012

Charpin, Dominique,"Hammu-rabi de Babylone et Mari: nouvelles sources, nouvelles perspectives", J. Renger (ed.), *Babylon: Focus mesopotamischer Geschichte, Wiege fruher Gelehrsamkeit, Mythos in der Moderne,* Saarbrücken: Saarbrücher Drucherei und Verlag, 1999

Charpin, Dominque, "Histoire politique du Proche-Orient amorrite (2002-1595)", in D. Charpin et al., *Mesopotamien,* Annäherungen 4: *Die altbabylonische Zeit*, Fribourg: Academic Press and Göttingen: Vandenhoeck & Ruprecht, 2004

Charpin, Dominque, *Hammurabi of Babylon,* London: I. B. Tauris, 2012

Charpin, Dominque and Nele Ziegler, *Mari et le Porche-Orient à lépoque amorrite: essai d' histoire politique,* Paris: SEPOA, 2003

Durand, Jean-Marie, "Peuplement et sociétés à lépoque amorrite (I): Les clans Bensim'alities", in Christophe Nicolle (ed.), *Amurru 3: Nomades et sédentaires dans le Proche-Orient ancien,* Paris: Éditions Recherche sur les Civilisations, 2004

Fadhil, Abdulillah, "Der Prolog des Codes Hammurapi in einer Abschrift aus Sippar", in *XXXIVéme Rencontre Assyriologique Internationale:* 6-10. VII. 1987. İstanbul, Ankara: Türk Tarih Kurumu Basımevi, 1998

Michel, Cécile, *Women of Assur and Kanesh: Texts from the Archives of Assyrian Merchants,* Atlanta: SBL Press, 2020

Radner, Karen, et. al. (eds.), *The Oxford History of the Ancient Near East,* Oxford: Oxford University Press, 2020

Roth, Martha T., *Law Collections from Mesopotamia and Asia Minor,* Second Edition, Atlanta: Scholars Press, 1997

Sallaberger, Walther, and Ingo Schrakamp (eds.), *History & Philology,* ARCANE 3, Turnhout: Brepols, 2015

Ziegler, Nele, "Šamšī-Adad I.", Michael P. Streck (ed.), *Reallexikon der Assyriologie und Vorderasiatischen Archäologie,* Band 11: *Prinz, Prinzessin-Samug,* Berlin: De Gruyter, 2006-2008

Ziegler, Nele, "Zimrī-Lîm", Michael P. Streck (ed.), *Reallexikon der Assyriologie und Vorderasiatischen Archäologie,* Band 15: *Waschung, A-Zypresse, Ausgewählte Nachträge, Index,* Berlin: De Gruyter, 2016-2018

第二章
完成阿契美尼德波斯帝國的國王

阿部拓兒

前言

伊斯蘭之前的古代波斯王朝，亦即阿契美尼德王朝、阿爾薩息王朝（安息）、薩珊王朝，除了中間一度被塞琉古王朝敘利亞所支配外，一路從前六世紀中葉延伸到七世紀中葉，持續了相當長的時間。在這當中，阿契美尼德王朝不只是最初的王朝，也以最大版圖自豪，更是許多後來支配這個地域者的典範。比方說，阿契美尼德國王喜歡使用的「萬王之王」這個稱號，不只是安息和薩珊王朝的國王，就連希臘化時代的本都王國（黑海南岸）與亞美尼亞的國王，也都持續使用。還不只這樣，進入近代也有巴勒維王朝的沙阿穆罕默德．禮薩．巴勒維，從阿契美尼德王朝建國起算，在一九七一年盛大舉行伊朗建國兩千五百年慶典——不過，一般認為阿契美尼德王朝是在前五五〇年建國，所以這並不是正確的兩千五百年紀念。阿契美尼德王朝已經被理想化為伊朗—波斯系王朝之祖了。

最初的古代波斯王：居魯士二世

建立後來稱為阿契美尼德波斯、也是最初波斯帝國領土基礎的人，是居魯士二世（前五五〇年代初期—前五三〇年在位）。在成為國王之前，居魯士二世的前半生充滿了謎團。相傳他有米底王國最後一位國王阿斯提阿格斯的血統，但也有人說他其實是賤民出身。不管怎麼說，他都打倒了當時支配伊朗高原北部的米底，並親力親為奠定了波斯人的國家。這起事件根據巴比倫流傳的史料，可以標定是在前五五〇年。

建立波斯後，居魯士二世便以破竹之勢征服周邊各國。當時在美索不達米亞有新巴比倫、西邊安納托利亞（小亞細亞）有呂底亞，都是強大的國家。居魯士二世首先將矛頭指向呂底亞；波斯軍和克羅索斯王率領的呂底亞軍，在安納托利亞中部的卡帕多奇亞展開激戰。兩方一時之間勝負未決，但居魯士二世毫不放鬆地展開追擊，最後包圍了呂底亞王國的首都薩第斯並攻陷之。在這之後大概又過了十年，他對那波尼德治下的新巴比倫王國展開侵略，征服了美索不達米亞之地。至此，包含伊朗高原、美索不達米亞以及安納托利亞，後來阿契美尼德波斯帝國的領土核心大致完成。因為這份偉業，居魯士二世被尊稱為「大王」[1]。

從居魯士二世到岡比西斯二世時代

和居魯士二世的出生一樣，關於他的逝世，我們並不太清楚。有人說他得享天壽，但也有人說他是在對北方部族的遠征中戰死。繼承居魯士二世的，是他的兒子岡比西斯二世，時間是在前五三〇年。

岡比西斯二世致力在美索不達米亞、安納托利亞外繼續獲得領土，於是計畫遠征埃及。當時的埃及是由阿瑪西斯及其子普薩美提克三世相繼為王，首都位在尼羅河河口附近的塞易斯（第二十六王朝）。根據希臘語史料，在實際展開遠征之前，埃及方面就已經出現了私通波斯的內應。或許是拜此之賜，岡比西斯二世得以徹底征服埃及，但他的統治並沒有持續太久。當岡比西斯二世從埃及回到敘利亞，或是回到波斯後走訪巴比倫時，他遭遇了事故，結果因傷客死異鄉。

大流士一世的崛起

在居魯士二世、岡比西斯二世父子積極的軍事活動下，阿契美尼德王朝的領土大致接近完成；然而在大流士一世登場後，這個國家更進一步達到真正能稱為「帝國」的階段。教科書和一般辭典，都把大流士一世稱為阿契美尼德王朝的第三任國王，然而不可思議的是，有人認為他算起來應該是第四任國王，也有研究者將他看成是首任國王。這種混亂的起因是大流士一世即位的背景充滿謎團，留給現代研究者各式各樣的解釋餘地。岡比西斯二世逝世、大流士一世稱王的前五二二年，是阿契美尼德波斯史上的一大轉捩點。到底當時這個國家發生了什麼，而隨著大流士一世稱王，阿契美尼德王朝又完成到怎樣的地步？

大流士一世（約前五五〇—前四八六年）

一、大流士一世即位的經過

史料狀況

大流士一世並非已故先王岡比西斯二世[2]的兒子，而他就任波斯王位的來龍去脈，仍有許多不明之處。然而，這問題並不是出在古代史上常見的史料不足；相反地，關於大流士一世的即位，隨著書寫時代與系統相異，流傳有數種史料。不只如此，這些史料看起來還很奇妙地一致，可以說一眼望去，就是對史家而言最理想的史料狀態。然而即使如此，仍留有許多無法清楚解釋的地方。

本章主要使用「貝希斯敦銘文」、希羅多德《歷史》以及克特西亞斯的《波斯史》這三種史料。這當中最古老的是「貝希斯敦銘文」；後面會對此詳述，它是大流士一世即位後將自己的功績，刻在巴比倫往埃克巴坦那道路上的貝希斯敦山崖壁上，因此這塊銘文是從最近距離理解大流士一世即位的人，親自將事件來龍去脈流傳下來的第一手史料。可是這又引發了別的問題；畢竟不管怎麼說，大流士一世在身為事件首要當事人的同時，也是在此事件中獲得波斯王位這個最大利益的人物。因此我們無法否定，他留下的紀錄很有可能會掩蓋對自己不利的資訊。

接著是希羅多德與克特西亞斯，他們兩人都是出身安納托利亞的希臘人，用希臘語撰寫史書。這裡的「希臘人」是方便的稱呼，事實上在他們活躍的時候，安納托利亞是在波斯帝國的直接支配或勢力範圍下，這是我們不該忘記的。

希羅多德在前五世紀初，出生在安納托利亞西南部的港灣城市哈利卡納蘇斯（今土耳其博德魯姆市）。他的作品《歷史》雖然納入了世界各地的大小事，但整體而言是以從居魯士二世到薛西斯（大流士一世之子）的波斯王與帝國歷史為縱軸。雖然是在大流士一世即位半世紀後才寫成的史料，但從事件細節到人物心境，都有相當具戲劇性的描寫。

另一方面，克特西亞斯則是活躍在希羅多德又過半世紀後、也就是大流士一世即位一世紀以後時代的醫師兼史家。他出生在克尼多斯（今土耳其達特恰市），和希羅多德的家鄉哈利卡納蘇斯隔著一個海灣。他擔任當時波斯大王阿爾塔薛西斯二世及其母親帕瑞薩娣絲的宮廷醫師，回國後寫下了長達二十三卷的大作《波斯史》。很遺憾的是，他的作品幾乎已經全部散佚，現在只能透過間接方式得知其內容。

大流士一世

即位之前

關於登上波斯王位之前的大流士一世，我們所能得知的部分極其有限。他出生在前五五〇年左右，也就是居魯士二世打倒米底王國、建立波斯帝國的同一時期。他的父親叫做希斯塔斯佩斯，這點因為在大流士一世本人留下的碑文中也有提及，所以應該不會有錯。困難的是他母親的名字，根據拜占庭時代的辭典，似乎是叫做羅德庫妮，但是近年在波斯城出土的文件中，有一位叫做伊塔爾巴瑪的女性，也被視為有力的人選。在文件內活動相當活躍的這位女性，除了是大流士一世的母親以外，似乎不做他想。

根據希羅多德的《歷史》，在居魯士二世統治時期，大流士一世還沒有達到可以上戰場的年紀。當居魯士二世進行最後遠征時，大流士一世留在波斯本國，但希斯塔斯佩斯有參加，據說他曾經跟居魯士二世交換過有關兒子大流士一世的意見。

大流士一世跟岡比西斯二世一起參加埃及遠征，這是他的首次出陣。這時候大流士一世應該沒有任何戰場經驗，但據希羅多德所言，他是以岡比西斯二世的持槍侍衛身分從軍。所謂持槍侍衛是國王的親衛隊，因此可以推斷大流士一世的家世相當高貴。只是，這些大流士一世即位前的經歷，全都是按照「預見不久後他將成為波斯王」的脈絡來寫，因此是比起史實，更加接近後見之明的資訊。

接下來可以追溯的大流士一世足跡，是在他繼岡比西斯二世之後，驟然就任波斯王位的時候。就像前面所述，記載這起事件的「貝希斯敦銘文」、希羅多德《歷史》，以及克特西亞斯的《波斯史》，在編纂年代與視角上有所相異，因此內容也有矛盾之處，但故事的梗概卻是出奇地一致。

岡比西斯二世似乎有一個弟弟。因為在史料中，這個弟弟的名字並不統一，所以在這裡就暫時稱呼他為X。岡比西斯二世和這位X的感情不融洽，且認為他是可能威脅自己王位的危險存在，所以祕密地將他殺害了。之後，祭司Y（此人的名字也是隨史料而有所不同）出現，自稱是亡故的X；在岡比西斯二世意外死亡後，Y就以王弟X之名，開始作為國王統治國家。這時，察覺Y是假貨的大流士一世，率領著六名志同道合的波斯人貴族誅殺了Y，之後大流士便被選為新王。如果祭司Y作為偽王應排除在外，那大流士一世就是次於居魯士二世、岡比西斯二世的波斯第三任大王。

是偽王，還是「代理國王」？

這個故事當成傳說頗有意思，但從另一面來看，要把它全都看成合理而照單全收，其實相當困難。特別是毫不相干的祭司Y，要化身為王族的一員，在旁人毫無察覺的情況下進行統治，這真的可能嗎？據希羅多德與克特西亞斯所言，X和Y的容貌極其相似，相似到周圍的人都分不出來。希羅多德還補充說「Y盡量避免在人前露臉」，努力想去除這種不自然的地方，但這也很牽強。從另一個角度來看，如果周圍的人真的察覺不到兩人的面貌差異，那Y不是應該堂而皇之地拋頭露面才對嗎？因此有研究者著眼在這個不自然之處，推論說「所謂偽王Y其實並非真實存在」。根據他們的說法，大流士一世即位的經過是這樣：

岡比西斯二世有個弟弟X。當岡比西斯二世遠征埃及、不在國內的時候，作為王位繼承候選人的弟弟X糾集了國內的反岡比西斯二世派，掌握實權；反岡比西斯二世派的形成，是由於遠征的過重負擔所導致。之後隨著岡比西斯二世逝世，王弟X正式即位為第三任波斯王。

可是，有人看準了在動盪中即位的新王地位不穩；波斯的有力貴族大流士一世結合夥伴，攻擊年輕的X，即位為第四任波斯王。按照這種推論，真正的篡奪者不是Y，而是大流士一世。大流士一世就算即位為新王，但在殺害繼承帝國創始者居魯士二世血脈的正統國王這點上，還是很站不住腳。因此，他才要創造出「殺死王弟X的真正犯人是岡比西斯二世，自己只是誅殺了偽王Y而已」的故事。

但另一方面，也有研究者認為假冒王弟X名號行騙的人物確實存在。既然系統相異的史料都提及僭稱王號者的存在，那考量到史家立場，應該不可能去編造一個不存在的假王才對。根據這些研究者的說法，所謂假王Y，其實是X的「代理王」。

所謂「代理王」，是在波斯之前的亞述和巴比倫傳統中可以見到的儀式性國王，主要負責的任務如下：如果國王發現有凶兆示警，那就會為了避免即將到來的凶事，選擇一個當自己替身的人物站到臺前。被選為「代理王」的人，會穿著跟國王一樣的衣裝、坐在王座上、吃著國王的膳食、睡在國王的寢宮，展現出跟真正國王同樣的舉止；另一方面，在這段期間中，國王則過著不讓凶事降臨的隱遁生活。當判定預示的凶兆會降臨在「代理王」身上時，「代理王」的任務就告一段落——也就是被處死，真正的國王則復歸其位。

波斯帝國也承繼了「代理王」的儀式，這點在希臘語史料中可以窺見。根據希羅多德《歷史》所述，薛西斯在遠征希臘前夕，一直為了該不該實行遠征而苦惱。這時候為惡夢所苦的國王，命令叔父阿爾塔巴諾斯穿上和自己一樣的服裝，以國王的姿態就寢。又，在阿契美尼德波斯滅亡之後，亞歷山大於巴比倫患熱病倒下，瀕臨死亡深淵之際，曾經有某個身分卑微的人物一屁股坐上王座，但因為「某種波斯禮法束縛」之故，波斯的宦官並沒有阻止他就位；這則軼聞被阿里安的《亞歷山大遠征記》收錄下來。

假定祭司Y是王弟X的「代理王」，那他的存在與統治不致引發周圍人士的懷疑，也就不足為奇了；畢竟他們應該都是在充分了解他是假貨的情況下，接受他來當王的。又，根據希羅多德的《歷史》，王弟X與祭司Y擁有同樣的名字。雖然希羅多德認為這只是偶然的一致，但在這一點上，如果解釋成「Y作為X的『代理王』出現並繼承王弟的名字」的話，那這樣的作為就可以理解成必然了。可是，既然如此，那真正的王弟X到哪去了？這又是一個新的問題。果然是被某人殺掉了嗎，還是因為生病等非事故性的原因瀕臨死亡？畢竟「代理王」應該是因為生病等對將來不安的預期，才被立為王的。關於這個問題，我想把確切的結論暫時保留，這才是作為史家明智的選擇。

不論如何，七名波斯青年貴族團結起來，除去了王弟X或偽王／「代理王」Y，之後他們選出了大流士一世成為新王，這是前五二二年九月的事。

度過「叛亂」的危機

然而成為新王的大流士一世，並沒有立刻建立穩定的政權。畢竟在這時候，波斯帝國的支配體制尚未堅若磐石，國王的一時出缺，讓帝國瀕臨瓦解的危機。岡比西斯二世過世後，帝國各地的地方有力人士紛紛獨立，大流士一世不得不鎮壓這些人的「叛亂」。

當這些「叛亂者」陸續被鎮壓、重新找回帝國平穩之後，大流士一世將一連串經過寫成官方紀錄，以主張自己的正當性，這就是刻在貝希斯敦崖壁上的碑文。

「貝希斯敦碑文」由文字與圖像兩個要素構成。坐鎮圖像浮雕中央的，是一個有翼圓盤人物像：在

貝西斯敦碑文（素描）

長出翅膀的圓盤上，伸出人類的上半身，一看就知道並非「普通的人類」。有人說這是古波斯宗教祆教主神阿胡拉．馬茲達的圖示，但對此持否定意見的人也很多。不論如何，它所表現的是某種超人的神性，這是毫無疑問的。

作為碑文主角的大流士一世，像是仰望著這個有翼圓盤人物般地站著，右手輕輕抬起，展現出對有翼圓盤人物表達敬意的姿勢。在國王背後，有兩位分別拿著弓與長槍的士兵護衛著國王，他們是大流士一世的合作者音塔普涅列司與戈布里亞斯；在國王的腳底下，則有僭稱王位的祭司Y（碑文上稱之為高摩達）呈仰臥姿勢，被大流士一世的左腳踩踏著。在大流士一世的正面，則有被他鎮壓的九名叛亂者，用繩子被牽出來；這些叛亂者的手被綁在後面，脖子上綁著繩子，但仍然堂堂站立不倒，帶著些許的威嚴。在亞述的圖像中，失敗的敵人屢屢被描述成匍匐於地的模樣，但阿契美尼德王朝的美術，則不常使用這種明顯屈辱的表現手法，這是其特徵所在（當然也有少數例外，比方被踏在腳下的高摩達）。

在沒有圖像的地方，刻著彷彿包圍人物像般的碑文。這些碑文使用了古波斯語、埃蘭語、阿卡德語（巴比倫方言）這三種語言；這種三語並用的形式，正如帝國各地採用相異的語言般，是國王官方的格式。不只如此，在往後的薩珊時期，有中期波斯語、安息語、希臘語三語併記的碑文登場，可以理解成是繼承了阿契美尼德王朝的格式。也有人指出，在古代波斯，三與三的倍數是暗示著無限的數字。

總之，「貝希斯敦碑文」的內容就如先前介紹，是有關大流士一世即位這個充滿謎團事件的「官方見解」。可是在此同時，「貝希斯敦碑文」是雕刻在距地面六十六公尺的高處，從地上無法清楚閱讀文字，就算從圖像能感受到其威嚴，但要細部觀察實在不太可能。事實上，走訪貝希斯敦的克特西亞斯，就犯了把雕刻者誤當成亞述女王塞彌拉彌斯的嚴重錯誤。不過姑且不提碑文，文本的部分因為有翻譯成數種語言、傳播各國之故，人們應該可以透過這部文本，接收到大流士的訊息。比方說在巴比倫，就有「貝希斯敦紀念碑」的模型出土，而這文本很有可能為了讓帝國西方居民理解，也翻譯成希臘語版。若它確實曾有希臘語版，那「貝希斯敦碑文」與希臘語史家間，在岡比西斯二世暗殺王弟與偽王登場等重要因素上一致，就可以合理解釋了。

「阿契美尼德王朝」從何時開始？

從到此為止的走向可以明瞭，帝國的創始者居魯士二世與岡比西斯二世父子和大流士一世之間，並非直系的親屬關係。在「貝希斯敦碑文」所描繪的家系圖中，從大流士一世往上是父親希斯塔斯佩斯、祖父阿爾薩梅斯、曾祖父阿利阿拉姆尼斯、高祖父迪斯佩斯，一直連到一族之祖阿契美尼斯。不只如此，阿契美尼斯家分成兩系，均有後代即位國王。大流士一世的高祖父迪斯佩斯，同時也是居魯士二世的曾祖父；在迪斯佩斯的兒子一代，阿契美尼斯家分家了。另一方面，居魯士二世也被理解成從某方面在家系上和大流士一世有所聯繫。簡單說，大流士一世是居魯士二世、岡比西斯二世一族的旁系親族，兩者都包含在阿契美尼斯創立的氏族中。若「貝希斯敦碑文」可以相信，則在居魯士二世、岡比西斯二世的直系子孫不幸斷絕之際，由阿契美尼斯一族中特別傑出的人物大流士一世繼承王位，在血統正當性上應該也是可以認同的。

另一方面，居魯士二世自己的碑文提到，他是岡比西斯一世之子，也是迪斯佩斯的子孫，但阿契美尼斯的名字，以及迪斯佩斯之子、大流士的曾祖父阿利阿拉姆尼斯之名，則都沒有登場。在帝國舊都帕薩爾加德，確實有發現居魯士二世自稱「阿契美尼斯家人」的碑文，可是據推定，這個碑文其實也是大流士一世時編纂的。如上所述，阿契美尼斯這位一族始祖的名字，是在大流士一世的「貝希斯敦碑文」中首度登場，因此或許在居魯士二世、岡比西斯二世的時代，他並非「實際存在」的人物。換句話說，阿契美尼斯很可能是大流士一世為了主張自己的正統性而編造的「架空」人物。若是深入掌握本質，就會得出這樣的解釋。

若是遵循以上的理解，則大流士一世才是「阿契美尼德王朝」波斯的首任國王。在這種情況下，也有研究者認為居魯士二世和岡比西斯二世是出身於與阿契美尼斯家沒有關係的迪斯佩斯家，因此稱之為「迪斯佩斯王朝」，藉以和「阿契美尼德王朝」有所區別。但另一方面，居魯士二世創設的國家與大流士一世繼承的帝國之間，又有不容否認的明顯連續性；而據推測，兩家之間也有透過女性進行聯繫的姻親關係（希羅多德就說，居魯士二世的妻子卡珊達妮，是出身阿契美尼斯家）。故此，將兩王朝統括為一、使用歷史學上分析概念的「阿契美尼德波斯」這個詞，這種作法具備一定的有效性，這是頗為根深柢固的見解。

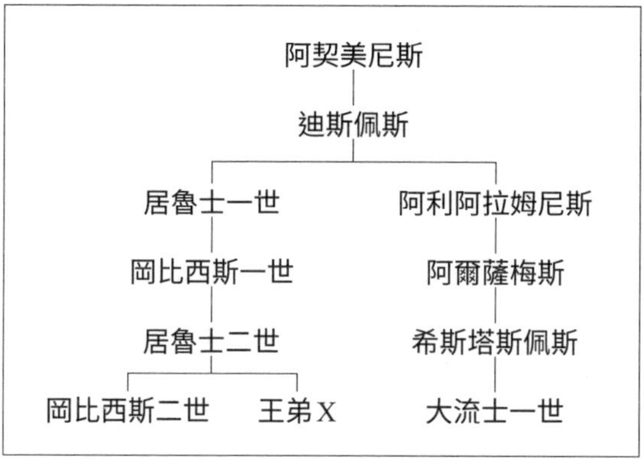

從「貝希斯敦碑文」復原的阿契美尼斯家系圖

透過婚姻確立正統性

大流士一世即位為波斯王之際，從血統面來看，其王位的正當性要不是欠缺，就是相當薄弱。於是當他即位後，便透過婚姻和居魯士二世產生直接連結。居魯士二世除了前述的岡比西斯二世與其弟X兩個兒子外，還有好幾個女兒。雖然在「貝希斯敦碑文」中，並沒有提到這些女性的名字，但在希羅多德《歷史》等希臘語史料中，對她們的樣子則有清晰的描繪。

在居魯士二世的女兒中，阿托撒的存在感是最突出的。她原本是嫁給自己的兄弟岡比西斯二世，但在他去世後，便改嫁大流士一世。大流士一世原本跟前妻已經生有兒子，但大流士一世與阿托撒新生下的薛西斯，之後繼承了大流士一世登上波斯大王之位。就像阿契美尼斯將居魯士一族與大流士一世在理念上結合一樣，阿托撒將兩家的血緣在現實連結起來。

除了阿托撒以外，大流士一世也娶了居魯士二世的另一個女兒阿爾塔斯圖娜，以及王弟X的女兒帕爾米達等與居魯士二世有血緣聯繫的女性，在血統面上正當化自己的王權。同時，他也娶了協助他打倒偽王Y的波斯人貴族夥伴的女兒，又把自己的姊妹與女兒賜給他們。就這樣透過婚姻擴張家族網絡，大流士一世讓自己的王權愈來愈穩固。

二、大流士一世對國內的整飭

總督制的整飭

當波斯人評論歷代國王時，相對於把居魯士二世看成父親，大流士一世則被視為商人，對他作為實務家的手段給予很高評價。在所有實務當中，名列前茅的是行政與財政改革；關於這點，希羅多德在《歷史》第三卷中說，「大流士把他的領土分成了二十個波斯人稱為薩特拉佩阿的太守領地；隨後，他又任命了治理這些太守領地的太守，並規定每個個別民族應當向他繳納的貢稅。」[3] 乍讀之下，這句話的明確性毫無異議。換言之，大流士一世是從零開始，創造了「總督管轄的行政區」（總督制／太守制）。

可是，因為有史料指出總督制的起源其實可以回溯到大流士一世之前，所以我們應該可以理解成「大流士一世是把居魯士二世、岡比西斯二世創始的制度加以改良，重新整飭並加以完成」。關於總督制的政體樣貌，到現在仍未完全解明。波斯帝國的「總督」（satrap）這個稱號，是來自希臘語的「薩特拉佩斯」；而薩特拉佩斯，又是古波斯語的「夫夏夏帕萬」（khshathapavan）用希臘語風格重新表達後的用語。「夫夏夏帕萬」的意思是「王權、王國的保護者」。可是，在古波斯語的碑文中，使用「夫夏夏帕萬」這個詞的例子並不多，而且也沒有使用在指涉帝國全境的行政制度上。至於總督管轄的行政區（薩特拉佩阿），在史料間也很搖擺，甚至帝國全境究竟怎樣劃分，也是不太清楚。其領域大概會隨著時代而有所變化，而在行政區之內也會有獨立的「自治區」。關於總督的職掌，雖然沒有成體系敘述的史料，但從個別事例整合起來看，是把徵稅、軍事、外交等各方面的權限都委任給他們。一言以蔽之，就是在地方上「讓所有的一切全部仿效國王為之」（色諾芬，《居魯士的教育》）。

「御道」：交通基礎建設的整飭

要有效率地統治居魯士二世和岡比西斯二世父子獲得的廣大領土，道路網就必須有所整飭。希羅多德在《歷史》中詳細介紹的「御道」，是這個交通體系的幹線。據史家所言，從帝國西邊的行政區首都薩第斯到帝都蘇薩，總距離為兩千四百公里；其間設置了一一一個可以住宿的驛站。又，在跨越御道的河川上也有沒架橋梁、必須用船隻橫渡的地方，在這些渡口與地方分界的要衝都設有關卡，負責管理交通。克特西亞斯說，這條幹線道路一直延伸到巴克特里亞（大夏）與印度等地，也就是從蘇薩往更東方延伸，由此可知它是貫串帝國的大動脈。

據希羅多德所言，從薩第斯到首都蘇薩，大約需要九十天；不過這是平常時候的移動，緊急時會發動在各地待命的急遞使者，以接力的方式快馬加鞭傳遞訊息。比方在《舊約・以斯帖記》中，就有將迫害猶太人與取消迫害的文件，用急遞使者快速傳達至帝國全境的描述。《舊約・以斯帖記》究竟是歷史敘述，還是取材自史實的虛構作品？關於這點意見相當分歧，但至少就這個通信網絡而言，在某種程度上可說是反映了實際狀態。東西延伸的幹線道路除了「御道」以外，也有運用既存道路、在帝國內宛若微血管般伸張的交通網存在。

古代波斯文字的擘劃

大流士一世這位實務家的手段，也發揮在文化面上。「貝希斯敦碑文」和其他波斯大王創作的碑文，都是三語並用的格式，這三種語言一般是埃蘭語、阿卡德語，以及古代波斯語。在大流士一世以前，波斯語只是口說的語言，至於中央與地方總督間的文件往來，則仍持續使用從亞述帝國時代便廣泛通用的亞蘭語（不過，亞蘭語因為大多寫在莎草紙和獸皮等柔軟易腐的媒體上，所以和使用率相比，殘存狀況並不算太好）。

在現今的「貝希斯敦碑文」中，可以看到這樣一段文句：「這是余（大流士一世）創造、屬於余的碑文。」（伊藤義教，《古波斯——碑文與文學》，岩波書店，一九七四年）因為在表現上頗為曖昧，所以隨譯者不同，箇中的弦外之音也頗有差異。但是和對應的埃蘭語比較，可以理解這一句的意義，其實是大流士一世在高聲宣告：「為了標記原本只是口語的波斯語，他創造了阿契美尼德王朝獨有的文字體系，也就是楔形的古波斯文字。」

事實上在帕薩爾加德的王宮遺跡，有確認到以居魯士二世之名編纂的幾塊碑文，在上面使用了波斯文字。可是，這個事實並不意味著波斯文字的發明，可以回溯到大流士一世以前。畢竟說到底，這碑文仍有不自然之處，那就是它刻在居魯士二世時代理應還沒完成的牆壁上；也就是說，這碑文毫無疑問是某人借用居魯士二世之名，在其後編纂出來的。特別是就像先前提到的，因為居魯士二世在碑文中自稱為「阿契美尼斯家人」，所以可以推測是大流士一世為了結合自身譜系與居魯士二世的血脈，而捏造出來的碑文。

因為古波斯文字是急就章引進的文字，所以除了波斯王編纂的官方碑文以外，並沒有廣泛傳播。不只如此，隨著時代流轉，碑文的數量減少、內容定型化、文法的混亂都相當明顯，品質也日益低落。這種隨阿契美尼德波斯帝國瓦解而遭到遺忘的古波斯文字，再度被解讀出來的時代，是在邁入近代後，跟著「貝希斯敦碑文」一起，在十九世紀中葉由英國人亨利·羅林森抄寫下來，並翻譯成波斯語文本加以發表。又，亨利的弟弟喬治·羅林森，也以翻譯希羅多德《歷史》而著稱。對古希臘史研究的發展，羅林森兄弟有很大的貢獻。

「建造之王」的遷都波斯城

就像居魯士二世在佩爾西斯（古希臘語名，古波斯語稱為帕爾沙，今法爾斯）之地建造新都帕薩爾加德（後述）一樣，初期的阿契美尼德國王，對建築事業都很積極。大流士一世就是個好例子，當他遠征北方之際，就曾在博斯普魯斯海峽搭建浮橋，讓軍隊渡海。看到橋搭好、龍心大悅的大王，對監督工程的希臘人建築師芒德羅克列斯，不由得大加讚賞。

又，在大流士一世統治初期，他曾經有一段時間停留在埃及，那時候他也著手開通連結尼羅河與紅海的運河。這條運河原本是埃及法老尼科二世開工的，但尼科二世在中途就放棄；大流士一世繼承他的事業，完成了這條運河。紀念這項工程的碑文，現在一共出土了四塊。

阿帕達那的浮雕

和現代國家的情況相異，阿契美尼德波斯的首都並沒有固定在一個城市；隨季節、嗜好與政治情勢遷徙的國王，以及依附在國王身邊的宮廷，他們居留的地方，就是首都。居魯士二世從征服的國家那裡，繼承了蘇薩、埃克巴坦那與巴比倫三個首都，另外又在佩爾西斯地區興建了新都帕薩爾加德。「建造之王」大流士一世也繼承這種建設王都的態度，在和帕薩爾加德相同的佩爾西斯地區，著手興建新的波斯城王宮群。雖然波斯城的完成是在大流士一世之孫阿爾塔薛西斯一世的時代，但從波斯城中出土了大量的大流士一世時代黏土板文件，可以得知在這時候，它已從建設中邁入具有城市機能的程度。

波斯城這座首都，是由稱為阿帕達那的謁見殿、百柱殿（王座大廳）、國王們的宮殿、藏寶庫等壯麗建築物所構成的集合體。在建築物的外壁上，除了有大流士一世和薛西斯等波斯王留下的碑文外，還有浮雕裝飾。特別是在阿帕達那階梯側面的浮雕，是以向波斯大王呈獻貢品的帝國各臣民行列為主題，其對這些整齊排列的臣民各具特色的服裝、髮型、持有物（飾品與隨伴的動物）之描繪，被稱譽為「有如野外的民族博物館」。

不可思議的是，以希羅多德為首，同時代希臘人所認知的帝國第一首都是蘇薩，而對波斯城的存在卻幾乎一無所知。曾旅居波斯宮廷的克特西亞斯，雖然屢屢提及「佩爾西斯」這個地名，但他指的並不是波斯城這座首都本身，而是當成指涉這一地區的詞語來使用。故此，關於作為首都的波斯城之機能，有人認為是為了宗教儀式而蓋的首都，也有人認為是行政、經濟活動的中心，還有人認為是為了讓王權具體可見而蓋，許多議論不一而足。又，這座波斯城王宮在馬其頓王亞歷山大的遠征軍於該地宿營過冬之際，遭到縱火燒毀。關於亞歷山大燒毀波斯城的理由至今仍不明確，在西洋古代史與東方史上成為一大謎團。

三、大流士一世的領土擴張

遠征印度與利比亞

人流士一世之前的居魯士二世與岡比西斯二世兩位波斯王，都是所謂的「征服王」。他們統治的大多數時間，都花在遠征上，結果讓從伊朗高原發跡的阿契美尼德波斯帝國，轉變成將美索不達米亞、安納托利亞、埃及納入版圖的超大國。大流士一世也繼承了他們兩人的征服者姿態；當他平定國內各叛亂後，便向東南西北各方派遣軍隊，使得波斯帝國更進一步擴張。以下我們就來概觀大流士的這些遠征。

首先是向帝國東方的印度派遣遠征軍。這裡所謂印度，指的是印度河流域，也就是現代國家巴基斯坦一帶。在遠征軍正式動身之前，有一位出身安納托利亞西南部城市卡里安達的西拉克斯列名其中，隨著探險隊被派遣出去。西拉克斯探險歸國後，寫成一本稱為《環遊記》的希臘語作品，為繼他之後的赫卡塔埃烏斯與希羅多德提供了相關的知識。探險隊歸還後派遣的遠征軍，將印度河流域納入波斯帝國的領土。

波斯帝國的印度征服，對之後歐洲的知識文化產生了很大的影響。印度成為波斯帝國的一部分，意味著藉由波斯帝國，連結了希臘與印度。比方說，希羅多德的《歷史》中，就有希臘人與印度人為了「親屬的遺體該如何處理」的見解而論戰的著名場面：希臘人認為要火葬遺體，印度人則認為要吃掉。據說，這些正是在大流士一世面前出現的爭論。

只是，除了先前的西拉克斯以外，幾乎沒有實際踏上印度土地的希臘人，因此希臘人都只是透過以波斯帝國為中介的極端間接路徑，不斷膨脹對印度的妄想而已。這種希臘人對印度的滿懷想像，在克特西亞斯的《印度誌》中達到了頂點。就如先前提及，克特西亞斯以御醫身分待在波斯宮廷中，並依當時的經驗寫成了《波斯史》。在《波斯史》後面，其實還附錄了一卷《印度誌》；克特西亞斯宣稱，《印度誌》也是基於他在波斯宮廷的親身見聞體驗，而他具體觀察印度象的場所，據他所言就是在帝國的首都巴比倫。

可是在此同時，從整體來看，《印度誌》的世界其實相當混沌。會說人話的珍鳥（梅頭鸚鵡？）與應該是猿猴類珍獸的記述相當寫實，但另一方面又有獨角獸與蠍獅（marticloras，獅子與蠍子的合成獸）等幻獸，還有狗頭人等奇形怪狀的人們，而這些都純屬幻想而已。克特西亞斯的本業是醫生，所以對印度產的藥草與毒草效用，表現出非凡的興趣。這種異想天開、不可思議的印度印象，後來經由普林尼《博物志》等羅馬時代的拉丁語作品引介，被中古歐洲繼承下來。

在帝國的西南方，大流士一世也對利比亞展開遠征。利比亞東部地中海沿岸的希臘系殖民地城市庫列涅與巴爾卡，在岡比西斯二世征服埃及之際，自主地向波斯投降並納貢，並在波斯帝國的庇護下獲准自治。但是到了大流士一世時，該地爆發了內亂；舊體制派的庫列涅女王培列提美要求波斯帝國進行干預。趁著這個機會，在埃及總督阿律安戴司的命令下，波斯派出軍隊鎮壓了內亂，並將帝國的直接支配強加於該地。在此同時，波斯軍又更往西進，很可能一路抵達了今日的班加西。對印度、利比亞的遠征，據推定都發生在前五一〇年代。

對北方遊牧民的遠征

帝國的北方是中亞草原地帶，那裡有伊朗系的遊牧民在活動。大流士一世曾兩度遠征該地。這些遊牧民在波斯語史料中稱為薩迦，希臘語史料則依波斯語稱之為塞人，又或以「斯基泰人」的名義登場。至於斯基泰人的領土，則稱為斯基提亞（Scythia）。

對北方遊牧民的第一次遠征，大流士一世自己在「貝希斯敦碑文」中有記錄。掌握王權後的大流士一世，花了四年鎮壓國內各地的叛亂者；接著在第四年的前五一九年，他親率遠征軍出征國外，征服居住在鹹海與裏海間的「尖帽薩迦族」，將其族長斯昆卡虜回波斯。在「貝希斯敦碑文」浮雕中，在被繩子牽到大流士一世面前的九名叛亂者行列末尾站著的就是薩迦族長斯昆卡。他頭上的尖帽為其特色，和其他八人被描繪的姿態有明顯區別。

事實上，在「貝希斯敦碑文」完成當初，並沒有刻上斯昆卡的身影；現在斯昆卡站立的地方，原本是刻著埃蘭語碑文。大流士一世刻意將埃蘭語碑文重刻到別的地方，並將斯昆卡的肖像補上。這番重刻的工夫，代表著什麼意義？

其實，這並不是波斯帝國對北方遊牧民族的第一次遠征；根據希羅多德《歷史》與克特西亞斯《波斯史》等希臘語史料，第一位阿契美尼德波斯王居魯士二世也曾親征這一帶的遊牧民，並在這場戰役中戰死。不只如此，斯昆卡和其他叛亂者之間，還有一個決定性的差異：薩迦族並非趁岡比西斯二世到大流士一世的權力轉移期的混亂脫離帝國支配，而是原本就在波斯支配圈外。若從這場遠征是大流士一世最初的對外遠征、也是親征這點來看，他其實是要誇耀自己達成了居魯士二世未能完成的薩迦族討伐，又或者是要向大家傳遞自己為居魯士二世報了仇的訊息。

在成功結束最初的遠征後，大流士一世又再次親征北方；這次的對手是居住在黑海北岸、稱為「面海薩迦族」的集團。關於這次遠征，希羅多德在《歷史》第四卷中有詳述，特別是作為遠征附錄、有關遊牧民風俗與文化的紀錄，這個被稱為「斯基泰誌」的部分，即使從《歷史》中獨立出來，也可以當成一篇民族誌來閱讀。

從帝都蘇薩出發的波斯軍跨越安納托利亞，在卡爾西登（今伊斯坦堡的亞洲部分）架起跨越博斯普魯斯海峽的橋梁，從亞洲渡到歐洲。主力部隊從這裡沿黑海北上，在伊斯特羅斯河（今多瑙河）繼續架橋，進入斯基泰領地內。不過，兩軍並沒有正面交手，面對遊牧民特有的後退戰法，即撤往腹地深處，波斯軍日益疲憊，於是大流士一世在沒有獲得重大戰果的情況下就撤回了波斯。

波斯遠征斯基泰，從客觀來看是失敗的。可是在大流士一世編纂的碑文中，卻將「面海薩迦族」也列入帝國臣民當中，因此國王本人或許並不太認為遠征是失敗的。在從斯基泰遠征的歸途上，他將將領美伽巴索斯留在歐洲。美伽巴索斯之後成功征服了巴爾幹半島東南部的色雷斯地區（今希臘東北部與保加利亞），更和希臘北部的馬其頓締結了臣屬關係。至此，史上第一個橫跨歐、亞、非三大陸的世界帝國於焉誕生。

遠征希臘（波希戰爭）

大流士一世統治期間最有名的對外遠征，就是遠征希臘。這場遠征一般以「波希戰爭」之名而廣為人知。「波希戰爭」（Persian Wars）這個稱呼是來自希臘語的表現手法，也是一個從希臘視角出發、認定「這是波斯侵略我們的戰爭」的用語。另一方面，近年來有人意識到中立性的重要，於是改用「希臘—波斯戰爭」（Greco-Persian Wars）這樣的稱呼，但「波希戰爭」的用法，還是壓倒性地盛行。希羅多德在自己著作的大半篇幅裡，不只鉅細靡遺記錄了戰爭的經過，還對相關人士的心理有深入的描寫。但反過來說，正因希羅多德的記述太具壓倒性的說服力，所以今後要怎麼運用希羅多德以外的史料、描

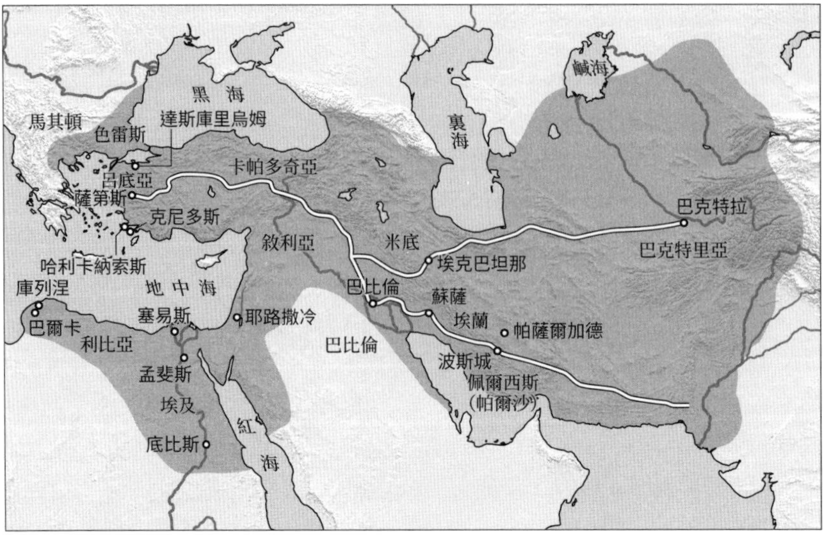

大流士治下的阿契美尼德波斯帝國領土

繪出兼具各種聲音的波希戰爭形象，就成了課題所在。

根據希羅多德的理解，波希戰爭的直接導火線，要從愛奧尼亞叛亂去尋求。前五〇〇年，安納托利亞西部希臘系城市米利都的僭主（獨裁政治領袖）阿里斯塔格拉斯，向波斯帝國的呂底亞總督阿塔佛涅斯提議，要征服希臘人居住的納克索斯島。可是這場計畫因為遠征軍的步調不一，進行得並不順利，最後阿里斯塔格拉斯欠了阿塔佛涅斯一大筆錢；還不出錢、走投無路的阿里斯塔格拉斯為了扭轉局面，於是對波斯帝國掀起叛旗。這場叛亂連鎖性地擴大，足足花了七年才全部都鎮壓下來，但在叛亂之初，希臘本土的雅典與埃維亞（歐波亞）島的埃雷特里亞兩個城市，曾派遣援軍支援米利都。不只如此，這支援軍還一路攻到帝國西方要衝薩第斯，在市街地帶縱火，恣意妄為。這支派遣軍在波斯軍採取反擊態勢後，立刻揚帆撤退，但大流士一世並沒有忘記這個事實，於是在鎮壓愛奧尼亞叛亂後，便下定決心對雅典展開報復戰爭。

前四九二年，大流士一世派遣將軍馬多尼奧斯的部隊為先遣隊，前往希臘北部。馬多尼奧斯麾下的軍隊沿北愛琴海的海岸線西進，將先前遠征斯基泰時納入帝國勢力圈的色雷斯與馬其頓之支配，更加確實鞏固。可是，艦隊遇到暴風沉沒，指揮官本人也遭當地部族襲擊而負傷，因此遠征軍撤回本國。

繼馬多尼奧斯麾下的先遣隊後，前四九〇年大流士一世對希臘派出正式的遠征軍。實際執掌軍隊指揮的，是一位叫做大提士的將軍。這時候波斯軍組成艦隊橫越愛琴海，先制壓了位在航線上的納克索斯島（也就是造成愛奧尼亞叛亂遠因的島），以及曾參與愛奧尼亞叛亂的埃維亞島城市埃雷特里亞，接著便為了與雅典決戰，在希臘本土登陸。波斯與雅典兩軍激戰的舞臺，是在雅典市東北延伸開來的馬拉松平原。這時候，數量居劣勢的雅典軍採用密集戰術，戰勝了波斯大軍，而波斯在希臘境內的軍事活動也一時頓挫。又，為了將當時的勝利盡早傳回本國，從戰地毫不休息奔跑的傳令兵，在傳達捷報的同時也倒地氣絕；仿效這個故事，在希臘召開的第一屆近代奧運（一八九六年）所規劃的陸上競技，就叫做馬拉松。可是很遺憾的是，這個感人的軼聞只有在羅馬時代的文獻中獲得確認，至於時代較接近且特別喜歡這種祕聞的希羅多德，則完全沒介紹這段故事，因此這恐怕是後來的時代中編造出來的「都市傳說」吧！

大流士一世的逝世

馬拉松之戰四年後的前四八六年，大流士一世離開人世，結束了六十餘年的生涯，死因據說是生病。雖然他發動了兩次希臘遠征，但並無法達成目標，且晚年還必須應付埃及爆發的叛亂。大流士一世過世後，他的各項事業被下一世代的人繼承；他的遺體被埋葬在生前準備好的墳墓中，由守墓人負責管理。

繼承大流士一世位子的是兒子薛西斯。薛西斯雖然有同父異母兄弟，但因為透過母親阿托撒，擁有居魯士二世外孫這個決定性的血統，所以在繼承人鬥爭中幾乎毫無問題。薛西斯平定了埃及叛亂，繼承大流士一世留下的事業。特別是在希臘遠征方面，他以超過父親的規模重啟戰端，但在薩拉米斯海戰、普拉提亞戰役等要衝的決戰中相繼失敗，對希臘的支配也黯然告終。在這之後，波斯帝國雖然克制、不對希臘採取直接的軍事行動，但還是藉著軍事力量與資金，干涉希臘本土各城市間的霸權爭奪，在背後暗暗操縱伯羅奔尼撒戰爭與科林斯戰爭的戰局。另一方面，亞歷山大則高舉「報復波希戰爭」的名號進行東方遠征，因此在名目上，波希戰爭與阿契美尼德波斯帝國的終結也有關係。

死亡的準備

大流士一世的陵墓位在波斯城北方、一處稱為「納克歇．洛斯塔姆」的岩壁上。「納克歇．洛斯塔姆」的意思是「洛斯塔姆的畫」；這個名稱的由來是描繪在其上的浮雕，被誤解成波斯史詩中英雄洛斯塔姆故事的緣故。

被認為是大流士一世之前的波斯王居魯士二世的墳墓，建立在帕薩爾加德近郊的平地上，其形狀是在階梯狀的六層基壇上，設置有硬山式屋頂的墓室。相對於此，大流士一世的墳墓在形狀上則完全迥

大流士一世的陵墓

異，是切削岩壁而成的十字形。在其最上層，浮雕的中心有大流士一世和有翼圓盤人物像進行交流，帝國各臣民則支撐著大流士一世站立的基壇。在底下的中段部分，墓室呈水平方向延伸，最上層的浮雕兩側與中段的空白處則刻有碑文。在《波斯史》中，克特西亞斯描述了這座墳墓的建造過程；據說大流士一世在取得政權後，立刻開始著手進行工程，作業是從崖上用鷹架，一步步往下開鑿的。大流士一世也曾和父母一起前往現場參觀，由此可知對他而言，這項事業的優先順位相當高。

這種岩窟型的王墓，也被大流士一世以降的歷代波斯王所沿襲。從大流士一世到大流士二世的四座王墓位在「納克歇·洛斯塔姆」之地，從阿爾塔薛西斯二世到大流士三世的三座王墓則現存於波斯城（只是，被認為是大流士三世墳墓的王墓並未完成），不論何者都是乍看之下毫無區別地神似。

帝國的膨脹與波斯王的宿命

從居魯士二世時代到大流士一世時代，阿契美尼德波斯帝國不停地膨脹。波斯的國王們，為何一直這麼積極從事征服活動？最初會直覺想到、但又同時會被否定的，是經濟理由。印度和埃及確實會帶來經濟利益，可是將北方遊牧民置於支配下，怎麼想都很難和財富產生直接連結。直接支配希臘或許也和莫大利益有關，但希臘人本身普遍認為，和波斯的物資豐饒相比，自己的土地實在是非常貧瘠。更重要的是，我們很難想像波斯帝國在征服以前，就已經細密計算過經濟效益；用近代帝國經營的尺度來套用在古代帝國上，這樣的理解是很不適當的。

相對於此，希臘語史料中則屢屢提示，波斯帝國的侵略和「報復」念頭是連結在一起的。最符合報復戰爭這個印象的，就是遠征希臘了。根據希羅多德的《歷史》，因為帝國內爆發的愛奧尼亞叛亂中，雅典曾經介入並蹂躪波斯領土，所以大流士一世連吃飯的時候，都想著要對雅典人復仇。在這之前的前五〇七年左右，雅典曾經和波斯帝國建立友好關係，所以從波斯大王的角度看來，雅典這次派遣遠征軍，是無法坐視不理的背叛行為。又，關於對斯基泰的遠征，也是因為斯基泰人曾經支配過波斯之前的米底王國，所以大流士一世才要採取報復性遠征。至於對「尖帽薩迦族」的遠征，希臘語史料雖然沒有多說什麼，但如果把它解釋成對居魯士二世戰死的報復性遠征，也可以說得通。

可是在此同時，要把大流士一世對印度和色雷斯的侵略解釋成報復戰爭卻很困難。特別是波斯帝國是在沒有受害的情況下，就搶先一步入侵這些地域。在這裡另一個要注意的，是波斯大王的世界觀（cosmology）。

在大流士一世編纂的碑文中，「真（不虛假）」與「假」的概念呈對比登場。說到底，當岡比西斯二世前往埃及後，在波斯各地就蔓延著「假」，打著「假」招牌的叛亂者陸續登場，於是，阿胡拉．馬茲達選中的大流士一世以「真」之姿行動，鎮壓叛亂，從而證明了自己不是「假冒之人」。就像這樣，波斯大王眼中所見的世界，是「真」與「假」相互對立，而波斯大王身為阿胡拉．馬茲達在世間的代理人，必須除去蔓延世間的「假」。若是和這種世界觀相對照，則所謂「報復戰爭」，也就不是國王個人感情用事下進行的處置了。對於會動搖「真」之統治的「假」，必須透過將之除去的方式，來證明自己的「真」，這是身為地上世界統治者的責任與義務——這樣就可以解釋波斯大王們的舉動了。

另一個與此相關的，是波斯大王的地理認知。在波斯王的碑文中，屢屢會附上國王統治土地的一覽表，但其中經常是以波斯與其近鄰地域為首，除此之外的各國則依其方位，按照距離波斯由近到遠的順序排列。換言之，波斯大王作為「真」的統治，是以放射線狀來呈現的，而在其統治不及之處，則被認為是「假」依舊充斥的世界，故此作為神之代理人的大流士一世，應當且必須對這些地區進行教導。「真」與「假」是對立的，透過對「假」的勝利，可以證明「真」——在這種二元論的認識下，對獲神委任統治地上的大流士一世而言，帝國的膨脹就是宿命。

居魯士二世（前五五〇年代初期？—前五三〇年在位）

首任阿契美尼德（或迪斯佩斯王朝）波斯王。關於居魯士二世即位之前的經歷，我們並不太清楚。據希羅多德《歷史》所言，他的父親是波斯貴族岡比西斯一世，母親則是米底國王阿斯提阿格斯的女兒曼達妮。當時波斯人處於米底王國的支配下，但居魯士二世扭轉了這種支配關係，在前五五〇年建立了由波斯人主導的國家。只是，希羅多德流傳的故事被指出在文本內外有所矛盾，因此不能當成史實照單全收；特別是米底王阿斯提阿格斯透過預知之夢，得知自己的外孫會建立世界帝國，所以刻意將女兒下嫁給遙遠的波斯人，這個理由實在說不通。

另一方面，克特西亞斯的《波斯史》則是闡述了另一種迥然相異的居魯士二世傳。根據他的說法，居魯士二世的父親是盜賊阿特拉塔提斯、母親則是叫做阿爾柯斯蒂的牧羊女。在米底宮廷中擔任僕人的青年居魯士二世逐漸嶄露頭角，在出人頭地的路上不斷向前邁進。不久後，他和先前的主人阿斯提阿格斯直接對決，並將之打倒。這個故事相當質樸且有說服力，但因為父親的名字和居魯士二世自述有所不同，所以還是有問題。

居魯士二世自己也在稱為「居魯士圓筒形碑文」中，簡單陳述過自己的出身。在這篇碑文中，居魯士二世自稱「安善大王岡比西斯的兒子、安善大王迪斯佩斯的子孫」。這裡提及的安善，是位在古代國家埃蘭東部的城市，和埃蘭西邊的蘇薩一樣，都是該國的首都之一。從居魯士二世自稱「安善王」子孫這一事實，可以推知波斯帝國的興起，並不是從波斯人的勢力圈，而是在埃蘭人之間。另一方面，在居魯士二世活躍的前六世紀，安善大概已經變成了一片廢墟，至少在發展程度上，不足以支撐一個強大國家的登場。故此，近年來也有解釋認為，這裡所說的「安善」，其實是指波斯地區的新首都帕薩爾加德；為了配合訊息的接受者，所以才把它替換成更與歷史重合的「安善王」。又，居魯士二世在《舊約聖經》中也有登場。因為他允許被虜到巴比倫的猶太人歸還故國並重建神殿，所以被稱為「獲主賜膏油之人」[4]。

居魯士二世為波斯人國家奠基的經過，在前面已有詳述。他陸續征服了安納托利亞的呂底亞王國、美索不達米亞的新巴比倫王國等西亞強國，其間在與米底的決戰場所帕薩爾加德建設了新的王宮城市，活躍的程度令人目不暇給。他的生涯最後，有盡天壽或是在親征北方遊牧民族中戰死兩種說法，遺體安葬在帕薩爾加德近郊的陵墓中。

岡比西斯二世（前五三〇—前五二二年在位）

第二任阿契美尼德（或迪斯佩斯王朝）波斯王。身為居魯士二世的長子，根據「居魯士圓筒形碑文」推測，應該是在居魯士二世生前就被指定為繼承人。在居魯士二世過世後，於前五三〇年即位為波斯王，並在前五二五年動身征服埃及。希臘語史料指出，這次征服事業的理由是因為埃及法老阿瑪西斯欺騙了岡比西斯二世，所以展開報復性遠征。

岡比西斯二世就位時的法老是阿瑪西斯，但遠征開始前法老王位更替，因此實際交戰的對象是阿瑪西斯之子普薩美提克三世。根據希羅多德與克特西亞斯等希臘史家所述，在遠征開始前，埃及就出現了私通波斯的內應，因此波斯才能成功征服埃及。

岡比西斯二世既然成功征服了東方大國埃及，照理說應該被評價為有能之王才對；儘管如此，希臘人卻普遍把他看成是昏君。比方說，在色諾芬《居魯士的教育》與柏拉圖《法律篇》中，都認為從居魯士二世到岡比西斯二世的政權更替，導致了波斯帝國的衰弱。這種惡評的根本，是希羅多德所傳述的以下種種岡比西斯二世「惡行」。岡比西斯二世在征服埃及後，挖掘自己痛恨的前任法老阿瑪西斯的墳墓，將法老的木乃伊損毀又加以燒毀。他也因為懷孕中的妻子說了讓自己不悅的話，所以跳到妻子身上，結果導致她流產死亡。據希羅多德說，岡比西斯二世生來就有精神疾病，而這種瘋狂因為在埃及的某起事件又變得更加嚴重。當岡比西斯二世在征服埃及後又著手遠征衣索匹亞，結果失敗而歸之際，埃及人正好在大肆慶祝偶然出現的神的化身聖牛阿庇斯；對此大感不悅的岡比西斯二世殺了聖牛阿庇斯，對祭司處以鞭刑，還屠殺參與祭典的埃及人。

如果這種冒瀆行為是真實的，那岡比西斯二世被稱為昏君也是沒辦法的事。可是，在埃及城市孟斐斯郊外的墓地薩卡拉神域中出土的花崗岩製石棺上，刻有「霍魯斯．賽瑪塔威（兩國的整合者）、上下埃及王梅蘇迪拉、（太陽神）拉的兒子岡比西斯」將「其父阿庇斯．歐西里斯」加以厚葬的銘文，由此可以察知，岡比西斯二世作為埃及的統治者，表現得似乎相當合宜妥當。究竟哪個才是岡比西斯真正的面貌？

岡比西斯二世在征服埃及的回程上遭遇事故，因傷客死異鄉。

阿托撒（前五五〇—約前四七五年）

阿契美尼德波斯的王妃。關於阿托撒，我們所能得知的情報幾乎都是來自希羅多德的《歷史》。根據《歷史》，阿托撒的父親是居魯士二世，母親是卡珊達妮。她一開始原本是和自己的兄弟岡比西斯二世結婚，之後一時進入偽王Y的後宮。當偽王Y被誅殺後，她又成為大流士一世的妻子，生下了以長子薛西斯為首的四個兒子。大流士一世與阿托撒結婚，以及他們的兒子薛西斯即位，讓居魯士二世、岡比西斯二世的譜系與大流士一世的譜系結合為一，可說是真正「阿契美尼斯家」的完成。

希羅多德說，大流士一世之所以選擇薛西斯為繼承人，理由是「阿托撒掌握了全權」，也就是王妃似乎干政。他又說，大流士一世之所以入侵希臘，導火線也是來自王妃。簡單說，當時為阿托撒擔任御醫的，是一位出身克羅同（克羅托內，義大利半島尖端的希臘系城市）的戴謨凱代司。戴謨凱代司拜託主人（王妃），為自己創造歸還故國的機會；阿托撒答應了，於是便趁大流士一世前來寢宮之際，向國王提議遠征希臘。只是，國王和王妃的私人對話，為什麼希羅多德會知道？關於這點仍有疑慮，所以要把這段軼聞當成史實看待，其實相當困難。

在埃斯庫羅斯的悲劇作品《波斯人》中，阿托撒也以主角身分活躍。《波斯人》的故事，是以薛西斯親征希臘、國王不在的波斯宮廷為舞臺。戲劇的前半是以王妃與長老構成的合唱隊對話為中心進行，途中出現以亡靈之姿甦醒的前王大流士一世，劇終則加入遠征失敗歸還的薛西斯。直到薛西斯登場為止，舞臺上都沒什麼成年男子（男性只有老人和亡靈），阿托撒則以波斯宮廷實質的支配者身分君臨。美國文學研究者薩伊德的《東方主義》將本悲劇評為象徵東方「悲嘆亞洲女性」的作品。

就像這樣，阿托撒在希臘人心中留有強烈的衝擊，但不可思議的是，在波斯的文件資料與克特西亞斯《波斯史》中，這位充滿個性的女性卻完全不曾活躍。在波斯城出土的文件中，叫做「烏多莎娜」的女性只登場兩次，雖然推測她就是阿托撒，但沒有確切證據。在波斯城的文件與希臘語文獻史料中活躍的，反而是大流士一世的母親伊塔爾巴瑪；這讓阿托撒更顯得像是謎一般的存在。

薛西斯（前四八六—前四六五年在位）

阿契美尼德波斯王，父親是大流士一世，母親是阿托撒。父親大流士一世過世後，在前四八六年繼承波斯王位。雖然他有好幾位同母和異母兄弟，但並沒有發展成暴力的繼承人之爭。

薛西斯統治的特徵，是大流士一世時代的延續。首先薛西斯鎮壓了大流士一世統治晚年在埃及爆發的叛亂，接著又展開對希臘的遠征。在這兩項事業中間，巴比倫也爆發了叛亂，但被薛西斯鎮壓。

波斯對希臘的遠征從前四八一年開始，薛西斯也親自出征。遠征軍在希臘本土入口的溫泉關戰役獲得勝利，蹂躪了雅典市，但在薩拉米斯海戰中吃了敗仗。之後薛西斯將總指揮權交給堂兄弟馬多尼奧斯，自己返回波斯。這一連串的戰役在希羅多德《歷史》與其他希臘語文獻中被反覆提及，但在來自波斯的史料中則遭到漠視。之所以如此，是因為遠征希臘在阿契美尼德波斯史的脈絡中該置於何種地位，實在是個很難的問題。

薛西斯不只繼承了大流士一世「征服王」的地位，也繼承了他「建造之王」的角色。大流士一世在遠征斯基泰的時候，曾經在博斯普魯斯海峽與伊斯特羅斯河架設橋梁，而薛西斯在遠征希臘前，也在赫勒斯滂（今達達尼爾）海峽架設兩座船隻搭成的浮橋。對於這項工程，後來的希臘語文獻中反覆稱為

「將神分開的歐亞之地以人手連接起來，是傲慢的行為」，並當作一個主題來討論。又，他也對大流士一世統治時，造成馬多尼奧斯遠征艦隊損失的阿索斯半島進行開鑿，建設運河。不過，這種「建造之王」的繼承，在波斯城的宮殿建設中最為明顯。薛西斯完成了前王大流士一世時代就已著手建設的阿帕達那（謁見殿），又進行了百柱殿（王座大廳）的建設；同時，他也完成了萬國之門與後宮。雖然要到其子阿爾塔薛西斯一世的時代，波斯城才真正完成，但在薛西斯時代，宮殿城市的樣貌便已出現。

薛西斯在歷代波斯王中，是僅次於大流士一世，留下最多碑文與浮雕的國王。即使從今日來看這些浮雕與碑文，乍看之下也是與父親無甚區別的神似。他的墳墓也是在「納克歇．洛斯塔姆」之地、父王的陵墓旁，以形狀浮雕相似的方式建造（不過，薛西斯的陵墓並沒有刻上碑文）。凡此種種，或許會讓人容易把薛西斯評為欠缺原創性，甚至說波斯文化的創造性有其極限，但薛西

王　名	在位年間
居魯士二世	前550年代初期—前530年
岡比西斯二世	前530—前522年
岡比西斯的弟弟X？	前522年
大流士一世	前522—前486年
薛西斯（一世）	前486—前465年
阿爾塔薛西斯一世	前465—前424／423年
薛西斯二世	前424／423年
塞基狄亞努斯？	前424／423年
大流士二世	前423—前405／404年
阿爾塔薛西斯二世	前405／404—前358年
阿爾塔薛西斯三世	前358—前338年
阿爾塞斯	前338—前336年
大流士三世	前336—前330年

阿契美尼德波斯的國王（不清楚是否有正式即位者以「？」標示）

斯的意圖，應該是要透過忠實模仿父王，來強調自己與父親之間的連續性、一體性吧！

關於薛西斯的統治，雖然我們對前半的遠征希臘，可以獲得很多資訊，從特別是希臘語文獻，但有關他遠征歸國後的活動，則難以依照時間進行追溯。大概的情況是，他以波斯城的建造為首，開始專注於內政。他在前四六五年過世，據說是被權臣或自己兒子的陰謀所暗殺。他的繼位者為其子阿塔爾薛西斯一世。

希羅多德（約前四八四—前四二〇年代？）

史家。前五世紀初（一說是前四八四年），出生在安納托利亞半島西南部的港灣城市哈利卡納蘇斯。哈利卡納蘇斯雖是多利安系希臘人建築的城市，不過很早就跟近鄰的非希臘系原住民卡里亞人建立密切關係；希羅多德的家譜中，也確認有取卡里亞系名字的人物。另一方面，哈利卡納蘇斯因為在地理上也接近北部的愛奧尼亞系希臘城市，所以官方文件與碑文都是使用愛奧尼亞方言。希羅多德的出身背景，就是這種文化的重疊性。可是在此同時，希羅多德的生涯，並不是只在哈利卡納蘇斯這座城市中完結。

根據史料，希羅多德的家世即使在哈利卡納蘇斯中也屬上層。對他來說很不幸的是，當他年輕的時候，哈利卡納蘇斯發生了一場政變，導致他從故鄉被流放，逃亡到安納托利亞對岸的薩摩斯島。希羅多德旅居薩摩斯島的時候，不只接觸到該島的歷史與文化，似乎也學會了作為書寫語言的愛奧尼亞方言。

就像前面所述，希羅多德出身的哈利卡納蘇斯受到愛奧尼亞城市影響，在官方文件上使用了愛奧尼亞方言，但它是否滲透到日常會話層級中則並不清楚。當時的愛奧尼亞方言被視為科學的學術語言，希羅多德在流亡期間，好好重新學習了這種語言。拜此之賜，希羅多德的文體即使到現在，仍被盛讚為「愛奧尼亞方言的模範」。

即使把哈利卡納蘇斯弄得天翻地覆的政變告一段落後，希羅多德也沒有在故鄉重新落腳。之後，他遊遍了西亞到埃及、希臘各地，從途中造訪的場所與認識的人那裡，獲得了作為執筆基礎的資訊。最後他來到當時繁盛至極的雅典，參與雅典人企劃的殖民城市建設計畫，最後在義大利半島上「踏不著土」的圖利之地結束了一生。

希羅多德的主要著作，是全九卷的《歷史》。這部作品因為話題不斷轉變，談論的年代也每每多有出入，所以讀者往往會陷在時間軸的迷宮中出不來；不過就整體而言，它的主軸是以居魯士二世建立波斯到薛西斯遠征希臘失敗間，歷代波斯王的統治所構成。第二卷的「埃及誌」與第四卷的「斯基泰誌」、「利比亞誌」等，當作獨立作品來讀也很有意思，但不論何者都是與岡比西斯二世、大流士一世的遠征相互連結並加以闡述的。關於大流士一世的統治，第三卷記述其即位的來龍去脈，第四卷記述他對斯基泰與利比亞的遠征，第五卷記述愛奧尼亞叛亂，第六卷記述希臘遠征。

克特西亞斯（約前四四〇年—？）

醫師兼史家。前四四〇年左右，出生在安納托利亞西南部多利安系希臘殖民城市克尼多斯。克尼多斯和希羅多德的出身地哈利卡納蘇斯，隔著凱拉米克斯灣（現在的科斯灣，土耳其語稱哥科瓦灣）遙遙相對，雖然陸路要繞很大一圈，但海路則近在咫尺。和哈利卡納蘇斯一樣，它在前六世紀中葉以降被納入波斯帝國的版圖。

關於克特西亞斯的人生，如果他本人的說法可信，那堪稱是波瀾壯闊。克尼多斯當時和醫聖希波克拉底的出身地科斯並列，是希臘醫學的中心；克特西亞斯家族都是醫師，他自己也不例外。不過，克特西亞斯並沒有在克尼多斯安穩行醫。前五世紀下半葉，他被捲進某場和波斯人有關的戰爭中，被當成戰俘虜到波斯宮廷中；在那裡，他作為醫師的能力受到賞識，成為波斯王阿爾塔薛西斯二世與皇太后帕瑞薩娣絲的御醫，受到寵愛，在宮廷中度過了十七年的歲月。前三九八年他趁著外交上的混亂，成功離開波斯宮廷；回到故鄉之後，寫成了全二十三卷的《波斯史》與一卷的《印度誌》。

《波斯史》是從亞述王尼諾斯與其妻子、以女王身分君臨的賽彌拉彌斯之傳說時代開始，到自己服侍的阿契美尼德波斯王阿爾塔薛西斯二世統治初期，橫跨亞述、米底、波斯這三個東方帝國興亡的歷史。其架構以各王的統治為主軸，按照時間序列推進。和希羅多德的《歷史》相比，他很少離題，被評為相當平實的著作。關於這部書的執筆年代，從其內容推定是在前三九三年以降完成。過去《波斯史》因為和希羅多德的《歷史》在內容記述上多所矛盾，且一味強調宮廷內（特別是女性）的騷亂，所以評價很低，但近年來出現要對這部作品的內容進行更積極理解的強烈主張。

另一方面，《印度誌》則蒐集了各式各樣林林總總的資訊，在文本內無法辨識出明確的時間流動，作為民族誌的性質相當強烈（故此，比起《印度史》，它更該被稱為《印度誌》）。作者本人雖說，這是基於他旅居波斯宮廷中的經驗寫成，但其中現實與幻想世界的界線相當模糊，所以比《波斯史》更難理解。又，不管是《波斯史》還是《印度誌》，作品本身都已不存，現在流傳下來的內容，都只剩後世作者片斷的介紹而已。

其他人物

一、活躍於大流士即位之前的人們

瑣羅亞斯德

生卒年不詳，古代伊朗的思想家、先知，被視為祆教開基始祖的傳說人物。活動年代不確定，從前兩千紀到前六世紀左右，看法相當分歧。因為瑣羅亞斯德的贊助人和大流士一世父親的名字一致（都叫希斯塔斯佩斯），所以也有一種學說推斷，大流士一世家族與瑣羅亞斯德之間有特殊的聯繫，但這種輕率的直接連結現在被否定了。儘管活躍於前五世紀到前四世紀的希臘語作家已經知道瑣羅亞斯德的名號，但很不可思議的是，在波斯王編纂的碑文中，並沒有提及他的名字。雖然阿契美尼德波斯的宗教被稱為瑣羅亞斯德教（祆教），但今天我們所知的古代祆教知識，都是來自薩珊波斯時代彙整的教典（《阿維斯塔》）與注解書（《曾德》），要以此回溯到阿契美尼德王朝時代並進行議論，必須小心慎重。

阿斯提阿格斯

前五八五—前五五〇年在位，米底王國最後的國王。據希羅多德《歷史》所言，是居魯士二世的外祖父（阿斯提阿格斯的女兒曼達妮與波斯人貴族岡比西斯一世，生下了居魯士二世），但據克特西亞斯《波斯史》所言，兩者之間並沒有血緣關係。米底王國原本支配波斯人，但在阿斯提阿格斯統治的前五五〇年，波斯人揭竿而起，逆轉了支配關係（決戰地在帕薩爾加德）。不過，米底王國的首都埃克巴坦那，因為現在被深埋在商業城市哈馬丹底下，幾乎無法進行考古學調查，所以能夠展現米底王國實態的物質證據資料相當匱乏。也正因此，有研究者推測米底並不是一個具有堪稱「王國」的統治機構國家，只是伊朗系騎馬集團類似部族聯合的組織。

克羅索斯

約前五六〇年—前五四〇年代在位，呂底亞王國最後的國王，和阿斯提阿格斯是連襟關係。脫離米底王國支配、建立波斯人國家的居魯士二世，和當時支配安納托利亞一帶、克羅索斯治下的呂底亞王國對決並征服之（前五四〇年代）。據希羅多德《歷史》所述，呂底亞王國滅亡後，居魯士二世任用克羅索斯為參謀，克特西亞斯《波斯史》則說，居魯士二世賜給克羅索斯一座靠近埃克巴坦那的城市，但克羅索斯在呂底亞滅亡後的命運，我們還是無法確定。呂底亞王國的首都薩第斯，在波斯時代也依然是重要的行政城市，作為波斯帝國支配安納托利亞的據點。在此同時，對仰仗波斯帝國力量的希臘各城市而言，坐鎮薩第斯的呂底亞總督，就是和波斯大王溝通的窗口。

那波尼德

前五五六—前五三九年在位，新巴比倫王國最後的國王。在篡奪拉巴施・馬爾杜克的王位後即位。但是從即位後不久開始的約十年間（前五五三—前五四三年），他把本國的統治權全都交給王太子，自己住在阿拉伯半島北部的綠洲城市泰馬。那波尼德旅居泰馬的理由並不清楚，有說是為了控制阿拉伯的通商路徑，也有說是和當地為月神辛重要的聖地有關。當他回到巴比倫的前五三九年，開始將各地的神像集中到巴比倫；據推斷，這很可能是面對波斯軍入侵採取的避難措施。同年秋天，居魯士二世與那波尼德兩軍激戰，結果波斯攻陷巴比倫。那波尼德的下場在史料間莫衷一是，有人說他被虜獲、帶到居魯士二世面前，也有人說他在這之前就逃脫了。

阿瑪西斯

前五七〇—前五二六年在位，塞易斯王朝埃及（第二十六王朝）第五任國王（法老）。原本是一介軍人，後來反叛前王阿普里斯，篡奪了王位。他允許希臘人居住在尼羅河的河港城市納烏克拉提斯，並給予希臘人交易特權。不只如此，阿瑪西斯也雇用希臘傭兵擔任自己的護衛，因此希羅多德說他「偏愛希臘人」。據希臘語史料，阿瑪西斯將前王阿普里斯的女兒假裝成自己的女兒獻給波斯，得知事實的岡比西斯二世大怒，於是動了遠征埃及的念頭。雖然這是不足取的軼聞，但從這裡也可以窺見波斯的遠征，與「真／假」二元論世界觀間的關聯。又，阿瑪西斯在波斯入侵前夕就已過世，因此實際和波斯作戰的，是繼承他位子的兒子普薩美提克三世。

二、大流士政權確立中的「配角」

岡比西斯二世的弟弟X

?—前五二二年以前。「貝希斯敦碑文」作巴爾底亞，希羅多德《歷史》作司美爾迪斯，克特西亞斯《波斯史》則作塔紐歐克薩爾凱斯，隨提及的史料不同而有不同名字（此外還有瑪爾多斯、梅爾基斯、梅爾比斯、塔納歐克薩爾凱斯等稱呼）。岡比西斯二世同父同母的兄弟。據克特西亞斯《波斯史》與色諾芬《居魯士的教育》，居魯士二世在死前給予岡比西斯二世之弟主要地域的支配權，並留下遺言，要兄弟協力統治帝國。但岡比西斯二世並沒有遵守遺言，不久後他便覺得弟弟惹人嫌，於是將弟弟暗殺了。但是，一部分現代研究者認為實際上岡比西斯二世並沒有殺害弟弟，也有人推測當岡比西斯二世不在波斯時掀起叛亂、被大流士一世打倒的人物就是這位X。

偽王Y

？—前五二二年。「貝希斯敦碑文」作高摩達，希羅多德《歷史》作司美爾迪斯，克特西亞斯《波斯史》則作斯潘塔塔提斯（此外還有戈梅迪斯這種拉丁語形的稱呼）。原本是稱為「瑪哥斯僧」的波斯祭司。根據史料，當岡比西斯二世的弟弟被暗殺後，他趁岡比西斯二世不在波斯時（或是死後）成為王弟、僭稱王位，但被知道他真面目的大流士一世和六名志同道合的波斯貴族聯手誅殺。對於這起事件，現代研究者有人認為偽王Y是大流士一世創造出來的架空人物，也有人認為他是實際存在、作為岡比西斯二世之弟X的「代理王」，種種解釋不一而足。又，據希羅多德所言，偽王Y還有一個兄弟帕提載鐵司，這個兄弟也是瑪哥斯僧，在他身邊擔任參謀。

六名波斯貴族

不管「貝希斯敦碑文」、希羅多德《歷史》，還是克特西亞斯《波斯史》，都提到大流士一世是與六名志同道合的波斯人貴族一起誅殺了偽王Y。只是，這六個人的名字因為史料而有所不同，特別是相對於《歷史》與「貝希斯敦碑文」之間的吻合，克特西亞斯《波斯史》的記載並不相同，因此這也成了貶低《波斯史》史料價值的依據（不過現在認為這種比較本身，其實不太具有意義）。據希臘史料所言，他們七人在誅殺偽王後進行討論，然後選出大流士一世為新王，但「貝希斯敦碑文」並沒有敘述箇中來龍去脈，只說大流士一世的就任王位，是依循神意的既定路線。

三、大流士一世的同時代人

西拉克斯

生卒年不詳，生於安納托利亞西南部的城市卡里安達，是大流士一世在遠征印度前所派遣的印度探險隊一員。從印度河上游城市卡斯帕丟羅斯出發的探險隊，沿河而下出海，向西航經阿拉伯海、紅海，歷經三十個月，最終到達蘇伊士灣。這時候開拓的海路，後來被大流士一世加以利用。航海後，西拉克斯用希臘語寫下了《環遊記》、《周航記》、《繆拉薩王赫拉克列迪斯時代的各種事情》等書籍，但這些作品今天都已散佚，包含收錄印度事物的《環遊記》在內，都只以後世作家片段引用的方式流傳下來。在這當中關於印度的記載只有幾張紙的篇幅，但根據這些篇章，西拉克斯對印度的景觀、植物、政治機構等都有記述。又，現在流傳下來、掛在他名下的《環遊記》，其實是希臘化時代寫成的偽書。

培列提美

?—約前五一〇年。庫列涅女王、巴托司三世之妻、阿爾凱西拉歐司三世之母。建立在利比亞地中海沿岸的希臘系殖民城市庫列涅，自創建以來，便由鐵拉島[5]出身的巴托司家族擔任國王統治（巴托司王朝）。可是到了阿爾凱西拉歐司二世的時代，因為和近鄰殖民城市巴爾卡與利比亞人的對抗，導致庫列涅的王的政情不穩。為了因應情勢，在巴托司三世時從國外聘請改革者來改革政治，結果廢止了庫列涅的王政。到了阿爾凱西拉歐斯三世的時代，王政一時之間復辟，但這重新引發了庫列涅的內鬥，結果阿爾凱西拉歐斯三世逃到巴爾卡後，被庫列涅的新體制派及其支持者殺害。為了復仇，阿爾凱西拉歐斯三世的母親培列提美向埃及總督阿律安戴司求援，引發了波斯帝國的軍事介入。最後培列提美成功為孩子報了仇，但不久後體內遭到蛆蟲侵蝕，在悲慘狀況下離開人世。

阿塔佛涅斯

生卒年不詳，大流士一世的異母兄弟。前五一〇年代後半，以呂底亞總督身分赴薩第斯就任。在任期間，因其作為波斯帝國西方窗口的身分，屢屢被要求干預希臘各城市間的爭鬥與政治。前五〇〇年時，他在希臘系城市米利都的僭主阿里斯塔格拉斯唆使下，協助征服納克索斯島，但因為阿里斯塔格拉斯和波斯軍指揮官美伽巴迪斯步調不一，所以計畫遭挫。阿里斯塔格拉斯因為事業失敗，欠了波斯帝國一大筆錢，於是掀起愛奧尼亞叛亂，叛軍一路打到薩第斯。叛軍占領、掠奪了薩第斯的市鎮，但阿塔佛涅斯成功守住了薩第斯衛城。叛亂終結後，他讓愛奧尼亞各城市締結協定，重訂稅率。之後，和他同名的兒子阿塔佛涅斯和米底將軍大提士一起擔任希臘遠征的指揮官。

阿里斯塔格拉斯

？——約前四九六年，米利都的僭主。當自己的堂兄弟、也是岳父米利都僭主希斯提亞埃烏斯擔任大流士一世的顧問、被扣留在蘇薩時，由他掌管米利都的政權。前五〇〇年時，他接納了來自納克索斯島的流亡者，打算趁內亂的機會征服該島。他雖然得到呂底亞總督阿塔佛涅斯的協助，但還是失敗而歸；以此為導火線，他對波斯帝國掀起了叛旗。這場叛亂不只在安納托利亞的希臘人之間，就連非希臘系的卡里亞人與跨過海的塞浦路斯島，也都點燃了火花。即使當阿里斯塔格拉斯客死於色雷斯後，叛亂也沒有就此收斂，足足花了七年的時間才全部鎮壓。米利都在叛亂第六年失陷，其居民被強制移居到面向紅海之地。雅典哀悼這起事件，上演了一齣名叫《米利都陷落》的悲劇，但作品今已不存。

馬多尼奧斯

？—前四七九年。父親是戈布里亞斯（和大流士一世一起誅殺偽王Y的波斯貴族之一），母親是大流士一世之妹，娶大流士一世之女亞達索斯特拉為妻，因此他既是大流士一世的外甥，也是大流士一世的女婿。在大流士一世到薛西斯統治期間，他是波斯政界的關鍵人物。前四九二年，他在大流士一世命令下擔任希臘遠征先遣隊的指揮，沿著愛琴海北部海岸線進軍，但在希臘北部阿索斯半島回航途中遭遇暴風，損失了許多船艦，自己也遭到當地部族的襲擊受傷，被迫退兵。之後他被追究遠征失敗的責任，一度遭到解除將軍職務，但在進入薛西斯統治後，又以遠征希臘主戰派之姿再度登場，被派遣到希臘。在波斯於薩拉米斯海戰中敗戰後，從薛西斯手中接過總指揮權，但在普拉提亞一役中敗死。

大提士

？—約前四九〇年，米底出身的軍人。當馬多尼奧斯於前四九二年遠征希臘失敗、遭到解除將軍職務後，作為其繼任者，與阿塔佛涅斯（呂底亞總督阿塔佛涅斯之子、大流士一世的外甥）一起被任命為遠征希臘的指揮官。名義上的指揮權是阿塔佛涅斯較高，但據推測實質的指揮應該是由大提士負責。他們率領艦隊橫越愛琴海，鎮壓了位在航路上的納克索斯島，以及曾參與愛奧尼亞叛亂的埃維亞島城市埃雷特里亞，接著為了與雅典決戰而在希臘本土登陸。波斯軍在雅典市東北延伸的馬拉松平原與雅典軍對決，結果敗北退卻（據克特西亞斯所言，大提士在這場戰役中戰死）。大提士之前的職業生涯如何並不清楚，有一說是他曾經參與鎮壓愛奧尼亞叛亂。

四、大流士一世以降的阿契美尼德王朝人們

大流士二世

前四二三—前四〇五／四〇四年在位，阿契美尼德王朝三位以「大流士」為名的波斯王之一。父親是阿爾塔薛西斯一世，母親是巴比倫出身的女性。在薛西斯二世的短暫統治後，他在和異母兄弟索古迪亞努斯（又稱塞基迪亞努斯）的繼承人之爭中獲勝，繼任王位；他的妻子是自己的異母姊妹帕瑞薩娣絲，兒子是阿爾塔薛西斯二世與小居魯士。在他統治的後半期，波斯介入了希臘各城市間爭奪霸權的伯羅奔尼撒戰爭（前四三一—前四〇四年）。在這場戰爭中，他支援斯巴達，將斯巴達帶向勝利之路，而這也意味著在希臘各城市的爭鬥中，波斯大王以贊助者之姿登場。最後在巴比倫病逝，遺體葬在「納克歇·洛斯塔姆」之地。當他過世後，兒子阿爾塔薛西斯二世與小居魯士之間，爆發了繼承人之爭。

帕瑞薩娣絲

生卒年不詳，阿契美尼德波斯的王妃。父親是阿爾塔薛西斯一世，母親是巴比倫出身的女性。成為異母兄弟大流士二世的妻子，生下阿爾塔薛西斯二世、小居魯士等十三個孩子，但除了五個孩子外，其他全部早夭。卒年不詳，但至少比丈夫大流士二世長壽。是醫師兼史家克特西亞斯的主人，在他的著作《波斯史》中經常被提及。據克特西亞斯所言，帕瑞薩娣絲在大流士二世在世的時候，就介入國王的政策，在大流士過世後兩個兒子的王位之爭中，支持弟弟小居魯士。小居魯士敗死、阿爾塔薛西斯二世鞏固王位後，母子曾一時和解；但因為帕瑞薩娣絲暗殺了王妃斯泰伊塔拉（阿爾塔薛西斯二世的妻子），所以兩者的關係再度惡化。之後她暫時隱居到巴比倫，但不久又回歸宮廷。

阿爾塔薛西斯二世

前四〇五／四〇四—前三五八年在位，阿契美尼德波斯王，在位期間為諸王之中最長。父親是大流士二世，母親是帕瑞薩娣絲，妻子是斯泰伊塔拉，弟弟有小居魯士等人。從父王那裡繼承王位後，遭到弟弟小居魯士挑戰，但在庫納克薩戰役中擊敗了弟弟，從而鞏固王位。因為妻子斯泰伊塔拉被母親暗殺，所以和母親的關係惡化。在位期間介入伯羅奔尼撒戰爭的餘波，即科林斯戰爭，對希臘各城市大展影響力，但另一方面也面臨埃及獨立、安納托利亞「大總督叛亂」等內憂，特別是晚年苦於孩子之間的繼承人之爭。為第一位在波斯城建造陵墓的波斯王。普魯塔克的《希臘羅馬名人傳》中，有一篇選錄了這位國王的傳記，因此他是所有波斯大王中從出生到過世，生涯最可以詳細追溯的人物。

大流士三世

前三三六—前三三〇年在位，三位以「大流士」為名的波斯王之一，也是阿契美尼德波斯帝國最後的國王。在即位為波斯王以前的前半生充滿謎團，甚至有傳言說他並不具備王家血統。在阿爾塔薛西斯三世統治時討伐北方的卡度斯人，以此聞名並出人頭地。當阿爾塔薛西斯三世的後繼者阿爾塞斯（又稱阿爾塔薛西斯四世）遭到暗殺後，他繼任為波斯王。但是在他即位後不久的前三三四年，馬其頓王亞歷山大三世就展開東方遠征，因此他的統治期間，幾乎都耗在與亞歷山大的對抗上。在伊索斯戰役、高加米拉戰役這兩場直接對決中，大流士三世都敗退而逃；當他逃到埃克巴坦那苟延殘喘之際，遭到心腹巴克特里亞總督貝蘇斯叛變而被殺。現在波斯城一座未完成的岩窟墓，被認為是大流士三世的陵墓。

五、阿契美尼德波斯的「繼業者」

亞歷山大三世（大帝）

前三五六—前三二三年，馬其頓王。父親是馬其頓王腓力二世，母親是腓力的第四位妻子奧林匹亞絲。父親被暗殺後，繼位為馬其頓王（前三三六年），高舉報復波希戰爭的旗幟，向東方展開遠征（前三三四年）。在格拉尼卡斯、伊索斯、高加米拉與波斯軍三度戰鬥（後兩者都是大流士三世親征），全都獲勝，讓阿契美尼德波斯帝國走向終結。在追擊從高加米拉敗走的大流士三世途中，燒毀了宿營過冬的波斯城王宮。波斯帝國瓦解後也沒有停止進軍，繼續往東方遠征，但最後在歸途之中，於巴比倫患熱病過世。亞歷山大雖然是導致波斯帝國瓦解的推手，但他也和兩位波斯王家的女兒結婚，並繼承了許多帝國的統治機構，因此也可以象徵性地稱呼為「阿契美尼德王朝最後的國王」。

阿爾沙克一世

前二四八／二四七年？—約前二一一年在位，阿爾薩息王朝首任安息王。出身充滿謎團，有人說是盜賊，有人說是亞歷山大設置的帕提亞總督後裔，也有人說是斯基泰系遊牧民帕尼人的族長，還有人說他是巴克特里亞人，種種說法不一而足。大約是即位於阿爾沙克紀元一年，也就是前二四八／二四七年。前二三八年左右，他占領了原屬塞琉古王朝領地、位於伊朗東北部的帕提亞，成為阿爾薩息王朝安息（帕提亞）的始祖。根據後代的史料，阿爾沙克一世被定位為阿契美尼德波斯王阿爾塔薛西斯二世的後裔（阿爾塔薛西斯二世即位前的名字就叫阿爾沙克或類似的名號）。阿爾沙克一世自己也利用阿契美尼德王朝的傳統，不只在貨幣上使用阿契美尼德總督的圖樣（坐在椅子上、手持弓箭的姿態），還採用阿爾塔薛西斯二世之弟小居魯士的稱號「卡拉諾斯」（全權太守，只是對於這個稱號的銘文解讀仍有異議）。阿爾沙克一世相傳是年老壽終正寢，但是否正確並不清楚。

米特拉達梯二世

約前一二四／一二三年—前八八／八七年在位，第九任阿爾薩息王朝安息王，先王阿爾達班努斯一世之子。在叔叔第六任國王米特拉達梯一世（前一七一—約前一三八年在位）時代，安息躍升為西亞強國，一邊和塞琉古王朝敘利亞的國王對抗，一邊也冠上了「大王」的稱號。姪子米特拉達梯二世也繼承叔叔的路線，鞏固了安息身為強國的地位。安息明確開始使用阿契美尼德波斯王的傳統稱號「萬王之王」，也是從米特拉達梯二世開始。之後的安息王都有自己身為阿契美尼德波斯王後裔的強烈意識，不斷復甦阿契美尼德王朝的宮廷儀式。比方說，阿爾達班努斯二世（一〇—約三八年在位）就把一個孩子取名為大流士，還對羅馬主張居魯士二世時代的領土支配權。又，在米特拉達梯二世在位的前一一五年左右，他曾經接受西漢武帝派遣的張騫使節團造訪（但張騫自己先一步返國，所以實際赴安息的是副使），和絲路的開拓也有關聯。

阿爾達希爾一世

二二四—二四〇年在位，薩珊王朝波斯帝國（薩珊波斯）的首任國王。父親巴巴克在二〇五—二〇六年反叛阿爾薩息王朝，之後由阿爾達希爾一世繼承；二二四年，他擊破阿爾薩息王朝的阿爾達班努斯四世，在泰西封即位。阿爾達希爾的希臘語拼法是「阿爾塔薛西斯」，而他自己也有和阿契美尼德波斯王血脈相連的意識。除了很早就開始使用「萬王之王」稱號外，他也很重視大流士一世以降、阿契美尼德王朝四代國王的墓地「納克歇·洛斯塔姆」，在那裡刻上自己的浮雕與碑文。在對外政策上，他利用阿契美尼德王朝的過往，打著為大流士三世「報仇」的旗幟，並以此邏輯主張薩珊波斯對曾為阿契美尼德王朝領土的地域擁有正當的支配權。在宗教政策上，他積極保護祆教。二四〇年立長子沙普爾一世為共治帝後過世。

沙普爾一世

二四〇—二七〇年在位，第二任薩珊波斯王。曾與羅馬帝國三度展開戰爭，在和戈爾迪安三世、瓦勒良等羅馬皇帝的直接對決中也獲得勝利，在羅馬帝國面前大展薩珊波斯的威勢。戈爾迪安三世在遠征撤退中戰死（一說是被禁衛軍長官、也是下任皇帝阿拉伯人菲力普陰謀殺害），瓦勒良則遭到俘虜，被帶往波斯。沙普爾一世為了誇耀這些勝利，將乘在馬上的自己，與被他抓住手臂的瓦勒良、單膝跪地請求原諒的菲力普等構圖做成浮雕，刻在「納克歇．洛斯塔姆」的崖壁（大流士一世陵墓右下）。隨著瓦勒良的遭俘，羅馬帝國的東方前線土崩瓦解，但帕爾米拉的支配者（後來成為國王）奧登納圖斯阻止了波斯軍渡過幼發拉底河。沙普爾一世在二七〇年病逝，兒子荷姆茲一世、巴赫拉姆一世、納塞赫相繼即位。

芝諾比婭

?—二七二年。帕爾米拉王奧登納圖斯之妻，帕爾米拉女王。帕爾米拉領袖奧登納圖斯巧妙利用了羅馬帝國與薩珊波斯的對立，從而急遽崛起。靠著羅馬帝國將軍隊指揮權委讓給他、命他反覆攻擊薩珊波斯的機會，他實際上已成為羅馬帝國東方的支配者。可是在二六七年，奧登納圖斯遭到暗殺；當他過世後，他的妻子芝諾比婭將兒子擁上王位，自身則掌握實權。相較於奧登納圖斯對羅馬採和睦路線，芝諾比婭則選擇走對立政策。二六九年她一路進軍到安納托利亞的安卡拉，第二年又侵略埃及。無法接受這點的羅馬帝國，在皇帝奧勒良指揮下揮軍東進，和芝諾比婭率領的帕爾米拉軍對決。芝諾比婭兩次敗給羅馬軍，試圖流亡到薩珊波斯，但被逮捕移送到羅馬。

六、近現代的人們

羅林森兄弟

哥哥亨利（一八一〇—一八九五年）是英國東印度公司的陸軍軍官，也是東方學者。當他因任務駐紮在伊朗之際，攀登到貝希斯敦的崖上，就近觀察並將碑文抄寫下來。之後，他將碑文文本及其波斯語、阿卡德語翻譯發表於世。亨利的後半生主要擔任國會議員，特別是對俄羅斯問題發言相當積極，有「亞述學之父」的稱號。弟弟喬治（一八一二—一九〇二年）是牛津大學古代史教授，也是英國聖公會的教職人員。他一方面引進考古學成果，另一方面也撰寫了許多關於古代東方史與《聖經》的書籍，特別是希羅多德《歷史》的翻譯，直到現在仍以名譯本而廣受眾人喜愛。據喬治表示，自己這些東方史的翻譯與注解，都有哥哥的協助。可是，喬治之後和大學的研究保持距離，專注於在坎特伯里擔任主教；他的最後一部作品，是關於哥哥亨利的傳記作品。

穆罕默德・禮薩・巴勒維

一九一九—一九八〇年，伊朗巴勒維王朝的第二任國王（一九四一—一九七九年在位）。當父親禮薩・沙阿・巴勒維擔任軍官時出生於德黑蘭，在巴勒維王朝建立後就任皇太子。一九四一年父王退位後，繼任王位（沙汗沙阿，即「萬王之王」）。他一方面推動伊朗近代化，另一方面也致力於弘揚「伊朗民族主義」。在一九七一年舉行的伊朗建國兩千五百年慶典中，他將舞臺選在波斯城與帕薩爾加德，以記載居魯士二世業績的圓筒形碑文為慶典的公定標誌與紀念幣設計，強調傳承自古代波斯帝國（特別是阿契美尼德波斯）的伊朗—波斯系王朝與國民傳統的歷史。可是，隨著伊朗革命與反沙阿運動高漲，他在一九七九年逃往國外、輾轉各地，最後客死於埃及。

注釋

1. 譯注：中文有譯「大帝」者，由於波斯主宰者實際上並未稱帝，而是稱「王中之王」（萬王之王），故本書譯為「大王」。
2. 本條目原本是為《亞洲人物史》第一卷寫成，但因為各種原因導致出版時間有落差，所以先刊行為拙稿〈帝國的完成者——大流士一世〉（《阿契美尼德波斯——史上最初的世界帝國》第三章，中公新書）。
3. 譯注：臺灣商務印書館，王以鑄譯本，一九九七年。
4. 譯注：〈以賽亞書〉稱為「我耶和華所膏的古列」。
5. 譯注：今聖托里尼島。

參考文獻

阿部拓兒，《アケメネス朝ペルシア——史上初の世界帝国（阿契美尼德波斯——史上最初的世界帝國）》，中公新書，二〇二一年

伊藤義教，《古代ペルシア——碑文と文学（古代波斯——碑文與文學）》，岩波書店，一九七四年
川瀬豊子，〈ハカーマニシュ朝ペルシアの交通・通信システム（哈卡瑪尼修王朝波斯的交通、通信體系）〉，樺山紘一等編，《岩波講座世界歴史2　オリエント世界（岩波講座世界歴史2東方世界）》，岩波書店，一九九八年
克特西亞斯著，阿部拓兒譯，《ペルシア史／インド誌（波斯史／印度誌）》，京都大學學術出版會，二〇一九年
愛德華·薩伊德著，板垣雄三、杉田英明監修，今澤紀子譯，《オリエンタリズム（東方主義）》（上、下），平凡社Library，一九九三年
杉勇，《楔形文字入門》，講談社學術文庫，二〇〇六年
馬場恵二，《ペルシア戦争——自由のための戦い（波希戰爭——為自由而戰）》，教育社，一九八二年
希羅多德著，松平千秋譯，《歴史》（上、中、下），岩波文庫，一九七一—一九七二年
森谷公俊，《王宮炎上——アレクサンドロス大王とペルセポリス（王宮燃燒——亞歷山大大帝與波斯城）》，吉川弘文館，二〇〇〇年
森谷公俊，〈ダレイオス一世とアカイメネス朝の創出（大流士一世與阿契美尼德王朝的創立）〉，山田勝久、兒島建次郎、森谷公俊，《ユーラシア文明とシルクロード——ペルシア帝国とアレクサンドロス大王の謎（歐亞文明與絲路——波斯帝國與亞歷山大大帝之謎）》，雄山閣，二〇一六年
Balcer, J. M., *Herodotous & Bisitun: Problems in Ancient Persian Historiography*, Stuttgart: Franz Steiner Verlag, 1987
Briant, P., *From Cyrus to Alexander: A History of the Persian Empire*, Winona Lake: Eisenbrauns, 2002
Brosius, M., *Women in Ancient Persia (559-331 BC)*, Oxford: Clarendon Press, 1996

Brosius, M., *A History of Ancient Persia: The Achaemenid Empire,* Hoboken: Wiley Blackwell, 2021

Finn, J., "Gods, Kings, Men: Trilingual Inscriptions and Symbolic Visualizations in the Achaemenid Empire", *Ars Orientalis,* 41, 2011

Kuhrt, A., *The Persian Empire: A Corpus of Sources from the Achaemenid Period,* London: Routledge, 2007

Lincoln, B., *Religion, Empire, and Torture: The Case of Achaemenian Persia, with a Postscript on Abu Ghraib,* Chicago: University of Chicago Press, 2007

Llewellyn-Jones, L., *King and Court in Ancient Persia 559 to 331 BCE,* Edinburgh: Edinburgh University Press, 2013

Potts, D. T., "Cyrus the Great and the Kingdom of Ansham", in V. S. Curtis and S. Stewart (eds.), *Birth of the Persian Empire,* London: I. B. Tauris, 2005

Strootman, R. and M. J. Versluys (eds.), *Persianism in Antiquity,* Stuttgart: Franz Stenier Verlag, 2017

Waters, M. W., *Ancient Persia: A Concise History of the Achaemenid Empire, 550-330 BCE,* New York: Cambridge University Press, 2014

第三章 拿撒勒的耶穌與信仰的耶穌基督

月本昭男

前言

耶穌又稱為耶穌基督。耶穌這個名字，是來自非常普遍的希伯來語男性名「約書亞」（Jehoshua，簡寫成Joshua），希臘語化的「耶蘇斯」（Iēsous）.;至於基督，則是來自希伯來語一般名詞「彌賽亞」（受膏油者）的對應希臘語「Christos」。在希伯來語《聖經》（《舊約聖經》）中，彌賽亞是受膏油、即位為王的意思，但猶太人即使在前六世紀初大衛王朝消滅之後，仍然相信上帝「讓大衛王朝永續」的約定，因此對出身大衛後裔、帶領他們從異邦支配中解放的理想之王降臨，始終抱持期待。於是不知從何時起，這種理想的王者就被稱為「彌賽亞」。

故此，耶穌基督原本的意思是「耶穌就是彌賽亞」，也就是相信拿撒勒人耶穌是上帝派遣下凡的彌賽亞（基督）的信徒們，簡潔的信仰告白文句。在本章中，不使用被當成信仰對象的耶穌稱號「基督」，而是使用指稱歷史人物的耶穌。

耶穌（約前五—約二八年）

耶穌時代的加利利

前一二〇年代，統治猶太之地的哈斯蒙尼王朝海卡努斯一世對南方的以東進行軍事性壓制，讓以東人皈依猶太教。前四七年，以東出身的安提帕特靠著討好羅馬統帥凱撒，獲得了猶太實質的統治權。他的兒子希律也走親羅馬路線，獲羅馬元老院認可為「猶太人之王」，在前三七年至前四年間君臨猶太全境。

希律過世後，領土由三名兒子分割統治；長子阿基勞斯被委任為以東、包含耶路撒冷在內的猶太，以及撒瑪利亞的統治者，但因為行政屢屢失當，所以在西元六年，這些地方變成了羅馬的行省。北部的加利利地區與約旦河東岸的比利亞，直到西元三九年為止，是由弟弟希律・安提帕斯統治。至於加利利湖東北部一帶，則是被封給了另一個弟弟腓力。不用說，這三者都是由羅馬權力在背後掌控。

希律・安提帕斯統治的加利利，在以色列王國時代曾遭亞述軍數度席捲，從西邊與東邊分別有腓尼基人與亞蘭人流入。前三世紀以降，希臘化風格的城市陸續在該地興建。從以耶路撒冷為中心的猶太社會看來，這裡是邊境之地、「異邦人的加利利」，在加利利與耶路撒冷間，還橫亙著與猶太人處於敵對關係的撒瑪利亞之地。

加利利的猶太人大多從事農耕（加利利湖畔則是漁撈），受希律王室及其背後羅馬權力的雙重支配。在宗教上，遵守摩西律法自不用說，繳納神殿稅與前往耶路撒冷巡禮，也是他們必須盡的義務。從前一世紀到一世紀，加利利屢屢爆發叛亂，很多領導者都是出身加利利，這點在約瑟夫斯《猶太古史》中都有記載，但並非毫無理由。這樣的加利利，就是耶穌傳教的舞臺。

初期的耶穌基督形象描繪　（右）三世紀，「好牧人」是基督的象徵。（左上）四世紀末，羅馬地下墓穴的壁畫。將耶穌描繪成留鬍子猶太人的初期作品。（左下）五世紀末，拉溫那亞略派洗禮堂的馬賽克畫。耶穌受洗圖

耶穌的生涯

能讓我們追蹤耶穌生涯的明確史料，就只有收錄在《新約聖經》中的四福音書而已。但是，就算是最古老的福音書，寫成時間距離耶穌逝世至少也已經過了三十年。不

只如此，福音書都是基於「相信耶穌是基督」的立場，來記述耶穌的言行舉止。因此，福音書關於耶穌的記載到底有多接近「史實」，就變了研究者被迫面對的艱難判斷。

〈馬太福音〉與〈路加福音〉說，耶穌是誕生在希律王的時代。如果這是事實，那耶穌誕生的時間，必定早於希律過世的西元前四年。據〈路加福音〉說，耶穌開始傳教是在提比留皇帝（一四～三七年在位）的第十五年，也就是三十歲的時候。決定將耶穌處死的，是西元二六年開始，擔任猶太總督約十年的彼拉多。根據這些資料進行仔細檢討後，雖然仍可以指出矛盾之處，但整體判斷起來，耶穌誕生應該是在西元前五年左右、過世則是在二八年左右。

耶穌是在加利利的拿撒勒長大，所以被稱為「拿撒勒人」；但是，基於「彌賽亞必定出自大衛的出身地伯利恆」這一預言，所以耶穌的出生地被說成是在伯利恆。耶穌長大的拿撒勒，在當時是除了福音書以外沒人提及的荒涼小村。

耶穌有四個弟弟和好幾個姊妹，二弟雅各在後來成為耶路撒冷教會的領袖，但其他弟妹則沒有任何資料流傳。對比於照顧耶穌的母親瑪麗亞，相傳是木匠的父親約瑟，從耶穌十二歲時的軼聞之後，就沒有在福音書中登場。故此，我們可以推斷約瑟很早就已過世，而耶穌直到開始傳教活動為止，都一直以長子身分，子代父職支撐家族。

根據對觀福音書（〈馬太福音〉、〈馬可福音〉、〈路加福音〉）所述，耶穌在傳教開始前，曾在約旦河接受施洗者約翰洗禮。耶穌和約翰分道揚鑣後，便在加利利開始傳教。他雖然走遍城鎮和村落，但其蹤跡並沒有踏入以加利利首府塞法里斯為首、財富與權力集中的希臘化城市；他唯一走訪的城市是耶路

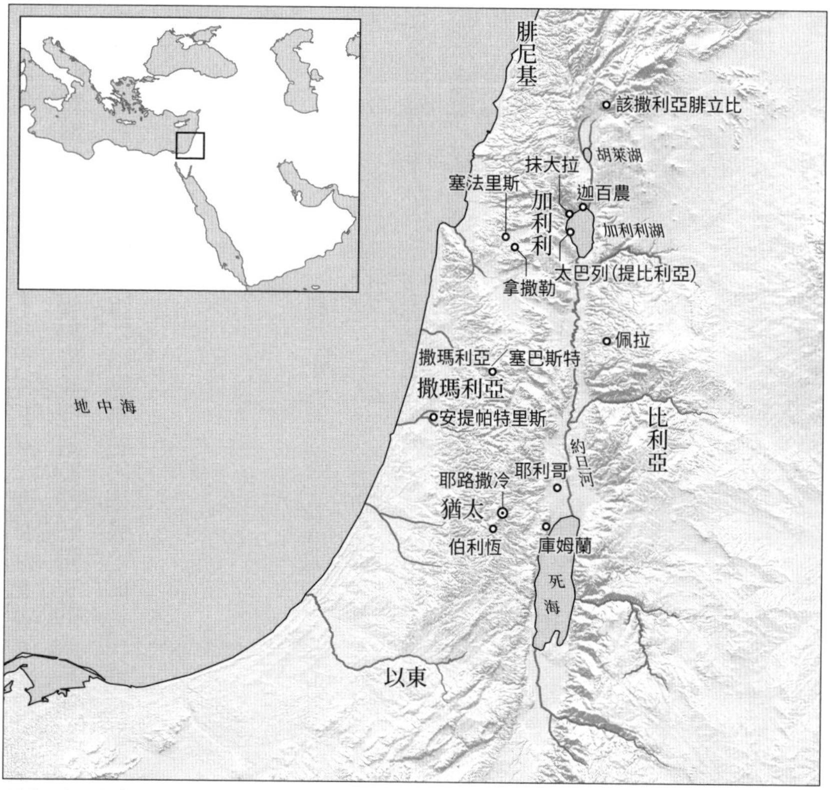

耶穌生活時代的巴勒斯坦

撒冷，在那裡他遭到逮捕、被審判，最後遭處死。據推斷，耶穌傳教的期間不過短短幾年。

關於耶穌的審判與處死，四福音書的記載大體一致。在紀念遙遠祖先逃出埃及的猶太教逾越節之際，耶穌在耶路撒冷的最高法院（猶太公會）遭到審判，並被引渡給猶太總督彼拉多，最後被處以十字架之刑。最高法院起訴耶穌的罪狀雖是褻瀆耶路撒冷神殿，但在羅馬式處刑法十字架的上面，刻著「猶太人之王」的字樣，這暗示著耶穌是位反羅馬的人物。

耶穌被處死的理由究竟是褻瀆神殿，還是反叛羅馬？若是前者，則可以看成是猶太教內部的對抗，但如果重視後者，則主張猶太從羅馬支配下獨立的革命家耶穌的身影就會悄然浮現。不過，從兼任最高法院院長的大祭司該亞法（一八～三六年在位）與具有大祭司任免權的總督彼拉多關係密切這點來看，兩者之間也可能互有牽連。不管怎麼說，耶穌遭處死，都和他的思想有著密切關聯。

耶穌的思想與行動

正式的耶穌研究，是從十九世紀中葉開始的。一九〇六年，對耶穌傳研究史進行詳細檢討的史懷哲，令人印象深刻地表示：「迄今為止的各研究者，都只是進行心中描繪耶穌像的投影而已，應該要讓耶穌回歸他本身所在的巴勒斯坦才對。」在這之後一世紀左右，耶穌研究方法論的精密度與日俱增；但就算這樣，要將歷史性的耶穌形象收斂於一點上，還是相當困難。對於人物的研究，如果不與這位人物的內在進行對話，那就絕無成事之理。以下就從福音書中挑選出最能展現耶穌特色的言行舉止，並對照其背景，來彙整耶穌的思想與行動。

猶太社會的存在基礎，是摩西律法的遵守與耶路撒冷神殿的祭儀。法利賽派的學者為了讓律法應用在日常生活中，曾做了仔細的討論；比方說在律法禁止勞動的安息日，能不能對掉到洞穴裡的人施救？關於這方面的議論，在猶太文獻中也有流傳。針對這點，耶穌斷言說：拯救生命是最重要的，因為安息日律法是為人而設；簡單說，就是應當找回律法本來的目的與精神。律法的真正精髓，是要用全心全意去愛上帝、愛鄰人就如同愛自己，這是耶穌的理解。

但是，這種對鄰人的愛，在面臨到「誰該被看成鄰人」這點時，情況就為之一變。若是把鄰人限定為同胞，那會讓同胞陷入危險之輩，就該作為敵人被排除。當對鄰人的愛與對敵人的憎惡成為一體兩面、搖身一變變成同胞愛之際，狹隘的民族愛與排他的愛國心就會不斷膨脹。耶穌說「要愛你的敵人」，這句話成了打進這種偏狹同胞愛中的一根楔子。故此，當耶穌被問到「鄰人是誰」時，他就把當時猶太社會視為敵人的撒瑪利亞人當成鄰人愛的實踐者，讓他們在譬喻中登場。

耶穌自身實踐的鄰人愛，是針對在社會底層掙扎的窮苦人、身體有障礙的人、在宗教上遭到嫌棄的人、因病所苦的人；他教導人們說，當召開宴會的時候，應當把這些人也招來同坐。耶穌自己也跟包含女性在內、位居社會弱勢的人們站在一起。但是，耶穌並沒有把他們的聲音和力量集合起來，去挑戰剝削的支配者階層；相反地，他做了這樣的比喻：「當牧羊人在一百隻羊中找到了走失的一隻時，必定會大喜過望。」

耶穌在很多時候，都會使用譬喻來和人們講道理。他留下了許多有關上帝支配下、「神之國」（〈馬太福音〉中作「天國」）的譬喻；我們可以說，「神之國」就是耶穌思想的最關鍵。耶穌說，「神之國」就像是會讓麵包發起來的酵母，像是會長成大樹、讓小鳥休息的芥菜種，又像是隱藏在田地裡的寶藏。這些比喻是要指出，在可視的現象界背後，有支撐現象界、眼睛看不見的力量在作用，而只要我們凝神注視，就可以發現這些隱藏的事物，都是神（上帝）的意志在運作。

耶穌是從希伯來語《聖經》中，繼承了這種神的意志。希伯來語《聖經》中提到的神，雖然是創造萬物、支配世界的唯一絕對之神，但祂也是選中弱小之民以色列，透過律法與先知，命其保護弱小貧窮者的神。在可視世界背後運作的，就是肉眼看不見、神的這種意志。耶穌將這種運作，稱為「神之國」；他向人們諄諄訴說，要去察覺這點，就算肉眼看不見，也要信賴這種神之意志的運作，好好地活下去。

「你不需要為明天的事情煩惱」，耶穌在這裡說了一句乍看之下相當樂天的話。另一方面，當耶穌被問到「神之國何時會降臨」時，他則是回答說：「神之國就在你心中」。只要試著察覺，我們就會理解到，不論是誰，其自身存在都與「神之國」密切相連，都是在眼睛看不見的神之意志下生存並好好活著。不只如此，這種「神之國」不會總是隱而不顯；總有一天，眼睛所能見到的盡善盡美實現的時刻終將到來——耶穌也沒有忘記闡述未來的希望。

就像這樣，耶穌高舉和偏狹同胞愛截然相反的鄰人愛，闡述著「神之國」；他的傳教活動吸引了眾人，呈現出一種不受組織或體制拘束的社會運動樣貌。最近的耶穌研究，稱這種思維為「流浪的激進主義」。只是，耶穌的這種傳教活動在當時的猶太社會中，不論是拘泥於律法細節的法利賽人，還是重視耶路撒冷神殿權威的薩都該人，都無法坐視不理，即使在羅馬的權力者眼中，他也是個很礙眼的存在。就像先驅者約翰因為加利利領主個人的理由遭到斬首的傳說般，耶穌的思想與活動，也會給予體制陣營無言的威脅，而這最終導致他被送上十字架。

耶穌的「復活」

耶穌被逮捕、遭到審判，讓從加利利一路追隨的弟子陷入絕望的深淵。就像他們議論著自己在耶穌所說的「神之國」中，能夠占有怎樣的地位一樣，我們可以察覺出，這些弟子對於確立以耶穌為領袖的支配體制，其實抱持著熱切的期待。但是，隨著耶穌遭逮捕，他們的期待完全落空；按照〈馬可福音〉與〈馬太福音〉的記載，弟子們紛紛捨棄耶穌而去。

但是，被釘死在十字架上的耶穌，他的淒慘死亡，讓這些人無法不想起生前耶穌闡述的種種話語。在想起耶穌的話語和生活方式的時候，毫無疑問就會讓他們有種感覺，覺得耶穌現在仍真真切切活在自己心中。彙整在福音書中的耶穌「復活」，就是這種真切感受編織而成的故事。在此同時，他們也對照耶穌反覆引用的希伯來語《聖經》，對耶穌的生涯與逝世之意義進行思索。就這樣，和原本對生前耶穌期望的彌賽亞相比，他們發現了一種截然不同的彌賽亞姿態；那不是居於權力頂點的彌賽亞，而是先知寓言中所歌頌、將人們罪孽背負於一身的苦難彌賽亞。弟子們在這當中，看到了耶穌所說「神之國」成就的樣子。

一度絕望的耶穌弟子們，就這樣堅定地告訴大家，「在十字架上死而復活的耶穌就是彌賽亞」。所謂「基督教是在耶穌逝世後才成立」，理由正是如此。

參考文獻

荒井獻，《イエスとその時代（耶穌與他的時代）》，岩波新書，一九七四年
大貫隆、佐藤研編，《イエス研究史——古代から現代まで（耶穌研究史——從古代到現代）》，日本基督教團出版局，一九九八年

大貫隆，《イエスという経験（名為耶穌的經驗）》，岩波現代文庫，二〇一四年
約翰·克羅森著，太田修司譯，《イエス——あるユダヤ人貧農の革命的生涯（耶穌——某位猶太人貧農的革命生涯）》，心覺出版社，一九九八年
佐藤研，《聖書時代史　新約篇（聖經時代史　新約篇）》，岩波現代文庫，二〇〇三年
戈德·泰森著，廣石望譯，《イエス運動——ある価値革命の社会史（耶穌運動——某種價值革命的社會史）》，新教出版社，二〇一〇年
田川建三，《イエスという男（名為耶穌的男人）》，三一書房，一九八〇年（二〇〇四年由作品社發行增補改訂版）
理查德·鮑克漢姆著，淺野淳博譯，《イエスとその目撃者たち——目撃者証言としての福音書（耶穌與其目擊者——作為目擊者證言的福音書）》，新教出版社，二〇一一年
八木誠一，《イエス（耶穌）》新裝版，清水書院，二〇一六年

第四章

佛　陀

——出現在「所有」與「再生產」社會中的覺者

馬場紀壽

前　言

繼前八〇〇〇年左右開始主要穀物的農耕、前三〇〇〇年左右開始青銅器時代後，以農耕和青銅器為基礎，人類最初的國家在美索不達米亞成立了。之後，從美索不達米亞擴展到地中海東岸的古代國家群，一面重複著此起彼落的興衰歷程，一面謳歌著繁榮昌盛，但在前十二世紀，這種情況面臨了重大的轉折。彼此擁有緊密關係的西臺與埃及第十八王朝等各大國陸續滅亡，高度的國際文明也土崩瓦解[1]。

就在同一時期，原本在歐亞大陸東西延伸大草原地帶活動的遊牧民族雅利安人南下，越過興都庫什山脈，來到印度河流域（今巴基斯坦）。雅利安人在當地展開農耕，編纂、傳承梵語聖典吠陀，並定期進行祭祀眾神的儀式[2]。他們建立了一個以執行祭典的祭祀官為頂點、以王族凝聚庶民，並將非雅利安人當成奴隸的壓制性社會。

當農耕讓糧食供給安定後，人口增加的雅利安人開始踏足恆河流域。結果，農地在原本被密林覆蓋的恆河平原上不斷擴大，農耕帶來的剩餘生產物增加，也促進了交易。到了前六世紀，以恆河為交易路徑，產生了諸多城市，商人階級開始崛起。

同樣在前六世紀，支配北非、中東、伊朗高原的阿契美尼德波斯帝國成立。這個帝國一方面試圖侵略西方的希臘半島，另一方面也往東方的印度河流域發展，支配了該地。據希羅多德《歷史》（卷三）所述，印度人繳納的砂金，占了波斯帝國整體稅收的將近一半。

就在波斯帝國節節進逼印度河流域的時候，在恆河流域急遽地形成國家。除了有末羅國這種合議制運作的部族國家外，憍薩羅國與摩揭陀國等以強力軍隊和官僚為基礎的王國，也帶來了割據的時代。自國家成立以前就存在的雅利安人社會之宗教文化被相對化，批判婆羅門教[3]的自由思想家開始出現。在城市這個自由的言論空間中，出現了否定一切價值與規範的虛無主義，以及主張人類不過是元素的集合、死後世界不存在的唯物論。另一方面，認為人生一切都是早已注定的宿命論，以及排斥積極主張本身的懷疑主義，也開始出現。不只如此，還有透過誓戒與苦行、意圖找回真正自我的異化論產生，並發展成持續至今日印度的耆那教。喬達摩・佛陀度過一生的，就是這處於百家爭鳴狀態的恆河流域。

「喬達摩」是家族名、「佛陀」（日文漢字寫作「仏」）則是指「覺醒者」、「開悟者」、「覺者」等意味的尊稱。在東亞，主要都以意指「釋迦族的尊者」的「釋迦牟尼」、「釋尊」來稱呼他，在日本的佛教徒之間，則親暱地稱他為「釋迦大人」。

佛　陀（約前四四八—約前三六八年／約前五六六—約前四八六年）

一、喬達摩・佛陀的生涯

喬達摩[4]誕生於喜馬拉雅山麓，原本是位於現在印度與尼泊爾國境附近、以迦毗羅衛城為首都的一個釋迦族小國的王子。

「明明自己活著，卻要找尋活著的方法；明明自己會老去，卻要找尋老去的方法；明明自己會生病，卻要找尋生病的方法；明明自己會死亡，卻要找尋死亡的方法」（自生法而求生法，自老法而求老法，自病法而求病法，自死法而求死法）；對此感到疑惑的喬達摩，於是在「年輕、頭髮尚漆黑的時候」，便為了探尋「善究竟是什麼」而出家[5]。

歷經六年苦行後，喬達摩察覺苦行是無意義的，於是便停止了苦行，在菩提樹下坐禪，最後在三十五歲時達到了悟境。於是，喬達摩就成了「佛」（佛陀）。

佛陀在達到悟境之後，便一面靠托缽維生，一面遍遊恆河流域的城市與村落，闡述他的教義。他最初傳教的地方，是一個叫瓦拉納西的城市。他在現今薩爾納德（Sarnath）的鹿野苑，對五位修行者闡述「四聖諦」（參照後節）的道理。就這樣，他開始對人們開示稱為「法」（Dhamma）的教誨。

佛　陀

五人之一的憍陳如當下就領悟了道理，佛陀於是很高興地說：「啊，憍陳如知道了，憍陳如知道了哪！」憍陳如於是成為佛陀底下第一位出家的人。其他四人也陸續悟道，同樣在佛陀底下出家。就這樣，佛陀底下的佛教教團「僧」於焉成立。

在瓦拉納西有一位資產家的兒子，名叫耶舍。耶舍是個生活奢華的青年；他在雨季的時候，總會躲在宅邸的高樓之中，聽著女子演奏的音樂恣意歡宴，足不出戶。有一天耶舍在半夜醒來，注視著自己侍女睡著的樣子；看到她們抱著琵琶、抱著鼓、頭髮凌亂、嘴角流涎、還不停說著夢話的樣子，忽然感到相當嫌惡。

耶舍走出宅邸，來到鹿野苑，遇到了佛陀。「唉，真是討厭啊！唉，真是厭煩啊！」面對這樣抱怨的耶舍，佛陀回答說：「這裡沒有令人厭惡的事物。」讓耶舍坐下。接著，佛陀依照「贈與（施）、好習慣（戒）、往天界的再生（升天）」順序，向耶舍闡述「四聖諦」（次第說法）。聽了佛陀的教誨，耶舍於是開悟。

發現耶舍不在家裡的父親，追尋著耶舍的足跡，也來到鹿野苑的佛陀處。佛陀再次「按順序進行說法」，於是父親也跟著開悟了。

就這樣，耶舍的父親皈依三寶（參照次節），成為信者。他是第一位皈依三寶的在家信眾（居士／

優婆塞）。另一方面，耶舍聽了說法則獲得解脫，在佛陀底下出家。

耶舍的四位資產家朋友，以及五十位系出名門的朋友，對耶舍出家這件事充滿好奇，於是前來拜會耶舍。聽了佛陀說法後，他們全都開悟、出家，並在聽聞更進一步的教誨後，獲得了解脫。

佛陀接著往優樓頻羅前進。途中他經過一片密林，便在大樹底下打坐。這時候，有三十位左右家世良好的青年帶著妻子，在密林中遊樂；其中一位青年因為沒有妻子，所以就帶著妓女前來。但是，當青年們進行遊樂的同時，那位妓女卻偷走了財物，逃之夭夭。

青年們在找尋妓女時，無意間看見了在大樹下打坐的佛陀，於是問佛陀：「有沒有看到妓女？」佛陀對他們說：「究竟是找尋妓女重要，還是找尋自己重要，你們何不想想呢？」青年們於是坐下，聆聽佛陀說法，最後出家。

佛陀抵達優樓頻羅之後，遇見了在當地隱居的祭司伽葉三兄弟。這三兄弟中，優樓頻羅伽葉有弟子五百人，伽耶伽葉有弟子兩百人，那提伽葉有弟子三百人。和佛陀相遇後，以伽葉三兄弟為首，弟子一千人都在佛陀底下出家，佛陀也向他們傳達自己的教誨。

佛陀帶著這一千多人的出家者，從象頭山來到摩揭陀國的首都王舍城（現在的拉吉基爾）。早就對佛陀有所耳聞的頻毗婆羅王，率領高達十二萬人的摩揭陀國祭司與資產家，來和佛陀見面。摩揭陀國的人們也跟隨著國王的行列，出迎佛陀與他的弟子。

當佛陀對他們說法後，以頻毗婆羅王為首，共有十二萬人開悟，其中一萬人成為居士。

就這樣，表明要皈依三寶的頻毗婆羅王將佛陀與出家者請到王宮中，親自擔任侍者殷勤招待；接著，他將一片離市街不近不遠、容易往來的寂靜竹林，捐贈給佛陀。這就是出家教團受捐贈的最初土地：竹林精舍。

當佛陀和弟子們旅居王舍城的時候，有位名叫刪惹夷的遊歷行者；他的弟子舍利弗，從佛陀弟子馬勝那裡聽聞到詩句（偈），深受感動，於是將這些詩句教給同門的友人目犍連，目犍連聽了之後也大受感動。就這樣，兩人都得以開悟，並下定決心成為佛陀的弟子。

儘管老師刪惹夷反對，舍利弗和目犍連還是帶著選擇跟兩人一起行動的兩百五十位行者，前往竹林精舍；刪惹夷眼見弟子離去，不禁吐血。

舍利弗和目犍連在兩百五十位行者陪伴下來到佛陀跟前，成為弟子。兩人都獲得解脫，佛陀更預言說，他們會是自己弟子中最賢能的兩人。

之後在傳道的過程中，也有許多人陸續出家；其中的優婆離、阿難、摩訶伽葉，在佛陀入滅（過世）後，肩負起佛教教團的指導責任。除此之外，也有法授這樣的女性出家。佛教採宗教平等主義，相信不論出家或是在家，都有解脫的可能。一旦出家就跟身分無關，必須與自治運作的社群「僧」朝夕相處。

在恆河流域傳教四十五年後，佛陀帶著侍者阿難，踏上最後的旅程。佛陀從王舍城出發，向北前進，最後在拘尸那揭羅這個村落中，結束了八十年的生涯。

二、佛教的雙重結構

在佛陀時代，印度已經存在國家與市場。不論國家或市場，都和之前的部族社會一樣，是建立在「所有」與「再生產」之上。

在雅利安人社會中，會透過祭祀祈求家畜增殖等活動，來從制度上認定所有權。部族社會後成立的國家，則會透過軍隊認可個別所有權並保護之，然後加以課稅。另一方面，個別所有權具備後，便會透過所有物的交換產生交易，市場也會隨之擴散。

基於社會中動植物（家畜和作物）與人（家族）的所有，以所有物為資本，進行再生產的活動也開始了。選擇種馬進行繁衍、收穫當作耕耘種子的作物等，以人為方式促進動植物增殖的「動植物的再生產」開始出現；在此同時，依循社會角色，生養培育人類的「人的再生產」也出現了。雅利安人社會的上層三階級（祭司、武士、庶民）被稱為「再生族」，他們會在歷經各式各樣人生儀式後正式成人（再生），並走上適合高貴「再生族」的人生。

在這種以再生產為基礎的社會中，致力於現世的成功與往天界的再生（也就是未來的自己）展開行動，這種生活方式於焉產生；這可以稱為是「自我的再生產」。

相對於此，佛陀則在出家後，遠離了「所有」與「再生產」，一邊托缽，一邊遊歷各地。他沒有遵循以畜牧和農耕為基礎的雅利安部族社會慣習，不只免於國家對生產者要求的納稅，也和城市流通的貨幣保持距離。

佛教的出家者也仿效佛陀，除了有限的生活必需品外，不具備任何「所有」，也和一切的「再生產」無關。除了必須定居的雨季以外，基本上他們都是過著四處行腳、托缽為生的日子。

他們不屬於部族社會、國家或市場，而是屬於「僧」（僧伽）。僧在日語中也可以用來指各個出家人，但根據制定出家者規則等的佛典（「律」）所言，僧指的是成員全體平等、出家者的自治組織，以及其網絡。出家者必須參加定期舉行的儀式與會議，僧的一切都是透過合議來運作。

僧會傳承稱為「法」的佛陀教義。直到開始書寫佛典的西元前後為止，佛典都是靠出家者的記憶口頭傳述。「法」這個詞的原意，是指「應時時保持之物」，也意味著「應記憶之物」、「應掌握之物」、「應實踐之物」；簡單說，它就是透過口頭傳承、記憶，並應不斷實踐的教誨。[6]

當人要展現自己是佛教信者之際，就要表明自己是依循「三寶」、亦即上述的「佛」、「法」、「僧」而活。換句話說，信仰佛教，就是信賴位在「所有」與「在生產」外部的「佛」與「僧」，然後以佛所開示、僧所傳承的「法」為自己的行動方針。[7]

佛陀的教誨分成對「還不是信徒者的教誨」以及對「傾聽核心教義者的教誨」這雙重構造。在前者中，他是以古代印度社會信仰的事物為前提進行說教。

比方說，對致力於往天界再生、進行祭祀的人們，他會在認可其目的的情況下，陳述說「透過贈與和良好習慣等，正是往天界再生的不二方法」。除了對他者（特別是「僧」）的贈與外，不殺生、不偷盜、不說謊、不淫亂、不虛言、不飲酒讓意識混亂等，都是佛陀教誨的內容。

這樣的教誨，是在徹底尊重聽者願望的情況下闡述的。可是，佛陀的教誨並不止於此。佛陀在配合聽者願望的教誨之後，會對聽完後心靈澄淨的人們，進行更進一步的教誨。這就是稱為「諸佛的卓越（本真）說法」，也是佛教唯一的核心教義。

三、對基於「所有」與「再生產」的生之批判

所謂「諸佛的卓越說法」，指的是「四種對高貴者而言的真實」（四聖諦）。這四種「對高貴者而言的真實」在佛典陳述的各式各樣教理中，被定位為知的對象，也是佛陀教誨整體中的最核心[8]。這就是取代由「所有」與「再生產」為基礎的社會所形塑出的「生」，並提示「高貴之道」的教誨。

不管是雅利安人的部族社會也好、國家也好，還是市場也好，在「所有」這個行為的局限下，都必須要有作為「所有者」的主體。比方說，在主張「從這裡到那裡是我的土地，這塊土地上的作物是我的東西」這一所有時，其實也是在針對作為這塊土地歸屬者、所有者的「我」進行主張。

在雅利安人社會的聖典吠陀中，意指「主體」的詞「阿特曼」（ātman），屢屢被用在指涉所有者的脈絡之中。他們相信自己擁有家畜與作物等所有物，並將這些所有物（ātmīya）當作供品獻給眾神，如此便能在死後獲得再生。換言之，主體是在所有制上成立的概念。

相對於此，佛陀則主張，我們相信是「自己」的事物，其實並非「自己」（ātman），甚至也不是「自己的東西」（ātmīya），那不過是將眼、耳、鼻、舌、身、意這六種認識器官（六處）結合起來的東西罷了。或者說，它只是身體、感受、表象、形成作用（做出諸行為的意志）、認識這五種要素（五蘊）

所構成的事物罷了。

這各種要素，都不是能隨心所欲掌控的[9]。因此，生、老、病、死都是不能隨心所欲之事[10]；與令人不悅者的關聯、與所愛之人的別離、欲求也往往不能滿足[11]。生存經常處於（且潛在著）無法駕馭的危險狀態，而這種狀態會突然且不講道理地顯現出來。這就是第一個「對高貴者而言的真實」[12]。

故此，我們並沒有確切的根據，能證明「世界是由我們深信的意義所支持」。不要說認同基督教或伊斯蘭教所言，有創造神或統治世界的主宰神了，就連儒教稱為「道」的自然法，也不會受到認可。在這裡，一切自明性都會土崩瓦解。

然而，儘管如此，人還是會為了將來的自己而朝著行動的生不斷邁進。就像現代人會為了求學、就職、考績而自我投資並為了擴大資產而進行投資般，古代人也會為了現世繁榮與死後往天界的再生而對神進行祭祀。

相對於此，佛陀則主張，「對生存的渴望」之類的欲動[13]，正是把「現在的生」當成「將來的生」的手段、自我投資的行動模式，換言之就是引發了「自我的再生產」。我們因為要確保未來的自己，所以採取了接下來一項又一項的行動；究其原因，我們發現了名為「渴望」的衝動。這就是第二個「對高貴者而言的真實」[14]。

四、高貴之道

從基於「所有」與「再生產」的社會生存方式——自我的再生產——中獲得解放，究竟該如何實現？佛陀說，停止對自我再生產的「渴望」，就是真正的「解放」（解脫）。這就是第三個「對高貴者而言的真實」[15]。

要停止「渴望」，就必須實現「八種高貴之道」（八正道）。接下來的八種實踐，就是第四個「對高貴者而言的真實」[16]：

最初要列舉的，是（一）「正確的見解」（正見）。所謂正見，是對「高貴者而言的四種真實」的理解，也就是對四聖諦的理解。理解四聖諦後，會開始產生生命的轉換，並打開「高貴之道」的大門。

基於正確的見解，要實踐（二）「正確的意思」（正思）、（三）「正確的話語」（正語）、（四）「正確的行為」（正業）[17]。將這三項以經濟的觀點重新闡述，就是在家、出家的（五）「正確生計」（正命）。

要在不受感情、欲望、外在狀況擺布的情況下實踐善行，就必須實現自律[18]。在這裡所要做的，是（六）遠離不善的「正確的努力」（正精進），（七）對身體、感受、心、法的「正確的留意」（正念），（八）超越苦樂喜憂的「正確的（心之）集中」（正定）[19]。

就像「四種對高貴者而言的真實」與「八種高貴之道」的名稱所清楚顯示的，佛陀將領悟「四聖諦」、實踐「八正道」的人，稱為「高貴者」。如果按當時的社會背景來看，從這番話本身，就可以察覺佛陀銳意批判的精神。

在古代印度社會中，「高貴者」和「雅利安人」，幾乎是同等的意義指涉。「雅利安人」在祭司（婆羅門）、武士（剎帝利）、庶民（吠舍）、奴隸（首陀羅）這四個種姓中，僅限於上層的三個階級。換言之，只有占據高階身分的雅利安人，才配稱為「高貴者」。

可是，活在「所有」與「再生產」之外的托缽修行者佛陀，他所說的「高貴者」，是領悟四聖諦、實踐八正道的人。不耽溺於快樂或苦行，也斥退對全能神的信仰以及超越言語的實在體驗，但並不陷入虛無主義與懷疑主義，而是覺醒於「對高貴者而言的真實」，走在「高貴之道」上；佛陀就這樣對基於「所有」與「再生產」的社會，開示了超越自我再生產的嶄新生存方式。

五、亞洲的佛陀觀

在喬達摩．佛陀過世後大約四、五百年的一世紀，受希臘文化的影響，開始塑造佛像；當時喬達摩．佛陀的像，都是塑造成托缽修行者的形象。佛像穿著袈裟、沒有任何首飾或裝飾，也就是以生活在基於「所有」和「再生產」社會之外的姿態被形塑出來[20]。

因為「開悟者」並不限於喬達摩．佛陀，所以並不像基督教或伊斯蘭教的神那樣，是獨一無二的存在。佛陀（佛）有數個，這種理解是所有佛教共通的。可是，在「斯里蘭卡與東南亞大陸地帶」和「東亞與西藏、蒙古、不丹」，其佛陀觀有很大的差異。

在斯里蘭卡上座部大寺派佛典廣傳的東南亞大陸地帶，有人說過去有七佛，也有人說過去有二十八佛，總之過去有不少佛存在，而最後現世的佛就是喬達摩．佛陀（釋迦牟尼）。當他留下教誨逝世後，以肉體現世的佛就不復存在，因此喬達摩．佛陀就是代表性的佛。雖然在遙遠的將來會有彌勒佛現世，但在這段期間中，沒有佛的時代會一直持續著。這是他們的信仰。

另一方面，在大乘經典廣傳的東亞、西藏、蒙古、不丹，情況則迥然不同。比方說，代表性的大乘經典《法華經》就認為，喬達摩．佛陀逝世是為了眾生的方便，其實他是永久存在的；換言之，現在並不是沒有佛的時代。和《法華經》一樣，《金光明經》與大乘《涅槃經》也認為，喬達摩．佛陀實際上並沒有過世，而是永久存在著。

從我們所住的這個世界來看，在十個方位（東、西、南、北、東北、西北、東南、西南、上、下）中存在的世界（十方世界），現在都有佛的存在；以此世界觀為前提，《阿彌陀經》說西方的世界有阿彌陀佛（東方世界則有阿閦佛等其他佛），《華嚴經》開頭部分也說，釋迦牟尼佛親眼目睹了十方世界的如來。換言之，東亞、西藏、蒙古、不丹信奉的大乘佛典，主張的就是「現在也有佛存在」。

就像這樣，東亞、西藏等與斯里蘭卡、東南亞大陸地帶等之間，在佛陀觀上有著重大差異；之所以如此，是源自大乘與上座部大寺派這種佛典傳承系統的差異。相對於前者在思想形成上受到龍樹[21]的重大影響，對後者思想形成扮演決定性角色的，則除覺音[22]外再無他者。

注釋

1. 前十二世紀爆發的古代國家群消滅，其原因至今仍然不明；據推斷，很有可能是旱災、地震等自然災害和民族遷徙等因素交互重合後所產生的結果。

2. 所謂「雅利安人」的概念，不該透過納粹德國宣傳利用的人種概念，而是必須以基於生活樣式與言語的文化範疇來理解才對。

3. 以吠陀為聖典的雅利安人社會宗教，英語稱為「Brahmanism」，祭司「Brahmin」漢字則譯為「婆羅門」，所以稱之為「婆羅門教」。

4. 本章是基於實證所能回溯最古老佛典的資訊，來記述佛陀的生涯與思想。至於什麼是「實證所能回溯最古老佛典的資訊」？關於這方面的方法與資料，請參照馬場紀壽，《初期佛教——佛陀思想的追溯》（岩波新書，二〇一八年）。

5. 《中部》二六，聖求經；《長部》一六，大般涅槃經。

6. 在初期佛教中，並不存在像基督教《聖經》或伊斯蘭教《古蘭經》這樣整體架構與範圍確定的正典。故此，佛教當然不屬於「具有正典之宗教」，也就是所謂的「文本宗教」。可是若從「將文本記憶下來，並有可供實踐的的口頭傳承話語」來定義，則初期佛教其實也可看成是一種「文本宗教」。

7. 耆那教認為「所有」本身就是惡，不出家就無法獲得解脫。佛教則和耆那教相異，認為就算是有家室、有財產的在家者，也可以獲得解脫。從這點來看，佛教並不認為「所有」本身是惡，而是把基於「所有」產生的「自我再生產」視為問題。關於「自我的再生產」，請參照本章第二、三節。

8. 佛典分別以稱為八正道的「正確見解」（《中部》一四一，諦分別經）、三學的「睿智」（《增支部》三．八八，學經）、十二支緣起的「無知」（《相應部》十二．二，分別經）為對象來列舉四聖諦。

9. 此謂「五取蘊苦」。

10. 此謂「生老病死苦」，俗稱「四苦」。

11. 此謂「怨憎會苦、愛別離苦、求不得苦」。「生老病死苦」與「五取蘊苦」合在一起，成為俗語「四苦八苦」的語源。

12. 「五取蘊是苦的」這件事，可以解釋成「苦，就是對高貴者而言的真實」（苦聖諦）。

13. 這裡的欲動，簡單說就是「導向再度生存的渴望」，包括了「對快樂的渴望」（享樂願望）、「對生存的渴望」（生之欲動），以及「對無生存的渴望」（死之欲動）。

14. 「導向再度生存的渴望」，可以解釋成「產生出苦，是對高貴者而言的真實」（苦集聖諦）。

15. 「停止對導向再度生存的渴望」，可以解釋成「停止苦，是對高貴者而言的真實」（苦滅聖諦）。

16. 「八正道」可以解釋成「走向苦的停止，是對高貴者而言的真實」（苦滅道聖諦）。

17. 「正思」、「正語」、「正業」屬於高位的善，和為了自己幸福而行使的善行，也就是所謂「善業」，在水準上有所相異。這種高位的善在定位上，就是「高貴之道」。

18. 按照十二支緣起與八正道的對應關係，就能明瞭八正道末尾三項目的意思。十二支緣起，指的是透過無知（無明）的停止，實現五蘊、六處的停止，從而讓渴望得以停止。八正道也是透過對四聖諦理解的正見（無知的停止），來實現渴望的停止。因此，正見以外的七種實踐（正思、正語、正業、正命、正精進、正念、正定），都是暗示著五蘊、六處的停止。

19. 「正精進」、「正念」、「正定」屬於高位的自律，和為了自我幸福而克制惡行的自律，在水準上有所相異。

20. 若說一神教的神是全能、永遠的存在，超越在有限的人類社會之「上」，那佛陀就是超越了基於所有與再生產、人類社會的「橫」。

21. 關於龍樹，請參照第二卷第一章。

22. 關於覺音，請參照第二卷第二章。

參考文獻

馬場紀壽，《初期仏教——ブッダの思想をたどる（初期佛教——佛陀思想的追溯）》，岩波新書，二〇一八年

第五章
阿育王——一位帝王的生與死後生

古井龍介

前言

孔雀王朝第三任國王阿育王，在君臨古代南亞的眾多支配者中，是位相當特異的人物。儘管他將除了半島南端幾乎涵蓋整個印度次大陸並及於阿富汗的廣大領域盡納手中，但他在領內各地以碑文之姿留下、屬於自己的話語及其內容，反而變成一種將他隔絕的存在。在迄今為止發現的約五十塊碑文中[1]，阿育王將對自己引起戰爭的悔悟、自己與佛教的關聯，以及視為理想的倫理與政治，用自己的話語向臣民訴說；他一方面將這種宣告下達給屬下的各官吏，也派使者將它們送給包含希臘化諸王在內的同時代支配者們，以致力廣傳這樣的理想。這種特異性，從之後在古代南亞歷史上登場的任何一位國王都不曾留下同樣的碑文這點，便可以清楚明瞭。

記憶——忘卻、傳說、再發現

阿育王的特異性，不只在於透過他本人留下的碑文所能得知的他的「生」，也呈現在後世人們記憶與記述所構成的「死後生」中，儘管他的實際行為並沒有被包含繼承人在內的後代南亞諸王追隨、甚至遭到遺忘，但透過佛教徒，被視為理想之王的阿育王這個名號，卻隨著傳說被廣傳到亞洲各地，且被視為其事跡的諸多事物，也被後世的著名支配者們所模仿。另一方面，作為始自殖民地支配下印度的近代印度學、碑文學之成果，阿育王留下的碑文獲得解讀，他的思想與行為也被重新發掘，並透過現代價值觀進行解釋，成為獨立後成立的國民國家印度的理想。

本章就針對阿育王的「生」與「死後生」兩方面進行描繪，來試著呈現生於某個時代的某個人物，在歷史中被賦予各式各樣的意義並形成其形象的過程。在開始之前，我們首先要回顧一下到阿育王統治前的歷史，從而將阿育王的「生」放進更大的歷史變化中予以定位。

前史——從國家形成到帝國的誕生

前一千紀中葉，在北印度各地隨著社會複雜化、階層化而開始的國家形成，最為興盛的地區是恆河中游。在遠離婆羅門教核心地帶陀坡（Doab，恆河、亞穆那河之間的地帶）的這個地域，誕生了佛教和耆那教等批判當時婆羅門教儀式中心主義的新思潮；這些思潮在以國王為首的政治權力集團，以及隨著國家興起的各城市工商業者間廣為流傳，受到他們的援助與保護[2]。

在這些國家中最強而有力的，是定都王舍城（今拉傑吉爾）、興起於現在比哈爾邦南部的摩揭陀。在前六世紀到前五世紀，被認為和佛陀（參見第四章）同時代的頻毗娑羅、阿闍世兩位國王時代，他們消滅了近鄰的有力各國，支配了恆河中游一帶的領地。接下來他們將首都轉移到恆河畔的巴塔利普特拉（華氏城，今帕特納），變得更加繁榮；但到了前四世紀中葉，其王統卻被出身賤民的摩訶帕德摩難陀篡奪。摩訶帕德摩難陀創立的難陀王朝，雖是僅僅持續兩任的短命王朝，卻征服了陀坡，建立了一個支配整個恆河流域的強大國家。其威勢甚至遠傳到當時入侵西北印度、由亞歷山大三世率領的軍隊中，讓士兵的戰意為之撼動。滅亡這個難陀王朝而建立南亞最初帝國的，是孔雀王朝的創始者旃陀羅笈多（月護王）。

旃陀羅笈多征服了亞歷山大三世逝世後陷入混亂狀態的印度河流域，並將勢力擴展到印度次大陸西南部以及德干高原。在前三〇五年，他擊敗了意圖奪回亞歷山大三世東方領土的塞琉古一世（勝利者）軍隊，和對方講和，並用五百頭戰象，換來包含阿富汗東半部的印度河西方之地，將之納入領土。以此為契機，兩王朝締結了婚約關係，以訪問首都華氏城的麥加斯梯尼為首，雙方也交換了使節。在繼承旃陀羅笈多的兒子賓頭娑羅（適實王）統治下，孔雀王朝的支配趨於安定，與塞琉古王朝的交流也繼續下去。賓頭娑羅的兒子就是本章的主人翁阿育王。在阿育王統治下，孔雀王朝迎接了帝國的最盛期[3]。

阿育王（約前二六八—約前二三二年在位）

一、阿育王的「生」

碑文所訴說的「生」——阿育王自身傳達的阿育王

訴說阿育王「生」的同時代史料，是他自己留下的碑文。這些碑文大致可分為：（一）主要刻在帝國邊陲磨平的岩石表面、長度為十四章、闡述自身理想之「dhamma」（法／正確的生活方式）的摩崖法敕，以及另有添加部分、在卡納塔克邦桑納提也有個別發現的別刻法敕；（二）對於自身與佛教關聯以及法進行短表述的小摩崖法敕；（三）豎立在帝國中心恆河流域的石柱，上面刻有六章（一根為七章）法敕的石柱法敕；（四）將關於佛教教團與佛跡命令刻在石柱上的小石柱法敕；（五）記錄阿育王對阿耆毗伽教徒捐贈石窟的石窟碑文。它們大多數是將隨地域而有差異的普拉克里特語（俗語）內容，用婆羅米文字刻下，但在今日巴基斯坦的兩處摩崖法敕，則是用佉盧文刻成；另外在阿富汗，也留有翻譯成希臘語、亞蘭語的阿育王法敕與碑文。在這些碑文中，阿育王闡述了自己人生中發生的各式各樣重要事件。

阿育王是怎樣出生，他的年少時期又是如何度過，在他留下的碑文中，完全沒有提及。關於他的名字，在碑文中主要使用「天愛喜見王」（受上天所眷愛、一眼望去就讓人喜歡的國王）這個稱號，提及阿育王（阿輸迦）之名者反而少，但在後世仍是以「阿育王」這個名字最廣為人知。

關於自己的王子時代，阿育王在碑文裡也隻字未提。根據不同佛教教派的傳說，他曾被派遣擔任呾叉始羅（今塔克西拉）或是鄔闍衍那（今烏賈因）的太守。從阿育王的碑文中，可以知道他將王子派遣到孔雀王朝的重要據點擔任太守，分別治理各自的地域，因此類推，阿育王自己在王子時代也很可能被派到某個城市擔任該地域的太守。傳說更進一步異口同聲指出，阿育王的即位，是在父王過世後，殺害了一個或數個異母兄弟而上位。這雖然暗示著他的王位繼承並不順遂，而是伴隨著鬥爭，但我們並沒有同時代史料足以確認[4]。

阿育王（阿輸迦）

羯陵伽征服的歸結——對佛教的傾慕與法之政治

阿育王在碑文中提到自己最初的事跡，是即位八年後（約前二六〇年）的羯陵伽征服。位於現在印度奧迪薩邦東南平原地帶的羯陵伽，在短暫被納入難陀王國的支配後，變成了獨立王國。雖然阿育王的侵略是因何而起，目前尚難定論，但確實造成相當悲慘的結果。據阿育王自己在摩崖法敕第十三章所述，有十五萬人被強制遷徙、十萬人遭殺害，還有超過數倍的人死亡。阿育王眼見隨著羯陵伽的征服，造成人們殺戮、死亡、流離遷徙的悲慘，特別是行為端正的人因暴力、殺害、別離而苦，深感後悔，於是表示「如果能承受當時被遷徙、殺害、死亡的人百分之一、甚或千分之一的同等痛苦，那他也願意重重地承受下來」[5]。

征服羯陵伽的悔悟，為阿育王的人生帶來重大的變化；其中的歸結之一，就是對佛教的傾慕。在孔雀王朝的核心地帶摩揭陀，發祥於此的佛教與耆那教等不屬於婆羅門教，而是透過沙門（出家修行者）共同體來作為宗教實踐基礎的教派相當昌盛；就像在後世的文獻中，旃陀羅笈多與賓頭娑羅兩王，分別被認為是耆那教與阿耆毗伽教徒般，這類宗教在王族之間也廣為流傳[6]。在這種環境下，阿育王在年輕時就接觸到佛教的可能性很高，但成為正式的居士（在家信者／優婆塞），則是羯陵伽戰爭後。根據應該是在即位十一年後（約前二五七年）銘刻的小摩崖法敕，那時的阿育王已當了兩年半的佛教在家信者；開始的第一年，他並不怎麼熱心努力，但隨著親近僧伽（教團），他變得更加熱心努力，就這樣又過了一年多；不只如此，在他自己努力的結果下，連印度次大陸上迄今為止不曾跟人往來的神明閻浮提，也都開始跟人交流了。

另一個歸結，是所謂的法之政治。對羯陵伽戰爭感到後悔且成為在家信者、學習佛教的阿育王，在放棄武力征服的同時，也宣布了以佛教為首、各式各樣宗教共通的普遍倫理「法」，並開始了以此治理帝國的法之政治。簡單說，在他即位十年後（約前二五八年），他前往三菩提、也就是佛陀開悟之地摩訶菩提（現在的菩提伽耶）進行巡禮，接著巡視領內各地，一面走訪佛跡，一面向人們宣布法。在他經過二五六日巡禮後發布的小摩崖法敕中，除了舉出自己身為佛教徒的努力外，也促使不分貴賤的人民努力；同時，他也要求地方官（rajuka）實踐遵從父母師長、憐憫生靈、說話真實不虛等法的美德，且不只要自我實踐，還要教導人民也一同實踐。

阿育王的法

在接下來宣布的摩崖法敕中，阿育王更具體展現了法之政治的內容與成果。在全十四章構成的法敕中，即位十二年後（約前二五六年）發布、後來被銘刻的最初四章，起頭的第一章是宣布對生靈的殺害與犧牲以及除國王所認可事物外的祭典全部禁止，王宮廚房內畜養、殺害的動物數量也要減少，且將來要完全停止；第二章是宣傳對領內與邊境、近鄰諸國，應提供關於人與動物的醫術、藥草，並沿街道挖掘水井、種植樹木；第三章是命令地方官吏，每五年應當進行一次宣布法的巡行，同時也勸告人民要對父母、友人、親族順從，對婆羅門與沙門施捨、不殺生、減少所有；第四章則是主張，國王的說教透過天宮之光景（天神所乘之車）等奇妙景象，讓人間也熱烈遵循法的實踐（不殺生、不殘害生靈、對親族及婆羅門與沙門表敬意、對父母年長者順從），同時也約定國王自己及其子孫，都會世世代代遵行法的實踐。

在即位十三年後（約前二五五年）不久發布的剩餘篇章中，阿育王首先在第五章誇耀自己的善行，並約定子孫們也將實施善行，同時也在即位十三年後，為了宣布法與人們的福利等事務，任命了正法大官。第六章宣誓，為了公務的迅速執行，自己不論何時何地都會聽取報告、行使政務，並把為全世界謀福利當作心願。第七章要求所有宗派自制，第八章則強調自己自即位十年後訪問摩訶菩提開始的巡行，和以前國王為了狩獵等享樂而做的巡行不同，是為了會見宗教者、對他們施捨，以及為了會見人民、對他們指導法，所以才費盡功夫展開的法之巡行。接著在第九章中，他斷定人們、特別是女性所實施之各類儀式都是無意義的，唯一有價值的儀式就是法之儀式，也就是對生靈有節制的行動，以及對沙門、婆羅門的施捨。在第十章中，他主張自己的努力，是為了讓眾人遠離惡行，且為了遠離惡行，不分貴賤都必須非常努力。第十一章中，作為法的施捨，他要求要善待奴隸與僕人，對父母順從，對友人、熟人、親族、沙門與婆羅門保持良好態度，並列舉不殺生等德目，要人們相互勉勵。第十二章中，他對所有的宗教信仰者力陳，不貶低其他宗派、相互尊重，方能提升自己的宗派；透過相互寬容讓所有宗派發展，也是國王的願望。

在屬於長文的第十三章中，他首先如前所述，闡明了自己對即位八年後的羯陵伽戰爭之悲慘結果感到悔悟，同時又對居住在領內、反抗的林住部族民宣告，在容許犯錯的限度內，會盡量寬恕他們，亦即雖然暗示不排除行使武力，但仍要求人們悔改、實踐正確的行為。最好的方式就是不以武力、而是以法獲得勝利，也就是人們都尊崇阿育王宣布的法，即是極致的勝利；作為其成果，包括安提瑜迦（安條克二世「神」）、土羅耶（托勒密二世「愛手足者」）、安提奇那（安提柯二世「戈努斯人」）、摩伽（馬加斯）、阿利奇修達羅（伊庇魯斯王亞歷山大二世）這五位希臘化世界的國王，南印度的朱羅（周達族、般提耶族與坦巴潘尼（斯里蘭卡）等領域外勢力，還有西北部的希臘人、波斯人、德干地區的普闍人與安睹羅人等領內邊境各民族，全都遵守了自己關於法的教導；就算在使者尚未到達之地，聽聞到阿育王遵從法之行為以及有關法之教誨的人們，也都會遵從法。阿育王更進一步指出，法的勝利會帶來來世的果報，自己的子孫也會放棄新的征服，只有法的征服才是真正的征服，因此要將自身的命令作為碑文銘刻下來。最終的第十四章說，法敕有數個版本存在，其內容有重複之處，是因為特定主題之美與重要性，並承認由於負責人的疏忽與錯誤，會出現不正確的銘刻。又，或許是對征服羯陵伽的記述有所顧忌，第一章到第十三章並不包含在現今奧迪薩邦達烏里以及賈烏加達的摩崖法敕中，取而代之的是對當地官吏之職務規範、法敕之宣讀與銘刻狀態，以及有關應對邊境居民之指示等兩章別刻法敕。

摩崖法敕中所示的阿育王之法，是無涉佛教的普遍倫理，成為保護、施捨對象的宗教者也不限於佛教的比丘，明顯是以所有宗派的繁榮和諧為目標。作為法之實踐被教誨的內容，也是不殺生、對上位者恭順、對下位者行為適當等各宗派共通的事物，至於果報和良好來世等，也沒有包含佛教的特定內容。對於征服羯陵伽後，必須統治前所未見廣大帝國的阿育王而言，整合領地內存在的多元文化與社會集團，是相當要緊的課題，因此宣布作為普遍倫理的法，讓共通的理念、規範在人民間普及、落地生根，可說是解答之一。從摩崖法敕留在帝國邊陲地帶這點可以明白，它的主要對象是邊境各民族。另一方面，設置專門官職的正法大官，以及對諸官吏的詳細指示，也是阿育王打算藉由法的宣布、監督，將它當成動員國家機構的政策，並展現出一種具有執行力的實行能量。[7]

在摩崖法敕中，也可以看出阿育王對自己高唱之法為正確的強烈確信。這確信的強烈，到了阿育王要派遣使者向域外各勢力宣布法，並誇耀領域內外人們都遵從法的程度；而這樣的確信，也可以歸結到他幾近強迫的自負與責任感。這點在阿育王宣誓為了法之政治與人民福利，自己將盡王的義務、不斷努力，以及要求各官吏也為此忠實履行職務的話語中，清楚呈現出來。但是，將這種確信與責任感推演到極致，就會變成一種對包含從事各種生計、多元社會集團的全體人民，要求他們遵從自己信奉的法、和自己付出同樣努力的家父長主義（paternalism）態度，從而否定、壓抑和自己與法不一致之生活樣式和文化，變成一種獨善與暴力。最強烈顯現這種色彩的，就是他對居住在中央印度的森林地帶、以狩獵採集和游耕為生的林住部族民的態度。包含在法中的不殺生，不只是對他們生活形式的否定與壓抑，阿育王還特別對他們的「過錯」敲響警鐘，宣告當這些過錯超過自己忍耐限度的時候，就不排除使用武力。故此，我們必須認知到放棄武力征服、取而代之以宣布共通之法，來將多樣化社會包含在內並整合帝國的阿育王，他的法之勝利，其實會帶來壓抑多元性、產生齟齬並在必要時得行使武力的矛盾狀況。[8]

阿育王與佛教

就像摩崖法敕中所見，阿育王的法是和自身信仰的佛教區分開來的。他的支持實際上也及於佛教之外的宗教；就像巴拉巴爾（婆羅巴巖）中有紀錄的三塊石窟碑文所示，他曾經在即位十二年與十九年後（約前二四九年），向阿耆毗伽教徒捐贈石窟。但是在此同時，阿育王信仰佛教，對佛教教誨與教團抱持特別的關心，這也是從小石柱法敕等碑文中明白可以得知的事實。

關於阿育王與佛教徒的關係，首先要舉出的是他對佛跡的巡禮，以及在巡禮中的捐贈。據摩崖法敕第八章與小摩崖法敕的紀錄，他以即位十年後對摩訶菩提的訪問為開端，展開了佛跡巡禮；接著如同尼加里薩加爾石柱碑的記載，他在即位十四年後（約前二五四年），他將被認為是過去佛之一的拘那含佛的佛塔擴大兩倍後，接著大概是在前往藍毗尼巡禮的路上，再次走訪當地禮拜佛塔，並立下石柱。在即位二十年後（約前二四八年），當他前往據傳為佛陀誕生地的藍毗尼巡禮後，立下了環繞佛陀降生地的石牆與石柱，並減免該村落的租稅。

阿育王和佛教的關係不只是作為在家信者的巡禮與捐贈，同時也積極介入教團活動。在他統治的後半期、大概是在後述的石柱法敕之後，他在桑吉、鹿野苑、安拉阿巴德等地石柱上銘刻的「破僧伽法敕」中宣告，佛教與僧伽是合而為一的事物，任誰都不應將之分裂；他一方面祈求這種合一能夠永遠持續，另一方面也下令，企圖分裂僧伽的比丘與比丘尼，應該穿白衣住到僧院之外，也就是加以放逐。在鹿野苑的石碑，他又加上這樣的命令：這道敕令應傳達給比丘、比丘尼的僧伽，且大官與在家信眾也應各自保持一份抄本；他們應當在布薩（每月新月、滿月的日子舉行，確認出家者有無違反戒律的集會）的時候，集合起來確認敕令，大官更應在管轄領域內及其邊境廣傳這份敕令。

在應該是與破僧伽法敕同時期銘刻的加爾各答・巴拉特石碑中，阿育王明白表示尊敬僧伽，並表明自己對佛、法、僧三寶的尊敬與信仰，以及對佛陀教誨的讚賞；同時他也在佛陀的教誨中，特別舉出七個內容與題目，要求眾多比丘、比丘尼集團反覆聆聽其內容並加以深思，在家信眾也要同樣為之。阿育王不只介入僧伽的運作，還更進一步指出出家修行者應學的內容，這種態度可以認定成，除了自身的佛教理解與身為在家信者的義務外，對於法的相關事務，他也抱持著同樣的確信、自負與責任感。這些碑文是在他統治晚年，和石柱法敕同一時期刻成，這點清楚顯現出阿育王身為佛教徒的自信增加，與他對後述法之政治成果確信的增加，是互為一體的。

晚年

邁入晚年後，阿育王對自己的法與法之政治成果，確信益發深厚。呈現這點的，就是他在即位二十六年後（約前二四二年），於恆河流域各地豎立石柱銘刻的石柱法敕。阿育王在開頭的第一章中說，如果對法沒有非常的愛、莫大的留意、順從、對罪的畏懼以及非常的活力，要獲得現世與來世的幸福，是非常困難的；但在自己的教導下，眾人對法的關心與愛日益增強，官吏們也支持並實踐法；同時他也指出，透過法來保護、統治，透過法來讓人民歡喜，透過法來守護領域，這些都是他的原則。在接下來的第二章中，他將法定義為善、少錯誤多善行、憐憫、施捨、真實性與清淨，並誇耀自己在各種情況下給予人們洞察力，且不只是人類、也帶給其他生靈利益。在第三章中，他說，要在認識自己善行的同時、也認識自己的惡行，是件相當困難的事，但為了現世與來世的幸福，非得這樣做不可。

在第四章中，他說，就像是把孩子交給足以信賴的乳母照顧般，他把眾多人民交給司直官來教導，並賦予司直官進行自律性審判、刑罰的權限；同時他也指示，因為司法程序與刑罰需要統一性，所以對死刑犯，如果有家族懇求饒命，或者是本人為了來世更好的再生而捐贈或斷食時，應給予三天的緩衝期。在第五章中，他舉出鸚鵡、蝙蝠、烏龜等物種與家畜、帶著孩子的雌獸與出生未滿六個月的山羊和牛等具體例子來禁止殺生；不只必須禁止為了殺生而燒毀森林，或是以動物為其他動物的餌食，在特別的滿月之日等特定日子捕魚、殺害象園和漁場中的動物、對動物去勢以及對牛馬烙印等，也都要禁止。同時他也宣傳，自己即位二十六年間，進行了二十五次的恩赦。在第六章中，他主張自己在即位十二年後，為了世界的福利和幸福而銘刻法敕，追隨者以各式各樣的形式獲得法的增進，同時他也以這種方式，為世界帶來了福利與幸福。他也說，要以多元包容的態度尊重所有宗派，而他自己也認為親近這些宗派相當重要。

整整六章的石柱法敕，一方面重新定義了「法是什麼」，整體也充滿了誇耀迄今為止自己所作所為成果的色彩。但是在第四章、第五章中，在死刑犯的處置與禁止殺生方面，他下了更具體的命令，特別是有關殺生，他更對作為禁止對象的動物、狀況與時期，附加了詳細的條件。從這裡可以推斷，儘管阿育王的確信增加，並肯定自己的成果，但司直官的自律性審判權，以及法之政治初始便高唱的禁止殺生規定，一定是出現了問題，所以才要下達這種命令，在某種程度上，這也是不得不讓步的現實。

只包含在德里托普拉石柱碑中、銘刻於即位二十七年後（約前二四一年）的石柱法敕第七章，是現在所知最後的阿育王碑文；而與之相應地，它也是對迄今為止行為的概觀及回顧。在這當中，阿育王表示：（一）儘管過去的國王試著將人們的關心引向法，但人們並沒有遵從；因此他深思熟慮後，決定將法宣告給眾人聽聞，將法的知識教導給人們。於是，他命令進行法的宣告與指示，並任命向人們曉諭、解釋法的官吏。（二）他任命地方官，命他們指導人們專心致志於法。（三）他樹立法的石柱，任命正法大官，以進行法的宣告。在接下來的（四）中，他宣傳自己在街道上種植榕樹，給予動物與人庇蔭之所；每隔一定距離，他便興建芒果園、水井、休息站，在各地為動物與人建造引水處。他表示，這些事業都是為了讓人們合乎法而做的。（五）正法大官要為了所有宗派的事務而奔走；（六）且他們和其他大官也都要為了國王、王妃們、王子們及其他王族布施的分配而致力，如此方能讓世界中法的榮耀日益增長。不只如此，若世界同意我（阿育王）的善行並遵從之，人們就會順從父母與老師，對老人充滿敬意，對婆羅門、沙門、貧窮者、不幸者、奴僕的關心日益增長，將來也會不斷增長。最後在（八）中，他說要增進人們之中的法，雖然可以採立法與說服兩種方式，但以禁止殺生為例，說服的方法明顯比較有效。是故，他為了讓自己的子子孫孫、在日月存在的每一天中，永遠帶著人們遵法而行，並依循法來獲得現世與來世雙方的利益安樂，所以他將一切的行為編纂成敕命。這是阿育王對十六年法之政治進行回顧、總括的結果；他對深思熟慮之後達到的法之正確深信不疑，不斷誇耀自己的政策與官吏們的努力成果，但也深切感受到說服的重要性，這當中吐露的心聲相當讓人玩味。

關於阿育王的最後幾年，並沒有足供闡述的同時代史料存在。阿育王的統治，按往世書中的王統表，共有三十六年；據斯里蘭卡的巴利語史書《大史》，則是持續三十七年[9]。關於他之後的王統，在各種傳承間並不一致，可以確認其存在的，就只有和婆羅巴巖比鄰的那噶爾諸尼丘陵中，和阿育王一樣對阿耆毗伽教徒捐贈石窟，從而自當地碑文中得知的十車王而已。十車王被認為是阿育王的孫子，同樣具有「天愛」的稱號[10]。這種捐贈行為應該是模仿阿育王而做，但除此之外，沒有任何包含十車王在內的阿育王子孫繼續維持法之政治的形跡。

就這樣，阿育王的「生」落幕了，在他過世後半世紀左右，孔雀王朝也滅亡了，但這只是漫長「死後生」的開始。

二、阿育王的「死後生」

記憶與忘卻

在構成阿育王「死後生」的記憶中，成為主流的，是佛教徒心目中阿育王作為理想佛教王的傳說；如同後述，這種傳說隨著佛教擴展，傳播到亞洲各地。但另一方面，在印度次大陸上，現實的阿育王則被漸漸忘卻。在往世書中，儘管擁有廣大的支配領域與特異的事跡，但作為孔雀王朝第三任國王，他只是和其他國王並列、被記下在位年數而已[11]。將這種忘卻過程以令人深感玩味形式呈現出來的，就是碑文史料。

從紀年約與西元一五〇年相當、盧陀羅達摩一世的朱納格特碑文可以得知，阿育王的名字及其事跡在西印度的古吉拉特，直到二世紀中葉為止都還有人記得。這塊碑文記載了一座儲水池的修築歷程，它由旃陀羅笈多的地方行政長官普修雅古普達所興築，經孔雀王朝阿育王的臣子、臾那（希臘人）王多夏斯哈修復、擴張，再由薩迦族卡爾達馬卡王朝的國王盧陀羅達摩一世修復、擴張。碑文和阿育王的摩崖法敕同樣是銘刻在巨岩上，因此可以推測盧陀羅達摩一世是在知道阿育王事跡的情況下刻上自己碑文的。

至於和阿育王碑文銘刻在同一媒介上的碑文，則可以舉出和安拉阿巴德石柱法敕刻在同一根石柱上，四世紀下半葉笈多王朝國王三慕達羅笈多（海護王）的頌德文。不過，這篇由宮廷詩人寫成的頌德文，其內容是描寫三慕達羅笈多的武勇，他從北印度中心到德干、再到南印度甘吉的征服事業，以及臣服的諸王與領域外各勢力以各種方式表現對國王的服從、恭順，從而讚揚國王的偉業，不管在內容或形式上，都和用自己語言闡述法之政治的阿育王法敕呈對照。這塊碑文大概是有意刻在阿育王石柱上的；之所以這樣做，是因為雖然他並不見得理解法敕的內容，但知道石柱碑是過去偉大國王的產物，因此認為這根石柱是刻上國王偉業的合適媒介，從而選中了它。又，前述刻有朱格納特碑文的巨岩，包含笈多王朝國王塞建陀笈多[12]的頌德文在內，也銘刻有相當於四五五年、四五六年、四五七年至四五八年紀年的碑文，但儘管是紀念同一座儲水池之損壞與修復的內容，卻沒有提及包括阿育王在內的前任國王所進行的營造與修築[13]。

從法顯的記述中可以推測，即使是流傳著阿育王傳說的佛教徒，到了五世紀初也已經無法解讀他的碑文。法顯曾經提到，在華氏城阿育王建立之佛塔與泥梨城（後述的地獄）旁立有兩根石柱與銘文，但其內容與實際的阿育王碑文出入頗大，反而是因襲了後述的阿育王傳說[14]。故此，即使是告訴法顯內容的當地佛教徒，應該也已無法解讀阿育王碑文了。七世紀前半走訪印度的玄奘，也曾提到包含上述遺跡在內、與阿育王建立佛塔相關的石柱碑，但內容同樣與實際的阿育王碑文相差甚遠[15]。

呈現忘卻阿育王的決定性遺物，是現在豎立在德里的兩根石柱。這兩根石柱是十四世紀德里蘇丹國圖格里克王朝的蘇丹菲魯茲沙阿，分別從現在哈里亞納邦的托普拉以及現在北方邦的密拉特兩地，運到位於德里室內的首都菲羅札巴德（現在的菲魯茲沙阿宮殿〔Firūz Shāh Kotla〕遺跡）以及獵宮當中的。根據史書《菲魯茲沙阿之書》所述，當時碑文已經沒有任何人能夠解讀，但他們主張在一部分的梵書中，曾經寫到「直到名叫蘇丹菲魯茲的大王時代為止，沒有任何人可以將這根柱子搬離原地」[16]。

就像這樣，阿育王碑文經過時間變得無法解讀，而留下這些碑文的現實阿育王，也和上面記載的話語、業績一起遭到了遺忘。但另一方面，在佛教徒之間，作為理想佛教保護者的阿育王傳說，卻被不斷傳述、廣為流傳。

理想的佛教王

阿育王傳說在佛教徒間最早的成形，包括了公認落成於前一世紀下半葉的桑吉佛塔塔門浮雕上，描繪著後來阿育王傳說的軼聞，以及在應當是建立於一到三世紀間、卡納卡塔邦的卡納加納哈利佛塔遺址中，發現了拿著「阿育王」標記的肖像浮雕等，都可以明白察知[17]。至於傳說開始有更明確的形象，則是包含在梵語佛教故事集《天譬喻》(*Divyāvadāna*)中的〈阿育王傳〉；這篇傳記後來幾乎原封不動被翻譯成漢語的《阿育王傳》（三〇六年，安法欽譯）與《阿育王經》（五一二年，僧伽婆羅譯）。這些記述中共同描述的阿育王人生，可以概括如下[18]：

阿育王的前生是一位叫做德勝的少年；德勝將土施捨到托缽化緣的佛陀缽中，於是佛陀預言說，在佛滅一百年後，他將會轉生為統治四分之一世界的轉輪王，並建立八萬四千座佛塔。轉生為孔雀王朝頻頭莎羅（賓頭娑羅）王之子的阿育（阿輸迦／阿恕伽），因為相貌不揚而不為父王所喜，但有位相師預見他會成王，於是他被派去處理叉尸羅城的叛亂，並讓事件和平收場。這時國王患了重病，打算讓長子蘇深摩繼位，但大臣們使計讓阿育即位，謀殺了蘇深摩。即位之後的阿育王因為多行殘暴，被稱為「惡阿恕伽」（惡虐的阿育）。阿育王設置了模仿地獄的牢獄，將在其中迷途的人們一一殺害，但有一位誤入地獄、名叫海的比丘，在牢獄中輾轉七日後證得了阿羅漢道；海將佛陀的預言告知阿育王，阿育王遂洗心革面、皈依三寶，發誓要建立大量佛塔。阿育王從藍摩國之塔以外的七座佛塔中取出佛舍利，並在夜叉與耶舍長老（上座夜舍）的助力下，同時在全境建立八萬四千座納有佛舍利的寶塔。因為他的這般行為與對佛教的保護，人們都改稱他為「正法王」（守正法的阿育）。

佛塔建立後，阿育王在馬圖拉（末突羅）高僧優波掘多的引領下，開始參拜佛跡。阿育王對佛陀在底下開悟的菩提樹特別信仰，捐贈了珍貴的寶物，屢屢前往當地巡禮，結果第一夫人帝舍羅叉誤以為阿育王是去討好女性，大為嫉妒，便設法咒殺了這棵樹，但後來明白是自己的誤解，於是又讓它活過來。阿育王大喜，再次造訪菩提樹，對之進行供養，並集合國內的比丘，舉行五年會（五年一度的大規模布施法會）進行大布施；這時，他與第一王子駒那羅相互較勁，將自己與家族都布施給僧伽，然後再由大臣們贖回。阿育王在菩提樹四周築起圍牆，灌入香湯，樹木遂恢復原樣。到了阿育王晚年，駒那羅因為帝舍羅叉的陰謀而失明；不只如此，當阿育王虐殺侮辱佛陀的阿耆毗伽教徒和耆那教徒（尼乾陀子）時，又把出家成為比丘的弟弟宿大哆誤當成耆那教苦行者殺害，王族之內悲劇不斷上演。阿育王自己也因為從國庫捐獻莫大金錢給僧伽，遭到憂心的大臣與自己的繼承人駒那羅之子貳摩提所囚。阿育王屢屢將餐具捐贈出去，最後把手中剩下的半顆菴摩羅果（一種柑橘）也送給僧伽，並在臨死的臥榻上宣布，要將除了國庫以外的整片大地（閻浮提），全施捨給僧伽。阿育王過世後，大臣們從僧伽手上將閻浮提買回，並立貳摩提為新王。

對於阿育王的生平與行為，這篇傳說只用他與佛教間的關係來加以闡述。不管阿育王身為轉輪王的人生，或是駒那羅的失明與宿大哆的死，全都是過去所生「業」的結果。阿育王展現主體性的地方，只有對佛教的信仰，以及自建立八萬四千座佛塔開始的捐贈而已，但就連這些也是在比丘引導下的產物。對於羯陵伽戰爭結果的悔悟，也被即位後的殘暴行為，以及在比丘引領下的洗心革面、皈依佛教所取代。確信自己的正當性，介入佛教僧伽運作與教育的阿育王身影，在這裡完全看不見。甚至連他當成普遍倫理提示的法，也被重新解讀成佛教的法，於是提倡各宗派融合的阿育王，變成了虐殺其他宗派的國王。就像這樣，傳說所創造出來的，是個完全偏離自己在碑文中所呈現、身為理想佛教王的阿育王。伴隨佛教廣傳到亞洲各地的，就是這樣的阿育王，以及以他為樣板創造、發展出來的轉輪王概念[19]。

佛教與阿育王傳說的擴大，首先是以將始祖與阿育王連結的建國神話形式為之。根據用藏語寫成的于闐王國建國神話，該國的始祖薩努是阿育王的兒子，但因為父王恐懼他的力量，所以遭到捨棄，之後被中國的國王養育長大。八世紀興起於雲南的南詔，也同樣把自己的譜系連結到阿育王的子孫[20]。

阿育王傳說傳到南北朝時期的中國，被翻譯成漢文，各地也都陸續出現「發現」被認為是阿育王八萬四千塔之一的阿育王塔，並由南朝皇帝加以修復的事例[21]。梁武帝在五三七年修建了阿育王塔；不只如此，他還仿效阿育王供養菩提樹之際的五年會，將自己捐贈出去、再由國庫贖回，如此進行四次捨身[22]。更積極模仿阿育王的，是北朝與從其發展而來的統一王朝皇帝們。其中特別顯著的是隋文帝，他在仁壽年間（六〇一—六〇四年）將佛舍利分到全國、建立舍利塔；這項行為在《法苑珠林》所收錄的隋觀德王楊雄的〈慶舍利感應表〉中，將之比擬為阿育王的建塔，並大加讚美[23]。一時撤廢唐朝、建立周朝的武則天，在為了將自己即位為皇帝正當化而編纂的《大雲經疏》中，主張要發願建立八百零四萬座舍利塔，並在六九三年自稱金輪神聖皇帝。這個稱號的意思是，她已經超越了統治世界四分之一的鐵輪王、建立八萬四千塔的阿育王，是統治四方的金輪王[24]。對阿育王的模仿在後代也仍持續不輟，十世紀下半葉的吳越王錢弘俶，就建立了用鐵、銀、銅造成的八萬四千座小塔，在其中收納印刷的《寶篋印經》，並在各地進行供奉。十二世紀末，日本的後白河院（一一二七—一一九二年）與源賴朝（一一四七—一一九九年）也同樣命令製作收納《寶篋印經》的八萬四千塔，由此可見作為理想佛教王的阿育王模仿，也傳到了日本[25]。

和以上北傳的阿育王傳說同樣流傳後世、產生重大影響的，是斯里蘭卡編纂的巴利語史書中留存的南傳阿育王傳說。四世紀成書的《島史》所記載、強調的阿育王事跡及其統治，大致如下所述[26]：當阿育王還是王子、被派去擔任鄔闍衍那太守之際，途中停留在毗底沙，和商人的女兒黛維誕下了兒子摩哂陀[27]與女兒僧伽蜜多。之後阿育王殺害了一百名兄弟，在佛滅後二一八年即位；即位後三年，他信奉著非佛教的「外道」，但在聽了少年比丘尼瞿陀的教誨後便皈依三寶，成為在家信者。他在三年內建立了八萬四千座精舍（僧院），靠著比丘之力讓它們同時顯現，並在長老目犍連子的勸告下，允許摩哂陀與僧伽蜜多出家。為了釐清異教徒滲入的僧伽教義，目犍連子在華氏城進行了佛典第三次集結，確立了上座說（theravāda）。阿育王向各國派遣佛教的傳教師，特別是將摩哂陀派往斯里蘭卡。斯里蘭卡王天愛帝須[28]和阿育王之間也進行使節和禮物的交換，阿育王送來信件，勸帝須皈依佛教，同時因為阿育王的餽贈，促使帝須展開了第二次即位儀式。一個月後，摩哂陀一行來到斯里蘭卡，自帝須王以下眾多男女都皈依了佛教。國王之後建立了大寺，還捐贈了塔園（大雲林，供養佛陀舍利的場所）。接著帝須又請阿育王派遣使者前來，結果手持菩提樹枝的僧伽蜜多帶著比丘尼們到來，是為比丘尼僧伽的始祖。

雖然在殺害兄弟王子、因為一位比丘的教誨皈依佛教、對應八萬四千塔的八萬四千僧院等方面，這個傳說和北傳的阿育王傳說有著共通要素，但它視為重點的，反而是北傳中不曾提到的第三次集結，以及接下來的傳教師派遣，特別是摩哂陀。在這當中，我們可以看到從阿育王碑文中得知的破僧伽法敕以及向各國派遣使者宣布法的些許影子，因此這傳說很有可能是納入實際的阿育王事跡，再以佛教架構重新構成的；但我們也可以清楚看出，這個傳說的目的是為了主張傳往斯里蘭卡的上座部佛教的正統性，特別是大寺派[29]，而阿育王則是具有提供這種正統性的功能。故此，斯里蘭卡的上座部佛教與比丘尼僧伽的始祖摩哂陀與僧伽蜜多，被認為是阿育王的子嗣，且摩哂陀之師目犍連子進行第三次集結、確立上座說，也是在阿育王統治期間發生的事。佛教傳來時的斯里蘭卡王帝須，也和阿育王同樣擁有「天愛」的稱號，並被設定為在和阿育王交流的結果下，進行了第二次即位儀式。在《大史》與之後的史書、注釋文獻中，也納入了王妃枯殺菩提樹等和北傳共通的主題，讓傳說變得更精緻化，但基本路線仍維持不變。就這樣，阿育王以和北傳相異的形式，成為賦予上座部佛教正統性的理想佛教王。

隨著上座部佛教從斯里蘭卡擴大到東南亞大陸地帶，形成「巴利佛典圈」[30]，作為理想佛教王的阿育王，也在史書中流傳下來。十二世紀讓大寺派一統斯里蘭卡上座部佛教的波羅迦羅摩巴忽一世（一一五三—一一八六年在位）的行為，就被碑文與史書《小史》比擬為阿育王的第三次集結[31]。就算在東南亞，十一世紀的蒲甘王江喜陀（一〇八四—一一一三年在位）與十五世紀的蘭納國王蒂洛卡拉伊（一四四二—一四八七年在位），在後代史書的描繪中，也有模仿阿育王建造佛塔、淨化僧伽與經典編纂等舉動[32]。對阿育王的模仿到近代也仍持續，一八七一年，緬甸貢榜王朝的敏東王（一八〇八—一八七八年）也在曼德勒主持了佛典的第五次集結。

就這樣，作為理想佛教王的阿育王形象，隨著北傳、南傳各自的佛教傳播，廣傳到亞洲各地，成為支配者們的典範。但是這種「死後生」，和他自己在碑文中闡述的「生」，相距甚遠。對阿育王自己的話語以及「生」的重新發現，要等到他過世超過兩千年後的近代。

從重新發現到新的理想形象

近代對阿育王的「重新發現」，是來自英國殖民支配下開始的近代印度學，特別是碑文學。以一七八四年孟加拉亞洲學會的設立為契機，南亞碑文的研究正式展開；在這種研究中，儘管對較晚近碑文的解讀、校訂獲得了著實的成果，但對文字迥異的最初期碑文解讀，仍是困難的課題。對這些碑文使用的婆羅米文字與佉盧文解讀做出很大貢獻的，是當時孟加拉亞洲學會的幹事、也是會刊的總編輯詹姆斯·普林塞普（James Prinsep）。普林塞普在一八三四年的論文中，舉出安拉哈巴德石柱碑、也就是後來判明為阿育王石柱法敕的碑文，假定上面用的文字是最古老的文字，將之和後來陸續發現的各碑文文字進行比較，從而一一解明了文字與其所附有的母音記號；直到一八三八年在論文中發表文字表為止，他已經解明了幾乎全部的婆羅米文字。他也進行了阿育王碑文的校訂與翻譯，雖然一開始他把「天愛喜見王」誤認為斯里蘭卡的「天愛帝須王」，但在其他研究者的貢獻下，我們終於對阿育王有所認識。又，自一八三五年以降，對刻在大夏印度、希臘人國王的貨幣背面，用無法解讀文字寫成的銘文，和正面希臘文銘文的比較解讀也展開了；研究的結果發現，希臘人國王的名字幾乎都是直接用音轉方式寫成，而這種書寫方式並非如一開始的預想，是用中古波斯語等閃系語言所寫成，而是用印度系語言，這為之後佉盧文字的解讀奠立了基礎[33]。隨著普林塞普對婆羅米文字的解讀，以及之後發現的阿育王碑文的解讀，讓阿育王自身的話語在兩千多年以後重新甦醒。

透過阿育王碑文的解讀，對阿育王與孔雀王朝的重新發現，讓印度歷史增添了新的一頁。二十世紀初期以降，結合碑文史料與文獻史料的阿育王傳記，在西歐、印度兩方的史家筆下被撰寫而出，關於阿育王與孔雀王朝的歷史，也成了處理印度古代史書籍所必備的內容。在高漲的反殖民民族主義情緒中，曾經幾乎統一次大陸全境的孔雀王朝帝國，不只是過去的榮耀，更被當成是將來印度國家的先驅。然而，也有在阿育王身上發現更加現代意義的人物，那就是印度共和國的首任總理尼赫魯。

一九三二年三月三十日，尼赫魯在從獄中寄給女兒英迪拉（後來的英迪拉．甘地／甘地夫人〔一九一七—一九八四年〕）的信中，引用了H. G. 威爾斯的《世界史綱》，對阿育王表示了最高的讚賞[34]。同樣的記述在他同樣於獄中撰寫、於一九四六年刊行的《印度的發現》中，又重複了一次[35]。在這當中，尼赫魯強調的阿育王行為與美德，包括了雖然身為勝利者卻放棄戰爭、對政務的勤勉，特別是不論何時都聆聽陳情與報告的態度、對亞洲各國宣傳佛教、派遣使者到各國，以及對宗教的寬容等。作為獨立印度國家的首任總理，尼赫魯對內以民主主義立足、秉持世俗主義原則來整合多宗教國家，對外則在冷戰之中，尋求亞洲諸國攜手合作以獲致和平；對這樣的尼赫魯而言，阿育王正是他的理想典範。

對尼赫魯而言，阿育王不僅是他自己心中的理想而已；最能呈現這點的，就是印度的國旗與國徽了。一九四七年，尼赫魯將一九三一年以來就使用的印度國民大會旗採用為印度國旗，但在上面做了一個微小卻重大的變更，那就是將旗幟中央象徵大眾的甘地之紡車，改換成阿育王的法輪[36]。一九五〇年正式採用的印度共和國國徽，也是將裝飾在鹿野苑阿育王石柱上的獅子柱頭加以意象化的產物。就這樣，阿育王成了新國家印度的象徵。

在近代被重新發現並被賦予現代意義的阿育王理想，和包括尼赫魯自己任內的印度國家處世態度，並不見得一致；這點在印度現代史中，強化武裝、與鄰國進行戰爭、武力鎮壓國內反對勢力、歷經宗教社群間暴力等事跡，都清楚呈現出來。在大國意識高漲、不斷推進基於單一宗教之多數派民族主義的現今印度，阿育王又會度過怎樣的「死後生」？

三慕達羅笈多（約三五〇—約三七五年在位）

笈多王朝首任國王旃陀羅笈多一世（約三一九—約三五〇年在位），與北比哈爾梨車王朝公主庫瑪拉蒂瓦所生之子。根據雕刻安拉哈巴德石柱碑的家臣哈里皆納所撰的頌德文，是父王在並排的王子面前，親自選擇了三慕達羅笈多為繼承人；只是也有人指出，在他統治初期，很有可能爆發了其他王子的叛亂。頌德文中不只歌頌國王隻身擊破敵人、身經百戰、身上滿是各式各樣武器留下的傷痕，充滿了美感與優秀的武勇，同時也稱讚他的學識、詩才與樂才。關於國王的音樂才能，有描繪他彈奏琵琶之姿的金幣可以為證。

三慕達羅笈多更為人所知的，是他所從事的大規模征服。他首先著手征服北印度中心的雅利安．伐爾塔，安拉哈巴德碑文中有兩處分別列舉了敵方國王的名字，並記述「國王以力量根絕了他們」。透過這場征服，國王把北印度的領土一路擴展到中央邦的耶蘭，接著又對南印度展開遠征。從前述碑文中列舉出的地名和王名，可以知道他是經由德干東部穿過半島東海岸，再從現在泰米爾納德邦的甘吉布勒姆附近南下。對於這一帶的國王，他在征服後讓他們重新復位，並要求他們承認他的宗主權。不只如此，包括中央印度林住部族的首長、東印度、阿薩姆、尼泊爾等邊境國王、西北印度的寄多羅勢力與西印度的薩特拉普勢力（薩迦人），還有以斯里蘭卡為首的全部島嶼居民，都臣服於三慕達羅笈多，或者與他締結外交關係。雖然關於國王對南印度征服的實際狀態，以及他與領域外勢力的關係，仍有許多不明之處，但三慕達羅笈多透過征服，將北印度大半納入笈多王朝的支配領域，並對南亞更廣泛的領域普及其影響力，這些都是確切的事實。

根據子孫的碑文，三慕達羅笈多也以征服諸國的霸主之姿，舉行大規模的吠陀祭典馬祭而著稱。透過征服與吠陀祭典呈現的三慕達羅笈多王權，和阿育王的法可說是呈現兩極對照[37]。

詹姆斯．普林塞普（一七九九—一八四〇年）

他是以栽培靛藍獲致鉅富、之後成為國會議員的約翰．普林塞普的第七個兒子，一七九九年八月二十日生於倫敦。詹姆斯從小就展現設計才能，並以成為建築家為職志，但因為罹有弱視而放棄念頭改學化學，之後進入皇家製幣局，擔任分析試驗官學徒。一八一九年，他被任命為加爾各答製幣局的輔佐分析試驗官，遠渡印度，受到以分析試驗官著稱、同時也是印度學者的威爾森（Horace Hayman Wilson）薰陶。到任後不滿一年，他又被任命為貝那拉斯製幣局的分析試驗官；除了試驗官的業務外，他也進行建築物的設計修正、下水道的整飭等，並且繪製了貝那拉斯（今瓦拉那西）最初的地圖，在人口普查等方面也大展身手。

一八三〇年貝那拉斯製幣局被廢除，他又回到加爾各答製幣局擔任副分析試驗官，並在威爾森的推薦下，成為孟加拉亞洲學會的成員。一八三二年，他成為學會的科學期刊《科學拾遺》（*Gleanings in Science*）總編輯，並在一八三二年將之發展成《孟加拉亞洲學會誌》（*Journal of the Asiatic Society of Bengal*）。同年，威爾森因獲得牛津大學職務歸國，他繼任協會幹事，轉而投身印度史研究，對引進科學方法的研究提供了莫大貢獻，特別是在貨幣學與碑文學研究上成果重大。關於前者，他一方面接受在阿富汗與印度各地活動的軍人探險家捐贈的物品，擴充學會的收藏，同時也透過銘文的解讀，來比對發行的印度—希臘、印度—安息、貴霜諸王的身分。至於後者，他最大的貢獻則如前述，在於婆羅米文字與佉盧文字的解讀。除了這些學術上的成果外，在應對功利主義者主導下、推動教育英語化的政府東方研究對協會所造成的壓力，還有長久困擾協會的財政困難，他仍設法維持協會的積極研究與出版活動，也都是他所達成的重要成績。

一八三八年，染病嚴重的普林塞普離開了印度，回到英國。回國後他的病況並沒有改善，最後在一八四〇年四月二十二日於倫敦與世長辭，享年四十歲。他的英年早逝，讓許多東方學者深感悼念。

普林塞普身為東方學者的活動，只有非常短的六年而已，但他靠著精通各個範疇所達成的研究成果，成了直至現今研究的基礎[38]。

其他人物

一、阿育王的前時代、同時代人

頻毗娑羅

約前五四六—約前四九四年在位，摩揭陀王。在王舍城建都，吞併了東北的鴦伽國，將摩揭陀發展成和憍薩羅相當的強國。被認為是跟佛陀同時代的人物，在佛典中屢屢描寫到他前來造訪佛陀的情況。據佛典所言，他在晚年被兒子阿闍世幽禁並遭殺害。

阿闍世

約前四九四—約前四六二年在位，摩揭陀王。在位期間征服了西北方的憍薩羅、北方的跋耆國；在征服跋耆者之際於波吒釐之地築城，為後來的華氏城奠立了發展基礎。佛陀逝世時獲得其遺骨，在王舍城建立佛塔，並在該城郊外開鑿了七葉窟，對第一次經典集結施予援助。根據佛典記載，他是將父王囚死後繼任王位的。

摩訶帕德摩難陀

前四世紀人，難陀王朝的始祖。篡奪了童龍王朝的王位，成為摩揭陀王。根據希臘、印度雙方的文獻所示，他是賤民出身。往世書對難陀王朝根絕剎帝利各王朝的行為深表感嘆。

亞歷山大三世（大帝）

前三五六—前三二三年，馬其頓王。繼承父親腓力二世成為科林斯同盟盟主、支配希臘後，在前三三四年展開東征；在伊索斯、高加米拉擊破大流士三世後，於前三三〇年滅波斯的阿契美尼德王朝。之後，征服了直到索格底亞那（粟特）的中亞，以及直到比亞斯河的印度次大陸西北部，但遭到士兵的反對，於是放棄更進一步的入侵，於前三二五年沿印度河口南下，經由格德羅西亞沙漠回到蘇薩。前三二三年轉移到巴比倫，計畫環阿拉伯半島航行，卻因熱病而逝世。

旃陀羅笈多

約前三一七—約前二九三年在位，孔雀王朝的創始者；在希臘語史料中，稱之為「桑德洛克托斯」。前三一七年左右在摩揭陀邊境舉兵推翻難陀王朝，將勢力擴展到西北印度與德干。根據耆那教的傳說，他在晚年皈依了耆那教，將王位讓給兒子賓頭娑羅後出家前往南印度，過著苦行生活以終。

塞琉古一世（勝利者）

約前三五八—前二八一年，塞琉古王朝敘利亞的首任國王。在亞歷山大三世征服中亞、入侵印度的戰爭中擔任指揮官，在大帝逝世後的前三二一年成為巴比倫總督，但在五年後遭安提柯一世放逐。在埃及的托勒密一世協助下，他在前三一二年奪回巴比倫總督之位、驅逐了安提柯派，並在底格里斯河畔興建了首都塞琉西亞，穩固權力。之後在前三〇六年，他經伊朗高原征服了巴克特里亞，稱王。雖然他試圖入侵印度、奪回東方領土，但敗給孔雀王朝的旃陀羅笈多而受阻。透過以上的征服，他幾乎徹底支配了阿契美尼德波斯的所有舊地。前二八一年，他又擊破了色雷斯、小亞細亞、馬其頓之王利西馬科斯，渡海前往歐洲，準備征服馬其頓本國，卻遭到從埃及流亡而來的托勒密一世之子托勒密·克勞諾斯所暗殺。

麥加斯梯尼

前四世紀人，塞琉古王朝派往孔雀王朝華氏城宮廷的使節。走訪了首都華氏城，回來後將當時見聞的行政制度與印度社會寫成《印度志》。雖然其原本現已不存，但因為受到以阿里安為首的作家引用，所以還有片段流傳至今；就孔雀王朝時代的印度，他提供了雖包含不正確內容、卻相當重要的資訊。

賓頭娑羅

約前二九三—約前二六八年，孔雀王朝第二任國王，在希臘語史料中稱為「阿米特羅卡迪斯」。根據三世紀阿特納奧斯的記述，他曾經送信給敘利亞王安條克一世，請他送來葡萄酒、無花果乾與哲學家。據北傳的阿育王傳說，曾有信奉阿耆毗伽教的相師侍奉他。

安條克二世「神」

約前二八七—前二四六年，塞琉古王朝第三任國王。繼承父親安條克一世，為取得敘利亞南部、巴勒斯坦與腓尼基，和埃及的托勒密二世展開第二次敘利亞戰爭，但最後娶了托勒密二世的女兒貝勒尼基，兩國達成和平。在與埃及的長期戰爭中，失去了叛亂獨立的安息與巴克特里亞。最後被離婚的前妻勞迪絲在安條克毒殺。

托勒密二世「愛手足者」

前三〇八—前二四六年，托勒密王朝埃及第二任國王。繼位父親托勒密一世後，給予父親「救主」的諡號、將之神格化，並創立頌揚父親的「托勒密節」。前二七二年在自己和妻子（親姊姊阿爾西諾伊二世）尚在世的時候，就將兩人神格化。歷經兩次敘利亞戰爭後和塞琉古王朝達成和平，但在愛琴海的制海權上敗給安提柯二世，從而喪失了海上的優勢。

安提柯二世「戈努斯人」

約前三二〇—前二三九年，安提柯王朝馬其頓首任國王。前二八六年父親提米特里一世征服小亞細亞失敗、被塞琉古王朝囚禁後，支配了剩下的希臘領土。在圍繞馬其頓的爭鬥中，塞琉古一世遭暗殺，被選為馬其頓王的暗殺者托勒密．克勞諾斯也因為凱爾特人的侵略而被殺，於是在前二七七年被軍隊選為馬其頓王；歷經七年的戰爭後，確立了安提柯王朝的支配。

馬加斯

約前三〇〇—約前二五〇年，昔蘭尼王。前三七年，因為母親貝勒尼基一世與托勒密一世再婚而成為埃及王室一員，被任命為昔蘭尼加（今利比亞東部）的總督。托勒密一世逝世後企圖獨立，於前二七六年稱王。與塞琉古王朝安條克一世的女兒阿帕瑪結婚，並和該王朝一起在前二七四年攻擊托勒密王朝，但由於利比亞遊牧民的叛亂而放棄作戰，將女兒貝勒尼基二世嫁給托勒密三世，和該王朝締結同盟，維持獨立。

亞歷山大二世（伊庇魯斯王）

約前二七二—約前二五五年在位。繼承父親皮洛士的地位，繼續自父親時代展開的與安提柯二世的戰爭。雖然一度攻陷馬其頓，但又被安提柯二世的兒子德米特里二世打敗，不只失去了馬其頓，連伊庇魯斯也喪失，逃到阿卡納尼亞苟延殘喘。之後，他在阿卡納尼亞人與埃托利亞人的援助下，奪回了伊庇魯斯。又，也有人認為阿育王派遣使節的「亞歷山大」，是指科林斯王亞歷山大（前二五二—前二四四年在位）。

二、後世的人物

盧陀羅達摩一世

約一三〇—約一五〇年在位，薩迦族西薩特拉普王朝國王。繼位祖父查修塔納之後，自稱「大總督」。據朱納格特碑文所述，他征服了摩臘婆、索拉什特拉、古吉拉特、北康坎、納爾默達河流域的馬赫斯赫瓦爾等地域，又兩度擊破了百乘王朝的喬達謎布陀羅．娑多迦羅尼。這篇朱納格特碑文，是以梵語寫成的最初頌德碑文而著稱。

法　顯

三三七—四二二年，中國東晉的僧侶。三九九年經中亞前往印度，之後經由斯里蘭卡的海路於四一三年歸國。他的遊記《法顯傳》，是關於當時中亞與印度的重要史料。在他訪問印度的紀錄中，屢屢提及阿育王傳說，以及被認為是阿育王建立的佛塔。

玄　奘

六〇二—六六四年，中國唐代的佛教僧侶。七世紀前半戒日王統治時，穿越中亞造訪了印度。他所留下的《大唐西域記》、《大唐大慈恩寺三藏法師傳》等紀錄，為當時的印度、特別是以那爛陀寺為首的

佛教中心，提供了重要的資訊。他也屢屢提及和各地佛跡有關的阿育王傳說，以及被認為是阿育王建立的佛塔。（參照第二卷第三章）

菲魯茲沙阿・圖格里克

一三〇七／八—一三八八年，德里蘇丹國圖格里克王朝第三任蘇丹。繼穆罕默德・本・圖格里克之位為蘇丹後，並未進行大規模軍事遠征，而是將支配限於北印度，並在各地興建灌溉設施與清真寺。在德里建立了首都菲羅札巴德。

梁武帝

四六四—五四九年，中國南朝梁的首任皇帝，姓名為蕭衍。虔信佛教，不只自己受菩薩戒，也講述經典。（參照第二卷第六章）

隋文帝

五四一—六〇四年，中國隋朝的首任皇帝，姓名為楊堅。幼年時為尼僧養大，親近佛教，成為皇帝後推行各種振興佛教政策。（參照第二卷第六章）

武則天

六二四—七〇五年，中國歷史上唯一的女皇帝。從唐高宗的寵妃升任皇后，接著在高宗逝世後又建立周（武周）朝，成為皇帝。（參照第三卷第一章）

錢弘俶

九二九—九八八年，吳越國第五任國王。第二任國王錢元瓘的第九個兒子，代替兄長錢弘倧即王位。九六〇年北宋建國以降，為了避宋太祖父親的諱，改名為錢俶。九七八年向宋太宗獻上國土、人民、士兵投降，連同家族一起移居開封；北宋封他為淮南國王、南陽國王、許王、鄭王。除了建造阿育王塔以外，還建立、修築許多寺院與佛塔，並進行經典的研究、蒐集、製版，積極從事佛教的保護與支援。

尼赫魯

一八八九—一九六四年，印度的民族運動家，後來成為印度共和國首任總理。（參照第十二卷第九章）

甘地

一八六九—一九四八年，印度獨立領袖。使用紡車作為獨立與自給自足的象徵。（參照第十一卷第九章）

注釋

1. Norman, K. R., "The Languages of the Composition and the Transmission of the Aśokan Inscriptions", in Patrick Olivelle, Janice Leoshko and Himanshu Prabha Ray (eds.), *Reimagining Aśoka: Memory and History,* New Delhi: Oxford University Press, 2012.
2. 山崎元一，〈從十六大國到孔雀帝國〉，山崎元一、小西正捷編，《世界歷史大系　南亞史I——史前、古代》，山川出版社，二〇〇七年。宮元啓一，〈宗教、思想史的展開〉，山崎元一、小西正捷編，《世界歷史大系　南亞史I——史前、古代》，山川出版社，二〇〇七年。
3. 山崎，前引二〇〇七年。
4. 山崎元一，《阿育王傳說的研究》，春秋社，一九七九年。
5. 關於阿育王碑文的英譯與原文，請參照Thapar, Romila, *Aśoka and the Decline of the Mauryas*, 3rd ed., New Delhi: Oxford University Press, 2012, Appendix V; Hultzsch, E. (ed.), *Corpus Inscriptionum Indicarum Vol. 1 Inscriptions of Aśoka,* reprint, New Delhi: Archaeological Survey of India, 1991。
6. 山崎，前引一九七九年。
7. 關於阿育王的法與法之政治，請參閱山崎，前引一九七九年。
8. 關於阿育王的林住部族民政策中所見的問題，請參閱Parasher-Sen, Aloka, "Of tribes, hunters and barbarians: Forest dwellers in the Mauryan period", *Studies in History,* 14, 2, 1998。
9. 山崎，前引一九七九年。

10. Sircar, D. C. (ed.), *Select Inscriptions Bearing on Indian History and Civilization Vol. 1: From the Sixth Century B. C. to the Sixth Century A. D.*, 2nd ed., Calcutta: University of Calcutta, 1965.

11. Pargiter, F. E. (ed.), *The Purāṇa Text of the Dynasties of the Kali Age: With Introduction and Notes*, reprint, Delhi: Deep Publications, 1975.

12. 約四五五—約四六七年在位，笈多王朝第五任國王鳩摩羅笈多（約四一五—約四五五年在位）之子，以擊退入侵印度西北部的外族嚈噠人而著稱。

13. Sircar，前引書。

14. 長澤和俊，《法顯傳　譯注解說——北宋本、南宋本、高麗大藏經本、石山寺本　四種影印及其比較研究》，雄山閣，一九九六年。

15. 玄奘著，水谷真成譯，《中國古典文學大系22 大唐西域記》，平凡社，一九七一年。

16. Singh, Upinder, *A History of Ancient and Early Medieval India: From the Stone Age to the 12th Century*, Delhi: Pearson Education, 2008.

17. 山崎，前引一九七九年；Singh，前引書。

18. 山崎，前引一九七九年；定方晟，《阿育王傳》，法藏館，一九八二年。

19. 山崎元一，《古代印度的王權與宗教——王與婆羅門》，刀水書房，一九九四年。

20. 山崎，前引一九七九年。

21. 河上麻由子，《古代亞洲世界的對外交涉與佛教》，山川出版社，二〇一一年。Deeg, Max, "From the Iron-Wheel to

Bodhisattvahood: Aśoka in the Buddhist Culture and Memory", in Patrick Olivelle (ed.), *Aśoka: In History and Historical Memory*, Delhi: Motilal Banarsidass, 2009.

22. 河上，前引書。

23. Deeg，前引書。

24. 大西磨希子，〈則天武后與阿育王——關於儀鳳年間的舍利頒布與《大雲經疏》〉，《敦煌抄本研究年報》一四，二〇二〇年。

25. 馬場紀壽，〈陀羅尼跨海而來——斯里蘭卡的經典傳播與東亞的佛教文化〉，羽田正編，《全球史與東亞史》，東京大學出版會，二〇一六年。誠如馬場的論述，錢弘俶建造八萬四千塔與後白河院的模仿，除了阿育王傳說以外，還包括了作為佛陀法身的緣起法頌、陀羅尼對塔與佛像的納入，以及斯里蘭卡與中國的交流等各種複雜要素糾結其中。

26. 山崎，前引一九七九年。Oldenberg, Hermann (ed. and tr.), *The Dîpavaṃsa: An Ancient Buddhist Historical Record*, reprint, New Delhi: Asian Educational Services, 1982.

27. 前三世紀，被認為是將斯里蘭卡傳入佛教的僧侶。

28. 前二五〇—前二一〇年在位，被認為是和阿育王同時代的斯里蘭卡王。

29. 馬場紀壽，〈斯里蘭卡史書的誕生〉，《東方學》一三三，二〇一七年。

30. 馬場紀壽，〈巴利佛典圈的形成——從斯里蘭卡到東南亞〉，新川登龜男編，《佛教文明的迴轉與表現——文字、言語、造型與思想》，勉誠出版，二〇一五年。

31. Gunawardana, R. A. L. H., *Robe and Plough: Monasticism and Economic Interest in Early Medieval Sri Lanka*, Tuscon: The

University of Arizona Press, 1979.

32. Swearer, Donald K., *The Buddhist World of Southeast Asia,* Albany: State University of New York Press, 1995.

33. Salomon, Richard, *Indian Epigraphy: A Guide to the Study of Inscriptions in Sanskrit, Prakrit, and the Other Indo-Aryan Languages,* New York: Oxford University, 1998.

34. 尼赫魯著，大山聰譯，《父親告訴孩子的世界歷史》，一，Misuzu書房，一九六五年。

35. 尼赫魯著，辻直四郎、飯塚浩二、蠟山芳郎譯，《印度的發現》，上，岩波書店，一九五三年。

36. Josh, Bhagwan, "Aśoka, Historical Discourse, and the Post-Colonial Indian State", in Patrick Olivelle, Janice Leoshko and Himanshu Prabha Ray (eds.), *Reimagining Aśoka: Memory and History,* New Delhi: Oxford University Press, 2012.

37. 古井龍介，〈笈多王朝的政治與社會〉，山崎元一、小西正捷編，《世界歷史大系　南亞史Ⅰ——史前、古代》，山川出版社，二〇〇七年；Sircar，前引書。

38. Kejariwal, O. P., *The Asiatic Society of Bengal and the Discovery of India's Past 1784-1838,* Delhi: Oxford University Press, 1988; Losty, J. P., "Prinsep, James (1799-1840)", *Oxford Dictionary of National Biography,* Online Version, 2004 (latest version 21 May 2009), https://doi.org/10.1093/ref:odnb/22812 (last accessed 18 June 2022).

參考文獻

森谷公俊，《興亡の世界史 第1巻　アレクサンドロスの征服と神話（興亡的世界史　第一卷　亞歷山大的征服與神話）》，講談社，二〇〇七年

山崎元一，《アショーカ王とその時代（阿育王與其時代）》，春秋社，一九八二年

山崎元一、小西正捷編，《世界歴史大系　南アジア史1——先史・古代（世界歷史大系　南亞史Ⅰ——史前、古代）》，山川出版社，二〇〇七年

Adams, Winthrop Lindsay, "The Hellenistic Kingdoms", in Glenn R. Bugh (ed.), *The Cambridge Companion to the Hellenistic World,* New York: Cambridge University Press, 2006

Hornblower, Simon and Anthony Spawforth (eds.), *The Oxford Classical Dictionary,* 3rd ed., Oxford and New York: Oxford University Press, 1996

Karttunen, Klaus, *India and the Hellenstic World,* Helsinki: Finnish Oriental Society, 1997

Lahiri, Nayanjot, *Ashoka in the Ancient India,* Ranikhet: Permanent Black, 2015

Smith, William (ed.), *A Dictionary of Greek and Roman Biography and Mythology,* New York: AMS Press, 1967

第六章
超越悠久時空的古代中國思想

湯淺邦弘

前言

孔子是前近代中國最廣為人知的思想家。在超過三千年的悠久歷史中，孔子為何會成為這麼著名的人物？

要解開這個謎，必須要從幾個方向思考其關鍵：

首先是傳記與思想。若是突出且活躍，那在歷史留名自是理所當然。既然如此，那孔子的生涯是怎樣一回事？再者，若是提倡讓人眼睛為之一亮的思想，深深打動人心，那被後世傳頌的可能性自然很高。既然如此，那孔子的思想又有怎樣的特徵？

首次完整彙編孔子傳記的，是司馬遷《史記．孔子世家》；而孔子的思想，則可以透過後來門人編纂的《論語》得知。故此，我們首先要做的，就是針對這兩部作品重新解讀。

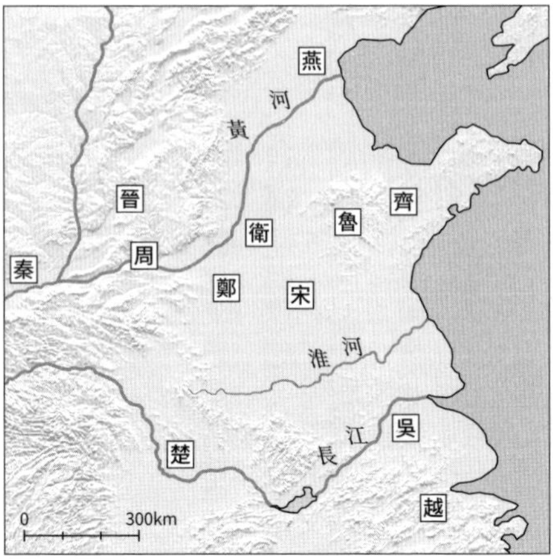

春秋時代地圖

第二是與前後歷史間的關係。以孔子為首的諸子百家開始活躍的時代，是在周朝將盡之際、春秋戰國時代的時期（前六世紀—前三世紀）。幾乎在同一時期，在古代西洋，有以蘇格拉底（前四六九—前三九九年）為中心的希臘哲學大放異彩。在這之前，有愛奧尼亞地區的米利都學派，對有關宇宙根源的問題，進行了形形色色的探究；其中代表性的人物泰勒斯（?—約前五四六年），主張「水是萬物的根源」，而阿那克西美尼（約前五八五—約前五二八年）則主張，萬物的根源是「空氣」。他們雖然都是先於蘇格拉底的哲學家，但因為言論只有片斷流傳下來，所以一概被稱為「先蘇」哲學家。

那麼，在古代中國，存在著「先孔」嗎？當然，孔子之前也有歷史，但是，是否存在足與孔子匹敵的思想家，或是哲思性言論？這點就極為重要。關於這個問題，近年中國陸續發現的古代文獻，提供了我們一定的答案。那是紙尚未發明的時代，主要的書寫材料是「竹簡」。竹簡以數百片、數千片為單位，從古墓當中出土。孔子前後的歷史，也因為這些竹簡資料而有大大的改變，並填補了其間的空白。

第三是思想鬥爭。孔子的思想並不是在深山幽谷中空想出來的，而是在極度充滿人味的現實社會中反覆琢磨而成。不只如此，接受他教誨的弟子門人，也都是生活在激烈的思想鬥爭時代，最有名的就是儒墨論爭。

說到底所謂「諸子百家」，就如其字義是指「各式各樣的思想家」，但這些人不見得會組成集團、展開活動。在這當中，以孔子為祖師的儒家，擁有號稱三千名的門人，經常以集團方式行動。另一方面，以墨子（墨翟）為開基祖的墨家，也是為了實現理想，不時化身為軍事集團，抑止不當的侵略戰爭。儒家和墨家在展開集團活動這點上，是相當特異的存在；而這兩個組織的成員本身，也產生了「儒者」或「墨者」這種強烈的認同概念。

很有可能就是這樣的對立，進一步磨礪了孔子與儒家思想。故此，從與其他思想的交流與對立這一觀點來俯瞰孔子的思想與活動，也是相當重要的。

第四是溝通工具。不管孔子提倡的思想多優秀，如果不能傳達給他者、對世界產生影響的話，那就絕不會受到好評。當時還沒有紙，當然也沒有印刷技術。那麼，孔子思想是怎麼流傳開來的？這裡必須重新注目的就是竹簡。

現在能確認到的中國最古老文字，是殷王朝（商朝）的甲骨文字。在這之後，有鑄在青銅器上的金文、刻在石頭上的文字，這些合稱為金石文。可是，甲骨、青銅器和石頭，拿來銘刻神聖的話語固然很好，卻不適合當成人與人之間的溝通工具，畢竟它們都有空間的制約。相對於此，竹簡只要將寬不到一公分、厚幾公釐的細竹片用繩子編起來，就能輕易串成冊，也就是可以應文句的量，進行有彈性的編纂。又，因為竹簡的量比較輕，還可以捲起來保存，所以要帶著前往他國，也比較容易。孔子時代的溝通工具是怎樣一回事，這個問題迄今都沒有受到太大的重視；然而正是竹簡，讓孔子的思想得以展翅飛翔，這點是必須留意的。

那麼，就讓我以上述的關鍵為主軸，從數種視角來試著探尋孔子吧！

孔　子（前五五一—前四七九年）

一、孔子的生涯

孔子過世兩百幾十年後，西漢的首任皇帝劉邦（前二〇二—前一九五年在位）走訪孔子的故鄉魯的曲阜，在孔廟舉行大牢之禮，也就是供奉牛、羊、豬的最盛大禮儀來祭祀孔子。這時候，孔子已經開始傳說化；之後司馬遷執筆《史記》的時候，將孔子的傳記記載在〈孔子世家〉當中。《史記》是由記載歷代皇帝歷史的「本紀」、記載諸侯傳記的「世家」，以及記載其他人物的「列傳」等所構成，沒有擔任諸侯的孔子，卻被放在「世家」之列。

到了宋代，隨著儒教的重新審視，《論語》作為四書之一被大加彰顯。在南宋朱熹撰寫的《論語集注》序文中，附載了孔子的傳記，這也促進了孔子傳的普及。因為這篇傳記基本上和《史記》相同，所以我們就先從〈孔子世家〉，來追溯孔子的生涯。

陳俎豆，設禮容

前五五一年（一說為前五五二年），孔子出生在魯的昌平鄉陬邑（今山東省曲阜）。那是周王朝末期，稱為「春秋時代」的亂世。據說孔子的母親在前一年，曾經為了求子，在一座微微隆起的山丘（尼丘）上祈求；之後生下來的孔子果然跟丘陵一樣，在頭的中間有凹陷，因此就將他取名為「丘」，字仲尼。

孔子三歲時父親過世，十七歲時又失去了母親。據說這時候他辛辛苦苦找出位置不明的父親墓地，將母親的遺體與父親合葬在一起。

孔子年幼時的情況並不清楚，唯一的資料幾乎就只有「陳俎豆，設禮容」這句話。

以下為了讓大家有個具體印象，我們一邊採用後世的資料明代的《聖蹟圖》，一邊來加以回顧。

孔　子

圖片的左邊是孔子；他正在模仿大人，穿著寬鬆的禮服、戴著冠。俎豆是擺供品的桌子（俎）與有腳的漆盤（豆），也就是配合儀式使用的祭器。由此可知孔子從年少時候開始，就已經對禮感興趣且積極練習；這件事對孔子的思想形成產生了很大的影響。孔子與禮的關係，在這之後也一直持續下去。

孔子在十九歲時結婚，一年後生了一個孩子，就是後來的孔鯉（字伯魚）。孔子並沒有對自己的愛子施予特別的教育，只是忠告他要學「詩」和「禮」，因為詩是言語的泉源，禮是秩序的根源。

三十歲左右時，孔子歷經了一場關於禮的重要體驗，那就是他前往周朝的首都遊學，學習禮。從幼年到壯年，孔子的人生都與禮有密切關係。

陳俎豆，設禮容

三月不知肉味

三十五歲的時候，孔子歷經了另一場遊學經驗，那就是赴隔壁的齊國，聆聽了所謂的「韶樂」。孔子用「三月不知肉味」（《論語．述而》）這句話，來描述當時的感動。韶是古代聖王舜時代的音樂，也是不曾傳到魯國的古典音樂。圖片中間偏左是齊國的音樂官，右邊是孔子，在周圍可以看到琴、磬（呈ㄟ字形的打擊樂器）、鐘、鼓等樂器。音樂和禮都是孔子重視的事物；他不只是從藝術與娛樂觀點出發，而是把它當成教化人心的工具來加以重視。

停留在齊國期間，孔子對齊景公（前五四七—前四九〇年在位）力陳「正名」和「節財」的重要性。正名指的是端正合乎實態的名與人倫，節財則是致力於節約財政。名與實的關係，在諸子百家中也是熱烈議論的重要議題；不守名分，就會產生下剋上的風潮。節財也不只是國家經營，而是作為家庭與個人的生活方式，成為東亞世界重要的道德。

可是宰相晏嬰列舉儒者的缺點，於是景公放棄了任用孔子的念頭。當中特別被視為問題的，是儒家過度囉嗦繁瑣，且重視厚葬到了甚至要破產的地步。

誅殺少正卯

回到魯國之後的孔子，被任命為中都（魯的城邑）宰（長官），之後更成為司空（土地、人民的長官）、大司寇（司法大臣）。五十歲左右這段時間，堪稱是孔子在政治上最顛峰的時期。

關於孔子的政治能力，曾經留下這樣的故事：孔子在五十六歲的時候，誅伐了名為少正卯的惡人。不久後，做生意的人不敢謊報價格，男女走路的時候會自動區別，來到魯國的外來者即使不特意索求，也能帶著必要的物品歸國。

聽詔樂

這幅畫就是描繪當時的景象。在背靠屏風坐著的孔子前面，是被抓起來的少正卯。周圍環繞的官員之一手上拿著某種文件，應該是在朗讀罪狀吧！在圖的左邊，有一群女性單獨成群，這裡是在表現男女分別行走，也就是風俗不亂的意思。在左上是用合理價格做生意的人，更左邊則是帶著必要物品，前往國外的人。圖畫中還有一個細節，是在人物底下描繪了遺失的物

誅少正卯

品，這是表示路上沒有人侵吞失物。整張圖像的意思就是說，這個地方的人們都被孔子的道德所感化，從而變得風俗端正。

鄰國齊國對於孔子如此整飭魯國政治，感到相當恐懼；於是他們將女性歌舞團送往魯國，意圖混亂魯國政治。魯國的執政者果然耽溺其中，怠於政治，於是失望的孔子便離開了魯國。

受難之旅

「受難」與「迫害」，是偉大聖人人生中特有的事物，耶穌基督也是如此。沒辦法過著平穩安逸的人生，是聖人必經的宿命。

離開魯國的孔子，路過一個叫做匡的村子；由於孔子長得很像過去曾經禍害匡地的陽虎，因此孔子被逮捕且遭到嚴厲責問。但是孔子說：「對繼承周文王文化的我而言，區區匡人又能奈我何？」（《論語．子罕》）文王是周朝的始祖，也是儒家理想的國王。

接著當孔子到宋國、帶著弟子在大樹下實習禮的時候，也差點被一名叫做司馬桓魋的人殺害。但是孔子又說，「上天將道德授予了我，區區桓魋又能奈我何？」（《論語．述而》）孔子要在世間實現理想道德的使命感，絲毫不曾動搖。這個場合的「德」，其實是近於「力」的意思；照孔子的說法，這是天所賜予的事物。中國雖然不是像基督教那樣的一神教世界，但仍有代替唯一神的事物，那就是「天」；孔子也深感自負，認為自己是受到天所眷顧守護之人。

不復夢見周公

歷經十餘年的周遊列國，孔子終於下定決心返國。晚年的孔子在家鄉魯地，專心致力於弟子的教育與著述。特別愛讀《易》的孔子，曾說「學易可以無大過」；日語中的「無大過」（大過なし）這句俗語，就是從這裡出來的。又，據說孔子反覆閱讀《易》，讀到綁竹簡的橫繩都斷裂了好幾次；用來表示熱忱閱讀的成語「韋編三絕」，也是從這個故事出來的。

關於孔子，也有一個有關夢的逸聞。年輕時候的孔子，屢屢會夢見周公旦。周公旦是周文王之子、武王之弟，是輔佐國王、奠立周王朝基礎的聖人，也是孔子憧憬的政治家。但是，晚年的孔子卻感嘆自己不再夢到周公旦。（《論語．述而》）關於這句話的意思，在漫長的儒教史上有各式各樣的解釋，但必須留意的是夢在古代的力量；在古代，人們對夢的理解，遠比現代人想的更加鄭重。孔子過去夢見周公旦，並不只是單純因為他仰慕周公旦，而是因為孔子在心中，意識到了要自己像周公旦一樣參贊國政的「天之聲」。故此，他在晚年不再做這個夢，也不單只是感嘆自己的身心衰老，而是應該將之當成一種「聽不到天之聲的絕望」來加以理解才對。

就這樣，前四七九年，孔子在故鄉魯國靜靜結束了七十三歲的生涯；弟子們共同為他服了「三年之喪」。在古代中國，隨著與逝者關係不同，服喪的期間也有嚴格規定。所謂三年，有人說是要確實滿三年，也有人說是二十五個月，但不論如何，三年之喪都是孩子對親生父母所行的最長之禮。孔子和弟子的關係並不是真正的親子，但弟子卻對他致上最高的禮。當這場服喪結束後，仍有子貢在孔子的墓旁結廬，繼續又服了三年喪。

二、神祕的傳承與神格化

被祭祀的孔子

孔子的傳說就從這裡開始。仰慕孔子的弟子門人移居到孔子墓旁，形成了稱為「孔里」的村落；原本的孔家也被當成祀奉孔子的廟，開始收藏孔子的遺物。就像前面所述，漢朝的劉邦也曾到孔廟來參拜。

這樣的活動，慢慢將孔子推上了神的地位，而其中最具決定性的，是漢代的儒教國教化。儒家的文獻被當成經書尊重，對於《易經》、《書經》、《詩經》、《禮記》、《春秋》這五部經書（五經），還設立了專門教學的「五經博士」。關於孔子本身，也留下了各種神祕的傳承；在此就以前面當成參照畫像的《聖蹟圖》來帶大家一窺端倪。

《聖蹟圖》是在印刷出版業盛行的明代，以廣大庶民為取向編纂的孔子畫傳。首先是張楷在一四四四年（正統九年），將孔子的生涯畫成一部用二十九起事件加以介紹的畫傳刊行；接著在一四九七年（弘治十年），何廷瑞又對此加以添補，出版了由三十九幅圖文構成的《聖蹟圖》。

但是在《聖蹟圖》中，附加了《史記．孔子世家》中所見不到的神祕傳承；特別是有關孔子誕生的場面，更是極具特徵。

素王傳承

首先是孔子誕生前的事。據說當時有聖獸麒麟降臨、從口中吐出玉書，上面寫著「水精之子，繼衰周為素王」，而所謂「素王」，是無冕帝王的意思。在麒麟預言的十一個月後，孔子就誕生了。

「水精之子繼承周」這個預言，是基於「五行說」而來的話語。關於「構成萬物的最小單位是什麼」這個普遍問題，在古希臘與印度也受到熱烈討論。在古代中國，人們認為基本單位是「陰」「陽」二氣，或是金木水火土這五氣。所謂五行說，就是五氣透過離合聚散創造出萬物、透過循環創造出各種現象的思維。在五行說中，有所謂的「五行相剋說」；就像「水剋火」、「金剋木」這樣，後面的氣會克服前面的氣，而他們也認為，歷代王朝都是依循這五種氣之一的力量而誕生。孔子活動時代的周朝，被認為是仰賴「火」之氣（火德）的王朝；故此，當周朝陷入亂世、衰退至極之時，克服這個「火」之王朝的，就會是「水」之氣。孔子會被認為是自水精而生，就是這個理由。

順道一提，在歷史的實際狀態上，滅亡周朝統一中國世界的是秦帝國。根據《史記．秦始皇本紀》，秦作為克服火德之周的帝國，就自認是水德之國。因為尊奉水德，所以其色尚黑，數字以六為尊。

就這樣，孔子終於誕生了。據說當孔子誕生時，星星的精靈從天而降，天上奏起音樂，傳來聲音說：「天有所感應，將會產下神聖的孩子」。剛出生的孔子在胸口浮現出「製作定世」的文字，意思是預言孔子將會以新王之姿制定制度、治理世間。孔子就這樣被眾人認為是在不可思議的出生故事下誕生。

孔子誕生之日

達成偉業的祝福

還不只如此，關於孔子的最晚年，也有不可思議的傳承故事。回到故鄉魯國的孔子專心致力於弟子的教育與著述，最後終於完成了他的編纂事業。表現這個場面的圖畫中描繪了六冊書籍，也就是六經（《易》、《詩》、《書》、《禮》、《樂》、《春秋》）。孔子齋戒沐浴、設置祭壇，向天報告此事；這時，從北斗七星有紅光傾瀉而下，那是祝福的光。

就像這樣，在《聖蹟圖》中，描繪了《史記．孔子世家》中所不曾記載的不可思議傳承，而這些傳承都集中在孔子誕生前後與晚年。至於孔子的主要活動時期，則幾乎都是因襲〈孔子世家〉，但在夾著這段時期的前後兩段時間，孔子的生涯卻覆上了一層神祕面紗。為何如此？

感生帝說

之所以如此，大概是因為「偉大聖人理應具備特異性」的意識所致吧！比方說，關於孔子誕生的神祕現象，例如有龍降臨、星精從天而降、天上可以聽到音樂等形形色色的傳承，在《史記》中完全不曾見到。另一方面，在孔子的最晚年，為了慶祝他完成著作，有紅光從天而降，這種故事在《史記》中也不曾記載。這種神祕的傳承，在司馬遷時代或許已經有之，但理性主義者的司馬遷並沒有加以採用，又或者是在司馬遷的時代之後，才陸續被添加上去的也說不定。

特別是在「有關誕生的部分，可以看到神祕傳承」這點上，可說是世界偉人共通的現象。耶穌基督是因為母親瑪麗亞以處女懷孕，才得以誕生於這個世上；穆罕默德誕生時，聖地麥加發生了大地震。釋迦也是在誕生後立刻走了七步，口稱「天上天下唯我獨尊」。偉人都會附有異常的出生傳說，這是因為如果偉人以通常的方式出生，恐怕會貶低這位人物的偉大特質。有時候，這位偉人的父親也會被追溯並加以彰顯，但不管孔子或基督，其父親的身影都莫名淡薄。這是因為傳承認為，他們是突如其來、帶著上天的偉大使命降臨世間之故；也就是說，他們是在與神聖事物的感應下誕生出來的，這就是所謂的「感生帝說」。

完成六經

三、「先孔」存在嗎？

就像這樣，孔子漸漸被當成神來祭祀。

那麼，在孔子之前，有足以和他匹敵的思想家或思想言論存在嗎？問得更精確一點，就是「『先孔』存在嗎」？一直以來，因為資料有所局限，所以其狀況幾乎都籠罩在一層迷霧中。

出土的故事集

但是隨著近年出土資料的發現，這方面的狀況慢慢變得清楚起來。比方說，上海博物館所藏的戰國楚竹書（簡稱「上博楚簡」）。這些竹簡群是被盜掘後流往香港、再被上海博物館緊急購入，因此其出土地並不明確，但因為書寫的古代文字是戰國時代「楚」（今湖北省、湖南省，長江流域）的文字，所以稱為「楚簡」。上博楚簡的總數有一千兩百餘片，其中包含了大量的古代文獻，但當中最受矚目的，是有關春秋時代歷代楚王的故事集文獻。

我們就舉其中〈平王問鄭壽〉這篇文獻為例，來看看其大致梗概：

> 楚平王（前五二八—前五一六年在位）在宗廟中，向臣子鄭壽問道：「不幸的事屢屢降臨在我國，我很擔心招致鬼神的憤怒，更擔心會導致先王的靈魂無所歸依。既然如此，那我該怎樣改善行為才好？」鄭壽答道：「將剛築好的新都拆除，殺掉身邊的兩個重臣。」平王說：「我辦不到。」

鄭壽於是又說：「如果沒辦法的話，那王與楚邦都將陷於危難。」鄭壽此後不再出仕。……

就像這樣，〈平王問鄭壽〉是以臣子勸諫國王惡政的話語，以及對楚國危難的預言所構成。那麼，這種著作構成的背景又是怎麼一回事？鄭壽一開始對國王的質問，採取的是具體進言，也就是要求廢止成為國家財政重擔的新都，並剷除巴結討好國王的重臣，但是國王拒絕了他的諫言。國王雖然嘴上問「我應該怎麼改善才好」，實際卻絲毫不改其態度。就這樣，之後平王兩度讓楚國陷於危機，到了下一任國王昭王時（前五〇六年），楚國終於在鄰國吳國的入侵下喪失了國都。

對王權訓誡的書

既然如此，那本篇就不能看成單純的君臣問答紀錄，而是該視為將楚平王當成反面教材的文獻。平王雖然察覺自己的施政不當，但最後卻沒有身為國王的度量，拒絕了臣子的諫言；可以說，之後楚國的衰退與平王的施政失當，是連結在一起的。

這種伴隨著預言架構的文獻，是拿來促使當時的讀者深刻反省的。明明已經預言了國難，但歷代楚王卻沒有拿出任何解決方案，只是徒然助長混亂。它是要將這樣的想法，強烈地灌輸給讀者，而這部書的讀者當然是楚的為政者，更具體來說，就是楚國歷代國王與太子、重臣等。

事實上，在上博楚簡中，有很多文獻都具備這樣的性質。比方說名為〈莊王既成〉的文獻，就是以楚莊王（前六一三—前五九一年在位）時期的預言形式，來陳述約一百年後昭王時期（前五一五—前四八九年）的國難。這篇文章是要批判莊王雖以「春秋五霸」之一而聞名，卻也是造成國難的遠因之一。〈平王與王子木〉，則是要批判平王的兒子王子木是個毫無身為太子見識的人。這篇〈平王問鄭壽〉，其內容也是對拒絕臣子諫言、對滅亡預言不願認真採納的平王做出批判。

不管哪一篇文章，其共通性都是對楚國王權進行訓誡的文獻。雖然要推定各文章的成立時期頗為困難，但如果是同一時期的作品，那從〈莊王既成〉和〈平王問鄭壽〉的內容來推斷，最有可能是以楚昭王時期的國難為背景而寫成，也就是和孔子活動的時期大致重合。

昭王時期一度失去國都，對楚國造成重大衝擊；失去國都的原因為何，值得當時的為政者進行深刻反省。將這種想法以楚王故事集型態說出來的，就是這一連串的作品吧！楚的滅亡，並不是昭王時期突發的事件，而是在莊王以降的歷代楚王言行中，已經蘊含了滅亡的種子。這些故事集，就是要闡述這種楚國苦難的歷史。

從無名故事產生的飛躍

那麼，著述這些文獻的又是誰？推斷最可能的人，就是楚國的史官；熟知楚國歷史的他們，將之以故事的形式記述下來，作為給後世的訓誡。然而，我們並不知道這些史官的真實姓名，而這也徹頭徹尾只是擔心本國前途的史官著述而已。

相對於此，以孔子為首的諸子百家，其內容則是作者、編者具有明確主張，將之以竹簡記述，並廣為流傳。「先孔」當然存在具思想性的言論，但都是以不具名的故事形式，對本國的國王與太子等進行訓誡的產物;相對於此,孔子以後的諸子百家論述,其文責相當明確,是一種將世界整體納入視野的語錄或論說文。

在這種傳播中扮演重要角色的是竹簡。在《論語》中,記載了一段弟子如何接納孔子的話語、令人深感興趣的逸聞。

孔子的弟子子張,向孔子詢問以正道處世的方法。孔子回答他說,言語要誠實可信、行為要謹慎恭敬(言忠信,行篤敬);子張將這句話寫在「紳」(衣服的腰帶)上(《論語.衛靈公》)。順道一提,現代語彙中的「紳士」一詞,就是源自這裡,指的是穿著端正禮服、身著腰帶的人物。

子張為了不忘記從老師那裡聽來的重要話語,將之記在「紳」上,也就是當成座右銘;可是,光是這樣並無法將孔子的話語既廣且快地傳達到世間。

作為當時書寫材料被活用的是竹簡;它是將竹子切細加工後,再用橫線貫串起來做成書籍,一般來說是用墨與筆,在上面進行記載。孔子的話語就是被記載在這種竹簡上。因為竹簡的量很輕,所以能夠傳達到遠方,更能夠被轉抄傳錄。就這樣,孔子的話語擴展到世界;這是告別神話與口傳故事時代,揭開諸子百家時代序幕的宣言。

雖然出土資料至今仍在持續,因此現在尚無法確定時點,但開拓諸子百家時代的,果然還是孔子;因此我們可以推斷,孔子和「先孔」,是有著劃時代的差異。

四、思想體系與透過門人弟子的發展

「仁」與「孝」

那麼，孔子的思想具有怎樣的體系？孔子的思想，可以用「仁」這個字為代表；《論語》中最常登場的道德，就是「仁」。所謂「仁」，原本是「人」加「二」，也就是兩人挨在一起，或是在草蓆上輕鬆休息的形象。雖然是個相當難解釋的詞，但在《論語》中，可以解釋成「對他者體諒」的意思。在周朝的權威喪失、長久以來的身分秩序瓦解、下剋上的混亂持續不斷的世界中，孔子最重視的，就是人對人的體貼與關懷。

因此，孔子對弟子們用各種方式闡述「仁」。比方說，「巧言令色，鮮矣仁」（〈學而〉）、「知者樂水、仁者樂山」（〈雍也〉）、「仁者不憂、知者不惑、勇者不懼」（〈憲問〉）、「觀過，斯知仁矣」（〈里仁〉）等。

孔子接著指出，要讓「仁」成為更具體能感受到的道德，最重要的就是「孝」。相對於仁這種「對人體貼同情」、有點曖昧模糊的道德，「孝」則是孩子孺慕雙親、重視雙親這種基於本能感情的道德。孔子從這裡出發，提及從親子關係更進一步，擴張到社會各種關係的道理。孔子的弟子有若，也闡述仁的根本就是孝（《論語．學而》）。

又，孔子的弟子子貢向孔子請教「可以當作生涯最重要話語的一個字」，孔子的回答是「恕」（《論語．衛靈公》）。「恕」，是用寬廣的心胸體諒對方，不將自己討厭的事物強加於對方頭上，原諒對方的過錯，因此留下了「寬恕」這個詞。這也是和「仁」彼此相繫的道德。

作為社會秩序的「禮」

然而，不論仁、孝還是恕，光是提倡真心誠意重視這些事情，還是無法讓太平之世到來，所以也要重視規制人心的正義。孔子就說，「君子喻於義、小人喻於利」（《論語．里仁》）。「喻」指的是敏感，正派的人對正義敏感，品德卑下的人則是對利益敏感。以這句話為基本，儒家思想強調追求利益是違反正義的事，對人類來說，最應重視的就是義。

這是個即使在現代也通用的普遍問題，比方說澀澤榮一《論語與算盤》，就強調將透過實業追求利益（算盤）與道德、正義（論語）融為一體的必要。姑且不論過往的貴族與武士，對追求利益的實業家而言，義與利的關係是個相當深刻的問題。

但是，因為正義還是有點模糊的事情，所以需要更加具體的指標才行。在這裡，孔子提出了「禮」的重要性，來作為端正社會秩序的方針。

比方說，讓我們來看看著名的「切磋琢磨」一詞出處的《論語》一節：

> 子貢曰：「貧而無諂，富而無驕，何如？」子曰：「可也，未若貧而樂，富而好禮者也。」（《論語．學而》）

即使得到財富，也不應感到驕傲；不只如此，得到財富，還要愛好禮節，這樣的人物，才會得到很高的評價。畢竟，若是擁有財富，人很容易就會放鬆對自己的規制，並踏出道德的界線之外。對孔子的話語猛然醒悟的子貢，於是反應說：「這就是《詩》中所說『如切如磋、如琢如磨』的意思吧！」孔子聽了稱讚說：「我現在可以跟你一起討論詩了！」這是一段相當優美的師徒問答。

又，孔子也沒有溺愛自己的兒子伯魚，只是教導他「詩」與「禮」的重要性。

孔子的弟子陳亢與伯魚間，流傳了下面這樣一段問答：

陳亢問於伯魚曰：「子亦有異聞乎？」對曰：「未也。嘗獨立，鯉趨而過庭。曰：『學詩乎？』對曰：『未也。』『不學詩，無以言。』鯉退而學詩。他日又獨立，鯉趨而過庭。曰：『學禮乎？』對曰：『未也。』『不學禮，無以立。』鯉退而學禮。聞斯二者。」陳亢退而喜曰：「問一得三，聞詩，聞禮，又聞君子之遠其子也。」（《論語．季氏》）

在這裡，作為人自立的條件，學習「禮」被標舉出來，而「不學禮，無以立」，也成了孔子的名言之一。

就像這樣，孔子一直陳述禮的重要。事實上，就像「禮儀三百，威儀三千」（《禮記．中庸》）這句話所形容的，有很多的禮儀方法存在。這些都是從社會生活實際體驗中誕生出來的產物，也是當時社會、特別是知識分子之間所共享，彼此進行鬆散規制的方法。孔子認為，這種禮正是保持社會秩序不可或缺的事物。

讓我們回顧一下孔子幼小時候的傳記、前往周朝留學的傳承，以及即使遭到迫害，仍學習不輟的故事；在這些事跡當中，不論何者都可看見對「禮」的重視。

故此我們可以說，孔子思想的兩輪，就是直視人心內在的「仁」之思想，以及從外側對人們進行鬆散規制的「禮」之思想。

孔子思想的發展

成為思想原動力的，是孔子自己對參與政治的熱忱。孔子及其弟子，並不只是不問世事的學者集團，而是抱持著強烈心願，希望自己的夢想能在政治世界中獲得實現。正因如此，孔子才要帶著弟子遊說各國，對各國的君主和大臣，力陳自己的理念。如果國君和大臣們覺得中聽，那孔子與弟子就會被任用為重臣，得以參與國政；也從這裡開始，儒家的理想得以在現實世界中實現。

近年也有發現足以映證這種儒家活動的資料。先前介紹過的上博楚簡中，也有一篇叫做〈顏淵問於孔子〉的文獻；這是迄今為止完全不為人知的資料。在這篇文獻中，孔子疼愛的弟子顏回（顏淵）問他說：「君子從事國內政治的時候，應該遵守怎樣的道？」對此，孔子的回答是：「**謹慎地原諒過失、帶頭引領官員**、尊敬老人、慈愛幼兒、徵稅要有節制、收容貧困者、俸祿不足的話可以請求，但有餘裕的話就該辭退。」這段的內容，特別是在**粗字**部分，與《論語．子路》中所見孔子的話語「先有司、赦小過、舉賢才」相當類似，只是在《論語》中，這句話被認為是向弟子冉雍闡述的道理。但是，在這篇竹簡中可以發現，即使是以清貧著稱的顏回，也有積極參與政治的意願，由此也可以推知當時儒家的性格。

只是，對腦袋裡只有「富國強兵」念頭的當時君主而言，以倫理道德為主體的孔子理想，實在難以接受，於是孔子只能在失意中返回故鄉。

在孔子過世後，弟子門人因為喪失向心力而陷於分裂；其中最有力的學派是子思、孟子的系統，與子游、子夏的團體。

孔子思想的兩輪，也就是「仁」與「禮」，對孔子後學的發展也產生了很大的影響。子思是孔子的孫子，他提倡「中庸」的重要性，被認為是《中庸》的作者。延續子思學派的是孟子，提倡了有名的「性善說」。不論何者，都是重視人類內在性格的一派。

相對於此，子游、子夏的團體，則是重視「禮」。更細分來說的話，子游一門重視禮的精神，子夏的門徒則重視禮的形式；但不論何者，相對於子思、孟子學派以孔子思想的「內」為軸心來展開思想，子游、子夏學派則是重視「外」。而後，繼承這種重視「禮」的立場，意圖將儒家整體思想加以整合的，就是戰國最末期登場的荀子。荀子雖是以提倡「性惡說」聞名的思想家，但他對「禮治」的提倡也相當有名。對孔子來說，「禮」徹頭徹尾只是各式各樣的道德之一，但荀子卻認為應當要透過「禮」來治理這個世間。

從荀子學的韓非子，更進一步提倡「法治」。他認為不能期待人的善意與努力等事物，而是必須透過將賞罰具體闡明的「法」，來對人們進行來自外部的嚴格管制。這種思想讓戰國末年的秦王政（後來的秦始皇）激賞，採納為秦的統治理論。秦帝國正是透過強大的軍事力與「法治」來統一中國。

可是，因為過度嚴苛的法治招致人們反感，且秦政權的內部也不安定，所以秦帝國只維持了十五年就土崩瓦解。進入漢代後，被當成掩蓋法治嚴苛，並獲得重新評價的，就是儒家思想。於是，孔子的教誨被當成國家教學予以尊重，而孔子自身也被當成神，加以祭祀。

五、與諸子百家的對峙

儒墨的對立

不過，孔子的思想在秦漢帝國誕生以前的戰國時代，遭到了其他學派的嚴厲批判；其中與之激烈對立的墨家，砲火尤其猛烈。

以墨翟為開基始祖的墨家集團，雖然在尊重古代聖王、學習《詩》、《書》等要點上與儒家有共通基礎，但在個別思想方面，則是呈現出堪稱近親交惡的對立。儒家認為名為「仁」的真心，其基礎是「孝」；故此，這種愛理所當然，是對近者厚、對疏遠者薄，也就是說，愛是呈同心圓擴散的。但墨家批判這樣的愛是差別愛，主張人應當愛他者如同愛自己，也就是所謂的「兼愛」。

又，作為「禮」的一環，儒家認為要嚴肅對待人的死亡，給予隆重的葬儀；墨家對此則予以批判，主張將葬儀簡略化，也就是「節葬」。墨家的想法是，為了葬儀耗費莫大費用，還要服長期的喪，會讓社會經濟產生停滯。

同樣跟「禮」有關的是，相對於儒家重視音樂，墨家則提倡「非樂」。他們認為君主坐擁豪華樂隊、每天召開宴會，將會導致國政衰退。

就像這樣，儒家在各個點上，都遭到墨家的批判。當然，儒家方面也不會默守而息。比方說，孟子就針對墨家的「兼愛」，反過來批判這是遠近不分、混亂綱常的「禽獸」之愛。荀子也批判墨家的「節葬」，說這是無視哀悼亡者的人們真摯心意的作法。

出土文獻所見的儒墨關係

不只如此，除了這種直接批判以外，近年也有發現儒家從別的角度來對抗墨家的出土文獻。比方說，郭店楚墓竹簡（簡稱「郭店楚簡」）中的〈魯穆公問子思〉。這項新出土文獻，是一九九三年在湖北省郭店村發現的戰國時代楚簡。在這篇記載魯穆公與孔子之孫子思問答的文獻中，兩人環繞著真正的「忠」為何展開了議論。魯穆公心目中的忠臣，是老老實實遵從君主命令的臣子；但子思則主張，經常指摘君主缺點與過失的人，才是真正的忠臣，這讓穆公感到相當困惑。

在這篇文章中雖然看不到墨家之名，但其實念茲在茲的是來自墨家的批判。墨家經常批判儒家的「忠」之概念；他們認為，儒家所說的「忠臣」是像鐘一樣，敲打就會鳴響、不敲就絕不會自己鳴響，也就是隱藏自己的力量，不積極行動的臣子。真正的忠臣應該是為國、為君，即使將自己的性命置於危險當中，也要對君主進行嚴厲勸諫的臣子。

孔子雖然對於臣子勸諫君主只有大致提及，但儒家之中有種看法，認為為求徹底穩當，若是三次勸諫君主不聽，就不該繼續諫諍，並辭退臣子身分，方為正解（《禮記．曲禮下》）。破壞君臣關係並非諫諍所追求，這是儒家的基本觀點。可是這種儒家的忠臣觀念，在墨家眼中看來實在太過溫和也太天真了。

故此我們可以推測，〈魯穆公問子思〉所要陳述的是，面對墨家的這種批判，孔子的孫子子思透過思想與態度表明，儒家其實也是講求嚴格之忠臣概念與實踐的。換言之，雖然文中沒有提及墨家之名，但其實是強烈針對墨家所言。

不管怎麼說，就像必須提出這種言論的情況所呈現的，儒家和墨家的對立相當激烈。只是，這樣的對立、論爭，也可以理解為磨礪了儒家的思想。

諸子百家中的儒家

另外，在戰國最末期登場的荀子，將諸子百家進行分類整理，並做了嚴厲的批判（《荀子．非十二子》）。迄今為止被當成「諸子百家」、一一被個別認識的思想家，經由荀子之手被彙整起來，並被貼上標籤。漢代以降，諸子百家被分類為「儒家」、「墨家」、「道家」等。但這種將諸子百家分類的嘗試，是以荀子為其先驅。

荀子一方面進行這種對他者的批判，另一方面也評價說「孔子的道正是對世界有用的思想」，且以自己身為孔子正統的繼承者而自負。

只是，做出這種整理與批判的必要性，正好證明了當時各種言論爭相林立，儒家思想絕非獨占鰲頭。透過和其他學派的對決，儒家也重新對自己的特長與弱點產生自覺，從而為了伸張特長、克服弱點而具備了柔軟性。不只如此，從「重視內心的一派」到「重視外在之禮的團體」，身為範圍廣泛的思想集團這點，也是支撐儒家思想存續與發展的基礎。這一點和過於僵化且類似軍事集團的墨家隨著秦漢帝國成立突然消滅，正好成為對照。

六、《論語》的編纂與流傳

弟子門人的著述活動

然而，迄今為止，我們對孔子以後儒家的活動實際狀況，幾乎一無所知。例外的是孟子與荀子，因為他們分別有《孟子》與《荀子》傳世，並以「性善說」與「性惡說」廣為人知，但其他門人的活動又是如何？

根據《韓非子．顯學》，孔子過世後的儒家分裂為八派：「子張之儒」、「子思之儒」、「顏氏之儒」、「孟氏之儒」、「漆雕氏之儒」、「仲良氏之儒」、「孫氏之儒」、「樂正氏之儒」。因為沒有留下對應的文獻，所以對其實際狀態不甚了解。不過，近年的新出土文獻中，包含了或許和這些後學活動有關的資料。

比方說，前面提到的郭店楚簡〈魯穆公問子思〉，其內容是彰顯子思並對抗墨子，因此可推測是「子思之儒」的文獻。又，〈顏淵問於孔子〉則或許是「顏氏之儒」編纂的作品。除此之外，也有雖然難以確定是何學派，但應該是孔子後學著作的出土文獻。接下來就列舉上博楚簡中相對應的作品，並彙整其要點。上博楚簡是推定距今兩千三百年前，用筆書寫的竹簡，也就是正當戰國時代儒家活動期的文獻。

＊〈孔子詩論〉：和今傳《詩經》的內容有部分類似之處，但在各關鍵部分引用了孔子的話，也就是展現孔子關於詩之深厚造詣的作品。這當中展現的詩意（各詩的主題），也有和今傳《詩經》相異之處，從《詩經》的形成史這點來看，是相當貴重的作品。

＊〈從政〉：闡述從事政治之際心得的文獻。在這篇文章中，將「從政（者）」與「君子」，基本上當成同義詞來使用。所謂「從政」，指的是從事政治；「從政」者或「君子」，就是足以左右國政地位的人。又，從這篇文獻中可以得知，在儒家集團中，「君子」和孔子也大致被視為同義詞。

＊〈仲弓〉：仲弓是孔子弟子冉雍的字。這篇文獻是孔子回答仲弓質問的語錄，是展現孔子見解的貴重資料，且在其他傳世文獻中不曾得見。仲弓生於前五二二年，是孔子高徒中最優秀的十人「孔門十哲」之一，被公認以德行見長。

＊〈君子為禮〉：以孔子和弟子問答為中心的文獻。文中登場的人物有孔子、顏淵、子羽、子貢等。前半段是孔子和顏淵就「禮」與「仁」關係的問答，後半部則是子羽和子貢，針對「孔子與鄭國宰相子產，何者是賢人」進行問答。

＊〈弟子問〉：由孔子與弟子問答構成的文獻。包含孔子與宰我、顏淵，顏淵與子由、子羽與子貢等的

問答，內容相當多元。其中也可看到類似《論語．學而》中，「巧言令色，鮮矣仁」這樣的文句。

就像這樣，孔子弟子門人的著述活動慢慢地變得明朗。不過遺憾的是，他們的著作都沒有流傳後世。孔子與儒家的思想核心，果然還是得歸結到《論語》。

《論語》是怎樣編纂的？

那麼，《論語》是怎樣編纂，又是怎樣傳播的？

在這裡，首先要看看解釋《論語》編纂來龍去脈的《漢書．藝文志》記述。〈藝文志〉是附載在《漢書》中，現存最古老的圖書目錄，也是可以得知當時書籍狀況的貴重資料。〈藝文志〉中有以下的文句：

> 論語者，孔子應答弟子時人及弟子相與言而接聞於夫子之語也。當時弟子各有所記。夫子既卒，門人相與輯而論篹，故謂之論語。（《漢書．藝文志》）

孔子的門人們在孔子過世後，將老師與弟子的對話紀錄各自拿出來，進行反覆討論後展開編輯。關於這點，後來撰寫《論語義疏》這本注釋書的梁代學者皇侃（四八八—五四五年）也說：「論語者，是孔子沒後七十弟子之門徒共所撰録也。」（《論語義疏．序》）換言之是孔子過世後，他的再傳弟子（門人）共同編輯的作品。

當然，這種編纂作業可以推測並非一口氣展開，而是蒐集各個門人弟子集團記錄的老師話語，一邊整理重複的內容，一邊慢慢推進的。

作為證據之一的，就是上面介紹的郭店楚簡與上博楚簡等新出土文獻。兩者都是前三〇〇年左右手寫的抄本，但在其中都記載有片片斷斷、和《論語》內容酷似的文句。然而，這些文句與《論語》內容有著微妙的差異，因此我們可以推測，《論語》並非一次就整飭完成，而是在各弟子門人集團所流傳的老師話語間，有著一定的搖擺。

我們可以推定，孔子的言論原本都是針對某些特定對象發出，然後才被彙整成《論語》。然而，《論語》裡面只是以「子曰」的方式記載，並沒有說明詳細的背景與來龍去脈；換言之，孔子是在什麼狀況下、對誰發出話語，並不容易分辨。同時，聽孔子說話的弟子門人或許也不只一位，所以隨聆聽者不同，記錄下來的老師話語也有微妙的差異，自是理所當然之事。或者說，從直接聽聞的弟子傳達到其他弟子的過程中，也有可能產生微妙的變化。

被發現的「齊論語」

結果，在西漢時代初期，論語一共有「魯論語」、「齊論語」、「古論語」三種傳本並存（《漢書・藝文志》）。「魯論語」、「齊論語」的「魯」、「齊」，都是位在現今山東省的當時國名，魯是孔子誕生的國家，齊則是魯東邊的國度，是跨越春秋戰國時期的強大國家。兩國都致力於振興學術，魯以首都曲阜為中心、齊則以首都臨淄為中心，文化都相當昌盛。「魯論語」、「齊論語」就是兩國各自傳到漢代初期的《論語》，兩者都是以漢代通行的文字隸書（今文）來書寫。不過，「齊論語」加了〈問王〉、〈知道〉兩篇，由比「魯論語」多兩篇的二十二篇所構成。

另一方面，在漢景帝（前一五七—前一四一年在位）的時代，魯共王為了建築宮殿，拆毀了孔子的舊宅，結果在牆壁當中發現了用周代文字（古文）書寫的古老《論語》，這就是所謂的「古論語」。其篇數將〈堯曰〉的「子張問於孔子曰」以下多獨立一篇，共計二十一篇。

這三個系統的《論語》，究竟哪個傳承才是正確，其內容又是如何，到現在幾乎不得而知。然而，就在這種狀況中，發現了帶來新知識的資料。

二〇一六年九月，從中國江西省南昌市西漢時代的墓中，發現了大量竹簡。這座墳墓的主人是海昏侯劉賀；劉賀在前七四年成為西漢第九任皇帝，但在位僅僅二十七天就被廢，降級為海昏侯。

從這座墳墓出土了五千兩百多片的竹簡，包括《詩經》、《論語》、《禮記》、《孝經》等許多儒家系文獻。目前正在進行初步的整理、解讀，所以尚未公開全貌，但其中最重要的是《論語》。

海昏侯墓竹簡的《論語》記載在約五百片竹簡上，特別引人注目的是，以〈智（知）道〉為題，發現今日《論語》中不曾見到的文章。如上所述，漢代初期的《論語》文本，共有「魯論語」、「齊論語」、「古論語」三種流傳，而在這當中，擁有〈知道〉篇的是齊論語。換言之，擁有〈智道〉篇題的海昏侯墓《論語》，很有可能正是「齊論語」。

不只如此，在海昏侯墓的陪葬品中，還發現了繪有孔子肖像畫的屏風。迄今為止一直認為的最古老孔子像，是南宋時代的產物，因此這也是相當令人驚異的發現。從這裡可以得知，在漢代初期，已經有孔子的肖像畫隨《論語》一起傳播了。

就像這樣，《漢書・藝文志》記載的傳承，隨著海昏侯墓《論語》的發現，可信度得以重新評價。在漢代初期，孔子的言論確實已經編成《論語》而流傳了。

七、現在活著的孔子

那麼，像這樣將其思想與文獻傳遞下來的孔子，現在又是怎樣的存在？在孔子逝世後約兩千五百年的世界中，最能表現其特徵的一點，就是孔廟。

孔子過世後的第二年（前四七八年），魯的君主哀公將孔子生前的家宅改建成廟，在其中陳列孔子的遺物。之後，孔子的直系子孫也受到歷代國王所庇護，孔廟的規模慢慢擴大。

在孔子誕生故鄉山東省曲阜的孔廟，規模達到南北一公里，相當宏偉。它從南端的「萬仞宮牆」開始，從金聲玉振坊依序穿過大門北上，經過孔子教育弟子的「杏壇」，抵達祀奉孔子的大成殿。

首先「萬仞宮牆」，是來自《論語・子張》中子貢的話語。有一次魯的大夫叔孫武叔，對同僚的大夫們說：「子貢比老師孔子更優秀哪！」聽到這話的大夫子服景伯，告訴了子貢這件事，結果子貢這樣說：「若是以宮牆（家宅的圍牆）來說，我只不過勉勉強強到達及肩的高度，因此可以越過牆壁，清楚看到家中的建築，但是老師的牆壁高達數仞，不穿過大門進入其中，是看不見宗廟華美與百官富麗的。只是真能進入這門者，實在太少了。」

子貢就像這樣，陳述孔子是突出且偉大的存在，只不過沒人能理解他的真正價值。「仞」是七尺或八尺，不論何者都是指超過四公尺的高度。

接下來的「金聲玉振」，是來自《孟子．萬章下》篇的話語。在演奏樂器的時候，一開始要敲鐘（金），最後要擊磬；意思是說從行動開始到終結為止，具備了完全的智德與才能，集一切之大成。這是孟子稱讚孔子的話語。

「聖時門」，也是來自《孟子．萬章下》篇中，孟子讚賞孔子的話語。「孔子，聖之時者也」，意思是孔子在眾多聖人中，是最合乎時宜的聖人。

「仰高門」是來自顏淵讚賞孔子的話語：

> 顏淵喟然嘆曰：「仰之彌高，鑽之彌堅；瞻之在前，忽焉在後。」（《論語．子罕》）

顏淵大大嘆息，如此說道：「老師是太過偉大的存在，抬頭仰望就變得益發高聳，設法切削就變得益發堅固。瞻仰時會出現在一直往前的遙遠處，但原本以為在遙遠處時，卻又突然出現在後方。」對弟子而言，孔子是不容易掌握的偉大存在。採取其中的「仰之彌高」這句話設立的，就是這座「仰高門」。

「弘道門」也是來自《論語》中孔子的話：

人能弘道，非道弘人。（《論語．衛靈公》）

這話的意思是，並非世界單方面地提供道德，而是自己開拓道德並加以實現。這是孔子身處周朝末期亂世，對形成道德世界的強烈願望。

就像這樣，孔廟的各門都是依循《論語》、《孟子》等儒教經典來命名；孔廟整體，就是形成一個儒教的空間。

接著是最大的建築物大成殿，這也是來自《孟子》的話語，彰顯孔子是「集大成者」之意。更值得注目的是，大成殿具備皇帝建築的樣式。首先是黃色的屋瓦；中國自古以來基於五行說，以青、白、黃、赤、黑五色為尊，特別是黃色，是位居東南西北中心的高貴之色，故此能夠使用此色屋瓦的，只有歷代皇帝而已。

另外，御路與龍柱也是如此。登上大成殿的階梯，在中央與左右共計三座。中央的階梯稱為「御路」，刻有龍的雕刻；皇帝會坐在轎子裡，被人扛著登上這座階梯，換言之就是皇帝與神的道路。支撐正殿的是二十八根柱子，正面的十根，是以龍為設計的石柱。龍是聖獸，也是皇帝的象徵，在這裡盤踞在柱子上。

就像這樣，孔廟具備了只有皇帝才被允許的獨特建築樣式。孔子雖然被拔擢為魯的大司寇，但絕對不曾擔任君主或國王。這樣的孔子在之後以神之姿，一路被人們加以祭祀。

孔子不管生前還是身後，總是與中國的歷史、文化有著深厚關聯；不，不只是中國，東亞各地興建的孔廟，清楚呈現了孔子的生涯與其思想超越時空，在眾多人們的心中反覆迴響。

老子（生卒年不詳）

一九七三年，一個大發現震驚了世界。在中國湖南省的長沙馬王堆，發掘出西漢時代的大墓，其中的陪葬品裡，包含了寫在絲綢（帛）上的兩種《老子》抄本，這就是所謂的馬王堆漢墓帛書《老子》。現在流傳的《老子》也稱為《老子道德經》，由以「道」開始的前半部和以「德」開始的後半部所構成，但發現的帛書《老子》，其前後半順序是倒過來的，也就是按照「德」、「道」的順序來記述。

一直以來，老子都是個巨大的謎。雖然一般都認為他是距今兩千五百年左右，和孔子大致同時期活動的道家思想家，但關於他的傳承很少，所以是否真實很有疑問。被認為是他著作的《老子》，也有人認為不是春秋末期左右的作品，而是在老莊思想流行的魏晉時代左右（約三—四世紀），被人偽造出來的。

在這種狀況中，發現的馬王堆漢墓帛書《老子》，證明了至少在漢代初期，已經有《老子》的抄本流傳，同時也迫使我們重新思考老子的實際存在問題。

不只如此，這類古抄本的發現，在之後也仍然持續。就在馬王堆漢墓發現剛好二十年後的一九九三年，在湖北省的郭店村，發現了用古代楚文字書寫的竹簡，其中確認有三種《老子》抄本，這就是郭店楚簡《老子》。值得注目的是，這些竹簡的年代為前三〇〇年左右，換言之是戰國時代中期的抄本，結果讓這部作品是「春秋時代的老子寫成」這一傳承，可信度又提高了許多。

還不只這樣，二〇〇九年時，北京大學入手了西漢時代的竹簡，其中也有《老子》抄本，這就是北大簡《老子》。過去隨著馬王堆漢墓帛書《老子》的發現，人們判明在漢代抄本中，很可能是「德」、「道」兩篇彙總，且德在道之前。不過因為在帛書本中，到處都找不到關於「老子」這個書名的記載，所以也有人認為，當時它在書名和結構上都還不是那麼確定。

可是在北大簡《老子》中，明記了「老子上經」、「老子下經」這樣的篇題。還不只如此，它在彙整和順序上，都與馬王堆漢墓帛書本相同，「上經」是「德」之部，「下經」是「道」之部。因此最晚到漢朝初期，《老子》這部文獻的架構與內容，幾乎都已經確定並流傳於世了。

謎團眾多的老子，其著作為什麼會流傳下來？究其原因，應該是因為他包含了足以和儒教充分對抗的獨特思想吧！比方說，儒教有「勸學」思想，認為人要學習才會成長、成為堂堂正正的社會人，但是《老子》卻主張，這種思考本身只會為人帶來不幸，應該要「絕學無憂」；換言之，若是從非得學習不可的固定觀念中解放出來，那就不會有憂煩的事情了。又，在儒教不擅長的分野「宇宙生成論」上，《老子》主張作為宇宙根源的「道」，認為其「無為自然」的樣貌，才是人類處世的模範。相對於儒教力倡人類作為的努力，老子則是闡述完全相反的無為之說。

對社會與人類而言，孔子和老子的教誨，都是不可或缺的必要思想。因此，自漢代以降雖然以儒教為國教，但老子和莊子的思想也作為「老莊思想」而流行，以老子為祖師的道教更和民間信仰結合，強烈擄獲人們的心靈。

點。

中國思想並不是可以用「儒教」一語道盡，近年陸續發現的《老子》竹簡資料，正清楚呈現了這一點。

孟子（約前三七〇年—？）

將文字刻在石頭上的文化，從太古時代就一直延續著；這是一種在文字中，灌入永恆生命的文化運作。在著名的建築物與史跡旁邊，幾乎一定都會見到石碑。

中國山東省的孟子廟也是個好例子。一踏進祀奉孟子的廟庭裡，立刻就可以看到堂皇的石碑，甚至比成人還要高大。

由左到右分別是「孟母斷機處」、「孟母三遷祠」與「子思子作中庸處」。「孟母斷機」是孟母當著學習中途放棄歸來的兒子之面，把在紡織機上織到一半的布剪斷，曉諭他「不有始有終做到最後，那就和這塊布沒有兩樣」的故事。

「孟母三遷」也是廣為人知的故事，講的是孟母為了孩子，好幾次變更住居的故事。一開始孟家住在靠近墓地的地方，但因為孟子開始模仿葬禮，所以搬到市區；接著又因為孟子開始模仿商人買賣，所以最後搬到學校附近。這是一個讓人思索環境對孩子影響的故事。

關於孟子的前半生，我們並不是太清楚。孟子（名軻，字子輿），於前三七〇年左右，出生在鄒（山東省）這個小國。鄒是孔子出生地魯的鄰國。關於他的生年，前三七〇年左右是一個有利的假說；

之所以會有這個說法，是因為以下的理由：

孟子曾經見過梁（魏）惠王（前三六九－前三一九年在位），闡述國政理想。《孟子．梁惠王上》篇中見到的長篇問答，就是關於這場會面的紀錄；著名的故事成語「五十步笑百步」，也是來自這時候孟子的發言。在這場會面開始時，惠王對孟子說「叟不遠千里而來」；因為「叟」是對長老的敬稱，所以孟子在這時候，至少應該已經五十歲了。這樣倒推回去，孟子出生的時間，應該就是在前三七〇年左右。

孟子廟的石碑

孟子活動的時期，是所謂「楊墨之言盈天下」（《孟子．滕文公下》）的激烈「思想」時代。在孟子的周圍，有主張極端享樂主義的楊朱以及陳述「兼愛」、「非攻」的墨家集團大舉活躍。同時，它也是從戰國時代的諸國分裂狀態，慢慢開啟中國統一展望的時代。

在這種環境中，孟子前往當時文化最尖端的地點齊國遊學；到了四十歲左右，他說自己已經達到「不動心」的境地，也就是所謂「四十不動心」（《孟子．公孫丑上》）。自此之後，他便自信滿滿地展開遊說活動。

被認為是孟子晚年和弟子共同編纂的《孟子》七篇，是將孟子思想流傳至今的貴重文獻。根據這本書，孟子的思想特徵是：

認為人類本性是「善」的「性善說」，基於這種善性，由王者透過道德政治，讓人民歸服的「王道」政治，以及王者雖是受天「命」成為世界的支配者，但如果持續施政不當，這種天命就會遭到變更，也就是所謂的「革命」說。

一般認為，這種思想是受到孔子之孫子思的強烈影響。這點從山東省的孟子廟中，在「孟母斷機」、「孟母三遷」的石碑後面，出現的是「子思子作中庸處」石碑這點，可以看得出來。子思的代表性學說是「中庸」，這塊石碑的意思就是說，後來被認定為「四書」之一的《中庸》，是子思在這裡創作出來的。

又，對以孔子正統繼承者自居的孟子而言，墨家是不共戴天的論敵。相對於把儒家的愛當成差別愛、主張「兼愛」的墨家，孟子則強烈批判說，這種思考是對自身與他人、近親與疏遠者毫不區別的「禽獸」之教。

孟子現在被合祀在孔廟中，且被賦予「亞聖」（僅次於孔子的聖人）這種高評價的敬稱。

荀子（前四世紀末—前三世紀後半）

在前三世紀的諸子百家時代，具有最廣闊視野、意圖概括學界的思想家，莫過於荀子。荀子是被齊國招攬到「稷下之學」，在那裡擔任到祭酒（校長）高位的有力學者。稷下被認為是位在齊國都城近郊的稷山山麓，或是稷門的旁邊。當時各國作為富國強兵政策的一環，紛紛招攬學者，也就是要形成智庫；特別是齊國，在威王（前三五六—前三二〇年在位）、宣王（前三一九—前三〇一年在位）時，積極集結學者，給予宅邸，讓他們專心議論與著述。荀子就是這些學者中最有名的人物之一。

荀子的著作雖然是由全三十二篇的《荀子》構成，但最具特徵的篇章是〈非十二子〉與〈解蔽〉兩篇。荀子在這兩篇中，一邊梳理其他諸子百家，一邊嚴加批判。〈非十二子〉是以兩人一組的方式，分成六組對十二位有力思想家進行批判，〈解蔽〉則是要將心靈從被其他思想家以此方式蒙蔽的缺點中加以解放；在這當中，他明確表達了意圖概括諸子百家的意志。

荀子思想的特色是針對孟子性善說而提倡「性惡說」，主張作為統治原則的「禮」。荀子以戰國末期嚴酷的社會情勢為背景，認為人類會筆直墮落下去，但只要透過適切的學問與禮之修養，就一定能提升自己、成為善人。有名的「青出於藍更勝於藍」這個成語故事，就是出自荀子的主張。現在「青出於藍」的使用方式，是指弟子凌駕了自己的老師，但《荀子》原本的意思，是指透過學問與自我鑽研向上提升的重要性。

他主張作為統治原理的「禮治」，也與戰國的亂世背景有關。到此為止的儒家教誨，根本上都只把「禮」當成眾多道德之一，但荀子主張，「禮」就是統治的原理。他說，「非禮，是無法也」（《荀子．修身》），而作為禮之根源的君主，最重要的就是體恤民眾。他在此用了一個巧妙的比喻來提示：「君者、舟也，庶人者、水也。」（《荀子．王制》）這意思是說，船有水才可以浮起來，但如果胡亂錯誤操作，也會隨著水而傾覆。

只是，「禮治」是一種從外部管制人們的思想，這點在從荀子學的韓非子「法治」主張中，獲得了

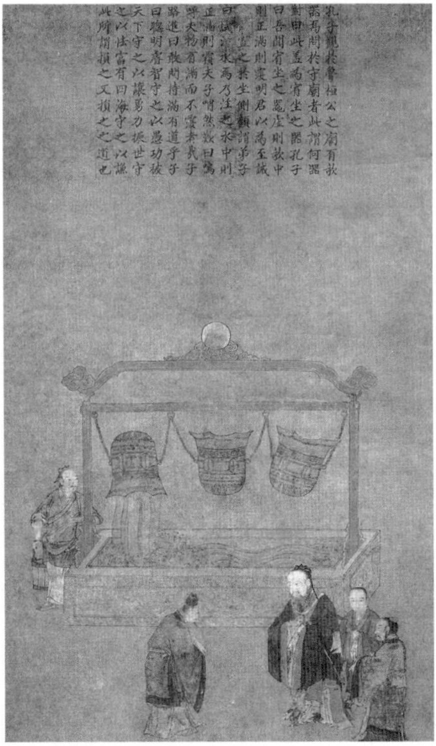

孔子與宥坐之器

更進一步的展開。

又，荀子也有自己乃是孔子正統後繼者的意識。在《荀子》中有〈仲尼〉一篇，「仲尼」是孔子的字。另外還有〈宥坐〉一篇，在這篇中，記載了一則令人興味深長的孔子逸聞：

> 孔子觀於魯桓公之廟，有欹器焉，孔子問於守廟者曰：「此為何器？」守廟者曰：「此蓋為宥坐之器，」孔子曰：「吾聞宥坐之器者，虛則欹，中則正，滿則覆。」孔子顧謂弟子曰：「注水焉。」弟子挹水而注之。中而正，滿而覆，虛而欹，孔子喟然而嘆曰：「吁！惡有滿而不覆者哉！」

這就是「宥坐之器」的故事。所謂宥坐，是「擺在身邊、引以為戒」的意思。荀子是藉由孔子的故事，來陳述「中正」的重要性。逼近極限的狀態是很危險的，這樣的思想和老莊思想也有共通點；但荀子在這裡要說的，並不是老莊的無與無為之教。所謂「中正」（剛剛好），換句話說就是「中庸」；孔子體悟到的就是這點。

事實上，孟子也說：「仲尼不為已甚者。」（《孟子．離婁下》）孔子是不做過激事情、充分體悟中庸之道的人。宥坐之器在表示中正重要性的同時，也是孔子其人生活樣貌的象徵。

墨子（約前四八〇—約前三九〇年）

在兩千年間遭到遺忘，但在之後突如其來獲得重新評價、令人驚異的思想家，這就是墨子。墨子名翟，比孔子時代稍晚，在戰國初期開始活動。一說他的生卒年是約前四八〇—約前三九〇年。

墨家以稱為「十論」的中心思想為主軸，展開集體行動；在整個戰國期間，他們是和儒家對立最激烈的學派。墨子著有《墨子》一書，書中除了闡述中心思想的各篇以外，還有記載築城技術與光學等今日所謂理工知識的篇章。之後，宛如一陣狂風席捲而過般，他們隨著秦漢帝國的成立，突如其來地消失了。墨家就這樣成為絕學兩千年，直到清朝末年才獲得重新評價。

雖然墨子的傳記寫得相當模糊，不過他的故鄉一般咸認是在郳國。郳是作為宋、齊、魯等國附庸（屬國）的小國，位在現今山東省的滕州市。

墨子思想最大的特徵，首推「兼愛」與「非攻」。儒家用「仁」的思想來解釋對人的愛；這是一種對親兄弟這類親近之人會比較厚愛、對疏遠之人的愛就會比較淡薄。墨子批判這是一種「有差別的愛」，而正是因為這種愛，才導致了社會的對立與混亂；他主張一種在愛自己的同時，也要兼顧愛各個他者的愛，也就是所謂的「兼愛」。另一方面，他否定意圖破壞世界架構的侵略戰爭，自己也會奔赴弱小國家阻止侵略，從事「非攻」的行動。

不只如此，在「節葬」、「非樂」等思想上，也可以看到他和儒家尖銳的對立。孔子主張生者對逝者必須竭盡「禮」，特別是要嚴肅看待人的死亡、重視葬禮。但是墨家說這種隆重的葬儀是「厚葬」，大加批判。儒家規定在雙親過世之際，要服「三年之喪」，但墨家認為這會造成社會經濟停滯，且說到底為了舉辦豪華的葬儀，還會壓迫家計，是本末倒置之事，所以主張「節葬」。

在音樂方面也是如此，儒家認為「禮」、「樂」是表裡一體，對人們的教化扮演很重要的角色，因此大力提倡。但墨家批評說，君主營造宏偉的音樂環境、編成巨大的樂團、日日笙歌舞宴，只會讓國家經濟陷入危機，因此主張「非樂」。

這種墨家的主張，又反過來受到儒家陣營的批判。孟子就嚴厲批判「兼愛」思想，是一種同等愛著身邊的親兄弟和陌生的他者、極端欠缺人性的「禽獸」教誨。荀子也批判墨子，說他「不知壹天下、建國家之權稱，尚功用、大儉約而僈差等」（《荀子・非十二子》）。

簡單說，墨子的思想與墨家的活動，在儒家眼中看起來就是異類；在他們感覺起來，這是一種無視於人類素樸心情的思想。恐怕這點正是導致墨家集團急遽消滅的原因之一吧！隨著秦漢帝國的成立，墨家也成為絕學。

可是在清朝末期，中國不得不和西洋文明對峙的時候，墨子的思想獲得了重新評價。「兼愛」、「非攻」的崇高理想，被認為符合新時代的到來。同時，墨家在非攻活動中累積的築城、守城技術，工學與光學等知識，也被看作是近代科學的先驅，獲得很高評價。

於是，現在山東省滕州市的墨子博物館（一九九三年開館），將墨子彰顯為「科聖」，也就是評為近代科學技術的先驅者。館內的銘牌與圖鑑，在稱墨子是「偉大思想家、教育家」的同時，也彰顯他是「偉大科學家、軍事家」的一面。

屈原（約前三四三—約前二七七年）

近代日本畫的大師橫山大觀（一八六八—一九五八年），有一幅名為「屈原」的代表作。這幅畫繪製於一八九八年（明治三十一年）；畫中，屈原在強風吹拂的原野中徘徊，用異樣的眼光凝視前方。大觀為什麼要畫這樣一幅畫？屈原背後飛翔的小鳥與黑鳥、被強風吹動的草叢，又意味著什麼？

屈原是中國戰國時代南方的楚國人，名為平，字為原，號為靈均。他出身楚國王族，受到國王的信任，但因為主張與戰國七雄之一齊國攜手對抗強秦，招致國王的反感，最後被放逐、投身汨羅江而死。他寫了收錄在《楚辭》中的〈離騷〉、〈漁父〉等作品，對中國文學史產生了很大的影響。

孔子活動的中原，是繁盛於中國北部黃河流域的文明圈；相對於此，屈原的活動地點則是南方的楚，是充滿眾多神話習俗、多采多姿的地區。在這裡誕生的作品，留有在記載孔子言論的《論語》中絕對看不到、多神教世界的濃烈色彩。

司馬遷在《史記·屈原列傳》中，這樣描述他的生涯：

屈原博聞強記、精通治亂事跡，文辭嫻熟，在宮中可以和懷王議論國事、下達命令，對外則可以迎接賓客、應對諸侯，國王相當信任他。

但是，因為上官大夫靳尚的讒言，國王憤怒地疏遠了屈原。屈原對讒言與諂媚蒙蔽了國王的清明、邪惡傷害了公正、正直之士不被見容深感遺憾與憂心，於是寫下了〈離騷〉一篇。離騷和離憂（遭受憂愁）是同義詞。

在這之後，秦國打算征討齊國。因為齊和楚是合縱關係（同盟），所以秦惠王使出策略，命張儀帶著厚禮獻給楚王，楚懷王應允張儀後，便放他離開了。屈原勸諫懷王說：「為什麼不殺掉張儀？」懷王這才後悔，連忙追趕張儀，但已經來不及了。

又在此後，秦與楚締結婚姻關係，表示想會見懷王。懷王打算動身，屈原又勸諫說：「秦國是虎狼之國，不可輕信，還是不要前去比較好。」但是，懷王的幼子子蘭勸懷王說：「就算斷絕和秦的友好關係也無妨嗎？」於是懷王最後還是去了。結果秦國埋下伏兵、切斷退路，拘留懷王，要求他割讓領地。懷王大怒，不聽對方的要求，逃亡到趙，但是趙國不接受他入境，於是他只好再折回秦，終於在秦國過世，遺體被送回楚國。

子蘭聽聞屈原憎恨自己，勃然大怒，於是又叫上官大夫向頃襄王（懷王的長子）誹謗屈原；頃襄王很生氣，判處屈原流刑。屈原披頭散髮，在大澤畔邊呻吟邊走著，臉色憔悴，身體就像枯木一般瘦削。一位漁夫看到了，忍不住問他說：「你不是三閭大夫（官名，負責管理楚國王族三氏）嗎？為什麼會來到這種地方呢？」屈原說：「世間全都是混濁不堪，只有我保持澄淨；眾人都沉醉著，只有我保持清醒，所以我才被放逐了。」最後他抱著一塊大石頭，投身進汨羅江而死。

司馬遷在記下這樣的屈原生涯後，又寫了以下這樣一段感慨：

> 余讀離騷、天問、招魂、哀郢，悲其志。適長沙，觀屈原所自沉淵，未嘗不垂涕，想見其為人。

因為讒言而下場淒涼的屈原身影，在這之後影響了承受不遇與逆境的眾多文人。闡述屈原、描繪屈原、追悼屈原，成了安慰自己的一種鎮魂曲。

橫山大觀當時擔任東京美術學校的助教授，但因為身為校長、也是老師的岡倉天心遭到黑函中傷被罷免，自己也跟著悲憤辭職。徘徊在汨羅江畔的屈原身影，既和岡倉天心重合，也和自己的境遇重疊了吧！屈原背後的小鳥與黑鳥，被認為是比喻狡猾的小人，至於強風中搖動的草叢，則是暗示著受到讒言的屈原之苦惱。

其他人物

一、孔子的弟子門人們

顏回

前五二一—前四八一年，孔子最鍾愛的弟子。字子淵，魯人，也稱為顏淵。孔門十哲中，顏回是「德行」特別優異的人物。孔子給顏回很高的評價，說他「好學、不遷怒、不貳過」（《論語．雍也》），其他弟子也說他「聞一知十」，對他甘拜下風（《論語．公冶長》）。顏回的特徵是過著清貧生活，不願出仕（領取俸祿）（《莊子．讓王》），米缸常常空空如也（《論語．先進》）。這樣的顏回形象，後來也被當成道家思想理想的呈現來加以理解。但是在近年發現的戰國時代竹簡上博楚簡中，包含了名為〈顏淵問於孔子〉的文獻；這份文獻的內容，是顏回向孔子就政治方面進行積極的質問。即使是清貧的顏回，也對政治表現強烈的關心，這清楚呈現了儒家集團以「為政」（參與政治）為目標的一面。顏回比孔子還早過世，對於他的英年早逝，孔子悲嘆地說，「天喪予」（《論語．先進》）。

宰我

前五二二年—？，孔子的弟子。姓宰，名予，字子我，也被稱為宰予。出身於魯，為孔門十哲之一。公認在「言語」（文章能力）方面特別優秀。即使面對孔子，也敢於正面提出異議；他曾經認為，雙親過世之際被視為固定禮儀的「三年之喪」過長，應該只要一年就好，並就此向孔子提出質疑。面對他的疑問，孔子說：「宰我偏離了仁道！不論是誰，從生下來開始的三年間，都是被父母懷抱著長大的；既然如此，服三年喪來報恩，就該是天下人共通的禮啊！」（《論語．陽貨》）又有一次，宰我白天在睡大覺（晝寢），孔子忍不住說：「朽木不可雕也，糞土之牆不可杇也」，用來非難怠惰的宰我。（不過也有異說認為，這個「晝」字，其實是「畫」字的筆誤）江戶後期的大坂學者山片蟠桃，以主要著作《夢之代》而聞名，但這本書的原標題是《宰我的贖罪》，指的是「不肖弟子作為贖罪寫下的東西」，以表達自己的謙遜之意。

子夏

前五〇七—約前四二〇年，孔子的弟子。姓卜，名商，字子夏，孔門十哲之一。和子游在「文學」（學問）方面特別優秀，也是位特別尊重禮學的人。在《論語》中，有不少子夏的話語，比方說「日知其所亡，月無忘其所能，可謂好學也已矣」（〈子張〉）、「博學而篤志，切問而近思，仁在其中矣」（同前）、「小人之過也必文」（同前）等。當子夏對孔子問《詩》之內容的時候，孔子回答說：「繪事後素。（畫畫的時候要先塗上色彩，然後加上白色的顏料來完成。）」子夏聽了就說：「禮後乎？（要先有政治，然後才有禮儀嗎？）」孔子於是褒獎他說：「起予者商也！（能明白我真意的就是商〔子夏〕了啊！）」（《論語．八佾》）但是，當子貢問孔子說「子張和子夏哪個比較優秀」時，孔子說「師（子張）也過，商（子夏）也不及」，又說「過猶不及」，意思是兩個人都沒有達到中庸境地（《論語．先進》）。

子貢

前五二〇—前四四六年，孔子的弟子。姓端木，名賜，字子貢，出身於衛。頭腦清晰，在《論語》中留有許多和孔子問答的紀錄。在這當中，特別是孔子闡述「君子」自我提升的時候，他立刻引用《詩》中「如切如磋、如琢如磨」來回答，令孔子也不由得感佩。孔子說子貢是「告諸往而知來者」，給予高度的評價（《論語．學而》）。另一方面，他在理財與外交上的能力也很優秀，曾侍奉魯國與衛國，在遊說諸國等方面相當活躍。他的這種能力和實績也廣受時人好評，甚至有人認為他可能比孔子還優秀，但子貢的回答是：「譬之宮牆，賜之牆也及肩，窺見室家之好。夫子之牆數仞。」（《論語．子張》）孔子過世後，弟子們都服三年之喪，唯獨子貢在墓旁築了草廬，又多服了三年之喪。中國山東省曲阜的孔廟就基於這個故事，將入口處的高牆稱為「萬仞宮牆」，在孔子墓的左手邊，則有一處名為「子貢廬墓處」的小建築。

子思

前四九二—前四三一年，戰國時代的思想家。孔子之孫，名伋。孔子過世後，儒家集團分裂成八派，在這當中特別有力的是曾子、子思學派與子游、子夏學派。曾子、子思學派在孔子提倡的倫理道德之中，特別重視內在的心。曾子闡述「孝」的重要性，被認為是《孝經》的作者；受他教導的子思，則重視「誠」與「中庸」。這種尊重內在性的立場後來被孟子繼承，以「性善說」之姿加以提倡。子思應當有一本名為《子思子》的著作，但並沒有完整留存下來；《禮記》的〈中庸〉、〈表記〉、〈坊記〉、〈緇衣〉

各篇，被認為原本是《子思子》的一部分。近年來中國陸續發現、公開新出土的文獻（竹簡），一九九八年公開的郭店楚簡中，有名為〈魯穆公問子思〉的文獻。這是迄今為止所不曾得知的新資料，在這篇文章中，肯定地描繪了對君主不當行為嚴加批判的子思樣貌。

子張

前五〇三年—？，孔子的弟子。姓顓孫，名師。根據《韓非子・顯學》，孔子逝世後，弟子分裂成八派，其中之一就是「子張之儒」。子張在《論語》中也屢屢登場，可以想見是具有一定影響力的弟子。在《論語・堯曰》中，子張問孔子「從政」的條件，這清楚呈現了儒家集團的特質。孔子及其弟子不只是單純的學者集團，而是想透過參與國政，在政治場域中實現其理想，其中率直表明這點的，就是子張。又，在漢代初期，流傳有「魯論語」、「齊論語」、「古論語」這三個系統的《論語》，其中的古論語，將〈堯曰〉後半的「子張問於孔子曰」以下的部分獨立出來，成為〈子張問〉，總計篇幅為二十一篇。也有一說認為，這部〈堯曰〉後半段，古時候其實是稱為〈從政〉。「從政」對儒家而言是極為重要的概念，具有足堪構成《論語》一篇的意義。

子游

前五〇六—約前四四三年，孔子的弟子。姓言，名偃，字子游。孔門十哲之一，和子夏同樣以「文學」見長。年輕時候曾擔任武城的宰，實踐孔子的教誨「君子學道則愛人，小人學道則易使也」（《論語・

陽貨》），以道德和禮樂教化人民。孔子在武城聽到跟這座小小城鎮不太相稱的弦歌之聲，不由得笑著說，「殺雞焉用牛刀？」但後來又解釋說：「偃之言是也。前言戲之耳。」子游雖然和子夏同樣尊重「禮」，但批判子夏的門人偏向形式主義，主張禮之精神的重要性（《論語．子張》）。

子路

前五四二—前四八〇年，孔子的弟子。姓仲，名由，字子路，又稱季路，出身於魯。孔門十哲之一，性格樸直、武勇優異。當孔子感嘆當時的亂世、想要乘竹筏出海時，他說：「從我者其由（子路）與？」但隨後又批評子路說：「好勇過我。」（《論語．公冶長》）又，當旁人問說可不可以讓子路從事政治時，孔子說，「由也果，於從政乎何有？」對他的政治才幹給予很高的評價（《論語，雍也》）。另一方面，孔子也很在意子路會因武勇而導致輕率，當旁人問子路是不是仁人時，孔子說：「由也，千乘之國，可使治其賦也，不知其仁也。」（《論語．公冶長》）就在孔子的這種擔憂中，子路獲得了衛國的高官職位，但因為直言強諫太子，最後遭到慘死的命運（《史記．仲尼弟子列傳》）。中島敦的小說傑作《弟子》，就是在描述這樣的子路生平，以及孔子對他溫暖的關懷。

冉求

前五二二年—？，孔子的弟子。字子有，出身於魯。孔門十哲之一，政治技巧優秀且多才多藝。當有人問孔子，「冉求可以從事政治嗎？」孔子充滿自信地回答說：「求也藝，於從政乎何有？」（《論語．

雍也》）只是，冉求雖然為魯君的大夫季氏擔任宰，但當既不是王、也不是君主的季氏在泰山舉行祭典時，冉求卻沒能阻止，這讓孔子不由得喟嘆（《論語．八佾》）。不只如此，冉求致力協助季氏獲取稅收，這也遭到孔子的批判（《論語．先進》）。但另一方面，相當謙遜的冉求有一次對孔子說：「非不說（悅）子之道，力不足也。」孔子則激勵他說：「力不足者，中道而廢。今女畫。」（《論語．雍也》）

冉耕

前五四四年—？，孔子的弟子。字伯牛。孔門十哲之一，和顏淵、閔子騫（閔損）一樣被認為是「德行」優秀之人，但《論語》中並沒有收錄他的具體言語。後來孟子曾經評論說，冉耕是繼承孔子思想並將之具體化的弟子（《孟子．公孫丑上》）。當冉耕罹患重病時，孔子曾去探望；當時孔子從窗戶握著他的手，一直說：「斯人也而有斯疾也！斯人也而有斯疾也！」（《論語．雍也》）

冉雍

前五二二年—？，孔子的弟子。字仲弓，出身於魯。孔門十哲之一。孔子對冉雍的氣度有很高評價，曾說「雍也可使南面」（《論語．雍也》）；這意思是說，冉雍擁有君主般端坐堂上面向南方的氣度。當冉雍要侍奉魯國大夫季氏之際，孔子教導他政治的要諦：「先有司，赦小過，舉賢才。」（《論語．子路》）這意思是說，要帶頭引領官員，就算結果多少有點過錯也予以寬宥，透過仔細觀察來錄用賢人。上博楚簡中有以〈中（仲）弓〉為題的文獻，內容是孔子回答弟子仲弓質問的語錄。當中特別值得注目的，是和《論語．子路》類似的孔子話語：「老老慈幼，先有司，舉賢才，宥過赦罪。」雖然極為相似，但相較《論語》將重點放在「有司」上，〈仲弓〉則主張要對老人與幼兒慈愛，且把四個要點並列記下。由此可以得知，在傳承的過程中，孔子與弟子們的話語，多少有些搖擺不定。

曾子

前五〇五—前四三六年，春秋時代魯的儒家，孔子的高徒。名為參，字子輿。以「吾日三省吾身」（《論語．學而》）這句話而著稱。也以孝親之人而聞名，在《論語》中屢屢陳述「孝」的道理，相傳是《孝經》的作者。孔子逝世後的學團，分成「尊禮」與「尊仁」兩個主要流派，曾子是後者的代表性思想家，其思潮被子思、孟子繼承。後來他被當成繼承儒教正統的學者，得到很高評價，和顏回、子思、孟子並列為「四配」（或「四聖」），合祀於孔廟中。著有《曾子》，但沒有流傳下來，不過《大戴禮記》的〈曾子本孝〉、〈曾子大孝〉等各篇，被認為是其中的一部分。

閔子騫

前五三六—約前四八七年，孔子的弟子。名損，字子騫，出身於魯。孔門十哲之一，與顏回並列為有「德行」之人，也以孝親著稱。孔子評價說：「孝哉閔子騫！人不間於其父母昆弟之言。（閔子騫真是孝順啊！他的父母兄弟都對他讚不絕口，任何人也都不會對此表示異議！）」他的言論在《論語》中幾乎不曾見到，但不時發表的意見還是會得到孔子很高的評價。魯建造長府（大倉庫）的時候，閔子騫這樣說：「仍舊貫，如之何？何必改作？（就按照舊有的習慣又如何，為什麼有必要特地改建呢？）」孔子聽到這句話，不由得褒獎說：閔子騫平常沉默寡言，但一開口表達意見，就必然命中要害（《論語．先進》）。

二、孔子視為理想的人物

堯

古代的聖王，名為放勳。因為被封在陶、唐之地，所以也稱為陶唐氏。和後來讓予帝位的舜併稱「堯舜」，被儒家彰顯為理想的聖王。曾命臣下觀察天文，編纂曆法。孔子曾經盛讚說：「大哉，堯之為君也！巍巍乎！唯天為大，唯堯則之！」（《論語．泰伯》）又，當子貢問「博施於民而能濟眾」算不算「仁」時，孔子回答說，這已經不只是仁，而是「聖」的層次，連堯舜都會為此心焦不已！（《論語．雍也》）堯雖然把帝位讓給舜，但當時的話語在《論語．堯日》中，可以看到是這樣的：「咨！爾舜！天之曆數在爾躬。（舜啊，天之統治大權已經轉移到你身上了啊！）」這是宣告說，讓位給舜是天命所在。像這樣將位子讓給非血緣聖人的王位繼承型態稱為「禪讓」，被視為古代中國的理想。

舜

古代的聖王，有虞氏，名叫重華。雖然出身微賤，但被堯所賞識，最終即帝位。據說他曾巡行四方，討伐鯀、共工、驩兜、三苗等「四凶」。是孔子與儒家理想中的聖王。弟子樊遲詢問「仁」的時候，孔子說，要舉用正直的人。解釋孔子之意的子夏說，「舜有天下，選於眾，舉皋陶，不仁者遠矣」（《論語．顏淵》）。意思是說，舜拔擢皋陶這位人格高尚的人，將不道德的人一掃而空。孔子在提及舜的政治時也說：「無為而治者，其舜也與？夫何為哉，恭己正南面而已矣。」（《論語．衛靈公》）這意思是說，舜沒有特別採取什麼作為，只是端正自身、坐上王位而已。舜也以孝順之人著稱，後來孟子稱讚舜是「大孝」之人。舜將帝位讓給治水有功的禹。新出土文獻的郭店楚簡〈唐虞之道〉說，只有禪讓是正確的王位繼承方法，因此從這點來看，唯一獲得禪讓、也禪讓予人的古聖王就是舜，值得大加彰顯。

禹

古代的聖王。據說在為中國全土治水事業奔走的十三年間，曾經三度經過家門前，卻連一次也不曾踏入其中。因為治水的功績獲得舜讓位，成為夏朝的創始者。受孔子與儒家尊崇，孔子曾說：「禹，吾無間然矣。（我完全找不到可以批判禹的地方。）」（《論語．泰伯》）。禹之所以無可批判，其理由據孔子說，是因為禹飲食簡樸，鄭重崇拜祖先，衣服雖然粗糙、但祭祀時又很隆重，居住在鄙陋的房子中，對灌溉工程盡心盡力。（同前）古代聖王從堯到舜、再從舜到禹，被認為是依禪讓方式進行王位繼承，但開創夏朝的禹，則是讓自己的親生兒子繼位；此後，中國的王朝多是血緣繼承。新資料上博楚簡〈舉治王天下〉中，記載了堯舜禹的古傳承，但其中把堯和禹置為直接的君臣關係；不只如此，堯和禹還有具體的問答，被認為致力於治水工程。一直以來的文獻大多把「堯舜」並列為君臣關係，相對於此，「堯禹」

的組合，則可推測為另一個系統的傳承。

周公旦

周代首屈一指的政治家。姓名為姬旦，是周文王的兒子、武王的弟弟。協助武王討伐殷的紂王，武王過世後輔佐其子成王，奠立了周朝的基礎。特別是在制定周之禮制這點上，被視為儒教的聖人。又，周公旦廣求賢人的故事，也以「吐哺握髮」這句成語流傳下來（《韓詩外傳》）。這句話的意思是，即使正在吃飯，也會把嚼到一半的食物吐出來，即使正在洗頭，也會把濕透的頭髮擰一擰，就出來迎接賓客。周朝成立後，周公旦被封到魯地；約五百年後誕生在此地的孔子，把周公旦當成理想的政治家仰慕。《論語．述而》中記載，晚年的孔子曾經感嘆，自己不復夢見周公旦。「甚矣吾衰也！久矣吾不復夢見周公。」陝西省寶雞市有祀奉周公旦的周公廟。

子　產

？—前五二二年，春秋時代鄭的宰相。姓名為公孫僑，子產是他的字。盡力經營被夾在大國之間的弱小國家鄭國，在青銅器上鑄刑罰，加以明示，這被認為是中國最初制定的成文法。孔子評價說，子產具備了「君子」的資質；具體來說，他有四項特長：個性謙遜（恭）、對主君忠實（敬）、以溫和方式養民（惠）、正確使役人民（義）（《論語．公治長》）。他又評價說，子產是「惠人」（慈善心深厚的人）（《論語．憲問》）。一直以來關於子產的事跡，除了《左傳》以外幾乎無從了解，但二〇〇八年清華大學入手的戰國時代竹簡中，有一篇名為〈子產〉（暫稱）的文獻，在這當中詳細解說了子產的道德修養與施政。雖然開頭是針對「聖君」的政治進行敘述，但接下來就是對子產以鄭國重臣身分活躍、集結良臣進行輔佐等事跡進行評價，因此可以推測是一份意圖彰顯子產的文獻。又，這裡也記載了子產參考夏、殷、周三代的刑、令，制定鄭國的刑與令一事，因此可以作為「子產鑄刑書」這個古來傳承的佐證內容。

三、環繞儒家周圍的諸子百家

莊子

約前三六九—約前二八六年，代表道家的戰國時代思想家。名為周，出身宋國的蒙地。彙整其思想的文獻稱為《莊子》（內、外、雜篇合計三十三篇）。特別是〈逍遙遊〉、〈齊物論〉這七篇「內篇」，作為流傳核心思想的部分，評價甚高。尤其是在〈齊物論〉中，可以一窺莊子思想的骨幹「萬物齊同」（這世上的所有事物，在價值上都是同等的）理論。莊子的思想，雖是從老子的「道」之思想來加以展開，但和老子相比，闡述的是更超俗的哲學。被認為和名家（邏輯學派）的代表性思想家惠施屬於敵對關係。對孔子與儒家思想抱持懷疑態度，認為儒家尊崇的古聖人教誨只是「古人的糟粕（殘渣）」，應當斷然捨棄（《莊子．天道》）。和老子並稱為「老莊思想」，即使在漢代以降儒教國教化的情況下，仍被當成中國思想的另一根支柱受到尊重，對道教的形成也有很大影響。

商鞅

?—前三三八年，戰國時代中期的政治家。姓公孫，名鞅，因為被封在商地，所以稱為商鞅。侍奉秦孝公，斷然推行大膽的政治改革。這場改革稱為「商鞅變法」，對舊有的貴族制社會帶來極大的衝擊。具體來說，他採取的措施包括以法為國家基本原則的「法治」；整飭戶籍；為了在日常與戰場都負起連帶責任，將人民分成十人組、五人組，強制要求密告壞事的「什伍制」；禁止一家有兩名以上的成年男子，以圖增加徵兵、徵稅的「強迫分家」；即使是貴族，也要有軍功才能獲得爵位的「軍爵制」等。商鞅改革奏效，讓秦國一躍成為強國；可是商鞅自己在孝公逝世後失去後盾，遭到保守派嚴厲的報復，被處以雙手雙腳用車扯裂的「車裂之刑」。又，因為他採取和儒家的政治論「德治」（透過君主的道德來教化人民）極端對立的政策，所以遭到儒家的嚴厲批判。

韓非子

?—前二三三年。戰國時代末期，法家思想的集大成者。韓國的公子，年輕時曾和李斯（後來的秦國宰相）一起從荀子學習。因為口吃所以不擅言語，但著述能力很高，秦王政讀了他的書後，大為讚賞。於是他作為使者被派往秦國，但中了嫉妒他才能的李斯之計，被迫自殺。韓非子思想的最大特色是結合戰國時代中期商鞅的「法」、申不害的「術」、慎到的「勢」來強化王權，並徹底實施中央集權的法治。一直以來，這種思想與秦帝國法治實際狀態的關係都不甚清楚，但依據一九七五年發現、包含秦國法律相關文件的「睡虎地秦簡」，兩者之間明顯可以看出密切的關係。韓非子批評舊有的儒家政治「德治」，是種仰賴人的不安定事物，而仰慕古代聖王的統治論也落後時代，應該加以割捨。在他的著作《韓非子》中，用「守株待兔」的寓言，來諷刺拘泥於古老思維、總是不知變通的儒家。

公孫龍

前三三〇—約前二四二年，戰國時代趙的思想家。字子秉，經常加上敬稱，被稱為公孫龍子。成為趙國平原君（？—前二五一年）的門客，善於議論，是專論名（概念）與實（本質）關係的「名家」代表性論客。曾和孔子的後裔孔穿，就「白馬非馬」進行議論。公孫龍認為，「白馬」這個概念，是「白」這個色彩概念與「馬」這個形狀概念結合而成的複合概念，因此和「馬」這個概念在位階上有所差異；從這層意義上，就可以說「白馬非馬」。他另外又有「堅白石」的議論，「堅」是透過手觸摸而認識，「白」是透過肉眼所見而認識，但兩者不可能同時整合起來加以認識，所以「堅硬的白色石頭」這種概念，是無法同時並存的。這種意圖嚴密掌握概念的學說，雖是名家的代表性言論，但被其他學派視為「詭辯」；韓非子就說，若是名家實際騎著馬通過關卡的話，關卡的官員是會按照「黑馬也好白馬也好，毫無疑問都是馬」的常識論來課稅並收取通行稅的（《韓非子．外儲說左上》）。在其他學派看來，名家的言論是一種頗為偏離現實的傳承。

孫子

春秋時代人，名為武，出身齊國。侍奉吳王闔閭（前五一五—前四九六年在位）的軍師，因把闔閭推上「春秋五霸」的地位而活躍。春秋時代末期，長期以來的戰爭型態為之一變，從貴族戰士之間的小規模短期戰（戰車戰），轉移到總動員人民的長期戰（騎馬、步兵戰）。接受這個時代的變化，孫子不單只是就戰爭技術，也就戰爭與國政和人之間的深刻關聯來進行論述，寫成了兵書《孫子》。其特色包括了避免戰力消耗的「詭道」（出其不意攻擊）戰略；為了達成戰略，進行情報蒐集與分析的「計」；「廟算」（在國王廟堂上舉行的御前會議）；靈活運用間諜（間者）；宛如水般的柔軟變化等。《孫子》被高度評價為中國第一的兵書，在後來宋代選定的《武經七書》中也是名列第一。只是一直有人懷疑，現傳的《孫子》十三篇，究竟是春秋時代孫武的著作，還是戰國時代孫臏（孫武子孫）的著作？就在這種狀況中，一九七二年山東省古墓出土的銀雀山漢墓竹簡裡，發現了對應十三篇的《孫子》，以及被認為是孫臏著作的《孫臏兵法》。於是，十三篇的《孫子》幾乎可以重新評價，確定是孫武的著作。

吳起

約前四四〇─前三八一年，戰國時代的兵家。出身於衛，師事儒家的子夏。後來侍奉魏的文侯（前四四五─前三九六年在位）、武侯（前三九五─前三七〇年在位）兩代，負責對秦防衛。用兵巧妙，曾經好幾次擊退十倍兵力的秦軍。在他的作戰經歷中，七十六戰有六十四勝，其他全都是平手，不曾敗退，成績相當輝煌。之後吳起出奔到楚，被任命為宰相，斷然執行楚國的改革。其內容為：「明法審令」，徹底實行法治主義；「捐不急之官」，整飭官僚組織；「廢公族疏遠者」，改革爵制；「撫養戰鬥之士」，充實軍隊組織。這項激進的改革，雖然將楚國推上強國的地位，但也招致舊臣的反彈，吳起也因為讒言而被處死（《史記・孫子吳起列傳》）。其著作《吳子》跟《孫子》並列，作為兵書的評價很高，併稱為「孫吳兵法」。

鬼谷子

戰國時代的人。因為隱居在鬼谷這個地方所以得名，但是否真有其人並不清楚。也被稱為鬼谷先生。根據《史記》，蘇秦和張儀都曾經追隨鬼谷子學習縱橫（國際外交）之術。留有著作《鬼谷子》，但一般都認為是後世假託鬼谷子之名的偽作。雖然被認為是縱橫家之祖，但從各式各樣的傳承與假託的著作來看，也具備了兵家、陰陽家與道家等面向。

蘇　秦

？—約前三一七年，戰國時代的外交家，和張儀並列為縱橫家的代表。根據《史記・蘇秦列傳》，他出身於洛陽，曾與張儀一起拜在鬼谷子門下學習縱橫之術。為了對抗秦國，他提倡其他六國（燕、趙、韓、魏、齊、楚）南北結合同盟的「合縱（從）之策」。當時他為了說服韓王，曾說出「寧為雞口、勿為牛後」這句話，後來演變為成語「雞口牛後」。他的合縱策略成功了，之後十五年間，秦國不敢侵略東方諸國。一九七三年在湖南省長沙發現的馬王堆漢墓帛書中，有一部《戰國縱橫家書》，其中記載了許多有關蘇秦的故事，為他的活躍提供了佐證。

張儀

？—前三一〇年，戰國時代的外交家，與蘇秦並列為縱橫家的代表。出身於魏，擔任秦惠王的宰相，為了打破蘇秦的合縱之策，提倡戰國諸國與秦攜手合作、以求存續的「連橫（衡）之策」。透過這種策略，秦國慢慢離間了六國聯合，並將之陸續消滅。因為蘇秦與張儀的外交活動，後來的人都使用「合縱連橫」這個成語來廣泛形容圍繞著政治權力的交涉與合作。

鄒衍

約前三〇五—前二四〇年，戰國時代齊國思想家，也被稱為鄒子。活躍時代略晚於儒家的孟子，稍前於荀子。在齊的文化沙龍「稷下之學」中，屬於受特別待遇的七十六人之一。相傳著有《鄒子》四十九篇、《鄒子終始》五十六篇，但現已不存。提倡以「金木水火土」五種氣的循環來解釋王朝更替的「五德終始說」，以及認為儒家主張的世界（中國）不過是全天下的八十一分之一，在中國以外，還有同等規模的八個世界，形成一個州，而在更外圍，還有同屬州級的八個世界，也就是所謂的「大九州說」。這種關於時空的宏觀哲學，讓他一躍成為名人。鄒衍確立的陰陽五行思想，對此後的中國世界一直保有極大的影響力。

四、春秋時代代表性的君主

齊桓公

前六八五—前六四三年在位，春秋時代齊國君主。姓姜，名小白，僖公之子，襄公之弟。身為公子時，因為內亂離開了齊國，但在襄公被殺後歸國即位。任用管仲為宰相，推進富國強兵，成為「春秋五霸」之一。孔子說，「齊桓公正而不譎」（《論語．憲問》），給他很高的評價。又，當弟子子路與子貢問孔子說：「桓公殺害公子糾時，擔任輔佐的管仲與召忽，後者殉死了，但管仲卻活下來，這樣他能算是仁者嗎？」對此，孔子回答說：「桓公九合（會盟）諸侯時，不動用武力，全是仰賴管仲之力所致。」又說：「管仲輔佐桓公稱霸諸侯、一統天下，人民至今都受到他們的和平恩惠。」對桓公和管仲一併給予高度評價（同前）。

晉文公

前六三六—前六二八年在位，春秋時代晉國君主，名為重耳。獻公之子，身為公子時，因為躲避內亂而出奔國外，十九年後歸國即位。致力於內政改革與周王室的安定，在城濮之戰（前六三二年）中擊破楚國，建立起「春秋五霸」的地位。和齊桓公並列，被稱為「齊桓晉文」。孔子對前五一三年，晉徵用大量的鐵鑄造刑鼎（記載刑罰條文的鼎）一事提出批判，並預言晉一定會滅亡，但在他的話語中有說到：「貴賤不混亂是法度。過去文公為了這種法度，設立了執秩之官（主管爵秩的官員）、制定被廬之法（尊重尊位的傳統法制），於是成為盟主。可是現在晉國卻拋棄了這種法度、改鑄造刑鼎，如此一來人民只重視鼎，卻不尊重貴人，貴人因此完全不能克盡其職。」（《左傳》昭公二十九年）孔子又批評說「晉文公譎而不正。」（《論語・憲問》）之所以如此，是因為會盟本來應該是在周天子主導下進行的事務，但文公卻主導會盟、聚集諸侯稱霸，所以才遭到孔子的批判。

楚莊王

前六一三—前五九一年在位，將南方的楚推上「春秋五霸」地位的君主。根據《史記・楚世家》，莊王即位三年間，不曾發表任何政令。臣子伍舉忍不住問說：「有一隻鳥三年間不飛也不叫，這是怎樣的鳥呢？」莊王答道：「不飛則已，一飛沖天；不鳴則已，一鳴驚人。」說完他便停止了一直以來的淫樂行為，熱心於政治。之後，莊王向都城洛陽進軍，在周的郊外舉行閱兵儀式，還問周朝流傳的寶器九鼎大小、輕重為何。從這個故事中，出現了「不鳴則已，一鳴驚人」這句俗諺，意指長期忍耐以待後日，或是為了等待飛翔的機會，而進行長時間的雌伏；「問鼎」則被用來指挑戰統治者權威的意思。又，隨著近年新出土文獻的發現，莊王時代的狀況也變得日益清晰，上博楚簡〈莊王既成〉為其代表。迄今為止都認為楚陷入危難，是在遭遇國都陷落的昭王時代，但這份文獻認為，無視財政、音律，鑄造大鐘的莊王時代，其實已經奠下了滅亡的徵兆。

參考文獻

加地伸行，《儒教とは何か（儒教是什麼）》，中公新書，一九九〇年（增補版二〇一五年）
加地伸行，《孔子画伝（孔子畫傳）》，集英社，一九九一年
加地伸行全譯注，《論語》，講談社學術文庫，二〇〇四年（增補版二〇〇九年）
草野友子，《墨子》，角川sophia文庫，二〇一八年
國立新美術館等編，《没後50年　横山大観（逝世五十年　橫山大觀）》，朝日新聞社，二〇〇八年
佐野大介，《孟子》，角川sophia文庫，二〇一五年
陳政主編、向井祐介監譯，《埋もれた中国古代の海昏侯国（埋沒的中國古代海昏侯國）》全三卷，樹立社，二〇一九年
湯淺邦弘編著，《上博楚簡研究》，汲古書院，二〇〇七年
湯淺邦弘，《諸子百家——儒家・墨家・道家・法家・兵家》，中公新書，二〇〇九年
湯淺邦弘編著，《概説　中国思想史（概說　中國思想史）》，Minerva書房，二〇一〇年
湯淺邦弘，《論語——真意を読む（論語——解讀真意）》，中公新書，二〇一二年
湯淺邦弘編著，《名言で読み解く中国の思想家（用名言解讀中國思想家）》，Minerva書房，二〇一二年
湯淺邦弘，《竹簡学——中国古代思想の探究（竹簡學——中國古代思想的探究）》，大阪大學出版會，二〇一四年
湯淺邦弘，《入門　老荘思想（入門　老莊思想）》，筑摩新書，二〇一四年
湯淺邦弘，《清華簡研究》，汲古書院，二〇一七年

湯淺邦弘，《中国の世界遺産を旅する（中國世界遺產之旅）》，中公新書LaClef，二〇一八年
湯淺邦弘編著，《教養としての中国古典（作為教養的中國古典）》，Minerva書房，二〇一八年
湯淺邦弘，《荀子》，角川sophia文庫，二〇二〇年
湯淺邦弘編著，《中国思想基本用語集（中國思想基本用語集）》，Minerva書房，二〇二〇年

第七章 中國第一位皇帝的人性化肖像

鶴間和幸

前言

中國史上有位首先統一全國，並奠立之後直到二十世紀初期，歷代中國王朝基礎的人物，這個人就是秦始皇。關於始皇的業績有各式各樣的評價，有人說是暴君，也有人說是名君；在時代左右下，觀察他的視角也會產生很大的搖擺。歷史上的人物不管被評價為惡人，還是被評價為善人，全都是後世時代的評價，但從活在那個時代、活生生的人眼中看來，不論是誰，都是同時具有善惡兩面的人。

本章並不打算從「史上第一位皇帝」來對歷史進行追溯。雖然最後他當上了皇帝，但在他的前半生中，不過是秦這個國家的國王而已；在那之前，他在趙國邯鄲這異國之地出生，更是過著不為人知、有可能年幼夭折的日子。換言之，就境遇而言，他實在不是那種一出生就注定要成為皇帝的人物。

從結果回溯時代、描繪出必然的潮流，這是歷史學的常道，也是普通觀察歷史的方法。但，嬴政

（趙政、趙正）這個人面對各種困難的情況，在短短五十年的人生中，是怎樣跨越這些難關活下來？若說他有時會呈現出絕望與脆弱的一面，那必然也有果敢率性、積極行動的一面在；此人人生的緊迫感，正是本章想傳達的事物。

始皇姓嬴，屬於趙氏。姓是母系集團，氏則是從姓分支出來的集團。他的名字在司馬遷《史記》中寫成趙政，但從他出生在正月（以下時間依照當時曆法）來看，應該寫成「趙正」才對；最近出土的竹簡，就是寫作趙正。

不分敵我，也與身分無關，與各式各樣人們的相遇，讓始皇的生涯直到最後，都充滿了緊迫感。在遭逢始皇的人們眼中，他的樣貌隨著時期與場面而有不同的變化。即使沒有和始皇直接面對面，和他同時代生活的許多人，也會一邊意識到他的存在，一邊展開行動，這就是所謂的「時代氛圍」吧！即使在始皇過世後，人們仍是在意識著始皇的情況下，展開各式各樣的行動，這點也相當不可思議。就在這種狀況下，產生了許多關於始皇的傳說。

整理人物史料的方法

關於始皇，最基本的史料是司馬遷編纂的《史記》。始皇統治的歷史，是以卷六〈秦始皇本紀〉為中心彙整起來；至於始皇身邊的重要人物，則在王翦（兒子王賁、孫子王離）、呂不韋、荊軻、李斯、蒙恬（祖父蒙驁、父親蒙武、弟弟蒙毅）、韓非等各列傳中加以描述。為個人特地建立列傳，是司馬遷對重要人物的判斷標準。司馬遷的筆法確實絕妙；在列傳中被遺漏、卻被當成第一級重要人物對待的趙高，就是在〈李斯列傳〉與〈蒙恬列傳〉中，以「影子列傳」的方式隱密登場。一邊探尋司馬遷編纂的意圖，一邊閱讀人物史料，也是相當有意思的事。

圍繞在始皇身邊的人物，並不只有列傳中列舉的人們而已；當我們將分散在《史記》各處、一個又一個人物的記述集合起來時，便會發覺令人興味深長之處。本章採取盡可能靈活運用人名索引（鍾華編，《史記人名索引》，中華書局，一九七七年）的手法，從索引中檢索生在始皇時代、與始皇相關的人物，並對應中華書局版《史記》中分散的各紀事加以彙總解讀，然後創造出一位又一位人物的嶄新列傳。透過這種方式，這些人得以從一個一個獨立封閉的空間中，一口氣躍上歷史的正面舞臺，並產生出一種向我訴說「活在這個時代人們之樣貌」的清晰感受。

觀察人物的第一個視角——為一族而活的樣貌

本章注目的重要視角有兩個：一個是包含始皇在內的人物，他們在生活方式上，比起為了國家，更重視作為血脈相連一族之人的身分而行動。他們深愛著自己所屬的族裔，若是一族有危難，就算為此捨棄性命也在所不惜。始皇雖然摧毀了戰國國家的象徵，也就是徒具其名的社稷（土地神與穀物神），滅亡六國改建起秦的社稷，但他並沒有徹底殺戮戰國諸王，斷絕其血緣。在當時的國都，都設有祭祀社（土地神）與稷（黍，穀物神）的祭壇，以此作為國家的象徵；在清朝的首都北京，至今仍留有社稷壇。支持始皇的呂不韋、李斯、趙高、蒙恬等人雖然是聚集在秦這個國家之下，但他們的家族出身都來自秦以外。韓的呂不韋、楚的李斯、趙的趙高、齊的蒙恬，紛紛捨棄祖先與自己的國家進入秦國，並對母國的滅亡坐視不理。即使母國滅亡，呂氏、李氏、趙氏、蒙氏等家族也依然存在。正因如此，一族才是成為他們支柱、讓他們採取行動的源頭吧！

我把始皇放在本章的中心，透過圍繞在他身邊的人物群這一架構，來描繪出始皇。但在執筆的時候，我發覺和始皇這個主軸不同，在這當中集結起來、或者說相關聯的人們，另外又具有各自的「家」，也就是姓氏（從姓分歧出來的集團稱為氏）這樣一個主軸。始皇自己也是嬴姓這個血緣集團當中的一員。有意思的是，我們也可以發現，姓氏這個集團同樣會隨時代而有盛衰。嬴姓在始皇死後，胡亥殺害兄弟姊妹，第三任的子嬰被項羽殺害後，幾乎徹底消滅。在接下來的時代中，取而代之的劉氏集團爆炸性地增長，楚國項羽的項氏也被劉氏所壓倒，走上衰退的道路。當我們以人物出身的家為中心，試著回顧歷史時，就會浮現出超越王朝交替的歷史，這是相當有意思的事。

始皇也有為了自己母親的家而戰的場面。他的母親雖是出身敵國趙國，但姓氏並不清楚。在《史記．秦始皇本紀》始皇十九年（前二二八年）的紀事中，我們可以看到秦國將軍王翦俘虜趙王、滅亡該國的事跡。在這之後，秦王（始皇）自己特地前往戰場邯鄲，想起在趙長大的年幼時代，於是將躲藏起來、與母親家有「仇怨」的人全部找出來，予以坑殺。這是他對自己年幼時期所遭到的迫害而展開的一種復仇行為。然而，這並不是僅用「殘酷」一詞，就足以非難的事件。韓的張良在母國被秦滅亡之際，為了被殺害的弟弟，下定決心要向始皇復仇，於是對皇帝出巡的車隊展開狙擊。為一族進行的「報仇（復仇）」是被社會允許的，這在很多時候都屢見不鮮，而被復仇的一方也會認為報仇是正義之舉，所以避開仇家、隱姓埋名。當我們試著觀察始皇時代各式各樣報仇的時候，也可以看見同時代的樣貌，以及始皇的真實形象。

觀察人物的第二個視角——為人而活的樣貌

書寫人物史時所必須的另一個視角，就是要注意某人為了不同於家、沒有血緣關係的人而活的樣子。中國古代認為，為人賭上性命的行動是正義，並將之評價為「任俠」；司馬遷也特地撰寫了〈游俠列傳〉和〈刺客列傳〉。不是為自己的家、而是為人報仇的人物，往往會得到很高的評價。

就整體社會風氣來說，戰國時代是個認可為人高舉正義大旗報仇的時代。荊軻就為了被秦冷待的太子丹，以及被秦追索的樊於期將軍，掀起了向秦王（始皇）報仇的暗殺未遂事件。當荊軻失敗後，反過來變成秦王要報仇，於是高舉要取燕太子丹首級的正義，對燕發動軍事攻擊。對始皇展開的報仇，與始皇自己的報仇複雜交錯。這種復仇的連鎖，特別具有推動中國古代時代潮流的一面。項羽的叔父項梁在因個人理由殺人而不得不避仇的同時，也為楚人展開對秦的復仇，結果他的姪子項羽殺了第三任的秦王子嬰。

個人的報仇會引發國家間的戰爭，民眾也會被捲進這樣的戰爭中。在〈秦始皇本紀〉始皇二十六年（前二二一年）、有關統一之年的記載中，有一項長久以來一直被人忽略的內容。當時在秦王面前，丞相王绾提議設置國王來統治地方，但廷尉李斯卻強烈反彈。李斯說，周王將領地的支配委任給有血緣的一族，也就是用所謂的封建方式樹立諸侯，但隨著時光流逝，諸侯的關係日益疏遠，結果就演變成彼此因為「仇讎」而相互攻擊的情況。這是李斯反對封建制、主張郡縣制的重要場面。秦王認可李斯的意見，開始自稱皇帝，並擔負遏制復仇行為的角色。實現統一之後，始皇的報仇情感，究竟產生了怎樣的變化？

秦始皇（前二五九—前二一〇年）

追溯始皇五十年生涯的方法

對於始皇的五十年生涯與其後演變，我想分成幼年時代、王政時代、帝政時代來加以探尋。趙正的幼年時代，是在本國軍隊秦軍包圍邯鄲城的狀況下生養長大，之後才首次回到母國的首都咸陽。在更之前，秦將白起的軍隊才在長平活埋了趙軍四十多萬人；接著，秦軍又包圍了始皇之父子楚（莊襄王）正在擔任人質的邯鄲城。歸國後的趙正，遭遇到曾祖父、祖父、父親三代秦王接連過世的事態。他年幼時在趙國體驗了戰亂的時代，十三歲即位為秦王，到三十九歲為止，度過了二十六年的王政時代。在這段期間中，他既以君主身分體驗了戰爭，也有親身前往戰地的行動力。另一方面，他也遭遇了秦的內亂，在其中頑強地茁壯成長；可是他對自己生養長大的邯鄲，充滿了憎恨的感情。至於當他滅亡六國、以唯一君主之姿統治帝國的這十二年，則可稱為帝政時代。即使在這個時代，他也沒有擺出皇帝架子、滯留在首都咸陽，而是不停巡行地方。他踏足全國各地，走訪王政時代不曾去過的各個地點，就連最後臥病瀕死之際，也是正值地方巡察的高峰期。

我並不想把始皇這五十年的生涯，描繪成一副筆直邁向統一與皇帝之路的必然歷史樣貌。秦雖然統一中國，卻短命瓦解；知道這段歷史的人，往往會回溯過去，闡述歷史的必然。秦自己會針對統一的正統進行闡述，而漢朝也會針對秦的瓦解與漢的繼承正統，講出一套道理；至於司馬遷的《史記》，則是將兩種史料混雜在一起，這點是必須注意的事。

一、王政時代（前二四七—前二二一年）

嬴姓趙氏

前二五九年（昭王四十八年）正月，一個男孩誕生在戰國時代趙國的首都邯鄲。這個男孩「名為政，姓趙氏」，《史記．秦始皇本紀》的開頭這樣寫著。司馬遷在〈秦本紀〉的最後也說，秦的先祖雖是嬴姓，但之後在造父時期被封到趙城（山西省），所以稱為趙氏。造父是侍奉周穆王的車夫（御者），當穆王巡狩西方之際，徐國發生叛亂，這時造父為王駕馬，一日奔馳千里，返回鎮壓叛亂，立下了功績。姓是血緣集團，集團產生分歧後，開始以「氏」為國名，因此秦的王族，其實是稱為趙氏。之後到了非子時代，因為替周人養馬有功，被賜予秦（甘肅省）的土地，所以被稱為秦嬴；秦的國名起源就來自這裡。

姓和氏原本是不同的東西，從姓分出的血緣集團套上地名、官職名等，就成了氏。不過在之後的秦漢時代，姓和氏變得沒有區別，所以才會說「姓趙氏」。夏的姒姓、殷的子姓、周的姬姓、秦的嬴姓等王朝的姓，到了漢代數量遽減，甚至可說是幾近消滅；取而代之的是劉氏爆發性地在全國擴大，姓與氏區別的時代也告一段落。

「姓趙氏」是姓氏混同的漢代司馬遷之說法，事實上應該說成「始皇的姓為嬴姓、氏為趙氏」，這樣才正確，也比較容易理解。故此，始皇的姓名既可稱為嬴政，也可稱為趙政。嬴是在中國神話中登場的君主之一舜給予始皇祖先大費的姓，據說是因為他在繁衍家畜上有功，所以才賜給他這個姓。

始皇背負著嬴姓趙氏這個秦的大家庭。「秦」是國名，這是我們首先要確認的事。至於稱始皇為祖先、從朝鮮半島渡海來到日本列島而聞名的秦氏（日文讀做「はたうじ」），則是秦朝瓦解之後出現的氏，必須從始皇傳說觀之才行。即使在後世的東亞，始皇也是充滿強烈存在感。

嬴姓的「嬴」字，是個冷僻難解的字；在現代中文辭典中，Ying這個發音有嬴、瀛、贏這幾個字並列。贏是音符（聲符）、女則是意符；贏這個字形，還可以變出「蛞蝓」或「寄居蟹」之類的意思，是一個愈用愈奇妙的字。雖是奇妙的字形，但中間是貝的「贏」字，相當頻繁地使用在現代中文日常會話中，比方說「勝利」稱為「贏了」，「失敗」則稱為「輸了」。總而言之，音符的贏，有「餘剩」、「充滿」的意思在。瀛洲和蓬萊、方丈一起，被稱為東方三仙山。始皇巡行東方，就是要向相傳住在三仙山上的僊人（仙人），尋求不死之藥。嬴政與瀛洲，其間有著奇妙的聯繫。

是嬴政、趙政，還是趙正？

在始皇生存的時代，他實際上究竟是被稱為嬴政，還是趙政？在始皇時代，對他的稱呼當然是「王」或「皇帝」，而不會用嬴政、趙政之類指名道姓的稱呼法；至於始皇這個稱呼，則是在他過世後才開始用的，所以也不會是生前姓名的稱呼。在《史記》本文的記述中，只出現趙政，而無嬴政，不過這當中摻雜了漢代人的觀點。〈秦始皇本紀〉說「名為政，姓趙氏」，《史記．楚世家》也說「秦王趙政立」。在其他世家中，〈燕召公世家〉提到「秦王政初即位」，〈趙世家〉和〈魏世家〉也寫到「秦王政初立」，省略了秦王的姓。這並不是將「嬴政」省略為政，而是將「趙政」省略為政；簡單說，在秦朝瓦解後，講到始皇姓名時，都稱之為趙政。若說同時代不提趙政兩字，那大概是沒有意識到始皇雖生於趙、卻執拗地怨恨著趙，即使會消滅趙，也要攻打血脈相連的同族趙氏之國吧！

另一方面，嬴政這種稱呼法不見於《史記》本文，而是只有在為《史記》做注釋的唐代司馬貞《史記索隱》中，才有提及嬴政之名，所以也是後世的稱呼法。不過在同時代，對嬴姓之秦（嬴秦）的意識，反而會較為強烈才對。

二〇〇九年，在捐贈給北京大學的漢代出土竹簡三三四六片中，發現了以《趙正書》為題的五十片竹簡；由此我們首次知道，漢代在稱呼趙政的同時，也有「趙正」這樣的稱呼。在此之前，《史記．秦始皇本紀》的《史記集解》（南朝劉宋〔四二〇—四七九年〕裴駰所作的注釋書，裴駰是《三國志》注釋者裴松之的兒子）中，曾經引用徐廣（《史記音義》作者）的注，指出「一作正」，也引用宋忠（東漢末年學者）的話，說「以正旦生，故名正」。從這裡可以得知，稱趙政為趙正的《史記》文本，一直到南朝劉宋時代都還存在；而我們也可以得知，東漢時代的說法是「始皇因為誕生於正月元旦，所以名叫正」。我自己的看法是，從和《史記》同屬武帝時代的《趙正書》之出現，可以判定始皇本來的名字，是正月出生的「正」；在他生下來的時候，應該就是只有這種程度命名的名字。爾後，將正寫作政的《史記》文本留存下來，於是現在使用「趙正」的文本就消失了。

我們還沒有證據可以證明，秦的時代究竟是稱呼嬴政、趙政，還是趙正。戰國時期的秦王，昭王（昭襄王）稱為嬴則（一作稷），孝文王稱為嬴柱，莊襄王稱為嬴子楚，這些也都沒有相關紀錄。因此，其他國家究竟怎麼稱呼他們，這點頗讓人在意。在本章中，我使用「趙正」這個稱呼方式。

嬴姓的消滅與秦氏

秦原本是國名，但當大國秦滅亡、最後的秦王子嬰被殺害後，嬴姓便消失，只留下以王朝為名的秦氏這個姓氏。唐的《元和姓纂》中說，秦氏的由來是顓頊的嬴姓，非子被周孝王封於秦之地（隴西秦亭）；當子嬰投降於漢之後，子孫便以國名的秦為氏。另一方面，春秋末年也已經有秦氏，孔子的弟子中就有秦非、秦祖、秦商、秦冉等人，但他們和來自秦國的秦氏相異，很有可能是來自東方魯國的姬姓。和荊軻一起擔任副使、參與秦王暗殺未遂事件的秦舞陽，還有他的祖父燕國名將秦開，也是和秦國沒有關係的秦氏。秦舞陽雖然追隨荊軻、企圖暗殺秦王，但秦王覺得自己與這支秦氏沒有任何因緣，這是因為與秦朝有關的秦氏此時還沒誕生的緣故。秦王朝是嬴姓趙氏的王朝，同時代並沒有所謂秦氏王朝。

之後出自嬴氏的名人，只有西漢的嬴公與東漢的嬴咨。因為秦始皇的子孫都已斷絕，所以西漢的高祖劉邦為秦始皇之墓設置了二十家守墓人，但這二十家都不是嬴姓子孫。故此我們可以說，誕生出史上第一位皇帝的秦帝國，其王室嬴姓到了漢代幾乎已經消滅。順道一提，到了現代中國的明代，嬴姓又重新復活，冠上此姓的子孫，分布在四川、貴州與廣西。

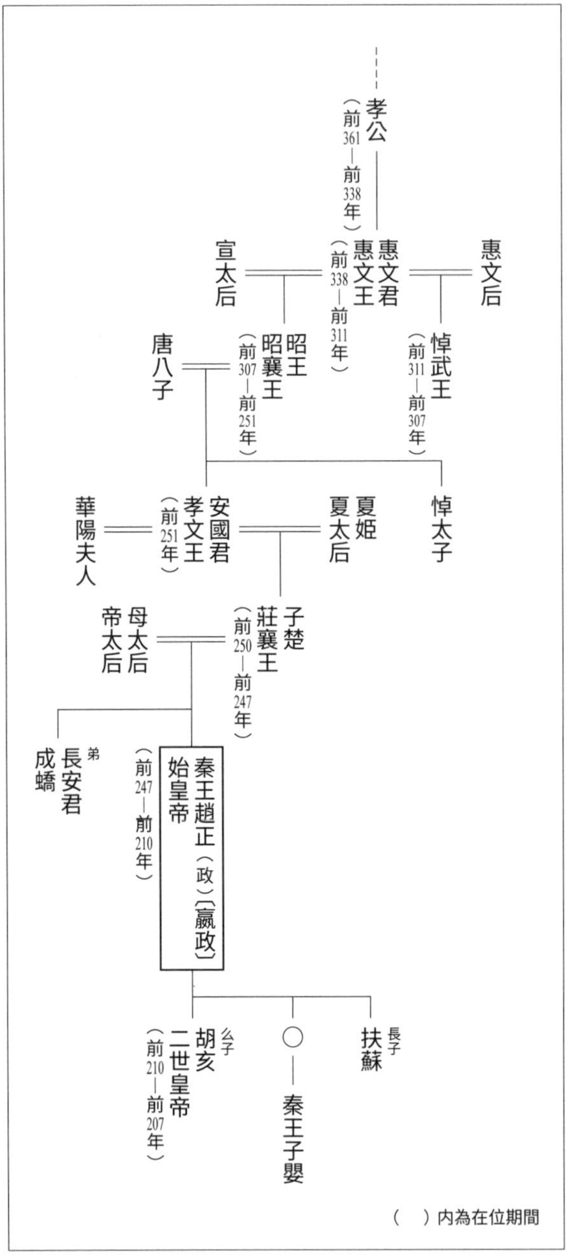

秦始皇世系圖

年輕秦王的試煉——合縱軍的入侵

秦王趙正並非生在母國首都咸陽，而是生在東方敵國的趙都邯鄲；這件事對他一生的行動與性格，無疑產生了決定性的影響。從十三歲即位為秦王，到成為皇帝為止的這二十六年間，他對一味迫害母親的母親之國趙國，復仇之心始終不曾斷絕。前二四一年（始皇六年），韓、魏、趙、衛、楚五國聯軍出兵秦國，奪取了壽陵之地，但當秦軍出擊後，五國聯軍就解散了（〈秦始皇本紀〉）。雖然有人把壽陵解釋成趙的地名，但這樣就沒有意義了。根據《史記．秦始皇本紀》最後附記的歷代秦國君主墓地所述，秦王趙正的祖父孝文王的陵墓，就是壽陵；由此可知，合縱軍已經一路入侵到逼近咸陽附近了。這是秦王即位六年，身為十九歲國王的首次試煉。本紀的紀事是秦方的紀錄，至於五國方面的紀錄，則只能從《史記》世家中來觀之。〈趙世家〉中記載，趙的龐煖率領趙、楚、衛、燕的精銳，對秦的蕞展開攻擊，但告失敗。蕞被認為是靠近始皇陵的新豐附近地名，因此聯軍已經攻到距離咸陽近在咫尺之處了。〈楚世家〉中說，諸侯雖然發動攻秦，但戰況不利，所以就退卻了；這時楚考烈王扮演了重要角色。根據〈春申君列傳〉，考烈王擔任合縱長，命令楚王令尹（宰相）黃歇攻打函谷關，但當秦出兵之後就敗走了。關於合縱軍的動向，有「龐煖之軍」與「春申君之軍」兩種錯綜複雜的紀事；到底他們打到了那裡？我們可以知道，合縱軍中是由趙、楚兩國掌握主導權，而龐煖與春申君的動向應該是個別的。對趙而言，這是對秦國長平之戰與邯鄲包圍的復仇戰；對楚而言，他們不只在邯鄲包圍戰中提供支援，而且又有楚懷王被幽禁到死的過往——當時，春申君也曾經強烈勸諫懷王不要去秦國。

魏國領地內的小國衛也參加了合縱軍，結果是秦國立刻攻擊朝歌，將衛國最後的君主衛君角從濮陽遷移到野王之地。這是透過對小國的霸凌，以示殺雞儆猴之意。秦國在前年已經在衛之地設置東郡，進行占領支配，所以衛才對秦掀起叛旗吧！秦王這時候才十九歲，還是呂不韋的時代，因此秦王並沒有親自站上檯面。可是這時合縱軍的一部打進銅牆鐵壁的函谷關內，此事還是在秦王趙正的記憶中長期留存。在後述的二十年後，這項記憶突如其來地復甦了。

嫪毐私亂的真相

出入後宮的嫪毐這個人其實不是宦官，還跟秦王的母親太后（帝太后）生下了兩個兒子，並意圖謀取秦王的繼承地位，這件事在前二三八年（始皇九年）被人告發。「宦官」是往後時代的稱呼，簡單說就是去勢後侍奉後宮的人。

在〈呂不韋列傳〉中，嫪毐與太后的關係，以及意圖讓兩個兒子繼承秦王之位，被稱為「私亂」，秦王則是透過審判來暴露真相。在背後將嫪毐送進後宮的相邦（丞相）呂不韋，也被追究責任；結果，嫪毐一族被判死罪，兩個兒子遭殺害，太后被遷到古都雍城，支持嫪毐的舍人（在主人宅邸中侍奉的有力者，也就是食客）全部被沒收家財、流放到蜀地。秦王原本打算判呂不韋死罪，但考慮到他的龐大功績與人望，所以打消了這個念頭。但第二年，他還是免去呂不韋的職務，命令呂不韋及其家族流放到蜀地，不過，呂不韋在這之前就已飲下酖酒（浸了有酖毒鳥羽的酒）自殺了。

對秦王而言，身為寡婦（獨身）的母親鬧出醜聞，這件事原本應該要隱匿在宮中才對，但秦王卻斷然揭露太后與呂不韋、嫪毐的男女關係；在這方面，可以一窺二十二歲、已經長大成人的秦王複雜心情。根據〈秦始皇本紀〉可以得知，他是在嫪毐和太后的私密關係沒有暴露的情況下，以兩人謀反之名來處理事件的。據說，兩人偽造了國王的御璽與太后的璽，意圖發兵伏擊離開咸陽、前往雍城蘄年宮進行加冕儀式的秦王；因此秦王不是以現行犯來逮捕他們，而是以預備叛亂罪。他命令相邦昌平君和昌文君襲擊嫪毐，結果在咸陽發生激戰，斬首好幾百人。嫪毐逃亡，秦王開出重賞，活捉他的人可以得到一百萬錢，殺死他的人可以得到五十萬錢，由此可以看出秦王的執拗。衛尉、內史、佐弋、中大夫等中央高級官吏二十人遭到梟首（斬首示眾），遺體遭到車裂示眾，家族也全被處死。舍人四千家被流放到靠近漢中的邊境之地房陵。不過在嫪毐和呂不韋死後，秦王又赦免了舍人，也將母親接回咸陽，從這裡也可以判斷出秦王心境的動搖。

將後宮的私密關係一口氣擴大到政治上的謀反事件，明顯可以感覺到秦王的判斷。根據睡虎地秦簡的《封診式》這項判例文件，婚姻外的男女白晝宣淫，會被當成通姦（奸）罪來處理，因此像這種男女間的關係，其實並不稀奇。呂不韋因為擔心和太后的關係被發覺，所以把嫪毐送進後宮；嫪毐實際上是個強壯的男性，並深受太后溺愛。這些情況在〈呂不韋列傳〉中都有描述，但我們若把秦王的角色也加進去考量，則嫪毐這人的實際形象，或許就會稍微有點不同。嫪毐的舍人家族超過四千、是擁有奴婢數千人的資產家；他在函谷關外的山陽、太原擁有領地，還被封為長信侯，支持嫪毐的名單中，也有許多高級官吏。換言之，嫪毐和在函谷關外的河南雒陽（洛陽）擁有十萬戶領地、食客三千人的文信侯呂不韋，呈現兩分天下之勢，故此秦王應該也會擔心這兩人存著某種自立之心吧！

在這起事件中，秦王避開告發自己母親的罪行，巧妙地讓第三者來告發。根據睡虎地秦簡的《法律答問（問答）》文件，孩子告發父母是不被允許的。秦王熟知法律，因此能夠避開身為國王恣意進行法律解釋、下達新王令的舉動。令人驚訝的是，在岳麓秦簡中，出現了三片符合嫪毐之亂的竹簡。根據這份臨時頒布的法令文章，嫪毐之亂在同時代已經被稱為「奸亂」；這和《史記》的「私亂」意思相同，是把不被允許的感情方面通姦，和國家之亂組合在一起。支持奸亂的人要被處以遷刑，家族被禁止前往同郡，女子則要送往東、三川、河內、潁川、清河（一直以來沒見過的郡）、河間、蜀、巴、漢中等郡。除了巴蜀、漢中以外，這些應該都是聚集在呂不韋、嫪毐底下舍人的故鄉。從這份出土史料，也可以發現斟酌女性處罰的新事實。女性並沒有被放逐到邊境之地，而是體貼地獲准返回故鄉。

根據岳麓秦簡，在統一這年的前二二一年（始皇二十六年）十二月，政府規定（孩子）不可以稱母親的後夫（再婚對象）為假父，和父親別離的孩子，也不能認定為兄弟姊妹。我們不知道為什麼在這時候會頒布這樣的法令，感覺有種格格不入的味道，但這應該也是秦王（始皇）的意志在運作。相對於喪父的秦王將呂不韋尊敬地稱為「仲父」（一般將有血緣的父親弟弟稱為仲父，但這裡用此詞，把仲父當成尊敬的稱呼），他對嫪毐則私底下稱為假父。相傳當嫪毐喝醉酒、和高官拌嘴的時候，曾經自傲地透露自己被當成假父，不過並沒有公開宣稱。相對於親父的「假父」這個詞，指的是沒有血緣關係的假父親。秦王雖然沒有公開稱嫪毐為假父，但私底下一直有傳言說，嫪毐是秦王的假父；故此，始皇才想要排除假父這個詞，畢竟嫪毐和兩名同母異父的弟弟，對成為皇帝的趙正而言，是過去的惡夢。

對母親之國趙國的復仇

前二三六年（始皇十一年），秦趁趙國攻擊北方燕國的空檔，派遣王翦、桓齮、楊端和，首先攻擊魏的鄴，奪取九城，接著王翦又攻下了趙的閼與、橑楊。這是嫪毐之亂、呂不韋失勢之後不久的事。呂不韋自殺的第二年，也就是前二三四年（始皇十三年），桓齮攻打趙的平陽、武城，趙將扈輒前去救援，戰死。這是一場秦斬首十萬的激戰，秦王也親赴河南之地。在呂不韋不在的此刻，這是二十六歲的秦王自己的決斷。

前二三三年（始皇十四年），秦又繼續攻擊趙的赤麗、宜安，但被趙的李牧將軍在肥迎擊，敗退。前二三二年（始皇十五年），〈秦始皇本紀〉記載秦「大興兵」，分成兩軍攻向鄴與太原，執拗地攻擊趙的狼孟、番吾，但又被李牧擊退。

前二三一年（始皇十六年），趙的代地發生大地震，從樂徐往西、北到平陰，家宅和城牆有三分之二崩毀，大地裂出了東西一百三十步（一步為六尺、約一．三五公尺，一百三十步就是約一七六公尺）的裂口。趙在第二年又遭遇大饑荒，民眾唱起歌謠說：「趙為號，秦為笑。以為不信，視地之生毛。」秦並沒有輕易放過這種處境下的趙。同年的前二三〇年（始皇十七年），秦也發生地震，當秦的人民苦於饑饉之中，秦王照樣採取行動。作為攻趙的前哨戰，他派內史騰攻打韓，俘虜了韓王安。至此戰國六國中，韓首先滅亡；秦王應該也有意識，明年就是和趙的最終決戰了。

前二二九年（始皇十八年），秦終於盡出大軍，攻打趙國，率領軍隊的分別是王翦、楊端和，以及羌瘣。前二二八年（始皇十九年），趙王遷被迫投降。這時候，趙王原本派大將李牧、將軍司馬尚迎擊，但李牧被趙王遷所殺，司馬尚被罷免；取代他們的趙蔥敗北，齊的將軍顏聚逃亡。秦王親自進入邯鄲，將在趙國生活時迫害母家的人找出來，全部活埋。秦王的行動，完完全全是對趙的私怨，和之後高舉的統一戰爭這種「大義之戰」相距甚遠。秦對趙這一連串的攻擊，究竟是出於什麼？

秦王入邯鄲後發布的命令是，「諸嘗與王生趙時母家有仇怨，皆阬（坑）之」。「仇怨」原本是和法令內容格格不入的東西，但以秦王的情況來說，確有可能這樣下令。所謂母家指的是母親太后的家，但其姓氏並不清楚。秦王出生在趙的時候，秦的太子安國君之子子楚（始皇之父），作為敵國的人質，險些跟妻子一起被殺；這時候幫助他的是子楚夫人的家，據說是趙的豪門。那些想殺害子楚與妻子的人，就是和秦王有「仇怨」的人。對三十年以前的事情老調重提，可以清楚感受到他的執念。秦王經太原郡回到首都；趙王遷遭逮捕後，被流放到房陵。對趙王沒有處以死刑，而是判處相當流罪的刑罰。大概是仇怨已雪之故吧，在他回到咸陽不久的同一年，母親太后也過世了。趙王遷兄弟的嫡子公子嘉逃到代地，繼續稱王。

秦王這篇命令的形式，是所謂的王令。戰時固然會坑殺敵兵，不過這裡是對降伏的趙民進行某種復仇，所以是透過王令臨時頒下的刑罰。當我們舉出坑殺的事例時，首先就是之前的前二六〇年秦昭王時，武安君白起坑殺投降趙兵四十餘萬的事件，而這次事件正是歷史重演。在這之後的前二〇六年，又發生了項羽坑殺秦將章邯士兵二十餘萬人的事件，這件事也是項羽要一雪當年祖父項燕被秦軍殺害的私怨。除此之外，前二一二年（始皇三十五年），也發生了坑殺諸生四六〇餘人、亦即著名的「焚書坑儒」事件。

秦王暗殺未遂事件

前二二七年（始皇二十年），秦軍俘虜趙王的第二年，秦王的目光投向了北方的燕國。國境原本不相連的西方之秦與北方之燕，至此為止並沒有正面衝突過；燕與南方的鄰國趙，則是反覆不斷進行交戰。趙的李牧、龐煖、廉頗等赫赫有名的將軍，都在與燕的戰爭中立下功績，屢占上風。趁著兩國交戰之機，秦軍最後滅亡了趙國，接著更進一步北上，抵達燕國南端的易水，直逼燕的副都下都城。

面對這種情況，燕非設法阻擋秦軍不可。這時比起燕王喜，秦王自邯鄲時代以來的知己太子丹對秦王的復仇心，更加推動著事態的進行。關於荊軻對秦王的暗殺未遂事件，在《史記．刺客列傳》中有詳盡敘述，在〈秦始皇本紀〉中，則只有關於事實的簡潔記述。前者是站在太子丹與刺客荊軻一方的故事，後者則是站在秦王立場的紀事，因此對於事件的真相，必須慎重判斷才行。

在這裡，就讓我們試著看看從事件當事人彼此間的私怨，擴大成秦燕兩國戰爭的狀況吧！事件的兩造，都把報復看成一種正義。太子丹與秦王的仇怨，並不是至親遭殺害那樣深刻的事態；兩人從幼年起，就是在邯鄲一同嬉遊長大的關係，但當丹繼續作為質子、遷移到秦後，卻受到秦王冷落，於是逃回本國。就丹看來，這種怨恨值得進行報復，但就算要報復，也還不到非要置秦王於死地不可的嚴重地步。太傅（丹的監護人）鞠武就冷靜地提出警告說：「因為遭凌辱的怨恨而展開報復，從而觸怒秦王的逆鱗，並非一件好事。」雖然我們並不清楚丹是在何時從邯鄲轉移到秦的咸陽，但他逃離秦國，是前二三二年（始皇十五年）的事情；這時的秦就像例年公事般地在和趙交戰，距離暗殺未遂事件則還有五年。

這段期間中，出現了對秦王復仇心比丹更強烈的人物，那就是秦的將軍樊於期；他因為某種緣故得罪了秦王，逃亡到燕，並被丹所接納。樊於期的父母一族都遭到殺害，秦王還懸賞黃金一千斤的賞金與一萬家的邑（封地）來追緝他。雖然我們並不清楚樊於期犯了什麼罪，但從這裡可以看出秦王的極度憤怒。這時候鞠武的持論相當冷靜，堪稱看透了秦王的心情，並深知這個時代戰爭的本質，也就是君主因私情的憤怒，會引發將國家捲入其中的戰爭：

「夫以秦王之暴而積怒於燕，足為寒心，又況聞樊將軍之所在乎？」（光是凶暴的秦王對燕不斷積累怒氣，就已經足以讓燕大感不安了，更何況讓他得知我們藏匿樊將軍這件事呢？）「且以鵰鷙之秦，行怨暴之怒，豈足道哉！」（若招致有如猛禽般的秦王怨怒，結果必是毋庸置疑吧！）簡單說，如果因為收容現在正被懸賞的樊於期、從而招致秦王憤怒，將會導致不可收拾的後果。我們在〈刺客列傳〉中，並無法看出鞠武基於什麼理由，能如此肯定地道盡素未謀面的秦王性格，但是當我們把《史記》的紀事按時間順序展開加以排列後，便會連上前面提及的前二二八年（始皇十九年）秦王親自前往邯鄲，將母家仇人全部活埋的事件。這起事件讓秦王的執念與殘酷清楚呈現在眾人面前，鄰國燕的鞠武得知這個情報，也絲毫不足為奇。

丹沒能聽進鞠武的忠告，於是鞠武向他引薦了田光先生，而田光先生又以高齡為由，轉而介紹了荊軻（荊卿）。這時候太子丹為了說服荊軻而講出的秦軍情報，包括前二三〇年（始皇十七年），秦俘虜韓王、消滅韓國；前二二九年（始皇十五年），秦將王翦攻打趙的漳與鄴，派李信攻打太原和雲中郡；但沒有提到前二二八年（始皇十九年），趙王遷被俘虜，趙國已經滅亡的事情。丹希望荊軻能夠要脅秦王，奪回諸侯失去的領土，若不行的話，那就刺殺他。但是，情勢遠比國家是否喪失還要更嚴峻。

荊軻自身的復仇

根據司馬遷的記載，荊軻曾經進入太原郡的榆次，跟一位叫蓋聶的人討論劍術，然後又逃離當地，但荊軻或許並非特地為了討論劍術才前往該地的，畢竟，他是冒著危險，進入前二二二年（始皇十五年）已經被占領的榆次。不只如此，他也曾前往邯鄲，和一位叫做魯句踐的人下棋（六博）、用棋子相互爭道，最後悄然逃離，而這件事很有可能也是在蒐集秦軍的情報。換言之，荊軻在和丹見面之前，就已經在思索自己的復仇劇了。

荊軻出身於衛，這個小國定都於濮陽；濮陽在前二四二年（始皇五年）被秦國占領、設置了東郡，衛君則從首都被放逐。大概就是因為這樣的怨恨，所以衛之後才加入合縱軍吧！荊軻雖然也失去了母國的首都，但並沒有太過明顯表現對秦王的恨意。衛國是周武王幼弟康叔的封國，雖是小國，卻是歷史悠久的姬姓之國。秦王儘管敬重這個國家，卻也回想起在昭王時期，衛曾加入九國合縱軍攻秦的事（《過秦論》寫九國，但〈秦本紀〉則是模糊地寫六或五國。這時候宋與中山的動向並不明確，但衛確實參與了這場戰事），這就是他攻打衛的理由。可是就算周不在了，姬姓的衛也沒有滅亡；對衛而言重要的是，失去了黃河畔豐饒的濮陽城。根據《戰國策》，這裡也是秦王的後盾丞相呂不韋的故鄉；呂不韋就這樣藉著攻衛，把濮陽納為己有。

荊軻一邊以上卿身分住在上舍、大受禮遇，一邊等待時機，不久後王翦攻破趙都邯鄲，俘虜趙王。

得知趙國滅亡、秦軍北上直抵燕國南部的情報後，荊軻於是展開行動。

得知故鄉父母家族都被殺害的樊於期，將自己的首級託付給荊軻；荊軻帶著裝有樊於期首級的匣子，以及要進貢給秦王的督亢地圖，和副使秦舞陽一起前往咸陽。樊於期將對秦王的復仇託付給荊軻，太子丹則不只將復仇、更將國家的命運託付給荊軻，而荊軻自己也在心裡，祕密期盼著衛國的復活。但最後這場刺殺以失敗告終，荊軻被秦王所殺。後來秦王的憤怒演變成報復戰爭，王翦的軍隊攻打燕國，燕王和丹逃往遼東，燕王最後斬下丹的首級，獻給秦國。這讓燕延長了五年的壽命。

二、帝政時代（前二二一—前二一〇年）

社稷與宗廟的護持

前二二一年（始皇二十六年），當戰亂時代畫下句點、統一終於實現之際，秦王如此回顧：「寡人以眇眇之身，興兵誅暴亂，賴宗廟之靈，六王咸伏其辜，天下大定。」（我雖然才力微薄，仍能出兵誅殺六國的暴亂者，這全是仰賴先祖的宗廟之力；六國的國王全都俯首認罪，天下因此而大治。）之後他又展現了同樣的述懷：「賴宗廟，天下初定。」秦王深信，自己是在祖先秦君宗廟的護持下，才得以消滅六國。丞相李斯在回顧自己輔佐始皇的過去時，也說「立社稷、脩（修）宗廟」；也就是說，秦國的社稷與嬴姓君主的宗廟，是支撐始皇帝的重要支柱。古代為政者對社稷和宗廟的看法，遠比想像來得更加鄭重。

秦國歷代君主的廟，分成雍城與咸陽新舊兩都之別。自孝公遷都咸陽以降，惠文王、悼武王、昭王、孝文王、莊襄王與秦的諸侯都埋葬在咸陽周邊，宗廟也置於咸陽城內；始皇統一之後應該也沒有去雍城，而是在咸陽的宗廟報告統一才對。始皇特別把穆公，之後的獻公、孝公，以及曾祖父昭王，當成自己東方戰略的重要參考。穆公以西戎霸者身分和晉對抗，將國境往東擴張到黃河一線，獻公繼承穆公的志業，致力於東征，恢復穆公之後君主的失地；他們兩人的墓廟都在雍城。

孝公任用商鞅，斷然實施秦國內部的政治改革，建立為戰爭服務的軍事國家體制，但對外仍只有踏足到鄰國魏的領地而已。在睡虎地秦簡中，有包含始皇時代的法律文件，其中有一份命名為《法律答問》的資料；在這份資料中，針對「甸人是什麼」這一詢問，它的回答是「守護孝公、獻公墳墓（冢）的人」。獻公為了對抗東方中原諸侯，搬離雍城，遷都到通往東方的大門櫟陽，將之建設成軍事據點城市。

曾祖父昭王五十六年的統治，正可說是為始皇的東方戰略奠立了基礎。沒有昭王的時代，就不會有始皇三十七年的統治；秦有可能無法統一，或至少會更晚一點達成目標。昭王時代也擋住了齊韓趙魏宋五國的合縱軍；他一方面巧妙地裂解合縱、反覆進行連橫同盟，另一方面也奪取韓魏趙楚的領地，擴大占領地。前二八八年（昭王十九年），昭王曾經從王改稱帝號，一時和齊湣王並列東、西帝，意圖二分天下。始皇後來執著於帝號、堅持要採用皇帝這一稱號，也是在模仿昭王的稱帝。昭王奪取了楚的郢都（江陵）、設置南郡，又在魏韓之地設置南陽郡；他將對外戰爭獲得的領地，都設立占領地的郡來加以支配。

昭王時代，敵軍的斬首數也增加到前所未見的數量，堪稱殘暴至極。之前衛的公孫鞅（商鞅）進入秦國，不顧保守派的反對，斷然推動將秦國導向富國強兵的政策。這項改革給予奪取敵人首級者爵位與優待、致力於解體古代的大家族制，並建立以小家族為基本的國家。孝公的商鞅變法雖然規定依戰爭定賞罰，但實踐這點的是孝公的兒子惠文王與孫子悼武王，到昭王的時代更是成為定規。前二九三年（昭王十四年），白起攻擊韓魏，斬首二十四萬；前二七五年（昭王三十二年），穰侯魏冉攻擊魏都大梁，斬首四萬；前二七四年（昭王三十三年），客卿胡傷攻擊魏，斬首十五萬；前二六四年（昭王四十三年），武安君白起攻擊韓，斬首五萬，接著在前二六〇年（昭王四十七年）更於長平擊破趙，坑殺四十餘萬人。這種魯莽的戰爭，堅固了六國陣營的團結；秦軍雖然包圍了趙都邯鄲，但在東方聯合的力量下宣告失敗。秦國的士兵若能取得敵軍首級，就會被賜予爵位；這個軍事國家的侵略戰爭一發不可收拾，在莊襄王、始皇的時代也一直延續下去。始皇趙正因此清楚認識到，統一事業是受到秦的社稷與嬴姓宗廟的襄助。

對六國戰爭的正當化

前二二一年（始皇二十六年），秦王自己在統一後首次跟丞相王綰與御史大夫馮劫，就與六國之間的戰爭進行回顧，並留下了一段話（《史記・秦始皇本紀》，始皇二十六年條）。這是秦王下令創設帝號，最後在自己的判斷下，決定稱「皇帝」的重要場面。在這裡，我想特別注目在前段秦王的發言上。從結論來說，秦王所說的話並非正確的史實，而是給人一種要為迄今為止進行的戰爭進行包裝，藉以將

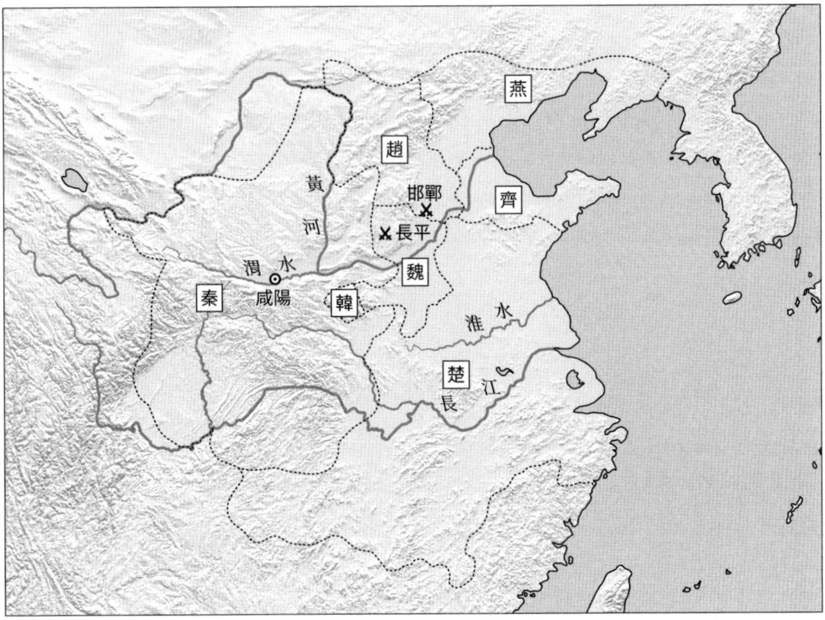

戰國七雄（戰國末期）

之正當化的感覺。從官方文件中，也可以讀出秦王真正的心聲。

　　秦王說，是因為六王各自違反盟約，所以他才發動軍隊誅討敵軍、俘虜敵王。在他頒布給大臣的官方文件中，首要之務就是將對六國的侵略戰爭正當化。秦王雖然一直以來都高唱對先制攻擊的復仇戰，但在這時卻將之改頭換面，變成了違反盟約的誅伐戰。他一一列舉了違反盟約的事例，但說到底，這些例子其實都不甚合理。

　　首先是韓王，秦王批評他向秦國獻上土地、懇求能夠擔任藩臣，但之後卻背棄約定，和趙、魏合縱，反攻秦國，但事實並非如此。韓、趙、魏進行合縱，是韓桓惠王時期、前二四一年（始皇六年）五國合縱軍攻秦的事，也就是二十年前的事；在合縱攻秦之前，韓並沒有向秦獻上土地的事實。在合縱軍之後的前二三一年（始皇十六年），韓將南陽的土地獻給秦，秦派騰為臨時太守（假守）管理之。但是在第二年，也就是前二三〇年（始皇十七年），秦單方面俘虜了韓王安（桓惠王之子），將其領土變成秦的潁川郡，韓國於是滅亡。

秦王接著又說，趙王派丞相李牧締結盟約、讓趙的質子從秦歸國。但之後趙卻背棄盟約，攻擊秦的太原郡，於是秦出兵俘虜趙王；之後趙的公子嘉自立為代王，於是秦又消滅了他。可是趙的質子歸國是前二四三年（始皇四年），也就是趙悼襄王二年的往事，而趙王遷被俘虜是前二二八年（始皇十九年），亦即在這之後十五年的事。太原在始皇的父親莊襄王時，就已成為秦的一郡，之後也沒有趙攻擊太原的紀錄；在這方面，秦王大概又要搬出前二四一年（始皇六年），五國合縱軍入侵的事情來說嘴了吧！不管怎麼說，趙王遭俘虜離這些事的時間都很遙遠，兩者也沒有因果關係。順道一提，李牧是將軍，促使秦國相邦呂不韋讓趙太子春平君歸國的，是一位叫做泄鈞的人。秦王所講的事實關係，其實相當錯綜紊亂。

在魏王方面，秦王說他一開始臣服於秦，卻和韓、趙一起攻擊秦，所以才滅了魏。確實在合縱軍前一年，也就是前二四二年（始皇五年），秦攻取了魏二十城，設置東郡，並迫使魏臣服；以此為導火線，魏加入了合縱軍攻擊秦，這是事實。在這之後，秦懲罰性地占領了魏的朝歌。可是，這是魏景湣王時候的事，而景湣王之子魏王假被俘虜、魏被滅，離這件事的時間也有相當距離；因此，秦王不過是在做跨越時間的空論罷了。

荊王（秦為了避始皇之父子楚的諱，所以講到楚這個國名時都會替換成荊）雖然獻上青陽（長沙郡的縣）以西之地，卻背約攻擊秦的南郡，所以秦王以此為由俘虜了荊王，平定荊地。楚（荊）獻上青陽、攻擊南郡等事，都只能在這段發言中確認。在前二四一年（始皇六年）的合縱軍中，楚是擔任領頭地位，楚考烈王更是就任合縱長，但在這裡，秦王卻沒有列舉合縱軍攻打函谷關，而是說附近的南郡遭到攻擊。

燕王方面，他舉出前二二七年（始皇二十年）太子丹派遣荊軻的事件，作為滅其國的正當理由；但前二四一年（始皇六年）龐煖率領的合縱精銳中也有燕軍，卻不被他視為問題。因此說穿了，這就只是秦王對燕的復仇行為而已。從這當中，可以察覺到秦王的真正心聲。

最後在齊王方面，秦王說是齊的丞相后勝拒絕秦，並意圖背盟。齊國出兵封鎖西方國境的行為，對秦王而言是種罪行，但這在邏輯上完全不通。先前參加合縱軍的五國全滅後，就只剩下齊國殘存。齊國既沒有參加合縱軍，在齊王建統治的四十餘年間，也沒有發動戰爭，而秦王本身和齊王也沒有仇怨；但就算這樣，秦還是滅了齊。

仔細想一想，前二四一年（始皇六年）的合縱軍，是發生在二十年前、秦王只有十九歲時的事，當時負責對應的是相邦呂不韋，因此秦王本人應該不會有那麼強烈的復仇心才對。他搬出過去合縱軍的入侵云云，其實只是要把自己的戰爭描繪成誅伐戰爭加以正當化罷了。若是遭到先制攻擊，則復仇就可以正當化。「興兵誅暴亂」、「六王咸服其辜」這種鏗鏘有力的話語，就算對國內的丞相、御史大夫發言時可以通用，但對遭滅亡的六國人們，鐵定是無法說得通的。畢竟，他是用秦國的法律恣意處罰外國國王，不判他們死罪，而是全部處以流放之刑。

這種對外戰爭的正當化，在後來更進一步的巡行行為中獲得貫徹。透過這種方式，秦國君臣轉化出一套從暴君手中拯救民眾、將天下一統的解放戰爭論調。

李斯的戰爭論

相較於此，廷尉李斯的戰爭論則更具現實意味，也更接近事實。他說，戰國時代的諸侯（王），互為「仇讎」且反覆進行「誅伐」。這種復仇與懲罰的戰爭，甚至連周天子（周王）也無法阻止。秦王雖然將誅伐戰正當化，李斯卻說現實就是復仇戰。李斯出於這種主張，提議在皇帝底下不應設置王（諸侯），從而排斥丞相王綰認為「應該要設置國王，來統治遠方之地」的意見。秦王當場贊成李斯的提案，就這樣決定了作為統一事業最大重點的郡縣制之設置。

李斯熟知統一前的現實戰爭狀況，以及諸侯之間的同盟。他主張，應該要派遣策士、帶著金玉去遊說諸侯；對諸侯底下的名士，則要以財力打動之，不接受者則毫不留情，以利劍刺殺之。等祕密分裂六國君臣關係的地下工作結束後，秦王再從正面派遣將軍出擊。根據出土的簡牘史料得知，李斯在統一之前，擔任的是「典客」的官職，也就是負責對六國外交的職務。秦為了破壞六國的合縱，從事地下外交活動是有必要的。他們雖然在中央發出統一宣言，但要將之傳達到地方，就必須進行全國性的巡行。接下來我們就透過巡行的過程，一一檢驗即位為皇帝後，始皇心境的變化。

第一次巡行（始皇二十七年，前二二〇年）

從對第一次巡行的觀察中，我們感覺不出對過去戰爭的罪惡感，或是打算將之祓除的意識，但如同後面會提到的，根據出土的簡牘史料，我們會發現事情並非如此。遷都雍城以前的秦國諸侯，墓地都位在更西方的西陲之地（西方盡頭之處）；也就是說，西方對秦而言是聖地。前二二〇年的第一次巡行，是唯一一次向西方的巡行。始皇巡行了隴西郡與北地郡，出雞頭山，經過回中宮。雖然只有簡單的路徑記載，但從這大略的路徑推測，這應該是始皇統一後，首次造訪古都雍城。雖說是古都，但並非廢墟，而是作為聖地留存下來。不只如此，他在溯渭水前往隴西郡的途中，一定也有踏上稱為秦的土地以及西陲之地。始皇生在外國，十三歲在咸陽即位，二十二歲進入舊都雍城舉行成人儀式，但並沒有更進一步前往秦國發祥地的機會；簡單說，他大概是到了當地，才產生出自己身為秦嬴（秦地嬴姓）子孫的自覺吧！嬴姓的祖先因為有替周孝王繁衍馬匹的功績，所以被賦予附庸（附屬諸侯之小國）的地位，並被賜予秦的土地，這時候嬴姓的嬴和秦合起來，號稱秦嬴。這塊秦地屬於隴西郡，後來留下了秦亭、秦谷等地名。

舊都雍城的時代，秦的諸侯宗廟都設在該地。雍城位在西安以西一七〇公里處，是從秦德公（前六七七—前六七六年在位）到獻公（前三八五—前三六二年在位），歷經十八任國王三百年的戰國秦之古都。它留下的城牆，東西約三三〇〇公尺、南北約三二〇〇公尺，接近正方形。雍城外的西南方有被護城河圍繞的十三處陵園區，在其中確認到四十九座大型墓葬，最大級的陵墓是秦公一號大墓。在雍城內接近正中央，有稱為馬家莊遺跡的建築遺址，秦國君主的宗廟就置於此。從遺址的中庭，發現了人坑八、牛坑八六、羊坑五五、車坑二等一八一座祭祀坑，由此可以想像宗廟舉行祭祀的樣子。即便遷都咸陽後，這座安置十八任先君牌位的宗廟也沒有拆毀，始皇就是在這裡感謝迄今為止的戰爭平安順利吧！

第二次巡行（始皇二十八年，前二一九年）

根據里耶秦簡的詔書版（將中央統一時的詔書，寫成讓地方官吏容易理解的內容，加以流傳的一片簡牘），可以看到對地方官吏宣告「王之游曰皇帝（之游）」的文句。簡單說，這是命令原本秦王時的「出游」，從今以後要改稱皇帝「出游」。同時也要把王之獵改稱皇帝之獵，王之犬（獵犬）改稱皇帝之犬。巡行又稱為巡狩，也會進行狩獵，可是就始皇的情況，似乎是對游與獵有所區別。在刻石中也有像「東游」、「春游」這樣，稱巡行為「游」的內容。《尚書》使用巡狩，五帝的舜也是稱巡狩，以表現狩獵的意味，但始皇似乎相當拘泥於「游」這點；畢竟五帝的時候，巡行並不稱「游」。

任俠也稱為游俠；游指的是「如同川流一般地漂泊」，遊則是在道路上漂泊漫步的樣子，因此游和遊雖然被認為是同義，但在任俠意味上使用的是游，而始皇的巡行也不使用遊，而是拘執於游字。皇帝和民間的任俠者共享「游」這個行動，這點相當有趣。司馬遷在〈游俠列傳〉的開頭這樣說：「其行雖不軌於正義，然其言必信，其行必果。」始皇的情況也是一樣，雖然我們常把皇帝的行為，看成是對東方征服地展示威信，但其實他的行動非常隨興所至，不只是圍繞東方的名山、大河、八神（戰國齊的自然神）等，還包括探索東海僊人的行動。在他進行最後巡行之前，雖然自己身邊發生了許多不吉利的事件，但因為占卜的結果說「游徙吉」，所以還是出發了。這正可說是任意的、宛若川流般漂泊的行動，且是在戰亂時代無法想像的行動。他在碣石與琅邪臺這些能眺望海的地方建造離宮，並在琅邪臺停留了三個月，司馬遷說他「大樂」。

可是要迎接這樣的皇帝一行，對地方官吏的負擔相當之大。在岳麓秦簡中，秦代律令的條文中，針對游有這樣的規定：皇帝游（巡行）通過縣的時候，縣令（長官）和縣尉（武官）要同行出迎；送皇帝離開時，則必須由縣丞（次官）與縣尉同行。同行者還不只這兩人；縣吏的同行者扣除乘車者之外，關內（關指的是函谷關，也就是關中）只能五十人，關外則不能超過八十人。巡行的中央車馬數量多少並不清楚，但迎接方的車輛規模，從這裡首次獲得判明（《岳麓書院藏秦簡》陸）。

始皇在這場首次的東方巡游中，首先登上嶧山與泰山，豎立石碑，刻上彰顯自己的文章，這稱為「刻石」。在泰山刻石的文章中，他首次對外吐露自己的意志。這篇文章既是向臣下回顧自己的功績，也是要將之大加彰顯；比起先前在皇帝稱號議論中的回顧內容，這篇文章顯得更加洗練。可是在這裡，他完全沒有提及過去的戰爭。《史記》說始皇在登泰山前曾登嶧山並豎立石碑、刻上稱頌秦德的文章，但沒有收錄這篇文章。司馬遷提及始皇有七篇刻石，但唯獨這篇嶧山刻石的文章沒有刊載。根據後世流傳的嶧山刻石文章，它和泰山刻石的內容相距甚遠，是將戰爭回顧成「討伐亂逆」、「滅六暴強」，也就是懲罰性的戰爭；在這當中吐露的，正是始皇的真心話。

之後，他在琅邪臺停留三個月，在那裡也留下刻石。在這篇刻石中，和泰山刻石一樣，他避免使用會刺激東方六國人的懲罰式表現手法。雖然他也說自己「誅亂除害」，但更重要的是在這趟東方巡行中，把「皇帝并一海內，以為郡縣，天下和平」這個天下一統、和平的立場搬上檯面，從而把過去加以美化，從復仇的戰爭、懲罰的戰爭，改頭換面成天下統一的戰爭。事實上，戰國時代的秦軍並不能說是為天下統一而戰。

《史記》中也有刊載許多反始皇的傳說，但我們並不能從這當中，窺見始皇真正的心情與意志。傳說是將征服者始皇盡可能貶低、加以過濾後的產物，而這樣的傳說和同時代史料，也有完全相反、矛盾的記述；最新的岳麓秦簡史料，讓我們察覺到這項極具衝擊性的事情。《史記．秦始皇本紀》中，曾記載始皇在前二一九年（始皇二十八年）第二次巡行時，造訪位在長江中游洞庭湖中湘山的故事。當始皇溯江前往湘山的祠堂時，因為遭遇大風而無法渡河；博士告訴他，這是堯的女兒、舜的妻子湘君這位神明的所作所為，於是始皇大怒，派刑徒三千人，將湘山的樹木砍伐殆盡。《楚辭．九歌》中說，湘君與湘夫人都是堯的女兒，嫁給舜作為妻子，也有一種說法說湘君是舜，湘夫人則是堯之女、舜之妻；但不論如何，遭到古帝王舜拒絕的始皇，在這之後的前二一〇年（始皇三十七年）第五次巡行中，仍從雲夢向相傳埋葬虞舜的九疑山遙拜。

可是，根據新發現的岳麓秦簡，始皇在前二二一年（始皇二十六年）四月己卯之日已經造訪湘山，而且相關的記述與上述說法截然相反。「廿六年四月己卯，丞相臣（隗）狀、臣（王）綰、於相（湘）山上受制」；這篇竹簡以這段文字為開端，屬於公文體裁。就在同年同月，始皇自己說，「吾以天下已并，親撫晦（海）內，南至蒼梧，凌涉洞庭之水，登相（湘）山、屏山」，表示自己因為天下已然合併，所以巡行海內（天下）。接下來的話更讓人吃驚：「其樹木野美，望駱翠山以南樹木□見亦美，其皆禁勿伐。」這是始皇率直表現心情，展現「不要採伐美麗樹木」意志的法令。這和《史記》的內容正好相反，但若要問哪邊比較可信，自然是同時代的簡牘。臣下提案說要將它們和禁苑的樹木同等保護，獲得始皇的批准。

我們可以發現，作為同時代史料的岳麓秦簡律令文，明顯要比《史記·秦始皇本紀》更接近事實。因為大怒而做出橫暴行動的始皇之姿，和事實是相反的，因此我們現在應該把它當成反始皇傳說來理解才對。《史記》的記述說到底，是司馬遷除了秦朝方面的紀錄外，也將民間流傳的故事傳說集結起來的產物；有這樣的理解，就知道這種情況自是理所當然。然而，秦的簡牘史料因為是秦的官吏所寫，所以不會貶低始皇，反而會有想要吹捧的意圖，這點也是必須注意的。即使是法制史料，也絕非中立客觀的文章，而是可以從中讀出皇帝的意志與心情。像這樣的王令與詔書文章，我們在出土史料中可以看到很多。

第三次巡行（始皇二十九年，前二一八年）

始皇這年的巡行被記錄為「東游」，再次造訪舊齊國的東方之地，但是在出發後不久，就在陽武的博浪沙這個地方遭到攻擊。〈秦始皇本紀〉記載是遭到身分不詳的盜賊襲擊，由於即使搜查也沒能捕獲犯人，所以下令全國進行為期十日的大規模搜索。但是，始皇心裡應該很清楚這次襲擊的謀畫者是誰。現場是舊魏國都城大梁西邊、舊韓國都城新鄭東北。在《史記·留侯世家》中，詳細記述了這場由韓的張良所主導、對始皇的復仇劇。即便統一後，戰國時代的復仇行為仍留存著。

之後成為劉邦參謀的張良，祖父和父親張平曾經侍奉過五任韓王、歷任丞相要職，張氏一族也是擁有奴隸三百人的資產家。在張良的父親過世二十年後的前二三〇年（始皇十七年），秦軍俘虜韓王安，國家滅亡。張良若是順利成年長大，應該會成為韓的丞相，但在這之前，他就已經失去祖國，連幼弟過世都無法埋葬。張良下定決心要為故國和弟弟「報仇」，十二年後這個機會終於到來。俘虜韓王安的是內史騰，張良的弟弟也是在這場戰亂中亡故，但張良要報仇的仇敵並非內史騰、也不是秦國，而是對準始皇。張良派力士投擲一百二十斤（約三十公斤）的鐵鎚，但只打中巡行隊列的副車，始皇的車平安無事。之後張良便隱姓埋名，開始逃亡。

這起事件之後，始皇登上山東半島突出的之罘山，豎立了兩座刻石，分別稱為之罘刻石與東觀刻石。他在去年的第二次巡行也曾到達之罘山，到第三年又刻意在這裡豎立兩座刻石。雖然我們無法直接斷定是否受張良暗殺未遂事件影響，但在這兩篇文章中，他也有回顧統一前戰爭的話語。

始皇在這兩座刻石中，刻意隱藏了私仇導致的戰爭殘酷，將之美化成正義的統一戰爭。因為這些話是在祭祀場發表，所以完全沒有向舊六國民眾直接謝罪反省之意。始皇在六國之中特別不流血平定的齊國，且是祭祀陰陽的陽氣之地，豎立起刻石：「時在中春，陽和方起。皇帝東游，巡登之罘，臨照于海。」（在春天陽氣初始之際，皇帝東游，登上之罘，瀕臨大海。）臣下回顧皇帝的事業，說了這樣的話：

「六國回辟，貪戾無厭，虐殺不已。皇帝哀眾，遂發討師，奮揚武德。」（六國的國王不只邪惡，而且貪得無厭，不斷虐殺民眾。皇帝哀憐民眾疾苦，因此發動六國討伐軍，發奮武力、高舉德政。）「烹滅彊暴，振救黔首，周定四極。」（消滅凶暴的六國國王，奮力拯救人民，平定廣大的天下。）以上都是出自之罘刻石。因為六國國王虐殺民眾（黔首），所以秦王派出討伐軍，殺掉這些國王。六國內有國王虐殺民眾云云，並非事實。刻石的文章雖是為了祭祀而豎立，但講的並非祭祀內容，而是成了始皇帝的紀功碑，不免讓人覺得格格不入。在這裡，我們不該照著字面解讀，而是應該要察覺到始皇不得不在齊的八神聖地，對這種過去罪惡告白的意志。就像丞相李斯在死刑執行前留下的遺言所述般，李斯支持的始皇，其功績與罪惡其實是一體兩面的。關於李斯的遺言，我們後面會提及。

第四次巡行（始皇三十二年，前二一五年）

前二一六年（始皇三十一年），始皇四十四歲時，夜間帶著四名武士微服出巡，結果在靠近咸陽宮的蘭池宮附近遭到盜賊襲擊。雖然護衛的武士立刻擊殺盜賊，但在首都周邊的關中整體，還是展開了為期二十天的大規模搜查。從《史記．秦始皇本紀》紀事中的「盜」這個稱呼，以及為期二十天的「大索」這種說法，可以知道這是秦方留下的紀錄，而不是漢代留下的反始皇傳說。雖然是夜間，但就連咸陽宮附近的治安都惡化，這讓始皇自己也感到衝擊，所以才會下令關中整體警戒吧！夜間微服出巡，不用說是私下的行動。這讓人不禁想起荊軻暗殺未遂事件發生後，占領地南郡的郡守騰對轄區發布警戒令一事。

從這時開始，始皇似乎就對自己的身體感到不安。前二一五年（始皇三十二年），他前往舊燕之地的碣石巡行，並派燕人方士盧生去探索羨門、高誓等僊人，又派韓終、侯公、石生等去求僊人不死之築，都是出於這一動機。燕人盧生獻上號稱是鬼神預言的《錄圖書》，其中有「亡秦者胡」字句，這讓始皇更加不安。於是他派遣將軍蒙恬率領三十萬人攻擊北方的胡（匈奴），奪取河南（鄂爾多斯）之地。自前二一四年（始皇三十三年）起的兩年間，他在北邊築長城，在南邊的越地也築起堡壘，進入戰時體制。

始皇在這時首次造訪面向北邊渤海的碣石。他表面上的目的雖然是派盧生探求僊人，但實際上很有可能是自前二二六年（始皇二十一年）滅亡舊燕國十年後，為了自己因暗殺事件復仇而滅亡燕這件事，進行一場袚除不祥的巡行。碣石是夏的禹王也曾造訪的傳說史跡，有兩座岩礁聳立在海上。雖然《史記》沒有寫，不過我們得知，始皇在這裡建造了宏偉的離宮群。始皇是抱持著怎樣的心情，停留在這座離宮中的？在《史記》裡，他只有這次停留在此地的紀錄。從燕人的角度來看，整起事件的來龍去脈是以太子丹對秦王的私憤為發端，最後演變成國家滅亡；故此，盧生是巧妙地搔到了始皇在這個難題上的癢處。

《史記》中收錄的碣石刻石，其文章在前段部分應該是遭到破壞，所以在這部分的內容有所欠缺；在欠缺的部分中，應該有「游」這個字的存在。始皇一方面強調「誅戮無道」、「武殄暴逆」，卻也表現出溫柔包容的「文復無罪」、「德并諸侯」一面。雖說是官方的刻石文，但還是表現出始皇複雜的心理。

第五回巡行（始皇三十七年，前二一〇年）

始皇的游之旅終於到了最後。這時候，他應該已經沒有袚除六國的意識了。統一已經過了十二年，再次展開的與匈奴和百越的戰爭也告一段落；或許，他動身巡行的原因，是為了甩開自己年近五十歲的身體衰老，以及「始皇帝死而地分」、「今年祖龍死」等不吉預言。他已經不再擺出自稱為朕的統一皇帝之姿態，而是對能和永恆的天地與共、長生不老、入水不濡、入火不燃的「真人」的存在深信不疑。占卜的結果，讓他選擇遠離都城的游；〈秦始皇本紀〉對此記錄為「出游」。

在這場讓都城整年唱空城計的漫長旅程中，他先後和舜、禹與海神相遇。他向相傳是舜長眠的九疑山進行遙祀，應該也是在要求寄宿在山中的鬼神加持吧！他已經沒了那種淩駕古代帝王的氣勢，海神也只是在夢中作戰的對手而已。他和左丞相李斯、么子胡亥、中車府令趙高等人同行，在年初的十月出發，八月在沙丘得病，出乎意料地過世；九月，遺體返回咸陽，被埋葬在陵墓中。他在地下設置了一個讓遺體不朽的永恆世界。

大概是因為始終找不到僊人的緣故，所以他對海產生敵意；這樣的敵意化成與海神的戰鬥，出現在他的夢中。雖然海神的夢或許會被認為是反始皇傳說之一，但因為和不久後的病死直接連結，所以應該是秦方當成真實事件記錄下來的產物。

永遠的死——代結語

始皇東游的東方大平原，是一片有著全部河川黃河、淮水、長江等流過，又全都注入東方海洋的廣大土地。《老子》第六十六章中說：「江海所以能為百谷王者，以其善下之，故能為百谷王。」埋葬始皇的驪山地下宮殿，其記述「以水銀為百川江河大海」，正與此若干符節。百谷不是一百座山谷，而是指百川；它們注入黃河長江，奔流入大海。老子認為承受所有河川的長江和大海，正是王的體現；始皇直到生命的最後，應該也是以擁有這種器量的王者為理想，而不斷前進吧！當他統一時，以天上的北極星為宇宙的中心，從而擘劃出「皇帝」這個稱號，但在巡行過程中，他認識了東方世界的廣大，以及海這個無限的空間。始皇這個人也是會隨時間改變其意識的。

有一句話叫「虎狼之心」，這是東方六國人恐懼秦國、將秦王（始皇）非難為殘酷君主的常用語詞。魏國大梁人尉繚，在和秦王面對面後，就說秦王「少恩而虎狼心」。不過，早在秦王以前，這個詞就已經被當成懼怕秦國的說法，比方說擔任合縱長、六國丞相的蘇秦就說，「夫秦，虎狼之國也，有吞天下之心。秦，天下之仇讎也」，力勸聯合對秦（〈蘇秦列傳〉）。這個時候的秦王，是始皇五任前的惠文王（前三三八—前三一一年在位）。從這裡可以看出，蘇秦對實施商鞅變法的孝公過世後，秦的大國化有多麼擔憂。總而言之，這是個將對秦王（始皇）的偏見，擅自加以套用的說法。在本章中，可以看到始皇複雜的心情變化；我想，這才成其為一部人物史吧！

呂不韋（？—前二三五年）

韓或衛人。以戰時的韓、衛、趙為據點，累積大量財富的富商。當他偶然前往趙都邯鄲時，遇到正在當地當人質、境遇窘迫的子楚（始皇父親），於是出謀劃策，讓子楚從被秦軍包圍的邯鄲逃離歸國，好繼承王位。在莊襄王子楚與秦王趙正統治時期，成為相邦。擁有不遜於戰國四公子的勢力，豢養著三千名食客，並集結全國食客的言論，編纂成《呂氏春秋》。領有雒陽十萬戶的領地，被稱為文信侯。自成為秦王趙正的相邦後，被稱為「仲父」，輔佐十來歲的年輕國王。呂不韋從趙正誕生開始一直到二十五歲，在他的前半生中一直如影隨形陪伴著他。包括趙正的誕生、昭王的過世、安國君（孝文王）的即位與過世、子楚的即位與過世、秦王趙正的即位、成蟜之亂、嫪毐之亂、逐客令（排斥外國人的命令）等秦國重要事件，他都是活生生的證人，也是一位深知史料不曾書寫事實的人物。趙正的父親是誰、安國君即位三天後便猝死的事實、趙正之弟成蟜之亂與嫪毐之亂的真相，他應該都知道，但在史料裡並沒有留下真實訊息。他因為牽涉到嫪毐之亂而失勢，最後出於害怕被誅殺，在流放到蜀地之前，便飲下酖毒自殺。相傳在洛陽有呂不韋的墳墓；儘管他是祕密被葬在雒陽，但周圍仍舊集結了賓客數千人的墓地。呂不韋畢竟原本就是出身韓或衛，因此直到最後都被東方人們深深信賴。

隨著呂不韋死去，秦王趙正開始親政，取而代之的是李斯以智囊之姿登場。呂不韋沒能親眼見到在他死後十四年實現的秦之統一；如果他能躬逢其盛的話，或許會創造出不同於李斯的體制。始皇兵馬俑坑被發現時，出土的實物青銅武器上，刻有秦王趙正的年號與「相邦呂不韋」的名字。比方說青銅製戈的內（與刀鋒的「援」相反的部分），就刻有「五年相邦呂不韋造　寺工讋　丞義　工成」的文字，這指的是始皇（秦王趙正）五年（前二四二年），由相邦呂不韋負責監造，並附上管理的官員與工匠姓名。年號分別有三、四、五、七、八年與嫪毐之亂前一年。兵馬俑是趙正即位為皇帝之後的事物，但青銅製武器是呂不韋活著時製造的東西，這種組合相當不可思議。呂不韋擔任秦王趙正相邦的時代，以將軍蒙驁為中心，積極對韓、魏、衛展開攻勢，其證據就是兵馬俑一號坑中，相邦呂不韋的武器。至於他迎擊五國合縱軍，則是前二四一年的事。

《史記．呂不韋列傳》中，也記載了呂不韋將懷有自己孩子的邯鄲女性送到子楚身邊，因此秦王趙正其實是呂不韋之子的傳說。即使是司馬遷，到最後也沒能判斷趙正究竟是莊襄王的孩子，還是呂不韋的孩子。

李斯（？—前二〇七年）

生於楚的上蔡縣，原本是楚國地方軍的下級官吏，但從儒家荀子學習帝王之術後，對秦昭王抱持期待而入秦，成為呂不韋的舍人。秦王趙正十三歲時，以郎官身分謁見剛即位的趙正。嫪毐之亂後，李斯上書反對逐客令；這篇名文反映了他的學識，也為他之後在秦國出人頭地寫下了保證書。年輕的秦王趙正，無疑受到了他的重大影響；這成了資源人才匱乏的秦國，不斷接納東方六國智慧累積的契機。李斯不久後被秦王趙正賦予客卿（給予外國人的大臣地位）身分，大受禮遇。從湖南省古井中出土的里耶秦簡中，可以得知他這時候擔任的是典客的官職。典客是負責對東方六國外交的職務，同時為了阻止東方諸國合縱，也主導提供豐富資金以進行間諜活動等事。前二二一年統一時，他以法制長官廷尉身分參與了帝號的議論，為秦的法制整飭盡心盡力。前二一九年參加了第二次巡行，在琅邪臺刻石上留下了「卿李斯」的名號。之後從廷尉升任丞相，在前二一三年提議焚書令。推動和匈奴、百越的對外戰爭，建設長城（前二一三年）與軍事道路直道（前二一二年），致力於中華帝國的實現。擔任丞相時，曾經編纂名為《蒼頡》（蒼頡是傳說中發明漢字的人物）的字書；這本字書在漢代被繼承下來，和其他字書合併彙總成《蒼頡篇》，在出土史料中也能看到。字書是讓官吏記得文字、獲取行政知識的教科書。前二一〇年，他以左丞相身分和始皇一同進行最後的巡行；當始皇過世時，他雖然要竭盡對過世始皇的忠誠，卻在趙高逼迫下，選擇了胡亥為後繼。之後他以丞相身分，輔佐十二歲即位的二世皇帝胡亥，卻在地方叛亂頻傳的狀況中與趙高的權力鬥爭敗北，最後在前二〇七年接受審判，以謀反之罪被處腰斬極刑。

《史記．李斯列傳》詳細描述了他的生涯；雖然他有讓中國達成最初統一的輝煌功績，但也有毒殺同門韓非、藉焚書令鎮壓思想、破棄始皇遺詔、編造以胡亥為繼承人的偽詔等負面形象在。近年來隨著新竹簡史料的發現，讓人不免覺得司馬遷在〈李斯列傳〉裡太過戲劇化地描寫了他的生涯。在北京大學收藏的西漢時代盜掘竹簡《趙正書》中，李斯也以重要人物身分登場。《趙正書》有與《史記》重複的部分，也有與之矛盾的記述。《史記》和《趙正書》都不是始皇同時代的史料，而是摻入了漢代的色彩；《趙正書》告訴我們的，是長久以來被視為絕對的《史記》記述，必須加以相對化才行。根據《趙正書》，秦王（不稱始皇）病重危殆之際，找來了丞相李斯，和他急切議論繼任者的事。對此，李斯雖然感謝秦王讓身為外國人的他擔任臣下、統治萬民，卻辭退了選擇繼任者的任務。秦王因此確認李斯是忠臣，再次託付他這個任務；這次，李斯推薦了御史大夫馮去疾以及胡亥為繼業者。秦王批准了這個推薦後，便溘然長逝。這和《史記》故事中，始皇在臨終前把死後的葬儀託付給長子扶蘇，遺詔卻被李斯所毀棄的敘述，可謂截然不同。

李斯在生命的最後，獲准從獄中向二世皇帝上書，陳訴自己的冤枉。這份上書的內容，既是李斯對三十餘年政治生涯的回顧，也是他在生命最後的夙願。在已經不是丞相李斯、而是上蔡人李斯的口中，闡述了秦帝國的虛構。他把值得誇耀的功績，反過來說成是「罪」；這種說法和被始皇征服的東方六國立場若干符節，讓人深感玩味。俘虜六國國王，讓秦王成為天子是罪；平定匈奴百越，讓人們見識到秦的強悍是罪；透過授予爵位，讓秦國大臣的羈絆穩固是罪；建立秦的社稷宗廟是罪；統一秦的度量衡、讓法令廣及天下是罪；整飭馳道（一級道路）與離宮、滿足君主一人是罪；掌握民眾的心，讓民眾就算效死也不忘君主恩惠還是罪。合計有七大罪。

在處刑之前，他從牢獄出來和中子（長子與幼子中間的孩子）說的話，含意也很深：「我好想和你再次牽著黃色的狗，在上蔡縣東門追逐狡兔啊！」這句謎一般的話，在走訪安徽省上蔡縣遺跡時，或許能有所解答。在上蔡這裡，有春秋時代蔡國都城的城牆，以及李斯墓留存。蔡是周文王之子蔡叔度的國家，在前四四七年被大國楚滅亡。小國蔡是孔子也曾到訪的國度，李斯應該也承繼了它的歷史與文化。當李斯失去一切時，忍不住想起在故鄉上蔡城東門獵兔的事情。儘管支持始皇達成統一，但在始皇過世後卻遭秦國背叛、被處以腰斬極刑的李斯，生涯堪稱壯闊。

趙　高（？—前二〇七年）

從趙高的趙姓可以得知，他是戰國趙氏王族的遠親。他的父親是趙人，母親身分則是從趙進入秦國的官奴，因此是在始皇宮中和幾名兄弟從小一起長大。始皇看出他的能力，於是讓他成為皇帝心腹的宦者（不是去勢的宦官，而是仕宦皇帝的親信）。趙高特別精通獄法，所以擔任重職，成為負責管理始皇車馬與璽印的中車府令。他暗地策劃，要讓自己教育的胡亥成為始皇的繼位人。當他擔任中車府令時，曾編纂了稱為《爰歷》的六章字書，和丞相李斯的《蒼頡》七章並稱。「爰」和偵訊犯罪者的文件「爰書」一樣，是指「援引證詞」的意思；故此，它雖是和李斯實用化的文字小篆並列的作品，但同時也是官吏的教科書，由此可見趙高的博學多聞。

趙高以郎中令身分，主導了李斯的審判，在李斯死後成為中丞相、安武侯，代替二世皇帝胡亥掌握權力，最後並逼迫二世皇帝自殺，但後來被自己擁立的第三任皇帝子嬰所刺殺。《史記》將他描寫成導致秦帝國瓦解的人物，但實際的情況或許有點不同。司馬遷除了在《史記．秦始皇本紀》外，也在〈李斯列傳〉與〈蒙恬列傳〉中描繪趙高，並沒有單獨為他立傳；不過，他其實是個相當值得單獨列傳的重要人物。李斯和蒙恬都是始皇的忠臣，但在始皇過世後，被趙高當成逆臣判處死罪；故此，在兩人的列傳中，趙高顯然有登場的必要。趙高因為出身低微，且進入始皇的宦籍成為「宦者」，所以後世相傳他是去勢的宦官，並給予嚴厲的惡評。司馬貞的《史記索隱》就引劉伯莊的說法，說趙高是因為父親受宮刑、孩子也要受宮刑，所以出生在隱宮（進行宮刑去勢的房間）中；但這裡其實是弄錯了，他的身分是出自「隱官」，也就是刑徒之身。趙高也有女婿，所以應該也有結婚的女兒。他大概是在秦軍對趙國邯鄲進行總攻擊時，父母被虜而進入秦國的吧！趙高以外國人奴隸身分被解放，一路爬到丞相高位，生涯堪稱壯闊。

在秦代的《日書》這份透過天干地支曆法占卜的竹簡文件中，有透過出生干支占卜將來的〈生子〉

一文；其中表示，男子有爬到上卿（大臣）的可能性，也有降為人臣（奴隸）的可能性。趙高就是從奴隸身分被解放為庶人、最後爬到丞相的人物，這讓人不禁感覺，在秦就是有這樣的自由。

項羽（前二三二—前二〇二年）

出身戰國時代楚將項燕的家族，叔父項梁呼應陳勝、吳廣之亂，舉兵意圖打倒秦國。項羽出身於下相縣（江蘇省徐州東方），項梁為避仇渡過長江，舉族遷移到會稽的吳中（江蘇省蘇州），並在那裡舉兵；當項梁死後，便由項羽繼續領導叛軍。項羽出生於前二三二年，也就是秦王趙正二十八歲、劉邦二十五歲時，和兩人差了二十歲以上。之後他在前二〇二年與劉邦的楚漢戰爭中，以三十一歲之齡英年早逝；和始皇五十歲、漢高祖劉邦六十二歲相比，壽命相當短促。

《史記．項羽本紀》記載，在前二一〇年始皇第五次巡行時，曾與項梁、項羽相遇；但這在同時代史料中並不曾出現，所以應該是後世加油添醋的故事。兩人遇見始皇巡行的隊列，雖然只看到了始皇的轀輬車，但這在歷史上是相當重要的瞬間。項梁的父親、項羽的祖父是楚將項燕，被秦將王翦所殺。項梁自己也犯了殺人罪，這時候正越過長江、躲在吳中避開仇敵。當始皇前往會稽、渡過浙江的時候，兩人看見了始皇巡行的隊列；項羽看了，不禁說出「彼可取而代之」的豪語，項梁急忙堵住項羽的嘴，警告他「毋妄言，族矣」，也就是要他小心，不要被秦國族誅了。由於始皇在這次巡行的路上過世，所以項羽在這之後，就沒有再見過始皇；換言之，這是項羽唯一一次和始皇的交集。項羽、項梁在始皇過世後便揭竿而起。

之後，項梁從民間找來了楚懷王（前三二九—前二九九年在位）的孫子，再次擁立他為楚懷王。前一任懷王被秦昭王囚死在秦國（前二九六年）；雖然國王是在八十六年前過世，但楚人在心裡還是把秦國視為仇敵。項梁、項羽正是為了替一族的項燕將軍以及楚王懷王報仇，所以起而反秦；為了項氏一族與楚這個國家向秦報復，這就是他們的正義。項梁雖然戰死，但項羽最後殺了第三任秦王子嬰；這和先前劉邦接納子嬰投降，呈現明顯對比。

上將軍項羽比沛公劉邦晚入函谷關，在戲水附近的鴻門駐紮了四十萬大軍；最早進入關中的劉邦，則在灞水駐紮了十萬大軍。項羽把劉邦邀請到鴻門，召開酒宴，這就是有名的「鴻門宴」，其場所在稱為驪山的始皇陵正北方。在秦都咸陽東方的這個地點舉行會面，應該也是意識到始皇遺體長眠的陵墓吧！劉邦、項羽雖然都曾接近過始皇，卻沒有直接和他面對面過，因此這時可說是地下的始皇將兩人牽引在一起。在懷王跟前，諸將曾經許下承諾，說「先入關中（或咸陽）者為（關中）王」；事實上，劉邦先從南邊的武關進入了咸陽，而項羽則在鉅鹿與秦的章邯、王離軍戰鬥，所以較晚才從函谷關進來。鴻門宴後，項羽殺害了已經投降於劉邦的秦王子嬰，燒毀宮殿。他也盜掘了始皇陵，這點在後來也受到漢王劉邦非難。根據後世的傳說，他動員了三十萬人進行連續三十天的盜掘，但還是沒辦法運完所有的財寶。後來有一個牧羊人為找尋羊隻進入墓室，無意間引發火勢，火燒了九十天都不曾熄滅（《水經注》卷十九渭水）。掌握主導權的項羽立懷王為義帝，自己則稱王，但不是關中王，而是西楚霸王；至於劉邦，項羽則用「巴蜀也是關中一部分」的矯飾虛言，封他為巴蜀、漢中之王，也就是漢王。關中王的約定，結果是以項羽食言作收。

項羽二十四歲揭竿而起、二十七歲成為西楚霸王；他發揮自己的領導力，在全國封建了十八王、各自建國。項羽下達這個命令的時候，仍是駐紮在戲水之畔、可以眺望始皇長眠陵墓的地方。各王從這裡各自奔赴自己的國家，漢王劉邦也是其中之一。項羽將秦國的三名降將分封到關中，章邯為雍王、司馬欣為塞王、董翳為翟王，讓他們牽制漢王。一時間，中國可說是朝著和秦郡縣制迥異的封建體制邁進；這個體制是在沒有始皇那樣的皇帝、而是有名無實的義帝這一象徵下，進行領導統御。可是這個體制很快就土崩瓦解，在與漢王劉邦展開二分天下、為期四年的楚漢戰爭後，發生了前二〇二年的垓下之戰；雖然項羽從漢王與諸將軍隊的包圍中突圍而出，但還是以三十一歲之年結束了短暫的生命。以「虞兮虞兮奈若何」這首詩聞名的項羽和虞姬最後告別，在〈項羽本紀〉中有著悲傷的記載。轉戰八年、戰鬥七十餘回、成為天下霸者的項羽，在長江渡口的烏江筋疲力竭自盡。最後有五名漢軍士兵，為了尋求獎賞爭奪他的遺體。因為項羽曾被懷王封予魯公的爵位，所以項羽的首級被展示在魯人面前，並被埋葬在穀城之地；據說漢王劉邦也是流著淚，離開那個地方。

劉 邦（前二五六—前一九五年）

身為漢朝皇帝在位的時間是前二〇二—前一九五年。西漢首任皇帝，廟號為高祖、謚號為高皇帝。出生於現在江蘇省的沛縣，呼應陳勝、吳廣之亂，在沛縣舉兵。直到秦滅亡為止稱沛公（沛縣之長），之後在與西楚霸王項羽進行楚漢戰爭時，則以漢王（蜀漢之地的王）身分展開行動；擊敗項羽之後，才即位為皇帝。項羽立楚王為義帝，劉邦則直接繼承了始皇的皇帝號。當他身為沛公時，曾經約法三章、打算廢止秦朝繁瑣的法律，但當他成為皇帝後，卻幾乎將始皇時代的各制度與法律，原封不動地繼承下來。

關於建立漢朝的劉邦之劉氏起源，《史記．高祖本紀》只說「沛豐邑中陽里人，姓劉氏」，詳細情況並不清楚；甚至連他的父親也只留下「太公」這個稱號，沒有留下名字，母親的姓氏也無從得知。這樣的劉邦成為皇帝後，劉氏的譜系才開始被創造出來，這和項羽的項氏呈明顯對比。

在《漢書．高帝紀》班固的論贊文章中，談到了劉氏的系譜。劉邦，據說是帝堯陶唐氏的子孫，先祖為夏代劉累，晉國的大夫范宣子也是這一支的子孫。之後范氏一族投奔秦國，因為被封在劉，所以依循國名改稱劉氏。進入戰國時代後，劉氏又從秦入魏，秦滅魏的時候遷徙到都城大梁；到了劉邦的祖父一代，又從大梁遷徙到豐。和東漢的班固相比，司馬遷雖是劉氏王朝的官吏，卻不甚關心劉氏的神格化。

就像周朝把姬姓諸侯擴大到各地一樣，劉氏也在各地建立劉氏的諸侯王國；身為皇帝之子的劉氏，紛紛成為王國的王與列侯。以此為契機，劉氏遂成為全國化的姓氏。相對於劉氏的全國化，在楚漢戰爭中原本占盡上風的項羽，他的項氏則從歷史檯面上消失了。

西漢劉氏諸侯王的後裔分散到各地，後世子孫也屢屢在歷史檯面上浮現。東漢的劉秀（光武帝），是長沙王劉發的子孫、南陽郡蔡陽人，劉焉是西漢魯恭王後裔、江夏郡竟陵縣人；三國蜀漢的劉備，則是中山王劉勝的後裔、涿郡涿縣人。如果西漢不採郡國制，這些旁系劉氏應該就不會從地方躍上歷史檯面了吧！即使在現今中國，劉姓也是跟王、李、張姓並稱的大姓，而之所以如此，理由正可以回溯到漢朝時劉氏的擴大。

說到劉邦和始皇的相遇，必須回溯到劉邦為秦朝守護治安、擔任泗水亭長一職的時候。始皇成為皇帝時為三十九歲，劉邦則是三十六歲，兩人是同一世代；順道一提，統一時項羽僅十二歲。劉邦是在始皇底下，負責秦朝地方行政末端的治安工作，也是在秦所支配的舊楚之地，擔任秦的官員。劉邦眼中映出的征服者始皇，是怎樣的一副模樣？泗水亭位在泗水的河畔，劉邦在始皇活著的時候，負責將罪人當成勞動力送往首都咸陽。這時候他看到了始皇，不禁說：「嗟乎，大丈夫當如此也！」（啊，堂堂男子漢，就應該像他這樣才對啊！）劉邦尋求的是像始皇這樣的帝國；這和項羽意圖奪走始皇的權力，呈現明顯對比。當他負責把建設始皇陵墓的人伕送往驪山陵的時候，因為逃亡者很多，所以他就在途中設宴飲酒，把這些人全都釋放了；這種奔放，正是劉邦任俠且人性化的魅力。支撐劉邦起兵的，是沛縣出身的秦朝下級官吏。蕭何是統整沛縣官吏的主吏掾，曹參與任敖是負責審理沛縣官司的獄掾。他們和留下睡虎地秦簡的喜一樣，是秦代的地方官吏；這群統整行政文件、通曉法制判決文件的人被稱為「文吏」，是地方的知識分子。這些支撐秦統一政權末端行政的人們，在始皇過世後集結在劉邦旗下，打倒秦國。劉邦叛亂集團除了通曉實務的下級官吏外，還集結了各種職業的人們。

蕭何在和沛公劉邦一起進入秦都咸陽時，隱藏了所發現的秦朝丞相與御史圖書；結果當項羽在咸陽縱火時，仍有許多貴重的秦朝文件平安保留下來。劉邦成為漢王後，就靠著蕭何保存的圖書，理解全國的地形與人口分布、防衛上的弱點，以及人民的苦楚。蕭何從劉邦擔任漢王時就開始擔任丞相，在漢王與項羽作戰的時候，以行政官身分留守關中，負責後方支援的任務；簡單說，他是一位持續守護始皇遺產的人。劉邦成為漢朝皇帝後，本來要以雒陽為都，但在齊人劉敬與參謀張良的勸諫下，改以關中的長安為都；他和懷王的約定，自此終於實現。不只如此，他還為了守護始皇的陵墓，安置了二十家守墓人；這是他要向舊秦關中的人們，表示無意為敵的意志。當他以沛公劉邦身分搶先一步進入關中時，就曾向關中的父老豪傑約法三章：殺人者死、傷害與竊盜者定罪，用簡單的法來讓他們安心。當他讓秦國官吏宣告這一點時，秦人全都大喜過望。然而，儘管他在沛公時期排除了秦繁瑣的法律，但在從漢王成為皇帝後，卻不得不承繼秦的法律。以「張家山漢簡」著稱、劉邦過世後呂后政權的法律文件大量出土；這些法律文件與睡虎地秦簡的法律，有許多共通之處。泗水亭長劉邦說的「當如此也」，確實成為了現實。

其他人物

一、與始皇譜系相連的人們

秦昭王（昭襄王）

前三二五—前二五一年，前三〇七—前二五一年在位。始皇的曾祖父昭王，雖然曾經一度出奔到燕國，但歸國後以十九歲之齡即位為秦王。即位之初，政治操縱在母親楚人宣太后及其兄弟手上。在位長達五十七年，積極推進對東方諸國的軍事侵略。昭王過世時趙正已經九歲，所以昭王應該曾經見過九歲之前的趙正。睡虎地秦簡《編年記》（又稱《葉書》）的年代是始自昭王元年（前三〇六年），終於今（始皇）三十年（前二一七年），由此可知這位曾祖父與始皇的關係相當密切。關於始皇的誕生，《史記．秦始皇本紀》中記載「秦昭王四十八年正月生於邯鄲」。對曾祖父而言，若說不介意自己擔任質子的孫子楚之子、也就是曾孫在他國誕生，似乎也並非如此。當時昭王的秦軍，正在包圍趙都邯鄲。

秦孝文王

前三〇三—前二五一年，前二五一年在位。昭王的太子、始皇的祖父。始皇誕生的時候為太子，稱為安國君。安國君四十五歲的時候，孫子趙正誕生。安國君既是太子，同時也有兒子，但正夫人華陽夫人膝下無子，而側室夏姬之子子楚的兒子，則是趙正。安國君五十三歲即位為秦王時，趙正九歲；對趙正而言，雖然沒有直接意識到安國君的存在，但在為他打開繼位為秦王的道路這層意義上，安國君的存在十分重要。昭王的過世據《史記》記載，是在前二五一年（昭王五十六年）秋天，但睡虎地秦簡的《編年記》中寫到「後九月昭死」，所以確切的時間應該是昭王五十六年九月之後的後（閏）九月才對。這樣一來，安國君、也就是孝文王即位的謎就解開了。《史記．秦本紀》說他是在新年（秦曆是以冬十月為一年之始）的十月己亥之日，以五十三歲之齡即位，並在三天後的辛丑之日過世，但這是錯的；他應該是在年內的後九月（二十八日）即位，在辛丑日（三十日）過世，至於十月開始的孝文王元年這個年號，則是這位已經過世的國王年號。只是這位僅僅在位三天的秦王，仍有很多尚未解開的謎團存在。

秦莊襄王

前二八一—前二四七年，前二五〇—前二四七年在位。始皇之父，名為異人，後來改名為子楚；諡號為莊襄王或莊王。安國君二十多位孩子中的中男，為其側室夏姬之子。在呂不韋的策劃下，他成為膝下無子的正夫人華陽夫人的養子，從擔任人質的邯鄲把妻兒留下自行歸國；同年（前二五一年）昭王逝世，安國君孝文王即位三天後猝逝，子楚遂以三十二歲之齡成為秦王。孝文王元年這年的實際統治者，並不是孝文王，而是莊襄王。前二四七年（莊襄王三年）五月丙午（二十六日），以三十五歲之齡逝世，趙正即位為秦王。趙正成為皇帝後，追尊過世的莊襄王為太上皇。在位期間實際上是三年八個月左右。這段期間中的前二四九年，呂不韋成為秦的相邦，輔佐莊襄王。他們讓分裂的東周君臣服，最終滅亡了周；又派將軍蒙驁等攻擊趙的榆次等三十七城，在東方設置太原郡，讓秦的領土擴張，並一路傳承到始皇擔任秦王的時代。

這時，有一位名為莽的遊說家，對如此好戰的秦王提議停戰；他的文章在二〇二一年出土。身為外臣（外國人）的莽，果敢主張秦的戰爭之悲慘與不義。將這份文件收納於墓中（湖北省雲夢縣鄭家湖二七四號秦墓）的，是位始皇時代的地方官吏。

成蟜

？—前二三九年，秦王趙正之弟，號長安君。《史記．秦始皇本紀》中，記述了前二三九年（始皇八年）成蟜的叛亂，但這篇文章很難解讀。整理之後的內容如下：

一、始皇八年，秦王之弟長安君成蟜率領軍隊（或者擔任將軍）攻趙，但在途中掀起叛亂，死於屯留。二、（參與叛亂的）軍吏被處以斬刑，人民被遷徙到臨洮（長城西邊起點的邊境）。三、（討伐成蟜的）將軍壁死去（或者成蟜將軍在壁壘自殺），剩下駐紮在屯留、蒲鶴的士兵掀起叛亂，因此對之處以死罪並傷辱其遺體。四、黃河的水溢出，魚登上陸地，人民紛紛駕著車馬，往東方尋找糧食。

《漢書．五行志》說，魚溯河流而上，是成蟜叛亂以及第二年誅殺嫪毐事件的預兆。秦王趙正二十一歲時，命令弟弟成蟜攻擊趙國，但成蟜卻在邯鄲前方的屯留掀起叛亂死去，屍體則被（敵軍）凌辱。追隨成蟜的軍官遭處斬刑，一般的士兵則被遷徙到臨洮。黃河的水溢出、掀起連魚都溯河而上的大洪水；失去糧食的災民駕著車馬，朝著東方去尋求糧食。

夏姬

？—前二四〇年，安國君（孝文王）的夫人、子楚（莊襄王）的親身母親、始皇的祖母。夏是姓氏，後來稱為夏太后。秦王趙正七年過世，獨自被埋葬在杜原東方之地。丈夫孝文王與華陽夫人合葬在壽陵，兒子莊襄王則被埋葬在芷陽的東陵。據傳她留有這樣一句話：「東望吾子，西望吾夫。後百年，旁當有萬家邑。」她被安置在和孝文王陵墓有段距離之處，應該是二十歲秦王趙正的意志，感覺起來像是對這位親身祖母的思慕。畢竟夏姬有著失去安國君寵愛、孩子子楚被派到邯鄲當質子、趙正也在當地出生這樣一段來龍去脈。二〇〇四年，在西安市南邊的神禾原發掘出巨大陵墓，從場所來看被認為是夏太后墓。墓地呈亞字型（墓室四面有墓道的形式），從有六匹馬駕駛的出土車馬，可以明白是屬於天子等級。

帝太后

？—前二二八年，始皇趙正之母、趙國豪門之女，據說擅長歌舞。原本是豪商呂不韋的愛姬，但當和在邯鄲作為質子的子楚相會後，便成為他的妻子。丈夫子楚（莊襄王）過世後，兒子趙正即位，稱為母太后，當秦王即位為皇帝後，又追尊亡母為帝太后。前二二八年，在秦王趙正三十二歲時過世，當時還是母太后。趙正大概在統一天下的前二二一年高舉皇帝稱號，尊亡父莊襄王為太上皇時，才決定給予母親帝太后的稱號吧！母太后的紀事，在《史記．秦始皇本紀》與〈呂不韋列傳〉中都可以見到。因為她和嫪毐之亂有關，所以被幽禁在雍城，但秦王擔心對母親的不義遭人非難，所以又把她接回咸陽。在〈呂不韋列傳〉中，寫有趙正其實是呂不韋與母太后之子的傳說。

扶蘇

？—前二一〇年。始皇帝二十多個孩子中的長子。在始皇打算將四百六十多名諸生在咸陽活埋的「坑儒事件」時，扶蘇勸諫父親始皇，結果惹怒了始皇，將他以「前往北邊上郡監視蒙恬將軍」的名目派往北方。始皇在第五次巡行的途中病篤，留下讓扶蘇「與喪（迎接棺木）會咸陽而葬」的遺言。始皇直到晚年都沒有立太子，因此也沒有決定讓長子扶蘇成為繼位人；這份託付葬儀的遺言，就是要讓他成為自己的繼位者。但是趙高和李斯做了偽詔，賜扶蘇和蒙恬劍，命其死罪。扶蘇對父親的命令不加懷疑，因為苦於不孝而自殺。由於扶蘇果敢勸諫皇帝，又遭到二世皇帝無罪殺害，所以廣受民眾同情。陳勝、吳廣的農民叛亂，就是假借扶蘇與項燕之名揭竿而起。在陝西省綏德縣有扶蘇墓。

胡亥

前二二一—前二〇七年，前二一〇—前二〇七年在位，始皇二十餘位孩子中的么子。始皇最後巡行時與之同行，在始皇過世後成為太子，以十二歲之齡即位為二世皇帝。即位後兩年八個月被趙高所迫自殺。在宜春苑以庶民身分埋葬，現在於西安市雁塔區曲江鄉西曲江村，也就是唐代的曲江池處，留有一座小小的墓。

胡亥和趙高的關係很深，據說趙高負責教授胡亥書寫與法令的知識，胡亥也很仰慕趙高。當始皇於沙丘猝死時，李斯和趙高違反始皇的意志，製造偽詔立胡亥為太子，胡亥不得不從；當始皇遺體抵達咸陽發喪的同時，他也繼位為皇帝。〈秦始皇本紀〉記載他是二十一歲即位，但本紀後面附的《秦紀》（司馬遷依據的秦國史記）則說「二世生十二年而立」；從前後的記述來看，他應該是年少即位，所以十二歲即位的說法比較可靠，至於二世皇帝所下的命令，則可以看作是背後有丞相李斯與郎中令、後來成為丞相的趙高的運作。特別是趙高的影響力相當大；根據湖南省出土的益陽秦簡，二世皇帝元年（前二〇九年）十月甲午（二十一日），二世皇帝向全國頒布了實行始皇遺詔的公文，在這裡首先開始稱父親、先帝為始皇帝。二世皇帝在春天展開巡行，在始皇的刻石上追刻自己的詔書，出現始皇帝的稱號；同時為了避始皇趙正的諱，改稱正月為端月。他殺害大臣蒙毅、命令蒙恬服毒自殺，這應該是與蒙家有怨恨的趙高意志在運作。接著他又殺害兄弟姊妹，公子十二人在咸陽的市場被殺，公女十人則在杜縣被處以車裂之刑。就在這樣的情況中，地方上掀起了陳勝、吳廣的農民叛亂，中央則有趙高對李斯審判並加以處死的案件發生。趙高欲為亂，向二世皇帝獻上鹿，卻硬說是馬的故事也相當有名。十五歲的二世皇帝在沒有後盾的情況下，對此也只能莫可奈何吧！最後他在望夷宮被迫自殺。

子嬰

？—前二〇六年，二世皇帝胡亥兄長之子。二世皇帝三年（前二〇七年），作為胡亥的繼位人，不即皇帝位而稱秦王，即位僅僅四十六天就投降於沛公劉邦。二世皇帝胡亥被埋葬後，子嬰服喪，在齋宮中閉關；當服喪結束後，必須進行在秦宗廟中接受玉璽的儀式，丞相趙高就等在宗廟中，意圖殺害子嬰，但子嬰不來，於是趙高親自前往齋宮，結果反而被子嬰所刺殺。子嬰和兩個兒子及宦者韓談密謀，雖然說「子嬰刺殺了趙高」，但根據〈李斯列傳〉，實際動手的是韓談。子嬰在咸陽城東邊的街道口，帶著妻兒迎接沛公劉邦；他在脖子上綁繩子，以示投降之意，又以白馬牽引、沒有任何裝飾的素車來迎，捧著象徵天子的玉璽與符（皇帝發行、下命令用的符板）獻給沛公歸降。沛公雖然還沒有成為王，但因為是最早進入關中的人，所以他打算當自己被認定為關中王後，便把子嬰任命為自己的官吏。但一個多月後，當項羽進入咸陽，便將子嬰及其家族全部殺害，並燒毀宮殿。

子嬰有屢屢勸諫二世皇帝胡亥的智慧，評價很高。殺害胡亥、擁立子嬰的趙高，也認為子嬰仁儉，受到民眾尊敬。子嬰曾勸諫說，誅殺有能的忠臣，會導致國家陷於危殆；他意圖拯救蒙恬和扶蘇，雖然沒有直指姓名，但批判趙高。《趙正書》中除了《史記．蒙恬列傳》的勸諫文句外，又增加了一段迄今為止不曾得知的新文章：「芬茝未根而生凋香同……五國十二諸侯，民之嗜欲不同而意不異。」（香草雖然根不相同，卻會發出同樣的香氣；五國十二諸侯雖然和民眾的嗜好不同，但心情卻是相同的。）意思是說，如果心意相通、智慧統一的話，即使是弱者也能勝過強者。由此可知，三代秦王子嬰並非區區等閒之輩。從他的行動來看，即使他在宮中陷於孤立，還是能對胡亥進行某種糾正並頑強抵抗趙高。又，《趙正書》和《史記》不同，說殺害趙高的是章邯，而非子嬰。子嬰是位仍留有許多謎團的人物。

二、與秦朝關係甚深的人們

蔡　澤

生卒年不詳，燕人，號綱成君。在昭王時代進入秦國，取代范雎由客卿升任丞相，此後侍奉孝文王、莊襄王、直到秦王趙正為止的四任秦王。秦王趙正派蔡澤出使燕國三年後，燕國便把太子丹送往秦擔任質子。太子丹原本在趙都邯鄲擔任質子，和出生在邯鄲的趙正是總角之交。前二三二年丹歸國，不久就發生了荊軻暗殺秦王未遂事件。蔡澤在秦王趙正時代，因為已經年邁，所以並沒有什麼了不起的功績可提，唯一記載的就是讓太子丹被送到秦國，但這樣做的目的是什麼，仍然不甚清楚。蔡氏是來自被楚滅亡的小國蔡國，追隨高祖劉邦的功臣中，也有韓與魏的蔡氏。跟隨陳勝的人中，也有一位上蔡的蔡賜。蔡澤最初遊歷韓、趙、魏諸國，但都不受禮遇，最後對秦抱持期待，前去拜託丞相范雎。是位雄辯家，他對商鞅吳起變法的評價，在秦王趙正的政治中應該也發揮了作用（《史記．蔡澤列傳》）。

甘羅

生卒年不詳，下蔡（戰國楚最後的首都）人。祖父甘茂是侍奉秦惠文王、悼武王、昭王三代的將軍，在平定蜀國上也立下功績。甘羅僅僅十二歲就侍奉文信侯呂不韋，秦王趙正也派遣十二歲的甘羅到趙，為秦趙聯手攻擊燕國的準備進行協調。十三歲即位的趙正，這時候已經十七歲左右，不過看到甘羅，應該無疑會想到自己即位時候的樣子吧！甘羅繼承了過世的甘茂血脈，他堂堂正正地會見了趙王，在外交上發揮智慧，擾亂了趙、燕的對秦外交。甘羅曾向呂不韋以「項橐七歲為孔子師」的故事自我推銷。和他故鄉相近、出身上蔡的李斯，一開始也是呂不韋的食客，李斯應該也曾在某種機緣下和甘羅相遇過吧！（《史記．甘茂列傳》）

昌平君

？——前二二四年。名字並未留存，是支持秦王趙正的重要人物。據說是楚王室的公子，成為秦的丞相，在嫪毐之亂之中協助秦王。所謂「君」，是擁有列侯等高爵位者的稱號，如秦國的商君公孫鞅（商鞅）、將軍武安君白起、長安君成蟜等。楚國王室成員被迎到秦國者，在之前有昭王之母羋八子宣太后、其弟高陵君與涇陽君，以及宣太后的異父弟穰侯魏冉等，魏冉還做到秦的丞相。之後因不明理由，昌平君在前二二六年回到楚都郢，並在前二二四年被楚將項燕立為楚王，對秦展開抗戰。他之所以被立為楚王，是因為他屬於王室羋氏的成員。第二年，昌平君死去，項燕遭到殺害；〈秦始皇本紀〉雖然如此記載，但同屬《史記》的〈六國年表〉，則說項燕是死在前二二四年，昌平君應該也是在這時過世的。睡虎地秦簡的《編年記》中寫到，他是在今（始皇）二十一年（前二二六年）回到楚國。《編年記》是秦占領支配下，楚地南郡地方官吏的編年史。特地寫到昌平君離秦歸楚，大概是因為他屬於地方官吏需要警戒的重要人物吧！

昌文君

？——前二二四年。名字並未留存，據說是楚國王室的公子，和昌平君一起在嫪毐之亂中支持秦王趙正。睡虎地秦簡的《編年記》中寫說，他在「今（始皇）二十三年（前二二四年），秦攻擊楚（也就是攻擊項燕與昌平君）之年的四月死去」，這是我們首次得知的事實。《史記．秦始皇本紀》中寫到第二年（前二二三年）昌平君死去、項燕自殺，但同時代史料的《編年記》之記載應該可以信賴。

嫪毐

？——前二三八年，帝太后的情夫，被認為是對秦王趙正掀起叛亂的「嫪毐之亂」首謀者。〈秦始皇本紀〉與〈呂不韋列傳〉中，都有談及嫪毐之亂的經過。對秦王趙正而言，是位在存在與行動上擁有巨大影響力的人物。嫪毐的嫪氏是個非常稀少的姓，文獻中除了嫪毐之外，也沒有出現其他同姓的人物。嫪氏這個姓氏的由來，很有可能是來自地名或國名。《史記索隱》引《漢書》說，「嫪氏出邯鄲」。敗給秦王趙正後從咸陽逃走，秦王在國中頒布王令，立下賞格：活捉嫪毐者給一百萬錢，殺死者給五十萬錢，結果嫪毐被逮捕；《史記》只記載到此，但嫪毐結果如何，我們則不得而知。嫪毐被封為長信侯，居住在山陽之地，太原郡也成為嫪毐之國。嫪氏的子孫在這之後從歷史上消失了。相傳他偽裝成宦官，出入帝太后的後宮，並生下了兩個兒子，但實際情況仍是個謎。

韓非

？—前二三三年，韓的公子，又稱韓子。熱愛基於黃老思想的刑名法術之學。其著作原本稱為《韓子》（二十卷），後來改稱《韓非子》，現在可見的部分有二十卷五十五篇。秦王趙正讀了他的〈孤憤〉與〈五蠹〉，說：「嗟乎，寡人得見此人與之游，死不恨矣！」〈孤憤〉敘述法術之士無法親近君主、遭到孤立的狀況，〈五蠹〉則列舉國家的五種害蟲，對年輕的秦王而言，這是統治必需的智慧。二世皇帝、李斯、司馬遷也都引用《韓子》的話語，由此可知它的廣受閱讀。在這部著作中，記載了皇帝操縱臣下之術，以及臣下如何在不觸怒皇帝下對政策進行提議的豐富智慧，也就是實用類的書籍。

前二三三年，秦國攻打韓國，韓王安（最後的韓王）見事態緊急，於是派遣韓非使秦。秦王儘管終於得償所願與韓非相見，卻沒有錄用他，而是暫時將他留置在秦國；之所以如此，大概是認為他一旦歸國，將會成為對秦不利的人物吧！結果韓非遭到殺害，下手的人是誰呢？李斯和姚賈兩人眼見秦王不信任韓非，於是提議「若是韓非歸國，將對秦國留下禍根，應該以法律制裁他」。秦王果真下令審判韓非，於是李斯將毒藥送給韓非，逼他自殺。當時二十七歲的秦王不知韓非自殺，後來感到後悔，打算釋放他，但韓非已經死了。《史記》說李斯是毒殺的真凶，但《戰國策》則說是任用姚賈的秦王誅殺了韓非，至於李斯則完全不曾提及。到底哪種說法才是真實？

鄭國

生卒年不詳，韓國為了讓秦國大興土木、導致財政疲敝而派遣到秦的水工（水利技術專家）。《史記·六國年表》記載，始皇帝元年（前二四六年）「作鄭國渠」，也就是在始皇即位為秦王的第二年（始皇帝元年），秦國建造了鄭國渠這個以鄭國之人名為名的灌溉設施。始皇的年號，在始皇存活同時代的睡虎地秦簡《編年記》中稱為「今元年」；始皇帝是死後的稱號，所以〈六國年表〉的「始皇帝元年」是始皇過世後的稱呼法；至於二世皇帝以降，《史記》則是依循編纂的西漢時代表現手法。所謂「元年作鄭國渠」，正確來說是開始建造鄭國渠。在〈河渠書〉（水利史）中，有提到戰國時代成功的鄭國渠，在〈李斯列傳〉中，則強調鄭國身為間諜一事被發覺，成為下逐客令的契機。鄭國在工程開始之後不久便被發現是間諜，但仍能一路將它完成到最後，這是秦王趙正的意志。秦王十三歲即位後，便為了秦國而信任外國技術人員，從這裡可以看出秦王的成長。不只如此，就算從鄭國本人的角度來看，也可以得出同樣的結論。韓人鄭國，其先祖傳承應該是前三七五年被韓所滅、失去國家後，冠上故國鄭氏名號的鄭國人民；因此，雖說是韓人鄭國，實際上是小國鄭的遺民子孫。儘管被冠上外國間諜的嫌疑，卻為了他國盡力完成事業，這也可以看見他身為技術人員的志氣。原本應該是為了削弱秦的國力而被韓派遣來秦，結果卻變成不是為韓而努力。戰國六國中最先被秦滅亡的，就是韓。

李信

生卒年不詳，秦王趙正統一前活躍的年輕將軍。原本在攻擊趙國北部的太原和雲中，但在秦王暗殺未遂事件後，便率領數千兵力攻擊燕國，追捕暗殺未遂的首謀者燕太子丹。之後，當秦要攻擊南方的楚時，趙正問老將軍王翦和李信，需要多少兵力？李信說二十萬，王翦說六十萬，於是趙正便把重任委託給李信。李信與蒙恬率領二十萬軍隊攻擊楚國，結果楚軍切斷了兩人的軍隊，導致秦軍敗北。於是秦王趙正又把軍隊委託給王翦，終於消滅了楚。在這之後，李信加入王翦之子王賁平定燕、齊的軍隊，實現了統一。統一後他的動向不明，但西漢將軍李廣為其子孫。因為李氏是從槐里移居到隴西郡成紀縣，所以李信原本應該是出身自秦的內史（畿內）槐里縣（秦的廢丘縣、秦都咸陽之西）。和齊人蒙恬一族不同，他和王翦、王賁一族都是原本秦人出身的將軍。

王齮

？—前二四四年，也寫作王齕。歷仕秦昭王、莊襄王、秦王趙正三代（若連孝文王也算進去，則是四代）的將軍。因為前二四四年（始皇三年）便過世，所以輔佐秦王趙正的時間只有三年。他身為將軍的主要活躍期是在昭王時期。首次登場是在前二六〇年（昭王四十七年），左庶長（第十級爵位）王齕與趙國的廉頗作戰；之後在武安君白起麾下，以副將身分在長平之戰中立下功績（《史記・白起列傳》）。據《史記・秦本紀》，前二五八年（昭王四十九年），王齕被任命為將軍。前二四七年（莊襄王三年），秦國攻擊上黨、設置太原郡，這件事的負責人在〈秦本紀〉作王齕、〈六國年表〉作王齮，由此可知王齕、王齮應該是同一個人；偏旁的乞、奇在漢語中都發ㄑㄧ的音，因此在上古音是同音異字。前二四四年（始皇三年）戰死。這年蒙驁攻擊韓、魏，奪取韓國十三座城池，王齮應該就是在這場大規模戰役中過世的吧！

麃　公

生卒年不詳，輔佐年輕秦王趙正的將軍之一。在《史記》中，只有在〈秦始皇本紀〉的兩個地方登場。和蒙驁、王齮一起，成為十三歲即位的秦王趙正底下的將軍，並在前二四五年（始皇二年），立下攻擊卷（魏國領土）、斬首三萬的功績。睡虎地秦簡的《編年記》中寫到「今（秦王／始皇）三年，卷軍」，也就是一年後的事情。不寫「攻卷」（〈秦始皇本紀〉）而是特地記載「卷軍」，可以想像到這是一場激戰。所謂斬首三萬，也是傳達出殲滅魏國卷城士兵這件事。卷城位在魏都大梁西北、黃河南岸，是魏國要地。麃公的麃氏相當罕見，在東漢應劭的《風俗通義・姓氏篇》中，寫到秦朝皇帝底下將軍麃公的子孫，在漢代有麃宣、麃禮（《漢書》中不曾得見），在魯有麃款，麃則是來自於秦的城邑。名字的「公」也不是真名，而是像司馬遷尊稱西漢長老馮唐為馮公一樣，是種尊號。和蒙驁、王齮並列，是秦王趙正眼中的老將軍，也是位資訊甚少、充滿謎團的人物。

楊端和

生卒年不詳，在《史記》中，僅在〈秦始皇本紀〉登場三次的秦國武將。在前二三八年（始皇九年）、前二三六年（始皇十一年）、前二二九年（始皇十八年）的紀事中出現。和王翦、桓齮一起攻擊魏的鄴城。前二二九年（始皇十八年）包圍趙都邯鄲，是此人最後一次在紀事中出現。始皇時代的楊氏，有出現在琅邪臺刻石的五大夫楊樛；二世皇帝時代，也有和章邯並列的秦將楊熊；但他們和楊端和之間的關係並不清楚。楚漢之戰中，將項羽逼到絕境的漢王五將裡，有楊喜、楊武兩位楊氏。

桓齮

生卒年不詳，前二三七年（始皇十年）成為將軍。在《史記》中登場六次。前二三六年（始皇十一年），和王翦、楊端和攜手攻打魏的鄴城，攻取九座城池。之後在前二三四年（始皇十三年），攻打趙的平陽，殺趙將扈輒，斬首十萬，可是在趙國大將軍李牧的反擊下退卻。之後，桓齮的動向就不曾出現在史書上。可說是支撐秦王趙正統一戰爭前半期的將軍。秦末參與項梁、項羽叛亂的桓楚，以及楚漢戰爭時代的武將桓嬰等桓氏，或許和他有某種關係。

羌瘣

生卒年不詳，在《史記》中，只有在〈秦始皇本紀〉始皇十八年（前二二九年）、十九年（前二二八年）兩度登場。在這兩年間，秦對趙展開了最後的大規模軍事行動。羌瘣和王翦將軍與楊端和一同行動；前二二八年直接俘虜趙王遷、滅亡趙國的是王翦和羌瘣，因此羌瘣也發揮了相當重要的作用。可是在這之後，此人的行動就從史書中完全消失了。羌氏這個姓氏除了此人以外，沒有看到其他例子。羌人在殷的卜辭中，以被殷人捕獲、當作犧牲對象而廣為人知，據說是以牧羊為生的西戎種族（《說文解字》）。秦穆公曾稱霸西戎，因此羌瘣或許是出身臣服於秦的部族。

騰（南陽假守騰／內史騰／南郡守騰）

生卒年不詳。前二三一年（始皇十六年），秦獲韓獻上南陽郡，命令騰這個人擔任臨時太守（假守）進行治理。秦從前一年開始就猛攻魏國，這年也獲得魏獻上領地。第二年（前二三〇年），內史騰攻擊韓、俘虜韓王安，將領土改置潁川郡，韓於是成為六國中第一個滅亡的國家。這兩個騰應該是同一個人。不只如此，在睡虎地秦簡的《語書》竹簡中，也可以看到前二二七年（始皇二十年）南郡守騰頒布的警戒令文件，這個騰應該也跟前兩者是同一個人。馬非百認為，騰或許是《元和姓纂》、《通志》中出現的秦將辛騰（《秦集史》，中華書局，一九八二年）。前二二七年（始皇二十年），有位和王翦一起攻燕的武將辛勝，兩人之間或許有某種關係。姓氏不明的人物，在秦穆公時有內史廖；在昭王時，則有五大夫禮、蜀守若、客卿竈、將軍摎等許多人。這些是臣下對君主不稱姓，而是只稱臣某某，結果在史書中也沒有留下姓氏的事例。

李牧

?—前二二九年。從戰國到西漢時代的李氏，不知為何出了眾多武將。戰國末年，趙的李氏與秦的李氏，雙方將領互相對抗。趙將武安君李牧屢屢果敢擊退秦王趙正的軍隊，但最後在前二二九年，李牧雖升任大將軍，但苦於李牧的秦國派出間諜，結果在郭開的讒言下，李牧被本國的趙王誅殺。之後趙王遷被俘虜，趙也遭到滅亡。李牧若還在世的話，形勢或許會有所不同吧！李牧身為將軍的才能，主要是發揮在不戰匈奴、固守趙國邊境，從而將力量投注在抑制強秦這點上。李牧利用邊境市場獲得的租稅充當養兵費用，再向本國進行事後報告，以這種方式形成獨有的臨戰態勢。李牧是位率領戰車一千三百、騎兵一萬三千、步兵一萬的名將。李左車是李牧的孫子，敗在以背水之陣著稱的韓信手上。侍奉西漢武帝的將軍李廣利也是出身中山，和戰國趙的李牧或許也有關係。戰國的中山國雖被趙所滅，但中山國是遊牧騎馬民族的國家，因此趙地遂成為名將誕生的土壤。

龐煖

生卒年不詳。戰國時代，魏的龐涓和趙的龐煖，兩人都是著名的武將。龐涓是秦孝公時代的人，龐煖則是秦王趙正年輕時代的將軍，時代並沒有重疊。龐氏的由來，是周文王之子畢公高的子孫被封於龐之地。《史記》中出現的龐氏就只有這兩人，所以或許他們有血緣關係。根據《史記・趙世家》，趙將龐煖在前二四一年率領趙楚魏燕精銳攻擊秦的蕞地時，扮演了重要角色，但事實如何並不清楚。蕞被認為是接近秦都咸陽之地，龐煖雖然侵略到此處，卻還是失敗而歸。另一方面根據《史記．春申君列傳》，這時候的合縱長是楚考烈王，他也派遣春申君黃歇，一路打到函谷關，但在秦的反擊下敗北。根據〈秦始皇本紀〉，合縱軍之五國是韓魏趙衛楚，雖然攻取了壽陵之地，但當秦軍出兵之後，五國聯軍便撤退。之所以如此，或許是因為龐煖精銳部隊與楚春申君的合縱軍，在配合上並不順利之故。有燕人縱橫家的《龐煖》兩篇、兵權謀家的《龐煖》三篇（《漢書．藝文志》），但現在都已不存。

王翦、王賁、王離

生卒年不詳。王翦、王賁、王離三代都擔任將軍，持續輔佐始皇。蒙氏一族是從秦昭王起，侍奉三代秦王與皇帝，王氏一族則是侍奉始皇與二世皇帝。到了二世皇帝的時代，蒙氏一族已經滅亡，王氏一族也只剩王離。始皇能統一天下，是靠王氏與蒙氏兩族的強力支持。王翦出身在首都咸陽東北、秦內史的頻陽縣東鄉，是純粹的秦人。和秦王趙正同時代的，是王賁、蒙恬與李信。老一代的王翦與年輕的李信，曾經在對楚出兵上相互較勁。對秦將而言，能生擒六國國王是最高的功績，而這項功績幾乎都是由王翦、王賁父子達成。王翦俘虜了趙王遷、楚王負芻，兒子王賁則俘虜了魏王假、燕王喜、代王嘉、齊王建。在里耶秦簡中，記載了「將軍王賁滅齊地」。秦王趙正暗殺未遂事件的首謀燕太子丹，雖然一般都說是燕王獻上丹的首級，但也有王賁斬下他首級的說法。只有韓王安是在更早之前，就被內史騰所俘虜。王賁為了俘虜魏王，展開引黃河水灌魏都大梁城、持續三個月的持久戰，最後俘虜了魏王，從這裡可以看出他在軍事上的智慧與毅力。統一後，年高德劭的王翦動向不明，但琅邪臺刻石上記有列侯通武侯王賁與武城侯王離的名字。秦在皇帝之下不置王，因此列侯爵位是臣下中最高的一級。另一方面與王氏角力的將軍蒙氏一族，則只有蒙武和王翦一起進攻楚軍，逼死昌平君與項燕而已。因為在李斯撰寫、寄給扶蘇的始皇偽詔中，有寫到取代蒙恬、將兵權交給副將王離云云，所以在二世皇帝時代，已是第三代的王離擔任了秦將。對王氏的評價相當分歧，有說他們是名將，但也有說他們三代為將，反覆殺戮，必有報應。王離的戰績，只有在二世皇帝三年（前二〇七年），在鉅鹿戰役中包圍趙王、卻敗給項羽的援軍遭到俘虜這條紀錄留下。

蒙驁、蒙武、蒙恬、蒙毅

蒙驁（？—前二四〇年）、蒙武（生卒年不詳）、蒙恬（？—前二一〇年）是侍奉秦昭王、莊襄王、始皇三代的將軍家族，先祖據傳是齊人。蒙恬攻擊齊國，滅亡了祖先的國家。蒙氏一族身為武人的才能，據推測與齊國兵法家孫臏有關。當始皇在最終巡行中患病的時候，蒙恬的弟弟蒙毅（？—前二一〇年），負責向山川進行治癒的祈禱；因為始皇是在平原津患病，所以蒙毅很有可能是向齊地的山川進行祈禱。因為蒙毅曾判趙高死罪，所以趙高企圖毀滅蒙氏一族。趙高與趙國王族是遠親，所以趙高與蒙恬、蒙毅的對立，或許可以追溯到趙的趙氏與齊的蒙氏之間的對立。奇怪的是，《史記》中除了這四位蒙氏一族外，就只有侍奉始皇的中庶子蒙嘉一人登場（《史記．鄒陽列傳》）。在《戰國策》也有提到的故事中，荊軻之所以能拜謁秦王，是因為蒙嘉傳達了燕王願意臣服秦國的意思。蒙嘉和三代蒙氏一族的關連並不清楚，但從蒙氏本身是罕見的姓又同樣獲得秦王信任這點來看，或許有關。

項　燕

?—前二二四年。在秦楚戰爭中，楚國麾下有一位將軍項燕；他不只屢立功績，還善待士卒，因此受眾人仰慕。楚在秦昭王時代有將軍唐昧、景缺、景陽等人，但在秦王趙正時代，舉出的盡是項燕一人。項燕家代代為將，因為被封於項，所以稱項氏；但在史書中，我們並無法確認到項氏在項燕之前的將軍。項燕擁立從秦歸國的昌平君為楚王，在淮南之地對秦展開反攻，但被秦的將軍王翦與裨將軍蒙武所殺，也有說法說他是被迫自殺。因為民間有很多傳說，都說他其實沒死、只是逃亡，所以以他為名、掀起叛亂的人所在多有。項燕為項羽祖父。

隗狀、王綰

生卒年不詳。輔佐始皇帝的丞相，在王政時代是呂不韋、昌平君，帝政時代則有李斯和馮去疾。始皇實現統一、議論皇帝稱號的時候，丞相是王綰，在琅邪臺刻石上所記的丞相，則是隗林（狀的錯字）與王綰兩人。刻在度量衡器具上的詔書中，可以看到「丞相狀、綰下詔」的字樣。隗狀被認定為右丞相，王綰則是左丞相，兩位丞相共同輔佐皇帝；統一時位居官僚之首的這兩人，是怎樣的人物？隗氏在《史記》中只有隗狀登場，是個罕見的姓氏。王莽時期的群雄之一隗囂，是天水郡秦安縣人；這裡是秦的發祥地，因此隗狀或許也是這附近的人。官僚王氏在琅邪臺刻石上，還可以看到王戊這個名字；王綰、王戊，或許是和將軍王翦一家有別的王氏吧！

馮劫、馮去疾、馮毋擇

始皇身邊有好幾位馮氏：馮劫（？—前二〇八年）、馮去疾（？—前二〇八年）、馮毋擇（生卒年不詳）。馮劫擔任始皇將軍兼御史大夫，武信侯馮毋擇則在琅邪臺刻石留名，透過岳麓秦簡，可得知馮毋擇也是一位將軍。在二世皇帝的時候，馮劫和右丞相馮去疾一起因勸諫二世皇帝而遭到問罪自殺。輔佐始皇帝的馮氏，是來自何方的家族？馮氏一族原本並非出身秦地，而是與秦敵對，東方的韓、趙、魏之人；其來歷可以追溯到韓的上黨郡守馮亭。與秦敵對的馮亭在長平之戰中戰死，之後這一族便分成留在趙國跟代王趙嘉一起入代的馮氏，以及入秦支持秦國統一的馮氏兩支。趙與代的馮氏，在秦帝國瓦解後有人移居到皇帝陵的陵邑，並侍奉漢劉邦王朝；至於馮亭的子孫進入秦國者，則為上述的馮劫、馮去疾、馮毋擇。西漢文帝時擔任車騎都尉的軍人馮唐，祖父是趙人，父親遷移到代，和趙將李牧也有關係。馮唐的父親輩，大概是在秦王趙正軍俘虜末代趙王遷之後，跟著代王趙嘉一起進入北方代郡的吧！之後，他父親又遷移到漢惠帝的安陵邑；所以漢安陵的馮唐，先祖就是趙的馮氏。馮氏一族出了很多將軍等武人，大概就是因為來自戰國趙的緣故吧！經歷戰國秦漢等王朝、頑強生存下去的馮氏一家，其歷史也是相當值得注目且有趣的。

徐市、盧生

生卒年不詳。說到和始皇直接面對面的方士，就不能不舉出齊人徐市與燕人盧生這兩人。方士的方是處方的方，也就是尋求不老不死、具有醫學知識的人；在這些人中，出身面海的齊燕之地者特別多。除了他們兩人外，在《史記》中登場的，還有韓終、侯公（侯生）、石生等人。始皇是在巡行途中遇見這些人的。前二一九年，徐市向始皇表示海中有三神山，希望能帶童男童女數千人，前去尋求僊人。前二一五年，始皇在碣石遣盧生入海求僊人，結果盧生獻上《錄圖書》，警告「亡秦者胡」。在現實中，僊人的存在只是方士口述的傳說，因此要探究僊人與神山、仙藥的存在，基本上並不可能；但方士對始皇說了真心話，始皇也率直接納並禮遇他們。從方士眼中看到的始皇形象，讓人深感玩味。方士求不到仙藥的結果，是導致始皇懷疑方士，從而引發了鎮壓所謂學者的坑儒事件。在《史記・淮南（淮南王）列傳》中，可以看到不是徐市、而是徐福，率領三千人抵達平原廣澤（廣大的原野與湖沼），在當地稱王的傳說。徐福到達的地點之一，被認為是後世的倭（日本）。日本各地都有徐福傳說（墓和登陸地點），和認始皇為先祖、從畿內渡海而來的秦氏傳說一樣讓人興味深長。

章邯

？—前二〇五年。在始皇去世後的二世皇帝二年（前二〇八年），首次在《史記》中登場。身為少府（皇室財政長官）的章邯為了迎擊陳勝軍，提議解放正在建設驪山（始皇陵）的刑徒，發給他們武器；之後章邯便親自擔任將軍，率領這批軍隊。一開始他以優勢擊破陳勝軍、殺死齊王田儋，更在定陶殺死了項梁——此後便由項羽代替項梁，統領叛亂軍。章邯包圍邯鄲，北上鉅鹿城攻擊趙王歇，但戰事不順，向本國的趙高求援又被拒絕，於是便投降於項羽軍。項羽在鉅鹿之戰後，朝著函谷關前進，途中在新安這個地方，活埋章邯軍二十餘萬士兵；章邯僥倖地撿回一命。項羽立他為雍王，統治秦的舊地，成為項羽十八王之一。可是當漢王劉邦軍反擊、通過咸陽之際，章邯被包圍，雖然和弟弟章平一起作戰，但最後仍然投降漢王軍自盡。據《趙正書》所言，殺死趙高的是將軍「張邯」，跟《史記》中秦王子嬰殺死趙高的記載有所不同。張與章的上古音很近；從章邯和項羽一起進入咸陽這點來思考，不無可能是他懷恨在心，殺死了趙高。和章邯秦軍作戰、獲致功績的人很多。樊噲就參加了與章邯的濮陽戰役，斬首二十三級，夏侯嬰則是在東阿、濮陽戰役中，獲得了執珪之爵，灌嬰也得到了七大夫的爵位。章邯是和許多人都有關的重要人物，像他這樣的人，正是除了司馬遷立傳的人物外，另有注目必要之人。

參考文獻

竹內康浩，《中国の復讐者たち（中國的復仇者們）》，大修館書店，二〇〇九年

鶴間和幸，《人間・始皇帝（始皇這個人）》，岩波新書，二〇一五年

鶴間和幸編著，《悪の歴史　東アジア編（惡的歷史　東亞篇）》上，清水書院，二〇一七年

鶴間和幸編，《俠の歴史　東洋編（俠的歷史　東洋篇）》上，清水書院，二〇二〇年

冨谷至，〈復讐と儀礼（復仇與儀式）〉，《東アジアにおける儀礼と刑罰（東亞的儀式與刑罰）》，日本學術振興會科學研究費基礎研究（S），二〇一一年

增淵龍夫，《中国古代の社会と国家——秦漢帝国成立過程の社会史的研究（中國古代的社會與國家——秦漢帝國成立過程的社會史之研究）》，弘文堂，一九六〇年（新版，岩波書店，一九九六年）
馬非百，《秦集史》上下，中華書局，一九八二年
馬非百編著，《秦始皇帝傳》，江蘇古籍出版社，一九八五年

第八章

遊牧國家的君主就是得這樣才行
——既冷酷又寬大，還有敏銳的洞察力

林　俊雄

前　言

在比前三世紀末，於秦末混亂期中勝出的劉邦建立漢帝國更早一些的時候，北方的草原地帶也在進行統一事業，其中的主人翁是匈奴的冒頓。冒頓殺了愛妻、父親、繼母與異母弟弟，也殺了反對派的大臣，成功發動了政變。匈奴的領袖稱號為「單于」，冒頓不只成為單于，還征服了比自己更強盛的兩大勢力——東方的東胡與西方的月氏，或者將之驅逐，轉瞬間就將東起大興安嶺、西到帕米爾的中亞東部納入支配下。

冒頓是怎樣的人？非常遺憾的是，匈奴並沒有自己的文字（雖然也有人認為他們有文字，特別是蒙古等地的研究者更是如此，但並不可信），所以沒有留下談論自己歷史的史料。但是冒頓的人格、離奇的命運，以及戰略，都被比他晚九十年的司馬遷（參見第九章）活靈活現地描寫出來。絕代的說故事

者，會執筆寫下命運離奇英雄的故事，一點都不足為奇。雖然因為實在寫得太好，所以不免會讓人產生「這故事是真的嗎」的疑惑，但因為沒有其他可以確認的文獻，所以也只能相信司馬遷了。

另一方面，司馬遷畢竟是漢人，所以對北方的騎馬遊牧民匈奴，會不會持有偏見與蔑視的態度，這點或許也會讓人產生疑竇。不過，司馬遷雖然沒有到反過來「偏袒匈奴」的程度，但他也沒有從根本否定匈奴，而是將身為騎馬遊牧民的匈奴生活樣式，描繪成「適合草原的產物」。從他認可與自己相異文化的客觀記述來看，他的資訊確實值得信賴。

講司馬遷的部分稍微有點多了，讓我們把話題回到主人翁冒頓身上吧。首先是冒頓這個名字的讀法：為什麼不讀成「ㄇㄠˋ ㄉㄨㄣˋ」，而是讀成「ㄇㄛˋ ㄉㄨˊ」呢？因為要討論中國話的上古音（漢代）、中古音（唐代）是怎樣，漢字在日本落地生根的奈良、平安時代的發音又是怎樣，會顯得有點繁瑣複雜，所以我盡可能用簡單的方式來加以說明。

根據諸橋轍次的《大漢和辭典》，「冒」這個字有「ㄇㄠˋ」、「ㄇㄛˋ」、「ㄅㄞˋ」三種發音；判斷這當中冒頓的發音為何的材料，是《史記索隱》。這本書雖是八世紀初唐朝學者司馬貞所撰寫、關於《史記》的注釋書，但其中提到，冒頓的冒「音墨（ㄇㄛˋ）」。墨這個音，在中古聲的四聲中屬於入聲（中國話的中古音有四個聲調／四聲，其中的入聲是以p、t、k為結尾的音，這在現代中國語中已經不存，但在日語的漢音中還有留存）。

接著是「頓」，這個並沒有注解。「頓」可以發「ㄉㄨㄣˋ」或「ㄉㄨˊ」兩種音，但其中的「ㄉㄨˊ」是入聲；因為冒是入聲，所以頓也應該讀成入聲。如果兩者都是入聲，那就是讀成「ㄇㄛˋ ㄉㄨˊ」（墨讀）。「墨讀」和中古以降突厥與蒙古領袖名字中，屢屢出現的「巴卡圖爾（或巴圖爾）」應該有所關聯，也就是子音的b與t共通，中間的k有聲化後變成g的情況（以日語來說，就是カ行和ガ行的關係）。這個語詞也被俄語借用，變成「勇者」的意思。

接著，讓我們來談談「單于」這個讀法的意思。為什麼不念「ㄉㄢ ㄩˊ」，而唸「ㄔㄢˊ ㄩˊ」呢？「單」有「ㄉㄢ」和「ㄔㄢˊ」兩種發音。根據《漢書．匈奴傳下》，篡奪漢朝的新朝王莽（參見第十章），在西元一五年（天鳳二年），對一時表示恭順之意的匈奴規定，以後稱匈奴為「恭奴」、單于為「善于」（然而僅僅八年後，王莽就在叛亂中被殺，於是這個名稱又立刻變回來）。另一方面，唐初的學者顏師古（七世紀前半）曾對《漢書》進行詳細注解，其中把單于的單發音記為「蟬」（ㄔㄢˊ）。至於「于」，則只有「ㄩˊ」一個發音，所以，單于要念成「ㄔㄢˊ ㄩˊ」無誤。

曾經提及單于這個名稱意思的，不是《史記》，而是《漢書》。根據《漢書》的記載，所謂單于其實是略稱，正式名稱是「撐犁孤塗單于」；撐犁是「天」、孤塗是「子」、單于是「廣大無邊」的意思，總合起來就是「偉大的天子」。大部分的研究者都一致認為，撐犁就是古突厥語和蒙古語中，用來指「天」的「騰格里」這個詞，但後面兩個詞就沒有定論了。關於孤塗，護雅夫認為是古突厥語中的「護」（qut）；「護」是「天所賜之物」、「幸福、幸運」的意思，但要怎麼把它和「子」連結在一起，就顯得有點困難。至於「單于」的語源，就現狀而言則是大家都一無所知。

最後要提及本章的架構。和主人翁冒頓對峙的敵方角色，是漢高祖劉邦及其過世後漢朝的實質支配者劉邦的妻子呂后（呂太后）。作為配角，他們是不談可惜的重要人物。在更外圍活躍的，則是漢朝創立時的功臣韓王信，以及冷靜現實的官僚劉敬。

韓王信是被匈奴策反、投身冒頓麾下的人，但也有人從匈奴投奔到漢朝。不只如此，也有一度背叛，後來又回歸原本陣營的人。雖然或許會被批判成沒有節操，但對當事人來說也屬無可奈何。從另外的角度來看，兩陣營都會接納背叛者，匈奴尤其如此。投身匈奴的漢人，也有很多人和匈奴女性結婚；張騫的妻子，以及嫁給一位范姓漢人將軍的女薩滿（范夫人），都相當有名。雖然時代比冒頓晚了兩、三個世代，但我也想把這些不由己意、受時代浪潮撥弄的人物當成焦點。

冒頓單于（？—前一七四年）

一、匈奴與秦的對立

關於冒頓的生年，我們並不清楚。假定他掀起政變（後述）的前二〇九年是二十歲出頭，那他的生年推算回去，應該在前二三四～前二二九年左右。這個時期在中國相當於戰國時代末期，秦正節節壓迫他國、不斷擴張領土。接著在前二二一年，秦統一中國，秦王正成為始皇帝（參見第七章）。始皇實施各式各樣的統一事業，並對外採取積極策略，其代表性例子就是對匈奴的軍事作戰。

戰國時代末期、秦代的中國北方

在古代中國，天子會定期巡視國內，進行狩獵，這就是所謂「巡狩」；在巡狩方面特別氣派的，就是始皇。統一後，他總計進行了五回巡狩，一方面祭拜聖地，另一方面也豎立石碑、銘刻自己的偉業，以誇示自己的德行與權威。

根據《史記．秦始皇本紀》，在始皇三十二年（前二一五年）的巡狩中，有名方士盧生，將據說是從海中獲得的書籍《錄圖書》獻給始皇。所謂「錄圖」是預言書的意思，也就是記載了未來事項的書籍。方士是製造長生不老藥、賣弄占卜與咒術等可疑法術的人物。比起不講怪力亂神的儒家，始皇更偏好裝神弄鬼的方士。

在《錄圖書》中，有一句話叫「亡秦者胡」。所謂胡，是長城北側不曾沾染中華文明的集團，在這個時代是以匈奴為代表的騎馬遊牧民。又，在三國時代以降，這個字則是用來指西方的非漢族人們，特別是波斯系。

為了消弭禍患於未然，始皇派名將蒙恬率領三十萬大軍，攻擊北方的胡。結果，匈奴被趕到黃河北方，秦則將黃河南側納為領土。戰國時代的秦長城，是在黃河彎曲部的中間，從東北連到西南（參地圖）。在其北側有匈奴的一部，以及林胡等類似匈奴的戎狄（中華周圍蠻族東夷、南蠻、西戎、北狄的簡稱）。秦將這些胡族逐走，把彎曲部的內側（其北半為河套，蒙古語稱為鄂爾多斯）全都納入秦帝國的領土。

然而，這個故事的結尾極為諷刺；始皇帝過世後，秦在二世皇帝胡亥的時候滅亡，也就是說，滅亡秦的胡不是匈奴，而是胡亥。這變成了一個黑色笑話，而從海中獲得的《錄圖書》等書籍的真偽也值得存疑，因此有力的說法是，這或許是秦滅亡後，後人穿鑿附會創作出來的故事[1]。始皇也派遣遠征軍前往南方。派軍的契機姑且不論，他在往南北擴張領土、滿足征服欲的同時，毫無疑問也是要去除帝國的不安定要素。

「秦始皇建造了萬里長城」這種說法，其實是錯誤的。他是把戰國時代各國建造的長城中位於內部的部分加以拆毀，並將對北方匈奴的長城予以修復連接。更進一步說，我們常在電視等媒體看到的北京北方長城，也不是秦朝的產物，而是明代、也就是十五到十六世紀建造的產物。秦代的長城並沒有那麼氣派，而是更加低矮；直到現在，仍留有其中一部分的遺跡。

在黃河彎曲部的北方已經有趙國踏足，並建造長城將之納為領域，秦應該也是繼承了趙國的遺緒。但是在彎曲部的西側，仍是匈奴或其同類的領域，因此秦不只要鞏固北方防備，還要把他們趕出黃河西側。

始皇對自己帝國的萬世永續深信不疑；可是在前二一〇年他過世後，帝國立刻土崩瓦解。在北方警戒鬆弛下，匈奴得以從容地再次南渡黃河，在原本的長城線和中國接壤。照《史記》所言，匈奴實際上再次踏足彎曲部內側，就是在冒頓擔任單于以後的事[2]。

二、騎馬民族渡過大河的方法

流經寧夏回族自治區的黃河，與用皮囊繫成的羊皮筏子

那麼，匈奴是怎麼渡過黃河的？特別是約前二一五年的渡河，是在秦朝大軍緊追的迫切狀況下進行。這點雖然和冒頓較無關係，但還是個令人在意的問題。

黃河在和匈奴領域重疊的地帶，雖然河面寬度有三百公尺左右，但因為流速較緩，所以有好幾個適合渡河的地方。比方說在前附地圖的左邊、標記為「烏氏」處的東方，也就是現在寧夏回族自治區首府銀川市附近的橫城，就是自古有名的渡河地點。相傳西漢末年王昭君嫁到匈奴時，就是從這裡渡河，不過並沒有確切證據。

我們實在很難想像身為騎馬遊牧民的匈奴，會像乘馬一樣擁有很多船隻。在黃河上最廣為人知的渡河手段，是一種稱為「羊

抱著皮袋游泳的士兵，以及帶著馬游泳、握住韁繩的士兵浮雕。北伊拉克尼姆魯德出土，前八六五—前八六〇年左右

皮筏子」的皮筏。這種皮筏是將羊或牛皮灌入空氣使之膨脹後，將大量浮袋連結起來，再在上面組起棒子而成。

皮筏是從何時開始出現的，我們並不清楚。關於這點最古老的紀錄，是由十世紀末，從宋朝派遣到西回鶻國高昌的王延德所留下。他正好就從這一帶渡過黃河，且是使用羊皮袋灌進空氣、使之浮在水面上的器具來渡河（《宋史》卷四九〇〈外國傳〉高昌國條）。

在八世紀中葉回鶻可汗國的塔里亞特碑文中，我們可以看到當回鶻可汗率領軍隊、渡過今新疆維吾爾自治區北部的額爾濟斯河時，使用了純木造的木筏（稱為sal）。又，在十一世紀末獻給喀喇汗國君主的突厥／阿拉伯雙語辭典中，也有寫到將吹脹獸皮結合起來的皮筏（稱為tar），這種皮筏，大概是在中亞大河阿姆河和錫爾河使用的吧！

雖然場所和時代有別，不過在美索不達米亞亞述帝國的浮雕（前九世紀）中，有抱著皮袋、泳渡河川的士兵形象出現。同樣一塊浮雕上，也有讓馬泅水、手握韁繩帶著牲渡河的士兵。十一世紀塞爾柱王朝的軍事相關史料中，曾經列舉過好幾種渡河的手段；這些手段包括了用小舟並排而成的浮橋、舟船、浮袋等，但一般都是讓馬泅渡、人抓著牠的尾巴，再用盾當成浮板、用劍操舵來渡河。

關於匈奴，雖然我們完全沒有史料，但無疑應該是使用木筏、皮筏，或是乾脆跟著馬泅渡，諸如此類的手段吧！

三、關於「頭曼」這個名字

始皇逝世後，中國爆發了陳勝吳廣之亂。雖然這場亂事早早就被鎮壓（前二〇八年），但秦急遽衰弱，演變成項羽和劉邦爭霸的情勢。當中國從再度分裂邁向重新統一之路的時候，北方也開始了秩序重整的動向，而且比中國還要早一些。

始皇過世的時候，匈奴的單于叫做頭曼，是冒頓的父親。一般說法認為，這個名字和八世紀前半突厥碑文中屢屢出現、古突厥語的「圖們」（tümen）一詞有關。圖們是「萬」的意思，也可以更進一步指率領一萬名騎兵的將軍。

匈奴的軍事體制是由十進位構成，最小單位是十人（十騎）、指揮官稱為什長，其上為百長、再上為千長，最大為率領萬騎的萬騎長。萬騎長有二十四人，立於其上者稱為單于。頭曼在成為單于前，毫無疑問也當過萬騎長；因此當他成為單于後，很有可能還是把之前的名字（或綽號）萬騎長（頭曼）當作自己的稱號。

這樣想來，在突厥也有類似的例子。突厥在可汗底下，有「殺」（「設」）和「葉護」等稱號；突厥第二汗國第三任的毗伽可汗（八世紀前半），在中國史料中就稱之為「小殺」。之所以如此，大概就是因為他在成為可汗前，曾擔任殺的職務。又，突厥第一汗國的葉護可汗（六世紀後半），則是在擔任可汗之前的稱號為葉護。順道一提，殺的語源是粟特語，葉護則是吐火羅語，屬於包含粟特語在內的廣義印歐語。

據古突厥語研究者克勞森（Gerard Clauson）的說法，圖們的語源是吐火羅A語的「tmān」，或是吐火羅B語的「tmane」、「tumane」。雖然關於匈奴說的語言到底是不是突厥語，意見還很分歧（也有人說是蒙古語），但如果克勞森的說法正確，則前三世紀末的匈奴很有可能不稱萬為圖們，而是稱為tmān或tmane，這個發音就和頭曼很接近。

另一方面，六世紀中葉振興突厥最初的可汗在中國史料中稱為「土門」，很有可能也是發成tmane；這個語詞大概是到突厥碑文出現的八世紀前半之間，演變成「圖們」的吧！但是克勞森又介紹說，吐火羅語的「tmān」搞不好也是來自中國語的「萬」，這個聯想就未免有點太過了。

四、單于的妻子

頭曼單于有太子，稱為太子，是因為他是單于地位的首席繼承者，這人就是冒頓。頭曼之前應該也有單于，但我們並不清楚他們的名字。反過來說，頭曼也不是第一任單于，只是我們認識範圍中最初的單于。又，前二一〇年當時，單于的妻子並非冒頓的親生母親。

單于的妻子在《史記．匈奴列傳》中寫作「閼氏」。關於它的讀法，據上述《史記索隱》表示，有

「ㄧㄢ ㄓ」和「ㄩˋ ㄓ」兩種發音。但它接下去又引用四世紀中葉東晉人習鑿齒的記述說：「山下有紅藍花……北方人取其花，染緋黃，挼取其上英鮮者，作烟肢。婦人將用為顏色（顏料）。……匈奴名妻作閼支，言其可愛如烟肢也。閼音煙。」

讀過〈匈奴列傳〉的前文，我們可以知道這裡的「山」指焉支山、「北方人」就是匈奴。這座山位在構成今日甘肅省與青海省省境的祁連山脈東南部。當地雖然在匈奴的支配下，但在武帝統治的前一二一年左右，祁連山與焉支山都成為漢的疆域。和《索隱》幾乎同時編纂的《史記正義》中引用《括地志》（七世紀中葉成書）、再引《西河故事》寫到，失去這兩座山的匈奴，唱著這首歌表示憾恨之意：「亡我祁連山，使我六畜不蕃息。失我焉支山，使我婦女無顏色。」很遺憾的是，《西河故事》這本書，除了這裡以外無法確認。

祁連和焉支都不是中國語，應該是當地的語詞。雖然也有可能是匈奴語，但這個地區成為匈奴領地，是後來冒頓在前二〇九年或稍後，將月氏驅逐到西方後的事，此前則是月氏的領域，因此這兩個語詞是月氏語的可能性很高。月氏的語言應該是吐火羅語，也就是和頭曼的語源相同。

除此之外，西晉崔豹（三世紀末）著的《古今注》卷下〈草木〉一篇中，出現了「燕支」這個名字。他說，燕支的葉子類似薊，花則像蒲公英。盛唐時期的詩人杜甫在七五八年的七言律詩中，也詠嘆「林花著雨燕脂落」。這裡歌詠的是，林花（宮中的女性）的胭紅，如同雨一般灑落的情景，但也有人解釋成在描寫退位的玄宗失意的樣子[3]。

雖然有「烟肢」、「閼支」、「焉支」、「燕支」、「燕脂」等各種寫法，但現在日語漢字都寫成「臙脂」，讀做「えんじ」；沒錯，這就是「臙脂色」（えんじいろ）一詞的來源。匈奴妻子的名稱一直流傳到現在，讓人深感玩味。我們可以深刻理解到身為遊牧民的匈奴，對失去良好牧草地的憾恨，但女性用來塗抹顏面的濃重紅色化妝品，對他們應該也是同樣寶貴吧！

又，《括地志》引用的歌，是現在流傳的匈奴唯一歌曲。它在漢文中是合韻合拍的。前半句最後是「蕃息」（繁殖），後半句最後則是「顏色」（顏料）。雖然我們不清楚原本匈奴語的歌是否就已合韻合拍，但它應該是在翻譯成漢文時，改成符合漢文韻律的吧！

雖然有點離題，不過我想繼續談談「えんじ」的故事。現代中文中，這個詞寫作「胭脂」；二〇一六年在中國放映、大受歡迎的一部電視劇，就叫《胭脂》。這部戲的主人翁名叫「藍胭脂」，是中日戰爭時期，中國共產黨派進上海日軍中的美貌女間諜。從海報來看，主人翁果然是穿著「臙脂色」的服裝呢！

五、成為月氏的人質

讓我們把話題回到冒頓身上。正如前述，頭曼的閼氏並非冒頓生母，而是後妻；他的親生母親大概已經過世了。雖然也不排除離婚的可能性，但如果真是這樣，那冒頓應該不太可能繼續坐在太子寶座上吧！

這位後妻生了一個男孩（《史記》上寫「少子」），也就是冒頓的異母弟弟。《史記》又說，因為頭曼寵愛這位再娶的閼氏，所以打算將冒頓廢嫡（應該說是廢太子位），改立後妻之子為太子。這起事件的背後，應該是後妻向頭曼吹枕邊風，要他立心愛的孩子為太子吧！

可是對並無任何過失的冒頓，該如何廢黜他的地位？若是善於權術之人，應該會用父親或單于的權威強制廢嫡。無理由的廢嫡，甚至殺害繼承人，這樣的例子在歷史上並不罕見；隔壁的秦朝就在始皇死後不久，以始皇發出（實際是丞相李斯與宦者趙高偽造）的遺詔形式，「賜死」長子扶蘇，也就是命其自殺。

和上述情況相比，也許是頭曼太怯懦，又或許是他對冒頓心懷某種歉疚之故，結果他採取的策略是不弄髒自己的手、就讓冒頓身亡的手段；那就是將冒頓派往匈奴西方的強國月氏擔任人質，然後對月氏發動襲擊。

因為獲得匈奴第二號人物太子為人質而安心的月氏，在驚訝之餘也感到憤慨不已。這樣的人質已經沒有意義了，那麼他們一定會想殺死冒頓，這就是頭曼的如意算盤。但是冒頓偷了一匹月氏的好馬，騎著牠逃回了匈奴。結果，頭曼也不得不稱讚他「做得好」，並命令冒頓率領萬騎。

《史記》對這段插曲的講述極為簡潔，但我們可以試著用想像來加以充實。頭曼的想法很天真，但冒頓對事物有著極深刻的見解。繼母對自己是怎麼想的，父親決定讓自己去月氏當人質時，又代表著什麼意義，這些他全都一清二楚。因此，即使被送到月氏，他也做好了隨時逃離的準備，並盯緊了良馬。

在這裡，我們也必須注意人質這件事。提供人質的一方與接受人質的一方，究竟是怎樣的關係？若是彼此交換的話，則可以將兩者視為大致對等的關係；相對於此，如果只是單方面提供人質，那提供的一方應該視為是較弱者。因為沒有月氏提供匈奴人質的記載，所以兩者的關係應該是大致對等、乃至月氏較居上風的情況。頭曼之所以襲擊月氏，雖然目的是要置冒頓於死地，但也可能只是一個名目罷了。

始皇時代的北方情勢，在《史記．匈奴列傳》中，以下列的語句簡單描述：「東胡彊（強）而月氏盛。」至於匈奴則沒有提及。換言之，北方由東向西雖是東胡、匈奴、月氏三者並立，但其中的東胡和月氏勢力甚強，匈奴則是兩者包夾、存在感略薄的狀況。

六、冒頓的政變

成為萬騎長的冒頓，製作了「鳴鏑」（響箭）。鳴鏑在日語讀做「なりかぶら」，也就是附加在箭頭根部的小零件。在草原地帶，骨製的零件很多，只要在上面鑿個小洞，當箭飛出去、風從孔洞中穿過時，就會發出「咻咻」的響聲；這種作法通常是被用在會戰傳訊之類的功能上。

冒頓在訓練麾下士兵進行騎射的訓練時，下令「當我射出鳴鏑時，不跟著射的人，皆斬」。之後，當他狩獵鳥獸的時候，只要有不跟著自己鳴鏑射向之處射箭的人，都會立刻處斬。

有一次，冒頓用鳴鏑射向自己的好馬（或許是那匹從月氏偷來的馬）；因為那畢竟是冒頓的坐騎，所以部下裡有人不敢射箭；結果，冒頓將那些不敢射好馬的部下全都處斬。

接下來，他又把鳴鏑射向自己的愛妻；因為不是馬而是人、且是冒頓的愛妻，所以當中又有害怕不敢射的人。結果，冒頓又把不敢射的人全部處斬。

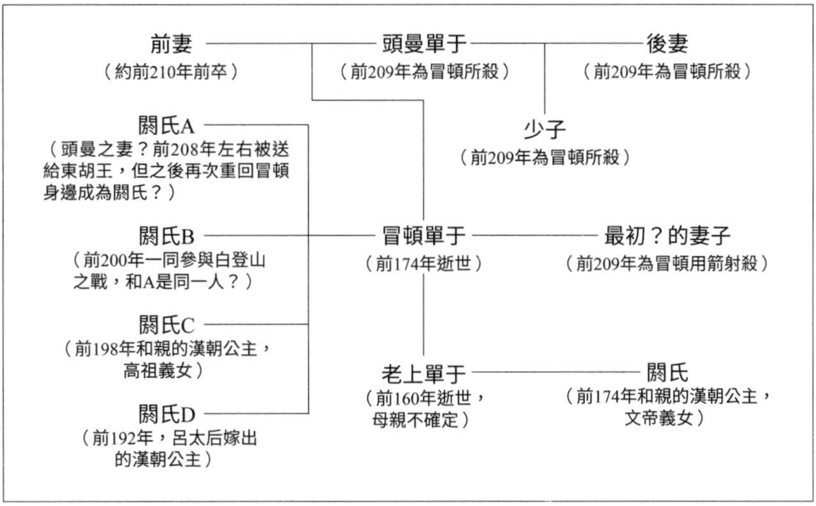

匈奴從頭曼單于到老上單于的世系圖

之後，當冒頓出動狩獵的時候，將鳴鏑射向父親單于乘坐的好馬；這次部下完全沒有猶豫，全都射向那匹好馬，於是冒頓明白，部下已經完全被自己收服了。連自己的好馬被射殺也沒有警覺，由此也可看出頭曼的輕忽大意。

終於到了實行計畫的階段；當冒頓跟著父親頭曼單于出外狩獵時，用鳴鏑射向頭曼，部下們也都跟著鳴鏑行事，射殺了頭曼單于。可是，光是這樣還不夠；冒頓接著又殺了他的繼母與異母弟弟，甚至是大臣中不服從自己命令的人。

從這個過程看來，冒頓射擊的目標首先是自己的馬、接著是愛妻、再接著是單于的馬，將忠誠度不斷提高，最後以單于本人為標的，也就是按階段完成政變；在某種意義上，他可以說是相當慎重。東晉的徐廣（四世紀後半到五世紀初）說這年是秦二世元年，也就是前二〇九年，但實際年代或許會稍晚一點。

頭曼除了被殺的閼氏之外，還有數位妻妾；冒頓將這些「母親」全都納為妻妾。將母親納為妻子，或許會讓人在道德上感覺不快、大皺眉頭，但在匈奴等遊牧民社會，這是常見的慣習。王昭君也在出嫁的單于過世後，成為單于長子（非王昭君親生兒子）的閼氏，還生了孩子。又，匈奴有哥哥死後、弟弟娶嫂嫂為妻的風俗，這在文化人類學上稱為收繼婚（levirate marriage），在頗多民族中都可得見。

對於娶母為妻這種頗為異常風俗的理由，繼冒頓之後的老上單于即位時（前一七四年），作為漢朝和親公主（皇帝之女）隨從遠赴匈奴，之後便留在當地、成為單于寵臣的中行說解釋，這是因為擔心喪失「種姓」，也就是家族血脈斷絕之故。可是匈奴並非母系社會，娶自己的母親（雖然以冒頓的情況並非親生母親）為妻，為什麼會和不讓家族血脈斷絕有關，這點仍然不甚清楚。

對於這點，我則是認為有其他理由。匈奴因為男子全員都是戰士，又屢屢發生戰鬥，所以一定會出現很多寡婦。遊牧民基本上是以帳為單位的核心家庭，因此沒有寡婦容身之地；也就因為如此，才會將她們以「妻子」身分納入帳中吧！換言之，這應該是應對寡婦問題的結果。

七、對東胡展現「睦鄰」態度

就如前面所見，在頭曼末年，東胡與月氏的國勢都比匈奴強盛；這時候匈奴又發生政變，東胡王會想利用這個機會對匈奴施壓，也是理所當然之事。

東胡王一開始派遣使者，表示想索取頭曼擁有的千里馬。所謂千里馬，指的是一日能跑千里的馬；

這個時代的一里約為現在四百公尺，因此千里就是約四百公里。蒙古馬的耐久性相當優異，那達慕（夏季在各地召開的運動大會）的賽馬，是中途不休息連跑三十公里，但一天要跑四百公里，還是不太可能吧！再說，匈奴是不是也採用中國的度量衡，這我們也不清楚。但總而言之，所謂千里馬，確實就是能跑得比其他馬更遠的馬。

對東胡王的要求，冒頓詢問臣下的意見。臣子都說：「這是匈奴的寶馬，不可以輕易給人。」但冒頓說：「既然我們跟人家比鄰而居，而且人家都開口說想要了，那麼只是區區一匹馬，又有什麼好可惜的？」於是就把千里馬給對方了。

眼見冒頓如此爽快一口答應要求，東胡不由得認定冒頓是懼怕自己。於是他們又派遣使者過去，說「想要一位單于的閼氏」。冒頓又問臣下的意見，臣子都憤怒地說：「東胡太不講道理了，居然要求我們的閼氏！請下令攻擊他們！」

但冒頓又說：「既然我們跟人家比鄰而居，而且人家都開口說想要了，那麼只是區區一名女子，又有什麼好可惜的？」於是便把心愛的閼氏送給了東胡。給對方的理由和千里馬的時候一樣，都是要展現「睦鄰」的誠意。

八、「土地是國之本」

東胡王的驕慢之心日益增長，開始向西方侵略。在東胡與匈奴之間有被捨棄、無人居住的土地，面積廣達千里。這片土地大概是在現今戈壁東端、蒙古與中國的國境附近；在這片土地的兩側，東胡和匈奴又各自建立了自己的「甌脫」。

關於「甌脫」是什麼，司馬遷完全沒有提及。對此進行注釋的最古老之人、東漢末年（二世紀末到三世紀初）的服虔說，「作土室（有土壁的小屋）以伺（窺探）漢人」。三國時代的韋昭（三世紀中葉）說，它是「界上屯守處」，南朝宋的合承天（五世紀前半）則說是「土穴」。將這些說法彙整後，唐朝的顏師古說，甌脫是「境上候望之處，若今之伏宿」；《史記正義》則說，它是「境上斥候之室」。

如果以現在的方式來思考，就是在國境的非武裝地帶兩側，雙方各自設置碉堡型態的半地下室監視所。「緩衝地帶」的寬度雖然記載有「千餘里」，但並沒有提及長度。不過，兩國都不會只在一個點設置這種設施，所以應該是沿著國界以點狀方式設置才對。

可是這種設施，感覺又不像是遊牧國家會設置的。雖然在突厥碑文中，可以窺見有斥候與間諜之類的存在，但並沒有出現具備土壁的固定屋宅。相反地，遊牧民很不喜歡這類屋舍。上述的中行說就對著漢朝使節，蔑視地稱漢人為「土室之人」。一般來說，遊牧民都以遷徙生活自豪，對住在泥牆屋宅中、沒有遷徙自由的定居民，則有輕蔑的傾向。

雖然突厥碑文裡沒有出現，不過在十一世紀最古老的突厥語文獻中，可以見到「ōtag」這個詞。據克勞森所言，這個詞原本是指「小型的臨時建築物」，但具體而言大多是指帳篷。ōtag的音和「甌脫」有點接近，所以有人認為兩者之間或許有關。如果是為了監視國境而設置帳篷，那對遊牧國家而言就沒什麼不自然了。

東胡又派使者對冒頓說：「匈奴與我方交界處，有外於彼此甌脫的棄地，這是匈奴無法到達的土地，我們希望能擁有這片地域。」冒頓又問臣下的意見，其中也有人說：「說到底那都是拋棄不要的土地，可以給他們，不給也無所謂。」

可是，這故事有很多奇怪的地方。要說「緩衝地帶」有千里之寬，那也未免太廣大了。就算說這是誇張之詞，但若真是無人居住、遭到捨棄的土地，那東胡為什麼會想將它納入領地？還不只如此，冒頓也絕對不肯讓出這塊土地；遷徙不定的遊牧民竟如此拘泥於一塊土地，怎樣都讓人想不透。如果說這裡有聖地或肥沃的土地，那又另當別論，但實在不覺得是如此。

無論如何，冒頓大為光火地說：「土地是國家的根本，怎麼能夠輕易給人！」把那些說「給東胡也無所謂」的人全部處斬了。冒頓親自跨上馬，下令說：「落後我的全部處斬！」接著便向東方出動，對東胡展開襲擊。東胡因為輕視冒頓，所以沒多做防備，結果冒頓帶著軍隊殺來，擊滅了東胡，擄獲他們的人民與家畜。

如果是在幾乎沒有像樣抵抗的情況下獲得這種成就，那戰果可說非常之大。對遊牧民而言，家畜增長自然是大受歡迎之事，而人口增加也意味著戰士的增加，畢竟在遊牧國家，成年男子就等於戰士。

但是，匈奴要殺到東胡的大本營，當然會通過「國界間被捨棄的土地」。也就是說，東胡王所謂「匈奴無法到達」云云，不過是虛言罷了。

不管怎麼說，冒頓用一時的「睦鄰」蒙蔽東胡王的眼睛，讓勢力理應高於自己的敵人輕忽大意，最後一舉征服了對方。

九、驅逐月氏、合併樓煩白羊河南王

冒頓折返之後又馬不停蹄，將刀鋒轉向西方；他的目標是和東胡並列的匈奴大敵月氏。這次的結果是月氏「西走」。東胡的情況是讓對方麻痺大意、然後一舉奇襲，但月氏的情況似乎不是這麼一回事，大概是月氏得到了東胡被滅的情報吧！月氏無法正面抵擋氣勢正旺的匈奴攻勢，於是向西方退卻。

匈奴之後仍執拗地攻擊月氏，但月氏保留主力，逐步往西遷徙，最後將根據地轉移到巴克特里亞（大夏），也就是今日中亞烏茲別克南部、阿富汗北部附近。遷徙後的月氏稱為大月氏，留在東方的小勢力則稱為小月氏。小月氏不久後便從歷史的舞臺上消失了。但另一方面，大月氏在之後有一部分，或是被納入大月氏支配下的當地住民一部分，形成了貴霜王朝，在絲路史上扮演了重要的角色，不過這段故事在本章中只能割愛。

匈奴的征服活動還在繼續；在南方，他們合併了「樓煩白羊河南王」。樓煩是河南（河套以南）的胡族，在戰國時代和趙有關係，有可能是從屬或擔任趙的傭兵，以擅長騎射而著稱。在項羽與劉邦鏖戰時，兩軍的勇士展開了單挑；劉邦軍有一名叫做樓煩的人，射殺了三名項羽軍的代表。憤怒的項羽於是戴上頭盔，親自上場接受挑戰。當樓煩打算射項羽時，項羽張大眼睛、直瞪著他，結果樓煩嚇得不敢直視項羽，退回城牆後方（《史記・項羽本紀》）。雖說有點丟臉，不過這位名射手應該就是出身樓煩部族吧！

話說，這個段落一般都解釋成「河南的樓煩與白羊二王」[4]，但其實也可以把它連在一起思考。[5]「白羊」除了上述段落外，在《史記》中還有出場兩次：〈匈奴列傳〉的「（前一二七年）擊胡之樓煩白羊王於河南」，以及〈衛青列傳〉中敘述同一件事的「走白羊樓煩王，遂以河南地為朔方郡」。換言之，河南與白羊、樓煩是組合在一起的。

樓煩不是中國語，而是樓煩族語言用漢字寫成的表達法。既然如此，那「白羊」又是什麼？真的如字面所述，就是「白色的羊」嗎？雖然時代和地域迥然不同，不過在十四到十五世紀，從安納托利亞東部到伊朗西部，有一個名為「Ak Koyunlu」的王朝。這個詞在突厥語裡就是「白色的羊」，因為該王朝的塔木加（徽記）就是一隻白羊，所以才如此命名。若是延伸一下想像空間，那麼樓煩指的，可能就是「白羊」這個意思吧！

十、壓制河南與北方

接下去《史記》寫到，冒頓收復了所有蒙恬從匈奴手中奪走的土地，在先前的河南長城線，從朝那到膚施一線上與漢接壤。這些地方大致相當於黃河彎曲地帶的西半部。就像第一節中提到的，始皇過世後，中國國內陷於混亂、國境警戒空疏，於是頭曼治下的匈奴再次南渡黃河，和中國在原長城一線接壤，這是《史記》的記述。是完全相同的事情，在冒頓時代再度重演嗎？不，應該說，冒頓趁著擊破東胡、驅逐月氏的餘威南渡黃河（正確來說是西北往東南），這樣的解釋才比較自然。

接下去的記述又說，冒頓入侵燕、代。燕是戰國七雄之一，位在今日的北京附近，代則在稍微西方一點之處。不管怎麼說，匈奴都是越過長城入侵。這時候，中國正在劉邦項羽激鬥的高潮期，所以冒頓變得十分強盛；據說，他手下能彎弓搭箭的士兵高達三十萬。

不只如此，冒頓在北方也征服了許多部族，所以匈奴的貴人大臣都對他心服口服，認為冒頓單于「賢能」。不管怎樣的國家，對君主的評判標準都不外乎「賢能」兩字。在官僚機構整然的定居國家，只要按照一年間決定好的流程來行事，大致上就沒問題；有這樣的體制，就算首長平庸，國政也能大致順利運轉。但在自然條件嚴苛的北方草原地帶，近鄰每個部族都是處於戰時快速反應的態勢下，領導人就必須在極短時間內，採取適當的應對手段。故此，如果不具備大家公認的賢明才幹，是無法生存下去的。

大概是和這點有關，所以匈奴和突厥的王位繼承，常常都是兄弟之間為之。當國王過世時，比起兒子，弟弟的年齡當然較長，智慧與經驗也較豐富。只是這種方式，未必就能保持政權安定；當孩子長大後，往往會與叔父為了權力展開爭鬥。

突厥與回鶻的可汗，常會在名字中加上「毗伽」（Bilge，突厥語「賢明」之意）這個詞（比方突厥第二汗國第三任的毗伽可汗）。順道一提，中國則常會在皇帝的名號前加上「孝」這個字；比方說西漢的文帝、武帝，正式名稱其實是孝文帝、孝武帝。

在匈奴，次於單于的第二號人物太子，稱為「左屠耆王」，第三號人物則稱為「右屠耆王」。屠耆可以唸成「ㄔㄨˊ ㄑㄧˊ」或「ㄊㄨˊ ㄑㄧˊ」，《漢書》說，這個詞在匈奴語中是「賢明」的意思；因此，漢文史料中常將之寫成「左賢王」、「右賢王」。單于坐鎮領土中央，左方（東方）為左賢王、右方（西方）

則為右賢王所統領。

又，左和「東」、右和「西」是同義。對匈奴而言，最大的對手是南方的中國；面向南時，左就是東，右就是西。即使在現今的蒙古語中，「左」也是和「東」一樣稱為「züün」，「右」和「西」則都念成「baruun」。

《史記》在敘述匈奴風俗的段落中說，他們入座時以左側為尊，面北而坐（漢人則是主人坐在東邊〔右側〕，面西與客人對坐）。右與左何者為尊，會隨時代與地域而不同；在日本朝廷，也是左大臣較右大臣為尊。當擺設雛人偶時，男偶與女偶該如何擺設？一般在東日本，對面左側是男偶，右側是女偶，但在西日本的部分地區，方向則是相反。澡堂雖然是比較鄙俗的例子，不過也是男湯在對面左邊比較多。

十一、與劉邦的直接對決

幾乎壓制了整個草原地帶的冒頓，接下來兵鋒所指的是南方中國。沒錯，當核心領土、後方都鞏固後，冒頓終於可以傾全力與漢展開對決。

另一方面在中國，前二〇二年，楚漢之戰終於分出勝負，由劉邦即皇帝位。接下來，劉邦也將目光投向國外。他首先著手處理的，就是對匈奴入侵的防備。前二〇一年春正月（以下時間按當時曆法）左右，他把原本封在洛陽附近、戰國時代舊韓地域的國王韓王信，遷移到靠近匈奴的太原郡；對此，韓王信表示，希望能以更靠近匈奴的馬邑為據點，劉邦答應了。

同年秋八月左右，冒頓果然率領大軍，將韓王信包圍在馬邑。信屢屢派遣使者到冒頓處，試圖跟他和解，但這樣的行為讓劉邦產生了疑念，懷疑韓王信是不是私通匈奴。於是劉邦送了一封責備信的書簡過去，結果信害怕被誅殺，於是和匈奴約好共同攻漢，在九月舉馬邑之兵投降匈奴。接下來冒頓就以韓王信為嚮導，直抵太原郡的晉陽。（地圖）

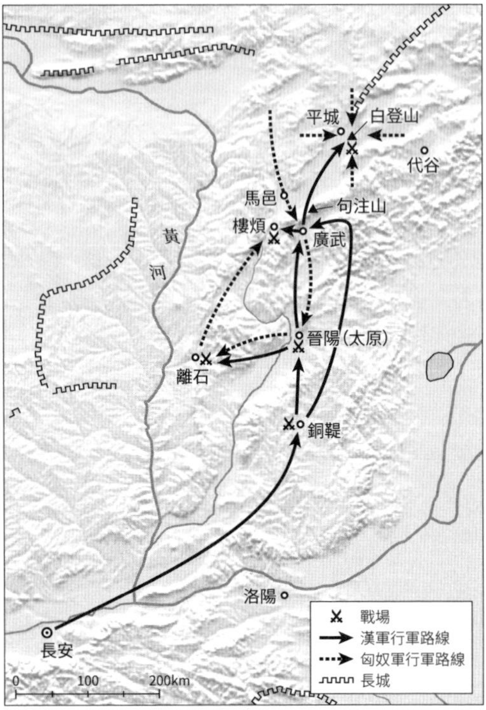

直到白登之圍為止的兩軍動向

這個時候的年初是十月。決定正月為年初（歲首）是約一百年後的武帝太初元年（前一〇四年）時；該年是十月開始到九月，接著再過一次十月到十二月，然後才從春正月起算太初二年。順道一提，年號制度的開始，也是始於武帝。

話說，在年節更替的高祖劉邦七年（前二〇〇年）冬十月（現在的十一月到十二月），劉邦親自率領大軍出擊，在晉陽以南的銅鞮擊破韓王信軍隊，信逃往匈奴處，其麾下的將軍王黃、趙利收攏散兵與信會合，和冒頓一起研擬攻漢的策略；這個策略是什麼，不久便明瞭了。冒頓命左賢王、右賢王各率一萬騎，和王黃等人駐紮在廣武之地，再次逼近晉陽。

對此，漢軍則在擊敗涉足晉陽的匈奴後，繼續向前追擊，接著更在離石擊破匈奴。匈奴把兵力再次集結到樓煩（應該是與樓煩部族有關的縣名）西北，漢軍發動攻擊後匈奴敗走，但並沒有潰散，而是旋即又整合。漢軍乘勝往北追擊，但不巧遇到嚴寒、大雪紛飛，士兵每十人中就有兩、三人凍傷，甚至到了連指頭都掉落、無法彎弓射箭的地步。順道一提，這一帶因為屬於內陸性氣候，所以冬天格外嚴寒，今日山西省大同市（當時的平城）的一月平均氣溫是零下十一度。

劉邦駐紮在晉陽。當聽聞冒頓人在代谷的情報後，他派出使者（其實是間諜），前去探聽匈奴的動靜。冒頓把精兵和肥壯的牛羊藏起來，只讓使者看到老弱殘兵與瘦弱的家畜。劉邦一共派出了十個使者，每個人都說「匈奴可擊」。

劉邦接著又派遣劉敬為使者前往匈奴，但不等劉敬歸來，漢軍三十二萬大軍就已經向北方進軍，越過了句注山。劉敬本名婁敬，兩年前因為當劉邦打算定都洛陽時獻策指出長安的優越處獲採用，所以被賜姓劉。這時，劉敬終於回來報告，他說：「兩國交戰的時候，應該會互相展現出自己優越的地方，但我這趟前去，對方卻只展現出瘦弱衰老的士兵。這一定是故意露出破綻，想出奇兵靠伏擊獲得勝利，所以我認為不該攻擊匈奴。」但這時漢軍已經發動作戰，所以劉邦生氣地說：「不要妄言阻撓我軍！」下令綁縛劉敬，留置在廣武。

十二、白登山之戰——古代世界最大的會戰

劉邦率全軍三十二萬（大多是步兵）兼程急行，到達北方的平城，但步兵還沒有全員到齊，所以劉邦大概是乘車行動；也因如此，當他出晉陽時雖然落後大軍，但在途中已經超過許多步兵，搶先一步抵達。接著，他在平城以東十里（約四公里）處、名為白登山的山丘上布陣。

中國將皇帝親率遠征軍的情況稱為「親征」，但這種情況相當罕見；畢竟萬一輸了，搞不好整個王朝都有傾覆的危險。只是王朝的首任皇帝，為了開拓自己的命運，往往不得不身先士卒、進行「親征」。以劉邦的情況，在成為皇帝前的「漢王」階段，雖然並沒有進行過嚴格意義上的「親征」，但直到兩年前為止，他都經常身處戰陣之中。對冒頓之戰也是把握至此為止的氣勢，一路向前猛衝。

冒頓放出隱藏起來的精兵四十萬騎（《漢書》寫三十餘萬騎），將劉邦包圍在白登；結果漢軍遂被分割成遭包圍的內側與外側兩塊，無法相互聯繫。匈奴的騎兵依馬的毛色分成東西南北，西方全是白馬，東方是青駹馬（臉和額頭上有白斑的黑馬，或說是青馬），北方是烏驪馬（黑馬），南方是騂馬（紅馬）。

一邊是整合北方草原地帶騎馬遊牧民族的年輕英傑，另一邊則是剛成功統一中國、雖已不年輕卻仍鬥志滿滿的新皇帝，兩位英雄展開了激烈衝突。兩邊都是足堪作為對手的人物；和此相比，劉邦對項羽的戰爭，不過是中國國內的內戰罷了。

只是這裡列出的數字，還是有很多可疑之處。凍傷掉落手指的士兵照理會脫隊才對；如此一來，本

來的漢軍應該有四十萬到五十萬之譜。匈奴軍的總數雖然有可能較漢軍更多，但包括韓王信的兵力（數字不詳）在內，大概是跟漢軍不相上下。

就算姑且照《史記》說的「四十萬對三十二萬」好了，這個數字真的可信嗎？楚漢對決之初，前二〇五年的彭城之戰中，劉邦率領的五十六萬諸侯聯軍被項羽的精兵三萬擊敗，死者高達十餘萬。最後的垓下之戰（前二〇二年）中，劉邦陣營主將韓信（和韓王信不同人）率領的軍隊為三十萬（項羽一方則為十萬）。如果相信這點，那漢軍總數超過四十萬，其實不足為奇。不管怎麼說，這都是古代前所未見的大會戰。

與此同一時期的前二〇二年，在地中海也展開了決定霸權的會戰；那就是在現今突尼西亞，羅馬軍與迦太基軍激鬥的札馬之戰。札馬之戰中，據說大西庇阿軍（羅馬）為三萬五千，漢尼拔軍（迦太基）則為四萬。在更之前的前三三一年，發生了決定地中海、西亞世界命運的高加米拉之戰。在這場戰役中，亞歷山大軍為五萬不到，大流士三世軍則據說有五到十萬。

讓我們試著來看看中國魏晉南北朝時代最大的會戰——淝水之戰（三八三年）。從北方進攻的苻堅前秦軍，前鋒步騎合計三十萬，本隊步騎合計八十七萬；對面的東晉軍則為八萬加上水軍五千，但結果是前秦大敗。

時代再更往下，一四九九年也先率領的瓦剌（蒙古）軍與明朝正統帝親率的明軍，在北京北方長城地帶激烈衝突的土木之變（相當靠近白登山），儘管瓦剌軍只有三萬人，而明軍有五十萬人，戰力有著壓倒性的落差，但明軍卻大敗。與這些案例相比，劉邦軍的總數雖然在古代軍隊中是超乎尋常，但在中國史中也非絕無僅有。不過中國史大師宮崎市定說，中國史料的誇張數字，其實都應該要除以十才對。

另一方面，所謂「匈奴四十萬騎」，又是個可信的數字嗎？四十萬騎，意味著有四十萬士兵和四十萬匹馬（而且應該還有替換用的馬匹）。要把這麼大規模的軍隊當成伏兵隱藏起來，應該很困難吧！

就像前述，冒頓壓制四方的時候，其兵力按《史記》記載為三十萬人。要是這樣，那他在短短的時間內，就讓自己的兵力暴增了十萬。《漢書》大概就是覺得這樣很怪，所以才把數字寫作三十餘萬的吧？還是說，冒頓真的隨著征服，讓自己的兵力膨脹了？

話又說回來，要湊齊四種毛色各十萬匹馬，至少需要總數一百萬到兩百萬匹才行（特別是白馬很少）。雖然我們沒有匈奴時代的紀錄，但五胡十六國時代的四〇七年，柔然為表達與後秦和親的心意，曾一次送出八千匹馬。突厥第二汗國末期，與唐之間的所謂絹馬交易相當盛行；儘管當時規定的上限是每年三到四千匹，但突厥經常會運來一萬四千匹左右的馬（七三六年）。回鶻也會每年用一萬匹左右的馬，來和絲綢進行交易。除此之外還有走私的數量。

從以上幾點來思索，雖然伏兵數量太多這點還是讓人在意，但匈奴有四十萬騎，這個數字倒也不是全然不可能。

十三、會戰的意外發展

被包圍在白登的劉邦軍無法從外側獲得糧食補給，陷入飢餓之中。儘管在七天後，他們終於能夠從包圍中脫身，但當時街頭巷尾的歌謠，都戲謔地歌唱說：「平城之下亦誠苦！七日不食，不能彀弩。」這首歌一直到八年後，還有人在唱。關於八年後的事件，我會在「呂后」（呂太后）的條目中提及。

為了解除包圍，劉邦採用了謀臣陳平的奇策。他們暗中派遣使者到閼氏處，帶了豐厚的贈禮給她。單于帶著閼氏同行；然而，陳平為什麼會知道單于帶著閼氏？又，閼氏的營帳警備應該很森嚴，使者又是怎麼在單于沒發覺的情況下，帶著豐厚的禮物抵達？如果匈奴方面沒有內應的話，應該是不可能吧！

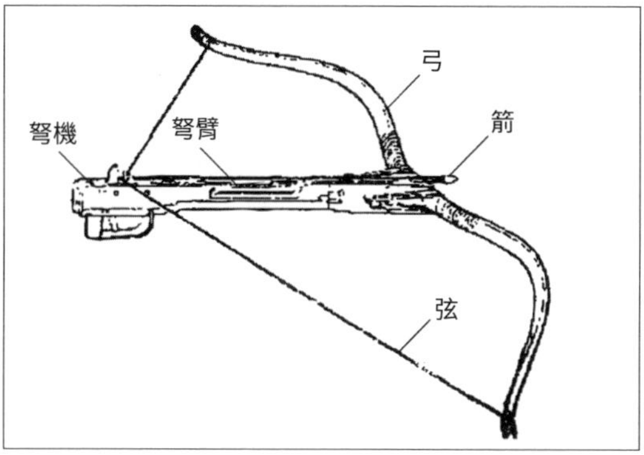

秦代弩的復原圖

不管怎麼說，這個計謀的效果非常好。閼氏對冒頓這樣說：「兩主不相困。今得漢地，而單于終非能居之也。且漢王亦有神，單于察之。」（兩國君主這樣互相為難，真的好嗎？即使單于現在獲得漢地，也不可能終身居住在那裡。而且漢的君主或許也有神相助，這點請單于不可不察。）

這時候冒頓和韓王信麾下的將軍王黃、趙利約定好日期會合，但王、趙的軍隊沒依約趕到，這讓冒頓不禁心生疑念，懷疑他們是不是再次倒戈、跟漢朝私通了？剛好閼氏又講了這番聽起來頗為成理的話，更讓冒頓心想「搞不好真是這樣」，於是在經過七天後，稍微把兵撤開了一點。這時正好霧氣變濃，所以內外之間可以派遣使者往返，而匈奴對此並無察覺。

接著陳平又獻上這樣的策略：「匈奴在這種狀況下，首先考慮的是兵力不受損傷。所以請在一把強弩（〈匈奴列傳〉作「弓」，〈韓王信盧綰列傳〉作「弩」；扳機式的「弩」較為合理）再安置兩支箭，對準外側，然後慢慢脫離包圍。」（胡者全兵，請令彊弩傅兩矢外向，徐行出圍。）當劉邦軍進入平城城內時，漢的援軍也到了。眼見如此，冒頓不得不退兵，漢也收兵撤退。就這樣，這場世紀大會戰在對匈奴稍微有利的情況下，沒有分出勝負便畫下句點。

王黃、趙利其實並沒有再次倒戈，冒頓有點擔心過頭了。但如果兩人依約會合的話，劉氏王朝恐怕會就此告終，由呂氏王朝取而代之。劉邦確實是個運氣很好的人，在楚漢之戰中他也曾面對好幾次危機，但都能在千鈞一髮之際逃脫。

十四、陳平的「祕計」

事實上，陳平用來打動閼氏的策略，並不只是贈禮而已；他還有更強烈、能操弄閼氏的女人心、不足為外人道的策略。關於這個策略，《史記》一字未提，《漢書．高帝紀》中稱為「祕計」，但也沒有更具體的記載。

大約兩百年後，活躍於西漢末年到東漢初年的儒者桓譚，在他所著的《新論》中，針對這項「祕計」進行了說明。據他的說法，陳平走訪閼氏的帳幕，對她這樣說：「漢朝有位容貌端麗的美女，其樣貌堪稱天下無雙。現在漢朝被圍困所苦，所以打算派馬迎接這位美女過來，將她送給單于。單于如果見到這位女性，一定會大大寵愛她，這樣一來，對閼氏您就會日益疏遠了。因此，還是趁這位美女沒到之前讓漢軍脫困，好讓她不過來，這樣比較好吧！」因為是利用女性嫉妒心的策略，聽起來很糟糕，不能洩漏到世人耳中，故稱「祕」。

之後又過了兩百年左右，東漢末年的學者應劭，做了有點不同的注解。根據應劭的說法，陳平派畫工畫了一幅美女圖，讓使者帶著它前去閼氏處，對閼氏說：「漢朝有這樣的美女，現在因為皇帝被困，打算把這位美女獻給單于。」閼氏因為害怕自己失寵，於是拚命勸單于撤退。這個計略因為格調頗低，所以被當成祕密，不傳於外人。

按照應劭的解說，劉邦軍有帶著畫工同行；當然，他們不是為了畫美女而帶畫工過去，而是要描繪戰陣景象才帶的吧！講到宮廷美女畫與匈奴，就會讓人想起王昭君的軼聞。西漢末年，元帝要把宮女下嫁給東匈奴呼韓邪單于時，選了在後宮女性畫像中被畫得最醜的王昭君，實際上她卻是絕世美女。這個故事雖然是西晉時代創作出來的，但和應劭的論述有沒有關係，我們不得而知。

十五、和親條約的內容——公主下嫁與提供實物

劉邦在撤退時通過廣武，赦免了劉敬。他說：「我因為沒採用你的建言，所以才在平城受苦。我已經把在你之前報告的十個使者全部處斬了。」於是給予劉敬領地與侯的稱號。另一方面，陳平也因為在追隨劉邦平定天下的過程中六出奇計，所以也獲得領地與侯的稱號。

回到長安的劉邦，採用了劉敬提案、對匈奴懷柔的政策。這些政策之一的公主下嫁，我在「劉邦」

條目中會詳述。劉敬帶著這個策略造訪匈奴，和他們締結和親的約定（前一九八年）。在下嫁公主的同時，漢朝每年也會把一定數量的絮、繒、酒、米、食物送給匈奴。另一方面，雙方也確認了漢為兄、匈奴為弟的立場。富裕且慷慨的兄長，憐憫住在氣候條件惡劣之地的弟弟，因此惠予施捨，這是漢朝方面的邏輯。

絮在日文稱為「真綿」，是將繭泡在水中，裂開後做出來的產物，也就是沒有精製過的絲線，繒則是絲織品的總稱。匈奴為什麼要漢朝提供沒有紡織好的生絲？大概是他們想按照自己喜好染色後，再賣到西亞、地中海世界等地吧！米則是去除外殼之後的穀物之實。那麼，所謂一定數量是多少，酒是怎樣的酒，食物又是什麼呢？

大約三十年後，中行說打斷執拗要展開議論的漢朝使者，說出這樣一段阻擋的話：「漢朝的使者啊，你不要再逞辯舌了。漢朝送給匈奴的繒、絮、米、糵，必須要是量夠且質優的才行；如果不能滿足標準，那我們會等秋天穀物成熟的時候，騎馬去踐踏你們的收穫。」糵是一種酒麴，用來製造甜酒。

在又稍後一點的前一六二年，漢文帝在致匈奴老上單于的書簡中說：「漢與匈奴雖是鄰國，也是相互匹敵之國，但匈奴位處北地，讓草木蕭瑟的寒氣很早就降臨，因此我命令官吏，送給單于一定數量的秫、糵、金、帛、絲、絮與其他物品。」秫是黏性強的穀物（粟、黍、稻），通常用來釀酒。帛和繒一樣是絲織品，絲則是指絲線。

前一五四年發生了動搖漢帝國的吳楚七國之亂，但這時匈奴內部也非鐵板一塊。亂平後不久，漢再次與匈奴締結和親關係。「通關市，給遺匈奴，遣公主，如故約。」所謂關市，指的是在長城沿線進行交易。中國歷代王朝雖然原則上禁止民間交易（當然會有走私），但會依遊牧國家的態度而做出一定允許。交易對遊牧國家而言，是萬分渴望的經濟行為。「關市」這個語詞雖是在這裡首次出現，但如果按照「如故約」來解釋的話，或許在這之前已經有關市了。

前八九年，單于送了一份與漢再次確認和親條約的書簡過來說：「今欲與漢闓大關，取漢女為妻，歲給遺我糱酒萬石，稷米五千斛，雜繒萬匹，它如故約，則邊不相盜矣。」（現在我想與漢大開關市，娶漢朝皇室之女為妻，每年給我糱酒萬石、稷米五千斛、雜繒萬匹，其他則如先前約定；若如此，邊境就不會再有強盜行為。）（《漢書．匈奴傳》）糱酒是用酒麴釀造出來的甜酒，稷米是去除穀殼的高梁，雜繒則是各式各樣的絲織品。

雖然隨著年分不同，贈與物品的內容也會有點差異，但總體而言大致就是這樣。穀物因為去除了穀殼，所以有可能是拿來當作釀酒原料。沒有穀殼的穀物雖然可以馬上利用，但沒辦法保存長久；且因為沒有胚芽，也無法利用在農耕生產上。要這些東西，大概是因為匈奴不農耕的緣故吧？

前一一九年，漢朝大將軍衛青率領五萬騎深入匈奴境內侵襲，其中有約五千騎到達了趙信城；他們在那裡看見了匈奴積累的「粟」，雖然眾人在那裡逗留一天，食用了這些積粟，但還有剩，於是就把剩下的「粟」燒毀之後折返。這裡的「粟」指的不是「小米」，而是「帶殼的穀物」；因為可以儲藏，所以一定有帶殼。衛青軍應該是把殼去掉之後，再加以食用的。

這些「粟」因為有帶殼，所以不是漢朝每年送去的穀物。既然如此，那這些穀物若不是匈奴自己生產的，就是用某些手段弄來的物產。遊牧國家會進行農耕嗎？如果會的話，又是誰來從事農耕？這個問題是一個很龐大的主題，所以在這裡不再多所提及（關於這方面的詳細討論，請參見林俊雄，《興亡的世界史　草原王權的誕生》，臺北：八旗文化，二〇一九年）。

十六、贈與物資的量有多少？

接下來，讓我們看看「酒一萬石、高粱五千斛、雜繒一萬匹」的量有多少。漢代的一石相當於現代的十九．八公升，一萬石就是十九萬八千公升；換算成現代日本的一升瓶（一．八公升）是十一萬瓶，一斗樽（十八公升）是一萬一千樽，四斗樽則是二七五〇樽。如果每人一年喝一百瓶一升瓶裝的酒，那就是一千一百人分，如果一年喝五十瓶，則是兩千兩百人分。這樣到底是多還是少？雖然見解因人而異，但不難想像應該也有當地產的酒才對。

在草原上，傳統提到「酒」的話，就是馬奶酒。馬奶酒在和斯基泰有關、前五世紀前半希羅多德的《歷史》中就有出現，因此在同屬草原地帶的蒙古高原登場也不足為奇。突厥語稱之為「kumyz」、蒙古語則稱為「äärag」。它是一種發酵酒，酒精度數低於百分之二到三；如果想喝更烈的酒，則須進行蒸餾。中古的王侯貴族會進行兩到三次蒸餾，來提高酒精度數，但這時代還沒有發明蒸餾法。

和牛奶相比，馬奶的糖度較高。馬奶的乳糖大約是一公斤五八到七十公克；相對於此，牛奶則是一公斤四四到四九公克。順道一提，人奶的乳糖量和馬奶大致相等。甜飲料發酵後，會有酸酸甜甜的味道。說到酸酸甜甜又呈白色的飲料，就是可爾必思了。可爾必思的創業者三島海雲在明治末年渡海來到中國大陸，在今內蒙古自治區遇到馬奶酒，從而得到製造可爾必思的靈感，這是相當有名的故事。

可爾必思冰涼喝很美味，而馬奶酒也是只限冷飲。因為馬匹生小馬只限於早春，所以馬奶也只有在春到夏的幾個月間出產。馬奶如果在高溫情況下進行發酵，就會立刻腐壞；為了不讓這種情況發生，必須不停攪拌，但不管怎樣，造出來之後立刻飲用都是定規。不只如此，在海拔高、氣溫低地方造出來的馬奶酒，腥味較少，也比較好入口。遊牧民因為習慣馬奶酒，所以也會希望從漢朝運來的酒是甜酒吧！

高粱五千斛以同樣方式計算，相當於九萬九千公升，換算成日本的俵（一俵約七十二公升），就是一三七五俵。絹一匹長四十尺，相當於九公尺（秦漢時代的一尺為二十二．五公分），寬則約五十公分。這樣算一卷的話，一萬匹就是一萬卷絲織品。除此之外還有未紡織過的絲線與金（原料金屬？）等物品。

十七、這些物資如何運過去？

這麼多的物品，是用什麼方式運過去的？特別是酒屬於液體，是裝在什麼容器裡？搬運用的車輛又需要多少？

首先讓我們試著考慮路徑。從長安逕直北上抵達黃河，因為可以使用始皇建造的直道，所以不成問題。直道的遺跡最近大量被發掘出來，可以得知它是連現代汽車都能通行、氣派堂皇的道路。關於黃河的渡河則如前所述，中國方面應該也會利用以皮袋構成的筏或舟吧！

再過去的地方，就要走沒有道路的路徑了。眼前聳立的是陰山山脈；黃河河畔的海拔約為四百公尺，但山脈就算低處也有一千公尺，山坡也很險峻。不過越過山脈後，北側的坡度就很平坦，是綿延不斷的戈壁沙漠。沙地會讓車輪容易陷下去。古代中國只有兩輪車，像大八車這樣的車，四斗樽勉勉強強可以裝十樽，但也需要二七五輛車。若用駱駝來載運，則是在兩側各運一樽，合計兩樽；如此一來，就需要一三七五頭駱駝。因為還有其他大量行李，所以不管是車還是駱駝，都要以數倍於此的大規模商隊每年往返。

雖然我剛才一直使用「樽」這個用語，但在古代中國，並沒有像日本這種圓形、用桶箍箍起來的木製容器。古代羅馬似乎是在帝國時期，才出現儲藏紅酒用的樽，在這之前都是使用陶製的雙耳壺來儲藏。至於草原地帶，我們雖然知道在西元前後，已經有木製挖空式的容器存在，但挖空的方式並無法製作很大的容器。此外，陶製的甕本身很重，又怕摔破，所以剩下的就只有皮袋了。直到今日，遊牧民仍然是將馬奶酒放入大皮袋中釀造。

十八、冒頓之死

前一九五年劉邦過世後，呂后成為呂太后，掌握實權。呂太后與冒頓間有著令人深感玩味的書信往來，關於這點在「呂后」條目中有詳細記載。

前一七六～前一七四年左右，匈奴踏足西方、逐走月氏，將迄今為止被月氏領有的西域綠洲地帶與北方的烏孫，都納入支配下。之後冒頓似乎就過世了，享年大概是五十五歲到六十歲左右。僅僅一代就建構起大遊牧帝國的這個男人，他的戰略不只欺瞞敵方、也欺瞞我方，連妻子也當成道具使用，相當冷酷無情。

雖然他對漢朝的入侵獲得成功，卻讓到手的鴨子因閼氏的嫉妒從手中飛走。但是在之後的和親條約中，他靠著認漢為兄，牢牢地確保了實質利益。匈奴軍屢屢單獨、或是和漢朝逃亡過去的將軍一起越過長城，展開侵略；不只如此，他們也會伸出手，干預漢朝內部的抗爭。

遊牧國家的君長若是不聰明厲害，是無法生存下來的。

劉 邦（前二五六－前一九五年）

漢高祖，前二〇二～前一九五年在位。說起來，王朝的創始者有很多都是富有人性魅力的人物，而劉邦是其中最富魅力的一位。劉邦出身農民、身分低微，我們只知道他父親姓劉，連名字都沒有留下，母親也是一樣。劉邦不幫忙操持家業，成天和無賴朋友鬼混，常常在酒館賒帳喝酒，喝得酩酊大醉。他不只喜歡酒，也喜歡美色；據說在他的左腿上，有七十二顆痣。雖然關於劉邦的軼聞相當豐富，不過本章只擷取和冒頓有關的部分。

將軍們的叛亂與匈奴

對從楚漢之爭中勝出的劉邦而言，最大的兩個課題，就是怎麼應付可能會在國內掀起叛亂的潛在勢力，以及如何防範從北方越過長城入侵的匈奴；萬一兩者聯手，對漢更是最糟糕的局面。劉邦讓漢軍中號稱精銳的韓王信軍隊，駐紮在北方的要衝晉陽，可是韓王信向匈奴投降，於是劉邦便身先士卒，與冒頓展開對決。關於這方面的經過，在「冒頓單于」條目中已有詳述。

韓王信看起來似乎簡簡單單就被冒頓策反了，但其實在天下平定後不久，被派到各地的王就開始叛亂。早在前二〇二年七月，燕王臧荼就掀起叛亂，劉邦於是率兵親征，在九月俘虜了臧荼。擔任下一任燕王的，是劉邦的總角之交盧綰。可是盧綰也在前一九五年，因為私通匈奴之罪而受傳喚，結果他不接受傳喚，率領家族、部下流亡到匈奴。兩年前，盧綰祕密派遣使者張勝前往匈奴，當時匈奴派出臧荼的兒子臧衍，向張勝提示燕匈聯合之策；當張勝回到燕國後，盧綰就任命他擔任與匈奴的聯絡人。

韓王信之後，取代他統治趙代之地的是陳豨。韓王信於是派遣王黃等人，唆使陳豨造反。劉邦察覺到這點，在前一九七年召喚陳豨，陳豨於是背叛漢朝，向匈奴尋求救援。

事實上，劉邦對劉氏以外的王（所謂異姓王）的存在深感不安，因此開始一一撤換他們。結果，剩下的異姓王都心懷鬼胎，擔心下一個會不會是自己。也是在這種循環下，異姓王一一被免職，而靠近北邊的異姓王，每個人都和匈奴保持著某種形式的關係。

不論如何，中國方面的大小事幾乎都會洩漏到匈奴那邊去；只是從漢對匈奴的狀況也能確切把握來看，兩邊應該是半斤八兩。

掌權者的無情

將功臣一一剷除的劉邦，對血親也是一樣無情。

作為對匈奴的懷柔策略，劉敬勸劉邦附上一筆嫁妝，將他的女兒（公主）送去當單于的妻子，也就是所謂的政治婚姻。這個計策如果獲得實踐，則中國皇帝就會成為單于的岳父，生下來的孩子也會有一半漢朝皇室血統。劉敬判斷，這樣的人成為單于，則單于就會是皇帝的外孫，對皇帝講的話也比較能聽得進去。他的策略在之後也被歷代王朝採用，但是不是必定能達成期待的目的，這就很難說了。

劉敬主張，如果不是親生女兒，就無法期待效果，劉邦也認同他的看法。劉邦和呂后之間，只有一個女兒（姊）和一個兒子（弟）；他打算把這個女兒（大概是十來歲）送出去。可是呂后哭著反對說：「為什麼要把我的獨生女拋棄到匈奴！」雖然情況不明，不過這時候公主很可能已經嫁給了趙王張敖；要是這樣的話，劉邦就等於是要剛結婚的公主離婚，再改嫁給冒頓。

劉邦曾有一段真正拋棄孩子的過往。在彭城之戰（前二〇五年）大敗給項羽軍、狼狽奔逃的途中，劉邦遇到了自己的女兒（姊姊，後來的魯元公主，生年不詳，不過這時候大概還不滿十歲）、兒子（弟弟，後來的惠帝，當時五歲），讓兩人一起乘車。劉邦急著逃命，但馬匹因為疲累，速度逐漸變慢；眼見敵人的騎兵從後面不斷逼近，劉邦於是將自己的兩個孩子從車上踢下去——儘管這兩個孩子加起來，可能還沒有一個大人來得重——但是駕車的功臣夏侯嬰（原本就是車夫出身）又把兩人救回車上；劉邦三次把孩子丟下去，夏侯嬰三次把孩子撿回來。夏侯嬰說：「雖說情況危急，但怎麼可以把孩子拋棄呢！」於是屢屢降低車速。劉邦大怒，幾乎有十次都要斬殺夏侯嬰，但在夏侯嬰的設法保護下，他們終究是帶著孩子安然逃脫了。

從劉邦的角度來看，就算把女兒嫁到匈奴，感覺也是不痛不癢吧！可是遇到糟糠之妻呂后哭訴，劉邦就服軟了。不得已，劉邦只好從劉氏一族中選出一位女性，培養成公主，再嫁給單于。光從這件事來看，或許會覺得呂后是個體恤子女的溫柔母親，但實際的情況，我會在「呂后」這個條目中加以談論。

（關於劉邦的生涯，請參見第七章）

呂后（前二四一？—前一八〇年）

幾近於皇帝

呂后本名呂雉，劉邦過世後稱呂太后。《史記》用「剛毅」兩字，來表現呂后的性格。「剛」、「毅」常被用在男性的名字中，但用來表示女性人格，則是相當罕見。呂后開始展露出這種性格，是從劉邦過世開始。

《史記》在卷首安排了「本紀」。所謂「本紀」，是按照年代順序，排列歷代王朝的王、皇帝統治時

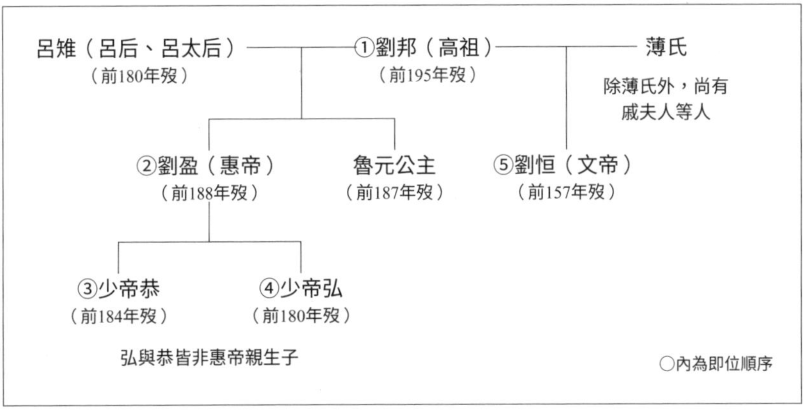

西漢高祖到文帝的世系圖

發生的大小事，也就是一種編年史。繼高祖劉邦之後的第二任皇帝是惠帝，但在〈高祖本紀〉後面放的是〈呂太后本紀〉，接下來是〈孝文（文帝）本紀〉。也就是說，司馬遷把呂太后視為實質的「皇帝」，而沒有把惠帝與其後的兩位少帝當成皇帝。

呂太后首先做的，就是將劉邦寵愛的夫人（次於皇后的後宮女性）以及夫人和劉邦所生的王加以殺害，並將呂氏一族拔擢到高位。特別是劉邦寵愛的戚夫人及其子趙王如意，更是身處危險之中。惠帝說到底是位心地善良溫柔的人，於是和趙王起居與共、小心提防，但趙王還是在幾個月後遭到毒殺。

接下來呂后斬斷戚夫人的手足，挖掉她的眼睛、燒聾她的耳朵，讓她喝下無法出聲的毒藥，將她丟棄在廁所中，稱為「人彘」；之所以這樣稱呼，是因為中國會把豬養在家裡的地板下、讓牠們食用糞尿之故。幾天後，呂太后讓惠帝參觀「人彘」；惠帝大受驚嚇，從此不問政治，沉浸酒色之中，僅僅七年後就過世了。

冒頓對呂太后的性騷擾事件

前一九二年，冒頓送了一封書簡給呂太后。《史記》說這封書簡中充滿了「妄言」，但並沒有更進一步具體說明。所謂「妄言」，按《大漢和辭典》是「不合道理、放肆的言語」。後世的司馬光在《資治通鑑》中說這封書簡「褻嫚」，也就是「既猥褻又下流」。

到底這封書簡的內容為何，《漢書》有將它記錄下來。雖然有點難以表現，不過我還是試著加以意譯：「我現在孤獨一身、悶悶不樂。我在沮澤（濕氣濃重之地）之中出生、在牛馬眾多的平原成長；雖然屢屢來到邊境，但還是希望能夠前往（至今不曾去過的）中國一遊。陛下也是一人獨處，悶悶不樂地獨自居住。兩國的君王都不開心，找不到可以慰藉自己的東西；所以我想請求，能否以我們彼此擁有的東西，來換取彼此沒有的東西呢？」

不管怎麼說，這都是一封相當露骨的求愛信件；若是放到現在，這內容大概會被投訴成性騷擾吧！呂太后覽信大怒，找來大臣與將軍，議論著要斬殺匈奴使者、對匈奴展開攻擊；特別是將軍樊噲，更是氣勢洶洶地說：「給我十萬大軍，讓我在匈奴之中橫行！」

但當呂太后問另一位將軍季布的對應時，季布回答說：「樊噲該殺！」季布原本是項羽麾下的將軍，曾讓劉邦大感頭痛，不過在項羽過世後被赦免，成為漢朝的將軍。季布批判說，當劉邦在平城被匈奴軍包圍的時候，樊噲率領三十二萬大軍卻無法解圍，又怎能率十萬眾橫行匈奴之中呢？季布接著又說：「而且夷狄（蠻族）就像禽獸一樣，就算聽到他們說好話也不該開心，聽到他們說壞話，也不該生氣才對。」

呂太后聽了這話也恢復冷靜，點點頭說：「你說得很好。」於是接下來，她做了這樣的回信：「單于沒有忘記我的事，特地送來書簡，這令我不禁誠惶誠恐。但我客觀地看看自己，年老力衰，頭髮和牙齒都掉落了，連步行也無法很順暢，單于對我的聽聞，恐怕是有誤吧！我實在沒有資格接近單于身邊、汙染您的視聽。我並沒有罪過，所以還請您務必寬宥；儘管不足為道，不過在此送上兩輛四匹馬拉的馬車與馬匹，就請您平常多坐坐吧！」

對於剛毅之人講出這麼歪理連篇的話語，《資治通鑑》評論說，這是「深自謙遜以謝之」。這份回信，充分顯現了漢有多麼畏懼匈奴的兵勢。

呂太后將回信與贈禮送到冒頓帳下，冒頓於是又派遣謝使前來說，「我不知中國禮儀，還請見諒」，並獻上馬匹。

於是雙方再次締結和親，呂太后選了一位宗室女子培養成公主，嫁給冒頓；說起來，應該算是作為呂太后的替身吧！

冒頓這時說的「孤獨一身」，實在讓人有點難以置信。是跟他同行、參與平城攻圍戰的閼氏過世了嗎？就算真是如此，六年前漢朝最初送過去的公主也過世了嗎？即使如此，他帳內應該還有好幾位閼氏才對吧？

最後為了呂后的名譽，我在這裡要附加一段話：據《史記》所言，在呂太后統治期間，天下安泰，犯罪者甚少，人民都努力農耕，衣食漸漸豐足。

韓王信（？—前一九六年）

身高一九一公分的大漢

韓王信是戰國時代韓襄王寵妾的孫子。原本的名字是韓信，但劉邦麾下有另一位同名同姓的將軍韓信（就是那位以「胯下之辱」聞名的韓信），所以對這位出身韓國王族的將軍，一般都稱為韓王信。也正因此，他的家世遠比劉邦來得更好。兩位韓信在楚漢戰爭結束後，都對劉邦掀起叛旗，這不能不說是奇妙的巧合。

韓王信的身高有八尺五寸，約一九一公分（秦漢的一尺是二十二·五公分）。列傳中特地寫出身高，其實相當罕見，大概是因為太過搶眼了吧！但始皇的兵馬俑中也有這種身高的兵士，所以並非全然找不到就是了。順道一提，兵馬俑最矮也都超過一百八十公分，所以應該是只選拔體格雄壯者組成的親衛隊吧！

韓王信在楚漢戰爭中，因為攻略韓地的功績而被劉邦立為韓王（前二〇五年）。之後他一度敗於項羽、投降其下，但又逃歸漢軍，之後再次成為韓王，參與了殲滅項羽的戰事。但是在前二〇一年，他因為和匈奴屢次進行交涉，被劉邦猜疑，所以逃亡到匈奴；關於這點，在「冒頓單于」條目中已有詳述。

匈奴與韓王信的交涉，是用何種語言來進行？韓王信應該不懂匈奴語，而冒頓也不會中國語，因此中間必須有通譯。在國境變動不休的地域，有人通雙語也不是什麼奇怪的事；特別是匈奴境內有通中國語的人，或者是中國出身卻長期居住在匈奴領內、理解匈奴語的人，這種可能性相當之高。關於匈奴領內的中國人，我在「劉邦」和後面的「中行說」中都有提及，這裡就針對之後的韓王信及其家屬的命運來進行述說。

不只是韓王信，白土出身的曼丘臣與王黃也投奔了匈奴。白土縣屬於黃河彎曲東北部的上郡（參前引地圖），原本就接近匈奴領域，因此或許一直以來，就都和匈奴有著某種聯絡。又，王黃是「胡人」，也就是匈奴人。這兩人擁戴趙利為王，收攏韓王信的殘兵投奔匈奴。趙利據說是趙王的後裔；也就是說，除了韓王信外，還有其他的前王族投靠匈奴。

在匈奴領內誕生的漢人

韓王信投奔匈奴後，在他抵達頹當城的時候生了一個孩子，所以就將之命名為頹當。所謂「頹當」，大概是匈奴語對應的音轉寫成漢字。同時，一起投奔匈奴的韓王信「太子」，亦即他的嫡男，也生了一個兒子，這個兒子被取名為嬰。嬰是嬰兒的意思，因此不是匈奴語。總而言之，韓王信和他的太子，帶著懷孕中的妻子投奔匈奴，並在那裡生下孩子。

這段記載有兩個值得注意的地方，一個是「城」；匈奴照理說是純粹的騎馬遊牧民族，但應該也有「城」之類的事物存在吧？（請參照本章「冒頓單于」條目第十五節以及「趙信」條目）。另一個值得注目的，是他們帶著妻子投奔過去這件事。當犯下叛逆皇帝的大罪時，會株連到三族。關於三族雖然有形形色色的解釋，但一般是指父母、兄弟、妻子，全都會遭到誅殺，所以他們才只好帶著整個家族逃亡。

韓王信屢屢為匈奴率兵襲擊邊境，同時也暗地裡唆使陳豨，要他反叛劉邦。前一九六年春天，他和匈奴騎兵一起入侵代郡附近，和漢軍對峙。漢朝陣營的將軍送信給韓王信，催促他回歸：「陛下（劉邦）心胸開闊，雖然你掀起叛亂逃亡，但只要回歸漢朝，就讓你回復原來的地位。」然而，韓王信判斷覆水已經難收，結果在這場戰役中遭到斬殺。

之後，在時代更替的文帝十四年（前一六六年），誕生在匈奴的韓頹當與韓嬰，率領部下向漢投降。這年冬天，匈奴的老上單于率領十四萬騎入侵朝那附近，殺死北地郡的都尉，掠奪了大量的人口與家畜。不只如此，他還攻到北地南邊的彭陽，派遣奇襲部隊燒毀回中的宮殿，斥候騎兵遠至甘泉。攻到這裡，距離長安也只是咫尺之遙（參前引地圖）。

面對這種狀況，文帝將戰車一千輛、騎兵與步兵十萬配置在長安近郊，以備匈奴入侵。文帝親自勞軍，賜給軍官和士卒物品。他想要更進一步親自率兵攻擊匈奴，但被皇太后阻止。於是他派大將軍等出擊，而匈奴也往後退卻。單于在長城內側逗留一個多月後，便離開了中國的土地。漢軍出長城，但旋即折返，沒能成功殺敵。

韓頹當與韓嬰的部隊，就是在這場戰役過程的某個階段，從匈奴陣營倒戈到漢這邊的吧！因為匈奴並沒有吃敗仗，所以兩部隊沒有投降的理由；因此，應該是漢朝方面強力引誘、給予他們大量的賞賜所致吧！

韓頹當與韓嬰都在匈奴出生三十餘年，屬下的士兵們應該也都換了一個世代。但是兩者都獲得了漢的侯位，韓頹當且在平定吳楚七國之亂（前一五四年）中也相當活躍。明明經歷了三十多年的空白，兩人和他們的士兵卻能立刻融入漢朝之中。之所以如此，大概是因為他們在匈奴領內的時候，也過著與漢一樣的生活，且一直守著言語與文化吧！

中行說（生卒年不詳）

單于政權的指導者

前一七四年冒頓單于過世，兒子稽粥繼位，稱老上單于。接獲這個消息後，漢文帝又選了一名宗室女子作為公主嫁過去，好當新單于的閼氏。匈奴的慣習是父親過世後，兒子會把父親留下的妻子（也就是身分上的母親）當成自己的妻子加以接納；因此，老上應該也繼承了冒頓的妻子作為閼氏。在這當中或許也有前一九二年呂太后嫁過去的公主，以及前一九八年劉邦嫁過去的公主。

當公主要嫁到匈奴的時候，有一位服侍公主的隨從宦官中行說（姓中行名說）也得隨之同行。中行說並不想去匈奴，但漢強迫他去，於是他丟下一句話：「我過去之後，一定會成為漢朝的大患。」然後便遠赴匈奴。迄今為止的公主當然應該也有陪嫁的隨從，但他們的動靜並沒有流傳下來；然而關於中行說，他的言行卻被詳細記錄了下來。

中行說到了匈奴後，就成為單于的忠臣，單于也親近他，對他大加重用。他在匈奴的內政、外交等各方面，都站在匈奴立場提出建議，也參與了政策決定。之所以能這樣，大概是因為他出身燕地，原本就精通北方事務的緣故吧！

首先，對於匈奴每年從漢那裡收受禮物一事，他這樣表示意見：「匈奴的人口明明連漢的一郡都比不上，卻能如此強大；之所以如此，就是因為衣食與漢朝相異、即使不仰賴漢朝也能自給自足之故。現在單于如果改變這種習慣，沉溺於漢朝事物的話，漢朝的物品不必超過兩成，匈奴就已經盡歸漢朝了。即使得到漢朝的絲絹，穿著絹製的衣服褲子，在長草與荊棘（蒙古有很多多刺的草）間驅馬奔馳，也會破損殆盡。因此，請展現毛氈與皮革製品的完善與優越性；就算得到漢的食物，也請全部捨棄，展現牛奶與乳酪的便利與美味。」接著，他又教導單于臣下條列表記的方式，用以計課人口與家畜的數目；所謂「課」，就是課稅的意思。在這之前，數字是刻痕的方式表示，中行說應該是教了他們漢字吧！

他說，匈奴的人口比漢的一郡還要少；既然如此，那漢朝一郡的人口是多少？所謂郡，也有大小之別；《漢書．地理志》中，記載了所有郡的人口，但這是西漢末年的統計，因此漢初的數字只能推測。不管怎麼說，西漢末年最大的郡，人口是二五九萬，但前四位的郡是西漢後期增設的，所以漢初期人口應該最多的，是第五位的河南郡一七四萬[6]；假設漢初的人口稍少，那應該是在一百五十萬左右。但因為中行說的發言只是要強調匈奴比起漢，人口要少得多，所以這個數字就當作參考吧！

與漢使間的論爭

接下來，中行說又繼續做出建言。漢朝送給匈奴的書簡，是寫在一塊長一尺一寸（約二十五公分）

的牘（木板，當時還沒有紙）上，書信的內容是「皇帝敬問匈奴大單于無恙」。相對於此，中行說讓單于送給漢的書簡，其牘則為一尺二寸（二十七公分），不管是上面的印、蓋印用的封（黏土），全都比漢的書簡更寬、更大、更長，寫下的話語也相當傲慢：「天地所生、日月所置、匈奴大單于敬問漢皇帝無恙。」「匈奴大單于」前面附加的修飾句，和突厥碑文中所見可汗的修飾句完全相同，這點讓人不由得深感玩味。印隨位階而有大小的嚴格規定，當然在國內不可能找到比皇帝印更大的印。漢代前期從漢半獨立的南越國文王，曾經悄悄鑄造過一枚寫著「文帝行璽」的大金印，這件事相當有名。這枚金印在一九八三年的發掘中被發現，但匈奴大單于的印則至今尚未被發現。

俄羅斯聯邦阿爾泰共和國帕茲里克古墳群（前五－前四世紀）的木槨上，附有表示數字的刻痕。

在漢朝每年派遣過來的使者眼中，中行說是令人作嘔的背叛者；於是他們和中行說展開論爭，從中國的道德觀念出發，意圖將匈奴打壓成野蠻人。對此，中行說則是逐一反駁，把中國使者辯得啞口無言。在此僅介紹其中一段。

漢使非難說，「匈奴的習慣是輕賤老人」；對此，中行說則反過來猛攻漢使，做出這樣的反問：「漢朝的習俗中，對正要出發從事國境守備任務的人，年老的雙親難道不會把自己身上穿著的溫暖衣服脫下來，並讓自己出征的孩子吃上一頓營養美味的東西嗎？」漢使說：「會這樣沒錯。」中行說立刻繼續追擊：「匈奴把戰鬥當成日常生活，老人與弱者是無法戰鬥的；因此把營養美味的食物給健壯者飲食，透過這種方式來守衛自己，如此一來，父子才能通通生存下來。既然如此，又怎麼可以說匈奴輕賤老人呢？」中行說爭辯的技術，不可說不高竿。

除此之外，在針對漢朝徒具表面工夫的禮儀與虛飾上，中行說的話鋒可謂極端銳利。這或許也可以看成是司馬遷藉中行說之口，來批判漢朝的現狀。到了後世，宋朝保守派司馬光在《資治通鑑》記載這個段落的時候，就把批判漢的部分做了大幅削減。

趙信（生卒年不詳）

從匈奴投奔漢朝

在「冒頓單于」條目的第十五節，曾經提到儲藏穀物的「趙信城」。趙信雖然聽起來像是中國人的名字，但其實是匈奴投奔過來的人。他有著「翕侯」的封號；雖然如眾人所知，中亞烏孫國王與大月氏最高位貴姓的稱號也稱為翕侯，但與這裡的趙信完全沒有關係。

景帝統治期間的前一四七年，某位匈奴小王投降漢朝，被封在翕（今河南省安陽內黃縣，位在前引地圖中黃河北側上黨稍東之處）地，成為侯爵，可是在武帝時代（前一三一年）因為不敬被廢位。同年取而代之成為翕侯的，是另一位同樣從匈奴投降的小王或相（大臣），那就是趙信。《史記》稱他為「胡人」，也就是匈奴人，因此即使祖先出身中國，他也已經徹頭徹尾成為「胡人」了。

四年後的前一二七年，趙信在車騎將軍衛青麾下攻打匈奴，因為軍功而獲得加封。這年正月匈奴入侵，殺死遼西太守，在漁陽（兩地都是在現今北京東北方）俘虜了兩千多人。面對這場入侵，漢派將軍李息從代郡出擊。從方位來看，這次出擊理所當然，但另一方面衛青則出雲中，向西抵達高闕，接著更進一步南下攻略河南地，直抵隴西（長安遙遠的西方，現在的甘肅省東部）。

這次大遠征，其規模遠遠超過了對匈奴入侵反擊的程度。戰果相當顯著，獲得的敵人首級與俘虜數千，家畜數十萬，還逐走了白羊樓煩王。透過這場戰役，漢朝將一直以來直逼中樞附近的匈奴勢力趕到黃河外側，並在當地設置了朔方郡。趙信應該就是參加了這場衛青的大行軍並立下功績吧！

匈奴對河南被奪深感憾恨，第二年夏天殺害代郡太守、俘虜一千多人，秋天又入侵雁門，殺害俘虜一千多人。隔年又對代郡、定襄、上郡各遣三萬騎入侵，殺害俘虜數千人。

面對這種入侵，再過一年的前一二四年春天，成為漢朝大將軍的衛青，率領六名將軍、十萬大軍，展開對匈奴的攻擊。匈奴的右賢王覺得漢軍應該不可能前來，於是喝酒（可能是漢朝送來的酒）喝得酩酊大醉。漢軍出長城六百到七百里（一里約四百公尺，約二四〇～二八〇公里），在晚上包圍了右賢王。右賢王大驚，隻身逃出，只有少數精銳跟在他身後奔逃。結果，漢朝俘虜了右賢王的男女一萬五千人與小王十人——匈奴軍會帶著女性同行。這年秋天匈奴以一萬騎入侵，殺害代郡都尉，俘虜了一千多人。

前一二三年春天，漢朝派大將軍衛青率六名將軍與十萬騎出定襄數百里攻擊匈奴，獲得首級數千而還。這時候趙信也以前將軍的身分參加。

從漢復歸匈奴

在長城附近城鎮休養一個多月後，衛青在夏天再次率領六將從定襄出擊，斬首、俘虜一萬多人。春天，他同樣以趙信為前將軍，和右將軍蘇建（有名的蘇武之父）一起率領三千騎出擊，但在和主力分離的情況下，遭遇到單于的本隊。經過一天多的激戰後，漢軍幾近全滅。因為趙信原本是胡人，所以匈奴勸他投降；結果趙信率領剩下的八百騎，投降到單于麾下，只有蘇建隻身回到衛青身邊。

單于獲得趙信後，將自己的姊姊嫁給他，還以「自次王」的身分厚待他。《史記正義》說，自次王的意思是「受尊重程度次於單于」；當然這是中國語，大概是從匈奴語意譯過來的吧！

對一度投降漢朝、換言之就是背叛的人再次接納並給予厚待，這種事情或許會讓人覺得很奇怪，但在匈奴其實屢見不鮮。之所以重用他們，是因為他們通曉漢朝的狀況。

漢到了武帝時代，對匈奴一口氣轉為攻勢。趙信針對武帝的攻擊，向單于提出了以下的策略：將本營移到更北方，將漢軍引誘過來，等到漢軍疲憊的時候，再一舉擄獲他們，單于也同意他的策略。

可是，漢朝掌握了這個情報。前一一九年春天，大將軍衛青從定襄、驃騎將軍霍去病從代郡，各率五萬騎出擊。衛青在出長城千里處，遭遇到單于軍一萬騎。衛青以武剛車（覆蓋著布的軍用車輛）圍成環狀堅守，並以五千騎對抗單于軍。漢軍數量雖少但占優勢，單于敗逃。衛青軍追趕到達的地方，就是匈奴儲藏兵糧的趙信城。趙信的策略終歸枉然，遭到了瓦解。

其他人物

張騫

?～前一一四年。有懲於劉邦在平城吃到苦頭，漢朝對匈奴一直採取韜光養晦的策略，但武帝對此深感不滿。在即帝位後不久，武帝為了夾擊匈奴，想和西方的月氏締結同盟，於是派遣張騫為使者；可是在前往月氏的途中必須經過匈奴領內，因此張騫不出意料地遭到了逮捕。單于雖然拘留張騫，但賜給他妻子，還生了兒子。在張騫被拘留十年、監視稍緩之際，他趁機脫身，抵達了位在今日烏茲別克南部到阿富汗北部的大月氏（向西遷移後的名稱）。但是大月氏的王（一說為女王）滿足於現狀，已經沒有向匈奴報復的欲望。張騫在大月氏停留一年，沒能達成原本的任務，於是便歸還。途中他又被匈奴逮捕，但一年後在單于繼位人爭奪戰中逃回漢朝。從長安出發的時候，他帶著匈奴人侍從與一百多位的家僕，但十三年後歸還時，只剩張騫和匈奴人侍從以及在匈奴娶到的妻子而已。

范夫人

生卒年不詳。前九〇年，漢朝從東到西，在所有前線上對匈奴展開攻勢。對此，單于將輜重（軍用物資）轉移到趙信城以北，直抵郅居水（今日蒙古北部、色楞格河）。匈奴方也展開反擊，由投降匈奴的李陵與衛律各自率領部隊與漢軍作戰。當時還沒投降匈奴的李廣利率兵七萬，出動「屬國胡騎兩千」（隸屬漢朝的匈奴系騎兵），將衛律軍逐走。匈奴方有漢人，漢方也有匈奴人，呈現出複雜的樣貌。李廣利的漢軍乘勝北追，抵達「范夫人城」。關於這座城，東漢末年的應劭做了這樣的注解：「一位原本隸屬漢朝的將軍建造了這座城。將軍死後，他的妻子率領剩下的人們，妥善保住了這座城，因此就以夫人的名字為城名。」接著，東漢末到三國初年的張晏又注解說：「范氏，能胡詛者。」所謂「能胡詛者」，應該是匈奴的薩滿；大概是漢朝將領娶了匈奴女薩滿，憑藉著她的法術來順利統治吧！

王昭君

生卒年不詳。因為沒有向肖像畫師行賄，被刻意畫得醜陋，不受皇帝寵愛，還被下嫁到匈奴，但這個悲劇其實是後世編造的。漢元帝在前三三年，將宮女王昭君以「寧胡閼氏」（安定匈奴的閼氏）稱號，下嫁給對漢表示恭順之意的呼韓邪單于。王昭君生了一個男孩。呼韓邪在前三一年逝世，別的閼氏所生的長子繼位為新單于；王昭君按照匈奴的慣習成為新單于的閼氏，又生了兩個女兒。長女雲和匈奴名門須卜氏的須卜當結婚。雲和當勸新立的烏累單于（一三～一八年在位）和親，與成為「新」朝皇帝的王莽間，拚命展開外交交涉，但王莽不誠實的態度激怒了單于。一八年即位的呼都而尸單于，將雲的兒子與雲妹妹的兒子當成貢品派遣到長安；王莽意圖拘留他們，結果只有雲妹妹的兒子逃回匈奴。王昭君子孫的努力也歸於徒勞，兩國的關係日益惡化。

盧綰

前二五六—前一九四年。盧綰與劉邦出生在同一個里（村），兩人的父親是朋友，不只如此，他們還是同年同月同日生，因此當兩人誕生的時候，村中的人都拿著羊和酒來慶祝這兩家生子。從劉邦沛縣起兵以來，盧綰經常隨侍在旁，是他的心腹。他擄獲了掀起叛亂的燕王臧荼，以此功績被劉邦拔擢為燕王（前二〇二年），攀上人生事業的頂峰。但從前一九七年參加鎮壓在代掀起叛亂的陳豨開始，兩人之間就產生了裂痕。陳豨透過與韓王信聯手的胡人王黃，向匈奴要求援軍；盧綰也派遣屬下張勝到匈奴，傳達陳豨等人的軍隊已被擊破的事情，之後張勝就成為盧綰與匈奴之間的橋梁。不只是和匈奴聯繫，劉邦也在其他方面對盧綰產生了懷疑，於是召喚盧綰，但盧綰猶豫不前，最後以劉邦之死為契機，率領屬下數千人一起流亡到匈奴。他被封為東胡盧王，一年之後便過世。前一四四年，盧綰擔任東胡王的孫子盧他之降漢，被封為侯；這是歷經半世紀之久的歸還。

蘇 武

約前一四〇—前六〇年。武帝時代，因為對匈奴持續的強硬態度，導致兩國外交關係停滯，甚至彼此拘留派遣過去的使節。前一〇〇年，單于把漢朝使節整批送回；接受單于的誠意，武帝也把漢朝拘留的匈奴使者送回該國，並附上隆重的禮物。當時派去的使節團長，就是蘇武。但是在回歸前夕，匈奴方面發現，匈奴的謀反集團和漢使節團的部分人員聯手密謀政變；雖然這和蘇武沒有直接關聯，但單于還是命令衛律，要他勸蘇武投降。然而，蘇武堅守節操，不肯屈服，於是單于又對蘇武設下各種試煉，無論如何都要他屈服。他命令蘇武到北海（貝加爾湖？）畔放牧公羊，要他等公羊生下小孩才准回來。蘇武捕野鼠、取草實而食，拿著漢朝授予的節當成杖牧羊；他不論睡覺還是起床，都不曾離開那支節，上面的裝飾全都掉落了。最後，他終於在前八一年得以歸國。

衛律

生卒年不詳。衛律的父親原本是長水（長安東方）胡人；他以漢人身分成長，和在宮廷中司掌音樂的李延年（武帝寵愛的李夫人兄長）交情甚好。在李延年的說項下，衛律成為派遣到匈奴的使者，但當他完成任務要回來時，李延年的弟弟犯了淫亂後宮的罪行，李延年也因此得罪，一家都被逮捕。衛律害怕被牽連，於是直接折返、投降匈奴。這大概是前一〇〇年稍早的事。衛律經常隨侍在單于身旁，以丁靈王（丁靈／丁零是從屬匈奴的北方部族）稱號參與政治。前八三年左右，因為匈奴單于年幼、母親閼氏也行為不端，導致國內分裂。這時衛律開始準備入侵漢朝，計畫建築高大建物，並在其中儲藏穀物，但當開始實行時，有人批判「這樣做只是白白提供漢軍兵糧」，於是計畫中止。

李陵

?～前七四年。李陵的祖父李廣（和李廣利沒有關係），雖是友軍與匈奴都尊敬的優秀將軍，但在年過六十時，因為行軍走錯道路，所以感到羞愧而自盡。李廣的兒子也都年紀輕輕就過世，武帝於是對他的孫子李陵抱予期待。前九九年，武帝命令李陵在貳師將軍李廣利對匈奴的作戰中，擔任輸送輜重的任務，但李陵請願，希望直接和匈奴作戰。武帝表示「馬不夠」，拒絕了他的請求，但李陵主張光靠步兵也可以作戰。最後武帝經不起激，於是不讓李陵擔任支援部隊，而是只給他五千步兵出戰。結果，李陵軍真的迎頭碰上了單于的本隊三萬大軍。儘管李陵英勇善戰，但在刀折矢盡的情況下，終究只能投降。這個噩耗傳到漢朝宮廷後，為李陵辯護的只有司馬遷；結果司馬遷遭到武帝遷怒，被處以腐刑（宮刑、去勢之刑）。單于很看重李陵，讓他娶自己的女兒，封他為右校王，和衛律一起參與政治。他的悲劇命運與和蘇武間的揮淚告別，成為許多作品的題材（中島敦，《李陵》）。

李廣利

？～前八九年。李廣利因為妹妹李夫人受武帝寵愛，所以儘管李夫人過世，仍在前一〇四年被任命為貳師將軍。貳師是大宛（位在中亞今烏茲別克東部、費爾干納盆地之國）的國都，因為武帝要奪取該國的汗血馬，所以把李廣利派遣到當地。可是第一次遠征慘敗，三年後的第二次遠征才總算想盡辦法弄到了汗血馬，挽回顏面。之後屢屢率領匈奴遠征軍。前九〇年進入匈奴領內時，他得到情報說，自己的妻子因為當時漢朝後宮蔓延的巫蠱（將木偶埋在土中，讓巫師進行咒詛）騷亂牽連，已經遭到逮捕。急著想要立下大功的李廣利，於是勉強深入匈奴，結果陷入不得不投降匈奴的窘境。單于知道李廣利是漢朝的大將，對他深予禮遇，但衛律深感嫉妒，於是向單于進讒言，讓單于殺死李廣利。李廣利死前留下一句話：「我死必滅匈奴！」據《漢書》記載，之後匈奴領地連下了好幾個月大雪，家畜死亡，人也紛紛染上疫病，穀物無法結實；這是表示匈奴也有進行農耕的為數不多證據之一。

注釋

1. 鶴間和幸，《中國的歷史3　第一位皇帝的遺產》，講談社學術文庫，二〇二〇年。
2. 吉本道雅，〈史記匈奴列傳疏證——從上古到冒頓單于〉，《京都大學文學部研究紀要》四五，二〇〇六年。
3. 綠川英樹，〈雨中之花——陳與義的詠雨詩與杜甫（二）〉，《中國文學報》八五，二〇一四年。
4. 《史記》劉敬、匈奴、衛青各列傳的各種譯本中，我採用野口定男等譯，《中國古典文學大系12　史記（下）》，平凡社，一九六八年；小竹文夫、小竹武夫譯，《史記》六～七，筑摩學藝文庫，一九九五年；《史記》中華書局版。
5. 內田吟風等譯注，《騎馬民族史》一，東洋文庫，一九七一年。吉本，前引文。
6. 佐藤武敏，〈論西漢的戶口統計〉，《東洋史研究》四三—一，一九八四年。

參考文獻

內田吟風等譯注，《騎馬民族史》一，東洋文庫，一九七一年
內田吟風，《北アジア史研究　匈奴篇（北亞史研究　匈奴篇）》，同朋舍出版，一九七五年
江上波夫，《江上波夫文化史論集3　匈奴の社会と文化（江上波夫文化史論集3　匈奴的社會與文化）》，山川出版社，一九九九年
小谷仲男，《大月氏》新裝版，東方書店，二〇一〇年
加藤謙一，《匈奴「帝国」（匈奴「帝國」）》，第一書房，一九九八年

狩野直禎等，《中国の群雄十　雄図飛翔（中國的群雄十　雄圖飛翔）》，講談社，一九九八年
小松久男編，《新版世界各国史4　中央ユーラシア史（新版世界各國史4　中央歐亞史）》，山川出版社，二〇〇〇年
澤田勳，《匈奴》新訂版，東方書店，二〇一五年
澤田勳，《冒頓單于》，山川出版社，二〇一五年
司馬遷著，小竹文夫、小竹武夫譯，《史記》全八巻，筑摩學藝文庫，一九九五年
杉山正明，《遊牧民から見た世界史（遊牧民的世界史）》增補版，日經商業人文庫，二〇一一年
鶴間和幸，《中国の歴史3　ファーストエンペラーの遺産（中國的歷史3　第一位皇帝的遺產）》，講談社學術文庫，二〇二〇年
冨谷至，《中国歴史人物選 第2巻　ゴビに生きた男たち——李陵と蘇武（中國歷史人物選　第2巻　生活在戈壁的男人——李陵與蘇武）》，白帝社，一九九四年
林俊雄，《遊牧国家の誕生（遊牧國家的誕生）》，山川出版社，二〇〇九年
林俊雄，《興亡の世界史　スキタイと匈奴 遊牧の文明（興亡的世界史　草原王權的誕生）》，講談社學術文庫，二〇一七年
松田壽男，《松田寿男著作集 第二巻　遊牧民の歴史（松田壽男著作集　第二巻　遊牧民的歷史）》，六興出版，一九八六年
籾山明，《漢帝国と辺境社会（漢帝國與邊境社會）》，中公新書，一九九九年
護雅夫，《李陵》，中公文庫，一九九二年

山田信夫，《北アジア遊牧民族史研究（北亞遊牧民族史研究）》，東京大學出版會，一九八九年
吉本道雅，《匈奴初見考》，志學社，二〇二〇年

第九章
《史記》的通史與世界史的創造

藤田勝久

前言

司馬遷，是在秦帝國滅亡後、漢武帝（前一四一—前八七年在位）的時代，撰成《史記》的史官。這部《史記》雖比古希臘希羅多德的《歷史》要來得晚，卻是中國整合性史書的開端。《史記》是從傳說的黃帝開始，一路描述到和司馬遷同時代的武帝時期歷史。在這當中有各時代的王朝變遷，以及各式各樣的人物群像，作為歷史傳記文學，也讓人親近、愛讀，這是它作為古代通史的一面。

同時，《史記》也是一部以中國為中心的東亞世界史。在這方面，它則是具備了對身為農耕民族的中國內部地域社會，以及周邊各民族的記述。特別是北方的匈奴，在戰國時代到秦漢時代形成遊牧國家，對中國社會形成一大威脅。接著在武帝時代，和中亞西域的絲路開通，這也是廣為人知的事，這是在世界史方面的認識。

既然如此，那《史記》的歷史，是怎樣寫下的呢？這是受到武帝時代的社會情勢、父親司馬談與司馬遷本人擔任的職務以及漢代的學問所影響。

武帝時代超越始皇的統一，不只對古代制度與歷史加以闡明，也對儀式進行修改。其中特別重要的是天子走訪各地的巡狩，以及獲祥瑞、承天命的帝王，在泰山舉行祭典的「封禪」之實施，還有曆法的改訂。

司馬談在武帝時代負責祭祀禮儀的太常這個機構中，擔任太史令（官秩六百石；石是將穀物換算來表示俸祿）一職。太史令是負責天文、曆法、占星、學術方面的史官，司馬談也曾企劃過祭拜天（太一）與地（后土）之神的儀式。不久後，武帝開始蒐集天下圖書，透過這些圖書，能夠對古代歷史有更深的認識。從這時候起，司馬談便開始以著述歷史為職志。

但在前一一〇年（元封元年）時，四十七歲的武帝舉行封禪祭典，司馬談卻沒能參加，因此憤恨以終。司馬談臨終時，闡述繼承孔子《春秋》、意識漢朝以前之歷史沿革，並描繪優秀人物群像的構想；他將這個任務託付給兒子司馬遷，這就是《史記》的原型。

司馬遷在二十歲旅行後，以郎中（比三百石）的身分出仕；父親過世後，他在前一〇八年（元封三年）成為太史令。之後他跟隨武帝巡行、增廣對各地的見聞，並從事代表禮儀改革完成的「太初曆」改訂工作。這時候的司馬遷抱持對新時代的期待，開始彙整歷史的傳承。

但是就在著述的途中，他因為替前九九年（天漢二年）遠征匈奴遭俘虜的李陵辯護，結果出乎意料

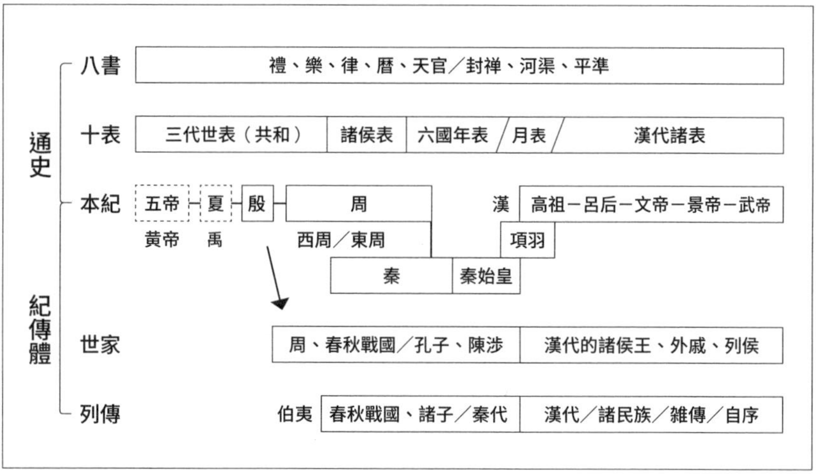

《史記》的架構

地被判死罪。然而司馬遷為了完成著作，選擇以損傷身體、屈辱的宮刑（去勢之刑）來代替死罪，這就是所謂的「李陵之禍」。

經過一陣子的幽閉後，他被派任為少府（負責帝室財政）所屬的中書令，讓他可完成著作。司馬遷在寫給任安的〈報任少卿書〉（收錄於《漢書·司馬遷傳》、《文選》）中，清楚闡述了這種悲痛的心情。故此，《史記》可說是他發憤撰述而成的作品。

不過，這項著述從司馬遷父親時代就已經開始，到他成為太史令仍持續不輟；之後歷經李陵之禍，最終成為一部由司馬遷編纂、對古代中國進行歷史敘述的大作。它原本的名字叫《太史公書》，後來才改稱為《史記》。

這樣完成的《史記》一三〇篇（五十二萬六千五百字），是一部具有五個類別、體系嚴整的著述。這五個類別分別是通史類的十二本紀、系譜與年表類的十表、記載制度與文化的八書；除此之外則是描述周王封建的諸侯國，以及漢代諸王與貴族的三十世家，還有描述個人與群體人物的七十列傳。〈伯夷列傳〉被認為是透過論評，進行列傳的總論；最後的〈太史公自序〉，則是對司馬氏的譜系、父親與司馬遷的經歷，以及著述的意圖進行闡述。

這種以本紀和列傳進行的歷史敘述，被稱為「紀傳體」。它的架構是在夏、殷王朝之後，於西周時代設置世家，接著又在春秋時代加入列傳，讓《史記》的世界變得更加開闊。至於其主體則是對司馬遷而言，屬於近現代的戰國、秦漢時代。

《史記》的世界史，是在武帝時代的人物之間，編進諸民族的列傳。這個時代的漢朝向周邊開疆拓土，並隨著與各民族的接觸，獲取到眾多資訊。故此《史記》的記述，其實也展現了漢代對東亞認識範圍的拓展。

《史記》是唯一彙整到秦始皇時代的歷史敘述，至於漢代的歷史則由《漢書》繼承。東漢時代班固撰寫的《漢書》，是從高祖劉邦（皇帝在位期間為前二〇二—前一九五年）的〈高帝紀〉開始，處理到篡奪漢朝的王莽時代，為西漢一代的斷代史。因此相較於《史記》的漢代史，我們可以從《漢書》中了解到司馬遷所不曾書寫的武帝時期事件，以及其後的歷史。

這裡就透過《史記》、《漢書》描述的人物群像，來探尋司馬遷是怎樣認識歷史，又是怎樣創造出東亞世界史。

司馬遷（前一四五／前一三五—約前八七年）

一、司馬談與司馬遷父子的著述——古代中國的歷史

漢朝的成立與社會

司馬談與司馬遷父子進行歷史著述，是在漢武帝的時代。在這之前，漢朝在建立初期，其實面臨到國內外的許許多多問題。

秦始皇在前二二一年統一天下後，開始使用「皇帝」的稱號。接著他施行把地方分成三十六郡、再由郡向下直轄縣的郡縣制。但是始皇過世後，秦帝國也隨之滅亡，繼之而起的項羽稱西楚霸王，在各地封了十八名國王。這時候的劉邦，是被封在漢中（陝西省南部）的漢王，這就是漢國號的由來。

漢王劉邦在前二〇六年（漢元年）攻下故秦根據地的關中（渭水盆地）；為了統治秦人，他對秦的禮儀制度基本上是照單全收。漢王以這個體制為基礎，在前二〇二年（漢五年）擊敗了維持楚體制的項羽。

從出土史料也可以證明，漢繼承了秦的制度。在湖北省出土的睡虎地秦簡中，有戰國秦代的《秦律十八種》等法制史料。漢代初期的張家山漢簡，則透過「曆譜」與《二年律令》的法令及審判案件，讓

我們明白漢繼承了秦的曆與法律。湖南省發現的里耶秦簡，則是統一前的前二二二年（秦王二十五年）到前二〇八年（二世二年）之間，洞庭郡所屬遷陵縣官府的行政文件。從這些文件中，也可以察知秦的制度，確實是被漢朝的地方統治與公文行政所繼承。

對項羽獲勝的漢王，受諸侯擁戴即皇帝位，建立了漢朝。這時候的漢朝，雖然在作為根據地的舊秦領地推行直轄的郡縣制，但在東方則有諸侯王的王國與之並存。這種結合郡縣制與封建王國的體制，稱為郡國制。之後高祖陸續廢除了非劉氏的異姓諸侯王，改立同姓的諸侯王。

在這個過程中，當高祖前往北方的代征討韓王信時，被韓王信背後勢力日張的匈奴，包圍在平城（山西省大同市）的白登山，最後締結和議；這就是贈送匈奴財物的和親政策之始。

簡單說，在高祖的時代，國內外有三個重要課題。這三個課題分別是：（一）攸關皇帝正統的儀式與制度、（二）國內的統治、（三）和周邊各民族的相處。在接下去的惠帝與呂后時代，天下尚未安定，秦制依舊照章實施，但與匈奴之間倒也沒有戰爭。

文帝（前一八〇—前一五七年在位）時代，開始了祭祀禮儀的改革；文帝命令博士、諸生議論曆法與服色的改訂以及巡狩和封禪的相關事宜。負責起草改革議案的，是年紀輕輕就成為博士的賈誼。可是這時出現了一個讓人深感疑慮的徵兆，即原本在泗水失去的周代的鼎，因為黃河氾濫在汾水（山西省）出現，因此改革沒有確切實施。

到了景帝（前一五七—前一四一年在位）的時代，前一五四年爆發了諸侯王領頭的吳楚七國之亂。漢在這場亂事中獲勝，結果諸侯王的勢力遭到削減，封地被局限在一郡以內；王國的政治也必須透過中央派遣的長官來運行，諸侯王能得到的只有租稅而已。至此，漢朝內部就如同秦始皇所致力的一般，實施了實質接近郡縣制的統治；不過諸侯王的王國與列侯（縣等級以下）的侯國仍然存在。

剩下來的就是攸關正統的儀式改革，以及對周邊各民族的應對方針。實施這兩項策略的是武帝，也就是司馬談與司馬遷父子的時代。

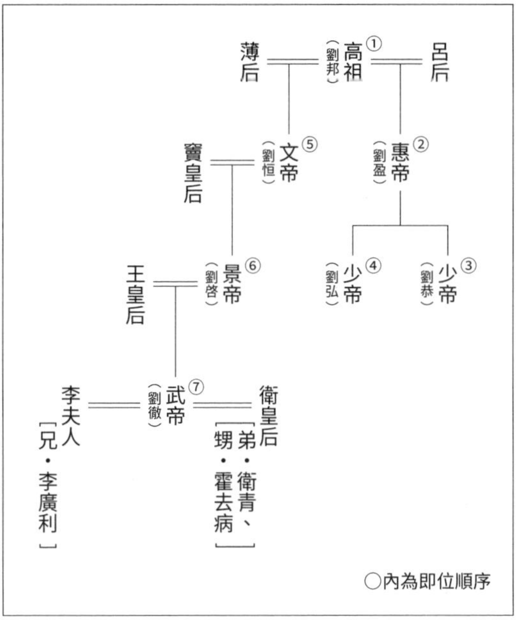

西漢皇帝的世系圖

武帝與司馬談的著述（至元封元年）

漢朝成立約六十年後，武帝即位；此時國內政治趨於安定，財政也變得豐裕，在此成為問題的，是攸關正統的儀式改革。武帝對立基於經書的儒術深感興趣，也打算對巡狩、封禪、曆與服色的改訂進行議論。但這項計畫遭到景帝之母竇太后的反對，所以沒能立刻實施。這時的武帝，也很相信闡述神祕的方士之術。

二十三歲的武帝，在前一三四年（元光元年）下詔，命令為了闡明整飭制度與天地秩序、讓周邊各族臣服的「古今王事之體」，要眾人以竹簡進行對策。這時候，儒家的董仲舒、公孫弘，都因回答上古治世而獲得召見，由此開始了對古代制度與歷史的探究，而這也對司馬遷父子的歷史認識產生了影響。

前一二四年（元朔五年），漢朝開始進行圖書蒐集。中國的書籍雖在秦代歷經了燒毀禁書的「焚書」之劫，但在惠帝時代廢止了限制持有書籍的挾書律，因此書籍又漸漸浮現於世。儘管如此，武帝仍感嘆書籍欠缺、禮樂廢弛，因此制定藏書策、設置書寫官，下至諸子傳說，全都將之集結至祕府（宮中的書庫）（《漢書．藝文志序》）。這些書籍中存在著古代的歷史認識，而司馬遷父子也得以利用它們。

司馬談在武帝建元到元封年間，擔任侍奉皇帝的太史令。在〈太史公自序〉中，稱司馬談「掌天官，不治民」，也就是在政治實務上並沒有立下功績；但他著有討論諸子的〈論六家要旨〉，因此學識相當優秀。

前一二二年（元狩元年），武帝在長安（西安市）以西的雍（陝西省鳳翔縣）祭典中，捕獲了一隻獨角獸，這隻獨角獸被認定為麒麟。就像孔子編纂的《春秋》以「獲麟」（捕獲麒麟）的記述作為尾聲般，這可說是和劃時代相通的象徵。

前一一八年（元狩五年）時，文人司馬相如過世後，留下了一篇〈封禪文〉。當武帝使者帶著這篇文章歸來後，眾人便主張應以祥瑞為契機舉行封禪，並在原本的六經（《詩》、《書》、《禮》、《樂》、《易》、《春秋》）之外，再加撰一部漢的《春秋》，合成七經。這件事應該讓司馬談在歷史著述的意識上得到了很大的啟發。

前一一六年（元鼎元年），在汾水畔獲得了一隻鼎，前一一三年（元鼎四年）又在祭祀大地的后土祠（山西省）旁獲得了寶鼎，這些都被看成是漢朝承繼周朝天命的祥瑞。這時候武帝第一次巡行東方郡縣，抵達泰山。第二年，他在甘泉宮（陝西省淳化縣）旁整飭祭天用的祭壇，逐漸朝封禪的準備邁進。

可是武帝在前一一〇年（元封元年）於泰山實施封禪祭時，並沒有採用儒家與博士、祭祀官的意見，而是依循方士的意見，因此司馬談被留在洛陽；他握著稍後趕來的司馬遷之手，向兒子闡明著述的構想，並把事業的繼承託付給他。

司馬談闡述的內容如下：司馬氏過去是周室的太史，代代繼承天官的職務。如今，正是天子（武帝）繼承周的千年正統，打算在泰山封禪的時期。作為一切的緣起，春秋時代的孔子端正了周朝衰落的禮儀秩序，但在他之後，史記（史官的紀錄）散亂，而漢朝也在這種情況下，重新統一海內（天下）。正因如此，現在我作為太史，如果不能將「明主、賢君、忠臣、死義之士」等優異人物加以論載，豈不是讓孔子以來天下的史文廢弛不彰嗎！因此我希望你能繼為太史令，讓這部著述得以完成。

司馬氏的祖先中，並沒有成為史官的人物，而太史令執掌天文與曆法，修史也不是他們的職責所在。因此司馬談並非覺得先祖身為史官，所以自己既然成為太史令，就應該要修史，而是出於對天官意識的自負。聽了父親的話，司馬遷頷首流淚，發誓要完成這部著述。

另一方面，司馬談也說，在整飭西周制度的周公旦後五百年出現了孔子，將周朝衰落的禮儀制度與秩序加以端正；而從孔子之後又過了五百年，到了自己這個時代，正好是一個論斷記錄的週期，因此在這個時代，必定有能「正易傳，繼春秋，本詩書禮樂之際」的人出現吧！此後司馬遷便下定決心，絕對不把父親的這項職志輕易拱手讓人。

就這樣，司馬談隨著武帝著手改革儀式，以及象徵嶄新時代的祥瑞從天而降，開始有意識地進行歷史著述。也因為如此，他深深感受到此刻正是對上天說明地上事象、論斷歷史的時機，而自己正肩負著這樣的使命。司馬談已經構思了本紀與世家、列傳的一部分；他希望以此繼承孔子的《春秋》，敘述戰國秦漢時代的歷史，並留下優秀人物的事跡。這就是《史記》著述的起點。

司馬遷的任官與著述（至太初年間）

司馬遷雖是與武帝同時代的人，但出生年月並不清楚；其生年以景帝前一四五年（中元五年）與武帝前一三五年（建元六年），兩種說法最為有力。在此就以衡量當時情勢最為一致的前一三五年說為依據，來探討他的成長經歷。

司馬遷在父親出仕後，誕生於首都圈的陽夏縣（陝西省韓城市）。這裡是靠近黃河畔（龍門），適宜農耕與畜牧的土地。之後他移居到長安西邊的茂陵縣（陝西省興平市），在那裡成長。茂陵是武帝在生前就為了建設自己陵墓而設置的新興城市。十歲的司馬遷就在這裡接受父親教育、學習古文。

接著在二十歲的時候，他前往山東和長江流域旅行。在〈太史公自序〉中，有這樣一段話：

> 二十而南游江、淮，上會稽，探禹穴（開創夏朝的禹之墓），闚九疑（舜的埋葬之所），浮於沅、湘；北涉汶、泗，講業齊、魯之都，觀孔子之遺風，鄉射鄒、嶧；戹困鄱、薛、彭城，過梁（魏）、楚以歸（長安）。

這趟旅行據說是父親要去他蒐集各地的史料，好將之運用在《史記》的描寫上，可是這樣的說法也有很多矛盾之處。在漢代，二十歲的男子有服兵役與傜役（定期勞役）的義務；且按當時的交通制度，不管出公差還是私人旅行，要通過關卡都必須有通行證（傳信）才行，因此是無法自由離開鄉里、展開旅行的。不只如此，要進行長期旅行，其費用也是一大問題，所以個人旅行其實是相當困難的事。

關於這點，清末民初的學者王國維認為司馬遷二十歲的旅行，其實是任官前的學習之旅；東洋史學者佐藤武敏先生則認為，他的目的是進行史跡調查與學習。確實，司馬遷在魯的曲阜看到孔子的禮儀，深受感動，也確認了山川祭祀的場所，而這些史跡跟始皇的巡行路徑，又有若干相符，因此這趟旅行除了學習之外，或許也有為意識到始皇的武帝巡行進行準備的意義在。如果這是進修的一環，那就不屬於個人旅行了。

包含之後的旅行在內，在《史記》中，司馬遷在以「太史公曰」為開頭的各篇論贊（個人意見）裡，往往會記下自己在這方面的見聞；至於《史記》本文，則不曾見到關於旅行的記述。另一方面，可以推測《史記》的素材是以黃河流域的史料居多，至於他曾旅行過的北方之燕、東方之齊、南方之楚，記述則不多。這顯示了《史記》的素材，與旅行獲得的資訊之間是有差異的。換言之，司馬遷的旅行，就理解作為歷史背景的地理、上古的歷史認識以及人物的評價與命運而言，雖是貴重的體驗，但並非以資料蒐集為目的。

這趟旅行結束後，司馬遷便出仕為官；他是透過怎樣的方式，被拔擢為官員的呢？漢代雖有多種任官方式，但在張家山漢簡《二年律令》的〈史律〉中有成為史官的規定：「史與卜、祝學童。」自十七歲起歷經三年學習後，會於八月的時候，在太史、太卜、太祝處接受測驗；換言之，太常所屬的太史、太卜、太祝，全都是史官。又，根據別的《史律》，學史的學童若是能夠默背、書寫五千字以上（《漢書·藝文志》小學家中的規定，則是九千字以上），就能夠成為史。故此一般而言，要成為史官就得符合這些規定。

可是在武帝時期，又有了新的任官方法，那就是前一二四年（元朔五年）設立的博士弟子制度。這是依循儒學，在博士底下設立弟子的官吏錄用制度，其方法是：太常選出年紀十八歲以上、容貌品行端正的人，作為博士弟子。被選出的人可以免除徭役，一年後進行測試。測試結果，如果成績（一）通一藝（一經）以上者，可以補文學掌故的職缺；（二）可以擔任郎中的優秀者，由太常造冊列簿；至於（三）特別優秀者，則直接將其名上奏。

司馬遷在前一一八年（元狩五年）十八歲時或次年，成為博士弟子；至於二十歲的旅行，則是在博士弟子測驗合格後展開的出仕前旅行，其目的是要學習禮儀，而非進行著作取材。之後司馬遷成為郎中，就是符合了規定的優秀資格。郎中是警衛宮殿的郎中令底下的屬官，任務是在皇帝外出時擔任戒備。從這樣的經歷，就可以比較簡單地理解司馬遷的旅行和任官之間的連續關係了。

司馬遷成為郎中後，在前一一二年（元鼎五年）隨同武帝展開巡行，並在第二年成為派遣到西南夷的使者；當他從這趟旅行歸來後，便和留在洛陽的父親見了面。可是他真能如這時父親所望，成為繼承太史令一職的兒子嗎？這裡就要談談繼承父業的規定。

《二年律令》的〈傅律〉中規定，「疇官各從其父疇」（世襲的官員，當追隨其父世襲為官）。漢代的律也規定「年二十三，傅之疇官，各從其父學」（《史記・曆書》如淳注）。司馬遷在後來的〈報任少卿書〉中就說，「僕賴先人緒業，得待罪輦轂下，二十餘年矣」、「主上（武帝）幸以先人之故，使得奉薄伎，出入周衛之中」。所以司馬遷得以繼任為太史令，應該是和父親的職務有關，早就按規矩預定好的吧！若是如此，則司馬談對兩人相繼成為太史令的命運，應該會有更切身也更實在的感受。

司馬遷在二十六歲父親過世後，第二年跟隨武帝東巡，祭祀黃河。接著在前一〇八年，他以二十八歲之齡繼承父親成為太史令。至此司馬遷遍覽貴重的「石室金匱之書」，利用天下遺文、古事鉅細靡遺皆集於太史公之手的有利環境，開始進行自己的著述。

前一〇七年（元封四年），他陪同武帝前往北方，觀看接近匈奴的風土。第二年，他又陪同前往南方長江到山東的巡行。在這些巡行中，司馬遷得以貼身觀察憧憬神仙的武帝性格，並親眼見聞外征與祭祀造成的財政負擔，以及戰爭與災害的實際狀況。

接著，司馬遷在前一〇四年（元封七年、太初元年）夏五月，負責改曆工作；這就是將十月開始的秦曆改掉，改成以正月為歲首的太初曆。這是追隨古代帝王、改正秩序的一連串事業之完成點，從此以後，司馬遷便對新時代的開始抱持期待。

這時，司馬遷向一起進行改曆的壺遂提及著述的構想。壺遂問他：「孔子之時，上無明君，下不得任用，故作《春秋》，垂空文以斷禮義，當一王之法。今夫子上遇明天子，下得守職，萬事既具，咸各序其宜，夫子所論，欲以何明？」對此司馬遷則回答說：《春秋》採善貶惡，我則是「述故事，整齊其世傳，非所謂作也，而君比之於《春秋》，謬矣」。也就是說，父親和他自己的構想，就是繼承《春秋》

的禮義、進行善惡論斷，從而將散佚的舊聞與故事、世傳加以集結編纂。

只是，漢朝改革的部分，就只有和正統相關的祭祀禮儀領域，至於中央官制、法制與地方行政的營運，則都是繼承秦的制度。也正因此，對歷史變遷擁有強烈意識的，並非負責漢代實務的官府，而是解釋祭祀禮儀源流的天官。

這時，司馬遷開始追尋歷史的起源。經書中的《尚書》（《書經》）雖是始自堯、舜、禹，但其實可以一路追溯到黃帝，其理由是因為在經書的異聞中，最初進行巡狩、封禪與編纂曆法的，據傳都是黃帝。司馬遷走過與黃帝有因緣的地方，清楚感受到當地的風俗教化。而歷史的下限，則是直抵比武帝封禪更晚、一連串事業完成的太初年間。就這樣，司馬遷在太史令時代，已經對古代中國的歷史進行了構思。

二、漢朝與各民族——東亞的世界史

接下來成為問題的，是對各民族的處理方式。漢朝在周邊和各民族展開接觸，特別是武帝時代隨著外征，對世界的認識日益廣泛。故此，《史記》在武帝時代的人物間，配置了各民族的列傳；在這當中，呈現了漢朝對各民族的理念，以及司馬遷本人的體驗。

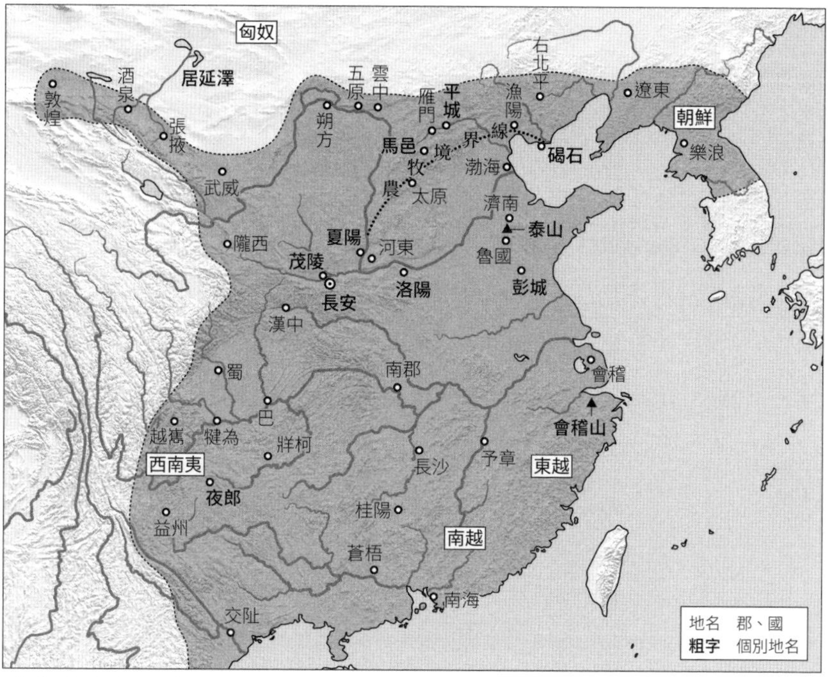

武帝時代的疆域

遊牧國家匈奴的資訊

中華所獲得的夷狄資訊，以北方民族為最早。《史記．匈奴列傳》說，他們的始祖是夏后氏（夏朝）的後裔，早在堯舜時代以前，就在北方遊牧。也就是說，在司馬遷自有的視角中，匈奴是中國的一部分。

戰國時代，華北的秦、趙、燕等國和胡（北方的異族）作戰，並在北方築起長城；長城是位在農耕與畜牧分界線稍微外側一點的位置。秦始皇滅六國後，命蒙恬率領三十萬大軍討伐北方的胡：接著，秦朝沿黃河建立城塞，築起縣城，遷徙罪人作為守備隊，並開闢通往北方的軍用道路直道。他們也繼承戰國各國的長城，築起從臨洮到遼東的萬里長城。可是當蒙恬過世、二世皇帝的時候，諸侯背離了秦，邊境的士兵也紛紛造反；這些都是人們在向來的中國歷史中相當熟知的資訊。

這時候，匈奴正值冒頓單于（前二〇九－前一七四年在位）的時代。冒頓殺害父親頭曼單于，自立為單于（匈奴之王）；他在東方擊破東胡，又將月氏逐往西方，勢力日張。接著他把被秦奪走的土地搶回來，趁項羽和漢王劉邦的戰爭而變得強大，形成一個遊牧國家。〈匈奴列傳〉說，從這以後，我們才能得知匈奴王的世系，以及左賢王、右賢王、左右谷蠡王等官名；這是為什麼？

漢高祖在平城被匈奴包圍後，派遣劉敬和對方議定和約；又，在呂后的時代，迄今為止沒有文書的匈奴，向漢朝送出了一封無理的書信。因此關於冒頓單于的資訊，大概是在匈奴整飭國家體系的同時，隨著漢朝使者與外交書信，首次得以詳細獲知的吧！當然，這當中也包含了傳說的成分。

文帝的時候，匈奴的資訊更進一步增加。文帝雖然攻擊匈奴，但在前一七六年針對單于的書信，回信表示「漢朝將維持迄今為止的政策，繼續進行和親」。之後，冒頓單于過世，老上單于（前一七四－前一六〇年在位）即位，而文帝也和高祖時期一樣，以宗室之女稱公主嫁給單于，並讓燕人宦官中行說隨行；結果中行說投降單于、受到寵愛，告知匈奴漢朝的制度和資訊。

中行說曾就匈奴的生活與習俗，和漢的使者展開對話。〈匈奴列傳〉中說，匈奴雖然沒有城郭、定居地、耕地，但有堪稱領土（territory）的領域，其習俗是逐水草而遷徙的遊牧民。他們以畜牧和狩獵維生，危急之際會學習軍事、展開侵伐，這是他們的天性。他們看到情勢有利，就會積極前進，看到不利，也不以退卻為恥。

專攻中央歐亞與考古學的林俊雄先生說，《史記·匈奴列傳》中所見的習俗，和希羅多德《歷史》

中斯基泰遊牧民的習俗，有著驚人的相似。希羅多德的記述特徵，是以人們的口頭傳述與風聞傳承以及旅行見聞寫成，內容類似於地理志，但《史記》的記述則非旅行見聞與傳承。

司馬遷會前往大行的禮官處，閱讀禮儀的史料（《史記・禮書》序）。大行官原本是秦朝官制的典客，也就是掌管諸侯與歸順蠻夷的官員；在前一〇四年（太初元年），它又改名為大鴻臚。這個機構除了禮儀紀錄外，應該也存有遣外使者的報告、匈奴的書信以及降伏蠻夷的紀錄；因此《史記》外國列傳的素材之一，很可能就是這個機構的紀錄。

漢與匈奴的戰爭——衛青的活躍

武帝即位之初，漢與匈奴保持和親關係，國境的關市也很熱鬧、雙方彼此親近。這時候，武帝聽說被匈奴擊破的月氏，正找不到共同討伐仇敵的盟友，於是便招募前往遷徙至西方的大月氏之使者。當時身為郎的張騫接下了這個任務，於前一三九年（建元二年）率領一百多人向西域出發；張騫直到十三年後才成功歸國。

漢與匈奴的戰爭，以前一三三年（元光二年）的馬邑之役為轉機。雁門郡的馬邑（山西省朔州），和高祖被匈奴圍困的平城一樣，位在農耕與遊牧的邊界地帶。武帝對匈奴打破和親、屢屢入侵邊境感到憂心，於是諮詢大臣，打算展開攻擊。這時大行王恢向匈奴偽稱，「馬邑縣城打算投降，可以獲得很多財物」，以此引誘單于；單于果然率領十餘萬騎進入長城關塞，但看破了漢軍的埋伏，於是引兵撤退。此後，匈奴便斷絕和親、屢屢襲擊邊境；雖然關市的交易仍持續進行，但漢與匈奴不久便展開了全面戰爭。

前一二九年（元光六年）秋天，漢派車騎將軍衛青從上谷出擊（第一次出動，以下是衛青的出動次數）。這時衛青的戰績是首虜（首級與俘虜）七百級。漢也從代與雲中出動將軍，將軍李廣則從雁門出動。這些將軍各率萬騎，但李廣軍敗退，李廣本人也被匈奴俘虜，不過後來成功逃回。之後李廣被判處死刑，用金錢贖罪，被貶為庶人——這是以示負責的方法之一。

前一二八年（元朔元年），衛青率三萬騎從雁門出動，獲得首虜數千級（第二次出動）。第二年，匈奴入侵上谷、漁陽時，衛青率數萬騎從雲中出動，獲得首虜數千級、家畜數十萬（第三次出動）。結果，漢朝占領了黃河的鄂爾多斯一帶（內蒙古自治區），設置朔方郡和五原郡，更在第二年建築朔方城。透過這種方式，和匈奴的戰爭可以省去從遠方運輸糧食，直接從朔方郡出動。

張騫歸國與絲路開通

前一二六年（元朔三年），張騫歷經十三年，終於從西域歸國。得知此事的武帝與時人，大概是驚訝地前來迎接吧！張騫雖然在往返路上被匈奴長期拘留，但仍帶回了它所見聞的西域諸國資訊。在《史記·大宛列傳》中，作為向武帝上奏的報告，張騫記載了走訪的大宛與烏孫、康居、奄蔡、大月氏、安息、條支、大夏之見聞。透過他的資訊，漢朝動了讓西域前來朝貢的念頭。

在這之後，武帝也屢屢向張騫打探西域的資訊，並思考若和烏孫王攜手，就能牽制匈奴。於是在前一一九年（元狩四年），張騫再次率領三百人，帶著每人兩匹馬、牛羊萬頭、價值數千億的黃金與布帛，前往烏孫出使。這時，他把同行的副使們派往大宛、康居、大月氏、大夏、安息、身毒（印度）、于闐等地，自己則和烏孫王的使者與良馬數十匹一同歸國。

張騫後來成為大行令，但在回國第二年的前一一四年（元鼎三年）就過世。之後，副使們紛紛帶著各國的人一起歸國，展開正式的交流，絲路於焉開通。這是司馬遷擔任郎中時的事。

與匈奴戰爭的擴大——霍去病之死

言歸正傳，前一二四年（元朔五年）衛青率領六將軍、士兵十餘萬人，從據點朔方出擊，直抵西方的高闕（第四次出動）；這時熟知匈奴地理的張騫也一起從軍。衛青的戰功增加，獲得首虜一萬五千級。

前一二三年（元朔六年）春天，升任大將軍的衛青率領六將軍、十餘萬騎從釘襄出擊，斬首三千餘級（第五次出動）。同年夏天，他率領六將軍再次從定襄出擊，獲得首虜一萬數千級（第六次出動）。衛青的匈奴戰爭雖有戰功，但漢軍的損失也很大。這時期衛青的外甥、年輕武將霍去病也參戰，與匈奴的戰爭日益激烈。

前一二一年（元狩二年）春天，驃騎將軍霍去病從隴西出動，斬首虜八千餘級。同年夏天，霍去病從北地出發，過居延進入匈奴之地，斬首虜三萬餘級。這時張騫和李廣也從東方的右北平出擊，李廣雖然殺死眾多匈奴人，但也喪失了四千多軍隊，隻身而歸；至於張騫則因為遲到、沒能趕上援助李廣被判死罪，以金錢贖罪，被貶為庶人。

這年秋天，匈奴的渾邪王率眾四萬餘人降漢。以此為契機，漢朝受到的匈奴威脅減輕，第二年設置了武威、酒泉郡，擴大領土。

前一一九年（元狩四年），衛青從定襄出動（第七次出動），霍去病則從代出擊，兩人各率五萬騎，後面還有數十萬步兵尾隨。衛青斬首虜一萬九千級，霍去病則收穫更多，獲得首虜七萬餘級。相對於這樣的戰功，兩軍也損失了數萬名犧牲者。同時，李廣從東方的迂迴路徑出發，卻因為遲到而被判死罪。這次李廣沒有贖罪，而是自殺身亡。司馬遷在年輕時曾見過李廣將軍，對他的死深感同情。

相對於此，他對霍去病的評價則相當冷淡。畢竟霍去病率領的部眾都是千挑萬選的精銳，即使老練諸將配置的士卒、馬、兵器，都不及霍去病的軍隊。另一方面，霍去病也是從有利的場所出動，其他將軍則是身處於迂迴路徑等不利的狀況下。熟知邊境情勢的李廣和張騫之所以會遲到無法會合，或許正是因為這樣的軍隊組成與出動路徑之故。

武帝日益重用霍去病，衛青的勢力則是日衰。但是霍去病在前一一七年（元狩六年）英年早逝，漢也一時暫停攻擊匈奴。

武帝積極推動和匈奴的戰爭，之後也經營河西四郡（武威、酒泉、張掖、敦煌）。從領土擴張的角度來看，這是相當輝煌的成果，但外征也和天子禮儀有關。

武帝在前一一〇年（元封元年）冬十月，親自前往朔方對十八萬騎進行閱兵，向匈奴誇示力量。可是，這並不只是單純的示威行動而已。據〈封禪書〉的說法，這是武帝遵循「古者先振兵澤旅，然後封禪」的建議所為。換言之，皇帝在泰山封禪，並不是因為天現祥瑞，或是對人民災害等感到憂心，而是追尋讓各民族臣服的德；因此，邁入武帝時代後，對匈奴的策略，遂具備了展示天子之德的新意義。關於這點，在其他方面也是一樣的。

司馬遷與西南夷的認識

《史記．西南夷列傳》中說，在巴、蜀（四川省）西南方，有夜郎與滇、邛都、筰都、冉駹、白馬等民族。其中滇王的祖先，是戰國時代曾任楚國將軍的莊蹻。莊蹻溯長江而上，攻略巴、黔中以西，壓制滇池（雲南省），使之臣服。但是當他要回去的時候，秦國奪走了楚地，導致巴與黔中郡的道路斷絕；於是莊蹻只好折返滇地，在那裡率眾稱王，並改變服飾、遵從當地的習俗。這段故事，是先秦書籍中所不曾見到的資訊。

前一三五年（建元六年），王恢攻擊東越的時候，武帝派遣番陽（江西省）縣令唐蒙前往南越；當時唐蒙品嘗到蜀的珍味枸醬，得知這種醬是經由牂柯江的路徑運來。唐蒙回到長安後，便上書建議開拓從蜀到夜郎（貴州省）的交通路徑，動員夜郎的兵力沿牂柯江而下，攻擊南越。

於是唐蒙被任命為中郎將，徵召巴蜀吏卒一千人，以及負責輸送輜重的人伕一萬餘人，向夜郎進軍，卻引發了當地人們的混亂。武帝於是又命令蜀地出身的司馬相如撰寫一篇〈諭巴蜀檄〉，公布說「無理徵召並非出於皇帝的意志」。之後，唐蒙會見了夜郎侯，約定好在當地設置漢朝官吏，並以該地為犍為郡。

接著，武帝又以司馬相如為中郎將，派他前往西夷之地；西夷的君長紛紛請求作為內臣（漢的臣下），並除去邊境的關卡，歸入蜀郡管轄。可是說西南夷統治不便的人很多，且又屢屢掀起叛亂，所以在前一二六年（元朔三年），武帝終止了對西夷的經營，只留下南夷和夜郎兩縣，設置一名都尉，轉而專注於北方的匈奴。

之後漢朝再次涉足西南夷，則是因為張騫的資訊。前一二二年（元狩元年），張騫提及之前去大夏的時候，曾經看見從身毒商人手中買來的邛（四川省）竹杖與蜀布，因此建議開通西南路徑。於是武帝派遣使者，和滇王花費一年多探尋道路，但都受阻於昆明，無法抵達身毒。據說這時候滇王與夜郎侯都不知漢的廣大，開口便問：「漢與我國哪個大？」

前一一一年（元鼎六年），和攻擊南越相關，漢朝平定了妨礙通往滇道的頭蘭，置當地為牂柯郡。這時候夜郎侯入朝漢朝，被封為夜郎王。接著漢又平定西南夷，置越嶲郡、沈黎郡、汶山郡、武都郡。

這年，司馬遷成為派遣到西南夷的使者。在〈太史公自序〉中，他說自己「奉使西征巴、蜀以南，南略邛、筰、昆明，還報命」。這時候他已經知道夜郎之地通往南越，司馬相如計畫擴張西夷領地，卻因為關注匈奴，而導致對西南夷的策略中止，此時還有從西南夷通往身毒的計畫失敗等事。因此司馬遷這趟西南夷之行，無疑也讓他對南越和匈奴的世界開了眼界。

之後武帝又派遣使者，催促滇王入朝。滇王離難一開始把催促當成耳邊風，但前一〇九年（元封二年）終於降伏，請求設置漢朝官吏並入朝。於是漢朝以當地為益州郡，並賜給滇王王印。

司馬遷在〈西南夷列傳〉的論贊中說，秦滅諸侯後，只有楚的子孫作為滇王延續下去，「難道說楚的先祖有天祿庇佑嗎」？和匈奴一樣，他並沒有把滇王的由來當成異族，而是認為他們因為敬奉祖先，所以才會繁榮。

東越、南越的世界

漢代的閩越王與東海王，是自稱大禹後裔、春秋時代越王句踐的子孫（姓為騶氏）。始皇在最後的巡行中，曾訪問會稽山（浙江省紹興市）、祭祀禹，司馬遷也走訪了禹墓；當地現在仍有大禹廟。越在戰國的楚被滅、秦朝統一天下後，將其領地置為閩中郡。可是當諸侯反叛秦朝的時候，越的子孫和吳芮（後來的長沙王）一起行動，在漢與項羽的戰爭中，站在漢王一邊。故此，高祖封騶無諸為閩越王，惠帝封騶搖為東海王（東甌王）。

前一三八年（建元三年），閩越包圍東甌，東甌向漢朝告急，於是漢從會稽郡出兵；結果閩越退卻，東甌則移居到江淮地區（長江與淮河之間）。前一三五年（建元六年），閩越攻擊南越，南越不出動軍隊，而是向天子報告。

首任南越王趙佗，原本是秦的官吏。他是真定（河北）人，原本是南海郡龍川縣的長官，當秦末爆發大亂（陳勝吳廣之亂）之際，他奉命擔任南海郡的代理尉。秦朝滅亡後，趙佗獨立成為南越國武王，定番禺（廣東省廣州市）為都。高祖在前一九六年（漢一一年）派遣陸賈，認可趙佗為南越王。呂后時代，他自稱南越武帝，攻擊長沙國的國境，也向閩越地域擴大勢力。

文帝時代，再次派遣陸賈為使者前去；南越王針對稱帝一事，寫了封書信表示謝罪，並稱願意作為藩臣、向漢朝納貢。然而實際上，他們雖然對漢朝稱臣，在國內卻仍然使用帝號。趙佗過世後，孫子趙胡（趙眛）稱南越文王；之後閩越便對南越展開攻擊。

武帝派王恢從豫章（江西省）出兵、韓安國（？—前一二七年）從會稽郡出動，但在抵達南越之前，閩越王的弟弟騶餘善已經殺了國王請降，於是漢朝撤兵。這時，漢朝封騶無諸的孫子為越繇王、騶餘善為東越王；南越王也讓太子長居長安，當太子成為南越王後，他的兒子趙興又繼位為王。

前一一三年（元鼎四年），漢要南越和國內的諸侯王一樣入朝。南越王透過使者上書，請求三年一度入朝，並廢止國境的關卡。但南越的丞相反對從屬於漢，於是率兵殺死王太后與漢朝使者，接著又擊破前來討伐的漢軍。

前一一二年（元鼎五年），漢分四路朝番禺出兵；伏波將軍路博德從桂陽（湖南省）出發、樓船將軍楊僕從豫章出發；另外兩位將軍從零陵（廣西壯族自治區）出發，其中一人沿灕江而下；還有一位將軍率領巴蜀罪人、徵召夜郎兵，沿牂柯江而下。

前一一一年（元鼎六年），楊僕燒毀番禺的城郭，城中軍民投降路博德軍。其他軍隊還沒有抵達，南越就已經平定。於是南越國五代而滅，設置南海、蒼梧、鬱林、合浦、交趾、九真、日南、珠崖、儋耳等九郡。

這時東越王對漢掀起叛旗，但在第二年（元封元年）被繇王騶居股所殺。繇王投降漢軍，被封為萬戶的東成侯。對此司馬遷在〈東越列傳〉的論贊中說，越的子孫直到武帝年間，仍能以萬戶侯之姿殘存下來，這不能不說是「禹之餘烈」（先人留下的功業）。越的居民被命令全都移居到江淮地區，東越之地的住民遂為之一空。

朝鮮四郡的設置——世界史的創造

武帝時代最晚設置的郡縣是朝鮮。《史記．朝鮮列傳》說，第一位朝鮮王衛滿也是中國人，且與匈奴和代的情勢彼此連動。

漢朝一開始立臧荼為燕王，但前二〇二年（漢五年）臧荼謀反，於是漢改以和劉邦同鄉的盧綰為燕王。可是在和匈奴聯手的陳豨於前一九五年（漢一二年）被殺後，燕王盧綰因為害怕被判共謀罪，而在高祖過世後逃亡到西方匈奴處。

這時原屬燕王麾下的衛滿，帶了一千餘人之眾改換蠻夷服裝，出東方城塞，渡浿水（鴨綠江），以一座秦朝時代的空城塞為據點。接著，他陸續讓真番與住在朝鮮的蠻夷，以及過去從燕、齊流亡而來的人們服從，遂於王險（平壤）定都稱王；這就是第一位朝鮮王。

惠帝、呂后時代，遼東太守打算和衛滿約定為外臣，令他不得妨礙蠻夷入朝。皇帝許可這個作法，於是衛滿獲得兵力與財物，攻陷附近的小城邑，真番和臨屯的住民也都臣服，從而支配了四方數千里的領域。直到他的孫子衛右渠稱王，朝鮮王始終不曾入朝拜謁天子；就連周邊的國家想謁見天子，也都無法通過他的領地。

武帝在前一一〇年（元封元年）於泰山封禪，從海上抵達靠近朝鮮的碣石（遼寧省綏中縣），第二年又前往東萊（山東省）與泰山。這兩次巡行，司馬遷都有隨行。這年（前一〇九年），武帝派遣使者責備朝鮮王衛右渠，但他拒絕遵從漢朝的詔令。於是武帝從罪人中募集了遠征朝鮮的志願兵。

這年秋天，曾與南越作戰的樓船將軍楊僕率領五萬兵力，從齊地沿海路渡過渤海灣攻打朝鮮。另一方面，左將軍荀彘則從遼東半島的陸路引兵前進。楊僕率領七千名齊兵抵達王險，但敗北逃往山中，之後才把散卒重新收攏集結。荀彘的屬下也敗北，在浿水之西與朝鮮軍交戰。

之後，荀彘包圍王險城的西北，楊僕則布陣在城的南方，但衛右渠堅守城池，幾個月過去都沒能攻陷。楊僕與荀彘都打算和朝鮮講和，但兩人的關係日益惡化，於是武帝命令濟南太守公孫遂赴朝鮮遠征，結果公孫遂逮捕了楊僕。

在第一線，荀彘合併了楊僕的軍隊，再展開攻擊。這時朝鮮的宰相、將軍們協議逃亡，投降於漢；前一〇八年（元封三年）夏天，降漢者派人殺死衛右渠，但王險城並未陷落。荀彘於是派衛右渠之子衛長等人前去，對民眾發布公告、進行曉諭，才終於平定朝鮮。衛氏朝鮮至此滅亡，漢在當地設立了真番、臨屯、樂浪、玄菟四郡。這也是元封年間的事。

說到底，太史令和現實政治並無關係，但司馬遷至此為止，已經踏入過西南夷，也到過匈奴與越、朝鮮附近旅行，因此他可以基於漢朝的資訊與自己的體驗，對外部各民族的世界進行想像。之後武帝要求各民族臣服、將這些地域納為邊郡，時間大多集中在首次封禪之祭前後。這些民族的國王，都被視為來自中國。故此，司馬遷在武帝時期人物之間加進了民族列傳，創造出《史記》的世界史。在這當中，他探討了各民族的興亡，以及將軍們的功過。這和《漢書》以後的外國列傳，將他們當成夷狄分門別類，有很大的差異。

三、李陵之禍與《史記》的完成（至征和年間）

就這樣，三十出頭的司馬遷，以漢朝的資訊與自身的體驗為基礎，在武帝即位約四十年、擔任太史令的時代中，構思了古代中國的歷史與世界史。這時候的司馬遷對壺遂說：「漢興以來，至明天子（武帝），獲符瑞，封禪，改正朔（曆法），易服色，受命於穆清，澤流罔極，海外殊俗，重譯款塞，請來獻見者，不可勝道。」

這時候，禮儀的改革、國內的統治與諸民族的對策全都已經達成，因此若是著述完成，照理說應該會是一部稱頌漢朝的史書才對；但司馬遷從這個時期開始，就已經對武帝的事業產生疑問，並對政治進行批判。

《史記．大宛列傳》中記載，在太初曆編纂以前，武帝前往東方巡視時，曾帶著異族的使者同行，每到一處必定對他們大加賞賜，以示漢朝的富裕。不只如此，還有雜耍跟特技表演，以及酒池肉林的享樂；回到長安後也讓外國客人觀看倉庫與府庫的財物，好讓他們大吃一驚。然而司馬遷看穿了一切，因此評論說：「從這時候起，雜耍特技就不斷推陳出新。」

司馬遷或許在這時候已經發現，武帝除了傾慕神仙以外，也有很多不符天子應有形象的作為；這對後來的李陵之禍也有影響。

為李陵辯護

漢在霍去病過世後，與匈奴的戰爭也暫告一段落，但隨後又再次展開與匈奴的戰爭，並開始涉足西域。前一〇四年（太初元年）秋天，武帝任命李廣利為貳師將軍，率領屬國六千騎與郡國惡少年數萬人遠征大宛，目的是要把大宛的天馬（據說會流出血汗的汗血馬）帶回中國。李廣利一度失敗，退回到玉門關（敦煌郡的西側國界），但武帝不許他入境，要他再次遠征。前一〇一年（太初四年）春天，李廣利終於帶回大宛王的首級與汗血馬。

前一〇〇年（天漢元年），武帝派蘇武為使者，帶著豐厚的禮物前往匈奴；但是匈奴新即位的且鞮侯單于（前一〇一—前九七年在位），並未展現出漢朝所期望的禮數。於是匈奴與漢重啟戰端，漢朝派出李廣利與李陵和匈奴作戰。

第二年夏天，李廣利率領三萬騎從酒泉出擊，和右賢王在天山交戰，獲得首虜一萬，可是漢軍損失了六、七成的兵力。這時騎都尉李陵原本應該要率領輜重隊為李廣利軍隊進行物資補給，卻請求率領五千步兵與匈奴作戰。武帝覺得這個請戰的要求頗為不錯，但以身為後衛為恥的強弩都尉路博德，卻上書要求延遲李陵的出擊。結果武帝誤解，以為李陵後悔了，於是下詔要他速速出擊。

李陵軍接獲詔令，於是向居延以北出擊，和單于的軍隊竭力死戰，但最後投降了匈奴；當時能成功歸塞的，只有四百人左右而已。

朝廷於是開始議論李陵的罪行。武帝希望李陵是戰死的，於是召喚李陵的母親與夫人，請擅長觀察人相的相士觀之，卻看不出有死亡的動靜。之後武帝聽聞李陵投降匈奴，勃然大怒，群臣也全都要求對李陵定罪，於是武帝召來太史令司馬遷，問他的意見。

司馬遷被召喚到軍事會議上，只是偶然嗎？佐藤武敏認為是公卿知道司馬遷反對定罪李陵，所以才採取這樣的程序。但太史令參加會議，也不是沒有前例；前一一二年（元鼎五年）漢朝征伐南越的時候，司馬談就曾經奉靈旗，指向應當征伐之國。

又，在武帝晚年的輪臺之詔中，也可以看見對太史的召問。當時他用易算占卜對匈奴戰爭的吉凶，結果判斷匈奴會困敗。方士和太史用天文的占星與望氣（以氣象預言的法術）占卜，太卜用卜筮占卜，結果都是吉象，於是發動戰爭（《漢書．西域傳》渠犁條）。因此司馬遷大概就是在這種狀況下被召來占卜戰爭，並趁機把平日想說的話講出來勸諫吧！

司馬遷說，他雖然沒有和李陵把酒言歡的親密關係，但認為此人有國士之風。且李陵的功績值得廣傳天下，他在萬死無一生的計畫下出動，結果僅僅因為一場失敗，就被我們這些保全自身、頤養妻兒的人臣定罪，這不是很讓人心痛嗎！在這裡，他對朝廷的人們做出了強烈的批判。

司馬遷認為，李陵的敗因是救兵不來之故，而這又與李廣利的本隊延遲救援李陵的主張有關。一直以來，武帝都希望寵愛的李夫人之兄李廣利能立下功績；司馬遷的意見，等於是否定了這件事。如果李廣利遲於救援，那按照匈奴戰爭的前例，應當定為斬罪（死罪），也就無法得到功績。結果，司馬遷被看成替李陵辯護而毀謗貳師將軍，遭交給負責審判、刑罰的廷尉進行審議。廷尉審議之後，認為司馬遷對武帝進行虛偽的誣罔，判決他死罪。這年，司馬遷三十七歲。

漢代可以用金錢贖死罪，但司馬遷沒有足夠財產，只好用宮刑代之，讓自己苟活下來。因為宮刑，他變得身體殘缺，無法祭祀先祖。

中書令與著述的變化

司馬遷受刑罰後，從幽閉的監獄中被放出來，在前九七年（天漢四年）左右，成為少府所屬的中書令（中謁者、中書謁者令）。這時候武帝已經後悔沒給李陵援軍，於是派遣使者，慰勞李陵軍的脫困者。司馬遷成為中書令，也與武帝的後悔與恩赦有關，且據說頗受尊寵。可是在漢初的《二年律令》的〈秩律〉中，中謁者與太史令同樣是官秩六百石，且和一般的官職相異，是由宦官從事的職務。

司馬遷感嘆說：「是余之罪也夫！是余之罪也夫！身毀不用矣。」他對成為中書令有強烈的屈辱感。可是為了完成著述，他斷然選擇了屈辱地活下來。在這種逆境下，司馬遷直到太始年間，都專注在完成父親與自己的《太史公書》。

受到刑罰、成為中書令，讓他在著述的編纂上產生變化。在〈太史公自序〉中，他在李陵之禍後，列出發憤著述、流傳後世的人們。接著他更在〈報任少卿書〉中，展現出對忍受屈辱的李斯與淮陰侯韓信等人的共鳴。這種對不遇之人的寄予同情，和〈伯夷列傳〉中質問「天道，是邪非邪？」（天道究竟是正確，還是錯誤呢？）的心情是相通的。

另一個變化，是著述的取材與歷史觀。司馬遷在成為中書令後，更進一步獲得少府的財政資料；透過這些資料，司馬遷再次對歷史進行批判性思考。

《史記．貨殖列傳》描繪了因手工業等獲得鉅萬財富的人物。這篇列傳將漢代的地域分成九曲，分別描述當地的地利與交易、物產、交通、都會、道路、山川的特色，以及與漢周邊之交流等風俗地理；這是基於對〈禹貢〉九州的意識而來。

傳說中，禹在治平洪水之後，按照地方產物制定了〈禹貢〉的貢賦；在這當中，呈現了按照地方特色治理民眾的公平姿態，可是在武帝的時代，並沒有實現公平負擔。關於這點，在《史記・平準書》中可以看到。

漢代的國家財政，包括了由農民負擔、繳納穀物的租稅（田租），與用錢繳納的人頭稅（算賦），這些都歸大農（後來改稱大司農）管轄。相對於此，山川、園池、市井之稅，則歸於奉養天子（帝室財政）。

武帝時期財政疲敝的原因，包括與匈奴戰爭相關的軍費與賞賜、黃河的治水事業、漕運路線的建設、皇帝的祭祀與封禪、巡狩等。作為對策，武帝採取發行貨幣、賣爵、賣官、強化對商人的課稅，以及告發逃稅的告緡等。特別是元狩年間，將鹽鐵歸於國家專賣，並將其管轄權由少府轉移到大農。元鼎年間設置輸送產物的均輸官，元封年間又在京師（長安周邊的中心地帶）設立收受各地物資的平準府。透過這種鹽鐵專賣與物資流通，漢朝的財政變得豐裕。可是這時巨大的少府帝室財政，陸續被移管到大司農的國家財政下。司馬遷對這種財政政策進行了嚴厲的批判。

司馬遷在〈平準書〉的論贊中說，〈禹貢〉的貢賦因應地方形勢，被認為是公平的表徵，但武帝時期的政策與土地生產無關，只是一味進行物資調度。〈平準書〉以卜式的批判作結。元封元年乾旱之際，卜式上書說：「若是將實施新政策均輸、平準的財務官桑弘羊烹殺，那麼天就會降雨了吧！」這或許可以看成是擔任中書令的司馬遷，在看了少府的史料後，重新審視武帝事業導致財政匱乏的結果吧！

既然如此，那圍繞漢朝周邊的世界，又是怎樣的形貌才算理想？《史記．匈奴列傳》的論贊，展現了他的某種認識。他說：「堯雖賢，興事業不成，得禹而九州寧。且欲興聖統，唯在擇任將相哉！」這是直接對漢朝在匈奴政策方面任用人才的批判。對匈奴的策略，有和親和征伐兩種方法。賈誼認為和親政策是讓漢與匈奴的立場逆轉，因此不敢苟同（《漢書．賈誼傳》）。之後武帝開始外征，但司馬遷反對這種一味阿諛的大臣與將軍發動的戰爭。

司馬遷的理想，大概就是〈禹貢〉這樣的秩序吧！〈禹貢〉的五服（從王都每五百里，分別是甸服、侯服、綏服、要服、荒服），將往四方延伸的領域分成五等分。簡單說，司馬遷就像對壺遂所說的一樣，認為對遠方民族不該行使武力，而是應該讓他們仰慕天子之德前來謁見、期盼從屬才對。故此，司馬遷才不將武帝時期的人物與各民族列傳加以分開。

在《漢書．匈奴傳》的論贊中，班固在解釋〈禹貢〉九州五服的同時，也支持王莽時代嚴尤的論點。他認為，因為對方不守約，所以和親不是很充分的作法，但征伐又是疲敝、消耗的下策。所以對於夷狄，要把他們區別在荒服、也就是外部，來則防禦，納貢則以禮儀待之，這才是常道。簡單說，這是相對於內臣、將匈奴區別於外的想法。

但是司馬遷渴望的，是天子在國內繼承自古以來的正統，並因應各地風俗經濟進行調和的社會。同時他也認為在中國邊郡的外側，應該形成以天子之德讓各民族共存的理想世界。為此，司馬遷在〈平準書〉與〈匈奴列傳〉中對武帝的政治提出批判。

武帝的晚年與司馬遷

司馬遷在失去太史令的職位後，依然在逆境中著述編纂，但晚年的武帝也發生了不幸事件，那就是前九一年（征和二年），戾太子劉據（衛皇后之子、皇太子）涉入詛咒武帝的事件（巫蠱之亂）。遭到武帝懷疑的戾太子，發兵和丞相的軍隊在長安作戰，敗退後在京兆尹的湖縣自殺。武帝後來知道戾太子的清白，感到後悔不已。

四十五歲的司馬遷，在這起事件中失去了友人田仁與任安。田仁這時正好是司掌長安城門的司直，他因為太子和過去所屬的衛青將軍有血緣關係、又是皇帝的骨肉至親，所以放他遠去。之後武帝以田仁打開城門為由將他下獄，並以腰斬之刑處死他。

任安在太子發兵時，擔任防衛長安北軍的監管之職，他過去也在衛青將軍麾下。他接受太子的召喚、拜領了太子的節，但閉門不出兵。武帝認為任安懷有貳心，也將他下獄誅殺。

司馬遷之所以寫〈報任少卿書〉，就是明白任安在獄中，很快就要被處死之故。在這封信中，司馬遷將一直隱藏的李陵之禍來龍去脈、被幽閉的心情，以及為了將著述留存後世而苟延殘喘的理由，用悲痛的感情記載下來。這時《太史公書》一三〇篇，已經接近完成階段。

司馬遷過世的時間不詳，但據說是在武帝逝世的前八七年（後元二年）左右。這時候他年約五十歲。我們並不清楚司馬遷是否知道武帝的死訊，但司馬父子的生涯，完全可說是受到武帝時代所翻弄。

《史記》的編纂與歷史觀——它是怎樣的一部書?

據〈太史公自序〉所言,《史記》的本紀是敘述王跡的興起、開始與終結,觀察其盛衰、從而敘述王者的事跡。司馬遷在以黃帝為首的〈五帝本紀〉、夏、殷、周三代之後,設置〈秦始皇本紀〉到楚的〈項羽本紀〉、漢的〈高祖本紀〉,以示秦、楚、漢的天命轉移。

世家是輔佐王者的臣下定位。在這裡,他將世家比擬為環繞北極星的二十八宿星座,描述其興亡與盛衰。這種觀看星空整體的宇宙論,確實是很有專攻天文的太史令風格的比喻。這也是地域史的開端。

列傳是列舉有優異能力、立功名於天下的人們。在這當中,他描述個人的成功、失敗與命運。其中也有各民族的列傳。

司馬遷是如何編纂《史記》的?關於這點,光看迄今為止的傳世文獻並無法得知。但是隨著近年的出土史料,或許我們稍微得窺一角。在戰國、秦漢時代的古墓中,會以寫在竹簡或帛書(絲絹)上的書籍作為陪葬品。透過這些出土史料與文獻,我們可以明瞭,《史記》大半是以書籍和紀錄的文字史料來編纂而成。只是,用竹簡、木簡以及更廣泛使用的木牘來書寫的行政文件、法制史料和財務紀錄,因為與漢朝的書籍屬於不同系統的資訊,所以《史記》幾乎沒什麼利用。之所以有這樣的差異,是因為太史令「不治民」,不擔負政治實務之故。

在《史記》的譜系方面,〈殷本紀〉的譜系已經被證明和甲骨文的譜系幾乎一致,周王的譜系也可以在青銅器獲得參照。紀年則是從周厲王出奔後的「共和元年」(前八四一年)開始,而清華大學所藏的竹簡《繫年》,也是同樣可以一路追溯年分到「共伯和」元年。這是中國最早可以得知的年代。戰國秦代的六國年表，雖是以秦紀年為基本，不過和睡虎地秦簡的《編年記》以及竹簡的秦紀年也是一致的。像這樣意識到年代、對人物事跡進行敘述，正是歷史書所具備的要素。

然而，《史記》究竟有多符合史實，則要看其素材性質以及司馬遷的歷史觀而定。在《史記》本紀與世家、列傳的人物描寫中，為了強調國家盛衰與人物命運，甚至會插入以史實而言相當可疑的插曲。不只如此，《史記》的記述也有矛盾之處。之所以如此，是因為比起史實的紀錄，他更重視歷史與人物的論斷，所以會認可數種史料之間的差異。所以，司馬遷是透過虛實交錯的史料取捨選擇，來描繪自己相信的歷史，也就是運用歷史史料來進行文學創作的手法。

《史記》的編纂意圖，可以用〈報任少卿書〉的「究天人之際，通古今之變，成一家之言」來加以概括。比起用話語來評價的「空言」，他更重視人物行為的「行事」，並以究明歷史變遷與成功失敗的原因為一切的關鍵字。這是承繼了史官秉筆直書的傳統。

簡單說，司馬遷是從太史令的天官視角，對漢代的書籍紀錄進行取捨選擇，並透過人物的事跡，來敘述歷史的巨大洪流。這部書雖是在擔任中書令時完成，但書名取作《太史公書》，就是要將父親與自己的訊息傳遞給後世。故此，我們在《史記》的人物描寫中，能夠看到跨越時代的人性真實面。

司馬遷將完成的著述正本藏於名山，副本則置於京師，以待後世聖人君子。到了宣帝（前七四—前四九年在位）時代，他的外孫楊惲（？—前五四年）進行祖述，但仍不是國家認可的史書。此後，一直有認可司馬遷身為良史的才能、對他的著述進行增補的學者，所以現在流傳的《史記》，其實包含了後人增補的部分。

東漢時代班彪（三─五四年）、班固父子完成《漢書》時，對《史記》作為史書的評價相當之高。可是從《漢書．藝文志》來看，在西漢末年的圖書部門中，還沒有「史」這個部門，而是在「六藝略」（經書）的春秋家中，列入「太史公百三十篇」。直到唐代編纂的《隋書．經籍志》的分類（經、史、子、集）中，《史記》才在史部中被列為正史之首、認可為最初的史書。

四、古代中國與東亞的世界史

流傳未來的《史記》之歷史

司馬遷的《史記》是中國最早的通史，也創造了東亞的世界史。這部著作深受武帝時代的社會情勢影響，可以說倘若沒有武帝時代，《史記》就不會誕生了。這是因為《史記》是基於天官意識、闡明從上古以來歷史變遷的著作：

一、父親司馬談立志著述，是出於意識到隨著禮儀改革、象徵天子之德的祥瑞出現，自己身為太史令，正是論斷歷史的時機。二、成為太史令的司馬遷，承繼父親的構想，將之擴大到從皇帝至同時代的通史。在此同時，武帝從對匈奴的和親政策轉換成戰爭，並試著讓各民族臣服。這種外征，都反映在《史記》的世界史中。三、李陵之禍後，成為中書令的司馬遷，專注於剩下篇章的編纂以及著述的完成。他的著述因為是基於漢朝的書籍與紀錄進行編纂，所以自己創作的部分並不多。從今日的角度來看，他所描繪的是中國古代文明之成立。

司馬遷思考的是王者天命的轉移、國家的盛衰，以及個人的命運。同時他也依循〈禹貢〉的理念，將透過天子之德調和國內外的世界視為理想。可是實際上，理想的時代並未到來。隨著對武帝的失望與李陵之禍，司馬遷對人性的洞察日益深刻，也將歷史的教訓流傳給未來。

《史記》的世界史及其影響

邁入二十世紀後，在絲路沿線陸續發現了漢代的木簡，那就是位在內蒙古額濟納河流域的居延漢簡（舊簡、新簡），以及甘肅省疏勒河流域的敦煌漢簡、懸泉置漢簡。這些都是邊郡設施使用的行政文件與紀錄。透過這些漢簡，我們可以具體了解對匈奴的防衛、絲路的往來、郡縣統治與情報傳達。這種邊郡的經營，一直持續到東漢時代班超擔任西域都護的時期。

在西南夷方面，雲南省晉寧石寨山的漢墓中，發現了「滇王之印」的金印陪葬品。在南越國發現了南越王墓，墓主據說是趙眜，其中有一顆「文帝行璽」（長三．一公分、寬三公分）的陪葬金印，這是南越在國內自稱皇帝的證明。又，在南越國的官署遺跡中，也有出土木簡文件。漢的文書基本上是一尺（約二十三公分），但這塊木簡的長度是一尺一寸多。在朝鮮半島，樂浪郡發現了古墓的文物與木簡。這些都是從考古史料補足《史記》的世界史。

《漢書》雖是繼承《史記》的敘述，但在漢與異族的配置上，分別得相當明確。這當中蘊含了意識到中華與外部夷狄的政治秩序，而這種秩序作為中國與東亞的體制，也被後世繼承下來。之後，南朝宋的范曄《後漢書》（「志」是依據東晉司馬彪的《續漢書》）與西晉陳壽的《三國志．魏書》，也都有編纂周邊的外國列傳。就這樣，《史記》的構想對之後有關東亞的歷史敘述，也有深刻的影響。

漢武帝（劉徹，前一五六—前八七年）

西漢第七任皇帝（前一四一—前八七在位）。景帝的中子，十六歲時即位，在位時間長達五十五年。武帝時代，在國內整飭中央集權體制，獎勵學術，實施祭祀禮儀的改革，並進行大規模的土木事業，對外則與周邊各民族展開戰爭，將他們的土地設為郡縣，擴張領土。乍看之下是輝煌的時代，但武帝崇信神仙，造成財政與社會的疲敝。他的統治，特別是在祭祀禮儀方面，對司馬談與司馬遷的執筆，造成了很大的影響。

《史記》的〈今上本紀〉（孝武本紀），據說編纂完成之後就佚失，現在的文本和〈封禪書〉的武帝部分大致相同。故此，這個時代主要是以《漢書．武帝紀》為基本。但在〈太史公自序〉的總論裡，對武帝的外征與祭祀禮儀做了以下的評價，而〈封禪書〉所描述的武帝，又是另一個真實樣貌：

> 漢興五世，隆在建元，外攘夷狄，內修法度，封禪，改正朔，易服色。作今上本紀第十二。

武帝當初原本期望基於儒術進行封禪與制度改革，但景帝之母竇太后聽信黃老之言（黃帝與老子的教誨）、不愛儒術，所以未能實行。前一三五年（建元六年）竇太后過世，前一三一年（元光四年）掌握權力的丞相田蚡也過世，武帝才開始親政。

他在前一二八年（元朔元年）立衛皇后，任用其弟衛青，正式展開對匈奴的戰爭。元狩年間，他厚待衛皇后二姊的兒子霍去病，積極推動和匈奴的戰爭。他也任用年輕時曾幫助衛青的公孫敖，而衛青長姊之夫公孫賀後來也成為丞相，出人頭地。就像這樣，武帝任用夫人的外戚以及阿附自己的人，而疏遠直言者。

在武帝之前實施封禪的是秦始皇，可是相傳始皇遭遇暴風雨，沒能實施封禪，因此其內容不明。於是武帝在梁父舉行禪（祭祀大地），接著在泰山東麓築土臺，於其下埋入玉牒書，書寫的內容是祕密。這個儀式結束後，他只帶著侍中奉車霍子侯登上泰山，舉行封（祭祀上天）。這也被視為祕密，第二天悄悄下山。之後霍子侯突然生病，僅僅一天就亡故。

司馬遷在〈封禪書〉的論贊中，針對自古以來用事於鬼神者一一加以論述，好讓後世知道他們表裡不一的欺瞞。太一（天）、后土（地）的祭典，每三年由天子親自前往郊祀，封禪則是每五年一度，至於常態的禮儀，則歸祠官與太祝管轄。可是方士們的祭典，一旦立案人不在了，就會遭到廢止。而且武帝主要是採用方士的意見，雖然在表面採用儒術，但那只是用來文飾而已。這時的武帝雖然對方士們的詭異言論感到不舒服，卻沒有將之禁絕，只是徒勞無功地渴望神仙的效果（「天子益怠厭方士之怪迂語矣，然羈縻不絕，冀遇其真」）。這些都是司馬遷對武帝的批判。

武帝時代的國內地方統治，出現的不是講求以德治民的循吏，而是透過法律嚴格取締罪行的酷吏，其中的代表是做到御史大夫（副丞相）的張湯。前一〇六年（元封五年），武帝將全國的郡國分成十三州，設置監察的刺史。前一〇四年（太初元年），他又將京師行政區改為三輔（京兆尹、左馮翊、右扶風），將中央與地方統一於一個國家機構之下。當漢朝的財政陷於疲敝之際，他又嘗試鹽鐵專賣與均輸、平準等新財政政策。

晚年的武帝因為前九〇年（征和三年）李廣利投降匈奴，以及與匈奴的戰爭造成眾多疲敝而深感後悔。第二年他頒布輪臺之詔，中止邊境的屯田計畫。之後，武帝在前八七年（後元二年），以七十歲之齡逝世。

司馬談（？—前一一〇年）

司馬遷之父。在武帝時代擔任太史令，開始進行《史記》原型的著述，之後將它的完成託付給兒子司馬遷。

司馬氏的先祖據說曾為周室太史，代代掌管天官。但不管是春秋時代的祖先，還是戰國時代擔任武將的司馬錯、司馬靳，秦代擔任主鐵官的司馬昌，漢代擔任市長的司馬無澤，以及司馬談的父親、身為五大夫的司馬喜，實際上沒有人擔任過天官。故此，所謂「司馬氏先祖為天官」云云，應該是司馬談透過《國語．楚語》的傳承，深刻意識到擔任太史令一職意義下的產物吧！

司馬談在武帝時期任官前後，曾追隨唐都學天文、楊何學《易》、黃子學道論（黃帝與老子的思想）。之後，他在建元到元封年間擔任太史令；以年紀來說，應該比武帝稍長一點。

太史令隸屬於掌管宗廟禮儀與祭祀的太常。漢朝的太常（秦代的奉常，景帝時改名為太常），和郎中令（郎官的統率者）、少府（帝室財政）並列，是處於皇帝心腹地位的官府。太史令雖然負責天文、曆法、占星、擇日、學術等各方面，但並沒有包含編纂歷史的修史職務在內。在同僚中，另有擔任史官的太祝、太卜，以及太醫、通古今的博士之官。

司馬談深富學識，留下了一篇在〈太史公自序〉中可以看見的〈論六家要旨〉。它是在《漢書·藝文志》將諸子分類為九流前，對諸子學派進行系統區別的貴重評論。司馬談在其中討論了陰陽家、儒家、墨家、名家、法家的長處與短處，特別是道家，他說「其為術也，因陰陽之大順，采儒墨之善，撮名法之要，與時遷移，應物變化」，是故「事少而功多」。因此司馬談是以道家為中心，將陰陽、儒、墨、名、法思想加以綜合。只是六家雖然道理相異，但總歸是一點，那就是以治天下為目的，也就是對政治的關心。這種對諸子的理解，應該也影響了描述思想家的《史記》諸子列傳。

前一一二年（元鼎五年），漢朝討伐南越、向太一神祈求武運的時候，司馬談奉描繪著日、月、北斗三星的靈旗，指向應征伐的國家。這是太史令占卜戰爭的另一個姿態。除此之外，他也負責企劃祭祀大地的后土祠與祭祀天的太一祭典。

司馬談以著述歷史為職志，是武帝時代天現祥瑞，讓他意識到此刻正是闡明承繼夏、殷、周三代由來的時機；這是從太常職務衍生出來的想法。可是武帝在施行象徵這種傳承的封禪之時，卻沒有讓他跟隨。當司馬談憤慨亡故之際，將著述的繼承委託給兒子司馬遷。在此，他所意識到的，不只是道家思想，還有孔子的著述（《春秋》）。

司馬談在過世前究竟著述到什麼地步，撰有優秀司馬遷論著的李長之、佐藤武敏兩位先生有進行考證。司馬談從漢代人物那裡聽取的篇章之一，是〈刺客列傳〉。又，有避諱自己名字「談」寫下的篇章，應該也是司馬談自己的著述。佐藤先生認為司馬談執筆的對象，應該是本紀的構想，以及從春秋戰國時代到漢代初期的世家、列傳之一部分。因此《史記》雖然不是漢朝認可的史書，卻是司馬談與司馬遷流傳的家學，而其構想也可說是受到父親司馬談的極大影響。

班固（三二—九二年）

繼承司馬遷《史記》的《漢書》編纂者。《漢書》的著作和司馬父子一樣，是兒子班固追隨父親班彪的遺志加以完成的。

班彪侍奉東漢王朝，在擔任徐令的任務結束後，便從事著述。這時候的班氏一族中，班斿曾與劉向一同校訂漢朝的圖書，因此其後人在藏書上占了很大的優勢。班彪認為迄今為止，為《史記》太初年間以後續寫的揚雄、劉歆等人都有所不足，於是採取前史遺事、集結異聞，寫成「後傳數十篇」。

班彪在評論中認可司馬遷的良史之才，但也批評他的史料選擇、記述體裁，以及崇黃老而輕五經，還有〈項羽本紀〉、〈陳涉世家〉的定位，以及人物的字與本籍等都有缺失。為此，他的「後傳」只有本紀、列傳，而排除了世家。

五四年（建武三十年），二十三歲的班固在父親過世後回歸鄉里，繼續進行著述。可是在明帝

（五七—七五年在位）時期，有人密告他改竄國史，於是班固被投入京兆尹獄中，家中的書也被沒收。這時他的弟弟班超因為擔心哥哥死在獄中，於是向朝廷上書。班超是後來成為西域都護，活躍於邊境統治的人物；因此班固獲得赦免，並被召入校書部，擔任蘭臺令史（六百石）。

班固和其他同僚編纂世祖本紀，在永平年間（五八—七五年）擔任校書郎，撰成列傳、載記二十八篇上奏。之後明帝允許他進行著述，直到章帝（七五—八八年在位）建初年間（七六—八三年），他從三十歲到四十多歲、耗費了約二十年的時間，致力完成《漢書》。他的著作生涯，和被認定為前一三五年誕生的司馬遷，在年齡與境遇上都極其相似。

之後，班固因為母喪離開官職，在和帝（八八—一〇五年在位）永元初年隨竇憲出征匈奴，卻受到竇憲的罪連坐被免官。之後他再次被洛陽令逮捕，在九二年（永元四年）亡故於獄中。

這時班固的著述尚未完成，妹妹班昭除了進行《漢書》的講讀外，也接獲詔令，和學者馬續一起完成八表與〈天文志〉，一路流傳到今天。因此《漢書》具有獲得漢朝公認，由班氏一族編纂而成，依循儒家史觀的史書特質。

《漢書》一百卷，是由相當於本紀的帝紀十二卷、表八卷、志十卷、列傳七十卷所構成。班固認為漢是繼堯之運建立帝業，所以改變司馬遷將漢朝放在百王之末、和秦帝國與項羽同列的編纂方式，寫成從高祖到平帝（前一—後五年在位）這十二任皇帝及於王莽這兩百三十年的史書，也就是從《史記》的通史轉變成西漢一代的斷代史。

從高祖到武帝的時代，班固是一邊繼承《史記》的敘述一邊編纂，所以就算論贊，也有直接繼承的部分。但是《漢書》也有獨自變更、追加的部分，在和《史記》比較上十分珍貴。《漢書．司馬遷傳》，是以《史記．太史公自序》為基礎，收錄司馬遷的書信〈報任少卿書〉並追加其後的情況。

在東亞世界史方面，和司馬遷不同，班固將異族的列傳，配置在漢朝人物的後面，這是透過中華與夷狄有別的政治秩序進行的理解。

班固的《漢書》具有完整性，而《史記》作為史書的評價很高。在中國，《史記》與《漢書》都被當成史書的典範，兩者的優劣也不停被比較。但是，班固雖然批判司馬遷，卻出於敬意將《史記》的文章流傳後世，因此在提升其價值的意義上，也可說是扮演了重要的角色。

其他人物

一、與司馬談、司馬遷著述相關的人們

希羅多德

約前四八四—前四二〇？年代。前五世紀的古代希臘史家，描述波希戰爭的《歷史》作者。他長期居住在雅典，為了著述蒐集史料，也曾旅行到眾多地域，透過人們口述的傳承與風聞傳承獲得見聞。希羅多德著述的目的與主題，是想透過自己的研究調查，來闡述波斯與希臘的戰爭是基於怎樣的原因而發生，並將人類的偉大事跡流傳給後世，這就是他的方針所在。這部《歷史》的故事性很強，希羅多德蒐

集了數種史料來進行敘述；另一方面，它也包含了地理誌的要素，記載了相關各國的沿革。

後來的雅典史家修昔底德，在《伯羅奔尼撒戰史》中，對希羅多德的方法做出批判。《戰史》認為，對目擊者提供的資訊毫無批判地記述或是主觀類推，都必須小心謹慎，即使是自身目擊或他人提供的資訊，都必須盡可能進行正確的驗證。《戰史》的結構是在編年史的記述中，夾雜著以政治家演說、碑文等為根本而取捨選擇過的史料，從這裡也可以看出修昔底德在史料批判上的嚴密性。這樣說來，《歷史》與《戰史》的目的和方法，與《史記》也有類似之處。

漢文帝（劉恒）

前二〇二—前一五七年，漢朝第五任皇帝（前一八〇—前一五七年在位）。高祖的中子，母親是薄太后。前一九六年（漢一一年），高祖立劉恒為代王。惠帝之後，呂后（高后）負責政務，立呂氏為諸侯王。可是呂后過世後，呂氏一族意圖作亂，於是大臣與諸侯王剿滅了呂氏，迎代王入長安稱帝。

文帝統治下，廢除了傷害身體的肉刑與連坐法，又減免租稅，以善政而廣為人知。他又進行禮儀改革，在諸侯王與匈奴方面，也嘗試新的政策。關於禮儀方面，文帝十七年改元為後元年，可是改革幾乎都沒有真正實施，景帝時的祭祀仍然維持原樣。

司馬遷在《史記．孝文本紀》的論贊中，由衷盛讚文帝的德行。他說，雖然當時已經接近改正朔、服色，進行封禪的時機，但文帝卻因為謙讓而不去實施，堪稱是一位仁君。就這層意義上，文帝也是武帝改革開始的先驅。

賈誼

前二〇〇—前一六八年，洛陽人。十八歲便能熟讀《詩》等作品，被河南太守召見。文帝即位後，二十出頭歲成為最年輕的博士，一年後升任太中大夫。這時，賈誼上奏要改變秦的曆法與服色、定官名、興禮樂；於是文帝打算給予賈誼公卿之位，但遭到臣下反對，於是賈誼被外放，改任長沙王太傅。賈誼在赴任途中經過汨羅江，弔唁在此亡故的詩人屈原；之後司馬遷也走訪汨羅，為屈原的不遇而流淚，並緬懷兩人的人品。

之後，賈誼再次被文帝召回，擔任梁懷王的太傅。這時候他重新審視對匈奴的和親政策，並進言刪減諸侯王的封地。但是梁王落馬身故，賈誼因為悲傷，年僅三十三歲就過世。

司馬遷對賈誼討論秦滅亡的〈過秦論〉深感共鳴，在《史記．秦始皇本紀》的論贊中引用了這篇文章。司馬遷和賈誼的孫子賈嘉也有書信往來的交遊。故此，賈誼可以說是武帝時期國內外對策以及司馬遷史觀的先驅。

董仲舒

約前一七六—約前一〇四年，景帝、武帝時代的學者，廣川人。他編修《春秋》，在景帝時成為博士。武帝即位時，他擔任江都國的相，前一三五年（建元六年）擔任中大夫，討論遼東高廟的災異。之後成為膠西王相，但稱病返家，專心致力於修學與著述。當他居家的時候，廷尉張湯（前一二六—前一二〇年在任）曾前來進行詢問。

司馬遷據說曾跟隨董仲舒學公羊學，在《史記》中也可以看見《春秋公羊傳》的文章，但本文素材還是以引用《左傳》（《春秋左氏傳》）及同系統者為多。又，司馬遷也曾跟隨孔子的子孫孔安國學《古文尚書》。孔安國在前一一八—前一一七年（元狩五—六年）時擔任諫大夫，前一一七年以降成為臨淮郡的太守。

東洋史學者岡崎文夫先生認為，在這兩人的學問上，司馬遷是從董仲舒學到了春秋之義與《春秋》製作的動機（歷史哲學），從孔安國那裡，則學到了《尚書》詳細探究事實的知識。司馬遷跟隨這兩人學習的時期，和他出生年分的解釋也有關聯。

公孫弘

？—前一二一年，齊地菑川國薛縣人。他在四十歲時學習《春秋》，武帝即位後被舉為賢良（有才能之人）並加以任用，六十歲時成為博士。可是在擔任匈奴使者時招致武帝憤怒，一度遭到免官。之後在前一三〇年（元光五年）招攬文學之士時，他前往太常殿堂進行應答，結果被武帝評為第一，拔擢為博士。

之後公孫弘一路升到御史大夫，更受到武帝厚待，在前一二四年（元朔五年）成為丞相、封平津侯。這時候他上奏，提出設立博士弟子制度的規定。司馬遷在〈儒林列傳〉中，讀了這份功令（官吏錄用的規定），感慨地說：「自此以來，則公卿大夫士吏斌斌多文學之士矣。」（從此以後，學識優秀的人才輩出。）或許他是在回顧自己獲任用的制度吧！

公孫弘生活質樸，但性格多疑，外表乍看寬大為懷，實際上卻會對敵對之人暗中報復。他在《春秋》的造詣上不如董仲舒，而董仲舒也視公孫弘為諂媚之徒。董仲舒被貶為膠西王相，也是公孫弘耍的手段。司馬遷認為公孫弘獲得任用，是因為遇上了難得的好時機，但在列傳中也描述了他的偽善。

司馬相如

約前一七九—前一一八年，蜀郡成都人。從年幼時就喜好讀書，在景帝時成為郎。之後成為梁孝王的賓客，梁王過世後回到蜀地。他的家境清貧，有一次被有交情的臨邛縣令找去，在那裡遇到了一位富商的女兒卓文君，兩人於是墜入情網、結為夫妻。這段羅曼史相當有名，現在在臨邛縣城遺跡中，還有一口相傳是卓文君留下的水井。之後，他以作賦的才華為武帝認可，再次成為郎。

當唐蒙徵發巴蜀吏卒、進軍夜郎的時候，他撰寫了〈諭巴蜀檄〉，公布皇帝的意志。又，當唐蒙打算建造西南夷之道、但兩年都沒有完成之際，他假托父老之口，寫了一篇〈難蜀父老〉加以諷刺。當西夷君長希望與漢交通後，他又成為使者，讓這些君長內附。

晚年稱病辭官，居住在司馬遷住的茂陵。當他過世後，留給武帝一篇〈封禪文〉，成為司馬談、司馬遷意識到著述的契機。

壺　遂

?—約前一〇三年。壺遂受梁人韓安國推舉，有長者之風，被稱為廉士。他和司馬遷一起從事太初曆的制定。

《漢書．律曆志》中記載，武帝元封七年（前一〇四年），太中大夫公孫卿與壺遂、太史令司馬遷等人，上奏建議編纂新曆；朝廷於是下詔，改元封七年為太初元年。簡單說，武帝向司馬遷下詔，要採用精密編纂過的律曆。這時候在〈太史公自序〉中，壺遂把司馬遷的著述當成談論話題，由此可知即使在宮中，也知道司馬遷在著作，因此《史記》並不是一本單純的私撰作品。

《史記．韓長孺列傳》的論贊中說，天子打算任命壺遂為丞相，但壺遂剛好過世。如果壺遂能成為丞相，那一定會是位心地清廉、品行優秀、謹言慎行的君子吧！前一〇三年（太初二年）丞相石慶過世後，取而代之的是公孫賀。公孫賀是李陵之禍時的丞相，也是位奉承皇帝意向的人物。後世的注釋中，也有一種解釋認為，司馬遷是在感慨「如果壺遂擔任丞相，或許就能幫助自己了吧」！

二、與漢朝和各民族相關的人們

李廣

？—前一一九年，隴西郡成紀（甘肅省通渭縣）人。漢朝名將，其家代代長於射箭。前一一六年（文帝十四年）以良家子身分從軍，參與對匈奴的戰事，成為漢的中郎。景帝時從隴西都尉轉任騎郎將，在吳楚七國之亂中立下功名。之後轉任上谷、上郡等邊地的郡太守，在與匈奴的戰事中活躍，相當體恤部下。

武帝即位後，成為警衛長安城未央宮的衛尉。之後在以馬邑之役為首、與匈奴的戰事中，以將軍的身分出動。

前一一九年（元狩四年），當大將軍衛青與驃騎將軍霍去病出擊的時候，李廣志願從軍，但武帝以他高齡（六十餘歲）之故，沒有答應他的請求。不久後他以前將軍身分，從另一條路徑出動，但因為道路曲折，在路上迷途，因此延遲了和大將軍會合的日期，獲判死罪。對此，李廣沒有選擇贖罪，而是自刎而亡；他的軍隊士卒全都泣不成聲，聽聞此事的民眾，即使是不認識李將軍的人，也都不分老幼共同哭泣。

司馬遷在〈李將軍列傳〉的論贊中，描述了自己所見的李廣印象：李廣看起來像是個鄙人（鄉下人），不太會說話，但世上的人們都能打從心底信任他的誠實。

衛青

？—前一〇六年，河東郡平陽人。父親鄭季和平陽侯的妾（侍女）私通，生下了衛青。他的長姊是衛孺，二姊是少兒，三姊是子夫。年輕時被父親正妻的孩子們輕蔑，後來搬到甘泉宮的居室。姊姊子夫在武帝建元二年（前一三九年）受寵愛，以衛氏為姓；由於陳皇后沒有兒子，對有孕在身的衛子夫深感嫉妒，於是意圖殺害衛青，結果衛青在友人公孫敖的救援下，得以免於禍難。武帝以衛青為建章監侍中。公孫敖也獲得任用，公孫賀則娶衛青長姊衛孺為妻。衛子夫成為武帝的夫人後，衛青也跟著升任太中大夫。

在前一二九年（元光六年）到前一一九年（元狩四年），衛青七次出動與匈奴作戰，功績達到斬捕首虜五萬餘級。他被兩度加封到一萬一千八百戶，加上孩子的封邑，合計有一萬五千七百戶。

司馬遷說，衛青生性仁慈、善良、謙讓，但有諂媚主上之風（「仁善退讓，以和柔自媚於上」）。在〈衛將軍驃騎列傳〉的論贊中，他引用了從和衛青一起從軍的蘇建那裡聽來的話：蘇建勸衛青選用賢者、拔擢人才，但衛青說身為人臣，只要奉公守法、做好自己的職務就行了。司馬遷認為，在做將軍的態度上，霍去病也是類似的，而這都是阿附武帝的態度。

霍去病

前一四〇—前一一七年。衛青二姊（少兒）的兒子。十八歲成為武帝的侍中，追隨叔父大將軍衛青從軍，成為冠軍侯，之後在與匈奴的戰事中屢立戰功。

霍去病六次出擊匈奴，斬首、俘虜十一萬餘級。他的功績包括讓匈奴的渾邪王降服，開闢河西、酒泉之地。他曾獲得四次加封，合計一萬五千一百戶。為此衛青的勢力日衰，霍去病則日益尊榮。

只是司馬遷說，霍去病在性格上自恃尊貴，卻鮮少對部下的體恤之情。比方說，他的軍中常有剩餘的美味穀物和肉類，但士卒卻常有人挨餓。這和李廣體恤部下的性格正好成極端對比。換言之，霍去病的戰爭都是對士兵的損失與犧牲避而不談，只提戰績之下的產物。

霍去病在前一一七年（元狩六年）以二十四歲之齡過世。之後漢朝不攻擊匈奴，原因是漢缺少馬匹，且要攻擊南越、東越與朝鮮、羌、西南夷之故。武帝將霍去病陪葬在茂陵，其墳墓至今仍留在當地。

陸賈

生卒年不詳，高祖至文帝時代的功臣，楚人。隨高祖平定天下，以辯才優異的論客而聞名。高祖派陸賈為使者前往南越，授予王的印璽。南越王趙佗看到他來，擺出了岔開大腿而坐的無理姿態。根據《史記．酈生陸賈列傳》，面對趙佗這種態度，陸賈用這樣的一番話來進行說服：「漢朝要是知道你這樣，一定會把你在真定的祖墳給挖了，殺光你的家族，然後派兵進軍南越。」（「漢誠聞之，掘燒王先人冢，夷滅宗族，使一偏將將十萬眾臨越，則越殺王降漢，如反覆手耳。」）接著，陸賈便讓趙佗作為臣下，立下誓約服從漢的命令——當然，這些都是依據陸賈的報告。

又，高祖要陸賈就秦失天下、自己得天下的理由進行著作，寫成《新語》十二篇。司馬遷在列傳的論贊中說，他讀了陸賈的《新語》十二篇後，認為此人確實是當世優秀的論客。除此之外，陸賈還著有《楚漢春秋》，和《史記》項羽劉邦時代的素材也有關聯。

路博德

？—約前九七年，武帝時代的武將，平州人。是跟隨驃騎將軍霍去病從軍、出人頭地的武將之一。除了他以外，還有趙破奴也是這樣出頭的。路博德在擔任右北平太守時，因為追隨霍去病立下功績，被封為符離侯。霍去病過世後的前一一二年（元鼎五年），他以衛尉身分擔任伏波將軍，攻擊南越獲得加封，但之後卻因為觸法，失去了侯爵的地位。

前一〇二年（太初三年），他擔任強弩都尉，在居延澤畔興建城塞，這就是二十世紀居延漢簡出土的地域。前九九年（天漢二年），李廣利攻擊匈奴時，路博德以擔任李陵的後衛為恥，於是上書請求延遲李陵出擊，結果武帝誤以為李陵後悔，催促他盡早出擊，最終導致了李陵的悲劇。

前九七年（天漢四年），李廣利率六萬騎兵與步兵七萬人出擊時，路博德也率一萬餘人和李廣利會合，但並無戰功。

楊僕

?—約前一〇八年，宜陽人。原本是小吏，在河南太守推薦下，升職為御史。這時他對關東盜賊嚴加取締，其作法被視為酷吏，有如猛禽襲擊一般。之後他更進一步晉升為主爵都尉，被武帝評為有能。南越爆發叛亂後的前一一二年（元鼎五年），他被任命為樓船將軍，立下戰功，封為將梁侯。

前一〇九年（元封二年），他從齊地出發，經水路攻擊朝鮮，可是左將軍荀彘與他不合，於是將他逮捕囚禁。在朝鮮滅亡之後的賞罰中，他以不等荀彘到來便先行攻擊、喪失眾多士兵等罪名被判應予誅殺，用錢贖為庶人，不久後過世。

荀彘

?—前一〇八年，太原郡廣武人。大將軍衛青的裨將（副將）之一，其他副將還有李廣、公孫賀（義渠人）、公孫敖（義渠人）、蘇建、張騫等。

荀彘因為駕車技術優越，被召為侍中。之後升任校尉，屢屢追隨衛青出征。前一〇九年（元封二年），他以左將軍身分從陸路攻擊朝鮮，但未立下戰功。

漢在滅亡朝鮮後，將投降者與朝鮮王之子衛長等都擢升為列侯，但荀彘在回到首都後，卻因為與楊僕爭奪軍功、彼此齟齬之故，遭到處死。司馬遷在〈朝鮮列傳〉的論贊中說，楊僕與荀彘因為爭奪功績，結果一同招致恥辱，沒能成為列侯。

三、與李陵之禍和《史記》完成相關的人們

李陵

?——前七四年，李廣之孫。年輕時擔任侍中建章監，擅長騎射。司馬遷曾與李陵一起任職門下（宮中），認為李陵是位堅守節操的奇士，與士人相交也能堅守信義。不只如此，他在財物方面相當廉潔，不管對年長或是年少者都能以禮相待，保持謙虛的態度，可說是有國士之風。

李陵的敗戰，在《漢書．李廣蘇建傳》的李陵傳，以及〈報任少卿書〉中都得以看見。之後，且鞮侯單于讓投降的李陵娶自己的女兒，並封他為右校王。

李陵降伏匈奴之後，武帝派將軍公孫敖去迎接李陵，但公孫敖反而報告說，李陵正在教導單于軍事。武帝聞言大怒，滅了李陵一族，將他的家人全都處死。可是教導單于軍事的其實不是李陵，而是投降匈奴、被奉為賓客的李緒。

在李陵給身為漢朝使者被匈奴拘留、之後歸國的蘇武信件（收錄於《文選》）與《漢書》李陵傳中都

說，是因為逃往匈奴的賊臣，讓匈奴得知李陵沒有後援、兵力匱乏的實情，才導致他的敗北。之後李陵雖然打算報答主君之恩，但得知家族遭到處刑，於是認為自己被漢捨棄了。

武帝過世、昭帝（前八七—前七四年在位）即位後，漢朝派遣親近李陵的人前往匈奴，勸他歸國；但李陵拒絕了這個要求，在匈奴待了二十餘年，最後在前七四年（元平元年）病逝。

任安

？—前九一年。任安的傳記在《史記．田叔列傳》、褚少孫的補記中可以看到。任安是滎陽人，年少時便成為孤兒，家境貧困。後來他前往長安，在右扶風的武功縣，擔任代人維持治安的求盜、亭父，後來又升為亭長、三老、小縣的縣長。

之後他被免官，成為衛青將軍的舍人，遇見了田仁，與之結下深交。田仁也是以壯健成為衛將軍的舍人，一同攻打匈奴。之後朝廷下詔，要從衛將軍的舍人中拔擢郎，但兩人都因為貧困而未能入選。這時以賢明著稱的趙禹偶然到來，他不以富裕的家世為標準，而是親自審閱一千餘名舍人的能力，最後選出了田仁與任安；衛青只好不情願地交出名簿，而兩人也被武帝所認可。他和司馬遷大概就是在這個時期認識的吧！

武帝命令任安監督北軍、田仁監督邊境的穀物，兩人於是聞名天下。之後任安成為益州刺史，大概是在這時候他寫了一封信，想請司馬遷推薦賢者，於是司馬遷就寫了〈報任少卿書〉予以回應[1]。田仁成為丞相長史，但又被免官。不過之後他又升任京輔都尉，接著更成為丞相的司直（官秩比兩千石）。司馬遷和田仁的交情甚好，在〈田叔列傳〉中追加了田仁的傳記。

任安與田仁都受到與衛青將軍有血緣的戾太子事件牽連，被以協助太子逃亡之名問罪，最後都被處死。

李廣利

？—前八九年，武帝寵妃李夫人之兄。武帝在前一〇四年（太初元年）秋天，任命李廣利為貳師將軍，遠征大宛的貳師城；據說，這是因為他想要讓李氏一族當上侯爵之故。這場遠征導致途中的小國恐慌，紛紛拒絕提供糧食進行戰鬥。李廣利的軍隊在外徘徊兩年，最後折返敦煌郡，但所剩兵力只有原本的十分之一、二。

一年後，當他再度從敦煌出擊時，有兵卒六萬人，還有自願從軍者、牛、馬、驢馬、駱駝等，又準備了大量的兵糧與弩等武器，天下為之騷動。前一〇一年（太初四年），李廣利終於帶著大宛的汗血馬歸國。這趟遠征糧食充裕，戰死者也不多，但將吏貪婪、不惜士卒，所以造成了很多犧牲者。武帝並沒有懲罰過失，還封李廣利為海西侯。

前九九年（天漢二年），李廣利率三萬騎從酒泉出擊匈奴，獲得首虜一萬餘級，但漢軍死者達到十分之六、七；李陵敗北也是在這個時候。

前九七年（天漢四年），李廣利率六萬騎與步兵七萬人從朔方出擊匈奴，但並無成果。接著在前九〇年（征和三年），李廣利率七萬騎從五原出擊匈奴，但戰敗投降匈奴，一年多以後為單于所殺。

注釋

1. 譯注：出自《漢書．司馬遷傳》，與一般通說不同。

參考文獻

青木五郎、中村嘉弘編著，《史記の事典（史記事典）》，大修館書店，二〇〇二年
稲葉一郎，《中国の歴史思想——紀伝体考（中國的歷史思想——紀傳體考）》，創文社，一九九九年
大島利一，《司馬遷——「史記」の成立（司馬遷——「史記」的成立）》，清水書院，一九七二年（二〇一七年改題為《司馬遷與「史記」的成立》重新出版）
大庭脩，《秦漢法制史の研究（秦漢法制史的研究）》，創文社，一九八二年
岡崎文夫，《司馬遷》，弘文堂書房，一九四七年（研文社，二〇〇六年重刊）
金子修一，《古代中国と皇帝祭祀（古代中國與皇帝祭祀）》，汲古書院，二〇〇一年
佐藤武敏，《司馬遷の研究（司馬遷之研究）》，汲古書院，一九九七年
鶴間和幸，《中国の歴史3　ファーストエンペラーの遺産（中國的歷史3　第一位皇帝的遺產）》，講談社，二〇〇四年（講談社學術文庫，二〇二〇年）
內藤湖南，《支那史學史》，弘文堂，一九四九年（《內藤湖南全集》一一，筑摩書房，一九六九年刊，東洋文庫〔全二卷〕，一九九二年刊）
永田英正，《漢の武帝（漢武帝）》，清水書院，二〇一二年

西嶋定生，《中国の歴史 第2巻　秦漢帝国（中國的歷史　第2巻　秦漢帝國）》，講談社，一九七四年（一九九七年改題為《秦漢帝國》，講談社學術文庫）
林俊雄，《興亡の世界史 第2巻　スキタイと匈奴 遊牧の文明（草原王權的誕生）》，講談社，二〇〇七年（講談社學術文庫，二〇一七年）
藤田勝久，《司馬遷とその時代（司馬遷與他的時代）》，東京大學出版會，二〇〇一年
藤田勝久，《司馬遷の旅——「史記」の古跡をたどる（司馬遷之旅——探尋「史記」的古跡）》，中公新書，二〇〇三年
藤田勝久，《史記秦漢史の研究（史記秦漢史之研究）》，汲古書院，二〇一五年
希羅多德著，松平千秋譯，《歴史》上中下，岩波文庫，一九七一—一九七二年
堀敏一，《東アジア世界の形成——中国と周辺国家（東亞世界的形成——中國與周邊國家）》，汲古書院，二〇〇六年
宮崎市定，《宮崎市定全集》五，岩波書店，一九九一年
籾山明，《漢帝国と辺境社会——長城の風景（漢帝國與邊境社會——長城的風景）》，中公新書，一九九九年（增補新版，志學社，二〇二一年刊）
李長之著，和田武司譯，《司馬遷——諷刺と称揚の精神（司馬遷——諷刺與稱揚的精神）》，德間書店，一九八〇年（原著為一九四八年刊）
渡邊信一郎，《『シリーズ中国の歴史1　中華の成立（叢書中國的歷史1　中華的成立）》，岩波新書，二〇一九年
王國維，〈太史公行年考〉，《觀堂集林》一一，中華書局，一九五九年（收錄於《王國維遺書》，上海古籍書店，一九八三年刊，原論文發表於一九一六年）

第十章
儒教王權的誕生

渡邊義浩

前　言

統治中國大陸農業地域的國家具備基於儒教王權論的政治體制，是王莽新帝國（八—二三年）以後的事。王莽是第一位將儒教置於國家統治理念中心的皇帝。以王莽的嘗試為契機，儒教逐漸滲透到中國社會之中。本章就透過觀察環繞王莽的人物群像，從多方面來描繪基於儒教的國家是如何在中國誕生的。

秦帝國（前二二一—前二〇六年），是中國大陸農業地域中最初的統一國家，而漢帝國（西漢：前二〇二—八年，東漢：二五—二二〇年），則是繼秦之後的第二個統一國家。在秦漢帝國統治下，中國農業地域的政治制度獲得確立。但是秦與漢的統治理念差異甚大，統一期間也大不相同；前者約十五年就滅亡，後者則保持了約四百年的命脈。這是為什麼呢？提到這個問題的答案之一，就必須舉出在漢帝國四百年的夾縫間，和秦一樣只統治中國約十五年、卻定下之後持續兩千年「儒教國家」基本的王莽之重要性。王莽以降的東亞農業地域前近代國家，全都受到王莽王權論的影響，並以此為「古典」來整飭國家的形貌。這是一種受到背離現實的抽象概念驅使的「觀念式王國」。故此，王莽在現實的統治期間雖短，但他所創造出來的國家形貌，卻作為「古典中國」被後世所承繼。

為了讓持續五百年以上的春秋戰國時代（前七七〇—前二二一年）收斂，並統一廣大的中國，由韓非子（？—前二三三年）集大成的法家思想就很有用。可是，基於法律、整齊畫一的嚴格，以及不考慮被統治階層心聲的秦朝支配，只有十五年就土崩瓦解。而西漢初期所尊重、以老子（生卒年不詳）思想支撐法律絕對性的黃老思想，也無法將武帝（前一四一—前八七年在位）時代積極的對外政策加以正統化。

在這種情況下，受到秦鎮壓而衰弱的儒教，便以《春秋公羊傳》為中心捲土重來。《春秋》是孔子（前五五一—前四七九年，參見第六章）編纂的魯國編年史，但是光看經書本文，並無法充分掌握孔子蘊含其中的意圖。於是，為了探索孔子的意圖，便出現了附屬於本文、稱為「傳」的注釋。

最初出現的「傳」，是咸認由孔子弟子子夏（前五〇七—約前四二〇年）傳給公羊高（生卒年不詳）的《公羊傳》。西漢景帝（前一五七—前一四一年在位）期間出現的《春秋公羊傳》，靠著「子以母貴」這個「春秋之義」（孔子在《春秋》中所設的規範），將以旁系身分獲擁立的文帝（前一八〇—前一五七年在位，景帝之父）即位加以正統化。另外，它還具備了激烈的攘夷思想（中華的君主，應當將不臣服的夷狄加以打倒之思想）以及認可復仇等特徵，是一種將吳楚七國之亂平定後、準備與北方遊牧民族匈奴一戰，從景帝到武帝的外交政策加以正統化的經義。故此，這樣解釋的「傳」被創作出來，並非只是偶然的一致。

結果，就像武帝在討伐匈奴的「詔」（皇帝的命令文）中引用《春秋公羊傳》般，儒教成功地接近了權力。在這當中，特別是公羊學者董仲舒創作的「天人感應說」，即使在宋學（理學，宋朝流行的儒教哲學，由朱熹〔朱子〕集大成）定天理後，依然被中國當成皇權天授的正統化學說大為尊重。

然而，《春秋公羊傳》並無法成為讓武帝廢太子（戾太子）之孫、在民間長大後即位的宣帝（前七四—前四九年在位）正統化的經義。於是，為了配合不只愛好儒教、也愛好法律的宣帝，具備能讓民

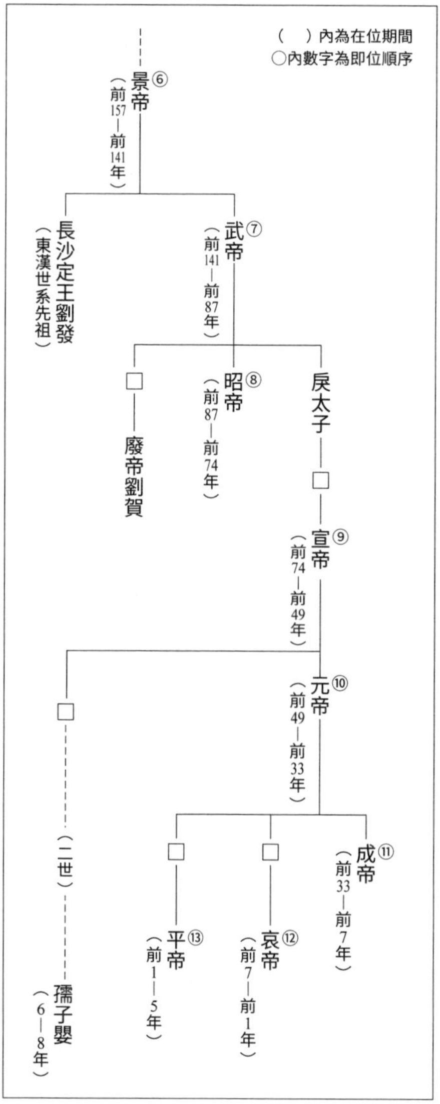

西漢皇帝世系圖

間出身的宣帝正統化之經義且重視法刑的《春秋穀梁傳》（被認為是子夏弟子穀梁赤流傳下來的解釋），遂在宣帝時期出現。宣帝在有關儒教的石渠閣會議中定《春秋穀梁傳》為官學，儒教因此成功維持了與皇帝的關係。這時，《詩經》、《尚書（書經）》、《春秋》、《周易（易經）》、《禮記》這五經，各自具備其博士，儘管宣帝告誡皇太子（後來的元帝），「不能光是尊重儒教」，但儒教還是一邊和主張各異的經典組合，一邊接近作為正統思想的地位。順道一提，「武帝時期在董仲舒的獻策下，於太學設置五經博士」這個《漢書》的記述，其實是生長在東漢「儒教國家」的班固，為了宣揚武帝時期的董仲舒而寫下的虛構內容，和歷史事實是有差異的。

隨著元帝（前四九—前三三年在位）即位，作為國政運用理論依據的儒教開始正式占據中心地位，而儒教經義的相互矛盾以及和現實之間的扞格也日益浮現，導致國政的運用往往徘徊不定。在這種情況下，由企圖以天之運行為基礎、透過數的世界觀帶入律曆思想，從而讓儒教教義匯聚的劉歆（約前三二—二三年），在成帝（前三三—前七年在位）年間「發現」的，就是《春秋左氏傳》。據說，這是在《論語》中有明記姓名、孔子的弟子左丘明（生卒年不詳）所寫的傳。《春秋左氏傳》中，具備了從元帝到成帝時期，成為國政問題的宗廟、郊祀、漢火德說，甚至是記載王莽祖先的史傳故事。

《春秋左氏傳》或《周禮》等劉向、劉歆父子在整理宮中藏書時「發現」的經典，相對於迄今為止用漢代文字（今文）寫成的儒教經典，是用漢以前的文字（古文）寫成。透過劉歆基於古文的學問（古文學），儒教展開了讓漢朝中央集權專制政治更進一步正統化的經義。

緊接著出現的人物是王莽，直至他自己的新帝國（莽新）樹立，他都一直共尊今文學與古文學，為往後中國制定足以仰仗、作為「古典國制」的國家樣貌。王莽透過儒教經典，制定了宗廟與郊祀的形式。漢的君主將身為漢家皇帝在宗廟中祭祀祖先，與身為天子祭祀天的郊祀，視為最重要之事。西漢末期，隨著國內的社會不安與國際關係的複雜化，舊有的祭祀與國制，已經無法被既存的為政者集團與被統治集團所理解接受；於是王莽基於儒教的經義，企圖建立更普遍的王權理論，好化解西漢所面對的統治困難。

為了讓這樣的運作獲得支持，王莽不斷提升自己的權力，最後篡奪西漢、建立新朝。新帝國的建國，是基於儒教思想的易姓革命論，進行國家交替的實踐，在中國儒教史上是劃時代的大事。隨著王莽的新帝國誕生，史上第一個基於儒教王權論的國家也隨之而生。這起事件的重要性，在之後隨著歷史變貌，變得模糊扭曲，但直到現在，作為支撐中國國家的邏輯之一，它對儒教王權論的影響仍然持續存在，這是再清楚不過的事。

可是，王莽基於儒教展開的激進支配，並不被時代所接受。新朝在赤眉之亂中滅亡後，光武帝（劉秀，二五—五七年在位）建立了東漢。光武帝對王莽制定的國制幾乎照單全收，但在接下來的明帝（五七—七五年在位）期間，進行了更進一步改革的嘗試。接著，在章帝（七五—八八年在位）主宰的白虎觀會議下，作為思想內容的體制儒教於焉確立。王莽基於古文學制定的中國古典國制，透過今文學經義進行了正統化的修正。又，在光武帝時，五經各自成規的家法（各家解釋）已經樹立，按各家法設置博士及其弟子的博士弟子制度也已定下，制度上的儒教獨尊體制已然確立。緊接著，透過鄉舉里選與寬治等儒教官僚拔擢制度與國家支配，儒教滲透到中央與地方的官僚階層，並廣受接納。就這樣，在章帝時期，東漢確立了「儒教國家」，完成了儒教國教化。

可是，自章帝時期以降，東漢隨著外戚（皇帝母親的家族）與宦官（在宮中侍奉的去勢男子）的專橫，變得日益衰退。另一方面，經學（古典解釋學）、特別是作為在野之學的古文學研究則日有進展，出現了鄭玄（一二七—二〇〇年）之師馬融（七六—一六六年），以及撰寫第一部漢文字書《說文解字》的許慎（約五八年—？）等人。即使如此，東漢國政還是在桓帝（一四六—一六七年在位）時將反對宦官的儒教官僚當成惡黨一夥、加以鎮壓的「黨錮之禍」下，決定性地土崩瓦解。靈帝（一六八—一八九年在位）期間，引用黃老思想譜系，崇拜名為「中黃太乙」之天的張角太平道，掀起了黃巾之亂。亂事本身雖然在馬融弟子、也是建立蜀漢的劉備（一六一—二二三年）之師盧植（？—一九二年）的計略下獲得平定，但東漢並沒有振衰起敝，時代也轉移到「三國志」。

在這樣的情勢下，集「古典中國」經學大成的是鄭玄。鄭玄在以漢為名的「絕對善」瓦解中，試圖透過讓經典體系嚴絲合縫的方式，建立起一套絕對正確的標準，從而為下一個時代的國家與社會，留下理想的樣貌。鄭玄透過六天說，解釋為何漢會滅亡，而取代漢的國家，即使如此仍會受到儒教之天所保護的緣由。至此，中國遂獲得了作為「儒教國家」的國制、由東漢章帝白虎觀會議所定下的中國古典國制，以及由將之正統化的儒教經義所構成、可以稱為「古典中國」的國家形式。就這樣，中國擁有了「古典中國」這個每當自身國家與社會瀕臨崩壞危機，就會被當成回顧典範的原型。

王莽（前四五—二三年）

一、名為周公的理想

王莽的崛起

王莽是元帝王皇后（王政君，前七一—一三年）弟弟王曼（生卒年不詳）的兒子。王皇后的兒子成帝即位後，王鳳（?—前二二年）等皇太后（王政君）的兄弟，都以外戚身分權力大張，但父親早逝的王莽卻家境清貧。儘管如此，王莽學習儒教，在家中殷勤侍奉母親，撫養兄長的孤兒，對外則結交優秀人才，對伯叔也竭誠以待。就這樣，王莽透過儒教，獲得了眾人認可。王莽被伯父大將軍王鳳提拔，一帆風順地升遷，被封為新都侯（此為新這個國號的由來），一路當上大司馬。可是成帝逝世、哀帝（前七—前一年在位）即位後，王莽因為擔心哀帝的外戚與寵臣，所以自己辭去官職。哀帝任命寵臣董賢（前二三—前一年）為大司馬衛將軍，掌握政權；年僅二十二歲的董賢於是獨攬大權，國政陷入一片混亂。

西元前一年，哀帝駕崩；太皇太后（王政君）召回王莽，將國政全權委託給他。王莽暴露董賢的惡事、逼他自殺，將沒收的董氏一族財產賣掉，總金額據說達到四十三億錢。當時所謂「中家」的標準農

王莽

民階層，總資產大概是十萬錢，由此可看出哀帝時期獨攬大權的董賢有多貪婪。以此為象徵的國政紊亂與道德荒廢，就像尋求漢家的再受命（確認是否從天獲得應為天子之命）般，與社會不安是緊緊相繫的。

復任大司馬的王莽，立元帝的庶孫、九歲的中山王劉衎即位，也就是漢平帝（前一—五年在位）。為了不讓新外戚掌握權力，王莽不讓平帝的母親及其親族進入長安。接著他又廢哀帝皇后、逼其自殺，將哀帝的外戚與大臣陸續肅清。這樣鞏固權力基礎的王莽，於是基於「漢家故事」與經義，任位安漢公。這時候王莽高舉的，是作為自己理想的周公（？—約前一〇九五年）。

以周公為理想

周公名旦，是建立西周（前十一世紀—前七七一年）的武王之弟。武王過世後，周公輔佐武王的兒子成王，擔任攝政掌握政治，平定了殷遺民等的叛亂。不只如此，他還遠征東方，建設雒邑（後來的洛陽），作為支配東方的據點。周公擔任攝政（居攝）七年後，將政權交還長大成人的成王。但有一種學說認為，在這段期間中，周公擔任的是居攝踐祚（既擔任攝政，同時也即位為王），而之後王莽所利用的，就是這種學說。王莽最重視的《周禮》，一般咸認是假託周公的著作。

王莽為了讓自己比及周公，向益州方面暗示，要夷狄獻上白雉。白雉是周公執政時出現的祥瑞（有好事發生的前兆）。西元一年，王莽向太皇太后稟告，要把白雉供奉在宗廟；因為哀帝時期國政混亂而對王莽抱持期待的群臣，則向太皇太后上奏，針對這項祥瑞，應按「霍光故事」對王莽進行賞賜。

所謂「霍光故事」，就是對有特殊功績的臣下給予殊禮（破格的禮遇）。具體來說，包括了葬禮之際下賜轀輬車（天子用的靈柩車）、前後有羽葆鼓吹（天子的軍樂隊），還有虎賁（天子的親衛隊）進行護衛。可是，這完完全全是葬禮之際的特殊待遇，要在王莽仍在世時，就比照霍光（?—前六八年）的標準，可能會讓他成為擁有過大權威的臣下，從而導致危險。故此，太皇太后感到相當猶豫。於是，群臣們再次上奏：

> 莽功德致周成白雉之瑞，千載同符。聖王之法，臣有大功則生有美號，故周公及身在而託號於周。莽有定國安漢家之大功，宜賜號曰安漢公，益戶，疇爵邑，上應古制（周公故事），下準行事（霍光故事），以順天心。（《漢書・王莽傳上》）

群臣暗自忖度，王莽所提出的白雉祥瑞，和周公的情況是一樣的，所以就照著王莽的意圖，主張對他賜予比「霍光故事」更高一格的「周公故事」。太皇太后不得不認可此事，於是王莽被封賜為安漢公。

王莽就像這樣，不只利用霍光這種「漢家故事」，也利用「周公故事」，而這點相當值得矚目。「周公故事」，並非漢家國政日積月累下出現的事物，就像群臣口中的「古制」，「周公故事」是透過儒教經典進行規定下的產物。超越漢朝在實際政治中進行的「漢家故事」，在其上添加依循經典的理念，王莽於是形成了名為「古典中國」的普遍規範。

周公故事

流傳周公與「白雉」故事的文獻，是《尚書大傳》。根據鄭玄注的序言，《尚書大傳》是由伏生（秦的博士，傳下《尚書》）的遺說部分，與撰述者張生、歐陽生（兩人都是伏生弟子）的增改部分兩層結合而成，因此它不只是《尚書》的「傳」，還是一部夾雜各種傳說的今文經典。根據《尚書大傳》，越裳國（南方的夷狄之國）獻上的白雉，是因周公「居攝」、「制禮作樂」，仰慕其德而獻上的貢品。

根據《尚書大傳》，輔佐年幼成王進行攝政的周公，第一年拯救了亂局，第二年擊破了殷，第三年平定叛亂，第四年設定侯圻與衛圻（應設於王畿外緣的異族居住地），第五年建造成周（遷徙殷遺民居住的城市），第六年制定禮樂，第七年將政權歸還成王。故此，王莽在接受白雉進獻後，便積極參與從元帝時期開始正式化、基於經書的漢家禮樂製作，這就是「古典中國」的核心。他將以大司馬錄尚書事（統御尚書臺、掌握國政）、執掌平帝政治的自身姿態，與致力擔任成王攝政的周公形象彼此重合，所以才會透過獻上白雉，來讓自己適用周公故事。

又，《尚書大傳》和《禮記．文王世子》、《史記．魯周公世家》一樣，都說周公在居攝時有即位，而周公的執政是奉上帝之命，以「踐祚」（即位）方式為之。王莽對政權的掌握，也是以這種《尚書大傳》

對周公的理解為典範在進行。

只是，如果以周公的居攝為典範，那麼就算即位，七年後也不得不奉還政治、回歸臣下地位；故此，如果要在更長的期間中永續掌握權力，那就必須超越周公的故事，這是我們要留意的。

四年，王莽將自己的女兒嫁給平帝為后，登上「宰衡」之位。「宰衡」是將以下兩人的官職聯合後的職名：一是周公的太宰，另一是伊尹（生卒年不詳，殷始祖湯王的宰相。因為繼承湯王的太甲暴虐，所以將之放逐，三年後歸還政權；也有自己即位的說法）的阿衡。不論何者，都是擁有相當於即位天子權力的臣下官職。王莽沒有採用周公的太宰之名，而是將它與伊尹的阿衡組合，創造出「宰衡」這個詞，這可以看成是他意圖超越周公的嘗試之一。

受九錫

五年，王莽受九錫。所謂九錫是車馬（大輅、戎輅各一臺）、衣服（王者的服飾與紅鞋）、樂則（王者的樂器）、朱戶（朱漆的大門）、納陛（從外面看不到的臺階）、虎賁（近衛兵三百人）、鈇鉞（斧鉞）、弓矢（紅色的弓與黑色的箭）、秬鬯圭瓚（宗廟的祭器）。一言以蔽之，就是和皇帝相同的禮儀道具。

王莽受九錫的理由是，朝臣的議論以經書為依據，列舉出王莽基於《詩經》建立靈臺（天子的氣象觀察臺）、基於《尚書》復興周公過去曾定下的，在雒邑、鎬京、商邑設置首都之制度等功績，全部都和基於經書的國政運用有關。而最重要、被特別寫出來的理由，則是王莽與周公一樣「制禮作樂」。九錫的賜予也是以《尚書大傳》為依據，受「周公故事」所規範。換言之，它並不具備像是透過「宰衡」一職嘗試超越或克服周公的機能，而只是持續以《尚書大傳》為依據，維持在周公規範內。

同年，平帝駕崩，王莽終於在居攝的同時，也走到踐祚的地步。將這個難以理解之狀況加以正統化的，也是以「周公故事」為依據的太皇太后詔：

> 蓋聞天生眾民，不能相治，（因此天）為之立君以統理之。……安漢公莽輔政三世（成帝、哀帝、平帝），比遭際會，安光漢室，遂同殊風，至于制作，與周公異世同符。……其令安漢公居攝踐祚，如周公故事。（《漢書・王莽傳上》）

下令居攝踐祚的這份太皇太后詔，是以「天下為公」的《禮記》天下觀為出發點。天下不是漢家這個「私」的所有物，而是「公」的存在；故此，當君主無德的時候，就應該更替君主。王莽的居攝踐祚，就是在高舉這項經義為前提的情況下得以實現，而其理由，還是要從「周公故事」來探求。王莽「制禮作樂」，雖然和周公時代相異，但在「符」上卻被認為是相同的。這裡的「符」指的是「符命」（伴隨祥瑞的天命表示），具體來說指的就是白雉之貢獻。

就像這樣，王莽以《尚書大傳》為中心，以周公居攝且踐祚的經義為依據，將自己的居攝踐祚正統化。我們可以說，直到莽新建國為止的王莽，都是以《尚書大傳》的周公形象為典範，將自己的行動正統化。不過，若是以周公為典範，那就必須歸還君王的地位。在這種情況下，王莽為了擺脫今文學《尚書大傳》的周公形象，轉而尋求古文學的依據。

古文學與劉歆

西漢後半期，儒教為了讓自己的思想與漢帝國的專制支配相吻合，需要新的經典；為此應運而生的，就是古文經典。和一直以來用隸書書寫的今文經典相比，古文經典更積極擁護專制權力；將基於此種經典的學問、也就是古文學集大成的是劉歆。王莽協助宣揚古文學的劉歆，在太學中設置古文學官，也就是從國家立場承認古文學是正確的學問。

另一方面，劉歆則基於古文經典的《春秋左氏傳》，實證王莽是舜的後裔。不只如此，他還主張漢火德說與漢堯後說。堯禪讓給舜這件事，透過《史記》等記述而眾所周知；因此身為堯子孫的漢，禪讓給身為舜子孫的王莽，在經學上的正統性，也可以從這裡推演出來。王莽將《春秋左氏傳》、《周禮》等新出的古文經典立為學問，並基於劉歆的學說，對《尚書大傳》等今文經典所無法超越的周公限制進行突破。

二、「周禮」國家

王莽的即位

六年（居攝元年）正月，王莽在南郊祭祀上帝（天）（南郊祭天），在東郊迎春（迎氣），在明堂（隨經典而定位相異的建築物，後述）進行大射禮、養老禮。不論何者都是儒教經義中所定，應由天子進行的祭祀。王莽在三月立孺子嬰（五—二五年，劉嬰，宣帝的玄孫；孺子是幼子之意）為皇太子，以示自己居攝踐祚的立場；他表示，即使現在即位，七年後就會將政治奉還，回歸臣下身分。但就算這樣，四月還是有憂心王莽篡漢的安眾侯劉崇（？—七年）揭竿而起；然而，這場起兵很簡單就被平定了。

讓王莽感到震撼的，是第二年（七年）九月爆發的翟義（？—七年）之亂。翟義是成帝丞相翟方進（？—前七年）之子，當時擔任東郡太守。他立嚴鄉侯劉信（？—七年）為天子，自稱大司馬、柱天大將軍，向各地發送王莽毒殺平帝的檄文，集結了十餘萬兵力揭竿而起。王莽任命自己相當信任的孫建（？—一五年）為奮武將軍，派他迎擊翟義軍。另一方面，他又召集群臣，仿照《尚書》，寫了一篇表明要把政權還給孺子嬰的〈大誥〉，命令桓譚（前二三—五六年）將這篇文件告知全國。不久後，王莽軍擊破了翟義軍，到八年二月左右，包括在長安以西呼應翟義的趙明（？—八年）等人的叛亂，也全都被平定。

就這樣，王莽雖然用武力鎮壓了翟義，但他宣布〈大誥〉，約定好要將政權歸還孺子嬰也是事實。故此，王莽為了不歸還政權、消滅漢朝建立新朝，有必要建立不可動搖的正統性。於是，作為宣稱自己正統性的王牌，王莽讓劉歆基於《春秋左氏傳》做好準備，將漢火德、漢堯後說與王莽舜後說加以結合。

八年十一月，王莽將自己定位為黃帝與虞舜的後裔，確定漢朝是火德（以紅色為象徵性顏色）。同年即位的王莽，定天下之號為新（莽新，八—二三年）。第二年（九年，始建國元年），王莽稱漢是堯的後裔，依循堯舜革命前例，宣布進行漢新革命：

予之皇始祖考虞帝（舜）受嬗于唐（堯），漢氏初祖唐帝，世有傳國之象（禪讓國家的徵兆），予復親受金策（讓出漢朝天下的命令書）於漢高皇帝（劉邦）之靈。（《漢書・王莽傳中》）

同年（九年），王莽將漢高祖劉邦的高廟改名為文祖廟。之所以如此，是依據儒教經典《尚書・堯典》的「正月上日，（舜）受終於文祖（堯之廟）（成為天子）」一文而為。將漢的始祖定位為堯，將其後裔高祖的高廟定位為《尚書》中的文祖廟，是要主張身為舜後裔的王莽，依堯舜革命規範達成漢新革命的正統性。就這樣，王莽以古文學的《春秋左氏傳》為依據，將堯舜革命作為典範，將自己的漢新革命正統化。

王莽超越了以《尚書大典》為依據、不久後必須奉還政權的「周公故事」為基礎之攝政限制，改以《春秋左氏傳》為依據、透過漢堯後說與王莽舜後說，實現了向堯舜革命看齊的漢新革命。從今文的《尚書大傳》到古文的《春秋左氏傳》，透過這種依循經典的變更，他將自己的地位從「居攝踐祚」，推上了「天子」之位。

只是，光靠《春秋左氏傳》，並不能完成王莽的篡奪。要達到這點，除了透過理性的《春秋左氏傳》進行正統化外，還需要透過神祕的緯書進行預言與占卜。緯書是西漢後期起今文系儒者偽造的作品，原本是經書的補充用書籍，卻漸漸變成充滿了假託孔子、預言未來的要素。《春秋左氏傳》等古文學之所以致力透過對經書的嚴格訓詁，來達成理性的經典解釋，就是為了要對抗以春秋公羊學派為中心的今文系緯書。可是，古文學仍然只有劉歆等少數古文學者持續進行研究，因此，不把在知識分子階層間廣為流傳的預言占卜等宗教性收攏進來，革命就無法順利推行。

故此，王莽的革命也有「符命革命」之類的別稱。所謂符命，是經常與「符」（某種祥瑞）伴隨出現的「命」（天的預言），是緯書的一種。在這當中雖然記下了所謂「天命」，但當然是忖度王莽意圖者的作為。這種符命雖然和古文學是不同的起源，但在透過天命將革命正統化上，也扮演了重要角色。

王莽最初使用符命，是在平帝駕崩的五年十二月：

> 前煇光（京師的行政官）謝囂奏，武功長（武功縣的行政長官）孟通浚井得白石，上圓下方，有丹書著石，文曰「告安漢公莽為皇帝」。符命之起，自此始矣。莽使群公以白太后，太后曰：「此誣罔天下，不可施行！」（《漢書．王莽傳上》）

王莽基於石頭上寫的「告安漢公莽為皇帝」這個符命，讓自己居攝踐祚。值得注意的是，太皇太后認為符命是「誣罔天下」而予以否定這件事。王莽的革命實際上並不是像所謂「符命革命」這樣，全面性地以符命為依據。光是帶有強烈宗教色彩的符命，並不足以壓下以太皇太后為首的反對革命聲浪。王莽的革命不只是符命，還是以《春秋左氏傳》等古文經的經義為基礎，從邏輯上建構漢堯後說與王莽舜後說等論述，兩者相互補充才得以實現。在這裡可以看出漢代儒教的時代性。在漢代光靠邏輯，很難登上受天賦予正統化的天子地位。故此，漢代的儒教與宋代以降的朱子學迥異，具有神祕性與宗教性的色彩。

八年，出現了「攝皇帝當為真」的符命——王莽此時正稱攝皇帝。而作為王莽最終即位契機、傳達天命的，也是符命：

> 梓潼人哀章學問長安，素無行，好為大言。見莽居攝，即作銅匱，為兩檢，署其一曰「天帝行璽金匱圖」，其一署曰「赤帝行璽某傳予黃帝金策書」。某者，高皇帝名也。書言王莽為真天子，皇太后如天命。（《漢書．王莽傳上》）

八年，在哀章（？—二三年）獻上「金匱圖」與「金策書」後，王莽正式即位。就像《漢書》的批判般，哀章這個人或許並沒有經過深思熟慮。儘管如此，因為「金匱圖」傳達了上天的賜命，「金策書」傳達了劉邦的賜命，因此保證了王莽作為天子與皇帝的雙重正統性。被認可受天命成為天子並從漢家成為皇帝的王莽，就這樣建立了莽新這個國家。這時候，「赤帝行璽邦」（《漢書》因為避諱，寫成「某」），與劉邦被視為「赤帝」這件事，相當值得注目。究竟是哀章因襲了古文學派的漢火德說，還是撰寫《漢書》的古文學者班固依循父親班彪也信奉的漢火德、漢堯後說而寫出「赤帝」，這點我們難以斷定。但不管怎麼說，在這當中都可以感覺到將日益傾向符命的今文學神祕化傾向與理智的古文學派學說結合之意圖。作為東漢儒教特徵的今文學與古文學融合，在這時候已經開始了。

王莽在莽新建國後的九年，向天下頒布「符命四十二篇」，宣稱自己的正統性。後來東漢光武帝即位，向天下宣布圖讖（將光武帝即位正統化的預言書），就是模仿王莽的作為。即使在這方面，王莽也是東漢的先驅。

但是，支持王莽的兩個正統性，並沒有完全融合。為了受漢家禪讓、即位為皇帝，王莽透過《春秋左氏傳》論證漢堯後說與王莽舜後說，並比照堯舜革命，將漢新革命正統化。接下來，他為了即天子位而利用符命，大談天命。但是比今文學更邏輯化的古文學，其正確是無法用符命來證明的。之所以如此，是因為以今文學春秋公羊學派為核心所偽造的符命和古文學之間，說到底在學術的譜系上並不相同。要達成兩者融合，就必須讓今文學與古文學彼此推敲琢磨。

故此，東漢「儒教國家」在白虎觀會議中，就將共享學術系譜的今文學與緯書一體化，再將之結合進古文學的經義。於是，直到鄭玄為止一直延續的漢儒教特徵，即今古文的融合，遂得以不斷進展。也正因如此，「儒教國家」最終的成立，要到東漢章帝時期以後。但就算這樣，在一邊以周公的「制禮作樂」為規範，一邊持續整飭儒教與國制之間關係的王莽統治時期，「古典中國」也已陸續做好了準備。

儒教經義與國制

王莽一邊巧妙利用今文與古文經書在儒教經義上的差異，一邊在對自己地位變化有利的情況下，基於儒教經義定下國制。我想舉出在明堂這棟建物中進行的祭祀，是如何被制定下來的，作為其中一個例子。

為了釐清經義的差異，首先我要提出各經典中有關明堂的解釋：

一、今文《禮記》認為，明堂是周公集結諸侯、明示尊卑，並將代替成王踐祚的自己「制禮作樂」之成果傳達給他們的場所（《禮記．明堂位》）。雖然王莽在五年十二月「居攝踐祚」，但至此為止，他都透過模仿周公「制禮作樂」來提升自身的權威。作為這方面的依據，《禮記》具有很重要的意義。

二、今文《孝經》說，明堂是周公宗祀文王的場所，在這裡展現其孝心，而諸侯則會帶著各自地方上的產物，來協助祭祀進行（《孝經．聖治章》）。在將明堂與周公相互關聯這點上，它的解釋和同屬今文學的《禮記》頗為接近。

三、古文《春秋左氏傳》則將明堂定位為祭祀祖先的祖廟（《春秋左氏傳》文公傳二年）。就像這樣，今文學與古文學，對明堂這座建物賦予的定位頗不相同。

既然如此，那我們就把王莽的明堂祭祀發展，與這些作為依據的儒教經義一起討論吧！

四年，王莽建設了合稱三雍的明堂、辟雍（學校）、靈臺。在第二年（五年）舉行的明堂祫祭（大祭）中，為了協助祭祀，他動員了諸侯王、列侯、宗室子弟合計超過一千人。這很明顯是基於《孝經．聖治章》中「明堂的祭祀，應有諸侯前來協助」這一經義，來進行明堂祭祀。不只如此，在明堂舉行祭祀的王莽姿態，也是依循周公在明堂大會諸侯的《禮記》經義。也就是說，王莽的國制一開始採行的，是基於《孝經》、《禮記》等今文學經義進行的明堂祭祀。

在平帝駕崩、王莽接獲「為皇帝」符命的五年十二月，群臣利用基於今文《禮記》的明堂祭祀經義來討好王莽。按照《禮記》的經義，周公集結諸侯、傳達代成王踐祚下「制禮作樂」的場所，就是明堂；

故此群臣上奏說，集結諸侯進行祭祀的王莽，具有和周公同樣「居攝踐祚」的正統性。接獲上奏的太皇太后批可，於是王莽開始了「居攝踐祚」。王莽為了將自己比擬為「制禮作樂」的周公而建設了明堂，又基於《禮記．明堂位》的經義，將自己的地位與政策正統化。從這裡可以看出王莽運用基於儒教經義的國制，來伸張自身權力的具體樣貌。

九年，在前一年建立莽新的王莽，於明堂的太廟舉行祫祭。王莽自己的宗廟建設有所延遲，所以他在明堂的太廟中，一併祭祀因為廟還在建設、沒能祭祀的先祖。這時候的明堂，就不是《禮記》經義中那種「制禮作樂」的場所。就像明記為「太廟」這樣，這是基於以明堂為祖廟的《春秋左氏傳》解釋。二〇年（地皇元年），王莽又在代替宗廟的明堂太廟中進行祫祭。簡單說，王莽在即位後，是基於古文的《春秋左氏傳》解釋來運用明堂。

誠如上述，王莽在從今文《禮記》到古文《春秋左氏傳》的明堂典故變更上，是因應自己的地位變化，來讓國制上的明堂角色改頭換面。在經義的展開上，他一邊將重點移向古文學，一邊將自己的政策正統化。

對《周禮》的尊重

王莽雖然基於《春秋左氏傳》，以漢火德、堯後說與王莽土德、舜後說為正統性的依據，但也遵從符命就皇帝之位。不只是學說被採用的學者如劉歆之流，其他人也都支持王莽，這是出於想打破西漢末年政治的封閉感，所以對王莽抱持期待之故。故此，王莽在建立莽新之後，就有必要透過施行與西漢相異的政策，來持續向人們展現自己的正統性；作為這種政策規範依據的，是古文經典《周禮》。

《周禮》在劉歆改名前，原稱為《周官》，其內容規定的是由天官大宰、地官大司徒、春官大宗伯、夏官大司馬、秋官大司寇、冬官大司空六位長官統領的周朝官員職務。這六個官府，各自是由六十個官職組成。就如合計三百六十個官職職務，是對應一年的日數而定般，《周禮》就是一部與整齊畫一中央集權國家模範相應的經典。換言之，它和古文學者的主張迥異，應該不是將周朝時代制度流傳下來的東西，畢竟周朝是分權的封建制度時代；話雖如此，大概是為了偽稱古老，所以它依然自稱是周朝產物。冬官大司空篇被認為自古失傳，所以用《考工記》來補上。

隨著儒教與國家的牽繫日益強烈，「禮樂制度是經先王整飭而成」的思想也益發有力。與此相配合，原本應該是呈現人們生活方式的經書內容，也以蘊含國家制度的樣貌呈現出來。古代已經有《荀子．王制》，而據稱是西漢文帝時期出現的《禮記．王制》，則為其代表。這兩部作品都沒有明記所謂「王制」，是哪個王朝的制度；雖然它們意識到的應該是周朝，但在職務記述上並無法證明是周的制度，因此大概是反映作者自己的思想吧！

相對於此，《周禮》則明確規定說，在這當中記下的制度是由周公所制定。在這點上，它反映了作為經書的新穎，以及出現時的政治狀況。古文學因為要主張自己成立的古老淵源，所以有必要斷言自己的理想是來自周朝制度。另一方面，古文學為了對抗將漢正統化、尊重孔子的今文學，所以扛出周公大書特書。劉歆就宣揚說，《周禮》是周公將樹立太平的樣貌寫下而成的產物，故此仿效周公致力「制禮作樂」的王莽，才會對《周禮》信仰至深。王莽就以《周禮》為依據，為了實現太平盛世，接二連三提出新政策。

比方說，王莽基於《周禮》，制定了作為國家支配骨幹的稅制。他雖然繼承了漢朝收穫量三十分之一到十分之一的田租，以及稱為「算賦」的人頭稅，但除此之外的稅收都是基於《周禮》來制定。他把在西漢末年益發激化的貧富差距下不斷增加的不耕之田稱為「不殖」，課以三戶（三百畝）的稅；將城郭中不種植果樹和蔬菜的土地稱為「不毛」，課以三戶的布。這些都是以《周禮·地官司徒》載師為依據。

又，關於狩獵、漁撈、畜牧，養蠶、紡織，工匠、醫巫、卜者等與醫術、占卜相關的事務，還有商業相關的事務，都要向所在地的縣進行申報，計算扣除本金的利益後，繳納十一分之一的「貢」。這也是根據《周禮》山虞、林衡、川衡、澤虞、迹人、丱人、角人、羽人、掌葛、閭師等內容彙整而成的產物。透過這樣的稅制，我們可以得知，王莽以及政策的立案者都熟讀《周禮》，並將之反映在政策上。除此之外，王莽在一二年時，也在西周的東西兩都實施古制的畿內制度，並在一七年時，準備遷都雒陽（洛陽）。這些也都是基於《周禮》的政策。

就像這樣，王莽在建立新朝後，便朝著基於《周禮》的國家體制不斷邁進。而在這樣的過程中，王莽也慢慢形成了「古典中國」的架構。

三、「古典中國」的基本

古典國制的形成

所謂「古典中國」是由兩者所構成：作為「儒教國家」之國制、由東漢章帝時期白虎觀會議所訂下的中國古典國制，以及將之正統化的儒教經義，而對此一形成最盡心竭力的，就是王莽。王莽一方面積極利用劉歆的古文學，來整頓漢朝的國家統治架構，另一方面又陸續提出被後世「古典中國」所承繼的各項政策。

中國的古典國制，是基於《禮記．王制》、《周禮》以及緯書所定下，以祭天儀式為中心的各種機制，又稱為禮法。針對古典國制的建言，是始於元帝時期前四六年的翼奉（生卒年不詳）上奏，最初的成果郡國廟的廢止，是在前四〇年定案。成帝時期，對天子來說最重要的天地祭祀方法南北郊祀被提出來討論，經過好幾次的來回搖擺，最後在平帝時期的西元五年，由王莽確立了長安的南北郊祀。透過王莽，古典的國制基本確定下來。

渡邊信一郎舉出十四個項目，作為古典國制的指標：①遷都洛陽、②畿內制度、③三公設置、④十二州牧設置、⑤南北郊祀、⑥迎氣（五郊）、⑦七廟合祀、⑧官稷（社稷）、⑨辟雍（包含明堂與靈臺）、⑩學官、⑪二王之後、⑫孔子的子孫、⑬樂制改革、⑭天下之號（國名）。在這當中，最重要的⑤南北郊祀與⑦七廟合祀之制定，都被認為是出自王莽之手。

王莽從四年開始，便著手進行後世統稱為「元始故事」的禮制改革。同年，他建起了⑨辟雍、明

西漢末年到王莽時期的國制改革

事　項	提案者	提案年次	重振、確立年次
①遷都洛陽	翼　奉	前46年（初元3年）	25年（光武建武元年）
②畿內制度	翼　奉	前46年（初元3年）	12年（王莽始建國4年）
③三公設置	何　武	前8年（綏和元年）	前1年（哀帝元壽2年）
④十二州牧設置	何　武	前8年（綏和元年）	42年（光武建武18年）
⑤南北郊祀	匡　衡	前32年（建始元年）	5年（平帝元始5年）
⑥迎氣（五郊）	王　莽	5年（元始5年）	5年（平帝元始5年）
⑦七廟合祀	貢　禹	前40年（永光4年）	5年（平帝元始5年）
⑧官稷（社稷）	王　莽	3年（元始3年）	5年（平帝元始5年）
⑨辟雍（包含明堂與靈臺）	劉　向	前8年（綏和元年）	4年（平帝元始4年）
⑩學官	王　莽	3年（元始3年）	3年（平帝元始3年）
⑪二王之後	匡　衡 梅　福	成帝期間	前8年（成帝綏和元年）
⑫孔子的子孫			1年（平帝綏和元年）
⑬樂制改革	平　當	成帝期間	60年（明帝永平3年）
⑭天下之號（國名）	王　莽		8年（王莽居攝3年）

堂、靈臺三雍，五年確立了⑤南北郊祀與⑦七廟合祀，制定了⑥迎氣，樹立了⑧官稷（社稷，祀奉土地神與穀物神）。在這些「元始故事」中，對後世影響最大的，就屬⑤南北郊祀與⑦七廟合祀了。

從元帝時期開始，就有基於儒教經義，將祭祀天地的場所定在長安南北郊外的傾向，但到了哀帝時又依循「漢家故事」，回到甘泉（祭天）與汾陰（祭地）。王莽為這種搖擺不定畫上休止符，確立了南北郊祀。具體來說，王莽廢止了甘泉、汾陰的祭祀，以及雍的五畤（秦朝祀奉上天的五座祠堂，被漢朝繼承），規定在長安南方郊外祭天、北方郊外祭地。現存北京南方的天壇，就是清朝繼承王莽、設置在南郊的產物。

王莽在將郊祀祭天定於都城南方郊外、祭地定於都城北方郊外的上奏文中，引用了今文系的《孝經．聖治章》、《禮記．曲禮下》、《春秋穀梁傳》哀公元年等內容，來論證其正統性（《漢書．郊祀志下》）。王莽雖然在制定⑧官稷之際，使用了古文學的《春秋左氏傳》作為依據，但他並不總是只仰賴古文學，而是在今文、古文雙方經典中選出最相應的典籍，以此來制定中國的古典國制。

古典國制與古文學

即使如此，王莽在最重要的南北郊祭禮改制上，還是很重視古文系的《周禮》。王莽對祭禮的提案，首先是基於《周禮．大司樂》，陳述祭祀天地之際的合樂（演奏黃帝、帝堯、帝舜、禹王、湯王、武王六代的音樂），從而將天地合祀正統化。第二是基於《禮記．祭義》，表示對天地的祭祀除了犧牲以外，也要供奉黍與稷。第三是基於《周禮．大司樂》，闡述祭祀天地之際的別樂（在六代音樂中，各自使用其中一代的音樂），在冬至之日於南郊祭天、夏至之日於北郊祭地、正月則於南郊合祭天地，以此為依據，作為祭祀最重要的根據。第四是基於《周易．說卦傳》，規定在冬至南郊祭祀時，要對太陽等陽神進行望祭（一邊遠望一邊祭祀），在夏至北郊祭祀時，要對月亮等陰神進行望祭（《漢書．郊祀志下》）。

就像這樣，王莽以《周禮．大司樂》為中心，定下了郊祀具體的祭禮。在成帝期間反覆議論的⑤

南北郊祀確立後，他使用《周禮》作為祭祀的規範。

另一方面，在祭祀皇帝祖先的宗廟⑦七廟合祀上，究竟要祭祀到幾代前的祖先？如果是旁系繼承帝位的情況，那皇帝沒有即位的親生父親，究竟該不該建廟祭祀？關於這兩點，在元帝時期就論爭不斷。

成帝時期，孔子的子孫孔光（前六五—五年）等人，主張只有太祖廟（高祖劉邦）、太宗廟（文帝）列為不毀廟（應留下來的廟），武帝廟因為「親盡」（血緣關係已經太遠），所以應該毀掉（將牌位移往祧廟〔與宗廟有別，祀奉親緣關係疏遠者牌位的廟〕）。相對於此，劉歆則主張武帝廟應作為世宗廟，列入不毀廟行列，同時不毀廟的數量也不應限制，包含在七廟之數中。據《漢書·韋玄成傳》，這時候劉歆是舉出《禮記·王制》與《春秋穀梁傳》僖公十五年條目。不只如此，針對「宗」（與祖一起被贈予不毀廟的廟號）的數量沒有限制、「宗」也不算在七廟中的這個獨特主張，他舉出《春秋左氏傳》莊公傳十八年、襄公傳二六年為依據，力陳列為世宗的武帝廟，應歸入不毀廟。劉歆獨創的主張根據，是立基於古文學的《春秋左氏傳》上。繼成帝之後的哀帝同意劉歆的提案，將武帝廟立為不毀廟。

儘管如此，論爭仍然持續下去。最終確立⑦七廟合祀，是在五年王莽上奏，毀去宣帝父親之廟後定下。和南北郊祀一樣，七廟合祀也是由王莽確立。這時王莽在處理宗廟上是依據什麼學說，在《漢書》中並沒有紀錄。展現王莽對宗廟理解的，是莽新建國之後，他建立自己宗廟時的記載：

九廟：一曰黃帝太初祖廟（黃帝），二曰帝虞始祖昭廟（虞舜），三曰陳胡王統祖穆廟（胡公），四曰齊敬王世祖昭廟（敬仲），五曰濟北愍王王祖穆廟（田安），凡五廟不墮云；六曰濟南伯王尊禰昭廟（王遂），七曰元城孺王尊禰穆廟（王賀），八曰陽平頃王戚禰昭廟（王禁），九曰新都顯王戚禰穆廟（王曼）。（《漢書．王莽傳下》）

王莽在二二年建立了自己的九廟。他身為天子卻不拘於七廟之數，建立九廟的緣故，是因為他沒有把不毀廟（以王莽的情況來說是一到五廟）列入親盡應毀的廟數中，這是劉歆的學說。至於第九的父親（王曼）、八的祖父（王禁）、七的曾祖父（王賀）、六的高祖父（王遂），則是親盡應毀的四親廟。就像這樣，王莽遵循劉歆基於《春秋左氏傳》的經義，樹立了自己的宗廟。所以在確立⑦七廟合祀時，王莽的主張依據，也考慮了劉歆「不毀廟不在七廟之列」的學說。

和定下⑤南北郊祀具體形象的《周禮》一樣，屬於古文學的《春秋左氏傳》因為晚出現之故，完成度很高，所以能提供不受「漢家故事」拘束的理念。王莽就以它們為依據，來端正動搖的漢家制度，並為理應到來的莽新嶄新世界定下規範。

就像這樣，王莽在西漢反覆議論的天子之天地祭祀以及皇帝的祖先祭祀上，確立了⑤南北郊祀與⑦七廟合祀，從而樹立中國由天子進行的天地祭祀（郊祀）、由皇帝進行的祖先祭祀（宗廟）之基本。這時候，置於正統性中心的經義，前者為《周禮》，後者為《春秋左氏傳》，兩者都是古文學。古文學的高完成度，以及不受「漢家故事」拘束的普遍性，在創造嶄新規範上相當有利，而這項政策也被後世所繼承。

王田制

王莽揭示的理想國家形象並不止於祭祀，也表現在具體的國政施行上。基於儒教的國家支配，是以「封建」、「學校」、「井田」為三足鼎立的結構。王莽首先實施五等爵的「封建」，將中央官制序列化，並致力於地方官的世襲，也就是在郡縣制中加入封建的要素。第二是「學校」，他在太學中設置古文學博士，努力普及支持自己正統性的經典《周禮》與《春秋左氏傳》。至於第三的「井田」，則是將土地平均分配的儒教理想。流傳周朝井田的文獻中，最有名的是《孟子》；在其影響下，王莽的「井田」政策王田制，以周朝的井田法為規範，自九年（始建國元年）開始實施。王田制是最有名的王莽國家制度，也是被視為導致莽新滅亡理由之一的政策，因此我們就稍微詳細一點觀之。

王田制施行的前提，是秦破壞井田、結果導致貧富差距擴大這一認知。就如同「封建」被秦破壞般，「井田」也被秦所破壞。漢朝和秦朝相比，雖然將田租予以減輕，但實質的稅率負擔還是達到收穫量的十分之五。王莽認為，正是因為如此，貧富差距才會擴大。既然如此，那王莽的王田，又是在何處找依據，來復甦被秦破壞的公田呢？

> 予前在大麓，始令天下公田口井，時則有嘉禾之祥，遭反虜逆賊且止。今更名天下田曰「王田」，奴婢曰「私屬」，皆不得賣買。其男口不盈八，而田過一井者，分餘田予九族鄰里鄉黨。故無田，今當受田者，如制度。（《漢書．王莽傳中》）

「大麓」是舜接受試煉、獲得受堯禪讓契機的土地。自稱舜後裔的王莽，在這篇告諭中，以分配「公田」呈現祥瑞為依據，命令施行王田制。王田制中使用了《孟子》井田制特徵的「公田」、「八」家、「一井」等字句，因此是受到《孟子》的影響。

不過，《孟子》的想法是，在九百畝土地中留下一百畝公田，剩下的由八家均分（《孟子・滕文公章句上》）。相對於此，王田制並沒有繼承「在井田中設置公田」這樣的發想。王莽在以《孟子》為依據的同時，也像最後一句「如制度」所示，具體來說是以饑荒時期讓農民耕種公田之類的漢代公田分配為前提。是故我們可以理解，王莽的井田思想並不只是單純空想，而是配合漢代的制度來展開。

王莽倡議的這套井田理想，跟王莽的爵制基礎（按階級擁有封土），以及官制的世襲，並不見得相互矛盾。以井田為代表的中國「均田」思想，並不是指作為生物的每一個人，都能平等地擁有土地。所謂「均」，是種讓依社會身分體系定位的每一個人，都能均衡保有土地的意圖。西漢哀帝施行的限田策就是不考慮這點，規定擁有土地一律以三十頃（約一三八公頃）為限。這種不考慮大地主力量的限田策，不但沒有獲致任何成果，還徒然擴大了土地所有的落差。

王莽眼見限田制的失敗，於是一方面以「井田」（均田）制為廣泛基礎，重建給予農民一頃（一百畝）土地所有的王田制，同時也基於五等爵，確立公為方一百里（約四一四〇公頃）、侯伯為方七十里、子男為方五十里、附城（諸侯的屬國君主）食邑九成（一成為方十里）為方三十里，也就是同一身分、階層內的土地所有均等。利用基於爵制的「井田」制，在基層廣泛推行王田制，並基於五等爵制，確定身分制下的土地所有，這是要克服因貧富差距擴大而導致的國家支配崩壞。支撐隋唐律令體系的土地制度，以及也影響到日本班田收受法的均田制，都和王莽的王田制一樣，規定給予農民一百畝的均等土地，但也承認官僚等可以用官人永業田的名目，掌握大規模土地。因此，王莽的王田制，並非那麼脫離現實。

可是，儘管王莽不斷努力，國家財政還是沒能重振。王莽的政策，因為是以《周禮》為依據，意圖復興儒教的理想時代周朝的制度，因此在儒教上自然擁有正統性。可是，一味推行周制復古，其實是無視於貧富差距擴大的當時現實。王田制雖然受到被賦予土地的農民歡迎，但因為損害擁有大量土地的豪族的利益，所以遭到很大的反彈。

理念的帝國

王莽在建立莽新前，將自己比擬為周公「制禮作樂」，同時又利用夷狄的朝貢來作為自己德行聲名遠播的證明。但是，當莽新建國後，王莽的異族政策也為之一變；那是一種基於經書，將自己世界觀全面展開的作法：

（九年，王莽下詔說：）天無二日，土無二王，百王不易之道也。漢氏諸侯或稱王，至于四夷亦如之，違於古典，繆於一統。其定諸侯王之號皆稱公，及四夷僭號稱王者皆更為侯。（《漢書・王莽傳中》）

王莽批評說，不只是中國國內的諸侯稱王，就連四方夷狄稱王，也是種「繆於一統」的行為。西漢利用與匈奴的和親，封建夷狄為王以維持和平，但王莽認為這種基於現實的異族關係違背了儒教經義，所以予以否定，打算建立一個「理念的帝國」。

正因如此，他和匈奴的外交交涉觸礁。王莽在讓單于知道自己已代漢受天命之際，雖然賜予大量金帛，卻改變了單于的璽綬。漢朝贈與單于的璽，上面寫的是「匈奴單于璽」，但王莽卻將之變更成「新匈奴單于章」。「章」是漢朝給予臣服異族首長的事物，在匈奴前面加上「新」，則是代表匈奴是新的臣下。換言之，王莽否定匈奴單于是獨立於漢的王，而是將他定位為新服從的臣屬。匈奴對此大表反彈，從第二年（十年）起，就不斷入侵中國。匈奴的入侵，不久後就引發了導致王莽政權瓦解的赤眉之亂，釀成社會極大不安。

另一方面，一二年王莽也收回高句麗的王印，改之以「下句麗侯」的稱號，這同樣招致高句麗的憤怒，引發其反彈。相較於試圖和現實磨合的內政手段，王莽對夷狄的外交政策，則是以理念為優先。在這種背景下，王莽陷入了孤立。

王莽的孤立

班固的《漢書》，對於支撐王莽的三位心腹不再跟隨王莽改革的狀況，做了以下的推測：

初，甄豐、劉歆、王舜為莽腹心，倡導在位，褒揚功德；「安漢」、「宰衡」之號及封莽母、兩子、兄子，皆豐等所共謀，而豐、舜、歆亦受其賜，並富貴矣，非復欲令莽居攝也。……又實畏漢宗室、天下豪桀。而疏遠欲進者，並作符命，莽遂據以即真，舜、歆內懼而已。（《漢書・王莽傳中》）

王舜是王氏一族，所以直到最後都和王莽命運與共。劉歆將女兒劉愔嫁給王莽的四子王臨，和王莽有姻親關係。此外，因為王莽將劉歆創設的古文學立為學官，並基於其經義展開政策，所以他這個時候還沒有背棄王莽。相對於此，甄豐原本個性就很剛強，對於王莽逸脫自己的想法明顯感到不滿，因此惹得王莽不悅，在即位後的新官制中，以符命為由將他從大司空降職為更始將軍。

對此不滿的甄豐之子甄尋，於是製造了將漢平帝皇后（王莽的女兒，稱「黃皇室主」）迎娶為妻的符命。王莽大怒說：「黃皇室主是天下之母，這是什麼胡說八道！」於是下令調查。甄尋逃亡，父親甄豐自殺；甄尋被逮捕後接受偵訊，結果牽連劉歆之子劉棻、劉泳，最後演變成公卿（大臣）、列侯（諸侯）以下數百人被處刑而死的大事件。

就這樣，王莽與支撐他的心腹之間，在信賴關係上產生了重大裂痕。在這段期間中，王莽又逼四個兒子中的三人自殺。這並不只是為了守護自己的政治地位，而是出於對兒子不法必須「大義滅親」（《春秋左氏傳》隱公四年）的古文學立場，無法對此寬容。像這樣一切以儒教為優先的王莽作法，連心腹與血親也無法追隨。之後，王莽便獨立處理繁雜的政務，包括制度改變與相關政令，對中央、地方官府的照會，以及來自地方的訴訟等，一切政務都由王莽自己裁決。為此，王莽每天都打著燈火，一路處理政務到天亮，但還是無法處理完畢。王莽的孤立日益加遽。

政策的撤回

王莽之所以尊重經義到這種程度，是因為要基於儒教進行社會改革。這是他的志向所在，但這種志向卻連血親與心腹都無法理解。因此，他這些在理念上具有正統性、且對之後中國持續保有重大影響的政策，要讓當時光是在現實環境中存活下來就已竭盡心力的民眾理解，更是難上加難。

王莽絕不是拘泥不化的儒教基本教義派，但因為鮮有臣下能理解王莽的先進性，所以改革的想法也只是空轉而已。王田制的土地政策和現實不能吻合，只是徒然讓社會陷入混亂。王莽商業政策的中心六筦（專賣），也走進了死胡同。不只如此，每當一種改革碰壁，他就立刻改推別的政策，立法欠缺一貫性，讓混亂更形擴大，對他的不信任也益發強烈。而且，王莽的政策越到後面，就變得越趨於觀念化，從而欠缺現實性。

赤眉之亂

赤眉之亂的起因，是一位稱為呂母的老太太，因為縣宰（縣的行政長官）以雞毛蒜皮理由處死她的兒子，深感憤恨，於是糾集群眾襲擊縣宰。一吐怨氣的呂母不久後過世，但一度聚集起來的雜軍並沒有就此解散；他們改以樊崇為首領，吸收山東半島各地的流民，自稱「赤眉」，形成反王莽的軍事集團。之所以叫作赤眉，是因為他們為了區別王莽軍和我軍，將眉毛塗上紅色染料，因此得名。

赤眉以泰山附近為據點對抗王莽軍，不久後便擁有數萬大軍。赤眉之所以要染眉毛，雖然是為了與王莽軍戰鬥，但如果只是要區別敵我，其實沒必要一定得染成紅色。這麼做的原因，是因為赤是五行思想中，相當於火德的漢之象徵色。史書說，赤眉是「思漢」的叛亂；正因如此，他們最後投降了高舉漢室復興旗號的劉秀（後來的光武帝），亦即對王莽理想的否定。二二年，赤眉擊破了王莽派遣的太師王匡，殺死了更始將軍廉丹。另一方面，在二三年六月，劉秀則在昆陽之戰中，擊破了率領王莽軍主力的大司空王邑。

在這樣的局勢下，國師劉歆與衛將軍王涉、大司馬董忠等人謀議，意圖脅迫王莽降伏於劉秀臣屬的更始帝，結果遭到發覺、被逮捕。劉歆一開始並沒有加入王涉等人的邀請，但在甄尋事件中兩個兒子遭殺害、在皇太子王臨事件中女兒劉愔又被殺的劉歆，最後還是參與了謀畫。事跡敗露後，劉歆自殺。又，建立東漢的光武帝，一開始是追隨被新市、平林兵擁立而稱更始帝的族兄劉玄。

就這樣，連古文學的創始者也捨棄了王莽。當更始軍逼近長安時，王莽基於《周禮》和《春秋左氏傳》，率領群臣前往南郊，仰天求助，捶胸頓足大聲號泣。接著，他更寫了一篇一千多字、闡述自己功績的告天策（向上天報告的文章）。當漢軍入侵長安城後，他引用《論語·述而》，講了一句話：「天生德於予，漢兵其如予何！」隨後便被漢軍殺害了。王莽享年六十八，直到最後都過著信仰儒教的生涯。

王莽與儒教王權

王莽的新朝雖然在混亂中滅亡，但王莽所致力、透過儒教將國家正統化的王權，在之後的東漢「儒教國家」，終於獲得了實現。對王莽而言，繼承他所滅亡西漢的國家是東漢，可說相當不幸。東漢雖然繼承了王莽改制中基於古文學的古典國制，但同時也否定了王莽的國政，將這種古典國制透過今文學來重新正統化，就是章帝時期的白虎觀會議。故此，「古典中國」不只形塑了漢帝國，且將其樣貌集大成的鄭玄經學也廣受尊重。儘管如此，王莽確立了中國歷史上最初的儒教王權，其意義仍然極為重大。

董仲舒（約前一七六—約前一〇四年）

西漢儒者，冀州廣川國人。修習春秋公羊學，在景帝時成為博士，到了武帝時擔任江都相（行政長官）。任職中大夫時，因為論及高廟災異（具體來說為高祖廟的火災）遭讒言失勢，從此不再提災異。他基於春秋學發展出一套災異思想，主張天人感應。《漢書》透過在〈董仲舒傳〉中收錄的「天人三策」等內容，將武帝時太學置五經博士、斥退諸子等功績都歸於董仲舒，但這是曲筆。儘管如此，董仲舒透過「天人三策」與《春秋繁露》等作品所闡述的思想，對之後儒教經義的發展確有很大的影響。

《漢書．董仲舒傳》在《史記．儒林列傳》的董仲舒傳上，加進了他三次奉武帝詔進行對策的長文（「天人三策」）等，描繪出一副身為漢代儒教確立者、光耀活躍的董仲舒形象。可是，和《史記》相比篇幅多了兩三倍的《漢書．董仲舒傳》，添補部分有許多和歷史事實相異的記述，所以內容不可信賴。

比方說，關於「天人三策」，就有對策的上奏年代以及第二策的矛盾處等問題。在年代方面，一共有高達十二種分類、七十種以上的說法被提出，但不管採用哪一種說法，都一定會產生年代與內容上的矛盾齟齬。另一方面，在第二策中，包含了夜郎和康居這兩個歸屬漢朝時期尚早的國度。因此，要探尋史實的董仲舒形象，必須從《史記》的董仲舒傳中去尋找才行。

根據《史記》，董仲舒在擔任中大夫的前一三五年，寫了一篇有關遼東高廟發生災異的原因、尚未定稿的上奏文，結果這篇文章被主父偃盜走，呈到武帝面前。當武帝召見儒者徵詢意見之際，董仲舒的弟子呂步舒不知是老師的文章，評為「下愚」，結果董仲舒差點陷入死罪的危機，從此不再講災異。

又，他因為批判同屬春秋學者的公孫弘以媚俗阿世而位至公卿，結果被公孫弘貶去擔任膠西王相。儘管膠西王對他鄭重禮遇，但他因為擔心久留此位會因這位惡名昭彰的王而受罪，所以稱病辭職，此後不再為官。

就像這樣，董仲舒身為官僚，過的是被政敵偷走草稿、被弟子貶抑、沒能升任公卿、自己的理想也無法反映在政治上，可謂極為不遇的一生。在《古文苑》卷三中，可以看到他感嘆自己不遇寫下的〈士不遇賦〉。董仲舒並不像《漢書》所描述般，是將儒教定於一尊的核心人物；但是，他的思想仍然極為重要。

董仲舒的政治思想是災異說（災異譴告說）。自然界中會發生洪水、旱災、日蝕、地震、寒暑變異等各種異常現象，其中小者為災，大者為異；按照他的定義，災異都是作為主宰者的天之譴責，以此來規制政治的橫暴與君主的放蕩。

在《漢書．五行志》中，記載了董仲舒以災異解釋《春秋》歷史事件的多篇文章。根據他的論點，當君主做出違反上天意志的言行舉止時，上天就會降下災難譴責；若是君主依然故我、不改失政與背德行為的話，就會降下異態譴責。如果還是不改，那天就會滅這個國家。這種以春秋學為母胎誕生的災異說，之後與易學派交流，並受到讖緯思想（預言思想）影響，逐漸傾向神祕預言。王莽利用的符命，就是從董仲舒學派災異說中產生出來的。

將自然災異與君主言行彼此關聯的災異說，其根本是自然與社會秩序對應一致的天人感應說。根據董仲舒後學編纂的《春秋繁露》，人體有十二根大骨頭，相當於一年的月數，有三六六節小骨頭，相應於一年的日數，五臟相應於五行，四肢相應於四時（四季），醒與睡則相當於晝夜。換句話說，人的身體就等於具備天象整體的小宇宙，因此人與天在關係上是不可分的。這時候，他們用以將自然現象變異與人世間關係連結起來的，是陰陽五行說。董仲舒的思想中心，就是具備陰陽五行說基礎、以天人感應說為依據的災異說。

董仲舒在思想史上的意義，是他在尋求具備中央集權體制的漢帝國之支配原理時，將舊有的儒家學說加以整理更改、重新建構成內容豐富且具備體系的一套儒家學說。這可以想成是和以《淮南子》為代表、透過黃老思想為漢帝國提供支配原理的作法，進行對抗下的產物。

在這當中，我們可以看到它在作為適應體制的理論的同時，也為抵抗思想做好準備的兩面性。為了抑制君權而提出的災異說，對以後思想與政治的關係具有決定性的意義；我們也可以說，易姓革命的相關議論，都是透過董仲舒才達到理論的完成。

《漢書．藝文志》中記有「董仲舒一二三篇」、「公羊治獄十六篇」等著作，但都已散佚。前者應該是董仲舒後學編纂的上疏等文件，也就是《漢書》中「天人三策」等論述的原本。另一方面，董仲舒後學編纂的《春秋繁露》，則是從公羊學立場對《春秋》進行解說、衍生的書籍，現存十七卷二十八篇。《春秋繁露》除了直接解說《春秋》、從《公羊傳》進行衍生的部分外，亦有上奏文與董仲舒的主張，但也包含了後世的偽作。即使如此，他的災異說、天人感應說、禮樂說、革命理論等，都給了漢代儒教一個方向。

劉向（前七九—前八年）

建立西漢的高祖劉邦（前二〇二—前一九五年在位）的么弟楚元王劉交（？—前一七九年）的玄孫。原名更生（後來改名為向），字子政，沛國人。身為宗室，他為了守護漢室、對抗外戚與宦官，撰寫了《列女傳》、《說苑》、《新序》，提倡基於儒教的國政樣貌。另一方面，他也和兒子劉歆一起整理宮中圖書，發現了古文經典。古文經典經過劉歆宣揚，在王莽立為學官後急速普及，並成為莽新的政策規範。

劉向十二歲時成為郎官，不久被任命為諫大夫，奉宣帝之命修習春秋穀梁學。比起董仲舒修習的春秋公羊學，春秋穀梁學更重視法刑等方面，和君主專制的親和度很高，是將宣帝政治正統化的工具。劉向在前五一年由宣帝主宰的石渠閣會議中，就從春秋穀梁學的立場來討論經義。

劉向後來歷任給事中、光祿大夫、中壘校尉等職。元帝時期，他和蕭望之（？—前四六年）共同指導國政，對抗壟斷政權的宦官石顯（生卒年不詳）。成帝時期，他反對外戚王氏的橫暴，屢屢被下獄免官。劉向因為修習春秋學，通曉災異解釋；他將同時代發生的災異原因，解釋成外戚與專權所致，並將這些災異相關的解釋論，彙整成《洪範五行傳論》一書。

另一方面，他對祕書（宮中藏書）進行校對後，編纂了分類目錄的《別錄》。《別錄》將祕書分成六藝、諸子、詩賦、兵書、術數、方技六類，劉向自己為前三類撰寫了「敘錄」（解題），剩下三類則委託給專家。「敘錄」記載了編目校書的經過、作者的傳歷、書名的意義、著作的由來、書籍內容與批判、偽書的分辨、學派與評價等。《別錄》雖然散佚了，但有關《戰國策》與《荀子》等七篇的「敘錄」還殘存下來。這項事業被兒子劉歆所繼承，開花結果為《漢書．藝文志》基礎的《七略》。透過《七略》，思想史中確立了儒教獨尊的地位，直到「近代中國」為止，都不曾被打破。「古典中國」思想史上的儒教獨尊，至此確定下來。

劉向自己的著作，除去為了防止天子后妃紊亂國政而著的《列女傳》外，現在還留有集結故事、傳說的《新序》與《說苑》。這些都被引用來檢討《春秋》，因此我們可以知道劉向對今文學的《公羊傳》、《穀梁傳》以及古文學的《左氏傳》這三傳，全都知曉甚詳。在學說上，他最常依據的是《公羊傳》，基本立場也是忠實繼承春秋公羊學的傳統，特別是董仲舒的春秋觀。可是，就像董仲舒一樣，他並沒有全部都用公羊學來解決問題，而是因應自己的主張，對三傳進行取捨選擇。劉向的諸經兼修，以及從諸經中選擇適宜經義來建構自己主張的學術方法論，被東漢章帝時揉合今文學與古文學經義的《白虎通》以及鄭玄學所繼承。在這層意義上，他可以說是定下漢代經學方向的學者。

劉歆（約前三二—二三年）

劉向的第三子，字子駿；後來改名秀，字穎叔，沛國人。年輕時就精通詩書，在成帝時擔任黃門郎。那時他和王莽同事，之後一直保持深厚的交情。劉歆和父親一起進行祕書的校訂，編纂了圖書目錄《七略》，確立儒教獨尊的地位。同時，他在校書的過程中，也發現了《春秋左氏傳》、《周禮》等古文經典，展開了立古文學為學官的運動；這項運動後來被王莽所實現。莽新基於《春秋左氏傳》、《周禮》推行政治，尊劉歆為國師。之後當打倒王莽的叛亂四起時，他企圖殺害王莽，失敗自殺。

劉歆宣揚的古文學與今文學問，並不單只是經典的文字差異而已。像《禮記》（今文）與《周禮》（古文）這樣，在經書本身就有差異的「禮」，或是像《春秋公羊傳》和《春秋穀梁傳》（今文）與《春秋左氏傳》（古文）這樣，在解釋經書的「傳」上相異的「春秋」，它們從經本身到解釋，以及最重要的主張內容，都有極大的差異。

西漢哀帝時期（前七—前一年）以前，在太學中獲得設置學官的學問，全部都是今文學。劉歆在哀帝時期的前七年，上奏表示應該設立古文學官，但以丞相孔光為首的眾多儒者，對此都大表反對。不只這樣，作為傳播不成體統之偽學的人物，劉歆還被放逐。但不久後，在哀帝時期失勢的王莽，又奪回了政權；於是古文學不只被立為學官，還占據了莽新建國後王莽政策的核心地位。

古文學是能將強大君主權力正統化的政治思想，作為經學在訓詁（針對經書字句的發音與意義解釋）上也有優勢，對經書的正確性能夠進行理性追究。除了這些有利之處外，劉歆還進行了對王莽有利的校書（校訂工作）。所謂校書雖是對書籍進行校訂，但和後世這類工作的內容卻有所不同。這時候，以經書為首的書籍，隨著撰寫時期而在內容上有顯著差異。後世的校訂，是透過將作為書籍、有固定內容的版本進行比較、檢討，來校正其中字句；相對於此，劉歆的校書，則是將內容不確定、甚至卷卷各自有別的素材，統整為一的一種作業，也就是一種近乎從頭開始創作一本書的作業。故此，在校書的過程中，要嵌入反映當時政治狀況的字句，是很容易的事，而孔光等人警戒這些經書為「偽經」，也是有道理的。

劉歆確實深深傾慕王莽，但他是不是打從一開始就預想到王莽會篡漢並協助王莽確立權力，這點則不得而知。然而，對於在古文、特別是《春秋左氏傳》中，插入對王莽有利的記述，他確實似乎不太排斥。

王莽強烈主張自己是黃帝乃至舜的後裔，並明言這個系譜是從胡公、敬仲（田完）、田安一直延續到自己。在這當中，有關春秋時代胡公與敬仲的記載，在《春秋》三傳中，只有在《春秋左氏傳》得以見到。具體來說，在《春秋左氏傳》莊公傳二十二年、昭公傳八年談論到的世系，和王莽的主張一致，同時也說「舜的後裔」不久後將彰顯於世。原本是春秋各國史彙總的「左氏傳」，在劉歆將之彙整成有體系的思想書之際，很有可能把和經不相應的傳，為了王莽的正統化而加以改竄進其中。

又，以實現身為舜後裔的王莽受禪讓為前提、明言漢家是堯後裔的論證依據，也只在《春秋左氏傳》中出現。到劉向父子為止，學者在談論解釋國家興亡的五德終始說時，基本上都是依據相剋說，也就是按照土↑木↑金↑火↑水↑土……的順序，擁有能擊敗前代德行的國家就能昌隆。武帝在前一〇四年（太初元年）制定太初曆，決定漢為土德。相對於此，劉歆則編成新的三統曆來對抗太初曆，讓以天的運行為基礎、由數的世界觀主導的律曆思想，收斂到儒家教義當中。不只如此，為了主張自己論述的獨特性與正統性，他又基於相生說的五德終始說來提倡漢火德說。

漢火德說，是將只有《春秋左氏傳》有記載的古代帝王少昊（具體人物樣貌並不清楚）放進去來獲得實證。一直以來的古帝王與三代（夏、殷、周）的譜系，按照繼承前德的相生說來看，是這樣子的：

黃帝（土）↓顓頊（金）↓帝嚳（水）↓堯（木）↓舜（火）↓
夏（土）↓ 殷（金）↓ 周（水）↓漢（木）

也就是說漢為木德。但如果把只有《春秋左氏傳》記載的少昊也放進去的話，就會變成：

黃帝（土）↓少昊（金）↓顓頊（水）↓帝嚳（木）↓堯（火）↓
舜（土）↓ 夏（金）↓ 殷（水）↓ 周（木）↓漢（火）

也就是漢為堯的後繼者，屬於火德國家的論證。

又，王莽應受漢禪讓所依據的漢堯後說，也是劉歆以《春秋左氏傳》為依據所提倡的。其最大的依據就是《春秋左氏傳》文公傳十三年，有「其處者（留在秦者）為劉氏」這段記述，也就是士會（晉國范武子）的子孫成為劉氏。在這裡，襄公傳二十四年、昭公傳二十九年可以看到堯的子孫劉累，而配合劉累的子孫即為晉國范氏的歷史傳說，再加上《漢書．高帝紀》贊中引用的劉向所說「留在秦的劉氏就是漢室祖先」這一說法，漢堯後說於焉完成。

就這樣，劉歆基於《春秋左氏傳》，主張漢火德說與漢堯後說。而王莽又基於這些理論，樹立自己的國家，並在古文學中尋求自己政策的立論依據。

漢光武帝（前六—五七年）

建立東漢的光武帝劉秀（二五—五七年在位），是西漢景帝之子長沙定王劉發的子孫，到了劉秀這一代，已經成為南陽郡的豪族。曾在國立大學太學遊學的劉秀，學習了儒教中《尚書》這部有關政治的經典。在中國歷代王朝的建國者中，他是學識教養堪稱前幾名的一員。

二三年，劉秀在昆陽之戰中擊破由王莽大司空王邑與大司徒王尋率領、號稱一百萬的大軍，在河北逐步擴大勢力基礎。二四年，他在邯鄲消滅王郎，平定河北，二五年基於緯書《赤伏符》即位為皇帝，復興漢朝。

之後，他在二七年擊破赤眉，接受他們投降。三二年，他親征隴西，擊破隗囂，接著又「得隴望蜀」，在三六年消滅了蜀的公孫述，統一中國。

復興漢朝的光武帝並沒有以軍事據點長安為首都，而是定都文化中心洛陽。他採取裁軍政策，剝奪功臣軍權，讓他們學習儒教。這不只是要將功臣反叛的危險性降到最低，同時也是要讓以經學和緯書為代表、由讖緯思想構成的儒教，扮演起擔負國家正統性的角色。

就像王莽用符命建立新朝一樣，公孫述靠著「代漢者當塗高」這段緯書，自稱正統在蜀獨立。光武帝也以《赤伏符》的「劉秀發兵捕不道，……四七之際火（漢德）為主」這段預言為依據，即位為皇帝。於是，光武帝在整理緯書後，將其中能展現東漢正統性的部分廣傳天下，並把包含自己認可的讖緯思想在內的儒教，當成支撐漢朝統治的唯一正統思想大加尊重。不光是功臣，他也透過鄉舉里選這種官僚錄用制度的運用，讓豪族們學習奉漢為正統的儒教。結果，東漢不只是透過在太學內設置博士等制度來尊重儒教，官僚和豪族也都被儒教滲透；具備國家正統化理論的儒教，整個被運用在統治場域當中。

東漢基於日益興盛的儒教展開寬大統治，其依據是光武帝學過的《尚書．堯典》中，「敬敷五教，在寬」一文。所謂寬大統治（寬治），其特徵之一就是以寬容仁慈的態度，對待主要出身地方豪族階層的屬吏。比方說，屬吏就算犯錯也不加責罰，屬吏如果奉公職守，則以酒餚款待之。屬吏多半是出身該郡的豪族，在郡內擁有廣大土地；得到組織家族與部曲、擁有軍事力量的豪族協助，是東漢支配安定的根源。

就這樣，儒教一方面作為東漢國家與豪族的橋梁，讓其支配正統化，另一方面也讓豪族作為社會支配階層的地位確立與正統化，而其核心就是寬治這種統治方法。東漢透過以儒教為媒介、利用社會上豪族階層規制力量的支配型態，讓國家支配得以順利運轉。

漢章帝（五八—八八年）

章帝（七五—八八年在位），是東漢第三任皇帝明帝的第五子。他除了任用班超，致力經營西域外，也基於儒教，大力推廣寬治。他在白虎觀聚集儒者，主持白虎觀會議，讓儒者們議論五經異同後，針對王莽仰賴的古文學與東漢官學今文學的經義進行調整，從而確立東漢的「儒教國家」樣貌、完成儒教的國教化。

東漢儒教必須解決的問題，就是王莽時期崛起的古文學，與東漢官學今文學的磨合。打倒王莽、復興漢朝的光武帝劉秀，為了和支持王莽正統性的古文學對抗，大力推廣今文學；但是，作為支配國家的政治思想，在擁護強大君權等方面，還是後出的古文學擁有較優異的理論。且在學術方面，訓詁能力優異的古文學，也是無法無視的勢力。於是章帝仿效西漢宣帝舉行的石渠閣會議，就兩者見解進行討論，並以今文學為正統，這就是白虎觀會議。會議的討論結果，由班超的兄長班固彙總成《白虎通》（《白虎通義》）一書。

白虎觀會議的形式是在七九年，由奉章帝詔令的儒者十多人一起討論經義的疑義，並由章帝自己進行裁決。根據《白虎通》，比方說關於首都，就做了以下的規定：

王者必即土中者何？所以均教道，平往來，使善易以聞，為惡易以聞，明當懼慎，損於善惡。《尚書》曰：「王來紹上帝，自服於土中。」（《白虎通．京師》）

在定下首都之際，作為依據的今文《尚書》中所講的「土中」，具體而言就是指西周的東都雒邑。《白虎通》選擇「王者必即土中」（王者的京師一定設在土中／中國的中心）來論述後，在今文《尚書》中找尋「土中」的典故依據，從而將東漢把首都置於洛陽這件事，用儒教的經義加以正統化。在這之前，像是「首都該設置在哪裡」這種國家政策，並沒有用儒教經典賦予其正統意義。但在白虎觀會議，不只是首都位置，包括各式各樣的國家政策，乃至於國家和天子存在的意義本身，都經由儒教經典而獲得了正統性。就這樣，王莽制定的中國古典國制，在章帝時期的白虎觀會議，被昇華成了「古典中國」。

儒教國教化是在西漢武帝時期，這種「定說」其實是對班固《漢書》的記述照單全收，從而產生的誤解。章帝時期的白虎觀會議中，成立了「儒教國家」的指標，（一）作為思想內容的體制儒教；但在這之前，已經（二）在制度上確立了儒教獨尊體制，並完成（三）儒教對中央、地方官僚階層的滲透與受採納。另一方面，（四）作為儒教支配的「寬」治，也是在章帝時期更進一步正式化。故此，完全滿足（一）至（四）指標的章帝時期，才是「儒教國家」的成立；也在此同時，「古典中國」的樣貌受到儒教所規定，並完成了儒教的國教化。

鄭玄（一二七—二〇〇年）

和朱熹並稱中國代表性經學家的鄭玄，二十二歲進入太學，追隨第五元先學習，並師事馬融。在受黨錮之禁連坐後，他閉門致力鑽研經學，但之後被和曹操爭霸的袁紹所招攬。作為將今文學與古文學以不矛盾方式、有體系解釋的漢代經學第一人，他對《周易》、《尚書》、《毛詩》、《儀禮》、《周禮》、《禮記》、《論語》進行注釋，並透過基於感生帝說的六天說，將易姓革命正統化，從而被魏明帝定為官學。鄭玄學的精華，是規定透過天子對天祭祀的六天說。鄭玄藉著六天說，解釋被認為理應永恆的「聖漢」終結的原因。同時他也主張，「聖漢」的終結，並不意味著就會有諸如太平道高舉的中黃太乙信仰等，基於儒教之外宗教與價值觀的國家被建設。鄭玄用六天說指出，取代漢的國家，必然也是基於儒教。

鄭玄的六天說，是以感生帝說為前提。所謂感生帝說，是指「受天命的國家始祖不會是正常生產，而是其母感應到異物孕育帝王」這樣的看法。鄭玄針對周朝始祖后稷傳說中，母親姜嫄踩到上帝足跡拇指後懷孕這件事，指出后稷是留下足跡的上帝（感生帝）之子。根據緯書，留下足跡的上帝名叫青帝靈威仰。緯書的宗教性，支持了鄭玄說法的神祕性。感生帝，指的是作為周朝守護神的天；周這個國家，就是由踏上周的守護神感生帝青帝靈威仰足跡中的拇指、從而懷孕的姜嫄生下的后稷，受天命成立的國家。也正因此，周的滅亡，就意味著青帝靈威仰的保護告一段落。

另一方面，儒教的最高神昊天上帝，並不會拘泥於周的興廢，而是持續君臨天下。接著，以漢（火德，象徵色為赤）之守護神赤帝赤熛怒為感生帝、守護神的劉邦，取代周（木德，象徵色為青）建立了漢朝。現在，假如漢日益失去天命的話，按照五行順序，應該會有以黃帝含樞紐（土德，象徵色為黃）為感生帝的受命者出現在世間，而這絕不會是宣告蒼天（昊天上帝、儒教的天）已死的張角。

就如上述，鄭玄的六天說設定裡，除了至高神昊天上帝外，還有主宰五行、作為歷代王者受命帝的青帝靈威仰↓赤帝赤熛怒↓黃帝含樞紐↓白帝白招拒↓黑帝汁光紀這五位天帝，一共六種天帝。鄭玄也把天的祭祀分成兩大類，祭祀昊天上帝要在圜丘（象徵天的圓形祭壇），祭祀上帝（五天帝）則在南郊。在正月時，要在南郊以王者之祖、亦即感生帝生下的始祖（周朝是后稷，漢朝是劉邦）配侑（合祀），來祭祀五天帝（周是青帝靈威仰，漢是赤帝赤熛怒），這就是南郊祭天。除此之外，冬至時也要在圜丘祭祀昊天上帝（圜丘祀天）。就這樣，鄭玄訂下中國上天祭祀的基本，讓「古典中國」和經典解釋融為一體。

其他人物

漢元帝

前七五—前三三年。西漢第十任皇帝，名為劉奭（前四九—前三三年在位）。從小就愛好儒學，受到父親宣帝訓誡說，漢家是王道與霸道併用，不應只偏重儒學。即位後，任用老師蕭望之與宗室劉向等眾多儒者；結果，武帝時期修習儒教的官僚，只占了公卿全體的不過百分之二左右，但在半世紀後的元帝時期，已經到了約百分之二十七。但是，基於儒教經義來運作國政並非易事，比方說關於郡國廟的祭祀，就頻頻出現異議。另一方面，他重用宦官石顯、導致國政混亂，也讓外戚王氏得以崛起。

王政君

前七一——一三年，元帝的皇后，名為政君，生有兒子劉驁（字太孫，後來的成帝）；這個具有皇太孫意義的字，是宣帝賜予的。政君是王禁的女兒，也就是王莽的姑姑。前三三年成帝即位後，王政君成為皇太后，同母兄王鳳則以大司馬大將軍的身分輔政；掌握成帝時期國政、人稱「五將十侯」、昌盛至極的王氏政權，就從這裡開始。成帝過世後，王莽為了閃避哀帝外戚而遠離政權，但在平帝時又被皇太后找回來，擔任平帝的輔政。五年十二月平帝駕崩，皇太后任命王莽居攝踐祚；儘管如此，面對「告安漢公莽為皇帝」的符命，她還是評為「誣罔天下」，予以否定。王莽即位時，皇太后遭逼迫，要她交出秦始皇以來代代相傳的傳國璽（皇帝之印）；皇太后憤而將璽投向使者，痛哭失聲。據說傳國璽的一角因此缺損。新朝建國後，王莽尊她為新室文母太皇太后。

漢明帝

二八—七五年，東漢第二任皇帝（幼名劉陽，五七—七五年在位）。光武帝愛妻陰麗華之子。但是光武帝一開始以河北為據點時，立郭聖通為皇后，所以選擇了郭聖通之子劉彊為皇太子。四一年，陰麗華取代郭聖通被立為皇后，於是劉彊好幾次表示，希望能辭去皇太子之位。四三年，光武帝終於改皇太子劉彊為東海王，轉立劉陽為皇太子，並將他的名諱由陽改為莊。

成為皇太子的劉莊（劉陽），師事博士桓榮，和父親一樣修習《尚書》。五七年光武帝駕崩，三十歲的劉莊即位。明帝在內政上推動王莽禮制的改革，在外務上則重新展開繼西漢武帝以來對西域的積極經營，其核心人物就是班超。

班超

三二—一〇二年。班超是班固的弟弟，七三年在奉車都尉竇固征伐北匈奴時，以假司馬身分從軍，在蒲類海（巴里坤湖）之戰中，獲得許多首級。竇固非常賞識班超，派給他從事郭恂等三十六名部下，讓他出使西域各國，請求這些國家與漢並肩作戰、對抗匈奴。

當班超前往鄯善國（樓蘭）時，一開始受到歡迎，但後來卻漸漸遭到怠慢，原來是北匈奴的使節團也來了。這時班超鼓勵膽怯的部下說：「不入虎穴，焉得虎子！」襲殺了北匈奴使節，鄯善國於是投降於漢。接著他又讓于闐（和田）王投降，在疏勒國（喀什）扶植親漢派的國王，制壓了西域南道。章帝廢止西域都護，放棄西域，但班超為了站在漢朝一邊的西域國王與貴族，選擇留下。當他擊破貴霜王朝、逼降西域北道最大的龜茲國（庫車）後，第四任皇帝和帝重建西域都護，班超對西域的平定也大功告成。他更派遣部下甘英前往大秦國（羅馬），但到了條支國（敘利亞）就折返。班超離開西域後不久，西域諸國又背離了漢。

甘英

生卒年不詳，西域都護班超的部下。和帝在位期間的九七年，奉班超之命前往大秦國。當他抵達條支國時，打算渡過大海（地中海，一說為黑海），但安息國（帕提亞）西方的船夫跟他說，「海域相當廣大，往來者遇到好風的時候，三個月可以渡過，但遇到風向不順時，要兩年才能渡過；故此，入海者要準備三年分的糧食才行。在海上常會有思鄉情切，並因此死去的人。」聽了這話之後，甘英於是放棄了渡海。《後漢書》說，他發現了西漢未曾抵達、連《山海經》也不曾詳細記述的風土民情，並將珍奇的事物全部流傳下來，對這項行動給予很高的評價。

班固

三二—九二年。彙整《白虎通》的班固，撰寫了描述西漢歷史的《漢書》。被後世視為次於《史記》的「正史」，並以其斷代史形式為「正史」典型的《漢書》，原本是要繼承儒教經典《尚書》的著作，因此主要是讚美漢朝並將儒教置於價值觀的中心。也因為這樣，他寫下了「西漢全盛的武帝時期，在儒者董仲舒的獻策下，於太學設置五經博士，斥退諸子，定儒教於一尊」這種與事實迥異的記述。在這裡，我們可以窺見班固的著作意圖，除了彰顯對劉向、劉歆父子影響重大的董仲舒外，也是要強調「西漢已經致力於獨尊儒術」這個觀念。他並不是基於當時的歷史事實，而是對漢朝應有的形象進行描述，這是《漢書》和近代史學著作極大不同的特徵（參見第九章）。

許慎

約五八年—？。追隨東漢初期代表性古文學者賈逵學習，號稱「五經無雙」的馬融也很尊敬他。以最古老的部首別漢字字典《說文解字》作者而著稱。根據這本書的序文，他除了收錄小篆（秦統一的文字）中可看到的九三五三字外，也收錄了古文（小篆以前的文字，大篆）、籀文（周朝太史籀制定的文字）等一一六三字。由於東漢使用隸書（現在楷書的原型，比楷書更寬的文字）這種比篆書更新的文字（今文），因此小篆、大篆、籀文等古文，不使用字典就沒人讀得懂。許慎為了展現古文學對今文學的優越性，對基於古文的漢字本義與構造展開解釋。他以古文經典《周禮》為依據，來解釋漢字透過六書（象形、指事、形聲、會意、轉注、假借）的成立（前四種）與轉用法（轉注、假借），對現代也有很深的影響。

馬融

七九—一六六年，東漢的古文學者。字季長，茂陵人。東漢建國功臣、外戚馬援（前一四—四九年）的兄長之孫。安帝（一〇六—一二五年在位）時期，被外戚梁商（？—一四一年）拔擢擔任從事中郎，自請率兵討伐西羌叛亂，但不被認可。另一方面，當李固（九三—一四七年）抵抗專權自為的外戚梁冀（？—一五九年，梁商之子）時，他撰寫了彈劾李固的上奏文，這點讓他受到後世批判。桓帝時擔任南郡太守，之後又被召回中央擔任議郎。博通經書，培育了盧植、鄭玄等弟子，以一代大儒之姿受人景仰。著有《春秋三傳異同說》，並對「三禮」和《詩經》、《易經》、《論語》等諸多經典進行注釋，但都已散佚。

張角

？—一八四年。東漢末年揭竿而起的黃巾之亂首領，道教源流之一太平道的創始者，鉅鹿人。他的教義類似五斗米道，是以治病為中心。張角自稱大賢良師，將弟子派遣到四方，從事治病工作，十餘年間獲得了數十萬信徒，將他們組織為三十六方（傳教區）。接著他又自任天公將軍，以弟弟張寶、張梁為地公將軍、人公將軍，在靈帝時期的甲子年（一八四年），打著「蒼天已死，黃天當立」的口號揭竿而起；但是在同年年中，其主力就被皇甫嵩（？—一九五年）所擊滅。之後不久張角病死，亂事也被鎮壓，可是各地殘黨仍然持續抵抗，成為東漢帝國瓦解的原因。

張陵

生卒年不詳，道教源流之一五斗米道的開山始祖，也被稱為張道陵。原本是沛國人，但在旅居益州之際，於鶴鳴山修練道術。他透過符水（符咒與聖水）、靜室懺悔等方式來治療疾病，信者則是要捐贈五斗米（約十公升）。他提供糧食給流民，讓罪人從事公益活動，擁有獨特的教義方法；不只如此，他更形成由信徒構成的堅固自治組織，在漢中建立了一個宗教王國。到了孫子張魯（？—二一六年）時，尊稱開山祖師張陵為「天師」。二一五年，張魯投降於入侵漢中的曹操（一五五—二二〇年，參見第十一章），雙方締結姻親關係後，在曹操政權內傳教。不久後，教團的名稱變更為天師道，接著又改名為正一教，一直持續到現代。

參考文獻

西嶋定生，《秦漢帝国（秦漢帝國）》，講談社學術文庫，一九九七年
東晉次，《王莽——儒家の理想に憑かれた男（王莽——被儒家理想附身的男人）》，白帝社，二〇〇三年
渡邊信一郎，《シリーズ中国の歴史1　中華の成立（叢書中國的歷史1　中華的成立）》，岩波新書，二〇一九年
渡邊義浩，《後漢における「儒教國家」の成立（東漢「儒教國家」的成立）》，汲古書院，二〇〇九年
渡邊義浩，《儒教と中国——「二千年の正統思想」の起源（儒教與中國——「兩千年正統思想」的起源）》，講談社，二〇一〇年
渡邊義浩，《王莽——改革者の孤独（王莽——改革者的孤獨）》，大修館書店，二〇一二年
渡邊義浩，《漢帝国——400年の興亡（漢帝國——四百年的興亡）》，中公新書，二〇一九年
渡邊義浩，《「古典中國」の形成と王莽（「古典中國」的形成與王莽）》，汲古書院，二〇一九年
周桂鈿，《王莽評傳：復古改革家》，廣西教育出版社，一九九六年
楊永俊，《禪讓政治研究——王莽禪漢及其心法傳替》，學苑出版社，二〇〇五年

第十一章 從傳統到革新——東漢末的混亂與「亂世奸雄」的登場

牧角悅子

前言

一九五四年，毛澤東[1]（一八九三—一九七六年）在北戴河說，「曹操是奸臣」這種形象，是歷史上的冤罪。毛澤東也認為曹操是歷史上的英傑，將他的武略與詩才和自己相比擬。

說到曹操，就像「說曹操曹操到」這句中國至今仍然流傳的俗諺中可以感受到的那樣，總給人一種陰險、狡猾的王朝篡奪者印象。這主要是來自於明代撰寫的《三國演義》這部廣受人們喜愛的通俗娛樂小說所引出的形象。小說作為通俗讀物，必須要有明確的構圖；在主角劉備（玄德）與諸葛亮（孔明）為善、敵對角色曹操為惡的構圖下，《三國演義》廣受讀者所歡迎。

不過，將曹操邪惡形象進行一百八十度轉換的，其實並不只有毛澤東；被稱為近代文學之父的魯迅[2]（一八八一—一九三六年），事實上在毛澤東之前，就已經對曹操的歷史革新性給予了肯定的評價。

在〈魏晉風度文章與藥及酒之關係〉這篇標題很長的演講當中，魯迅給予在混沌時代中，開拓出嶄新價值觀的曹操高度評價。魯迅描述的不是大眾小說中作為反派角色的曹操，而是超越古老價值、開啟「清峻」、「通脫」風氣，身為時代改革者的曹操。

魯迅和毛澤東對曹操的重新評價，並非偶然。他們身處的近代，是中國在世界的重大價值變化中，從作為世界中心的「中華」，不得不變質成一個相對化「國家」的時期，也是個必須從根本否定作為中華思想骨幹、支撐跨越兩千年王朝統治基礎的儒教之時代。儒教在漢代占據了王朝統治的核心，雖然有各式各樣的變貌，但仍持續為王朝統治提供理念與政策。在意圖於中華之中，否定這種支撐中華王朝的儒教價值這點上，近代與曹操在立場上是相同的。在近代這一前所未見的價值轉換時期，毛澤東與魯迅兩位時代領袖，之所以會用深有同感的方式，回顧曹操在歷史上具備的意義，就是出於這個理由。

被稱為「非常之人、超世之豪傑」的曹操，在具有悠久歷史的中國文化中，究竟繼承了什麼，又革新了什麼？我在這裡就要以這點為中心，來看漢代確立的儒教價值與王朝統治之間的交織對立，並以東漢末年到三國、六朝的亂世樣貌為背景，來試著追溯曹操及其周遭人物，在傳統繼承與革新上的意義。

曹操（一五五—二二〇年）

虛像與實像

當我們要談論曹操的一生時，首先要面對的問題，就是歷史上人物的實像與虛像。歷史上的人物是怎樣一號人物、過著怎樣的生涯，對這些事情又該怎樣評價？關於這點，其實並沒有絕對正確的標準可循。畢竟，談論這個人的既然是後世，那理所當然也會反映出談論之際的時代價值觀。

月岡芳年，「月百姿　南屛山昇月　曹操」（1885）

可是，像曹操這樣評價變化多端的人，其實也不多見，而且這些評價既不全是虛像，也不全是實像。比方說，陳壽（二三三—二九七年）的《三國志．魏書．武帝紀》，就稱曹操為「武帝」，從繼承漢朝的正式王朝魏國皇帝這個角度來談論他。這種基於正史《三國志》

正統論的曹操形象，被繼承曹魏的司馬氏之晉、乃至六朝隋唐一路承襲下來。關於曹操如何承繼漢朝這件事，與王朝的正統性間經常密不可分。

相對於此，到了提倡新視角正統論的宋代，曹操的形象則產生了轉換。南宋以降，將三國中的劉備之蜀看成正統視角成為主流。南宋是受異族侵略、喪失北方統治權、被迫遷都到南方的國度，因此對於恢復北方失土，抱持著深刻的悲願。也正因此，他們和提倡漢朝復興、意圖恢復中原的蜀漢具有共通意識。在這以後，三國中正統的王朝就變成蜀，魏則變成妨礙蜀振興漢朝的不當存在，而率領魏的曹操，自然也變成了反派角色。

將個別人生在另一個維度中展開的過去人物形象，就像這樣，是在王朝的立場與正統性主張中誕生出來的。在北宋蘇軾（一〇三六—一一〇一年）的回想中，已經提到「聽三國故事的孩子們，每當聽到劉備活躍就大喝采，聽到劉備輸給曹操，就不甘心地哭泣」這樣的事情。接著在南宋以後，在歷史故事中扮演敵方角色的曹操，因為要強化其篡奪王朝者的形象，所以被形容得更加陰險、卑鄙與負面；到了小說《三國演義》，曹操更進一步被誇張地添加了許多凶狠險惡的軼聞進去。曹操的普遍印象，就這樣被固定成陰險狡猾的王朝篡奪者。

歷史人物的虛像與實像，都是伴隨某人主觀被加以談論、從而形成的「某某像」。既然如此，那我們就首先來注目曹操親口闡述的自身故事。這篇故事是出自《三國志．魏書．武帝紀》中，建安十五年（二一〇年）十二月（以下日期依照當時曆法）的〈己亥令〉。

那麼，就讓我們從頭說起吧。

一、掌握實權前夕的回想

二一〇年（建安十五年）十二月，以霸者之姿將叛亂分子幾乎討伐一空的曹操，用自己的話語談論迄今為止的人生。被《三國志》裴松之注[3]引用、刊載在《魏武故事》中的這篇文章，稱為「十二月己亥令」。

在這篇令中，曹操回顧自己一路走來的歷程，說自己的人生有八大轉機。以下就依循〈己亥令〉的記述，來追溯曹操自己所言、關於他的半生。

東漢時代「願為大將軍」的曹操

〈己亥令〉是這樣開場的：

孤始舉孝廉[4]，年少，自以本非巖穴知名之士，恐為海內人之所見凡愚，欲為一郡守，好作政教以建立名譽，使世士明知之。

曹操一開始任官是二十歲時，當時他是以郎[5]的身分，出任洛陽北部尉。他說，因為自己那時候還很年輕，所以只想當個郡守、好好奉公職守，獲得不負己任的名聲，這樣就夠了。接著他又說：

故在濟南，始除殘去穢，平心選舉，違迕諸常侍[6]。以為彊豪所忿，恐致家禍，故以病還。

他從二十歲被推舉為孝廉，到擔任洛陽北部尉，乃至在濟南惹出禍端的背景，我後面會再詳述。到這裡為止，他談的是自己二十歲的出仕與挫折。接著他又繼續說：

去官之後，年紀尚少，顧視同歲中，年有五十，未名為老，內自圖之，從此卻去二十年，待天下清，乃與同歲中始舉者等耳。故以四時歸鄉里，於譙東五十里築精舍，欲秋夏讀書，冬春射獵，求底下之地，欲以泥水自蔽，絕賓客往來之望。

這是他從檯面上隱退，躲在底層狩獵讀書、沉潛蟄居的時期。《易》的〈繫辭傳〉中說，「尺蠖之屈，以求信也（像尺蠖蟲一樣屈起身子，是為了等待下一次伸展）」；《易》的「乾」卦中也說，「潛龍勿用」（飛翔在天的龍，必定要經歷潛藏水底的時期），也就是說，王者必然都有雌伏的時期。就像這種隱藏內心的壯志般，時勢並不允許曹操繼續沉潛。不久他被徵召為都尉，又轉任典軍校尉。於是他立定了新的志向：

意遂更欲為國家討賊立功，欲望封侯作征西將軍，然後題墓道，言「漢故征西將軍曹侯之墓」，此其志也。

對最初任官到潛伏鄉里、再到重新出仕擔任洛陽北部尉的曹操而言，東漢這個時代，是個立志完成被賦予的任務、為國家擔任將軍就已足夠的時期。說到征西將軍，是獨當一面的將軍，也是堅持捍衛王朝領土的重要職務。以將軍身分將功績流傳到後世，是此時期曹操的志向。

回顧掌握實權的過程

曹操接著繼續回想自己在東漢末年的動亂中，從與董卓、袁術、袁紹等陸續登場之群雄抗爭中脫穎而出，掌握軍事與統治實權的過程：

> 而遭值董卓之難，興舉義兵。是時合兵，能多得耳，然常自損，不欲多之；所以然者，多兵意盛，與彊敵爭，倘更為禍始。故汴水之戰數千，後還到揚州，更募亦復不過三千人，此其本志有限也。後領兗州，破降黃巾三十萬眾。

曹操雖然立志成為東漢的大將軍，但當時東漢王朝本身已經陷入風雨飄搖的境地。以黃巾之亂為開端的東漢衰退，經過董卓之亂成為定局，王朝中樞陷入徹底癱瘓，群雄四處割據。曹操在群雄中絕對算不上強而有力，兵力也處於壓倒性劣勢。即使如此，曹操仍作為反董卓的急先鋒，和董卓連番鏖戰。

接下來黃巾賊的平定，不只是曹操在軍事上的重大功績，他所俘虜的黃巾軍精銳，後來也成為人稱「青州兵」的曹操軍主力部隊，擔負重要任務。

又袁術僭號於九江，下皆稱臣，名門曰建號門，衣被皆為天子之制，兩婦預爭為皇后。志計已定，人有勸術使遂即帝位，露布天下，答言「曹公尚在，未可也」。後孤討擒其四將，獲其人眾，遂使術窮亡解沮，發病而死。

當曹操把僭稱皇帝的袁術逼到破滅境地後，下一個敵對者是袁紹：

袁紹據河北，兵勢彊盛，孤自度勢，實不敵之，但計投死為國，以義滅身，足垂於後。幸而破紹，梟其二子。

曹操這樣述說了自己在東漢末年的動亂中，舉兵討伐董卓之亂、討滅袁術、袁紹，一躍成為亂世之雄的過程。

對一飛沖天的曹操而言，最大的敵人恐怕就是袁紹了吧！在軍事力量處於壓倒性劣勢的狀況中，曹操在官渡之戰取得勝利，成為掌握實權的一大轉機。官渡之戰的勝利，雖是源自於曹操在軍事戰略上的巧妙，但從這段自述中「投死為國，以義滅身」，也就是《論語》所謂「殺身成仁」以及《左傳》「立功」的揚名思想，可以看出曹操戰鬥的原動力之一，也是儒教的志向。因此他對王朝統治實權的掌握，絕對不只是為了實現狡猾的野心而已。

脫離東漢價值觀

在把劉氏一族擔任皇帝視為正統大義的漢帝國統治中，下一個阻擋在曹操面前的是劉表。因為劉表是宗室，也就是皇帝一族，所以和僭稱皇帝的袁術，以及意圖取天下而有之的董卓，在敵對意義上是截然不同的。可是曹操面對劉表這樣的敵人，也是輕輕鬆鬆跨了過去：

> 劉表自以為宗室，包藏奸心，乍前乍卻，以觀世事，據有當州，孤復定之，遂平天下。

己亥年冬天，回顧自己半生的曹操，用底下這句話為回想作結：

> 身為宰相，人臣之貴已極，意望已過矣。

在〈己亥令〉的前半段，曹操這樣回顧了自己的前半生。

若是將他到此為止、直至掌握實權的八次轉機用履歷風格彙整起來，可以寫成以下這樣：

一七四年　二十歲　舉孝廉
一八四年　三十歲　擔任濟南相，之後歸隱鄉里
一八八年　三十四歲　從都尉升任典軍校尉，立志成為「征西將軍」

一九〇年　三十六歲　舉兵討伐董卓之亂
一九二年　三十八歲　領有兗州、擊破黃巾
一九七年　四十三歲　擊破袁術
二〇〇年　四十六歲　擊破袁紹
二〇八年　五十四歲　擊破劉表平定天下，成為宰相，位極人臣

這個時候已成東漢之雄的曹操，在獻帝的莫大支援下，以宰相身分成功掌握了東漢王朝的實權。〈己亥令〉就是對這一路走來過程的略述。

位極人臣的曹操，雖然謙稱自己為「孤」[7]，但發出這篇令的目的，當然不只是為了追憶。那麼，他是為了什麼發出這篇令呢？曹操接著繼續說：

今孤言此，若為自大，欲人言盡，故無諱耳。

在後面的段落中，曹操用幾乎和回想分量相當的話語，來說明自己掌握實權，徹徹底底是為了扶持漢朝，並引用各式各樣的故事，不斷重申自己對漢朝並無二心。

其中之一是春秋時代齊桓公、晉文公的故事，另一個則是周文王的故事。合稱齊桓晉文的晉文公與齊桓公，是春秋時代的霸者。他們兩人雖然擁有超越周朝的實力，卻徹頭徹尾以霸者身分支持周朝。周

文王是建立周朝的武王之父，雖然他掌握了天下的三分之二，卻依舊臣屬於殷朝。

將春秋霸者齊桓公、晉文公以及建立周朝基礎的周文王和自己相比，從而誇示自己「以大事小」的立場，就是曹操寫這份〈己亥令〉的目的。在這份令中，野心與謙遜、真心話與場面話反覆不斷交錯。這是一篇雖然虛實交織，卻為了一個宏偉目的而充滿力量的文章。

以己亥這年為界線，之後曹操由宰相升任魏公，又從魏公升為魏王，最後終於獲賜九錫；關於這方面的詳情，我們後面再提。

到這裡為止，我們沿著〈己亥令〉，介紹了曹操自己的半生回想。之所以如此，是因為歷史上人物

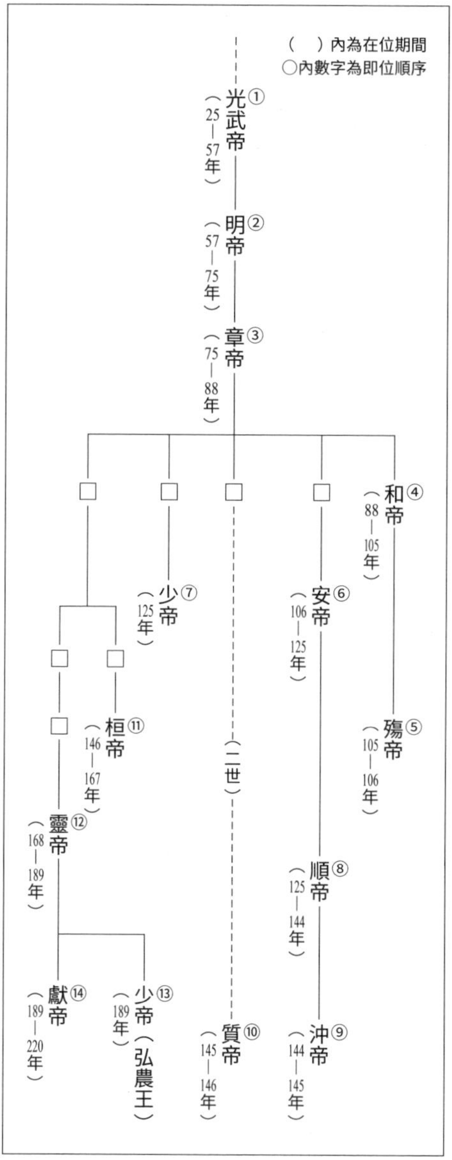

東漢皇帝世系略圖

的實像與虛像，除了彼此相對的事物以外，自己的回想也算是一種「像」。

然而，當曹操自己談論曹操形象時，其話語具有超越虛實的力量。透過言語談論人物、事項時，其實是試著讓眼前的現實動起來，這就是曹操這篇名為「令」的文之意涵。透過文學的表現手法，讓自己與世界產生變革；而讓這種「文」變得強而有力、昇華其意義的，就是曹操。魯迅之所以在曹操當中看到了新的文學意識，就是出於這樣的理由。現在我引用〈己亥令〉，目的之一雖然也是在提示我所談論的曹操形象，但同時也是想向大家介紹用「令」這種公文闡述事物的意義，以及這種「文」（表現）所具有的獨特力量。將魯迅和曹操這對乍看呈現兩極化的人物連結在一起的，除了一開始提到的處於儒教價值轉換的時代這層意義外，還有另一項重要的存在，那就是「文」的力量。魯迅在近代這個時代入口處尋求的「文學」，不只是抒情與內在表白等近代文學性，還包含了推動活生生現實、中國「文」所具備的傳統強力價值。

言歸正傳，接下來我們要看到的，是號稱正史的《三國志．武帝紀》中呈現的曹操像。稱為「正史」的書籍，與王朝正統性之主張是直接相連的。個人的回想雖說並不客觀，但正史也不見得就客觀；然而，它確實還是最重要的史料。繼承魏國正統的晉，以及雖出身被晉所滅的蜀卻侍奉晉朝、編纂正史《三國志》的陳壽，其所闡述之曹操像，可以分成以下三期：第一是在東漢王朝中，致力成為大將軍的時期；第二是在東漢末年的混亂中，以群雄之一脫穎而出的時期；第三則是朝著王朝更替邁進、掌握政權的時期。

二、第一期：致力成為大將軍

《三國志・武帝紀》

西晉（二六五—三一六年）陳壽編纂的《三國志》，是以魏為正統，也就是說，繼承神聖漢帝國的，是三國（魏、蜀、吳）中的魏。因此，〈魏書〉中記載的曹操紀錄，是算在帝王傳記的「紀」中，稱為〈武帝紀〉。

〈武帝紀〉開頭是這樣寫的：

曹　操

> 太祖武皇帝，沛國譙人也，姓曹，諱操，字孟德，漢相國參之後。桓帝世，（曹操的祖父）曹騰為中常侍大長秋，封費亭侯。養子嵩嗣，官至太尉，莫能審其生出本末。嵩生太祖（曹操）。

首先，曹操正確來說並沒有當上皇帝，因此不能稱為太祖、建立帝紀。但是正史記載的不是歷史事實，而是王朝正統。陳壽生活的西晉，因為是受魏禪讓建立的王朝，所以若魏不是承漢正統的王朝，就會很傷腦筋；也正因此，為了展

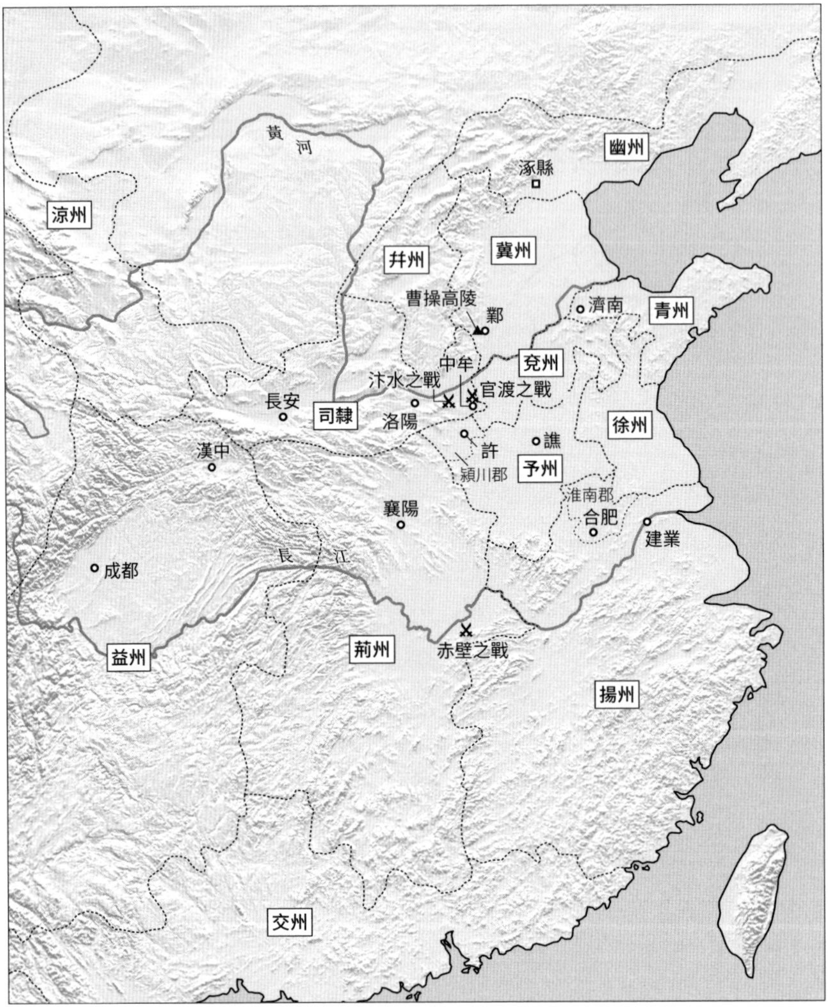

曹操的主要戰役與東漢、三國的地理

現由曹操奠基的魏之正統性，就必須尊曹操為太祖。是故在這之後，曹操都被尊稱為「魏武帝」。〈武帝紀〉說，曹操出身自沛國譙郡，也就是現在的安徽省亳州市。同時，曹姓的來源，則可追溯到漢的相國曹參。曹參是在漢高祖起義之際立下武功，被封為平陽侯的武將。只是，史書中所見、所謂「某某人後裔」的記載，往往都是高攀血統的虛構產物，而曹氏一族是否真是曹參後裔，並不清楚。不過，關於曹氏一族在安徽省一帶是擁有強勁實力的豪族一事，石井仁在〈曹操真的出身卑微嗎？〉（《曹操——隱藏在奸雄背後的「時代變革者」真實形象》，山川出版社）中有詳述。至於將家族的根源攀附曹參，或是因為身為宦官子孫，被人看作卑賤出身等等，以今日的話語來說，其實都是沒有根據的風評而已。

曹操的直接親族，是桓帝時期的曹騰（生卒年不詳）。曹騰是東漢中期的宦官，也是位擁有強大權力的人物。

宦官與外戚

曹操的祖父曹騰是宦官；宦官是為了在宮中進行侍奉而遭到去勢的男子。他們身為皇帝最貼身的心腹，在漢朝中樞擁有強大實力。宦官雖是在負責行政的尚書與皇帝之間擔任聯繫的祕書角色，但特別是在東漢，為了和擁立年幼皇帝、在背後操弄政治的外戚對抗，皇帝極度重視宦官。結果，收賄、貪汙、放縱私利私欲的宦官逐漸腐蝕東漢朝廷，和外戚一起被貼上「濁流」的標籤。

所謂外戚是皇后的家族。皇后主要是從稱為「貴戚」的重臣家族中選出，出現皇后的家族，則會透過擁立皇帝來壟斷政治。建立新朝的王莽（參見第十章），也是出身自元帝王皇后的外戚王氏家族。

用「中常侍的養孫」（宦官養子之子）這種方式貶低曹操出身，是以《三國演義》為代表、近世以降的曹操批判。東漢邁入末期後，宦官確實和外戚一起被歸類為濁流，但是宦官本身絕非卑賤的存在。曹操的祖父曹騰，就以內務官身分發揮了優秀的能力。曹騰在宮中歷仕順帝、沖帝、質帝、桓帝四任皇帝，因為擁立桓帝有功，在權力中樞具有強力的發言權。他雖然積累了莫大財產，但就算是敵對勢力，只要是能力優異的人才，他也不吝推舉。曹騰的積累財富與人才推舉，都是曹操崛起的資產；這不只讓曹操的父親曹嵩能用破天荒的高價買官，也讓曹操從年幼時期起就有治學的資本。曹騰最大的功績，是他推舉的种暠相當感謝讓自己出人頭地的曹騰，而跟隨种暠治學的橋玄也愛屋及烏，讓年輕的曹操能夠成功躋身名士之流。橋玄的存在對曹操的人生與為人，有著無可比擬的巨大影響。

清流與濁流

東漢末年，是漢這個長期持續的統一王朝，各式各樣的結構疲勞表面化的時代。在外交方面，西北有匈奴與烏丸（或作烏桓）等異族帶來的軍事威脅，內政則因以儒教為理念的統治結構與寬治造成法令鬆弛，使得內部腐敗日益增長；經濟上隨著持續的戰亂與疫病，疲敝的民眾陸續離開土地變成流民，問題堆積如山。

在這當中，特別是高舉年幼皇帝的外戚與宦官圍繞著內政實權，展開一場又一場以血還血的熾烈權力鬥爭。同時為了與這兩派對抗，稱為名士的知識分子階層、儒教官員們，也為了讓王朝回歸儒教理想而自成一派。他們雖然被外戚與宦官稱為「黨人」，亦即拉幫結派的惡人，遭到嚴酷鎮壓，但反過來說，這群相較以私利私欲相勾結、作為「濁流」的外戚、宦官，人稱「清流」、高舉儒教理念、致力於恢復王朝應有統治樣貌與方向、志向高遠的知識分子群體，也以其獨立性獲得很高的評價。只是，政治光靠理念是無法推動的；光靠高尚志向無法打動人，也是司空見慣之事。清流派知識分子時常因為太過偏向理想而脫離現實，且不時會為理念殉身而導致自滅，結果沒能成為開拓下個時代的主力。扛起學術與文化的人，越是提升這種自律的價值，就越是與政治乖離。鄭玄（參見第十章）沉潛於經學，張衡沉潛於文學，並非毫無理由。

這時，有位清濁並蓄、非比尋常的人物登場，那就是曹操。

獲得士名

對上述的清流派知識分子，在此就依照研究《三國志》的首席權威——渡邊義浩先生的學說，稱為「名士」。所謂名士，指的是以儒教為中心、具備文化價值的知識分子，他們從政治權力與地方豪族獨立出來，確立了卓然自立的名聲。

要躋身名士之林，就必須獲得名士的認可。給予曹操士名的是許邵。所謂給予士名，就是獲得名士認可，並在認可之際給予評語。介紹曹操給許邵的是東漢第一名士橋玄。〈武帝紀〉如是說：

太祖少機警，有權數，而任俠放蕩，不治行業，故世人未之奇也；惟梁國橋玄、南陽何顒異焉。玄謂太祖曰：「天下將亂，非命世之才不能濟也，能安之者，其在君乎！」

靠著這兩位察覺到這名弱冠年輕人之「異」（非比尋常）的重量級人物，曹操成功打進了名士之林。也靠著這點，他之後被舉為孝廉，擔任洛陽北部尉，開始出仕，這在前面已經提及。

根據〈武帝紀〉與其他史料，橋玄這時候對曹操說：「君未有名，可交許子將（子將是許劭的字）。」於是曹操造訪了許劭所在處。許劭一開始鄙視出身宦官家族的曹操，但在曹操死纏爛打下，不得已說了句：「子治世之能臣，亂世之奸雄。」曹操大笑，收下了這句話。

裴松之在注中所引用、這段刊載在《異同雜語》中的故事，呈現了兩個重點：一個是曹操作為宦官之孫的出身，讓名士感到排拒；另一個是在此同時，在需先獲得士名、方得以如願參與所謂政治的東漢人事以及複雜糾葛的價值觀中，曹操對於「治世之能臣，亂世之奸雄」這樣的評語深感滿足。

治世之能臣，亂世之奸雄

曹操被給予的這個評語，確實凝聚了他登場的時代意義。簡單說，他在太平之世，只會以能力高超的臣子身分終其一生，但在亂世則會成為雄霸一方之人。可是，這個雄不是英雄，而是奸雄，也就是有時會不擇手段、有時則會不惜使用不合正道方法的雄者。

中國從漢代起，就有一種不太正常的主張，那就是在亂世，人才的能力才能充分發揮，但在安定的太平之世，他們就只能成為不滿分子。能力太優秀的人才，在動亂時期正可以大展長才，但若不是身處動亂時期，那就只能成為落魄浪人或是憑藉著述展現自我而已。若是如此，那生逢亂世，對曹操而言反而是幸運。換言之，「治世之能臣」不過是引出「亂世之奸雄」的前置語罷了。

而「奸雄」兩字，在意義上其實也能一語道盡曹操的能力，那就是清濁並濟，偶爾會不擇手段；對比起「道」，更重視最適合之「術」的曹操政治掌握術，這話堪稱是一語道破。

曹操的「奸雄」性格，在歷史上有典範可循，那就是春秋時代的晉文公。《論語》說「晉文公譎而不正」，也就是說文公為了達成目的，有時會脫離正義。《論語》又記載，孔子對不為君主殉死、而是投靠敵方發揮能力的管仲評論說：「微管仲，吾其披髮左衽矣！」儒教重視的是「道」，也就是身為人的正當行為。然而，儘管人必須盡忠、盡孝、盡義，但面臨國家存亡、生死攸關的重大事情時，為打開難局，使用權謀術數也是必要的，這是《論語》的看法。

晉文公是在春秋時代後半，儒教理想的周朝權威掃地之際，成為諸侯霸者的人物。他雖然擁戴周朝，卻也透過各種權術掌握權力。曹操就以晉文公比擬自己，在樂府〈短歌行〉中歌唱。

樂府〈短歌行〉

以「對酒當歌」開頭的曹操〈短歌行〉，是中國人朗朗上口、膾炙人口的曹操代表作。〈短歌行〉的第一篇，內容大意是這樣的：「喝酒的時候自當歡唱，人生就像朝露一樣短暫。既然如此，那就盡情吐露心懷，喝酒忘憂吧！」（對酒當歌，人生幾何？譬如朝露，去日苦多。慨當以慷，憂思難忘。何以解憂？惟有杜康。）但是，這首〈短歌行〉並非單純排解憂愁的歌曲，而是在背後隱藏著朝掌握實權邁進、極大野心的歌曲。關於曹操新創造的樂府之意義，我後面會再詳述，但現在要注意的是〈短歌行〉的第四篇；在這篇裡，曹操將自己比擬為晉文公，如此歌詠：

晉文亦霸，躬奉天王。受賜珪瓚，秬鬯彤弓，盧弓矢千，虎賁三百人。威服諸侯，師之所尊。八方聞之，名亞齊桓。河陽之會，詐稱周王，是（以）其名紛葩。

曹操歌頌的文公姿態，是儘管擁有首屈一指的強大力量，卻依然擁戴周朝的霸者。歌中也說到，周天子為了感謝文公，賜給他「珪瓚、秬鬯彤弓、盧弓矢千、虎賁三百人」等特殊物品。這些特殊的賞賜品，同時也是曹操獲獻帝賜予的九錫品項之一，關於這點，我後面會詳述。重要的是最後一段中，「河陽之會，詐稱周王」這句。這裡說的是文公雖然是諸侯身分，卻假託周天子之名召集大會。對於文公的大膽行為，為《春秋左氏傳》作注的杜預的評價，是他「違凡變例，以起大義」（不受凡俗思考與前例束縛，斷然執行大義）。

故此，曹操應該是把晉文公的性格「在擁戴天子的同時也發揮實力，還有不惜視情況採取僭越行為的大膽」和自己相互重合了吧！

三、第二期：東漢末的混亂與群雄割據

一開始只以擔任大將軍為職志的曹操，隨著時代被推上了更高的舞臺。曹操竭盡各種戰術，在東漢末的混亂與群雄割據的亂世脫穎而出。能為《孫子兵法》寫注、長於戰術的曹操，在大大小小的戰鬥中雖然有勝有敗，最後還是勝利地存活下來。

接著就讓我們看看在第二期中，獲得士名、也成為有力將領的曹操，是如何在各式各樣戰鬥中勝出的。

黃巾之亂與東漢的衰退

延續前面引用的記載，〈武帝紀〉接著這樣說：

> 光和末，黃巾起。拜騎都尉，討潁川賊。遷為濟南相，國有十餘縣，長吏多阿附貴戚，贓污狼藉，於是奏免其八；禁斷淫祀，姦宄逃竄，郡界肅然。

黃巾之亂是發生在東漢末的一八四年（光和七年），由道教的分支太平道領袖張角所掀起的叛亂。因為他們以黃色頭巾為標誌，所以被稱為黃巾。黃巾吸收了地方上生活不安的農民，勢力日增，成為東漢末年混亂狀態與群雄割據的導火線。吉川英治的小說《三國志》，以及橫山光輝的漫畫《三國志》，

都是從劉備在如火如荼的黃巾之亂中，為母親買回高級茶葉的故事開始，也就是以這場亂世所具備的時代意義為背景來展開描寫。

這時，曹操因為討伐潁川黃巾的功績，被任命為濟南相。曹操在濟南這裡嚴格執法，結果招致「貴戚」、亦即外戚與宦官等既得利益者的反彈。

〈武帝紀〉中說，貪官汙吏在曹操的鐵腕下驚慌失措、四處奔逃；他們之所以會如此驚慌，其實是有理由的。在擔任濟南相前於洛陽擔任北部尉的曹操，一就任官職，馬上就改建官府的四面大門；他設下五種顏色的棒子，在大門左右各掛上十根，若有違犯禁令者，不論是否有權有勢，一律打死。深受靈帝寵愛的宦官蹇碩，他的叔父也毫無例外，因為違反禁令夜間外出，被曹操活活打死。

這種嚴格的法令執行，讓他招致皇帝身邊心腹的強烈憎惡。找不到批判曹操理由的他們，於是以榮升為由，將曹操趕出都城。

這則故事呈現了靈帝時代，皇帝身邊心腹與外戚無視法令、恣意橫行的實態，以及曹操對這件事的極端憎惡。裴松之注中引用的《魏書》說，曹操在這時候，曾經針對「姦邪盈朝、善人壅塞」的現狀，向靈帝剴切陳詞，但靈帝充耳不聞，於是曹操「知不可匡正，遂不復獻言」。

不聽正確的言論，只憑自己喜好的方式來糊弄政治與政策，這種現象並不限於這個時代，畢竟推動政治與組織的，往往不只是正義而已。可是這件事在闡述曹操年輕時的挫折之際，也呈現了另一個重要的政策方針事例，那就是在東漢末年，弛緩的「寬治」已經到了極限，下一個時代需要的是「猛政」；曹操對這點有明確認識，且自覺地加以實踐。

東漢初期為了確立儒教國家，也為了讓儒教理念能滲透到地方豪族階層，所以比起法令，在執行政策上更刻意著重「孝」、「廉」等人格上的價值。這種寬治政策，作為一種對擁有廣大土地、實力強勁的地方豪族不予鎮壓，而是加以利用的巧妙統治策略，在確立儒教國家的章帝時期獲得大力推進。

可是，當統一王朝長期綿延後，內部的腐蝕日益嚴重。寬治因為不重視法，導致賄賂貪汙橫行；面對這種制度疲勞、欠缺腐敗自清能力的情勢，就有必要實施將之一掃而空的「猛政」。曹操從尊敬的橋玄那裡，學到了寬猛相濟的統治論與組織論。

更值得注目的是「禁斷淫祀」這點。根據《魏書》，濟南一帶有祀奉漢初城陽景王劉章的習俗，當地共設有六百多座祠堂，在商人帶頭下進行豪奢放蕩的大規模祭祀；對這種會導致民眾經濟疲敝的過度祭祀，曹操予以嚴禁。這起事件也展現了曹操對歷經歲月、弊害纏身的習俗，劍及履及、斷然匡正的態度。

嚴格的法令執行，以及對導致人們利益受損、過度浮誇習俗的匡正，這兩件事一方面招致了既得利益者的強烈反感，另一方面也讓曹操對現實政治深感失望。不過，在這當中展現的曹操理性精神相當重要。在因襲中發現矛盾與不合理，並劍及履及進行改革，曹操的政治能力雖然在年輕時代的經驗中未能開花結果，但對不久後到來的時代，仍是相當必要的。

另一方面，否定曹操積極進取的政治能力、將他逼退回鄉的東漢王朝，不久也在混亂與騷亂中走向衰亡。曹操的下一場戰鬥，就是和腐蝕東漢王朝的「貴戚」展開鬥爭。

討伐董卓

讓我們沿著〈武帝紀〉繼續追溯下面的時代。

就在曹操稱病沉潛鄉里的時候，冀州刺史王芬、南陽許攸、沛國周旌等豪族聯合起來，打算廢黜靈帝。他們邀請曹操入夥但遭拒絕，而這場謀反最後也以失敗告終。

另一方面，金城的邊章、韓遂殺害刺史與郡守，掀起叛旗，率領十餘萬大軍擾亂天下，曹操也被捲入這場亂事之中。就在這個時候，靈帝駕崩，太子即位，外戚何進掌握實權；何進和袁紹共謀，意圖誅殺宦官，結果卻反遭殺害。

地方豪族、朝廷的外戚與宦官，乃至於袁紹、董卓等人，把皇帝當成傀儡，反覆進行多角鬥爭；在這場鬥爭中，董卓抹殺了太后與前任皇帝，掌握王朝，反對董卓專橫的人們則集結起來組成反董卓聯盟，推舉袁紹為盟主。曹操一開始受董卓招聘，但之後改換姓名、逃出都城；他雖然在中牟遭到村官的懷疑，但最後還是得脫大難，逃回故鄉。在中牟發生的事件後來經過種種誇飾，變成了創造出「壞蛋曹操」形象的重要根源（呂伯奢事件），不過我們在此就不提了。

中央有皇帝、外戚、宦官，地方則有刺史等官員與豪族，這些人直接出手、參與廢立；事態演變至此，東漢末年的統治已經徹底陷入癱瘓。

加入反董卓聯盟的曹操，不顧只是進行牽制的其他軍事團體，勇敢挑戰董卓。將據點轉移到長安的董卓，做出燒毀洛陽、逼迫天子遷都的暴行後，曹操儘管在兵力上處於極端劣勢的狀況，仍舊展開了討伐行動，但在董卓大軍面前毫無懸念地敗退，喪失了許多士卒，自己也受傷。〈己亥令〉中的「不欲多之」這句話，就是在這樣的背景下有感而發。

然而在聯軍作壁上觀、只是日夜歌舞昇平的情況下，隻身果敢作戰的曹操獲得了很高評價。之後曹操在各種大小戰役中雖然有勝有負，但在反覆聚散離合的群雄中，他的兵力確實一步步在增長。

對曹操軍力助益最大的，莫過於青州兵了。接獲詔令討伐黃巾賊的曹操，獲得了投降的黃巾三十萬人之眾，並將其中精銳編入自身部隊，稱「青州兵」。青州兵對曹操的軍事力量有著莫大的貢獻。根據《魏書》，黃巾軍隊連戰連勝，曹軍看到他們的強悍，不由得膽怯戰慄、不敢應戰，還戰死了好幾百人。於是曹操親自身著甲冑巡視陣中、嚴明賞罰，終於讓軍隊重新奮起，稍微擊退黃巾。值得注意的是接下來的記載，也就是黃巾賊致信曹操的這個段落。黃巾賊在信中說，曹操以前在濟南毀壞祭祖的祭壇，這件事和黃巾信奉的道教中的黃太乙信仰是共通的；漢朝的命脈既已告終，黃家（黃巾賊）取而代之，不正是天之大運嗎！《魏書》說，曹操對這封信嗤之以鼻，要求黃巾賊放棄野心歸降，但渡邊義浩在《三國志——從演義到正史，再到史實》（中公新書）中說，這封信其實是曹操與黃巾之間的盟約。就像道教派系之一五斗米道之後投降曹操時，稱曹操為「真君」、支持曹魏一樣，在對抗儒教及以其為中心的漢朝這層意義上，黃巾和曹操可以理解成有共通目的。

如果黃巾賊與曹操表面作戰，私底下卻交換互惠密約的話，那麼曹操「只要有用，就算是敵人也要拉攏過來」的理性主義，正可以從這裡看得一清二楚。

在這之後，董卓為呂布所殺，而呂布又被曹操斬殺；在逐漸淘汰的群雄之中，最後形成了袁氏一族的袁紹、袁術兄弟與曹操對立，爭奪霸權的情況。

與袁氏兄弟的對立以及官渡之戰

建安是東漢最末期的年號；它的開端是始於曹操在一九六年，迎接從長安逃亡而來的獻帝。建安也是曹操完全掌握東漢王朝的政治機能，朝下個時代展開大規模轉換的時期，因此它是個雖處東漢、卻也是後繼魏晉南北朝開端，被後世帶著某種憧憬回顧的年號。

在建安的前半期中，曹操首先擊破了袁氏兄弟，將自己的地位提升為獻帝的最大庇護者。

建安元年，曹操迎接隨董卓遷都長安後、被迫陷入風雨飄搖境地的獻帝；這不只對他爾後的飛躍產生重大裨益，同時也局限了他在面對東漢時的立足點。簡單說，他雖然獲得了擁立天子的大義名分，能夠著實掌握實權，但也因此無法跳脫東漢王朝的框架。

首先，他與盟主袁紹的關係變得日益微妙。天子要求曹操擔任大將軍這個最高官職，但他堅辭不受，將它讓給袁紹，自己則降階擔任司空、行車騎將軍。袁術在淮南僭稱帝號，在曹操攻擊下狼狽逃竄；呂布雖然依違於群雄之間，最後還是投降於曹操，並被他處死。

接下來，在二〇〇年，曹操與掌握東漢王朝霸權最大的障礙袁紹，在官渡展開決戰。不管曹操如何積攢力量，袁紹作為東漢大勢力、代代高官輩出的袁氏一族代表，不管在兵力還是家世上，都遠比曹操來得有優勢。〈武帝紀〉這樣說：

是時袁紹既并公孫瓚，兼四州之地，眾十餘萬，將進軍攻許，諸將以為不可敵，公曰：「吾知紹之為人，志大而智小，色厲而膽薄，忌克而少威，兵多而分畫不明，將驕而政令不一，土地雖廣，糧食雖豐，適足以為吾奉也。」

這是出於已知結果而做的記述。事實上，兵力處於劣勢的曹操軍，是透過各種戰略拉攏敵將，並進行心理戰與切斷兵糧補給，才勉強取得勝利的。不只如此，在這段期間中，《三國志》的主角劉備與孫權，也依違在敵我之間；劉備的義弟關羽曾經一度協助曹軍，之後又回歸劉備陣營。在畫分二世紀與三世紀的這一年中，為時代畫下分水嶺的戰鬥也不斷進行，不過關於戰略的詳細內容，我們就留給石井仁《魏武帝　曹操》（新人物往來社）等談論曹操戰鬥的其他眾多書籍去講述吧！

在戰鬥背後將曹操帶往勝利的，是提供戰略的軍師，以及擔保糧食的經濟政策；接著我就來介紹一下這兩點。

作為曹操軍事顧問的重要人物，是郭嘉和荀攸。郭嘉原本隸屬袁紹麾下，但因為看穿袁紹無法採行有效的戰略，所以投奔到曹操這邊。兵力處於壓倒性劣勢的曹操之所以能取勝，提供戰略的郭嘉與擁有足夠器量、能採用他戰略的曹操本人，兩方都功不可沒。後來曹操在赤壁之戰敗北時，還說「如果郭嘉在，就不會有這場敗仗了」，對他的早逝惋惜不已。

荀攸也以軍師身分支持曹操的戰爭。他長於戰況分析，在與袁紹的戰鬥中，能夠看清降伏的敵將，並利用以運輸糧食和軍事物資的輜重隊誘敵等謀略，將不利的戰事漸漸導向勝利之路。從這裡也可以看出，曹操是位能清楚看出什麼人具有優秀實務能力，並將他們適材適所加以安置的人物。

另一方面，曹操的經濟政策，則是後世也評價甚高的屯田制。屯田制原本是為了確保守禦邊境將士糧食而推動的軍屯，但曹操將在戰亂中失去農地的一般民眾集結起來，推行民屯。在世界性寒流與疫病導致的人口遽減中，確保了民眾，也就等於確保了重要的生產資源；在許都與鄴都周邊進行的屯田，成為曹魏的重要生產資源。進言推動屯田制的，是棗祇、韓浩等部下。就像這樣，曹操在各方面廣納人才，讓他們提供實效性優異的政策和戰略，同時也能側耳傾聽這些人才的意見。他在人事運用的能力上，堪稱獨樹一幟。

二〇〇年沿黃河兩岸展開的官渡之戰，對曹操而言是掌握天下的關鍵之戰。至於稍後發生的赤壁之戰，雖然在以劉備為主角的小說《三國演義》中被描繪成一大高潮，但在曹操的諸多戰役中，明顯不如官渡之戰來得重要。擊破袁紹的曹操，一舉降伏了河北群雄。他將有力的豪族封為列侯，對無用的群雄則斷然捨棄，完全掌握了河北。他又給予有能之士食邑（領地），拔擢勇敢的戰士，將用人唯才發揮到極致。

在二〇三年（建安八年）的〈庚申令〉中，曹操這樣說：

議者或以軍吏雖有功能，德行不足堪任郡國之選，所謂「可與適道，未可與權」。管仲曰：「使賢者食於能則上尊，鬥士食於功則卒輕於死，二者設於國則天下治。」未聞無能之人，不鬥之士，並受祿賞，而可以立功興國者也。故明君不官無功之臣，不賞不戰之士。

對無能之臣、不鬥之士斷然予以捨棄，這份大膽的詔令，其言詞可謂痛快至極。從這份令中，可以看到曹操在人才運用上，盡可能合理現實的一面。可是，比起道德更重視實效，是為了收拾眼前混亂的手段，在收拾混亂後，仍然需要秩序與文化，所以在同年的秋七月，曹操又發了一篇令，一方面感嘆後進之輩欠缺仁義禮讓之風的現狀，一方面也獎勵文化活動，讓「郡國各修文學，縣滿五百戶置校官，選其鄉之俊造而教學之，庶幾先王之道不廢，而有以益於天下」。

另一方面，在二〇二年（建安七年）春正月，曹操對向譙進軍的軍隊，發出了這樣一份令：

吾起義兵，為天下除暴亂。舊土人民，死喪略盡，國中終日行，不見所識，使吾悽愴傷懷。其舉義兵已來，將士絕無後者，求其親戚以後之，授土田，官給耕牛，置學師以教之。為存者立廟，使祀其先人，魂而有靈，吾百年之後何恨哉。

這是達成稱霸天下、率領軍隊回到故鄉譙的曹操，對因戰爭疲敝的故鄉人民與士兵做出的撫慰。在這份令中，他直率地傳達了自己對因戰亂喪失生靈的深深傷懷，以及對地方人們的感謝之心。曹操絕不是只重視才能的理性主義化身，且只靠論功行賞與讚美這種現實的褒獎，也無法打動人心。曹操行為的背景，是熱切的志向；將這種志向以言語表現出來，正是曹操的「令」動人心弦之處。

撫慰故鄉之地的曹操，接著又祭祀了被自己視為人生導師敬仰的橋玄。他將最高格式的祭品太牢，呈獻到橋玄的墓前。在〈褒賞令〉中，就有一篇曹操親筆撰寫、祭祀橋玄的文章。在這篇文章中，他追憶了自己對橋玄打從心底的尊敬、年輕時候兩人的相遇，以及對橋玄的親近與敬意。

撫慰故鄉民眾與祭祀橋玄，對曹操自己而言，也是一個人生的重要節點；在這個節點，他已成為名符其實天下無敵的存在，並對自己的人生充滿自信。

之後，他又將袁紹的兒子們，以及與之聯手的豪族和異族，或者加以討伐，或者封為列侯。當中特別艱苦的，是和與袁紹外甥高幹聯手、在北方建立據點的異族烏丸對抗一事。對這場在旱災與糧食艱難中平定遼東烏丸的征途，曹操之後在樂府〈苦寒行〉中做了深刻有感的回顧。

壓制袁紹軍殘黨與北方勢力的曹操，接著將目標轉往南方。那裡最大的勢力是漢朝宗室劉表，可是劉表沒有等到曹操攻擊就已病逝。接著身為劉表客將、守衛新野的劉備，與曹操之間展開了一場關於南方統治權的戰鬥，這就是赤壁之戰。

赤壁之戰

劉備與孫權聯軍擊破曹操的赤壁之戰，是小說《三國演義》中最大的精彩場面。軍師諸葛孔明的法術、周瑜的軍略與曹操的大艦隊，名符其實地竭盡三國的總戰力，在赤壁這裡決戰；然而根據歷史考證，「赤壁」其實指的不是紅色的岩壁，而是河岸的濕地。現在該地設置了廣大的主題樂園，但題有「赤壁賦」三字、蘇軾曾經造訪、回顧古戰場的赤壁，和三國時代的赤壁，據說其實是不一樣的場所。就像歷史上人物的虛像與實像共同構成了幻想般，史實本身也是一樣，在事實與故事間不斷搖擺。故此，赤壁究竟在現今的何處，其實並無法確定。

關於不習慣操作水軍的曹操大艦隊，大敗給蜀吳聯軍的赤壁之戰，〈武帝紀〉只有這樣約略提及：

公至赤壁，與備戰，不利。於是大疫，吏士多死者，乃引軍還。備遂有荊州、江南諸郡。

對曹操而言，攻略南方的失敗是由於疫病大流行之故，結果讓劉備漁翁得利。《三國志》就只有這樣的記述而已。但事實上也有以下這樣的紀錄：在惡劣的天氣中，苦於道路泥濘的敗軍，只能讓傷兵負責修補道路，再讓馬從上面奔馳而過，結果造成了眾多犧牲（《山陽公載記》）。

只是，曹操因為這場戰役無法取勝，從而放棄了自取漢朝而代之、建立魏王朝的念頭，這也是事實。此後曹操對實權的掌握，徹徹底底轉換成一邊支撐漢朝、一邊為下一代進行王朝更替做準備的方針。

現在被假定為「赤壁」的場所（湖北省咸寧市）

四、第三期：掌握實權的過程

一開始所見的〈己亥令〉，是二一〇年（建安十五年），曹操在掌握政權前夕的回想。這時，他雖然否定了篡奪東漢王朝的意欲，但還是讓全天下知道，自己已經掌握了完全的實權。在這之後，曹操晉升魏公、魏王，並立長子曹丕為世子（王太子），一步步做好漢禪給魏的準備。接下來我就透過往來的公文，介紹曹操在第三期中掌握實權的過程，特別是他在地位上的攀升。

二一〇年（建安十五年）的〈求賢令〉

〈己亥令〉發布這年的春天，曹操發布了後來稱為〈求賢令〉的重要命令。正如字面所述，這是一篇尋求賢才的命令，也是曹操唯才主義最明顯的體現：

> 自古受命及中興之君，曷嘗不得賢人君子與之共治天下者乎！及其得賢也，曾不出閭巷，豈幸相遇哉？上之人不求之耳。今天下尚未定，此特求賢之急時也。（《論語》說，）「孟公綽為趙、魏老則優，不可以為滕、薛大夫。」若必廉士而後可用，則齊桓其何以霸世！今天下得無有被褐懷玉而釣於渭濱者乎？又得無盜嫂受金而未遇無知者乎？二三子其佐我明揚仄陋，唯才是舉，吾得而用之。

即使不清廉潔白、在金錢與女人方面有不良紀錄，只要有才能，我（曹操）都打算拔擢；這樣的說法相當激進。他引用《論語．憲問》說，春秋時代的魯人孟公綽，是個清廉卻欠缺才能的人。這種人在趙魏等大國，還是可以當個閒職的大老，因此追求人物的清廉仍有其意義，但在遭到列強威脅、經常要面對國家存亡危機的滕與薛等小國，對大臣的要求就不是清廉，而是現實的政治能力；這就是《論語》的含意。《論語》有時並不會否定權術；就如同一味追求正直般，為了達成目的而採用「譎」之手段，也是可以允許的。前面引用過的對晉文公的評語「晉文公譎而不正」，就是明顯的例子。

陳平和孟公綽成正反對比。協助漢高祖創業的功臣陳平，既和嫂嫂通姦，又貪圖賄賂，素行飽受批判。曹操為了鮮明強調自己比起素行、更重視能力的方針，於是強調陳平的故事。這裡的「無知」，是指賞識陳平能力、將他推薦給高祖劉邦的魏無知。

能力和才能，未必與人格一致。以溫厚的人物與秩序的遵守為核心，是儒教的本質，因此不重視人格而重視能力的思考方式，是種對儒教的背離。這份將能力主義端上檯面的命令在此年出現，其實是有意義的；簡單說，這代表曹操已經成為能將這種背離儒教的命令，公然發表於天下的強大存在了。

作為佐證的是，接下來曹操晉升為魏公，又升任魏王，在漢朝體制中達成了破例的晉升。接下來就讓我們來追溯曹操這種破例晉升並完全掌握實權的步驟。

漢魏革命的預感

二一一年（建安十六年）春正月，獻帝任命曹操的長子曹丕為五官中郎將、副丞相。同時，曹操的兒子們也各自被封為侯：曹豹為饒陽侯。曹植為平原侯，曹據為范陽侯，他們都獲得了食邑五千戶這種非比尋常的高規格待遇。

隨著這項任命，曹丕在某種意義上已經成為王太子，可以開設幕府、建構自己的官僚體制。這當然不是獻帝對曹家孩子特別好，而是曹操在暗地裡強迫獻帝，讓他不得已為之的結果。

曹操在這段期間，則是積極籌畫遠征關中。關中位在黃河大幅南北彎曲的并州與涼州中間，在注入黃河彎曲起點的渭水周邊，當時因為董卓之亂陷入荒廢，也有許多異族移居該地。戰國時代的秦正是因為擁有這塊土地，才能實現統一，因此這裡是軍事要地。在東漢時代，羌族、月氏乃至於匈奴在這裡定居，被逐出中華的敗軍、叛軍將領也會以此為據點。

曹操之所以打算壓制這塊土地，一方面是為了挽回在赤壁戰敗的面子，另一方面也是為了鞏固和吳蜀對抗的地盤。雖然歷經苦戰、還投入了大量麾下將領與軍師，最後還是在一年戰鬥後，勝利凱旋回到鄴都。

二一二年（建安十七年），獻帝對凱旋的曹操，仿效蕭何的故事給了他三項特權：贊拜不名、入朝不趨、劍履上殿。「贊拜不名」，指的是拜謁天子之際，不用報上自己的名號；「入朝不趨」，指的是在天子面前出入時，不需要小跑步通過；「劍履上殿」，指的則是在登殿之際，可以在腰上佩劍並穿鞋子登堂入室。這些所謂的殊禮，是種臣下在面對皇帝時，可以省去應具備禮儀的特權。曹操在這裡以支持漢高祖劉邦的三傑之一蕭何作為自己的基準。

這就是之後他不斷接獲殊禮的開始。

封魏公、獲賜九錫

第二年（二一三年，建安十八年）五月，獻帝下達策命，封曹操為魏公。所謂「策命」，是天子對諸侯下達的正式命令。獻帝將這篇格式古雅、篇幅甚長的策，大張旗鼓地送到了曹操手上；它的內容前半段是具體描寫曹操一一剷除趁著東漢混亂威脅朝廷的勢力、治平天下，並廣施教化、重振危傾漢朝的功績，後半段則是表明為了報答這樣的功績，要封他為魏公，並授予九錫。這篇文章實際上是由負責文書的尚書左丞潘勗寫成，不過當然是用天子自己的語氣來說話。文章處處引經據典，巧妙納入故事，並採用四言對句，逐條陳述功績的步步逼近法，來進行論述，在格式上堪稱是層次最高的文章，且是一篇長文。如果光論評價功績並授予地位的部分，那這篇文章的內容，堪稱是一篇極度拘泥於儒教的「文」，但它超越了內容的傳達，也呈現出傳達一方的熱忱。

內容中值得注意的，首先是不斷積累功績的曹操，把自己比擬為雖身為霸者，卻擁戴周朝的晉文公，以及雖掌握天下三分之二，卻仍侍奉殷朝的周文王這點。這個比喻和前面所見、曹操自己寫的〈己亥令〉是共通的。接著是在各種引喻的古人當中，曹操的功績高過伊尹、周公這點。伊尹、周公都是不以最高權力者身分、而是以股肱臣下之姿廣受好評的古人。換言之，這些比喻都是要展現「談論曹操的功績時，應該朝支撐王朝的臣下這個方向去評論」這點。

可是，邁入策命後半段時，提及了九錫的賜予，而這種殊禮已經超越了褒賞臣下功績的層級。

所謂九錫，指的是九類特別的賞賜品，具體來說包含了以下這些事物：

一、大輅、戎輅各一，玄牡二駟
二、袞冕之服、赤舄
三、軒懸之樂、六佾之舞
四、朱戶之居
五、納陛登朝
六、虎賁之士三百人
七、鈇鉞各一
八、彤弓一、彤矢百、玈弓十、玈矢千
九、秬鬯一卣、珪瓚

九錫的原型是出自春秋時代的晉文公，到了近代則有王莽。在令、命中反覆引用的晉文公，雖然擁戴周朝，但實力遠超周。文公獲周天子給予的特別獎賞，是許可他和天子擁有同等的起居規格，這就是九錫的原型。王莽將這種賞賜更進一步發展，成為禪讓的步驟之一。曹操又以王莽為範本，將王莽時期尚未整飭確立的九項特權予以具體化並明確化。曹操確立的這種九錫細目，還有以此為前提、進行王朝篡奪的順序，在之後的六朝到隋唐，一直被繼承下來。在基於天意繼承王朝正統性的古代統治中，硬是插入允許基於人意進行變更的餘地，曹操果然是非常之人。

對獻帝賜予的這篇策命，曹操並沒有馬上接受。他首先發令說：

夫受九錫，廣開土宇，周公其人也。漢之異姓八王者，與高祖俱起布衣，剏定王業，其功至大，吾何可比之？

將自己與周公及漢朝八王相比，展現出謙遜的態度。接著，他採取連續三次推辭策命，但每次推辭就有高官勸進，最後不得已以「你們都這樣說，那我也沒辦法了」的形式，接下了這份策命。〈武帝紀〉裴松之注中引用的長篇勸進、辭退，最後承諾感謝的文章，不只多餘、冗長，而且空虛。在這當中看不到〈己亥令〉那種過去各「令」中直白的表現，只是不斷重複著典故、文飾與表面的謙遜而已。「文」，讓表現出來的志向切實性與本質都為之改變。即使是同一個人的文，或是同樣的文飾，只要是生出它的志向不純，那「文」就會墮落。

社稷與籍田

接下魏公之位、拜領九錫，在曹操掌握實權的過程中，某種程度上算是一個高潮；反覆辭退勸進這種冗長且客套的把戲，也證明了這件事的重要性。這些浪費且過剩的詞藻堆積，是為了讓世人周知，這件事並不是自己所希冀，而是奉天子之命，沒辦法只好接下的；故此，這套肥皂劇似的辭退戲碼與龐大的公文往返，在這層意義上也是必要之事。

當然，策命也好、辭退也好，在背後操縱一切的都是曹操本人，這是任誰都看得出的事。可是隨著收受九錫，曹操對實權的掌握也接近完成。從九錫的拜領是禪讓極為重要的一步來看，接下去就算放著不管，王權也會自動落入手中。

同年的秋七月，曹操首次建立了魏的社稷與宗廟。社稷是春天祭祀土地神的社與秋天祭祀五穀神的稷之合稱，也就是國家祭祀的意思。同時，他在宗廟中祭祀一族先祖這件事，也意味著劉氏一族在漢帝國中的地位將由曹氏一族取代，正式執行王朝祭祀。

同一時期，曹操也將三個女兒送入宮中，成為獻帝的貴人。第二個女兒曹節後來成為獻帝的皇后，因此曹操也成了獻帝的岳父。

不只如此，他在二一四年（建安十九年）更初次耕作籍田。籍田是在正月之始，動鋤耕田的儀式，這也是天子祈求穀物豐穰的一種祭祀手段。社稷、宗廟、籍田這些原本該由天子進行的國家祭祀，全都由曹操以魏公身分舉行。

不只是國家祭祀，他也開始整飭魏的王宮，建造高臺，引水環繞四周，更對魏都的區塊加以整飭，並設置了尚書、侍中、六卿等重要的行政官職。王朝實際上的權力完全轉移到魏國，呈現出一副在漢帝國中，實際樹立起魏這個王國的型態。

這種王權轉移的劇本，實際上跟王莽很酷似。王莽在西漢末年的混亂中，歷經易姓革命、居攝踐祚的階段，就任為安漢公，隨後又受九錫即位。在這中間，他將自己比擬為周文王，定位為超越周公、伊尹的存在，並把女兒嫁給平帝為皇后。王莽一開始以周公為理想，自稱安漢公，亦即安定漢朝的「公」，並仿效周公「制禮作樂」；曹操也接受獻帝的策命擔任魏公，整飭國家的祭祀與國政運用機構。

在東漢這個被儒教支配的王朝中，曹操若要實現即位為帝這種不可能的行為，那無疑必須仿效王莽，做出同等級的蠻橫之舉。同時，除了相當於「制禮」的祭祀與國家營運，作為「作樂」的一環，曹操也整飭音樂；關於他的樂府，我在後面會再提及。

晉爵為魏王

同年三月，獻帝將魏公的地位置於所有諸侯王之上，並授予金璽、赤紱、遠遊冠；也就是將黃金印璽、用來繫印璽的紅帶子，以及只有王能戴的遠遊冠等特殊物品，正式賜予曹操。這是為了從「公」提升到「王」而做的準備。

十一月，獻帝的皇后伏氏被廢黜並遭到誅殺，理由是伏后過去寫給父親伏完的信件中，有誹謗曹操的字句。這封信是十四年前寫的，其中記載著皇帝對曹操隱隱逼近的威脅感到不安。當然，這起事件很明顯是曹操為了讓女兒當上皇后而找的藉口，但結果也顯示了獻帝已經對曹操毫無抵抗之力。

經常批判曹操的《曹瞞傳》這樣寫道：

> 公遣華歆勒兵入宮收后，后閉戶匿壁中。歆壞戶發壁，牽后出。帝時與御史大夫郗慮坐，后被髮徒跣過，執帝手曰：「不能復相活邪？」帝曰：「我亦不自知命在何時也。」帝謂慮曰：「郗公，天下寧有是乎！」遂將后殺之，完及宗族死者數百人。

姑且先把這段繪聲繪影的描寫是否真實擱在一邊，這段故事明確展現了獻帝與曹操的權力關係。另一方面，正如前面所述，曹操廢黜皇后、立自己的女兒為后，也是模仿王莽即皇帝位的過程；一切都是已經決定好的腳本。

同年十二月，獻帝命令曹操置旄頭，並在宮殿設鍾虡；第二年（建安二十年，二一五年）春正月，立曹操的次女為皇后。

所謂旄頭，是天子的儀仗兵；按照《春秋》故事，打仗時會派遣披著一頭亂髮的騎兵打頭陣，威嚇敵軍並鼓舞我軍。鍾虡是宮廷儀式樂器的架子，用來支撐青銅器做的編鐘；這是天子賜予特別皇族的特別贈禮，在漢初是臨時即位的代理皇帝，賞賜給原本應該成為皇帝者的禮物。既然如此，這份殊禮表現的意義就是獻帝告訴曹操說，自己不過是臨時的皇帝罷了。

接著在二一六年（建安二十一年）夏五月，獻帝將曹操的爵位晉升為魏王。這時候，獻帝又一次下達長文詔令，而魏公曹操也三度堅辭。最後獻帝說「你再這樣堅持下去，未免太無法體恤朕的心情了」，於是曹操終於點頭。

說到底，「王」這個位子究竟代表著怎樣的意義？獻帝在詔令裡做了長篇的說明。首先，西漢時高祖受天命建立帝業，將山川盡數封給守護國家的異姓與同姓諸侯王；但是東漢以降，諸侯王僅限於皇帝的同族（也就是劉氏），完全沒有異姓王。詔令又說稱讚曹操，說他「業績勝過后稷、大禹，忠義等同伊尹、周公」；在此果然也還是將曹操比擬為后稷、禹，以及伊尹、周公。

王這個位子，有同姓諸侯王與異姓諸侯王，可是高祖劉邦說：「非劉氏而王者，天下共擊之。」西漢雖然也會封功績特別突出的臣下為王，但自呂后專制以降，王就幾乎只限定由皇族出任。甚至是王莽在即位為皇帝前，也只稱「公」而非「王」。故此，曹操進位為魏王，堪稱是異例中的異例，同時也代表著漢朝的實權，已經不在劉氏手中。

事實上，此刻的曹操雖然在表面上沒有即位為皇帝，卻已經幾乎等於實質的皇帝。烏丸、匈奴等異族帶著底下有力的部族前來朝貢，受到國賓禮遇；他們的女兒也被封為公主，受到皇族待遇。

接下來在二一七年（建安二十二年）夏四月，獻帝命令魏王曹操設置天子旌旗，出入稱警蹕；這意思是說，曹操可以使用裝飾有鳥羽的豪華旗幟，出入可以有前導警衛，也就是允許他和天子在舉止上同等。

魏王曹操在同年五月建造泮宮，六月命軍師華歆為御史大夫。泮宮是推行禮樂的高等教育機構；根據《禮記》，天子的學府稱辟雍，諸侯的學府稱泮宮。相對於學府整體圍繞著翠玉般池塘的天子辟雍，諸侯泮宮的池子則只有一半面積。雖然曹操的舉止幾乎已經等同天子，但在這裡卻甘於諸侯稱號；之所以如此，大概是因為泮宮被認定是周公制禮作樂的場所吧！又，在《曹瞞傳》中，軍師華歆以將伏后從牆壁中硬拖出來的殘酷角色之姿登場，但他其實是從東漢到魏國三任皇帝一直屹立不搖的優秀官僚，後來被列入魏國的二十名功臣之一。

到了冬十月，天子更許可魏王戴王冕十二旒、乘六匹馬拉的金根車並設置五時副車，同時任命五官中郎將曹丕為魏國太子。

「王冕十二旒」、「金根車」、「六馬之駕」、「五時副車」，指的是曹操可以在儀式上使用有十二條玉帶的冠，外出時可以搭六匹馬拉的豪華馬車，陪侍的馬匹可以有十乘，也就是允許他一切比照天子格式。

在成為魏王、獲准與天子同等規格舉止的同時，曹操也實際整飭制度、設立官僚組織、開設學府，並立下太子；這一連串的舉動，都是為他掌握實權做好最後的點綴。

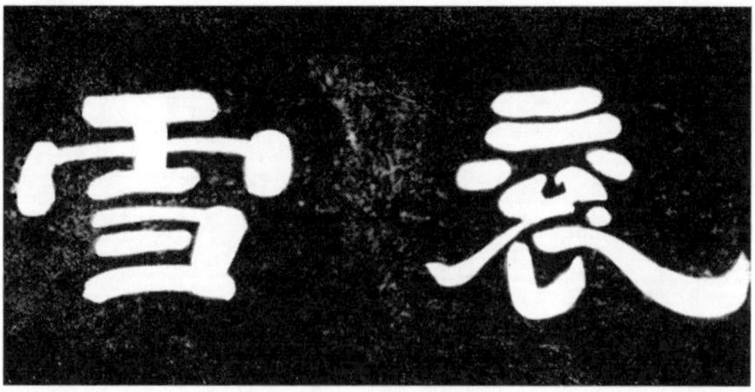

袞雪拓本　相傳二一五年（建安二十年），曹操擊破張魯進入漢中時，看到河水飛濺宛若雪花紛飛，有感而發，在岩石上揮毫寫下二字。

終令與最晚年

與獲得和天子同等待遇的來龍去脈並行，〈武帝紀〉也記載了曹操的數度出兵。這些出兵包括了和《三國志》另外的主角蜀與吳的戰鬥、討伐逃進漢中的五斗米道張魯，還有鎮壓憎恨曹操篡奪王朝的漢朝舊臣之謀反。

孫權的吳坐擁水軍，堅持在南方一隅，無法輕易壓制。劉備的蜀則在軍師諸葛孔明的優異謀略下，站穩了堅定的腳步，同樣也無法壓制。當曹操說出「雞肋」（要丟掉太可惜、但是吃起來肉又太少）兩字，從漢中率軍撤退時，就決定了東漢末的混亂演變成三國鼎立的最終型態。

對逃往漢中的張魯征伐，是從散關出動，平定關中，直下巴、漢，越過冬天的山脈，經歷嚴酷的行軍；這些都在後來的樂府中獲得詠唱。張魯最後投降，被封為列侯。

曹操陰險且無懈可擊的大壞蛋形象，大概是吸收了打算為行將滅亡漢朝殉身的舊臣憾恨，從而化為

「說曹操、曹操到」這樣的俗諺吧！《三國演義》因為以蜀漢為正義，所以把曹操描寫成王朝篡奪者。那些意圖阻止篡奪的人最後事跡敗露，首謀者遭到處斬：在《三國演義》中，這些人被描寫成為了忠義與正義，賭上性命暗殺曹操，但在〈武帝紀〉中，則是一概被當成謀反處理。

另一方面，自邁入建安二十年代以來，曹操的身體便被疾病侵蝕。他招來華佗和左慈等名醫，為了緩和頭痛使用水枕。在這樣的情況下，不知是否意識到自己的壽命，曹操在二一八年（建安二十三年）六月發令，指示建設自己的陵墓，這就是所謂的〈終令〉：

> 古之葬者，必居瘠薄之地。其規西門豹祠西原上為壽陵，因高為基，不封不樹。周禮冢人掌公墓之地，凡諸侯居左右以前，卿大夫居後，漢制亦謂之陪陵。其公卿大臣列將有功者，宜陪壽陵，其廣為兆域，使足相容。

漢代有權有勢的人，幾乎都會建造豪華的墳墓。特別是皇帝一族的厚葬更是大肆鋪張，對人民的壓榨甚至到了逼迫國家財政的地步。在濟南禁止淫祀的曹操，對葬禮和祭祀毫無必要的鋪張浪費抱持批判態度，因此對自己的葬儀與陵墓，都以薄葬為目標。可是整飭包含臣子陪陵在內的墓地，還是需要時間，所以年過六十的曹操，才在感覺壽命到達極限之前，下達建設陵墓的指示。

這篇稱為〈終令〉的令，是篇排除多餘修飾的實務性文章。它既不帶感情，也沒有感傷，只是淡淡地命令事後處理，但同時也下令為了讓一起奮戰的部下與戰士們能夠長眠在同一塊墓地，要準備充足的土地。這裡和他在二〇二年（建安七年）寫下、主張「魂而有靈」的〈軍譙令〉，有著同質的餘韻。〈武帝紀〉一直到曹操過世那年為止，都反覆記錄著三國鼎立、鎮壓謀反的來龍去脈與狀況。也就在孫權將關羽的首級送抵洛陽的二二〇年（建安二十五年），六十六歲的曹操過世了。

以下引用〈武帝紀〉的記述：

> 庚子，王崩於洛陽，年六十六。遺令曰：「天下尚未安定，未得遵古也。葬畢，皆除服。其將兵屯戍者，皆不得離屯部。有司各率乃職。斂以時服，無藏金玉珍寶。」謚曰武王。二月丁卯，葬高陵。

和〈終令〉一樣，這篇〈遺令〉也極為淡泊。曹操說：「我的葬禮要快點辦完，繼續處理現實課題。」這是已經將一切弄到手的王者餘裕呢，還是不期待來世的現實與犬儒主義呢？

這段有點過於簡潔的王者遺言，反而誕生出各式各樣的故事。在曹操過世後四十一年誕生的陸機，是被晉滅亡的吳國名門，擁有出類拔萃的文才，是六朝文人的代表。他在晉朝的史料保管庫中看到曹操的遺言後，寫了一篇娘娘腔到讓人難以忍受的〈弔魏武帝文〉。陸機看到的遺言，有著在上述引文中完全沒有出現的內容，那就是曹操要自己過世後留下的女眷「分香賣履」自求生計，展現出絮絮叨叨的關懷之意。對這種說法照單全收的小說《三國演義》、特別是清朝毛宗崗本的評釋，認為這是曹操掩藏篡奪王朝之心的卑劣伎倆，從另一個角度對他進行強烈批判。陸機引用的曹操遺言很有可能是創作出來的東西，將此照單全收的演義批判更是恣意，但是生出這種創造與想像空間的〈遺令〉，本身卻是淡泊一片。

曹操被葬在兩年前〈終令〉下令建造的陵墓中，這座高陵在二〇〇九年於河南省安陽市被發現。我曾經實地走訪過高陵，當時是和監譯《曹操墓的真相》（國書刊行會）一書的友人渡邊義浩先生同行。當踏進這座真偽未定的陵墓時，我們不禁為它的質樸感到驚訝。當然，這是在發掘過程中將文物運出後的情況，但並不只是這樣而已；舉凡它的規模、建造樣式與墓室寬度，都是讓人難以聯想到王侯之墓的簡易。後來渡邊先生從建設途中工程中斷的陪葬墓角度出發，透過夫婦合葬的禮儀樣式，以及鄭玄的禮學解釋，從學術上證明了這座陵墓確實是曹操墓。

我們切身感受到的這種簡易，和上面引用的〈終令〉、〈遺令〉那種淡泊是共通的。當我們排除各式各樣後人形塑出來的曹操像時，呈現出來的就是有如這份〈遺令〉與陵墓般，現實、直接，卻非比尋常的個性。

曹操高陵內部

史書的評價

裴松之的注在最後引用了許多書籍來討論曹操的生涯，包括《魏書》、張華《博物志》與《曹瞞傳》。雖然到此為止，我們都是沿著〈武帝紀〉來介紹曹操的生涯，但誠如一開始所言，它也只是曹操的諸多形象之一而已。故此，若是立場與觀看角度有所變化，就會產生出截然不同的曹操像。接下來就讓我們看看立場貼近〈武帝紀〉的王沈《魏書》，以及徹底批判的《曹瞞傳》這兩部互為對照的書籍中，所描述的曹操像。首先是《魏書》：

太祖自統御海內，芟夷羣醜，其行軍用師，大較依孫、吳之法，而因事設奇，譎敵制勝，變化如神。自作兵書十萬餘言，諸將征伐，皆以新書從事。臨事又手為節度，從令者克捷，違教者負敗。與虜對陣，意思安閑，如不欲戰，然及至決機乘勝，氣勢盈溢，故每戰必克，軍無幸勝。知人善察，難眩以偽，拔于禁、樂進於行陣之間，取張遼、徐晃於亡虜之內，皆佐命立功，列為名將；其餘拔出細微，登為牧守者，不可勝數。是以刱造大業，文武並施，御軍三十餘年，手不捨書，晝則講武策，夜則思經傳，登高必賦，及造新詩，被之管絃，皆成樂章。才力絕人，手射飛鳥，躬禽猛獸，嘗於南皮一日射雉獲六十三頭。及造作宮室，繕治器械，無不為之法則，皆盡其意。雅性節儉，不好華麗，後宮衣不錦繡，侍御履不二采，帷帳屏風，壞則補納，茵蓐取溫，無有緣飾。攻城拔邑，得靡麗之物，則悉以賜有功，勳勞宜賞，不吝千金，無功望施，分豪不與，四方獻御，與羣下共之。常以送終之制，襲稱之數，繁而無益，俗又過之，故預自制終亡衣服，四篋而已。

這裡強調的是曹操在各方面能力上的優異，以及理性進取的性格。不只是軍事能力，他在身體能力、識人眼光以及學術文藝上都大展長才，在性格上則不重華麗、講究實質，這些都是《魏書》強調的重點。文中也提到了曹操日常的生活用品，以及葬儀的樣式。

關於曹操在各方面能力上的優異，張華《博物志》也有提及；張華說，曹操不只在書法、音樂、圍棋等領域和各方名士不相上下，也熱愛養生之術、熟知中藥；他曾從全國各地召集方術之士，也曾訓練自己服用野葛和鴆酒等毒物。

和能力卓越同等重要的，是這裡一再強調的曹操理性精神。當他看到舊慣有不合理之處，就會立刻加以改變，比起傳統，更重視現實的效果；這種進取精神在〈武帝紀〉中屢屢提及，而最明顯呈現這點的，就是葬禮的簡樸化了。呼應在「不封不樹」的高臺建築陵墓、葬禮結束後立刻脫掉喪服的〈終令〉與〈遺令〉，《魏書》對曹操的重視實質，也特別予以強調。

至於《曹瞞傳》，則是徹頭徹尾在批判曹操。「曹瞞」是曹操的乳名；就像這個用黃口小兒方式來稱呼曹操的書名所呈現般，它所描繪出的，是個狡猾、陰毒的曹操形象：

> 太祖為人佻易無威重，好音樂，倡優在側，常以日達夕。被服輕綃，身自佩小鞶囊，以盛手巾細物，時或冠帢帽以見賓客。每與人談論，戲弄言誦，盡無所隱，及歡悅大笑，至以頭沒杯案中，肴膳皆沾汚巾幘，其輕易如此。然持法峻刻，諸將有計畫勝出己者，隨以法誅之，及故人舊怨，亦皆無餘。其所刑殺，輒對之垂涕嗟痛之，終無所活。初，袁忠為沛相，嘗欲以法治太祖，

沛國桓邵亦輕之，及在兗州，陳留邊讓言議頗侵太祖，太祖殺讓，族其家。忠、邵俱避難交州，太祖遣使就太守止變盡族之。桓邵得出首，拜謝於庭中，太祖謂曰：「跪可解死邪！」遂殺之。嘗出軍，行經麥中，令「士卒無敗麥，犯者死」。騎士皆下馬，付麥以相付，於是太祖馬騰入麥中，勑主簿議罪；主簿對以春秋之義，罰不加於尊。太祖曰：「制法而自犯之，何以帥下？然孤為軍帥，不可自殺，請自刑。」因援劍割髮以置地。又有幸姬常從晝寢，枕之臥，告之曰：「須臾覺我。」姬見太祖臥安，未即寤，及自覺，棒殺之。常討賊，廩穀不足，私謂主者曰：「如何？」主者曰：「可以小斛以足之。」太祖曰：「善。」後軍中言太祖欺眾，太祖謂主者曰：「特當借君死以猒眾，不然事不解。」乃斬之，取首題徇曰：「行小斛，盜官穀，斬之軍門。」其酷虐變詐，皆此之類也。

就像在誅殺伏后的場面中所見，《曹瞞傳》的記述帶有很強的故事性質，從事實角度來看則欠缺客觀性。喝醉了以頭巾當酒杯的醜態，以及對不遵守自己囑咐的近侍加以嚴罰，這些內容其實在其他人的故事與軼聞中，都可以找到類似情節；因此，它或許是作為人性化的描寫，將樣板化的軼聞插入了曹操事跡中吧！

令人深感興趣的是有關曹操輕佻浮浪的插曲。那種身著簡易衣裝、戴著簡樸頭巾應對賓客，並不時流露出輕薄話語的態度，其實是對《魏書》中曹操的進取氣質，給予肯定的描寫。它對排除舊習、嘗試新型態的曹操，一方面給予進取的評價，另一方面卻又批判其輕薄。

裴松之在這部分的注中，於《魏書》和《曹瞞傳》間夾進了《傅子》。《傅子》說，東漢末年的王公貴族不喜歡過度講究的王服，而是熱愛寬闊的頭巾，因此袁紹即使在軍隊中，也都戴著絲質的頭巾，但曹操因為掛心物資匱乏，所以仿效古代的皮弁（用鹿皮製成的帽子），只裁剪少少的布料來做頭巾，並用顏色來識別貴賤，堪稱下了一番苦心；當然，這是軍事上的裝扮，並非儀式用的打扮。這樣的頭巾稱為「帢」。這種針對頭巾下新工夫的作法，在《魏書》中被看成是曹操質樸生活樣式的一例，但在《曹瞞傳》中，則被看成是對賓客的無禮。

曹操創造出的嶄新價值觀，不管是給予好評還是批判，在人們的理解與認知中，都具有值得大書特書的壓倒性威力。這種兩極對立的曹操像與評價，正可說是同步描繪了曹操身為非常之人的性格。

《三國志．武帝紀》評

〈武帝紀〉中所描述的，是最符合官方立場的曹操形象，同時也是以魏為正統王朝立場所做成的紀錄。可是裴松之的注因為引用了許多立場相異的文獻與插曲，所以讓〈武帝紀〉的記述變得相對化了。〈武帝紀〉最後收錄的陳壽「評」，在短短的文章中，將曹操的存在漂亮地加以濃縮。這段評論說：

漢末，天下大亂，雄豪並起，而袁紹虎眎四州，彊盛莫敵。太祖運籌演謀，鞭撻宇內，擥申、商之法術，該韓、白之奇策，官方授材，各因其器，矯情任筭，不念舊惡，終能總御皇機，克成洪業者，惟其明略最優也。抑可謂非常之人，超世之傑矣。

支撐神聖漢朝的是儒教，儒教重視的是溫厚、充滿仁愛的人格，以及立基於秩序、安定的組織運作。但到了東漢末年，秩序土崩瓦解，溫厚仁愛的儒教價值也喪失了意義。

對於收拾這種天下擾攘的曹操，「評」認為他的手段是法家之術、奇策權謀，而這些全都是處於儒教價值之外的事物。另一方面，對於曹操這人的性格，評價則認為他並不溫厚，而是發揮冷靜與知性。也就是說，他不是仁者，而是以智者身分，展現出優異的策略。

權術和智謀卓越，在儒教價值觀中並非最好的評價，但在儒教價值觀大幅動搖、經常處於搖擺不定狀態的東漢末年，時代需要的是一個否定常理、超越一般常識的人物。身為非比尋常的逸才，曹操正是時代所尋求的英雄，陳壽準確地總結了這一點。故此，「亂世之奸雄」和「超世之傑」，其實是同樣的意思。

五、曹操與儒教、曹操與文學

到這裡為止，我們主要是依循〈武帝紀〉，來探尋曹操的生涯。最後，我想從和陳壽有別的視角，來思考曹操所具備的時代意義。

曹操與儒教

首先是曹操與儒教的關係。正如前面一再提及的，曹操身處東漢末年這個時代，意圖創造出與儒教價值迥異的嶄新價值觀；這種價值觀顯著呈現的，是一種比起傳統、更追求現實效果，比起家族血緣、更重視個人能力的「唯才主義」。

可是曹操也不能完全逸脫儒教的架構。畢竟支撐漢朝四百年的儒教，其各種機能在統一管轄領土廣大、文化多元的中華上，仍然是不可或缺的。

儒教視周朝為理想，將建立其骨幹的文王視為聖人；建立周朝制度的周公，也和文王、孔子並列入聖人之林。

曹操一開始將自己比擬為晉文公，亦即在尊奉周王室的同時，也作為天下的霸者。同時他也把自己比擬為文王，這意思也差不多，指的是雖然實力優於皇帝，但不求王朝更替。就這樣，他一邊巧妙利用儒教的經典與事例，一邊在儒教支持的漢這個神聖王朝中，最後仿效周公「制禮作樂」。

《論語．述而》是以「述而不作」這句話為開場。這意思是說，儒教重視的禮和樂，都是由周公編纂而成（「制禮作樂」），所以聖人周公以外的人，都只是「述」而非「作」。換言之，周公以降的學者都只是「祖述」，亦即傳述聖人的教誨，這就是儒教的學習重點。

但曹操在以文王、周公等儒教聖人為模範的同時，也意圖超越之。他雖然沒有即位為皇帝，但運用儒教的機制整飭禮儀、創作音樂，也就是「制禮作樂」。包括籍田、宗廟祭祀儀式，以及《魏書》中引人注目的軍事訓練名稱改定，都可以看見曹操在祭祀與年度活動上的嶄新「創作」。又，天子賞賜的樂器和樂器架，還有音樂舞蹈的創作許可，都和「作樂」緊緊聯繫在一起。曹操留下了許多樂府，但所謂的樂府，原本是在王朝與宗廟祭祀等大規模祭祀中，充滿活力演奏的樂曲歌詞；至於曹操創作的樂府，則主要是歌頌魏這個王朝的創業故事。

比方說〈薤露〉，就是歌詠東漢末年董卓燒毀洛陽、遷都長安之際的混亂局勢；〈蒿里〉則是歌詠打倒董卓的聯軍步調不一，在袁術僭稱帝號的戰亂狀態下，人民死亡殆盡的慘狀。〈短歌行〉的第四篇是歌詠晉文公的霸者行徑，〈苦寒行〉則如前所述，是描述征伐北方、艱苦行軍的歌曲。〈秋胡行〉是通過散關山、前往西方邊境的旅程，〈步出夏門行〉則是抵達東方碣石的感慨。這些詩既不是抒情詩，也不是行軍的敘事詩；它們是用故事的方式，歌詠曹氏一族怎樣創立王朝的王朝讚美詩，和《詩經》的頌屬於同質。

曹操就是這樣一位在把儒教的聖人之教當成制度與機制加以依循的同時，自己最後也展開「制禮作樂」的非常之人。

接著讓我們來看看曹操與文學。

曹操與文學

文學在嚴酷的現實之前，真的就像以卵擊石一樣蒼白無力嗎？我並不這麼認為。纖細的文學確實存在；描寫人類的卑微與可哀、擷取脆弱與纖細一面的抒情文學，並不能說毫無存在意義。但是另一方面，不也有與現實奮戰的文學嗎？展現強勁力道的令、活潑歌唱的樂府，曹操留下的這些文章，就近代意義而言或許稱不上「文學」，卻擁有壓倒眾人的強大力道。「一起奮戰到生命終結吧！你們的靈魂就由我收下了。靈魂是不會消滅的，志向則會馳騁千里」，曹操如是說。經常在面對戰鬥的現實中，有感而發的曹操之歌謠與文章，從中體會到與近代意義相異文學性的，難道只有我嗎？

對曹操的人生與文章，魯迅用了「清峻」、「通脫」兩個形容詞來表示。這意思是說，曹操既有排除多餘粉飾的真摯表現，又在擁抱現實的同時，擁有從中脫穎而出的清澈精神性。在某種意義上來說，這其實也是中國傳統、儒教的「文」之體現。文學並非與政治對立的事物，而是在面對現實中產生之物；曹操「清峻」、「通脫」的文章，告訴了我們這點。

以上就是以正史《三國志．武帝紀》為中心，對曹操這位非常之人的復原。就像《三國演義》有許多杜撰要素般，史書也是站在特定立場上的故事。即使是同樣的事實與事跡，隨著講述者的感覺，也會產生出迥異的人物形象。只是，這個人留下的「文」，是他本人對這些事的親口陳述。曹操雖然只留下樂府和公文，但在戎馬間發出的眾多「令」字裡行間，仍可以窺見曹操為人的某個層面。魯迅之所以能在近代的入口，從曹操這個存在的身上，發現了與過往迥然相異的全新魅力，大概也是靠著當時彙整的曹操文集吧！本章也是在仰賴正史的同時，大量引用曹操自身的「文」，來試著建構一種曹操的形象。

曹丕（一八七—二二六年）

曹操的長子，生母為卞氏，魏的首任皇帝。在曹操逝世的二二〇年（建安二十五年）十月，從獻帝手中接受禪讓成為魏國皇帝，人稱魏文帝。他的同母兄弟除了曹植之外，還有曹彰、曹熊等幾位；

二一一年（建安十六年），這些兄弟各自獲封皇族等級的食邑（早逝的曹熊除外）。曹丕也在此時就任五官中郎將這個特殊官職，幾乎已經篤定成為曹操的繼承人，但曹操顧慮到臣子間基於勢力範圍的對立，所以一直沒有捨棄立曹植為繼承人的念頭。曹操的猶疑不定與兩派的勢力之爭，誕生出關於曹丕、曹植兄弟不睦的種種故事。後世在確立曹植身為文人的好評之際，也對曹丕這位與曹植對立的兄長，加上一層負面印象。

《世說新語》就介紹了以下的故事。文帝曹丕威脅東阿王曹植，要他「在七步之間做成一首詩，不行就要治他重罪」，於是曹植當場吟詠了這樣的詩句：「煮豆持作羹，漉菽以為汁；萁在釜下燃，豆在釜中泣。本自同根生，相煎何太急！」這首詩將兄弟比喻為豆和萁，歌詠被鍋子下方的烈火燒灼、在鍋中哭泣的豆子心境。這首刊載在《世說新語》中、用來描述曹植寫詩能力卓越的詩，被後世稱為「七步詩」，和這段「哥哥曹丕欺負能力優異弟弟」的故事，緊緊連繫在一起。

然而，曹丕其實是將曹操抬高的「文」之價值更加充實，並在《典論．論文》」中大肆宣揚文章力量的文人皇帝。〈論文〉如標題所述，是篇討論「文」的文章，被認為是六朝時期盛極一時的文論（文學批評）之先聲。曹丕主張，「文章，經國之大業，不朽之盛事」（撰寫文章這件事，是和天下國家運作相匹敵的重大事業，也和死後在青史長久留名、得享盛譽，有著密切的關聯）；這段話在文學史上獲得極高評價，魯迅就基於這點，稱建安為「文學自覺的時代」。曹丕自己也擅長抒情七言詩，和曹操、曹植並稱三曹。

在政治面上，曹丕在東漢末年勢力日增的名士階層與企圖將王朝統治一元化的君權確立之鬥爭中，出於對將自己推上繼承人地位的名士階層之關照，傾向於樹立儒教的官僚體制。曹丕雖然採納陳群的提案，引進九品中正制，但陳群在受曹操重用的同時，也是直到最後都反對曹操升任魏公、結果遭到肅清的儒教官僚荀彧之婿。因此所謂九品中正制的採用，其實是意味著曹操轉換的漢代儒教制度，又一次地轉了彎。從基於唯才主義的人才擢升方式，再次回歸到以家世傳統等儒教價值為基礎，這樣的九品中正制，是之後往貴族制轉變的重大制度變革。

曹植（一九二—二三二年）

曹操的五子，曹丕的同母弟。身為曹操的繼承人之一，一般都將他理解成曹丕的對手，但繼承人之爭的根本，其實是他們背後官僚集團的差異所致。就像渡邊將智先生所說（〈曹操期望的後繼者是曹植還是曹丕？〉，《曹操——隱藏在奸雄背後的「時代變革者」真實形象》，山川出版社），曹操之所以在決定繼承人上猶疑不定，也是起因於在漢朝中有魏公國存在，這樣的二重構造之故。陳壽在〈陳思王傳〉中說，當曹丕成為魏的繼承人、攀上皇帝之位後，曹植的勢力也日益遭到削減；他不只被轉封到邊疆，最後手上甚至只剩下兩百不到的老弱殘兵。因為他在陳王任內飽受冷落的情況下過世，所以被稱為「陳思王」。另一方面，他的文才從年少時期就極為優異，不只出口成章，下筆也是蔚然成文。在後來的文學史上，他被認為是李白、杜甫之前最偉大的詩人，但他本人並不以詩人自居，而是將大量精力投注在政論文章上。包括應當將親族當成屏藩加以封建的上表、希望能在王朝經營中發揮自身能力的上奏，還有表露自己對兄長皇帝曹丕並無二心的四言詩，無不充滿了在直逼眼前的嚴酷現實中，掙扎求生的迫切感。同時，他也留下了許多從現實的政策論與自我表白中解放、充滿想像力的詩文，它們讓「建安文壇」的評價得以更進一步提升。曹植的最高傑作是〈洛神賦〉；在這篇長賦中，他歌詠和洛水女神的邂逅與別離，將對女性的憧憬與對情感的耽溺在文辭表現世界中，以美麗的方式重現。他也把新的抒情性帶進五言詩與樂府領域，為六朝起日益興盛的五言詩，以及咸認在唐代集大成的詩之領域，開拓了一條重要道路。不過曹植本人認為這些想像語言的創作都是「小道」，作為諸侯王守護國家、立下武勳，才是男兒該有的志向；畢竟詞藻文章在古典中國，徹徹底底只是為現實服務的產物，所以把個人抒情放在首要目的的文學，並非曹植自己追求的事物。只是，不斷追尋表現手法之嶄新可能性並在這方面有重大突破的建安時代，在日後的文學史上，被稱為「文學自覺的時代」，贏得了高度評價，而曹植正是其中心，且以文才出類拔萃。

其他人物

諸葛亮

一八一—二三四年，三國蜀漢的丞相、劉備的軍師。一般都依他的字，稱呼他為孔明。孔明學的是以《春秋左氏傳》為中心，走實踐儒教路線的荊州學；當他在荊州襄陽過著晴耕雨讀的生活時，劉備前來造訪，將他招攬為軍師。這起人稱「三顧茅廬」的逸聞，雖是劉備想透過招攬名士，讓身為傭兵集團的自軍躋身群雄之林，竭盡殷勤做足的一場大戲，但孔明向他揭示所謂「三分天下」的隆中對，成為劉備軍爾後大戰略的宏觀藍圖，這也是事實。另一方面，相對於曹操對抗儒教、意圖創造新的價值觀，孔明則徹底守護儒教的傳統。他輔佐劉備及其子劉禪，以復興聖漢為職志，但壯志未酬，便在北伐途中於五丈原病逝。孔明在北伐之際獻給劉禪的〈出師表〉，以名文而為人稱道。孔明為漢朝與支撐它的儒教理念鞠躬盡瘁，同樣將生涯獻給儒教理念的盛唐詩人杜甫，和他有強烈共鳴；杜甫在走訪祭祀孔明的蜀地武侯祠時，詠嘆了一首名為〈蜀相〉的七言絕句，為這位長眠於錦官城（成都）森林深處的英雄之志深深掬淚。

孫權

一八二—二五二年，三國鼎立一角的吳國君主。孫氏原本並非名門世族，孫權之父孫堅從揚州崛起，以軍事集團之姿在討伐黃巾之亂中立下功績，從而掌握勢力。孫堅在袁術麾下擔任武將，於三十七歲時戰死，繼承他的長子孫策也是同樣隸屬袁術麾下，但在江東扎穩根基後，便脫離袁術自立。孫策和初期的曹操一樣，標榜以霸者身分支持漢朝；他靠著招攬名士在地方上扎根，讓政權不斷成長。孫策和揚州名族周瑜緊密聯繫，形成了和曹操對峙的南方一大勢力。孫策過世後，繼承他的是弟弟孫權；孫權和孫策一樣獲得周瑜的強力支援，接著更依據魯肅優異的「三分天下之計」戰略和劉備同盟，在赤壁之戰中擊破曹操軍。之後，劉備的蜀漢建構起獨立勢力，吳於是為了討還借給劉備的荊州，跟蜀漢相互對立，接著更因為想和曹操同盟而斬殺關羽，將關羽的首級送往曹操處。吳在透過與曹魏、蜀漢相異的地域支配及政權架構，扛起三國時代一角的同時，也在之後晉統一又再度分裂、走向南北朝不穩定的王朝更替時代中，形成了以江南為中心、建都南朝文化核心揚州的「六朝」文化據點。

劉備

一六一—二二三年，三國蜀漢（正確稱呼為季漢）的首任皇帝。相對於曹操的魏擁戴東漢獻帝、孫權的吳標榜匡扶漢室，劉備因為是劉姓，且自稱西漢中山靖王劉勝的後裔，所以建立了繼承正統漢朝的唯一政權「季漢」。可是劉備實際上是不是漢室後裔，其實並不清楚，在他崛起初期，就只是一個毫無後盾的傭兵集團而已。《三國演義》中「桃園三結義」橋段中所展現，劉備與關羽、張飛的堅定連結，就是既無家勢、也無地緣關係、更無根據地的劉備軍事集團特徵，最為清晰的寫照。在東漢群雄割據的前半時期，劉備轉戰袁紹、袁術與曹操麾下，發揮其戰鬥能力，但之後他在荊州隆中獲得諸葛亮加盟，從而得以三分天下，形成和曹操、孫權對峙的一大勢力。劉備在赤壁之戰中和孫吳同盟，獲得了荊州，但隨著他的勢力日張，他和孫吳間圍繞荊州的對立也日趨激烈。當曹操逝世、曹丕成為魏國皇帝後，劉備也在益州即位為季漢皇帝。最後他不是為了復興漢朝，而是為了替關羽復仇向孫吳出兵，卻在戰事不利的情況下，於白帝城逝世。

關羽

?—二一九年，劉備軍的武將、劉備的義弟。在橫濱中華街有座宏偉富麗的關帝廟，那是將關羽當成神祀奉的道教寺廟。關帝廟也稱為武廟，相對於祀奉孔子的文廟，是中國大城市必備的建築。關羽被當成神祀奉，和走遍各地賣鹽的山西商人頗有關係。根據《三國演義》，關羽原本是中山鹽商的保鑣，浪跡各地，後來在涿縣遇到劉備，與劉備、張飛在桃園立誓結為義兄弟，之後便一直輔佐前往討伐黃巾之亂的劉備。他因為擁有被程昱、郭嘉評為「萬人敵」的武藝，以及對劉備深厚的忠義心，被視為「信義之人」，過世後被神格化，成為「信義」象徵的商業之神，最後以道教神明的身分，被祀奉在武廟當中。就史實而言，他從最早期開始就輔佐劉備的軍事集團，在群雄的聚散離合中，雖然曾經短暫留在曹操處擔任賓客，但最後還是回歸到逃往袁紹軍的劉備麾下。相較孔明作為軍師，擁有教養、格調與戰略專才，關羽就某種意義上來說只是個「無賴漢」（傭兵），但因為他的武藝與忠義之心，對劉備而言，他是與孔明截然不同的存在。史書記載，劉備曾將自己與孔明的關係比喻為「如魚得水」，和關羽、張飛的關係則是「寢則同床」，也就是好到可以同睡一張大床的狀況。關羽最後被孫吳的孫權斬殺，首級被孫權送往曹操處。殺害關羽的吳將呂蒙與曹操不久陸續死亡，相傳是關羽作祟所致。關羽不只以道教神明身分廣受信仰，在京劇故事中，也有很多以他為主題的戲曲。

曹騰

生卒年不詳，曹操的祖父。以宦官身分歷仕順帝、沖帝、質帝、桓帝四任，因為立下和梁冀共同擁立桓帝的功績，得以登上宦官的最高位階中常侍，在權力中樞擁有發言權。他一方面累積了莫大財富，但也不吝惜推舉優秀的人才，即使對方身處敵對陣營也無所謂。特別是對檢舉他有收賄之嫌的种暠，他不但沒有加以報復，還賞識對方的能力、推薦种暠擔任高位，這件事不管為東漢還是曹氏一族，都帶來了很大的益處。是位證明「不能將宦官一概否定為濁流」的人物。

曹嵩

?—一九三年，曹操之父，曹騰的養子。因為曹騰身為宦官，無法傳宗接代，所以從異姓收養了曹嵩為養子。雖然有人說曹嵩是出身夏侯氏，但他實際的出身至今仍不太清楚。曹嵩以曹騰的財產為基礎，用超過平常十倍的價格，買下了漢朝最高階的官位太尉。曹嵩自己的事跡在史書上記載的並不多，只知道當他避難到泰山郡的時候，被袁術派的陶謙連同家族一起殺害。曹操為了報復此事，在徐州展開大屠殺，結果引發名士反彈，造成曹操的一大危機。後來曹操擁立獻帝，多少有要從這場大屠殺中挽回名譽的意思在。

橋玄

一〇九—一八三年，曹操最尊敬的名士。既是儒者也是將軍，是位文武雙全之人。在東漢寬治失去效果的時期，實施用嚴刑峻法導正弛緩統治體制的猛政。曹操統治的一大特徵，就是重視從寬治到猛政的轉換；在他之前實踐這種政治的人物，除了橋玄，還有种暠。在內政、軍事雙方都展現優異能力的种暠，一方面嚴厲規制宦官與外戚的橫暴，同時也明定信賞必罰的原則，在地方與異族統治上大展長才。即使是曹操的祖父曹騰，也因為收賄嫌疑，被种暠毫不客氣地糾舉。雖然种暠的糾舉被斥退了，但曹騰反而給他很高評價，推薦他擔任高位。种暠推舉的橋玄更加徹底地施行猛政，企圖重振鬆弛的東漢統治。橋玄也發覺曹操的能力，將他推薦給名士；這成為曹操出人頭地的一大契機，但這多少也有點報答曹騰對种暠恩義的成分在。曹操對橋玄特別尊敬，二〇二年（建安七年），曹操在返鄉途中特別繞道造訪橋玄的墓，並以太牢之禮為橋玄慰靈。

孔融

一五三—二〇八年，東漢文人。魯國人，就如同「孔子二十代孫」這個身分所展現的一般，他是體現東漢儒教的人物。孔融以實踐孝行與善行廣受好評；他追隨獻帝，在曹操統治的許都擔任高官，但因為總是對曹操拐彎抹角進行批判，所以被曹操敬而遠之。曹操一開始因為他身為孔子子孫，又是重要文人，所以沒能將他公然抹殺，但最後還是以「大逆不道」的罪名，將他處以極刑。孔融不只自己是個擅於挖苦人的奇人，也對同樣行為奇特、說話尖酸的禰衡給予很高評價，彼此都認同對方的才能。雖然孔融被曹操疏遠，但文帝曹丕對他的文才評價很高，在《典論．論文》中給予他極高評價。

禰衡

一七三—一九八年，東漢的文人。被文壇領袖孔融特別另眼相待，深愛其才能，但因為行為過度特立獨行招致災禍，年僅二十六歲就被江夏太守斬殺。孔融屢屢向曹操引薦禰衡，曹操也有意見他，但禰衡輕視曹操，不只發言放肆，還不接受曹操的邀請。曹操大為光火，於是召喚禰衡來擔任鼓史，要他在宴會賓客面前進行演奏。禰衡的演奏不管音韻還是曲調，都充滿非比尋常的悲壯，深深打動每位聽眾的心。當他毫不客氣地走到曹操面前時，官員斥責他說：「你怎麼可以穿著鼓史的裝扮這樣做呢！」禰衡說了聲「好」，接著就把身上的衣服慢慢脫下來、一絲不掛，然後重新穿回衣服，過程中臉色完全不曾改變。曹操笑著說：「原本我是打算折辱禰衡，結果反而變成我丟臉了哪！」這個故事在描述禰衡這位連「非常之人」曹操也相形見絀的奇人同時，也展現了這個時代比起人品，更重視才能的風潮。

陳琳

？—二一七年，引領建安文壇的「建安七子」之一。一開始侍奉何進，但在何進打算誅殺宦官之際，認為此舉太過輕率，於是勸諫這是「掩目捕雀」之舉。何進被殺害後，他避難到袁紹處擔任文膽。官渡之戰前夕，他寫了一篇檄文痛批曹操，但在袁紹敗退後歸順曹操，繼續在曹操麾下擔任文膽。在《文選》中也有收錄的這篇攻擊曹操的檄文中，他咒罵曹操是「贅閹遺醜」，也就是卑賤宦官的醜惡私生子。曹操責備他說：「你為袁紹寫檄文這件事我能諒解，但舉出的罪狀不止於我，還及於我父祖，這是為什麼呢？」儘管如此，曹操仍然接受了陳琳的謝罪，並出於愛才之心，將他納為屬下。

王粲

一七七—二一七年，建安七子之一。一開始侍奉何進，後來隨獻帝遷都長安。東漢大儒蔡邕對他的才能評價很高，把家裡的藏書全都交給王粲盡情飽覽。當時，蔡邕因為學問卓越為朝廷所重，家中總是賓客盈門，但當聽見王粲造訪時，他連鞋子都來不及穿，就急急忙忙出來迎接。王粲那時還很年輕、身高也不高，看上去一臉窮酸相；賓客看到蔡邕這樣的舉動，一座皆驚，但蔡邕告訴他們說：「這個人是王公（東漢名士王暢）的孫子，擁有我遠遠不及的優異才能。」之後長安大亂，王粲投奔荊州的劉表，但劉表以貌取人，並不重視王粲。後來王粲勸劉表的兒子劉琮歸順曹操，他自己也被曹操延攬擔任丞相掾、賜爵關內侯；魏國成立後，他以侍中身分協助曹操創設制度。二一五年（建安二十年）曹操遠征班師之際，他寫了長篇的五言詩，讚頌這次行軍與歸還。建安文壇盛行的創作，主要是以題詠、讚美以及官方酒宴儀式中的歌謠為核心；王粲的五言詩，也是屬於這種類型。只是，在文壇這個文人的大集合中，有許多詩文被創作出來，從中也產生出對個性的尊重、對文學性的追求，還有抒情作品的成熟，這樣的事實也是很重要的。王粲的五言詩與賦中，也可以看到這種嶄新的抒情性。

司馬懿

一七九—二五一年，西晉太祖（武帝）司馬炎的祖父，諡號為晉宣帝。字仲達，一開始侍奉曹操，為魏國的建立盡心竭力，在魏王朝成立後又歷仕文帝曹丕、明帝曹叡、少帝曹芳，長期擔任輔政重臣，最後卻將魏的皇族根絕，為通往司馬氏的晉王朝開出一條道路。結果在晉朝成立後，他因為建立了王朝的基礎而獲得很高評價，但因為他的手法和曹操篡奪漢朝並無二致，所以也飽受惡評。特別是《三國演義》，將他視為和諸葛孔明對峙到最後的武將，在描寫上沒有什麼好感。他那種憑藉智謀和策略、長期在兩個王朝間生存下來的才幹，雖然常遭批評，且給人一種狡猾的印象，但也被評為擁有極度罕見的應對現實能力。這種隨著立場與時代在評價上相當兩極的情況，和曹操頗有共通之處。

注釋

1. 毛澤東請參照第十一卷第七章。
2. 魯迅請參照第十卷第四章。
3. 南朝宋人（三七一—四五一年）。為陳壽《三國志》進行注解，引用了相當多史料。
4. 漢代官職，從地方推舉孝順且清廉的人才。
5. 作為皇帝近侍的官僚儲備人員。曹操被地方推舉為孝廉後，負責洛陽境內的治安維護。
6. 皇帝直屬的臣下，在東漢由宦官專門出任。
7. 「孤」原本指的是孤兒之意，但也可以當成高位者謙遜的自稱。

參考文獻

石井仁，《魏の武帝　曹操（魏武帝　曹操）》，新人物往來社，二〇一〇年
三國志學會監修，《曹操——奸雄に秘められた「時代の変革者」の実像（曹操——隱藏在奸雄背後的「時代變革者」真實形象）》，山川出版社，二〇一九年
牧角悅子，《経国と文章——漢魏六朝文学論（經國與文章——漢魏六朝文學論）》，汲古書院，二〇一八年
渡邊義浩，《三国志——演義から正史、そして史実へ（三國志——從演義到正史，再到史實）》，中公新書，二〇一一年

渡邊義浩，《「三国志」の政治と思想（「三國志」的政治與思想）》，講談社，二〇一二年
渡邊義浩，《漢帝国——400年の興亡（漢帝國——四百年的興亡）》，中公新書，二〇一九年
渡邊義浩編，《全訳三国志 第一冊　魏書（全譯三國志　第一冊　魏書）》（一），汲古書院，二〇二一年

第十二章

前伊斯蘭時代中亞勢力對南亞的入侵

宮本亮一

前言

費爾干納出身的帖木兒王朝王子、蒙兀兒帝國的創始者巴布爾，在他的回憶錄《巴布爾回憶錄》中，對自己首次遠征印度斯坦時的情況，做了以下的描述：

舍爾邦月（一五〇五年一／二月）太陽在水瓶座之際，我從喀布爾朝印度斯坦出擊。……在這之前，我從沒有看過溫暖地帶的各個地區，以及印度斯坦的景象。一到達尼庫納哈爾（楠達哈爾），另一個世界立刻在我眼前開展。不管草木鳥獸，全都迥然相異，人們的風俗習慣，也都截

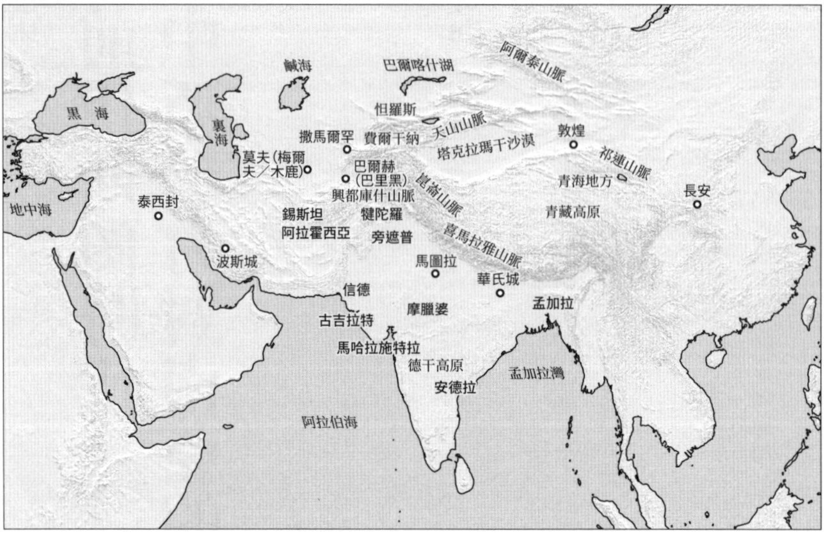

歐亞廣域

然不同。我不由得為之驚嘆，真是個令人驚異的世界啊！[1]

巴布爾的話語，率直地向我們傳達了從中亞踏足印度的人們，在看到兩個世界的變化時，受到的衝擊有多麼深。不只如此，這項記述中令人興味深長的，還有當巴布爾抵達尼庫納哈爾（今楠達哈爾）時，將那裡認知為「印度斯坦」、亦即「印度人居住的地區」這件事。從巴布爾上溯約九百年，七世紀前半行經中亞的玄奘說，他從巴里黑南下越過興都庫什山脈，經過巴米揚、罽賓，抵達濫波國（楠達哈爾西北，今拉格曼），就進入了印度。中亞和印度間雖然沒有明確的界線，但時代相隔遙遠的兩人，認知幾乎是一致的；換言之，對從外部造訪的人而言，這一帶就是印度世界的入口。

若僅就歷史時代來看，人類集團從中亞往南亞的遷徙，是從前兩千紀印歐語族漸進遷徙以來，直到十九世紀英屬印度成立為止，都屢見不鮮的現象。雖然各集團會因為周邊地域的政治狀況以及不時的氣候變遷，而有各式各樣的發展，但將這種動向當成人類歷史上的重要行動模式之一來看待，應該是沒有什麼大問題的。近年來，基於生態環境與人類謀生方式，從地域區分（遊牧地域、農業地域、農牧交界地帶）對前近代歐亞非大陸人類史進行宏觀分析的作業，一直持續在進行[2]；對於從中亞往南亞遷徙的集團，其歷史發展與相關發生的種種事態，也有必要放在這個大架構中，加以有意識地描寫。事實上，對於伊斯蘭時代以降的南亞史，已經開始有這類型的嘗試[3]。

但是前伊斯蘭時代的歷史，因為足以利用的資料並不多，要對整體流向進行概括記述也很困難，因此各個集團的動向仍有很多不明之處，不管是集團架構還是統治方式，幾乎都不甚清楚。就像開頭的巴布爾這樣，前伊斯蘭時代從中亞向南亞遷徙的集團，其成員無疑也為兩個世界的差異感到驚訝且深感震撼，但能讓我們深刻理解這種心情的線索，卻完全沒有留下來。

本章以貴霜王朝的迦膩色伽一世以及阿爾孔（Alchon Huns）的頭羅曼、摩醯邏矩羅為中心，來討論伊斯蘭時代以前，在中亞到南亞間活動的人物與集團。可是，從先前敘述的狀況可以知道，其內容有一大片模糊且不明確的地方，因此今後若有新資料發現，就可能得要全面改寫。但是往好處想，這項對一片模糊時代歷史的解碼作業，不只能激起充分的想像力，還能為新發想的誕生留下許多餘地。我相信，一定有人能從這一點中感受到魅力，並試著描繪這個時代生活人們的歷史吧！

迦膩色伽一世（二世紀）

貴霜王朝前史

迦膩色伽一世是即位於二世紀前半的貴霜王朝第四任國王。因為在後世的漢文佛教文獻中常常可以見到他的名字，所以一般都說他和佛教的關係很深，但是這樣的理解是否真的正確呢？在看看這點之前，首先要簡單解說一下貴霜王朝直到他登場為止的歷史。

亞歷山大大帝東征（前四世紀）的結果，讓中亞與西北印度處於希臘文化的強烈影響下。就像繼亞歷山大之後的塞琉古王朝，以及狄奧多特從塞琉古王朝獨立出來興起的巴克特里亞（大夏）王國這樣，希臘人及其子孫的支配一直持續著。另一方面，就像米南德一世（彌蘭王）之類人物的事跡般，希臘人的勢力也從中亞越過興都庫什山，往印度擴大。

但是，根據希臘語和拉丁語文獻，希臘人勢力自前二世紀中葉以降，便苦於從北方入侵的遊牧集團，並失去了山脈北側的領域。位在奧克蘇斯河（阿姆河）與廓克查河匯流處、中亞最有名的希臘人殖民城市阿伊—哈努姆，就有掠奪和火災的痕跡。從草原地帶到來的這些集團，在希臘語、拉丁語資料中稱為斯基泰，阿契美尼德波斯的碑文則總稱為塞迦。史特拉波（約前六四—約前二三年）的《地理學》（XI.8.2）說，斯基泰族中的阿希人（Asii）、帕色阿尼人（Pasiani）、吐火羅人和塞加羅里人

（Sacarauli），從希臘人手中奪走了巴克特里亞[4]。

上面不斷提及的巴克特里亞，即本章的主要舞臺之一。這個地名在古老的阿契美尼德波斯大流士一世碑文中就已登場，在希臘語、拉丁語文獻中，指的是奧克蘇斯河以南、興都庫什山以北的地區。在這之後，這個地區因為前面提到的遊牧集團吐火羅，而被稱為吐火羅斯坦；在後世漢文資料以「吐火羅」這一稱呼登場時，指的是奧克蘇斯河南北。

另一方面，前二世紀下半葉，漢朝為了與匈奴對抗，派遣張騫前往中亞名為大月氏的遊牧集團處。基於張騫從任務中獲得的情報，司馬遷在《史記．大宛列傳》（前一世紀）中，做了以下的記述：月氏這個遊牧集團，原本是生活在敦煌和祁連山一帶，但因為遭到匈奴攻擊向西方遷徙，通過大宛（費爾干納），在張騫抵達的前一二八年左右，月氏已經來到媯水（奧克蘇斯河）北側，支配了南側的大夏[5]。大夏人過著定居築城的生活，並沒有統治整體地域的大首領，而是各城邦自有其首長。這裡必須注意的是，「大夏」和前面講到的西方文獻中的「吐火羅」在書寫上的發音相同，因此實際上在月氏遷徙過去的時候，在河南或許除了定居生活者外，作為地名由來的遊牧集團也依然存在著。

另一方面，在班固的《漢書．西域傳》（一世紀）中，針對同樣的事情，追加了《史記》中所沒有的資訊。根據這項資訊，在遭匈奴攻擊轉徙的月氏逼迫下，塞集團越過縣度（印度河上游）往南遷徙，接著迫使塞南下的月氏又被烏孫攻擊而遷徙，之後支配了大夏；在大夏的土地上，共有五個翕侯[6]存在。這種好像推骨牌的現象究竟是如何發生，實際上並不清楚，但在數個集團往中亞遷徙這一點上，和西方文獻列舉的各種集團名稱是符合的。

吐火羅斯坦、西北印度

前一世紀以降的西北印度，在希臘人活動邁向終結的同時，研究者稱為印度—斯基泰以及印度—帕提亞（安息）的集團，也隨之發展起來。包含從貨幣與斷簡殘編碑文推測出的這些集團動向在內，將西方文獻流傳的遊牧集團入侵中亞，與《史記》、《漢書》記載的月氏與塞的遷徙放在同一個架構下加以掌握，並沒有什麼問題。但是，要將在相異語言、地域寫成的文獻，以及性質相異資料（編纂資料與銘文）中所見的各種集團進行等齊判定，這樣的作業堪稱極其困難，因此我們完全不能說已經掌握了確切的情況。

總而言之，從前二世紀左右開始，從北方草原地帶往中亞、乃至於南亞遷徙的遊牧集團動向，隨著貴霜王朝的出現而邁入了新局面。簡單說，從中亞到南亞的廣大範圍被納入同一個王朝的支配下，雖然說不上是時間很長，但至少帶來了一個政治經濟的安定時代；這個王朝按漢文資料所記，是從月氏與大夏的脈絡中浮現的。[7]接下來就讓我們看看貴霜王朝初期的歷史。

貴霜王朝的興起與發展

根據《後漢書．西域傳》大月氏國條目（五世紀前半）所述，五翕侯中貴霜的丘就卻（Kujila Kadphises，首任國王）滅了其他四個翕侯，自立為王。之後，丘就卻攻擊安息（印度─帕提亞？），奪取了高附（一般認為是喀布爾，但詳情不明），接著更消滅了濮達（所在地不明）與罽賓（此時位在犍陀羅），最後在八十多歲時逝世。繼丘就卻之後的閻膏珍（Vima Takto？，威瑪．塔克圖，第二任國王）[8]，征服了天竺（印度河流域）。這些一般認定發生在一世紀後半到二世紀初期的動向，從其他資料中也可以確認，但實際上王朝的勢力越過了印度河流域，一路擴大到亞穆納河的馬圖拉，在當地發掘出來、稱為「神之家」的王朝神殿遺跡中，發現了刻有威瑪．塔克圖名字的雕像[9]。

馬圖拉出土的迦膩色伽像

貴霜的勢力之所以能夠在最初的兩任國王就急遽成長，大概和他們掌握了《愛利脫利亞海周航記》（約五〇—七〇年代成書）中所記載的印度洋交易據點並獲得經濟利益有關。在索科特拉島（葉門）洞窟中發現、約兩百篇左右的銘文（幾乎都是人名）中，有用正體希臘文字（巴克特里亞語）和佉盧文字（犍陀羅語）寫成的銘文；雖然各自只有一篇，但仍是說明這個時代人們遷徙的重要證據[10]。巴克特里亞語是吐火羅斯坦當地人使用的中古伊朗語，犍陀羅語則是以西北印度的犍陀羅為中心地域所使用的印度俗語（普拉克里特語）。東西交易的路徑應該會通過大月氏五翕侯管轄的地域內，而丘就卻很可能就是為了獨占這份利益而發起軍事行動。又或者在丘就卻時代，貴霜已經從交易獲得了莫大利益，從而擁有了攻擊其他四翕侯的經濟基礎；但不論如何，王朝的發展與交易路徑的確保，都有著不可分割的關係[11]。

接下來第三任國王威瑪・卡德菲斯（Vima Kadphises）的動向，我們所知的資訊甚少。但是，在這位國王的時代所開始鑄造的金幣，且金幣與羅馬金幣具有同樣的重量基準，此事清楚呈現了威瑪・卡德菲斯治下東西交流的活躍情況[12]。在這種狀況下即位的貴霜王朝第四任國王，就是迦膩色伽一世。

迦膩色伽一世的虛像與實像

我們並不清楚迦膩色伽一世的正確即位年分。雖然在很多時候，這點都和堪稱中亞史上一大謎團的迦膩色伽紀元元年混為一談，但即位並不見得就等於新紀元的創始。現在，我們雖然確定迦膩色伽一世新創始的紀元是始自一二七年，從而讓這個問題大致獲得解決，但直到今日，我們對國王的生涯仍然不甚清楚[13]。之所以如此，是因為流傳迦膩色伽一世動向的同時代史料極端之少，但和這種狀況成對比，後代漢文佛教文獻則記載了相當多這位國王的事跡。

比方說，《付法藏因緣傳》（五世紀）就記載了以下的故事：月支國的國王罽昵吒（迦膩色伽）征服印度，向印度王索取九億金錢，結果印度王給了他各值三億的馬鳴菩薩（Aśvaghoṣa）、佛缽以及慈心雞（擁有慈悲之心，不喝有蟲的水，能消滅一切怨敵的雞）。迦膩色伽一世有大功德，他曾發下誓願，讓泥塊變成佛像；有一次他誤把外道（信奉佛教以外者）的塔誤認為佛塔，加以禮拜，結果那座塔頓時土崩瓦解。又，當國王和安息人作戰、殺害了九億人的時候，有兩位佛教徒和一位略具佛教知識的人犧牲；國王認為，自己的罪就只有殺害了與佛教有關的這幾人而已。一位比丘對他的作為大感憤怒，使出神通讓他看到地獄，悔悟的國王於是誠心聆聽馬鳴的教誨，罪孽也因此減輕。在這份文獻裡，除了上述幾則軼聞以外，還有很多呈現迦膩色伽一世與佛教關係的故事。除此之外，在玄奘的《大唐西域記》中，也有國王在大雪山（喀喇崑崙山脈—興都庫什山脈）鎮壓掀起暴風雪的龍、將小佛塔增建成巨大佛塔，以及舉行編纂佛典會議等故事[14]。

話雖如此，為什麼在這類後世文獻中，會出現對迦膩色伽一世這麼豐富的描寫呢？最簡單的答案就是，迦膩色伽一世實際上和佛教確有深切聯繫，也就是他確實庇護了佛教。但是，事情並沒有這麼單純。的確，暗示迦膩色伽一世與佛教之間有所牽繫的同時代資料是存在的；在迦膩色伽一世發行的貨幣中，有背面刻著佛陀像與巴克特里亞語銘文的金幣，也有描繪釋迦牟尼與彌勒的銅幣，這些都很出名。又，冠上迦膩色伽名號的城市，以及刻有犍陀羅語銘文、提及迦膩色伽一世建立僧院的「迦膩色伽舍利容器」，也都確實存在。但是，佛陀金幣迄今為止只發現了六枚（版型則有三種），兩種銅幣加起來也只發現一百多枚，占迦膩色伽一世統治時期發行的全體銅幣比例，可說微乎其微。這種例外的貨幣，究竟是為了什麼目的而製造？我們很難正確察知，而它們又為什麼只在迦膩色伽一世時代製造？我們也很難好好說明[15]。另一方面，舍利容器的銘文等，全都是由佛教方面保留下來，因此要從中探究王朝方面的意圖也相當困難。

當然，因為貨幣是王朝發行的，所以描繪佛陀等人物的貨幣存在，本身就意味著王朝與佛教間具有某種關係。但是，從留存到現在的同時代資料來看，我們並無法斷定迦膩色伽一世和佛教之間真的像後世佛教文獻記載那樣，具有密切的關係。儘管佛陀和彌勒等人物因為某種理由，被加進了貴霜王朝舊有的萬神殿中，但這絕不等於他們就占據了特別的地位。說到底，貴霜王朝的各任國王，主要是崇拜自然要素與現象的神格化；雖然和所謂祆教有相異的部分，但它們仍然屬於伊朗式信仰。在貨幣背面雖然描繪了許多神，但在後面會提到的羅巴塔克碑文中，迦膩色伽一世說的是「我從娜娜（nana）[16]以及所有

迦膩色伽金幣上描繪的佛陀

迦膩色伽的舍利容器

神明手中，獲得了王權」；因此至少在他的時代，王朝萬神殿中具有特別地位的，是來自美索不達米亞的女神娜娜。

結果，我們還是不知道後世漢文佛教文獻記載迦膩色伽一世事跡的正確理由。但是，貴霜王朝統治時期政治安定，以迦膩色伽一世為首的諸王在宗教上也很寬容，所以對佛教教團而言，這確實是相當美好的時代，所以這個難題的答案，或許就隱藏在其中。就像米南德一世出於佛教方面的意圖，被選為佛典中的對話者一樣，迦膩色伽一世也是掌握佛教繁榮時代的統治者，所以他的事跡才會在佛教文脈中被添枝加葉，並長期在西北印度受到講述傳承吧[17]！當然，佛教以外的宗教無疑也會享受到貴霜王朝的文化寬容，以及安定統治帶來的經濟繁榮等恩惠，但關於王朝與佛教以外宗教的牽繫，我們幾乎一無所知。

既然如此，那我們能夠明瞭迦膩色伽一世實際的動向到什麼地步呢？關於這點，在這三十年間發現了兩項重要的同時代資料，讓我們多少能掌握一點具體的形象。這兩項資料都是用巴克特里亞語書寫的碑文，其中一項是在阿富汗巴格蘭平原西北羅巴塔克山口發現的碑文（羅巴塔克碑文），在碑文中記載了以下的事項：[18]

一、迦膩色伽一世創始了新的紀元。
二、他在紀元元年發出敕令，將之頒布到娑枳多、憍賞彌、華氏城、室利瞻波等地。
三、迦膩色伽一世讓印度臣服。

四、迦膩色伽一世命令高官夏法爾建立神殿、製造眾神與諸王（曾祖父丘就卻、祖父威瑪·塔克圖、父親威瑪·卡德菲斯）的塑像。

五、除了夏法爾外，還有努昆祖克等高官負責執行命令。[19]

歷史當事人留下的資料，常常會有過度誇張與添枝加葉的情況發生，因此對於其內容，必須經常抱持懷疑的眼光。但是，羅巴塔克碑文中存在許多能和其他資料相互對照映證的內容。在記載王朝勢力所及的印度地名中，娑枳多（今法伊札巴德）與憍賞彌（今安拉阿巴德近郊），從漢文資料（《後漢書》、《三國志》）以及梵語捐獻銘文等，都可以確認王朝勢力確實有抵達該地。至於華氏城（今巴特那）與室利瞻波（今巴加爾布爾），目前雖然沒有發現足以確切呈現王朝支配的資料，但迦膩色伽一世統治時期領域已經擴大到馬圖拉以東，這是毫無疑問的。又，位在巴格蘭平原西端，有貴霜王朝神殿遺跡的蘇爾赫·科塔爾遺跡中，出土了許多巨大王侯像，因此碑王提到「製作眾神與諸王的塑像，並將之安置在神殿中」，這也是毋庸置疑的事實。

另外一項巴克特里亞語資料，是刻在銀器底面的銘文[20]。雖然是一份發現場所、所有者都不明，現在也僅存照片的資料，但從言語特徵來看，應該不是贗品。這份由在羅巴塔克碑文中也登場的高官努昆祖克以第一人稱陳述的碑文，在讓我們得知迦膩色伽一世的動向上非常重要（以下為了方便，稱之為努昆祖克碑文）。總而言之，這份碑文是迦膩色伽紀元十年（一三七年），迦膩色伽一世從印度前往（返回？）吐火羅斯坦時記下的事物。

迦膩色伽一世是出於怎樣的理由，又是經過哪裡展開遷徙，我們都不清楚。不過，根據玄奘的記述，伽膩色伽一世是會隨著季節，改變周邊各國因恐其威名而送來人質的居住場所；冬天在印度、夏天在迦畢試，春天和秋天則轉移到犍陀羅。雖然人質居住的場所中，並沒有舉出吐火羅斯坦的名字，而迦膩色伽一世自己也沒有留下關於遷徙的記載，但從這些資訊推測，他的遷徙應該可以和史上經常可見、執政者及其宮廷遷徙的事例連結起來[21]。這樣的遷徙暗示了統治階層的遊牧出身，而在貨幣與雕像中展現的貴霜諸王，身著遊牧民風服裝的情況也相當之多。不只如此，一直以來關於貴霜王朝的起源，有從漢文資料去探求的大月氏說與大夏說兩種存在，而在這份碑文中，迦膩色伽一世稱自己的遷徙目的地為「吐火羅斯坦」，也就是源自吐火羅（大夏）的地名，這點似乎可以支持第二種說法。但實際上，從張騫在前二世紀後半獲得中亞資訊，到一世紀後半貴霜王朝興起，其間已經過了將近兩百年，因此硬要將王朝起源在大月氏與大夏兩者間擇一認定，本身就是一個大問題，基本上也是毫無意義的議論。

到這裡為止，我們已經簡單看過了這兩篇巴克特里亞碑文的內容，但事實上，要說我們只能憑這兩篇碑文來判明迦膩色伽一世具體的動向，其實一點也不過分。換言之，對於這位歷史上的人物，我們幾乎可說是一無所知。又，這個時代貴霜王朝周邊的勢力，在印度南部有百乘王朝、西部則有西薩特拉普王朝。這些勢力應該也從連結歐亞大陸東西交易中獲得巨大利益，但就跟迦膩色伽一世的動向一樣，這些勢力彼此間的政治關係究竟如何，我們完全無從得知。雖然我們不知道從事交易的人們如何輾轉於三個勢力圈內，但就像先前提及的索科特拉島銘文群中，巴克特里亞與犍陀羅語只有各一篇，由此可知說這些話的商人，主要是從事內陸交易。另一方面，索科特拉島的銘文幾乎都是用婆羅米文字（梵語）寫

蘇爾赫．科塔爾碑文

成，因此往來阿拉伯海的商人，應該都是說梵語的人。不管怎麼說，透過印度與中亞的東西交易呈現活絡景況，這是事實；以交易之民留名青史的粟特人，在他們的語言中用來指稱隊商領袖的「薩寶」，是從包含印度語要素的巴克特里亞語中借用而來，就充分描述了這一事實。

迦膩色伽一世之後的貴霜王朝

以迦膩色伽紀元二十三年（一五〇年）為尾聲，之後在印度碑文中就再也沒有看見迦膩色伽一世的名字。繼承他的是胡毗色伽，王朝領域和前代似乎沒有什麼重大改變。關於這位國王統治的重要資料，是出土自蘇爾赫．科塔爾的巴克特里亞語碑文（蘇爾赫．科塔爾碑文）；這篇碑文中記載了前面兩篇巴克特里亞語碑文中都有登場的高官努昆祖克，於紀元三十一年（一五八年），重建了因遭到敵人攻擊而荒廢的神殿[22]。

接著在二世紀末，韋蘇提婆繼胡毗色伽之後即位。關於這位國王的具體動向，我們幾乎一無所知，但《三國志．魏書》太和三年十二月癸卯（二三〇年一月二十五日）紀事中登場的大月氏王波調，應該就是指韋蘇提婆。這時候，貴霜王已經融入印度世界，並以印度神格為自己的名字。王朝的印度化也表現在貨幣上，韋蘇提婆後，貨幣上的文字慢慢都變成了婆羅米文字。

從貨幣和碑文可以得知，在韋蘇提婆以降，還有迦膩色伽二世、婆什色伽、迦膩色伽三世等國王接著上臺，王朝的領域則縮小至印度，但詳細情況仍然一切不明。伊斯蘭時代的史家塔巴里（八三九—九二三年），在其編年史《歷代先知與帝王史》曾記載，當薩珊波斯的阿爾達希爾一世遠征東方之際，貴霜曾遣使表示服從之意。這是不是史實還有議論空間，但可以看出當薩珊朝崛起之後不久，貴霜王朝便失去了興都庫什山脈北側的領域。

頭羅曼（生卒年不詳）、摩醯邏矩羅（生卒年不詳）

薩珊波斯的東方支配與匈人系集團的登場

支配興都庫什山脈北側貴霜王朝舊領域的，是研究者稱為「貴霜—薩珊」的勢力。這些擁有「貴霜王」稱號的統治者，大多被認定為薩珊波斯的王族。雖然除了貨幣以外幾乎沒有資料存在，所以無法判明其實際狀態，但到四世紀中葉為止，大概有六、七位國王存在[23]。這段期間薩珊波斯在東方的狀況也是一片模糊，但仍留有片斷的資訊。在沙普爾一世的碑文中，可以看到像是富婁沙富羅（今白沙瓦）之類的地名，近年在巴格蘭平原南方拉吉．比比發現的巨大王侯像，也被認為是在表現這些國王[24]。又，在沙普爾之子納塞赫的碑文中，也有寫到將「貴霜王」置於掌控下。

之後，興都庫什山脈的南北地域，遂成為薩珊王朝與源自歐亞北方草原地帶的遊牧集團反覆攻防的舞臺。近年認為，出現在歐洲東部的所謂匈人，與朝吐火羅斯坦方向推進的遊牧集團，都是起源自阿爾泰山脈周邊匈奴的殘存勢力；他們以四世紀中葉發生的某種事態（氣候變遷？）為契機，展開遷徙（本章將往南的集團總稱為「匈人系集團」）。

在離開阿爾泰山脈周邊故地後、仍持續保有「匈奴／匈人」認同的集團中，最早崛起的是匈尼特人（Chionitae）。薩珊王朝的沙普爾二世，在四世紀中葉以降，便和入侵王朝東方的匈尼特等集團展開對峙，但最後與這些集團締結同盟，讓他們也參與對羅馬的戰役。又，根據最近的研究證明，在沙普爾二世的統治時期後，薩珊王朝對中亞一直行使著強大的影響力[25]。以興都庫什山脈北側巴格蘭平原為中心的地域，被改稱為「卡達格斯坦」（Kadagstān，意指「薩珊王室的土地」），在這個地區扮演著「中原」的角色[26]。而這個地區統治者所擁有的稱號「卡達格—畢德」（kadag-bid，意為「卡達格之王」），在薩珊王朝統治告一段落之後，仍然是這個地區統治者持續冠上的重要頭銜。在沙普爾二世過世後約一百年間，吐火羅斯坦地區書寫的巴克特里亞語文件，在記載年月日的時候逐漸演變成中期波斯語，這也充分描述了薩珊王朝的統治帶有某種程度的實效性。

之後，在四世紀末到五世紀初期，屬於匈人系集團一派的寄多羅（Kidara）在吐火羅斯坦崛起，之後又往粟特與西北印度擴大勢力。在寄多羅之後，自五世紀中葉於中亞崛起的匈人系集團是嚈噠（Ebodal）。一直以來嚈噠都被認為統治著興都庫什山脈南北，並將統治範圍擴大到粟特與新疆西側，但根據近年積極展開的貨幣研究，這個時期在興都庫什山南北，其實存在著發行相異種類貨幣的兩個集團。貨幣學者將北側的集團稱為「真嚈噠」，南側的集團則稱為「阿爾孔」（alchon）。又，從貨幣上共通的標誌（貨幣學者稱為「塔木加」）來看，兩集團應該是出自同源。確實，因為各自集團發行的貨幣在圖像上有很大差異，所以認為有兩個集團存在，應該不成問題。可是，考慮各種文獻都記載「嚈噠存在於山脈南北」的話，那就不該把兩個集團視為完全個別獨立的存在，而是在某個時期以降，出現了一個將發行相異種類貨幣的集團整合為一的政治聯合體，也就是廣義的「嚈噠」，這樣的看法方為正軌。順道一提，嚈噠盛極一時的時代，也是人類集團遷徙活躍的時代，哈拉吉人與阿富汗人等集團，應該也是在這時候抵達中亞的。

阿爾孔的入侵南亞

貨幣學者所說的阿爾孔，是從西北印度向印度中部擴大勢力，其動向和貴霜王朝極為相似。但是和貴霜王朝不同，這個集團最後並沒有在印度確立安定的政權。要將兩勢力動向的相異之處歸結出理由加以解釋，其實相當困難，因為理由其實並不只一個，但相對貴霜王朝以馬圖拉為據點，逐步擴大對恆河與亞穆納河流域的統治範圍，阿爾孔並沒有（或者無法）在這個地區形成穩定的據點，或許是最大的原因。

阿爾孔雖然被認為是四世紀末左右，在迦畢試、喀布爾地區開始活動，但這個年代只是基於最初期的貨幣圖像所得出，因此不見得正確。在這個貨幣圖像上，雖然描繪著薩珊王的圖像（推定應該是沙普爾二世或三世），但同時也用巴克特里亞語刻著阿爾孔這個集團名。在這之後，集團鑄造自己的貨幣，也在犍陀羅與旁遮普發行。他們應該是壓迫寄多羅人，往這個地區入侵吧！這個新階段的貨幣，呈現的特徵是國王肖像在頭蓋骨部分，有著人為的變形，在銘文上則是用婆羅米文字來銘刻國王的名字。有好幾個同名國王存在，亦即可能有二世、三世之類的人物；可以確認到的統治者名號，包括了金吉拉、頭羅曼、梅哈馬、賈武哈等。這個時候，貨幣上記載「阿爾孔」這個集團名的情況越來越少，這個現象或許代表著阿爾孔被納入廣義的嚈噠，形成一個大勢力集團。

阿爾孔貨幣

另一方面，在貴霜王朝滅亡的北印度，四世紀前半笈多王朝興起，於旃陀羅笈多二世（超日王）統治時期達到極盛。可是，五世紀中葉出現了來自西北、稱為「匈那」的民族，在笈多國王塞建陀笈多的碑文中，記載了蔑戾車（蠻族）與匈那之間的爭鬥。這個蔑戾車和匈那究竟是阿爾孔，還是被阿爾孔壓迫的寄多羅，又或者是與兩者相異的其他集團，我們無從判斷，但一時確實侵入了印度。印度世界的居民稱這種外敵為「匈那」，明確展現了這些入侵者依然保持著匈奴（匈人）的集團意識。

頭羅曼與摩醯邏矩羅

五世紀末以降，阿爾孔以西北印度為中心的統治日益穩固。近年發表的挪威史格尹珍藏（Schøyen

興都庫什山脈南側

Collection）的梵語銅板銘文，是描述這時候狀況的絕佳資料。這份紀念佛塔建立的奉獻銘文，是寫成於四九四／四九五年（或四九二／四九三年），在上面除了寫著稱為「塔拉加納的天子、國王」稱號的施主（名字從缺）外，也列舉了從貨幣銘文上已經得知的阿爾孔王金吉拉、頭羅曼、梅哈馬、賈武哈，暗示他們有可能是四王並存，也就是有數位國王同時統治個別地域[27]。在貨幣銘文也可以見到的諸王當中，我們知道金吉拉統治了迦畢試。梅哈馬除了前述的貨幣以外，在興都庫什山脈北側，也有同名統治者發行的貨幣（貨幣標誌也都共通）；不只如此，擁有卡達格－畢德稱號的同名統治者，也在巴克特里亞語文獻中登場，因此這位統治者是以卡達格斯坦（以巴格蘭平原為中心的地域）為據點的可能性很高[28]。賈武哈的統治地域不明，但頭羅曼有在旁遮普留下足跡，因此他的據點應該是在這周邊才對[29]。

頭羅曼率領的集團更進一步正式向印度擴張勢

力，他們朝印度中部的埃蘭、北古吉拉特的桑傑利以及亞穆納河的憍賞彌發動進攻，但在五一五年，被達沙布拉（今曼達索爾）的地方勢力、後阿烏利卡拉王朝的普拉卡夏達曼所擊退。順道一提，宋雲在這之後不久（五二〇年），曾在犍陀羅與嚈噠（和嚈噠一樣，應該是指包含阿爾孔在內，廣義的嚈噠）王會面，但這位國王是頭羅曼，或是接下去要講的摩醯邏矩羅，還是其他的國王，這點我們就不得而知了。

頭羅曼遭擊退後，兒子摩醯邏矩羅再次入侵印度中部，但在五三〇年代前半，再次被後阿烏利卡拉王朝的國王（當時是雅修達曼）擊退。擊退兩位阿爾孔統治者的是當地王室，顯示笈多王朝對印度中部的支配，實際上已經宣告終結。

關於摩醯邏矩羅的資料，也有和貴霜王朝迦膩色伽一世同樣的情況產生。簡單說，傳達其動向的同時代資料很少，但在漢文佛教文獻中則有詳細的記述。但摩醯邏矩羅和迦膩色伽一世不同，不是被描寫成佛教的庇護者，而是被寫成破壞者。在《付法藏因緣傳》中登場的彌羅掘，以及《蓮華面經》的寐吱曷羅俱邏，應該都是指摩醯邏矩羅，因此他是以破壞西北印度佛寺與佛缽者的形象登場[30]。另一方面，在《大唐西域記》中記載了以下的長篇故事：很久以前，磔迦國王的摩醯邏矩羅打算學習佛法，僧眾卻推舉不出一位足以教導他的名僧，於是國王大怒，命令印度諸國破壞有關佛法的事物，並驅逐僧侶。這時候，因為摩揭陀國王婆羅阿疊多不願朝貢，所以摩醯邏矩羅發兵攻打，但婆羅阿疊多逃往海島，反而用計俘虜了摩醯邏矩羅。最後摩醯邏矩羅在婆羅阿疊多母親的寬恕下得以歸國，但國家和王位被弟弟奪走，於是前往迦濕彌羅（喀什米爾），在那裡受到禮遇、被賜予土地。之後摩醯邏矩羅殺害喀什米爾

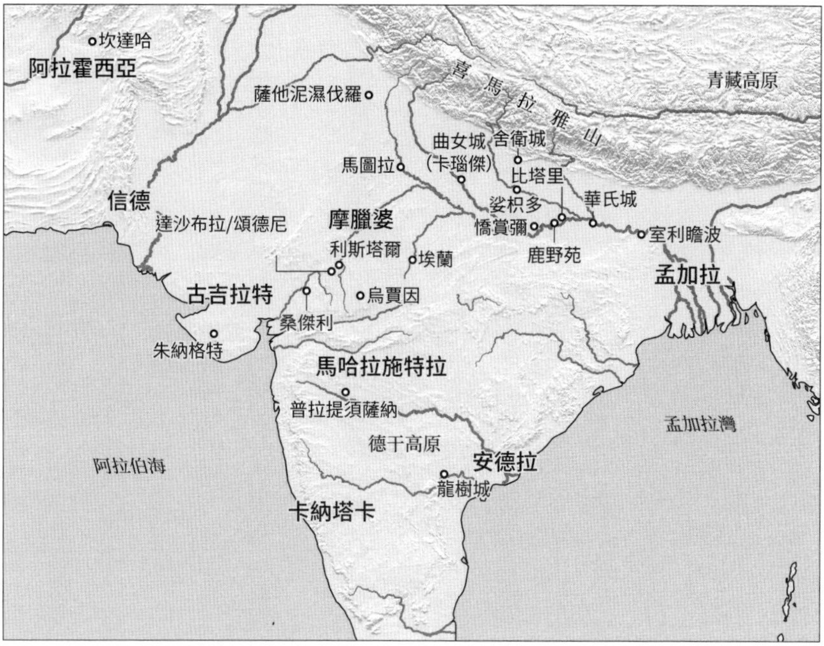

迦膩色伽一世時代的印度

王、奪走了國家，更進一步攻擊健馱邏（犍陀羅），破壞佛塔，廢止伽藍，殺害了許多人，但在他回到喀什米爾之後不久便過世了。只是，足以證明摩醯邏矩羅破壞犍陀羅佛教設施的同時代資料完全不存在，相反地，據當時走訪西北印度的宋雲所述，犍陀羅各地的佛教設施，都是一切如常地在運作。

然而，這位國王的所作所為在佛教文獻中多所記載，應該有什麼理由才對。比方說，宋雲就記載支配犍陀羅的國王祀奉鬼神，因此很有可能當地的統治者並沒有積極庇護佛教。又，除了《大唐西域記》中記載摩醯邏矩羅與兄弟間的統治權之爭外，宋雲也記載犍陀羅的統治者和喀什米爾已經打了三年的戰爭。換言之，在當時西北印度的各地域，都可以看到因為統治者間的爭鬥，導致經濟疲敝的現象。在宋雲時代的百年後，當七世紀前半玄奘走訪犍陀羅時，當地的佛寺與佛跡已經荒廢殆盡，佛教徒的數量也非常之少。犍陀羅佛教衰退的主要原因是，隨著包含阿爾孔在內的廣義嚈噠勢力土崩瓦解，中亞和南亞的主要交通路徑從通過喀喇崑崙山脈，轉移到興都庫什山脈的路線，財富的聚積地也轉移到迦畢試與巴米揚。不過，犍陀羅的佛教徒或許會把當地佛教衰退歸咎於一個比較容易理解的理由，那就是出現了不重視佛教的強力統治者，並推動毀佛行為。不過，這是沒有明確根據的故事，因此和迦膩色伽一世的情況一樣，我們很難知道佛教文獻對摩醯邏矩羅的動向大書特書，其正確理由究竟何在。

頭羅曼與摩醯邏矩羅之後，這個集團又有怎樣的發展？關於這點，我們就不甚理解了。在迦畢試、喀布爾地區，大概從五世紀末以降的某個時點開始，在貨幣上刻有「捺塞」（Nizak）稱號的集團開始活動，但往印度擴大的阿爾孔一部分族群，則是回到這個地區，與捺塞接觸、融合。另一方面，雖然不知道與頭羅曼、摩醯邏矩羅率領的集團有沒有直接關係，但此後的印度世界，依然把匈那集團視為威脅，薩他泥濕伐羅（今塔內薩爾）的普西亞布蒂王朝與曲女城的穆克里王朝，都曾對匈那進行討伐。後來以拉傑普特聞名的集團，其一部分成員（瞿折羅等），被認為是源自和阿爾孔（匈那）遷徙共同來到此地的集團，而匈那本身後來也被列入了拉傑普特成員之一。

人類集團的遷徙與在地社會的關係

最後，我想談談從中亞展開遷徙的集團與南亞在地社會間的關係。首先是關於印度的宗教文化。

記載迦膩色伽一世動向的努昆祖克碑文記述說，國王曾經向「衛修」這位神明的法庭獻上供品；而自威瑪．卡德菲斯以降，發行了很多繪有這位神明的貨幣，因此衛修很有可能是貴霜王朝統治階層信仰的重要神明之一。關於這位神明有兩種說法，一種是西北印度的當地神明，另一種是貴霜原本信仰的伊朗系神明（風神），但也有一種說法把他和濕婆視為同一神明，也就是貴霜接受了印度的神明。確實，貨幣上描繪的衛修，可以看到三叉戟、牡牛、三面四臂等許多會讓人聯想起後世濕婆圖像的要素。

不只如此，在頭羅曼和摩醯邏矩羅方面，根據和他們對峙的人們留下的碑文所述，前者曾對毗濕奴派表示關心，後者則皈依了濕婆派[31]。說到底，談及頭羅曼統治初期的碑文，是刻在一尊毗濕奴化身婆羅訶的巨像上，而在有關摩醯邏矩羅的碑文上，也有提到他屈服於獸主（濕婆）、對不動者（濕婆）以外的任何人都不低頭等文句。

貨幣上描繪的衛修

如果這些理解是正確的，那麼貴霜和阿爾孔的統治者都接納了印度的宗教文化；但是這個問題非常複雜，沒有辦法明確做出解答。就如貴霜王朝時代的衛修，有人提出伊朗語的有力語源，而關於和濕婆圖像的類似，只是從後世事例做出的推測。畢竟包含這種圖像表現在內、稱為印度教的宗教文化，本來就是印歐語系集團保持的吠陀宗教，與之前就存在的南亞基層文化，混合而成的產物[32]。或者說，貴霜王朝貨幣採用的衛修圖像，可以看成是南亞進行的文化融合，更進一步和貴霜帶來、源自西方的宗教文

婆羅訶像

化結合最好的證明。可是，王朝的貨幣描繪了很多神明，因此光憑衛修圖像，要斷定貴霜王朝接納印度文化到什麼程度，實在相當困難。

另一方面，關於頭羅曼和摩醯邏矩羅，作為根據的碑文完全不是他們自己所留下，所以和迦膩色伽一世的羅巴塔克碑文等，在性質上有很大的差異。這些碑文是服從或擊退他們的印度世界居民所留下的碑文，因此不見得真正能反映阿爾孔諸王的志向與信條。只是，就摩醯邏矩羅而言，因為他的貨幣上刻有包含「牛」字在內的銘文，而這裡的「牛」應該是指濕婆乘坐的南迪，亦即意味著他皈依了濕婆[33]。又，就如近年來基於種種資料顯示，這個時代的印度，毗濕奴派衰退，濕婆派取而代之興起，因此摩醯邏矩羅和濕婆派就社會背景上來說，確實有可能存在著接點[34]。這些事例都暗示著，頭羅曼和摩醯邏矩羅在與貴霜諸王相異的層次上，很有可能接觸了印度的宗教文化。可是說到底，在貴霜與阿爾孔直接留下資料極少的現狀下，要深入發掘他們對當地文化究竟接納到什麼程度，仍然只能說困難重重[35]。

接下來的問題是，我們要如何理解統治集團的動向，與在地社會生活文化變遷之間的關係呢？就像貴霜與嚈噠的事例般，當形成廣大範圍的強力支配圈時，某地域受其他地域的影響就會浮現，生活文化也會產生很大的變化，這些都是可以想像到的事情。但是，在貴霜據點之一的吐火羅斯坦，從貴霜王朝衰退到伊斯蘭勢力來臨之間，從奧克蘇斯河南北共通的陶器變化來看，這種變化的時點，和支配勢力的變遷間，基本上並無呼應關係[36]。不只如此，即使貴霜與阿爾孔入侵了南亞，但在非常長的時間軸中，當地陶器的變遷，明顯是和政治勢力動向相互切離的[37]。簡單說，考古學引出的陶器變化樣貌，證明了當地社會生活文化的變化，和位居社會階層最上層的統治集團動向，未必是相對應的。這點在對當地社會的思想、價值觀之影響上應該也是相同的，因此這種變化毫無疑問是漸進性的發展。不只是在政治史上，我們在探索宗教與美術等文化史的時候，往往也都是注目在統治集團的動向，並以這種流向為主軸來思考事物。雖然對幾乎是能即時得知世界上發生大小事件的我們而言，或許是件困難的事，但我仍希望大家能夠意識到在本章記載的統治者歷史同時，還有從殘存資料很難得知、緩慢變化的當地社會存在，從而理解到更多面相、層層疊疊的歷史樣貌。

印度—斯基泰（約前一世紀—約一世紀中）

大概是從歐亞北方的草原地帶來到西北印度的集團。希臘語稱為斯基泰的這個集團，伊朗語稱之為塞迦，很有可能就是《漢書》所說的塞人。現在留存的「錫斯坦」這個地名，指的是從伊朗東部到阿富汗西南部，而其歷史地名則是源自「Sakastan」（塞迦斯坦，塞迦的土地）。雖然他們和希臘人的勢力交替應該是漸進的，但詳細情況並不清楚。根據貨幣的分布來看，這個集團是從阿富汗西南部延伸到西北印度；在阿富汗東南部米爾·薩卡發現的約一萬枚陪葬貨幣中，包含了三千枚以上的印度—斯基泰貨幣。又，這個集團發行的貨幣，雖然沿襲了先前希臘人勢力的傳統，但也引進了騎乘之王這種特徵的圖像，因此可以看出遊牧的要素。這類圖像也被印度—帕提亞所模仿。

透過貨幣的驗證，未必就能釐清眾多統治者之間的關係。他們並非單一國王統率的政治集團，很有可能有數位統治者並立而起，不過，許多研究者一致認為，在集團的最初期，有一位名為毛伊斯（Maues）的有力首長。使用「王中之王」稱號的這位國王，主要是在西北印度活動，從呾叉尸羅（今塔克西拉）出土的碑文中，可以得知這位國王的統治年分，曾經被當成曆法，在一定期間中獲得使用。又，在西方似乎還有一位叫做沃諾奈斯（Vonones）的國王。關於此後存在的數位國王，我們並不清楚詳情，但可以確定的是，有位叫做阿澤斯（Azes）的國王在前一世紀中葉即位。這位國王在前四八／前四七年開始了新的紀元（阿澤斯紀元），這種紀元是以古老的阿爾沙克紀元（前二四七年開始）為基準，在國王過世後仍在西北印度被長期使用。有一說認為叫阿澤斯的國王其實有兩人，但不管怎麼說，在阿澤斯過世後，印度—斯基泰的勢力便趨於衰弱，到了一世紀中葉，印度—帕提亞在西北印度勢力日益伸展。

另一方面，這個集團的一部分也朝著印度擴大勢力，在馬圖拉發現的獅子柱頭銘文，就可以看見「為了全塞迦斯坦的榮譽」這種字句。諸王會任命（大）總督（Maha Ksatrapa，薩特拉普）負責地方統治，在馬圖拉除了前面的銘文外，也發現了不少關於總督的碑文。因為這種地方總督可以獨自發行貨幣，所以應該擁有相當的自治權；在西印度展開的西薩特拉普所建構的長期獨立政權，也相當為人所知。

印度—帕提亞（一世紀前半—約二世紀初期）

從錫斯坦延伸到阿拉霍西亞、西北印度的集團。因為在貨幣上使用鉢羅婆文字的銘文，所以被稱為「印度—帕提亞」。他們和阿爾沙克王朝帕提亞（安息）的關係為何，至今仍不太清楚，也有研究者指出他們和伊朗的顯貴史雷因家或薩珊王朝有所關聯，但詳細情況還是不明。他們取代了印度—斯基泰，在西北印度擴大勢力。

從貨幣銘文中可以確認到十位左右的國王名號，但編年如何並不清楚，所以也不排除被認為是兩人的同名國王（比方說阿布塔卡塞斯一世與二世），其實可能是同一個人。也有可能同時存在數位國王，但集團中最早嶄露頭角的是岡多法勒斯一世（三〇／三一—約五六年在位）。在相傳是犍陀羅塔克巴希出土的碑文中，有阿澤斯紀元與岡多法勒斯的統治年並記，因此我們可以得知這位國王的即位年分。岡多法勒斯這個名字，也被以後的國王當成某種稱號使用。又，在耶穌使徒多馬前往印度傳教的故事（《多馬行傳》）中登場的印度王宮達弗拉斯（Gundaphorus），也被認為就是岡多法勒斯。

在貨幣上，就像阿布塔卡塞斯王是岡多法勒斯的姪子一樣，銘文也表明了諸王的父子關係。有一說認為帕科里斯王的貨幣，是從貴霜刻著「Soter Megas」（偉大的救濟者）的貨幣重鑄，如果這種說法正確，那麼在一世紀末到二世紀初期間，就是印度—帕提亞的勢力勝過貴霜的時期[38]。印度—帕提亞發行的貨幣基本上是銀幣和銅幣，但有發現兩枚阿布塔卡塞斯（二世？）的金幣。又，有說法指出，西薩特拉普的納哈巴納，也有重鑄印度—帕提亞的貨幣。

丘就卻、威瑪・塔克圖、威瑪・卡德菲斯

貴霜王朝的首任至第三任國王（一世紀後半—二世紀初）。首任國王丘就卻，除了《後漢書・西域傳》外，還有三塊用佉盧文犍陀羅語寫成的碑文，直接、間接提到了他的名字。其中一塊來自斯瓦特溪谷的碑文，是當地王室為紀念佛塔重建而刻的捐贈銘文，在上面可以看見丘就卻之子薩塔修迦那的名字（碑文的正確年代不明）。另一塊是在犍陀羅東部布內爾地區的旁治塔爾出土、阿澤斯紀元一二二年（七四／七五年）的碑文。從這些資料得知，丘就卻越過興都庫什山脈，擴大了勢力。之後，丘就卻又越過印度河；在塔克西拉出土、阿澤斯紀元一三九年（九一／九二年）的碑文中描述了這件事，文中的「大王、王中之王、神之子庫夏納」，應該就是丘就卻。在塔克西拉的第二城市希爾卡普（Shirkap），出土了約三千枚丘就卻的貨幣，由此可以得知，他已經確立了對廣義犍陀羅的統治。

第二任王威瑪・塔克圖，直到羅巴塔克碑文發現，才首度釐清他的名字。這位國王將勢力擴大到馬圖拉。和刻有王名的貨幣不同，有一種只刻著希臘語「Soter Megas」（偉大的救濟者）稱號的貨幣，一般認為這種貨幣的發行者就是威瑪・塔克圖（不過也有一種說法認為，丘就卻和威瑪・塔克圖都曾發行這種貨幣）。在迦茲尼西方達什德・納烏爾，卡拉巴山頂（四三二〇公尺）附近發現的岩石銘文（用巴

克特里亞語、犍陀羅語和某種未知語言三者寫成）上，也刻有這位國王的名字[39]。這塊碑文上寫著「二七九年」的紀年，從與那紀元換算過來是一〇四／一〇五年。又，這塊碑文上國王擁有的「偉大救濟」稱號，也對應了前述希臘語的「Soter Megas」。

雖然我們不知道將碑文設置在這種地方的理由，不過有可能是用來向敵人宣示王朝支配領域的產物。若是如此，則在迦茲尼地區作為敵人的，可以推斷是盤踞在阿拉霍西亞與錫斯坦的印度—帕提亞。前面講到，印度—帕提亞國王帕科里斯的貨幣，是重鑄了「Soter Megas」的貨幣；如果這是正確的，那不管「Soter Megas」是丘就卻還是威瑪．塔克圖，兩勢力都處於對立關係，且一時間印度—帕提亞勢力占了上風。《後漢書．西域傳》中記載貴霜王朝曾攻擊安息，雖然這裡安息通常被認為是指阿爾沙克王朝帕提亞，但其實也有可能是指印度—帕提亞。同書也說，入侵安息的是首任國王丘就卻，但也有可能到了兒子一代，還在持續前代開始的戰爭。如果更進一步發揮想像力的話，則《付法藏因緣傳》中，迦膩色伽一世與安息王戰鬥的記載，或許也可以從這個脈絡去理解。

關於第三任國王威瑪．卡德菲斯的動向，我們幾乎一無所知，但在拉達克的哈拉茨耶發現、刻有其名字的碑文相當有趣。年分為與那紀元二八七年（一一二／一一三年）的這塊碑文，顯示了王朝越過喀什米爾、向青藏西部擴張勢力的可能性。這條路徑有實例可佐證，儘管時代晚了許多；十六世紀前半，東察合臺汗國的米爾咱．海答兒，就曾循和威瑪．卡德菲斯相反的方向，從新疆的葉爾羌經過西部青藏，遠征喀什米爾[40]。威瑪．卡德菲斯以首度在王朝貨幣中引進金幣而廣為人知。因為達什德．納烏爾碑文所在的迦茲尼到坎達哈，是以金礦著稱，所以當威瑪．塔克圖確立了這個地區的統治權後，到了兒子一代就有可能發行金幣[41]。威瑪・卡德菲斯和祖父丘就卻（Kujula Kadphises）的名字在後半段是一致的，這點也讓人深感玩味。這是後世巴克特里亞文書中可以見到的習慣，祖父與孫子冠上同樣名字的事例相當之多。

百乘王朝（約前一世紀—三世紀）

以德干高原為中心展開，南印度最初的當地王朝。百乘是家名，後世往世書中的安德拉這個稱呼，則應該是部族名。因為他們常常在王名中，加上「憍曇彌（姓憍曇摩的女子）之子」之類、隨世系（gotra，表示祖先名號的姓）呈現母親名字的稱呼，所以王族應該是屬於以母系親族關係為特徵的當地住民達羅毗荼人，但他們自稱出身婆羅門，並舉行馬祭（aśvamedha）、保護佛教，積極接納北印度的文化。他們原本的居住地，大概是哥達瓦里河上游的馬哈拉施特拉西北部。用來理解王朝史的資料，包括碑文（大部分都是用普拉克里特語，梵文很少）、貨幣、往世書等，但同時代的資料很少，要重現相當困難。有五本往世書（魚、風神、梵卵、毗濕奴、薄伽梵）記載了百乘的王統，但其中舉出的國王從十七到三十名不等，合計的統治年數也不同。從碑文與貨幣可以證明其存在的國王有十二名，但這只是實際可見到的部分，至於其他國王則並不清楚。

最初的三代王統（須慕迦、黑闇王、娑多迦羅尼）大致是確實存在的，但其年代並不確定。在前一世紀後半左右登場的娑多迦羅尼統治期間，王朝的勢力獲得鞏固。國王北抵摩臘婆、南至卡納塔卡、東至安德拉，擴大領域，定都於普拉提須薩納（今派坦）。之後，雖然百乘王朝被西薩特拉普的那哈巴納等人奪走了德干西北部的領地，但到了瞿曇彌子娑多迦尼時代，又收復了失土。這件事記載在國王之子伐色濕底布陀羅．普魯摩夷（托勒密《地理學》〔VII.1.82〕中出現的希羅．波列馬歐斯）的納希克碑文中。之後，西薩特拉普的魯德拉達曼一世再次奪取了德干西北部。二世紀下半葉左右，阿周那．室利．娑多迦羅尼又恢復了領域，並一路擴張到摩臘婆，但和貴霜王朝一樣在三世紀以降趨於衰退，領域內出現了許多王國並立。

在王朝治下的西印度，以海上交易帶來的財富為背景，沿著交易路徑，建起了許多石窟寺院。另一方面，因為王朝擴張勢力到安德拉，所以在克里希納河流域，以巨大佛塔為中心的佛教文化也很興盛。即使在王朝滅亡後，當地的文化仍持續發展，和太陽王朝時代的龍樹城聯繫起來，呈現出佛像與佛陀象徵表現並存的獨特姿態。

寄多羅（四世紀末／五世紀初期—五世紀後半）

從吐火羅斯坦崛起的匈人系集團之一。集團的興起年代有一說是四世紀末左右，但從作為依據的貨幣銘文解讀來看，這樣的說法其實不太可信。這個集團自稱為貴霜王朝的後裔，在貨幣銘文等上面也使用「貴霜王」（沙阿）的稱號。在《魏書．西域傳》大月氏國條目中，有一位叫做寄多羅的國王率軍翻越興都庫什山脈，進攻西北印度；在同書的小月氏國條目中，則寫到寄多羅的兒子統治了富婁沙富羅，寄多羅自己則因為匈奴（這裡指的應該是在山脈北側崛起的嚈噠）的攻擊，往西方遷徙。就像對應這樣的動向般，他們發行貨幣的區域主要是吐火羅斯坦、犍陀羅與旁遮普。

這個集團也入侵北方的粟特。基於四五七年獲得資訊撰寫而成的《魏書．西域傳》粟特國條目中說，從粟特王被入侵的匈奴人（寄多羅）殺害到當時的國王忽倪為止，已經過了三代。一直以來，這個「三代」的年數，都是以中國的傳統換算法一代三十年來計算，這雖然說不上是錯誤；可是從阿爾孔統治者的事例，也就是提及金吉拉的史格尹珍藏銅板銘文，以及提及罄孽（金吉拉的音寫）的《唐書》，算出一代約為十三年。參考這個年數，則寄多羅約是在五世紀初期入侵粟特。又，在撒馬爾罕西邊的何國（貴霜匿），這個城市的名字被認為和打著貴霜王名號的寄多羅統治有關，而根據考古學的研究，寄多羅時代以降，粟特便逐漸城市化、日益繁榮。在粟特也有刻著寄多羅名號的貨幣，廣為人知。

近年在白夏瓦盆地東北部的喀什米爾─斯馬斯特附近發現了一塊封泥，裡面有相當值得注目的資料。在這上面描繪著寄多羅時代流行的斜向前國王胸像，旁邊有巴克特里亞語的銘文：「主宰一切的烏拉格，匈人之王、偉大的貴霜王、撒馬爾罕的阿夫尚（afshiyan）。」《魏書》中粟特的別名溫那沙，就是巴克特里亞語「匈人之王」的音寫。又，在後世的阿拉伯語編年史中也提及，阿夫尚是粟特王擁有的稱號，由此可知在這個時代，它已經在粟特被使用了。這塊封泥有一種說法，認為它是嚈噠崛起後，被南北隔斷的寄多羅統治者彼此交換國書的證據；確實，這種形式的封泥在撒馬爾罕近郊的卡菲爾．卡拉遺跡也有發現[42]。

另一方面，在西方文獻中也有流傳薩珊王朝和可能是寄多羅的匈人系集團爭鬥之紀錄。根據阿拉伯語編年史，在薩珊王朝巴赫拉姆五世統治時期（五世紀前半），有「突厥大汗」從東方入侵，但被巴赫拉姆五世擊退。但是，薩珊王朝與匈人系集團的攻防仍然持續進行，根據亞美尼亞語資料，巴赫拉姆五世的兒子伊嗣俟二世，也和稱為貴霜的匈人斷斷續續進行爭鬥。拜占庭史家普里斯克斯則說，伊嗣俟和寄多羅匈人的戰爭，是起因於他停止對匈人的納貢；這場戰爭一直持續到伊嗣俟的兒子卑路斯一世時代。

誠如上述，寄多羅雖然往各方面擴大勢力，但都無法確立長期且安定的統治；可以證明這點的是，吐火羅斯坦留下的巴克特里亞語文件中，幾乎都不見寄多羅登場。在西北印度，他們也受到從迦畢試、喀布爾入侵的阿爾孔壓迫。在中國的朝貢紀錄中，四五九年、四六〇年有居常（貴霜），四七七／四七八年則有車多羅（寄多羅），因此到這時候為止，寄多羅的勢力可能還在某處殘存。被阿爾孔趕走的寄多羅去向何處，我們並不清楚，但或許是往印度遷徙了。或者說，如果從先前提到的封泥發現場所（喀什米爾─斯馬斯特附近）來看，喀什米爾盆地也是很有可能的移居地點。

嚈噠（五世紀中葉─六世紀中葉）

取寄多羅而代之的匈人系集團之一。在某時期以後，他們和在興都庫什山脈南側發展的阿爾孔在政治上合為一體，因此外部的文獻將在山脈南北發展的集團，都用廣泛的「嚈噠」之名一概稱之；是故，把這些集團當成一個廣義的嚈噠來理解也是可以的。過去對於嚈噠的統治階層究竟是伊朗系還是突厥系，有相當多的議論，但對於在遷徙過程中，人類集團將說各種語言的人包含其中，要議論他們的人種，其實沒什麼意義。可是，《梁書》說，嚈噠（原文稱「滑」。這個漢字是來自於嚈噠根據地所在的阿富汗東北部昆都士地區之古名「瓦爾努」〔warn〕，玄奘則寫成「活」）的語言，要透過河南人（吐谷渾）的通譯方能理解[43]。關於這個問題，其實相當有意思；之所以如此，是因為近年有人提倡，鮮卑、柔然、吐谷渾等集團的語言都是蒙古系語言；如果這是正確的，那嚈噠的統治階層（至少是其一部分）應該就是說這種語言。

嚈噠初次出現在歷史紀錄上，是四五六年對中國遣使。撰寫於四八三年的巴克特里亞文件中，記載了嚈噠對吐火羅斯坦的徵稅；在這段期間中，他們應該已經確立了對吐火羅斯坦的支配。約四六〇年在巴克特里亞文件中登場的卡達格斯坦王梅亞姆，應該和史格尹珍藏銅板銘文中提及的四王之一的梅哈馬是同一個人（或者是其祖父），同時也是廣義嚈噠的統治者之一。這個人在文件中是寫成「卑路斯一世的屬下」，但從他自稱「王」這點來看，實際上很有可能是這個地區的最高統治者。之後，排除薩珊王朝勢力的嚈噠統治者，自稱為「嚈噠的葉護」，吐火羅斯坦的當地統治者（巴克特里亞語文件中稱為哈爾）則會冠上「嚈噠君主的書記」與「吐火羅斯坦暨卡爾奇斯坦的法官」等稱號。

另一方面，在六世紀初期，北方的粟特也被納入嚈噠控制下。悉萬斤（撒馬爾罕）的朝貢自五〇九年以後中斷，而嚈噠幾乎同時開始頻繁朝貢，正是反映了這種事態演變。漢文資料中粟特人的姓稱為「昭武」，而這個字明顯是轉寫自嚈噠語的「čamūk」，由此可以窺知嚈噠統治的實效性[44]。另外也有人指出，嚈噠對粟特的支配，和之後突厥系各部族相比，明顯和緩許多[45]。漢文資料也記載，嚈噠將塔里木盆地西側的各綠洲城市都納入旗下。

根據阿拉伯語編年史、亞美尼亞語資料、敘利亞語資料等所述，嚈噠即使在面對西方的薩珊王朝時，仍然顯得相當強勢。各文獻說，卑路斯一世雖然是藉著嚈噠之力登上王位，但最後仍在與嚈噠的作戰中遭到殺害。關於他即位的軼聞，或許是和喀瓦德一世受嚈噠援助復位的軼聞相混合了吧！敘利亞文獻說，卑路斯一世第二次戰敗之際，被迫要向嚈噠交出相當於三十頭騾子乘載的贖金，但他只準備了二十頭騾子的量，剩下的則由兒子喀瓦德一世來擔任人質。這個時代薩珊王朝向嚈噠支付的銀幣，實際在中亞都有流通，嚈噠的貨幣大部分也都是利用卑路斯一世的銀幣，再刻上巴克特里亞語的銘文。另一方面，雖然實例非常少，不過他們也發行了描繪有右手持杯、身著右襟敞開衣服統治者形象，屬於自己的貨幣。這種特色鮮明的衣服，還有以卑路斯一世銀幣上描繪的冠為樣板的鳥翼冠，在嚈噠影響下廣傳東方，為人所熟知。貨幣學者稱發行這種明顯與阿爾孔相異貨幣的集團為「真嚈噠」。

當薩珊王朝霍斯洛一世即位後，便與突厥的室點蜜可汗結盟，對嚈噠進行夾擊。在這種攻擊下，嚈噠的大勢力土崩瓦解，但之後集團的一部分仍保持這個名號，在阿富汗東北部的巴格蘭平原，以地方勢力之姿殘存下去。

其他人物

一、和貴霜王朝歷史（含前史）有關的人物與集團

馬鳴

生卒年不詳（約一—二世紀），中印度出身的佛教學者、詩人、劇作家。「馬鳴」是漢語的稱呼。他的著作被認為包含了部派佛教的經量部與大乘的瑜伽行派等相關要素。據漢文文獻所述，他原本是外道，但受到富那奢或脇尊者的教化後，開始在華氏城等地活動。當迦膩色伽一世征服印度，要求國王提供九億（一說三億）贖金的時候，作為替代品，國王送出了佛缽與馬鳴給他，於是馬鳴也在北印度傳播佛法。馬鳴以用梵語詩文（kavya）寫成的佛傳《佛所行讚》享譽盛名；除了這部作品之外，他還著有詩文《孫陀羅難陀》、戲曲《舍利弗戲曲》，這些都有發現梵語抄本的殘篇。有許多大乘經典號稱是馬鳴所著，但真偽難辨。

韋蘇提婆

約一九五—約二三〇年在位，貴霜王朝的第六任國王。《三國志》中記載，二三〇年（太和三年）有大月氏王波調朝貢，被封為「親魏大月氏王」，這位波調應該就是韋蘇提婆。在他統治期間受到薩珊王朝攻擊，失去了興都庫什山脈北側的領域。近年發現的舍利容器中，繪有被坐佛左右環繞的形象，以及「王

中之王、貴霜的韋蘇提婆」、「卡拉爾蘭克（邊境長官）的納爾卡斯」、「霍斯丁克（語意不明官職）的拉姆」與「富姆雅古．阿卡德」等巴克特里亞的銘文[46]。又，根據最近考古學的研究，犍陀羅雕刻的技法與樣式變化、佛教寺院的建立及修復盛行，都是在這位國王統治期間[47]。說起佛教，跟迦膩色伽一世之間的連結經常被提及，但實情似乎有點差異。

烏孫

前二—五世紀，在天山北方發展的遊牧集團。他們一開始在天山東部臣服月氏，後來又轉屬匈奴，但在匈奴支援下攻擊月氏，於是轉移到天山山脈中西部，獨立自主。二世紀後半受到鮮卑壓力，五世紀後半又受到柔然入侵，遂消失蹤影。

狄奧多特

生卒年不詳（約前三世紀），原本是管轄粟特與巴克特里亞的塞琉古王朝總督（薩特拉普〔strap〕），但在前二五〇年左右獨立，成為巴克特里亞王國的創始者。他從塞琉古王朝獨立是階段性的，這種狀況反映在貨幣中。他在初期的貨幣中雖然引進自己的肖像，但還是保留塞琉古王朝安條克二世的名字，不過到了後期，銘文上的名字也換成了自己的名字。

西薩特拉普

一—四世紀末／五世紀初期。原本是印度—斯基泰麾下的西印度總督（Kshatrapas），但在保有此稱號的情形下獨立稱王。正確的王統無法辨明；應該是由普默卡、納哈巴納持續下去的初期王統稱為「西薩特拉普家」，但這個王室被百乘王朝所滅。不過，之後擁有總督稱號的國王再度登場，在大總督查修塔納時代，勢力擴張到烏賈因。此後逐漸印度化，國王的名字也完全變成印度語。記載查修塔納之孫魯德拉達曼功績的朱納格特（Junagadh）碑文，以長篇梵語碑文的先驅而廣為人知。四世紀末至五世紀初期，被笈多王朝的旃陀羅笈多二世（超日王）所滅。記載諸王銘文的紀年大多是用七八年開始的塞迦紀元來換算；如果這是正確的，那麼魯德拉達曼和迦膩色伽一世應該是同時代的國王。

胡毗色伽

約一五三—約一八五年在位，貴霜王朝第五任國王。這位國王的名稱，應該來自祖父威瑪．卡德菲斯。巴克特里亞語的蘇爾赫．科塔爾碑文，是在這位國王統治時期銘刻而成。近年來有兩項攸關這位國王的重要發現，一項是史格尹珍藏抄本（約四世紀）裡一篇應該是譬喻（avadana）的片斷中，出現了「得悟大乘的國王，名為胡毗色伽」的文字[48]。「得悟大乘」這種形容語句，在新疆尼雅與安迪爾發現，而三世紀到四世紀的犍陀羅銘文中也有出現。另一項是一塊布畫，上面描繪的人物被認為應該是胡毗色伽[49]。布畫的中央坐著國王，對面右邊有兩位高官、左邊則有兩位神官，而畫的左邊嚴重缺損。雖然對於瞭解這位國王的具體動向，這些資料都不能提供有力的線索，但在思考王朝治下的文化及其傳播之際，仍是相當重要。

米南德一世

生卒年不詳（約前二世紀中葉），在印度發展的希臘諸王之一。漢譯佛典《那先比丘經》與巴利語經典《彌蘭王問經》，記載了這位國王與佛教教團領袖那先（龍軍）的問答。原典現在雖已不存，但從地理狀況來看，用犍陀羅語寫成的可能性很高。我們並沒有米南德一世實際信仰佛教的根據，因此很有可能是撰寫原典的人物，刻意選擇這位西北印度有名的國王來作為對話者。「米南德」因為是名聞遐邇的人名，所以在後世西北也一直被沿用下去。另一方面，根據《愛利脫利亞海周航記》所述，這位國王的貨幣也廣為人知，即使到了一世紀中葉，仍在西印度沿岸流通。考慮到這樣的狀況，與迦膩色伽紀元關係密切的與那紀元（前一七五／一七四年開始），其創始者也有可能是米南德一世。

二、匈人系集團及與其相關的人物、集團

阿富汗

五世紀下半葉以降，作為阿富汗（阿富汗斯坦）語源的集團。呈現其存在的實例，以五世紀後半書寫的巴克特里亞文件中登場的「阿巴坎」為最古老。在伊朗語中，阿巴坎是「遙遠國度的人們」之意，

原本應該是對「來自吐火羅斯坦之外的人」的別稱[50]。印度占星學者伐羅訶密希羅的*Brihat Samhita*（六世紀）與《大唐大慈恩寺三藏法師傳》（七世紀）也提及他們的存在。波斯語的《世界境域志》（十世紀）中說，這個集團位在迦茲尼東南方，因此他們應該原本是在興都庫什山脈北側，然後才往南遷徙。

喀瓦德一世

四八八—四九六、四九九—五三一年在位。薩珊波斯的「萬王之王」，卑路斯一世的兒子。應該是在很年輕時就即位為王，一說是十五歲。因為參與了祆教內部興起的新宗教運動（瑪茲達克教），所以一度被貴族們廢黜，但之後被認為藉著嚈噠之力得以復位。著手進行行政機構的大規模重整，重振因父親敗於嚈噠而凋零的國勢。他將領土劃分為四塊，底下按照地區、州、郡，配置各式各樣的官職，這樣的改革在兒子霍斯洛一世統治期間完成[51]。這個時代也進行了曆法修正。在他統治期間的後半，和拜占庭展開了戰爭。另一方面在這個時期，他也在木鹿、赫拉特等地發行貨幣，因此可以推測他對嚈噠應該是占了上風。

匈尼特人

四世紀中葉。雖是抵達中亞的第一個匈人系集團，但細節不明。羅馬史家阿米紐．馬克里努斯記述了以下的狀況：三五〇年代初期以降，薩珊王朝的沙普爾二世和入侵領域東方的匈尼特等部族鏖戰，但在三五八年和他們締結了同盟。第二年（三五九年），在沙普爾對羅馬亞米大（今迪亞巴克爾）的包圍戰中，由庫倫巴提斯率領的匈尼特等部族也參與了戰事。在這之後的一百多年，在阿富汗東北部卡達格斯坦寫成的兩篇巴克特里亞語文件中，有哥朗巴德這個人登場。這個名字和庫倫巴提斯一樣，是「受韋勒斯拉納（神）加護」的意思。這些事情都暗示了匈人系集團來到吐火羅斯坦的中心地帶，其中一部分被薩珊王朝雇用，更進一步往西遷徙。

瞿折羅

六—十一世紀初期。在西印度與印度中部建立許多王朝的拉傑普特氏族之一，六世紀以降自稱總督（薩特拉普），開始嶄露頭角。關於拉傑普特的起源，有說是五世紀末和阿爾孔（匈那）一起到來，也有說是在地總督演變而來；因為資料有限之故，要解答這個問題其實很難，但應該是外地與當地勢力融合而成。「瞿折羅」這個稱呼本身也出現在後世，「古吉拉特」地域名就來自這一集團。八世紀中葉興起的普臘蒂哈臘王朝即由這個集團的一支所建立，也是拉傑普特時代最初的王朝之一。為了爭奪戒日王朝的舊都曲女城，他們和孟加拉地區的波羅王朝以及德干地區的羅濕陀羅拘陀王朝不斷爭鬥。十世紀以降趨於衰弱，當十一世紀迦茲尼王朝開始遠征印度時，和他們直接對峙的，是從普臘蒂哈臘王朝獨立出來的喬漢王朝等拉傑普特王朝之聯合勢力。

沙普爾二世

三〇九—三七九年在位，薩珊波斯的「萬王之王」（王中之王）中統治時間最長者。三二五年，他鎮壓了從以前就一直叛亂的阿拉伯，在阿拉伯語文獻中，他因為當時施行的刑罰，被稱為「穿肩者」（Dhū'l-Aktāf）。三三七年以降，他一邊和羅馬戰爭，同時也應付東方匈尼特等部族的入侵。雖然關於東方的狀況我們並不清楚，但他曾在木鹿與錫斯坦發行貨幣。另一方面，有從樣式觀點來看明顯屬於東方風格的貨幣存在，這些貨幣的鑄造地被推定是在喀布爾周邊。在波斯城發現這位國王時代的碑文寫道，錫斯坦的王與喀布爾（？）的官員，都曾前來此地。在西方，他於三五九年攻陷亞米大、辛加拉。羅馬軍雖然曾一度包圍波斯首都泰西封，但最後他還是奪取了美索不達米亞東部和亞美尼亞。他也是位以對基督徒課重稅而聞名的國王。

柔然

四世紀末—六世紀中葉，支配蒙古高原的集團。也寫作蠕蠕或茹茹，以可汗為首長。向南入侵北魏，向西則與嚈噠時而爭鬥、時而聯姻。被突厥所滅。

塞建陀笈多

約四五五—約四六七年在位，笈多王朝第六任「萬王之王」。前任國王鳩摩羅笈多一世（約四一五—約四五五年在位）的庶子，和嫡子補羅笈多等爭鬥，獲得王權。根據比塔里（bhitari）石柱碑文所述，他在即位以後，便和各式各樣的「敵人」與匈那（寄多羅或阿爾孔）對峙。朱納格特碑文也說，他和蔑戾車（蠻族）等爭鬥；克服這些敵人後，他的統治便趨於安定。

鮮卑

一世紀末以降，興起於蒙古高原東部的遊牧集團。原本在匈奴旗下，但在二世紀中葉檀石槐擔任首長後，勢力便不斷擴大。之後，鮮卑系各集團流入中國地區，在五胡十六國時代建立了許多王朝，最後由鮮卑系拓跋部的北魏統一華北。以史上第一個使用「可汗（可寒）」稱號的集團而聞名。

宋雲

生卒年不詳，敦煌人，在北魏擔任主衣子統的官職。奉胡太后之命，和沙門法力、惠生（慧生）一同前往西方。他們在五一八年從洛陽出發，經過吐谷渾（青海地區）、塔里木盆地南路、鉢和（瓦罕走廊），在五一九年抵達吐火羅斯坦的嚈噠（廣義的嚈噠）。之後他往東折返，經波知（澤巴克）、賒彌（奇特拉爾）、烏場（烏萇），在五二〇年進入乾陀羅（犍陀羅）。這時候，犍陀羅被嚈噠消滅已經過了兩代，由稱為敕勤（特勤）的國王統治，並與罽賓（喀什米爾）爭鬥了三年。之後，宋雲遍遊犍陀羅與周邊的佛跡，在五二〇年代初期回到洛陽，據說他帶回了一百七十部大乘經典。

旃陀羅笈多二世（超日王）

三八〇—約四一五年在位，笈多王朝第四任「萬王之王」。別名為「Vikramāditya」（勇敢的太陽），玄奘譯為「超日」。殺害兄長拉馬格笈多篡奪王位。繼承父親沙摩陀羅笈多的積極征服活動與外交政策，和兒子鳩摩羅笈多一世時代，並稱王朝的極盛期。他消滅了父王時代有同盟關係的西印度塞迦（西薩特拉普），又征服了孟加拉地區，將北印度全境置於王朝支配下。在南印度，他將女兒嫁給伐迦陀迦王朝的樓陀羅西那二世，以外戚身分發揮影響力。以連結歐亞東西的海上交易熱絡為背景，笈多王朝的文化也邁入極盛期；王朝雖然庇護佛教、印度教各派，但國王自己則是信奉薄伽梵（毗濕奴）。以祖父旃陀羅笈多一世即位年（三一八／三一九年）為起點的笈多曆開始正式使用，也是在這位國王統治期間。

吐谷渾

四世紀初期—七世紀中葉，支配青藏高原東北安多地區的集團。又被寫成退渾、吐渾，藏語則稱為阿夏（azha）。以可汗為首長，統治階層應該屬於鮮卑系。六六三年以降，被納入吐蕃旗下。

納塞赫

二九三—三〇二年在位，薩珊波斯的「萬王之王」。應該是沙普爾一世的幼子，但在他即位之前，王權長期掌握在兄弟荷姆茲一世與巴赫拉姆一世以及巴赫拉姆一世的子孫手中。一直統治錫斯坦等東方地區，之後又擔任亞美尼亞的副王，當他取代姪子巴赫拉姆三世即位為「萬王之王」時，已經相當年邁。在二九六年至二九八年爆發的羅馬與波斯戰爭中，他最後敗給了副帝伽列里烏斯，失去了亞美尼亞與美索不達米亞東部的控制權。

捺塞

約五世紀末—七世紀初期，匈人系集團的一派。在從迦茲尼到迦畢試、喀布爾地區，開始發行銘刻有「捺塞王」佉盧文字的銀幣。捺塞這個稱呼大概是來自嚈噠語，貨幣也有與嚈噠共通的標記。初期的貨幣有著獨特圖像，統治者戴著以鳥翼和牛頭組合、極具特色的冠。漢文資料也有記載，迦畢試的國王會戴牛頭冠。初期的貨幣似乎一直鑄造到嚈噠大勢力瓦解左右（約五六〇年）。之後，他們似乎和從印度回到迦畢試、喀布爾地區的部分阿爾孔人合流，並開始發行兼具兩集團特徵的貨幣。根據阿拉伯語文獻，七世紀後半到八世紀初期，有冠上「捺塞．塔爾漢」稱號的阿富汗東北部領主，和阿拉伯軍展開抗戰。

巴赫拉姆五世

四二〇—四三八年在位，薩珊波斯的「萬王之王」。父親伊嗣俟一世被沙普爾二世過世後權力日增的貴族與神官殺害，發生王位混亂，巴赫拉姆就在這種混亂後即位。他曾親征呼羅珊，但被東方入侵的集團（寄多羅？）擊退。在西方，他也與拜占庭爭鬥，但最後締結和平條約，承認波斯境內的基督教徒與拜占庭境內的祆教徒信仰自由，並由拜占庭負擔高加索的防衛費用。在亞美尼亞東部，他廢黜了隨著納塞赫敗給羅馬而復甦的阿爾沙克系國王，將之合併進波斯領土。他的外號「野驢」是來自他耽於狩獵野驢等享樂活動，這樣的插曲散見於後世文獻之中。也以十二世紀末寫成波斯語戀愛敘事詩《七美人》（*Haft Peykar*）主角而聞名。

哈拉吉

五—十四世紀初期。原本是位在錫爾河東方的突厥系集團，但應該是在嚈噠時代抵達中亞，在七世紀下半葉的巴克特里亞文件中，曾提及他們的存在。隨著西突厥的興盛，集團的一部分越過興都庫什山脈，往喀布爾遷徙。七世紀後半以喀布爾為根據地的喀布爾沙阿（突厥沙阿），以及之後獨立出來、以迦茲尼為據點阻擋穆斯林入侵的魯德比爾王國，都是由哈拉吉人建立。八世紀初期的巴克特里亞文件說，喀布爾王室的女兒嫁到了山脈北側的卡達格斯坦。喀布爾與迦茲尼王室，後來各自被印度沙希王朝與薩法爾王朝所滅，但哈拉吉之後仍持續居住在阿富汗東南部。在迦茲尼王朝、古爾王朝的擴張期，他們入侵到伊朗東部與北印度，後者的活動在十三世紀末，歸結為哈拉吉王朝的出現。

普拉卡夏達曼、雅修達曼

生卒年不詳（六世紀前半）。以摩臘婆達沙布拉為根據地、後阿烏利卡拉王朝的兩位國王，擊退了匈那人（阿爾孔）。阿烏利卡拉王朝在鳩摩羅笈多一世時代臣服於笈多王朝，但在這兩人擔任國王的時代，已經另建王統獨立出來。根據五一五年的利斯塔爾（Risthal）碑文所述，普拉卡夏達曼在戰場擊破了頭羅曼，讓他的稱號「大王」歸為泡影。另一方面，他的副王也在當地建立了濕婆神殿與蓄水池。五三二年的曼達蘇爾碑文暗示雅修達曼與「東方諸王」（曲女城的穆克里王朝？）親善，而與「北方諸王」（匈那？）對峙。又，在時代更晚的頌德尼石柱碑文中，則說到這位國王支配著不受笈多帝王統治、也不聽匈那首領命令的諸國，甚至是除了史塔努（濕婆）以外不對任何人低頭的摩醯邏矩羅，也對他跪拜。

卑路斯一世

四五七—四八四年在位，薩珊波斯的「萬王之王」，伊嗣俟二世的兒子。伊斯蘭時代的文獻中說，他和兄弟荷姆茲三世爭奪王位，並在嚈噠的助力下即位；這個軼聞的真實性頗有疑問，但作為證據的是，迄今為止並沒有荷姆茲三世發行的貨幣存在。卑路斯一世在東方和匈人系集團作戰，同時也鎮壓高加索的叛亂。依據各文獻的記載，在他統治期間曾有七年的大旱災。

伊嗣俟二世

四三八—四五七年在位，薩珊波斯的「萬王之王」，巴赫拉姆五世的兒子。據說和耽於享樂的父親迥異，施行善政。但另一方面，他的統治期間也是嚴酷鎮壓基督徒與猶太教徒的時代，在亞美尼亞也爆發了叛亂。即位後不久就開始和拜占庭的戰爭，但以收取高加索地區防衛費的方式締結和平。在東方，他和稱為貴霜的匈人或寄多羅匈人斷斷續續爭鬥，這點在亞美尼亞語資料與拜占庭資料中也有記載。

注釋

1. 巴布爾著，間野英二譯注，《巴布爾回憶錄》二，東洋文庫，二〇一四年。
2. 妹尾達彥，《全球史》，中央大學出版部，二〇一八年。
3. 三田昌彥，〈中古歐亞世界中的南亞——從地緣政治學架構所見的帝國與交易網絡〉，《現代印度研究》三，二〇一三年。
4. 除此之外，特洛古斯（Pompēius Trōgus，前一世紀）的《腓力比史（地中海世界史）》（prol. XLI, prol. XLII, XLII2）也

記述到，在斯基泰人中有薩拉烏卡耶人與阿西阿尼人、吐火羅族的亞洲人之王和薩拉烏卡耶族的滅亡，以及吐火羅人與阿爾沙克王朝帕提亞交戰的故事。又，托勒密（約二世紀）《地理學》（VI.11.6）中，也舉出巴克特里亞的各種部族名，並稱吐火羅為大部族。

5. 在中國的正史中，將往西方遷徙的集團稱為大月氏（或月氏），留在原地的集團則稱為小月氏。

6. 翕侯應該是草原地帶遊牧民使用的「yabghu」這一稱號的轉寫。雖然和突厥用的「葉護」是同一個發音轉寫，但相對於葉護是從統治集團（阿史那氏）中被任命，翕侯則應是賦予被支配地區有力者的稱號（桑山正進，〈貴霜丘就卻的逝世年分〉，《東方學報》九二，二〇一七年）。但是這種翕侯的特徵並非從大月氏、而是從烏孫的記述得出，而我們並沒有烏孫翕侯和大月氏同樣的證據。又，五翕侯所在的地區，是沿著瓦罕走廊東西延伸的地域及其南側部分。

7. 關於貴霜王朝的起源，一直以來的議論有大月氏起源說和大夏起源說；關於這個議論所包含的問題，我在文章的後面會詳述。詳情請參見桑山前引文。

8. 《後漢書》說閻膏珍是丘就卻之子，所以基於後述羅巴塔克碑文的內容，很多人都認為他就是威瑪·塔克圖。但是從漢字的發音來看，閻膏珍應該是威瑪·卡德菲斯的音寫才對（吉池孝一，〈論後漢書西域傳的閻膏珍〉，*KOTONOHA* 一九一，二〇一八年）。如果這是正確的，那《後漢書》或許是誤把閻膏珍寫成丘就卻的「兒子」，又或許是在該寫威瑪·塔克圖的地方，誤寫成威瑪·卡德菲斯的音寫了。

9. 這座神殿除了威瑪·塔克圖以外，還出土了貴霜王朝第五任國王胡毗色伽的祖父威瑪·卡德菲斯以及迦膩色伽一世的雕像。

10. Strauch, I. (ed.), *Foreign Sailors on Socotra: The Inscriptions and Drawings from the Cave Hoq*, Bremen: Hempen Verlag, 2012.

11. 在敦煌懸泉置大量出土的木簡中，有「大月氏諸國客」、「大月氏雙靡翕侯使者」等文字，其中部分的年代為前一世紀。這是暗示早在貴霜王朝崛起前，翕侯就已經參與東西交易的重要資料（小谷仲男，〈敦煌懸泉漢簡中記錄的大月氏使者〉，《史窗》七二，二〇一五年）。

12. 只是，貴霜的金幣似乎並不是從羅馬金幣改鑄而來（Blet-Lemarquand, M., "Analysis of Kushana Gold Coins: Debasement and Provenance Study", in de Romanis, F., and S. Sorda (eds.), *Dal Denarius al Dinar: : L'oriente e la Moneta Romana*, Roma: Istituto Italiano di Numismatica, 2006）。雖然不知貴霜王朝時是否曾進行採掘，不過阿富汗有好幾個金礦（Thomalsky, J. et al., "Early Mining and Metal Production in Afghanstan: the First Year of Investigations", *Archäologische Mitteilungen aus Iran und Turan*, 45, 2013）。

13. 迦膩色伽一世創始的「迦膩色伽紀元」（最近也稱為「貴霜紀元」），其起始年分是基於三世紀中葉成書的印度天文書《臾那星占書》（*Yavanajataka*）記述算出，而我們也可以得知這個紀元的元年，是先前臾那（愛奧尼亞）紀元（前一七五／前一七四年開始）的三〇一年（亦即四世紀的第一年）。包括迦膩色伽紀元在內，關於臾那紀元與阿澤斯紀元等西北印度與印度常用的主要紀元，其詳細內容請參照Falk, H., "Ancient Indian Eras: An Overview," *Bulletin of the Asia Institute (New Series)*, 21, 2012。

14. 後世文獻關於迦膩色伽一世事跡的記載相當多，參考定方晟，《迦膩色伽王與菩薩》（大東出版社，一九八二年）的彙整會方便許多。

15. 在犍陀羅的拉尼加特（Ranigat）遺跡中，有在佛教寺廟的石疊中挖小洞、然後將銅幣埋藏進去的例子。作為貨幣的一種用處，這讓人深感興趣，但在這裡，埋進石疊中的貨幣上，並沒有描繪佛教的圖像。

16. 譯注：兩河流域的女神，一說是月神。

17. 在這三十年左右期間，從犍陀羅與巴米揚發現的古犍陀羅語以及梵語抄本，讓研究邁入了新的階段。這些抄本可以追溯到貴霜王朝、乃至於更古老的時代，其中也包含了所謂的大乘佛教文獻。如何判明迦膩色伽一世的貨幣上描繪佛陀的背景，以及大乘思想的出現，其主因是否受到外來統治勢力的影響？有關這些王朝與佛教的連結問題，等到掌握新出抄本的全貌之際，應該就能獲得新的理解吧！

18. Sims-Williams, N., “Bactrian Historical Inscriptions of the Kushan Period”, *The Silk Road*, 10, 2012。順道一提，雖然我們不知道迦膩色伽這個名字的語源，但一般都被拿來跟印度語中意指「最小、最年輕」的單字相比擬，因此大概是個自認卑微的名諱吧！

19. 順道一提，從努昆祖克這個名字來看，他應該不是出身吐火羅斯坦的人。

20. Sims-Williams, N. “A New Bactrian Inscription from the Time of Kanishka”, in Falk, H. (ed.), *Kushan Histories: Literary Sources and Selected Papers from a Symposium at Berlin, December 5 to 7, 2013*, Bremen: Hempen Verlag, 2015.

21. Inaba, M., “Sedentary Rulers on the Move: the Travels of the Early Ghaznavid Sultans”, in Durand-Guédy, D. (ed.), *Turko-Mongol Rulers, Cities and City Life*, Leiden/Boston: Brill, 2013.

22. Sims-Williams前引文，二〇一二年。

23. 近年在巴克特里亞語世俗文件中，發現了一封提及「貴霜—薩珊王」的信件，由此得知他們實際統治這個地區的狀況。

24. Grenet, F., et. al., “The Sasanian Relief at Rag-i Bibi (Northern Afghanistan)”, in Cribb, J. and G. Herrmann (eds.), *After Alexander: Central Asia before Islam*, Oxford: Oxford University Press, 2007.

25. Sims-Williams, N., "The Sasanians in the East: A Bactrian Archive from Northern Afghanistan", in Curtis, V. S. and S. Stewart (eds.), *The Sasanian Era,* The Idea of Iran, vol. 3, London/New York: I. B. Tauris in association with The London Middle East Institute at SOAS and The British Museum, 2008.

26. 如前所述，在巴格蘭平原西邊的蘇爾赫．科塔爾遺跡中，存在著貴霜王朝的神殿遺跡，這意味著當地在薩珊王朝統治延伸過來以前，就已經具備了歷史的重要性。

27. Melzer, G., "A Copper Scroll Inscription from the Time of the Alchon Huns", in Braarvig J., et al. (eds.), *Manuscripts in the Schøyen Collection: Buddhist Manuscripts 3,* Oslo: Hermes Academic Publishing, 2006.

28. 只是，相關的巴克特里亞語文件是在四六一／四六二年寫成。因為我們知道在吐火羅斯坦，祖父和孫子同名的事例很多，所以在文件中登場的梅哈馬（原文寫成梅亞姆），也有可能是銅板銘文中出現的梅哈馬之祖父。

29. 因為這塊銅板銘文上寫著「梅哈馬統治期間」，所以施主應該是這位國王勢力範圍內的地方領主。又，因為豎立佛塔的村子，其名字應該是從巴克特里亞語的地名轉寫過來（吉田豐，〈巴克特里亞語文件研究的近況與課題〉，《內亞語言之研究》二八，二〇一三年），所以施主稱號中可以看見的「塔拉卡納」這個地名，很有可能是指昆都士東邊的塔盧坎。另一方面也有說法認為，這種地理理解是錯誤的，梅哈馬與施主的統治圈，都是位在興都庫什山脈南側，而塔拉卡納這個地名，也是指位在旁遮普鹽山（Salt Range）的塔拉干（de la Vaissiére, É., "A Note on the Schøyen Copper Scroll: Bactrian or Indian?", *Bulletin of the Asia Institute (New Series)*, 21, 2012; Bakker, H., "A Buddhist Foundation in Śārdīysa: a New Interpretation of the Schøyen Copper Scroll", *Indo-Iranian Journal*, 61, 2018）。確實，我們在山脈北側，沒看過這種用婆羅米文字梵語刻成的金屬板。可是，金屬板的鑄造場所與奉獻場所，未必非得相同不可。四王之中的金吉拉與梅哈馬，還有施主都帶有伊朗系的稱號，而金吉拉又統治了巴克特里亞語圈的迦畢試，因此暗示了梅哈馬與施主，應該也都是歸屬在伊朗語圈底下。

30. 《付法藏因緣傳》應該是成書於四七二年，所以比傳達摩醯邏矩羅動向的碑文年代更久遠，這是必須注意的。雖然關於彌羅掘的記述或許是後世的加油添醋，但也不排除有兩位同名國王存在的可能性。

31. 巴克著，宮本亮一譯，〈希望、失意、榮耀的紀念碑——改變印度的五十年與匈人之戰（四八四—五三四年）〉，宮治昭、福山泰子責編，《亞洲佛教美術論集　南亞Ⅰ　孔雀王朝到笈多王朝》，中央公論美術出版，二〇二〇年。

32. 橫地優子，〈印度教的形成與印度教美術〉，宮治昭、福山泰子責編，《亞洲佛教美術論集　南亞Ⅰ　孔雀王朝到笈多王朝》，中央公論美術出版，二〇二〇年。

33. Pfisterer, M., *Hunnen in Indien: Die Münzen der Kidariten und Alchon aus dem Bernischen Historischen Museum und der Sammlung Jean-Pierre Righetti*, Wien: Verlag der Österreichischen Akademie der Wissenschaften, 2013.

34. Sanderson, A., "The Śaiva Age: the Rise and Dominance of Śaivism during the Early Medieval Period", in Einoo, S. (ed.), *Genesis and Development of Tantrism*, Tokyo: Institute of Oriental Culture, University of Tokyo, 2009.

35. 雖然是後世的例子，不過十世紀下半葉以降，不斷遠征印度的迦茲尼君主馬蘇德，在他擔任皇太子、居住於赫拉特的時候，就以在宅邸的一面牆上，畫著應該是《愛經》的猥褻場面圖像而廣為人知（稻葉穰，〈赫拉特的《愛經》——中古阿富汗的跨文化主義〉，田中雅一、稻葉穰編，《接觸區的人文學　第II卷　Material Culture／物質文化》，晃洋書房，二〇一一年）。這個例子呈現出中亞出身的穆斯林，對印度宗教文化抱持很大的關心，讓人深感玩味。只是在迦茲尼王朝成立以前，阿富汗東部與西北印度興盛的是印度教，因此和貴霜王朝與阿爾孔時代的狀況不同。

36. 岩井俊平，〈後貴霜時期巴克特里亞的陶器編年〉《西亞考古學》四，二〇〇三年。岩井俊平，〈吐火羅斯坦地域間關係的考古學檢討〉，《西南亞研究》六〇，二〇〇四年。

37. 上杉彰紀，〈鐵器時代、古代南亞的陶器變遷——從陶器看北印度與周邊地域〉，《西南亞研究》八九，二〇一九年。

38. 雖然我們還沒有完全解明古代的貨幣製造方法，但中亞與西北印度流通的貨幣，大多是繼承西方傳統的打造工法。工匠首先將兩種（正反面）模型的其中一面設置在車床上，在其上放置貨幣材料；接著他會用一隻手拿著設有另一面圖文的凸模，再用另一隻手上的鎚子敲這個模子，讓材料的兩面都刻上圖樣與銘文。帕科里斯重鑄「Soter Megas」的貨幣，代表前者奪取了後者管轄的貨幣製造所，也就是獲得了這個造幣所所在地域的支配權。

39. Sims-Williams前引文，二〇一五年。

40. 間野英二，〈米爾咱・海答兒的生涯與他的巴達赫尚之旅〉，守川知子編著，《移動與交流的近世亞洲史》，北海道大學出版會，二〇一六年。

41. Thomalsky前引文。

42. 吉田豐，〈縱寫的粟特文字始於何時〉，森部豐編，《粟特人與東歐亞的文化交涉》，勉誠出版，二〇一四年。

43. 譯注：「其言語待河南人譯然後通。」（《梁書・諸夷傳》）

44. Yoshida, Y., “On the origin of the Sogdian surname Zhaowu 昭武 and related problems”, *Journal Asiatique,* 291/1-2, 2003; Yoshida, Y., “Some Reflections about the Origin of Čamūk”, in Moriyasu, T. (ed.), *Papers on the Pre-Islamic Documents and Other Materials Unearthed from Central Asia,* Kyoto: Hōyū Shoten, 2004; Yoshida, Y., “Chamuk: A Name Element of Some Sogdian Rulers”, in Durkin-Meisterernst, D., et al. (eds.), *Turfan Revisited: The First Century of Research into the Arts and Cultures of the*

Silk Road, Berlin: Dietrich Remier, 2004.

45. 吉田豐，〈貨幣銘文中反映的突厥族對粟特之支配〉，《京都大學文學部研究紀要》五七，二〇一八年。

46. Falk, H. and N. Sims-Williams, “A Decorated Silver Pyxis from the Time of Vāsudeva”, in Team Turfanforschung (ed.), *Zur lichten Heimat: Studien zu Manichäismus, Iranistik and Zentralasienkunde im Gedenken an Werner Sundermann,* Wiesbaden: Harrassowitz Verlag, 2017.

47. 內記理，《犍陀羅雕刻與佛教》，京都大學學術出版會，二〇一六年。

48. Salomon, R., “A Fragment of a Collection of Buddhist Legends, with a Reference to King Huviṣka as a Follower of the Mahāyāna”, in Braarvig, J., et al. (eds.), *Manuscripts in the SchØyen Collection: Buddhist Manuscripts 2,* Oslo: Hermes Academic Publishing, 2002.

49. Marshak, B., “Une Peniture Kouchane sur Toile (avec Note Additionnelle par Frantz Grenet)”, *Comptes Rendus des Séances de L’année-Académie des Inscriptions et Belles-Lettres,* 150/2, 2006。田邊勝美，〈描繪胡毗色伽王與臣下的棉布畫——有關現存印度最古老布畫的蓋然性〉，《國華》一四四七，二〇一六年。

50. Cheung, J., “On the Origin of the Terms “Afghan”&”Pashtun”(Again)”, *Serie Orientale Roma (Nuova Serie)*, 5, 2017.

51. Gyselen, R., *La Géographie Administrative de L’empire Sassanide: Les Témoignages Épigraphiques en Moyen-perse,* Bures-sur-Yvette: Groupe pour L’étude de la Civilisation du Moyen-Orient, 2019.

參考文獻

小谷仲男，《大月氏——中央アジアに謎の民族を尋ねて（大月氏——探尋中亞的謎之民族）》，東方書店，一九九九年（新裝版二〇一〇年）

桂紹隆等編，《シリーズ大乗仏教 第一巻　大乗仏教とは何か（叢書大乘佛教　第一卷　大乘佛教是什麼）》，春秋社，二〇一一年

樺山紘一等編，《岩波講座世界歴史6　南アジア世界・東南アジア世界の形成と展開（岩波講座世界歷史6　南亞世界、東南亞世界的形成與發展）》，岩波書店，一九九九年

桑山正進，《カーピシー＝ガンダーラ史研究（迦畢試——犍陀羅史研究）》，京都大學人文科學研究所，一九九〇年

小谷汪之編，《世界歴史大系　南アジア史2——中世・近世（世界歷史大系　南亞史2——中古、近世）》，山川出版社，二〇〇七年

定方晟，《異端のインド（異端的印度）》，東海大學出版會，一九九八年

草原考古研究會編，《鍑の研究——ユーラシア草原の祭器・什器（鍑的研究——歐亞草原的祭器與日常器具）》，雄山閣，二〇一一年

曾布川寛、吉田豊編，《ソグド人の美術と言語（粟特人的美術與語言）》，臨川書店，二〇一一年

奈良康明、下田正弘編，《新アジア仏教史1　インドⅠ　仏教出現の背景（新亞洲佛教史1　印度Ⅰ　佛教出現的背景）》，佼成出版社，二〇一〇年

奈良康明、石井公成編，《新アジア仏教史5　中央アジア 文明・文化の交差点（新亞洲佛教史5　中亞　文明、文化的交叉點）》，佼成出版社，二〇一〇年

林俊雄，〈ユーラシアにおける人間集団の移動と文化の伝播（歐亞人類集團的遷徙與文化的傳播）〉，奈良間千之編，《中央ユーラシア環境史 第1巻　環境変動 と人間（中央歐亞環境史　第1巻　環境變動與人）》，臨川書店，二〇一二年

前田耕作，《バクトリア王国の興亡——ヘレニズムと仏教の交流の原点（巴克特里亞王國的興亡——希臘化與佛教交流的原點）》，筑摩學藝文庫，二〇一九年（初版，第三文明社，一九九二年）

森祖道、浪花宣明，《ミリンダ王——仏教に帰依したギリシャ人（彌蘭王——皈依佛教的希臘人）》，清水書院，一九九八年（新裝版二〇一六年）

山崎元一、小西正捷編，《世界歴史大系　南アジア史1——先史・古代（世界歷史大系　南亞史1——史前、古代）》，山川出版社，二〇〇七年

魏義天著，影山悅子譯，《ソグド商人の歴史（粟特商人史）》，岩波書店，二〇一九年

Alram, M., *Das Antlitz des Fremden: Die Münzprägung der Hunnen und Westtürken in Zentralasien und Indien,* Wien: Verlag der Österreichischen Akademie der Wissenschaften, 2016

Bakker, H. T., *The Alkhan: A Hunnic People in South Asia,* Companion to Hunnic Peoples in Central and South Asia: Sources for Their Origin and History; fasc. 1, Groningen: Barkhus, 2020

Balogh, D. (ed.), *Hunnic Peoples in Central and South Asia: Sources for Their Origin and History,* Groningen: Barkhus, 2020

第十三章
東南亞的初期國家與印度化

青山　亨

前　言

當談論古代人物的時候，我們應該以什麼為線索來討論比較好呢？如果這個人物有留下自己的話語（比方說碑文之類），那就再好不過，但若真的沒有，那就只能仰賴同時代他者的敘述（比方說中國的漢文紀錄等），或是後代人的述說（傳承或編年史等）了。當然，這些述說在談論的視角上會各自迥異。述說古代東南亞人物史的本章，也是從這些參差不齊的話語堆中，設法編織出來的。

東南亞是從前兩千紀末左右開始進入金屬器文化時代，先是青銅器，接著也使用鐵器。隨著稻作初始、社會分工持續發展，在集居的人們之間，也出現了階層分化。作為權力象徵的威信財（prestige goods），其交易網絡從東南亞一路延伸到東亞與南亞，印度製的玻璃珠與迴轉紋陶器、北越的東山銅鼓等，都透過海路與陸路的網絡相互交流。不久後從積累物資與資訊的網絡據點中，出現了古代城市，這些城市中又有一些發展成初期國家。雖然有驃族的城郭城市（最古可以回溯到前二世紀）、孟族的護城河城市，還有以扶南為代表性的城市，但對這個沒有文字紀錄留存的時期，我們還是不得不靠考古學資料來推測人們的活動。

到了前三世紀，在東南亞北方崛起巨大的統一帝國，那就是中國的秦與接下來的漢。巨大帝國的出現，雖然對周邊各地域產生很大的影響，但在談論東南亞的歷史時，有兩個特別重要的意義：一個是隨著領土擴張的接觸與合併，另一個則是與帝國境外地域的交流，這些動向都是透過漢文留下紀錄。

帝國的領土雖然是向四方擴張，但往西南方面，是沿著長江深入內陸，一直抵達現在的雲南省，往南方則是越過南嶺山脈，將領土拓展到現在的廣東省以南。結果，中國遂和現在的東南亞接觸，或者說將其一部分納為自己的領土。

原本是秦帝國官吏的趙佗，在秦朝垮臺後獨立建國、成立南越，將統治範圍延伸到越南北部。西漢武帝再次占領了這塊地域，之後越南中北部（中國稱為交州）受到中國支配，為期超過一千年之久。這段期間中，當地住民的抵抗與中國化，以及移居交州中國人的在地化，是同步進行的。雖然這個地區後來以「越南」之姿獨立了，但越南還是把中國文化（漢文、儒教、佛教等）當成自己的文化認同加以內化。前面提到的趙陀建立南越、東漢時爆發的徵氏姊妹叛亂，還有東漢末年士燮的活動，越南方面對這些事件的評價，反映了中國與越南間的複雜關係。

就在漢帝國繁盛的時候，西方也有羅馬帝國興起，中國與西方世界於是產生了接觸的機會。經海路抵達漢帝國最南端日南郡（今越南中部）、自稱羅馬皇帝奧理略使者的人物，以及經由雲南遣使的雍由調帶來的大秦（中國對羅馬帝國的稱呼）魔術師等，都是來自西方的訪客。在中國方面，經西域派遣到大秦的甘英很有名，但獲得交州的中國，也對透過東南亞海路與西方世界的交通深表關切。三國時代的吳派遣康泰與朱應到扶南，是中國人訪問東南亞的最古老紀錄。

對於域外的統治者，中國雖然承認他們為該國之王，但也要求他們向中國朝廷朝貢，建立了稱為冊封體制的關係；扶南的闍耶跋摩獲得「安南將軍扶南王」的稱號，就是一個好例子。從這些朝貢國家獲得的資訊，都以漢文紀錄的形態被累積下來。扶南（今地名不明）的名號之所以能流傳到今天，以及扶南最初期的國王范師蔓、范旃、范尋、竺旃檀等人的名字能為人所知，除了康泰和朱應的紀錄外，主要還是來自對中國朝廷的朝貢。

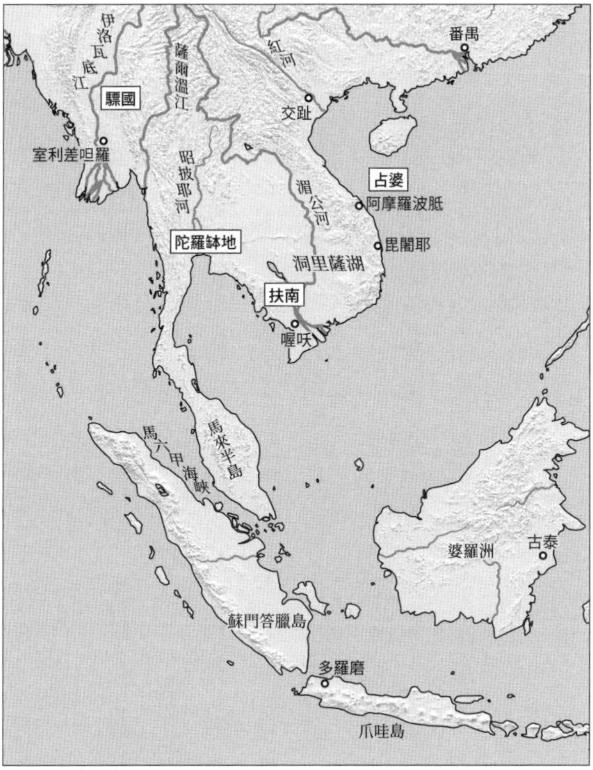

一至六世紀的東南亞

在與中國的關係中，令人深感興趣的是東漢末年從中國支配下獨立、位於越南中部的占族之國（七世紀以降稱為占婆）。這個國家被中國稱為林邑（後來又稱環王、占城）；他們雖然向中國朝貢，但也和中國（在越南北部從中國獨立後則是大越）在領土上進行反覆的拉鋸戰。就像林邑王范胡達的當地名字「拔陀羅跋摩」所示般，占族很早就接納了印度文化，將自己的認同與中國做出了嚴密區別。

東南亞雖然從西元前開始就和印度有長期交涉，但真正受到印度文化深刻影響，是從五世紀左右開始。這個時期印度文化之所以廣傳，其背景是四世紀後半邁入極盛期的北印度笈多王朝梵語古典印度文化的發展；這種文化也廣傳到南印度，接著又傳到與南印度透過交易密切聯繫的東南亞。當時已經在各地崛起的初期國家統治者，都積極採納印度文化，以提升自己的威信與正統性；這種動向就稱為「印度化」。

關於印度化的特徵，我們可以舉出以下這些例子：借用印度教眾神的威勢來誇示王權、透過婆羅門儀式將王權正統化、在王名中使用意指「鎧」的「跋摩」之類梵語、使用印度的塞迦曆（以西元七八年為紀元初始的太陰太陽曆）、對印度教史詩與往世書故事的接納，以及對印度教、上座部佛教、大乘佛教的信仰等。

在這當中，特別是透過帕拉瓦文字（南印度系婆羅米文字的一種）使用梵語，讓文字紀錄變成可能這點，為東南亞的歷史帶來巨大轉變。以四〇〇年左右為界，東南亞的統治者開始把自己的話語留在碑文上。

因為一開始的碑文語言是梵語，所以撰寫者的民族出身有許多不明之處，但隨著時代演變，也開始出現用占語等當地語言記錄的作品。又，最初期的碑文雖然欠缺年號，但也會出現像前述的林邑拔陀羅跋摩以及扶南的Rudravarman這樣，有漢文名字（范胡達、留陁跋摩）足以對照、能鎖定在位期間的人物。

雖然國王們透過印度化，將一直以來不曾有過的權威與紀錄手段掌握在手中，但初期王國的運作，基本上是不斷在試誤中摸索。像穆拉跋摩與婆羅納跋摩的王國這樣僅維持一任或幾任就消失無蹤的例子，並不在少數。王國的存續，雖然必須仰賴優秀的繼承人與地理條件，但除此之外，持續維持王統（梵語稱為「vaṃsa」〔史〕）的努力，與讓這種維持成為可能的條件，也是必要的。初期王國中被認為相對關心譜系的扶南，會談論憍陳如（Kauṇḍinya）這位（雖然是虛構的）王統創始者的名號，並非偶然。在本章處理的時代後，我們還會不斷遇到談論王統的國王，但這點就讓別卷談論了。

趙佗（？—前一三七年）

前二二一年，秦統一中國全境，秦王改稱始皇帝（參見第七章）。秦一方面在內政上實施郡縣制、推動中央集權化，另一方面也積極展開對外征伐；這些對外的征伐，包括了對北方匈奴的掃蕩與對南方嶺南的征服。

南嶺山脈以南的嶺南，包括現在中國的廣東省、廣西壯族自治區，隨時代還會包含越南北部的紅河三角洲。因為有山脈阻礙，所以漢族踏足此地較晚，自古以來就是人稱越（粵）、百越等非漢族的居住地，同時也是象牙、犀角、珍珠等南方產物，透過海陸路集散的要地。始皇著眼於這樣的利益，派遣軍隊占領此地，在前二一四年設置了南海郡、桂林郡、象郡三郡。

但是當始皇在前二一〇年病逝後，第二年以陳勝、吳廣之亂為導火線，中國全境都陷入動亂之中。這時候在南海郡擔任龍川縣令的，是出身河北省真定的漢族人趙佗。趙佗從臥病命危的南海郡上司那裡，接獲「抵抗掠奪亂兵、守護南海郡」的指示，並被委以後事。前二〇七年秦滅亡後，趙佗占領了鄰近的桂林郡與象郡，建都番禺（今廣州市），自稱南越武王（約前二〇七—前一三七年在位）。

對重新統一中國的漢高祖（劉邦，參照第七章）而言，內政安定是優先課題，因此他派遣以能言善道著稱的陸賈出使南越。被陸賈動之以情、說之以理的說服打動，趙佗答應臣屬於漢，並獲封為南越王。

高祖過世後，掌握實權的呂后禁止和南越進行鐵器交易。趙佗對長沙國劍指南越的計略大表反彈，反覆入侵長沙。漢雖然派遣軍隊，但因為苦於瘴氣，士卒的士氣始終無法提升，因此在呂后過世後便立刻撤退了。趙佗沒有放過這個機會，將閩越（今福建省）與西甌、駱越（今越南北部）都納為屬地。之後，南越的統治逐漸延伸到越南北部，其領域東西超過萬里，趙佗也稱武帝，大擺皇帝的威風。

呂后過世後成為漢朝皇帝的文帝改採懷柔政策，將被呂后破壞的趙佗一族墓地修復、拔擢趙氏一族，同時再度派陸賈出使。趙佗表面上對漢宣誓忠誠，但在國內依舊擺出皇帝架子。就這樣，直到前一三七年享盡天壽為止，趙佗透過和中國間的巧妙外交手段，建立了持續五任國王的南越獨立基礎。最後南越雖然在前一一一年為漢武帝所滅，但從廣州市內發掘的第二任國王趙眛王墓中，發現了青銅器、翡翠玉衣、刻有「文帝行璽」（文帝是趙眛的諡號）字樣的金印等，充分展現了南越興盛時期的繁榮與政治威信。

南越一方面是把中國文化引進越南北部的仲介者，同時也可說是讓漢朝統治越南北部成為可能的奠基者。越南在十世紀中葉從中國獨立後，一開始是把趙佗當成越南王，但隨著民族意識日益高漲，漸漸把他當成中國方面的統治者來看待。

徵氏姊妹：徵側（？—四三年）、徵貳（？—四三年）

紅河三角洲廣闊延伸的的越南北部，從約前四世紀開始，就以使用青銅器和鐵器、進行水稻栽培的東山文化而繁榮，並形成一種由「雒侯、雒將」的當地有力人士進行支配之階層社會。

在秦朝滅亡後，這個地域被納入趙佗建立的南越國治下，但自西漢武帝滅亡南越以來，便成為漢的直轄地。後來稱為交州的直轄地九郡中，交趾、九真、日南三郡約相當於現在的越南中北部。郡的太守由漢人擔任，縣的統治則委任給雒將等當地有力人士，但兩者的關係持續緊張，於是在東漢時代爆發了徵氏姊妹（Hai Bà Trưng）之亂。「Hai Bà Trưng」在越南語中是指「兩位徵氏夫人」（二徵夫人）：姊姊徵側、妹妹徵貳。

根據中國方面的紀錄，雒將的女兒徵側，因為交趾郡的漢人太守蘇定假借法律之名肅清她的丈夫，感到憤恨不平，於是在四〇年和妹妹一同起兵造反。九真郡、日南郡、合浦郡的人們紛紛響應，一路攻陷了六十五座城池，徵側且自立為王。面對這種狀況，東漢光武帝在四二年派將軍馬援，動員超過一萬

徵氏姐妹　東湖畫（後代越南庶民版畫）中描繪的徵氏姐妹

兵力進行鎮壓。第二年，馬援擊破叛軍，將徵氏姊妹斬首並傳首洛陽。馬援一直在當地留到四四年，致力恢復治安。徵氏姊妹叛亂後，東山文化的遺跡就不再出土，由此可一窺當地統治階層的中國化進展。

十世紀中葉越南脫離中國的掌控，在黎朝時期編纂的正史《大越史記全書》中，徵氏姊妹被列入越南歷史中的國王。不只如此，在陳朝時期編纂的傳說集《越甸幽靈集》中，也稱徵氏姊妹為「徵聖王」，將之視為死後與來世仍有靈威的傑出英雄典範。

根據這本書，徵氏姊妹死後，民眾建立悼念兩人的祠堂，當成福神代代祭祀。之後在李朝英宗的時候，國土苦於嚴重旱災，這時徵氏姊妹出現在英宗夢中，回應他的祈願讓雨落下，因此英宗下令修復荒廢的祠堂加以祭祀；不只如此，他更在城外建立新的祠堂，賜予徵氏姊妹「靈貞夫人」的稱號。

陳朝因為屢屢受元軍入侵，民族意識高漲，於是將民間對徵氏姊妹的信仰，納入國家的祭祀之中。之後把徵氏姊妹當成民族英雄的傳承，一直持續到近現代。阮朝末期抵抗法國殖民統治的民族主義者潘佩珠，就創作了以徵氏姊妹為主角的戲曲，力陳女性也能擔任民族主義運動的推手。

現在，河內市有以徵氏姊妹命名的「二徵夫人郡」，裡面有李朝英宗時建立的祠堂。又，近年來在徵氏姊妹的出生地麓泠縣，也建立了宏偉的二徵夫人祠。

范師蔓、范旃、范尋、竺旃檀

范師蔓（或稱范蔓）等四人是約二世紀到四世紀扶南的國王；他們的名字都是出現在六世紀到七世紀撰寫的中國文獻中，至於他們在當地的名字，則沒有留下任何紀錄。扶南是約從一世紀到七世紀，立足於印度支那半島南部湄公河流域的王國，雖然現今地名不詳，不過構成其主體的民族，據推斷應該屬高棉系。

三世紀上半葉在交州建立半獨立政權的士燮過世後，吳國直接統治交趾，並派遣使者到南海諸國；扶南首次朝貢，就是響應吳國的召喚。吳國孫權注意到扶南在南海交易中的重要性，派遣康泰和朱應前往扶南。

根據康泰的紀錄，過去扶南有位名叫柳葉的女王；同時在外國有一位叫做混填（按文獻而有不同的寫法）的男子，一心一意侍奉神明。有一天神明出現在混填夢中，給了他一張弓，要他搭乘商船出海，於是混填搭著船、在神風幫助下抵達了扶南。柳葉意圖奪取他的船，但因為害怕混填的箭威而投降。

康泰的紀錄到此為止，但根據六世紀寫成的《南齊書》所述，混填娶了柳葉為妻，不過他討厭柳葉裸體，所以教她穿著衣物，並治理國家。兩人的子孫代代統治扶南，但國王混盤況過世時，國人擁立大將范師蔓為王。范師蔓罹病後，他姊姊的兒子范旃殺害了范師蔓及其長子，奪取王位。范旃在二四三年曾向吳國遣使。可是，范師蔓的幼子范長又在十餘年後殺了范旃，為父兄復仇，接著范旃的大將范尋又殺了范長。范尋在國人的支持下登上王位。吳國的康泰與朱應訪問扶南時，曾和印度前來的使者相遇，當時正是范尋稱王的時候。在吳被晉取代後的三五七年，扶南王竺旃檀曾獻上大象，可是皇帝認為這份獻禮無用，於是退了回去。

這些國王中，從混填到范師蔓都沒有向中國朝貢的紀錄，因此實際狀況不明。有一說認為混填是印度人名憍陳如的音寫，混填的來訪為扶南帶來了印度化，但這種看法現在被否定了。如果混填真實存在，會是在一到二世紀左右，但當時東南亞還沒有印度化的徵兆，所以應當將混填視為建國傳說中的人物。范師蔓也沒有歷史根據，但七世紀的《梁書》提到范師蔓征服了周邊各國，因此可以推測，這是反映了扶南在發展期，對橫跨馬來半島聯繫孟加拉灣的交易路徑，有著強烈影響力的記憶。

竺旃檀的名字很有印度特色（竺是天竺，旃檀則是「Candana」，也就是一種白檀）。姑且不論這點，直到四世紀為止的扶南，雖然的確曾和印度接觸，但受印度文化影響的狀況，仍然無法確定，扶南清楚出現印度要素，要等到憍陳如傳承誕生的五世紀。

憍陳如（生卒年不詳）

憍陳如是傳說中將印度文化帶進扶南的人物。除了七世紀中國的紀錄有「憍陳如」、同時代的碑文也有「Kauṇḍinya」的名號出現外，十世紀的柬埔寨碑文中，也把他稱為譜系的始祖。

根據考古學調查，扶南約從一世紀開始隨著低窪濕地的開拓，開始有人居住。不只如此，在被認定為扶南港市的喔呋遺跡中，出土了東漢的夔鳳鏡、羅馬的金幣、東南亞的旭日銀幣、印度的印度教神像等，由此可知此地作為東西交易與東南亞域內交易的中繼地，扮演了重要的角色。

中國文獻中首次出現扶南的名號，是在三世紀前半。之後直到四世紀末，范旃、范尋、竺旃檀等國王陸續向吳和晉朝貢；再往後雖然有一段時間中斷遣使，但自五世紀前半持梨陁跋摩再次向南朝宋（劉宋）朝貢以來，便一直反覆遣使。

根據七世紀撰寫的《梁書》記述，並透過碑文補上當地名字，可以得知在竺旃檀之後，是一位叫憍陳如的人擔任國王。憍陳如原本是天竺（印度）的婆羅門，但接獲神諭要他成為扶南王；他聽了大喜，於是來到南方的盤盤（被認為是馬來半島東岸）。扶南人聽說這件事後，舉國歡喜迎接他，擁立他為王。憍陳如稱王之後改變國家制度，使用天竺的法度。

憍陳如逝世後，四三四年持梨陁跋摩（當地名不詳）遣使至劉宋；以此為開端，接下去又有憍陳如闍耶跋摩向齊、梁遣使。五〇三年當他獻上珊瑚佛像時，梁武帝稱讚他的功績，賜予他「安南將軍扶南王」的稱號。闍耶跋摩王在五一四年逝世，他的庶子留陁跋摩殺害了異母弟，即位為王。留陁跋摩也獻上天竺旃檀瑞像（印度的白檀佛像），並上奏表示在扶南有長一丈二尺（以當時的基準來說，大概是將近三公尺）的佛髮，對梁積極展開佛教外交。

另一方面，在六世紀左右的梵語柬埔寨碑文中，曾寫到憍陳如闍耶跋摩的妻子受毗濕奴神的加護，並建立神像；憍陳如譜系的某位國王（名字不詳），曾把獻給毗濕奴神足跡像的祠堂管理責任交給自己的兒子；信奉佛陀的留陁跋摩，其父王闍耶跋摩也曾將財產委任給婆羅門管理。這些碑文的人名，都可以和《梁書》中出現的王名相互對照。

這些紀錄顯示，六世紀的扶南王們，都自稱是屬於以憍陳如為始祖的譜系。憍陳如是印度婆羅門階級的氏族名，作為人名也廣為人知。故此有種解釋認為，曾有位叫做憍陳如的婆羅門到來乃是史實，而印度婆羅門的到來與稱王，則是開啟了扶南印度化與國家形成的契機。但是比較貼近「印度化」實際狀態的看法，是在印度化之前已經邁入初期國家階段的扶南，以主體方式吸收印度文化，而扶南王族為了誇示自己譜系的正統性，利用了傳承憍陳如的名號。

這種看法和七世紀在占婆聖地美山建立、梵語碑文上記載的憍陳如傳承中所帶有的神話色彩也若干符節。根據傳承，婆羅門憍陳如拿著印度教史詩《摩訶婆羅多》中，勇者德羅納之子馬嘶授予的槍，刺進柬埔寨的波瓦婆羅（Bhavapura）之地，並和原居當地的蛇王女兒蘇摩結婚。從這兩人婚姻開始的譜系，在十世紀的柬埔寨碑文中，也被當成是吳哥王族的譜系加以述說。

不管怎麼說，以六世紀前後為分水嶺，扶南確實急遽地印度化。結果，包括使用帕拉瓦文字梵語進行表述、採行印度塞迦曆、信奉印度教與大乘佛教、透過憍陳如譜系將王權正統化，以及使用包含「跋摩」等梵語作為王名等印度風習，漸漸變得普遍化。在扶南王族中，雖然是佛教與印度教信仰並存，但他們對傾慕佛教的梁武帝，積極利用佛教展開外交的樣貌，也可以窺見一斑。

邁入七世紀後，扶南逐漸衰退，不久後被從湄公河中游南下的高棉族真臘（當地名字不明）吞併。但是，作為印度化象徵的文化英雄憍陳如，其形象從扶南歷經真臘，被吳哥所承繼。

穆拉跋摩（約四〇〇年在位）

穆拉跋摩是四〇〇年左右，統治印尼婆羅洲島東部東加里曼丹省古泰地區的國王。

在馬拉坎河中游的穆亞拉．卡曼（Muara Kaman），發現了穆拉跋摩王發布的七塊碑文，這些碑文都是用帕拉瓦文字梵語寫成。雖然上面沒有年號，但從字體推定應該是四〇〇年左右。這是東南亞島嶼地帶最古老的碑文，其以尤帕（Yūpa，用來綁犧牲動物的奉獻柱）石柱呈現的形貌，也是一大特徵。

根據碑文，人臣之王庫敦卡（Kudungga），有位和安舒曼（印度傳承中有名的薩迦羅王之孫）足以比肩的知名兒子阿修瓦瓦跋摩，為王統創始者。阿修瓦瓦跋摩有三個兒子，其中最傑出的兒子，亦即「王中之王」穆拉跋摩，因為要執行巴夫斯瓦爾納卡（「大量黃金」之意）儀式，所以讓婆羅門之長建立了這座奉獻柱。其他碑文則說，當國王在瓦普拉克修瓦拉這個聖地，捐獻一〇二〇頭牛給婆羅門的時候，聚集在這裡的僧侶建立了這座奉獻柱。除此之外，還有將國王比喻為薩迦羅王的曾孫跋吉羅陀王的片斷字句留下。

這些碑文呈現了東南亞在地勢力歷經世代逐漸印度化的狀況。相較於穆拉跋摩與他的父親阿修瓦瓦跋摩在名字中帶有「跋摩」這個梵語字眼，祖父庫敦卡則根據推測，應該是當地語人名的音寫[1]。從這點來看，他們在祖父一代雖是地方上有勢力的人物，但還沒有接受印度文化，直到父親一代才接納印度文化，將王權加以正統化，到了穆拉跋摩這代，則更進一步讓周邊勢力臣服，號稱「王中之王」。

碑文中出現的跋吉羅陀，他歷經嚴酷苦行、終於淨化父親安舒曼之叔父們罪過的事跡雖然相當有名，不過這種記述代表了當地人已經接受印度教的傳承。不只如此，使用梵語王名、透過婆羅門儀式讓王權正統化、使用印度文字梵語發布碑文等要素，都是東南亞印度化共同呈現的特徵。只是另一方面，瓦普拉克修瓦拉這個聖地並不屬於印度名，所以有人認為可能是與當地信仰融合了。

穆拉跋摩的王國名稱不明，中國方面也沒留下類似的紀錄，因此他過世後王國的命運，我們一無所知。在這個地域雖然除了碑文外，還有印度式的遺物零星出土，但因為在地理上遠離東西交易的主要路徑，所以最後似乎都只能歸結為孤立的印度化事例。這個地區再次在歷史上出現，要等到伊斯蘭化的十六世紀以降。

婆羅納跋摩（五世紀初期在位）

婆羅納跋摩是印尼爪哇島西部多羅磨王國，五世紀初期在位的國王。

和多羅磨王國相關的碑文，共發現了七塊，每一塊都是用帕拉瓦文字梵語寫成。因為上面沒有年號，所以只能從字體推定應該是比婆羅洲島穆拉跋摩王的碑文時代稍晚，約為四五〇年左右；也就是說，它是爪哇島最古老的碑文史料。

在七塊碑文中，除了一塊出土於萬丹省芝利翁河以外，其他有五塊都是位在西爪哇省茂物縣的山區，特別是西薩達內河上游流域，集中出土了四塊碑文。

這四塊碑文中的兩塊，刻有多羅磨國王婆羅納跋摩的足跡；碑文將之讚賞為毗濕奴神的足跡，並記載婆羅納跋摩王征服敵對城市、臣服諸王、帶來繁榮的事跡。其他碑文則刻有象的足跡，將多羅磨國王乘坐的象比喻為因陀羅神的坐騎愛羅婆多。這些碑文一方面是多羅磨

刻有婆羅納跋摩足跡的查東碑文　十九世紀後半拍攝的照片，現在被安置在河岸。

國王藉著印度教的威勢來誇示權力的正統性，同時也展現了多羅磨國壓制敵對各勢力而確立勢力圈的狀況。

但是，七塊碑文中最讓人深感玩味的，是位在雅加達市北部、靠近爪哇海的查貢河下游發現的托古碑文。根據這篇碑文，很久以前由王中之王某位尊師開鑿的昌多拉巴卡河，它的河水流過享譽盛名的都城後注入海中；現在德行高超的婆羅納跋摩王，在他統治的第二十二年，下令進行新運河的開鑿工程，共花了二十一天開通。為了長六一二二達努（約十一公里）的這條運河，國王捐贈了一千頭牛給婆羅門；婆羅門為了讚譽這條河的清澈，於是將它命名為「高瑪迪」（牛群眾多之意），這條河也是注入海中。

雅加達市位在茂物市南側山岳地帶與北側爪哇海之間的沖積平原，即使是現在，每到雨季，從山岳地帶流下的大量暴漲河水，還是會年年造成氾濫的災情。托古碑文出土的地點雖位在現今查貢河往東北彎曲處，但過去曾留下直線前進的痕跡。婆羅納跋摩王的開鑿事業因此可以推測是為了防止舊河川下游氾濫，所以設法利用自然地形在短時間之內做出一條替代河道。

婆羅納跋摩王的碑文清楚呈現了東南亞印度化的特徵。托古碑文中出現的兩條河川雖然實際存在於印度，但借用印度教史詩與往世書中有名的地名，這樣的事例在印度化時期的東南亞可謂屢見不鮮。不只如此，使用包含「跋摩」等梵語在內的王名、借用印度教神明的威勢誇示王權、透過婆羅門儀式讓王權正統化、使用印度文字梵語發布碑文等要素，都是五世紀左右在東南亞各地進行的印度化中可以看到的共通特徵。

根據考古學得知，早在多羅磨國出現之前，從約前四〇〇年起，在爪哇島西部的爪哇海沿岸地帶，就有當地的布尼文化昌盛，人們也持續展開定居。在出土品中，有發現印度式的迴轉紋陶器，由此可以看出連結南亞與東南亞的交易網絡持續數世紀之久的事實。經過這個階段後，當地權力者積極採納印度文化，而作為此時期代表的，可以說就是婆羅納跋摩。

考古學調查也顯示，多羅磨國的領域很有可能比碑文的分布還要來得更廣。關於流過查貢河東方的芝塔龍（Ci Tarum）河，巽他語的「Ci」是「河」的意思，而「Tarum」有一種說法，認為就是來自「多羅磨」。事實上，在芝塔龍河下游的跋陀闍耶（Batujaya）遺跡中，有發現推定是六、七世紀左右的眾多磚造佛教寺廟遺跡，而在更東方的查布阿雅遺跡中，則發現伴隨毗濕奴神像的印度教遺跡。因為這些遺跡中都沒有碑文出土，所以目前尚無法斷定與多羅磨國之間的關係，但可以期待在今後的調查中獲得解明。

在婆羅納跋摩王之後，就沒有任何有關多羅磨國的碑文留存。從《新唐書》的紀錄來看，對唐朝遣使的多羅磨國，應該就是這個塔魯馬（Taruma）國；若真如此，那它很有可能一直存活到七世紀。爪哇島西部出現嶄新政治權力巽他王國的紀錄，要等到十世紀；另一方面，從爪哇島整體來看，核心的政治勢力自八世紀以降，主要是在島嶼的中部與東部發展。

其他人物

驃族

驃族是以藏緬語族的驃語為母語之民族集團。最晚從西元前開始，他們就已經居住在伊洛瓦底江的支流區域，也就是緬甸中部的乾燥地帶。從很早開始，他們就已經信奉印度化的佛教與印度教。驃族留有具備護城河與城牆、磚造的城郭城市，包括室利差呾羅（緬語稱為達耶奇他雅）、哈林、毗濕奴城等，都被登錄為緬甸最初的聯合國教科文組織世界遺產。這些遺跡共通的特徵，是有收納骨灰的骨灰罈、具有特色的銀幣與髮飾等。十一世紀興起的蒲甘王國首都蒲甘，其地名語源被認為來自「驃人的村子」（Pyu gama），也就是說，驃族的傳統也被後代的緬族所繼承。在中國紀錄中，他們以「驃」之名登場。在唐代，他們曾透過立足於雲南地區的南詔，經由陸路遣使；據紀錄，該國是一個擁有百餘座莊嚴佛寺、遵奉佛法的繁榮城郭城市。八三二年遭到南詔攻打後日益衰退，之後應該是逐漸被緬族所同化了。

孟族

孟族是以孟—高棉語族的孟語為母語之民族集團。在緬系與泰系各民族南下印度支那半島以前，他們是居住在泰國中央地帶的昭披耶河流域到緬甸南部的原住民族。在東南亞中，他們是最早印度化的民族，信奉佛教與印度教，對緬系與泰系民族產生了文化影響。他們在昭披耶河流域的陀羅缽地（六世紀—十一世紀）與泰國西北部的哈利奔猜（約十一世紀—十三世紀末）等地建立王國。根據緬甸的編年史，一〇五七年蒲甘王國的阿奴律陀王攻占了位在八都馬灣沿岸、孟族的王國塔頓，將當地的上座部佛典與許多僧侶、工匠帶回王都，確立了緬甸佛教文化振興的基礎。孟族現在仍在泰國與緬甸境內以少數民族之姿生活。

漢武帝（劉徹）

前一五六—前八七年，中國西漢第七任皇帝（前一四一—前八七年在位）。他一方面定儒教為官學，透過實質施行郡縣制強化中央集權體制，另一方面也採取對外擴張政策。與對北方匈奴、東方朝鮮的遠征並行，武帝在前一一一年消滅了南方的南越，在當地設置南海郡等九郡作為直轄地。九郡中的交趾、九真、日南三郡，相當於現在的越南中北部。將越南置於支配下這件事，代表中國獲得了紅河三角洲豐饒的稻作地帶，以及經由南海進行東西海上交易的據點。東漢末年，這個地區改稱交州，唐代在此設置安南都護府。就像這樣，自武帝占領南越直到十世紀中葉為止的一千多年，越南都處於中國的政治支配下。在這段期間中，中國的制度和文化被引進，使得在地的民眾持續中國化，但移居中國人的在地化也有顯著進展。

士燮

一三七—二二六年，東漢末到吳國初年，在交州建立半獨立政權的統治者。越南語中稱他為「Sĩ Nhiếp」。士家是從山東省移居交州，逐漸在地化的漢人家族。士燮在洛陽修習儒學後就任交趾太守，之後直到過世的四十年間，都在東漢末年的混亂時期中，致力安定當地的政治情勢。在頗具教養、人格溫厚的士燮旗下，聚集了許多逃離戰亂的名士。據說當士燮出入居城時會有樂器演奏，還有焚香的胡人（自西方世界渡海而來的人）數十人隨侍，展現交趾因南海貿易而繁榮的活絡景象。之後，當吳國孫權將勢力伸往交州的時候，士燮一族表示恭順之意，得以保全地位，並持續向吳進貢珍珠等南方產物。士燮過世後，孫權打算直接統治交州，遭到士燮的兒子們反抗，於是他派呂岱滅了士氏一族。之後，當十世紀中葉越南從中國治下獨立後，越南將士燮評價為帶來儒學與漢字的文化英雄，後來更進一步被神格化。

奧理略

一二一—一八〇年（一六一—一八〇年在位），羅馬帝國皇帝。中國人稱之為「安敦」，五賢帝中的最後一位，雖是著有斯多噶哲學作品《沉思錄》的哲學家皇帝，但其統治期間戰亂不斷；特別是在帝國東方，羅馬和伊朗人的帕提亞王國（安息），圍繞著亞美尼亞的統治權，不斷展開爭鬥。帕提亞位居東西貿易中繼地的要衝，其中特別重要的交易品是深受羅馬人喜愛的中國特產絲綢；羅馬人就以來自希臘語「絲綢」的「Serica」這個詞來稱呼中國。另一方面，中國則稱羅馬帝國為大秦，東漢在九七年派遣甘英經帕提亞前往大秦，但在中途受大海所阻，因此放棄了接觸的念頭。之後在一六六年，有自稱大秦王安敦使者的人物，來到漢帝國最南端的日南郡，獻上象牙、犀角、玳瑁（海龜的一種，其甲殼是龜甲工藝品的原料）。因為這些都是南方的產物，且羅馬方面並沒有相關紀錄，所以應該是印度洋地區的商人利用了大秦王的名號。

雍由調

生卒年不詳，東漢時期興盛的撣國之王。西漢將勢力延伸到雲南省東部，到了六九年東漢讓哀牢臣服後，將直到湄公河上游西側的土地設為永昌郡。就這樣，除了從四川沿紅河而下、抵達東京灣（北部灣）的路徑外，新開闢的從四川渡湄公河上游，沿伊洛瓦底江南下抵達孟加拉灣的路徑也確立了。九七年撣國國王雍由調就循後者路徑前來朝貢、帶來珍寶，被授予金印紫綬。一二〇年雍由調再次遣使，獻上魔術師。魔術師在安帝面前展現吐火、分解身體、替換牛馬頭部等各種魔術，安帝看了龍心大悅，賞賜雍由調印綬、金印、絲綢。這位魔術師是海西人，也就是出身大秦。之後，在一三一年，撣國又經海路遣使到日南郡。就像這樣，撣國因為從連結西方世界的陸海兩條路徑遣使到漢朝，所以有力的說法認為，他們位於連結孟加拉灣的下緬甸地區。

康泰、朱應

三世紀中葉，被派遣到扶南的吳國外交使節。吳國的孫權在消滅士燮一族後，直接統治了南海交易的據點交州。接著他更進一步以康泰、朱應為使節，派遣他們到南海交易的要地扶南。扶南在國王范旃的時候，因為聽說天竺繁榮，所以派蘇物為使節出使該地；蘇物從馬來半島沿孟加拉灣北上，溯恆河抵達天竺的都城；他抵達的地點，很可能是貴霜王朝的副都馬圖拉。天竺王把蘇物當成稀客款待，並派四匹馬與兩位使節陪同，將他送回扶南。蘇物這趟往返天竺之旅，一共花費了四年。當康泰與朱應抵達扶南的時候，當地正值國王范尋統治；他們在那裡和天竺的使節會談，蒐集南海諸國的資訊後返回吳國。

從這些事情中，我們可以推測，雖然當時扶南是南海交易的中繼地點，但在孟加拉灣還不知道利用季風的航海技術，和天竺之間也還沒有直接的交流。

占族

占族是以南島語族占語為母語的民族集團，被公認是西元前後在越南中部昌盛的沙黃文化主要推手。在西漢武帝時期被納入中國治下，但在西漢末年奪走日南郡的一部分，建立了林邑國。自四世紀末拔陀羅跋摩王時代起開始印度化，七世紀以降改稱印度風的國名「占婆」。沿著越南中部海岸，由北而南分別設置了阿摩羅波胝、毘闍耶、古笪羅、賓童龍等據點。他們留有許多以印度教為主的磚造宗教建築，美山遺跡更被登錄為世界文化遺產。和北邊的大越、西西南的高棉族不斷進行勢力鬥爭，但十四世紀末以降持續受到南進的大越壓迫，到一八三二年終被阮朝所滅。十六世紀起伊斯蘭教正式滲透，現在在越南與柬埔寨境內，有維續傳統信仰的集團與伊斯蘭化的集團之別。

拔陀羅跋摩

四世紀末到五世紀初在位的林邑國王。他的王都據推測是在廣南省秋盆河流域的茶蕎，在河口地帶則設有港口（今會安）。國王在山區的聖地美山建立寺院，祀奉名為巴特雷施瓦拉的濕婆神林迦（性器像）。留存的梵語碑文中說，稱為「Maharaja」（大王、大君）的國王為了寺院的維持，捐獻了土地與產物；但另一方面占語碑文則說，國王命令崇敬「國王的那迦（蛇）」，由此可以看出印度傳來的印度教與當地信仰的混合。印度系文字的占語碑文，是東南亞最古老的當地語紀錄，這也顯示了從這位國王的時代開始，占族的印度化有顯著進展。林邑自東漢末年獨立以來，便為了追求肥沃領土，不斷入侵日南郡。東晉時期的三九九年到四一三年，林邑王范胡達（一作須達）曾攻擊日南郡；據推定，這位范胡達應該就是拔陀羅跋摩。

注釋

1. 譯注：也有說法認為「庫敦卡」和「混填」是同一個語源。

參考文獻

池端雪浦編，《新版世界各国史6　東南アジア史II　島嶼部（新版世界各國史6　東南亞史II　島嶼地帶）》，山川出版社，一九九九年

石井米雄、櫻井由躬雄編，《新版世界各国史5　東南アジア史I　大陸部（新版世界各國史5　東南亞史I　大陸地帶）》，山川出版社，一九九九年

石澤良昭責編，《岩波講座東南アジア史　第2巻　東南アジア古代国家の成立と展開（岩波講座東南亞史　第2巻　東南亞古代國家的成立與發展）》，岩波書店，二〇〇一年

今井昭夫等編，《東南アジアを知るための50章（理解東南亞必需的五十章）》，明石書店，二〇一四年

山本達郎責編，《岩波講座東南アジア史　第1巻　原史東南アジア世界（岩波講座東南亞史　第1巻　原史東南亞世

界）》，岩波書店，二〇〇一年
安東尼·瑞德著，太田淳、長田紀之監譯，《世界史のなかの東南アジア——歴史を変える交差路（東南亞史·多元而獨特，關鍵的十字路口）》，上下，名古屋大學出版會，二〇二一年

作者簡介

古井龍介

一九七五年生，東京大學東洋文化研究所教授，尼赫魯大學社會科學研究科歷史學研究中心博士課程畢。博士學位專攻南亞古代、中古初期史。主要著作有*Land and Society in Early South Asia: Eastern India 400-1250 AD* (Routledge)等。

月本昭男

一九四八年生，立教大學榮譽教授、上智大學榮譽教授。古代東方博物館館長。東京大學大學院人文科學研究科博士中輟。專攻舊約聖經學、古代東方學。主要著作有《古代美索不達米亞的神話與儀式》（岩波書店）等。

橫地優子

一九五九年生，京都大學大學院文學研究科教授。東京大學大學院人文科學研究科博士課程（印度哲學印度文學）中輟。專攻梵語文獻學以及古代、中古印度的宗教文化。主要著作有合著*The Skandapurāṇa Volume V, Adhyāyas 96-112: The Varāha Cycle and the Andhaka Cycle Continued* (Brill)等。

牧角悅子

一九五八年生，二松學舍大學教授。九州大學大學院文學研究科肄，博士（文學／京都大學）。專攻中國文學、中國古典學。主要著作有《經國與文章——漢魏六朝文學論》（汲古書院）等。

野崎充彥

一九五五年生，大阪市立大學榮譽教授。大阪市立大學大學院文學研究科博士後肄、博士（文學）。專攻朝鮮古典文學、傳統文化論。主要著作有《「慵齋叢話」——十五世紀朝鮮奇譚的世界》（集英社）等。

坂本勝

一九五四年生，法政大學教授。專修大學大學院博士課程滿期肄。專攻上代文學。主要著作有《最初的日本神話——解讀「古事記」》（筑摩書房）等。

坂井弘紀

一九六九年生，和光大學表現學部總合文化學科教授。東京外國語大學大學院地域文化研究科博士課程肄。專攻中亞史詩研究、中亞文化史、中亞地域研究。主要著作有《英雄史詩——從愛奴、日本到歐亞》（三彌井書店）等。

北川香子

一九六五年生，學習院女子大學教授。東京大學大學院人文社會系研究科博士課程修畢、博士（文學）。專攻東南亞史。主要著作有《在吳哥窟沉眠期間——走訪柬埔寨的歷史記憶》（聯合出版）等。

柴田大輔

一九七三年生，筑波大學教授。海德堡大學博士畢。博士學位專攻古代美索不達米亞史、楔形文字學。主要著作有*Šuʾila: Die sumerischen Handerhebungsgebete aus dem Repertoire des Klagesängers* (Harrassowitz)等。

阿部拓兒

一九七八年生，京都府立大學文學部准教授。京都大學大學院文學研究科博士後畢、博士（文學）。專攻西洋史、東方史。

主要著作有《阿契美尼德波斯——史上最初的世界帝國》（中央公論新社）等。

馬場紀壽

一九七三年生，東京大學東洋文化研究所教授。東京大學大學院人文社會系研究科博士畢、博士（文學）。專攻佛教學。主要著作有《初期佛教——追溯佛陀的思想》（岩波書店）等。

湯淺邦弘

一九五七年生，大阪大學大學院人文學研究科教授。大阪大學大學院文學研究科博士後肄、博士（文學）。專攻中國哲學。主要著作有《竹簡學——中國古代思想的探究》（大阪大學出版會）等。

鶴間和幸

一九五〇年生，學習院大學榮譽教授。東京大學大學院人文科學研究科博士肄、博士（文學）。專攻中國古代史。主要著作有《始皇這個人》（岩波書店）等。

林俊雄

一九四九年生，創價大學榮譽教授。東京大學大學院人文科學研究科博士課程東洋史學科肄。專攻中央歐亞歷史與考古學。主要著作有《興亡的世界史　斯基泰與匈奴　遊牧的文明》（講談社）等。

藤田勝久

一九五〇年生，愛媛大學榮譽教授。大阪市立大學大學院文學研究科博士後肄、博士（文學）。專攻中國古代史。主要著作有《史記戰國史料之研究》（東京大學出版會）等。

渡邊義浩

一九六二年生，早稻田大學文學學術院教授。筑波大學大學院博士課程歷史、人類學研究科史學專攻畢、博士（文學）。專攻中國古代史。主要著作有《「古典中國」的形成與王莽》（汲古書院）等。

宮本亮一

一九七九年生，東京大學附屬圖書館亞洲研究圖書館上廣倫理財團捐贈研究部門特任研究員。龍谷大學大學院文學研究科博士後畢、博士（文學）。專攻古代至中古中央歐亞史。主要著作有合著《理解阿富汗的七十章》（明石書店）等。

青山亨

一九五七年生，東京外國語大學大學院總合國際學研究院教授。雪梨大學文學部印尼、馬來學科博士畢。博士學位專攻東南亞古代史。主要著作有合編著《理解東南亞的五十章》（明石書店）等。

＊總監修

姜尚中

一九五〇年生，東京大學榮譽教授。主要著作有《馬克斯韋伯與近代》、《邁向東方主義的彼方》（以上皆為岩波書店）、《煩惱的力量》（集英社）等。

圖片出處

照片皆出自UNIPHOTO PRESS

p.25 參照Karen Rander and Eleanor Robson(eds.), *The Oxford Handbook of Cuneiform Culture*, Oxford: Oxford University Press, 2011, xxxviii Figure 0.1繪製而成。

p.129 參照萩原真子、福田晃編，《英雄史詩——從愛奴、日本到歐亞》（三彌井書店，二〇一八年）繪製而成。

p.171 參照Dominique Charpin, *Hammurbi of Babylon*, London and New York: I. B. Tauris, 2012, pp.xxxxvii-xxxxix, Map A-C繪製而成

p.261 參照月本昭男，《眼睛所見聖經的時代》（日本基督教團出版局，一九九四年）、《聖經　聖書協會共同譯》（日本聖書協會，二〇一八年）繪成。

p.398 參照鶴間和幸，《始皇這個人》（岩波新書，二〇一五年）繪製而成。

p.463 以林俊雄，《興亡的世界史　斯基泰與匈奴　遊牧的文明》（講談社學術文庫，二〇一七年）為基礎，參照吉本道雅〈史記匈奴列傳疏證——從上古到冒頓單于〉（《京都大學文學部研究紀要》四五，二〇〇六年）略做修改。

p.525 參照西嶋定生，《秦漢帝國》（講談社學術文庫，一九九七年）繪製而成。

p.533 參照岡崎文夫，《司馬遷》（研文社，二〇〇六年）刊載地圖繪製而成。

亞洲人物史1

神話世界與古代帝國：神話—6世紀

2025年2月初版　　定價：新臺幣1000元

總監修　姜尚中
著者　古井龍介等
譯者　鄭天恩
叢書主編　王盈婷
特約主編　蕭遠芬
內文排版　菩薩蠻
封面設計　許晉維

出版者　聯經出版事業股份有限公司
地址　新北市汐止區大同路一段369號1樓
叢書主編電話　(02)86925588轉5316
台北聯經書房　台北市新生南路三段94號
電話　(02)23620308
郵政劃撥帳戶第0100559-3號
郵撥電話　(02)23620308
印刷者　文聯彩色製版印刷有限公司
總經銷　聯合發行股份有限公司
發行所　新北市新店區寶橋路235巷6弄6號2樓
電話　(02)29178022

編務總監　陳逸華
副總經理　王聰威
總經理　陳芝宇
社長　羅國俊
發行人　林載爵

行政院新聞局出版事業登記證局版臺業字第0130號

本書如有缺頁，破損，倒裝請寄回台北聯經書房更換。
ISBN 978-957-08-7534-8 (平裝)
聯經網址：www.linkingbooks.com.tw
電子信箱：linking@udngroup.com

Supervised by Kang Sang-Jung,
Edited by Toru Aoyama, Toshikatsu Ito, Hisao Komatsu,
Shinji Shigematsu, Tatsuhiko Seo, Ryuichi Narita, Ryosuke Furui, Toru Miura,
Yujiro Murata, Lee Sungsi

ASIA JINBUTSU SHI GREAT FIGURES IN THE HISTORY OF ASIA
DAIIKKAN SHINWASEKAI TO KODAITEIKOKU

Edited and first published in Japan in 2023 by SHUEISHA Inc., Tokyo

This Traditional Chinese edition published by arrangement with Shueisha Inc., Tokyo
in care of Tuttle-Mori Agency, Inc., Tokyo, through Keio Cultural Enterprise Co., Ltd.,
New Taipei City.

國家圖書館出版品預行編目資料

神話世界與古代帝國：神話—6世紀/姜尚中總監修．
古井龍介等著．鄭天恩譯．初版．新北市．聯經．2025年2月．
784面．15.5×22公分（亞洲人物史1）
譯自：アジア人物史第1巻：神話世界と古代帝国
ISBN 978-957-08-7534-8（平裝）

1.CST：神話 2.CST：宗教文化 3.CST：傳記 4.CST：亞洲

781 113016509